La Résistance

POUR LES NULS

La Résistance POUR LES NULS

Dominique Lormier

FIRST Editions

La Résistance pour les Nuls

ISBN : 978-2-7540-4137-9
Dépôt légal : mai 2013

Édition : Luc-Edouard Gonot
Correction : Marion Bello
Indexation : Muriel Mekies
Couverture et mise en page : Stéphane Angot
Illustrations de partie : Marc Chalvin
Production : Emmanuelle Clément

Imprimé en Italie par La Tipografica Varese, Via Cherso, 2, 21100 Varese

Éditions First-Gründ
60, rue Mazarine
75006 Paris – France
Tél. : 01 45 49 60 00
Fax : 01 45 49 60 01
E-mail : firstinfo@efirst.com
Internet : www.pourlesnuls.fr

À propos de l'auteur

Dominique Lormier, né le 3 juin 1960, historien et écrivain, est considéré comme l'un des meilleurs spécialistes de l'histoire militaire, de la Seconde Guerre mondiale et de la Résistance. Membre de l'Institut Jean-Moulin et membre d'honneur des Combattants volontaires de la Résistance, prix de la Légion d'honneur (Honneur et Patrie) en mai 2006, prix Général-Chassing-Dufourg de l'Académie nationale des sciences, belles-lettres et arts de Bordeaux en décembre 2011, il collabore à de nombreuses revues historiques, comme *Historia*, *Histoire de la dernière guerre*, *Actualité de l'Histoire*, *Champs de bataille*, *Seconde Guerre mondiale*, *Ligne de front*, *Batailles-Blindés*, *Deuxième Guerre mondiale*, *14-18*, *La Revue Napoléon*...

Vivant de sa plume, il est l'auteur d'une centaine d'ouvrages, dont principalement :

L'Italie en guerre, 1915-1918, éditions Ulysse, 1986 ; *Les Guerres de Mussolini*, éditions Jacques Grancher, 1988 ; *La Résistance dans le Sud-Ouest* (préface de Jacques Chaban-Delmas), éditions Sud-Ouest, 1989 ; *L'Épopée du corps franc Pommiès*, éditions Jacques Grancher, 1990 ; *L'Affaire Grandclément*, éditions Sud-Ouest, 1991 ; *Le Livre d'or de la Résistance dans le Sud-Ouest*, éditions Sud-Ouest, 1991 ; *Bordeaux pendant l'Occupation*, éditions Sud-Ouest, 1992 ; *Les FFI au combat*, éditions Jacques Grancher, 1994 ; *Souvenirs de la guerre 1939-1945*, éditions Sud-Ouest, 1995 ; *Gabriele D'Annunzio en France, 1910-1915*, éditions J/D, 1997 ; *Mussolini*, éditions Chronique, 1997 ; *Rommel*, éditions Chronique, 1998 ; *La Poche du Médoc, 1944-1945*, éditions CMD, 1998 ; *Jacques Chaban-Delmas*, éditions CMD, 1998 ; *Bordeaux brûle-t-il ? La Libération de la Gironde, 1940-1945*, éditions Les Dossiers d'Aquitaine, 1998 ; *Bordeaux, la base sous-marine, 1940-1944*, éditions CMD, 1999 ; *Histoire de la France militaire et résistante*, éditions Le Rocher, 2000 ; *Aquitaine, histoire de la Résistance*, éditions CMD, 2000 ; *Limousin, histoire de la Résistance*, éditions CMD, 2001 ; *La Poche de Royan, 1939-1945*, éditions Les Chemins de la Mémoire, 2002 ; *Les Combats victorieux de la Résistance dans la Libération, 1944-1945*, éditions Le Cherche-Midi, 2002 ; *La Bataille des cadets de Saumur, juin 1940*, éditions Les Chemins de la Mémoire, 2002 ; *La Libération du Sud-Ouest, 1944-1945*, éditions Les Chemins de la Mémoire, 2003 ; *Les Plages du Débarquement*, éditions Les Chemins de la Mémoire, 2003 ; *La France combattante de la victoire, 1944-1945*, éditions Les Chemins de la Mémoire, 2003 ; *La Poche de La Rochelle 1944-1945*, éditions Les Chemins de la Mémoire, 2003 ; *Rommel (biographie), la fin d'un mythe*, éditions Le Cherche-Midi, 2003 ; *Comme des lions, le sacrifice héroïque de l'armée française, mai-juin 1940*, éditions Calmann-Lévy, 2005 ; *Les Grandes Affaires de la Résistance*, éditions Lucien Souny, 2005 ; *C'est nous les Africains, l'épopée de l'armée française d'Afrique, 1940-1945*, éditions Calmann-Lévy, 2006 ; *Histoires héroïques et extraordinaires de la Seconde Guerre mondiale*, éditions Lucien Souny, 2006 ; *Jean Moulin*, éditions Infolio, 2006 ; *La Libération de la France, 1944-1945*, éditions

Lucien Souny, 2007 ; *Mers el-Kébir, juillet 1940*, éditions Calmann-Lévy, 2007 ; *Les Poches de l'Atlantique, 1944-1945*, éditions Lucien Souny, 2008 ; *La Guerre italo-grecque, 1940-1941*, éditions Calmann-Lévy, 2008 ; *Les Victoires militaires françaises de la Seconde Guerre mondiale*, éditions Lucien Souny, 2009 ; *La Bataille de Bir Hakeim, une résistance héroïque*, éditions Calmann-Lévy, 2009 ; *Les Grandes Figures de la Résistance*, éditions Lucien Souny, 2009 ; *La Bataille de France jour après jour, mai-juin 1940*, éditions Le Cherche-Midi, 2010 ; *La Bataille de Stonne, Ardennes 1940*, éditions Perrin, 2010 ; *L'Apport capital de la France dans la victoire des Alliés, 14-18 / 39-45*, éditions Le Cherche-Midi, 2011 ; *La Bataille de Dunkerque, 26 mai-4 juin 1940*, éditions Tallandier, 2011 ; *39-45 Les Soldats oubliés, ceux dont l'histoire ne parle plus*, éditions Jourdan, 2012 ; *L'Armée française pour les Nuls*, éditions First, 2012 ; *Kœnig, l'homme de Bir Hakeim*, éditions du Toucan, 2012 ; *La Libération de la France jour après jour, 1944-1945*, éditions Le Cherche-Midi 2012 ; *La Résistance*, éditions Gründ, 2012.

Dédicace

À la mémoire de tous les résistants morts pour la France durant la Seconde Guerre mondiale.

Mon oncle, le commandant Prosper Dorizon,
héros des forces aériennes françaises libres.

Sommaire

Introduction

La Résistance française a joué un rôle considérable dans la victoire des Alliés et le rétablissement de la France en tant que grande puissance. On sait aujourd'hui que les réseaux de renseignements ont permis aux Alliés de choisir la Normandie comme lieu de leur débarquement, en juin 1944, sur la base des documents transmis par les agents clandestins. Churchill a même estimé que la Résistance française, par son extrême efficacité, avait écourté d'une année la durée de la guerre en Europe.

Dès 1940, la Résistance se manifeste par des actes individuels et s'organise en réseaux puis en divers mouvements à partir de 1941-1942. L'unification de la Résistance devient réelle en 1943-1944 grâce à l'immense travail accompli par de grandes figures, comme Jean Moulin et Pierre Brossolette.

La Résistance ne se limite pas à la lutte clandestine en métropole mais participe aux luttes des Forces françaises libres, en 1940-1942, sur terre, sur mer et dans les airs, en Afrique et ailleurs. Enfin, avec l'apport considérable de l'armée d'Afrique en 1943, sans oublier la montée en puissance des maquis en 1944, la France se hisse au rang de puissance victorieuse, ce qui lui permet de signer avec les trois autres grands vainqueurs la capitulation allemande à Berlin en mai 1945.

À propos de ce livre

Dans cet ouvrage captivant, la Résistance française est présentée sous ses formes les plus variées, avec les réseaux et les mouvements clandestins, les maquis et les Forces françaises de l'intérieur, les Forces françaises libres et l'armée d'Afrique, sans oublier l'immense diversité des grandes figures. On y découvre ainsi l'importance du rôle joué par la France résistante dans la victoire des Alliés. De nombreuses anecdotes, souvent méconnues, enrichissent également le contenu du livre.

En métropole même, la Résistance française s'organise autour de la création de mouvements et de réseaux clandestins, spécialisés dans le renseignement, la presse, les sabotages et l'évasion. En Grande-Bretagne, le général de Gaulle fonde dès l'été 1940 les Forces françaises libres, qui se distinguent particulièrement sur mer, dans les airs et sur terre, notamment en Afrique aux côtés des Britanniques, comme en Érythrée, en Libye et en Égypte (1941-1942).

Le débarquement des Alliés en Afrique du Nord, en novembre 1942, renforce considérablement la participation française à la lutte contre l'Axe par le ralliement de l'armée d'Afrique. Les troupes françaises se couvrent de gloire en Tunisie et en Italie (1942-1944).

Les forces françaises de l'intérieur (AS, FTP, ORA), la 2e division blindée du général Leclerc de Hauteclocque et la Ire armée française du général de Lattre de Tassigny jouent un rôle considérable dans la libération de la France aux côtés des troupes britanniques et américaines en 1944-1945 ; 60 % du territoire national sont libérés uniquement par les forces françaises combattantes.

Cet ouvrage, à l'usage des amateurs et des spécialistes, dresse un panorama complet de la Résistance française sous toutes ses formes, institutionnelles et historiques, anecdotiques et techniques, tactiques et stratégiques. Le lecteur prend ainsi conscience de son importance dans le déroulement et l'évolution du second conflit mondial.

Les conventions utilisées dans ce livre

- Chaque fois qu'un terme technique est utilisé pour la première fois, il apparaît en italique et la définition vous en est donnée;
- Figurent en gras tous les mots-clés et étapes des énumérations;
- Quand un groupe ou une organisation est mentionné, son nom complet est donné à la première occurrence; par la suite, il est écrit en utilisant l'abréviation usuelle.

Comment ce livre est organisé

Neuf parties et 31 chapitres, il n'en faut pas moins pour présenter la Résistance dans un cadre chronologique, de 1940 à 1945, combiné avec un découpage thématique permettant de comprendre l'importance de cette organisation dans tous ses détails.

Première partie : Les débuts de la Résistance

La Résistance française demeure un événement majeur de l'histoire de France, qui trouve sa source dans les combats de mai-juin 1940, marqués par de nombreux actes héroïques et méconnus de l'armée française. La bataille de Dunkerque permet notamment à l'armée britannique de rembarquer et de poursuivre la lutte. La résistance clandestine est d'abord le fait d'une minorité qui se répartit cependant sur tout le territoire. La Gestapo, police secrète d'État du nazisme, s'installe peu à peu dans la France occupée pour lutter contre tous les opposants à l'hitlérisme et persécuter les Juifs.

Deuxième partie : La Résistance intérieure s'organise

Les réseaux et les mouvements connaissent un essor régulier. Ils apportent un soutien très efficace à la lutte contre l'Allemagne hitlérienne. L'unification de la Résistance devient possible grâce à l'action entreprise par Jean Moulin et Pierre Brossolette, envoyés en France par le général de Gaulle. Les premiers maquis voient également le jour, notamment dans l'Ain, le Limousin et les Pyrénées.

Troisième partie : La Gestapo contre la Résistance

La Gestapo organise une vaste répression dans toute la France afin de mettre fin à l'action de la Résistance. Des régions entières sont martyrisées. Les affaires Grandclément et Jean Moulin, résultats de trahisons internes et d'opérations d'infiltration effectuées par la Gestapo, semblent diviser la Résistance. Mais l'organisation parvient à maintenir sa force et son unité, malgré l'importance des pertes subies.

Quatrième partie : Les Forces françaises libres

Les Forces françaises libres du général de Gaulle représentent la Résistance extérieure. Elles se distinguent en Afrique, avec notamment les combats de Keren, de l'Engiahat, de Massaouah, de Koufra et de Bir Hakeim. Elles sont également présentes dans le ciel et sur mer, avec des avions et des navires. Des chefs légendaires font leur apparition.

Cinquième partie : L'armée d'Afrique

Suite aux débarquements des troupes alliées en Algérie et au Maroc, en novembre 1942, l'armée française d'Afrique reprend la lutte contre les forces germano-italiennes, présentes notamment en Tunisie. Elle participe également à la libération de la Corse, en 1943, et joue un rôle capital lors de la campagne d'Italie, en 1944.

Sixième partie : Les maquis de la Libération

Les maquis occupent une place essentielle dans la libération du territoire français, par la multiplication des sabotages et des embuscades ainsi que par la capture de nombreuses garnisons allemandes. Des unités allemandes, fixées dans la guérilla contre les maquis, ne peuvent intervenir contre les débarquements des Alliés en Normandie et en Provence.

Septième partie : L'armée de Lattre et la division Leclerc

La division Leclerc débarque en Normandie, libère Paris et Strasbourg, occupe le « nid d'aigle » de Hitler à Berchtesgaden ; tandis que l'armée de Lattre débarque en Provence, libère Toulon et Marseille, ainsi que tout le sud-est du territoire français, avec l'aide des maquis locaux, puis mène une brillante campagne dans les Vosges, en Alsace et en Allemagne du Sud.

Huitième partie : La partie des Dix

Cette partie vous permet de découvrir dix grandes figures de la Résistance intérieure, dix grandes figures de la France libre et de la Libération, dix lieux emblématiques de la Résistance intérieure, dix grandes œuvres de la Résistance.

Neuvième partie : Les annexes

Une chronologie historique, des documents complémentaires, un récapitulatif des sigles utilisés et une bibliographie viennent compléter cet ouvrage de référence, outil de culture générale indispensable.

Les icônes utilisées dans ce livre

ANECDOTE

Il y a l'histoire de la Résistance française avec un grand H. Et il y a aussi la petite histoire. Cette icône signale un fait insolite, une scène mémorable, ou un mot d'esprit particulièrement savoureux.

BATAILLE

Telle la foudre s'abattant sur la terre avec fracas, cette icône indique le déclenchement et le déroulement d'une bataille ou d'un combat.

DATE CLÉ

Une déclaration de guerre, un tournant décisif, la signature d'un traité ou une évolution notable : cette icône pointe un événement de première importance.

LE SAVIEZ-VOUS ?

Ce symbole attire votre attention sur un fait méconnu ou tombé dans l'oubli.

LÉGENDE

Certains faits de la Résistance sont entrés dans les annales. Ce symbole signale un combat célèbre, un épisode héroïque durant lequel la Résistance française s'est illustrée.

N'OUBLIEZ PAS

Cette icône met l'accent sur des informations essentielles à retenir.

PORTRAIT

Cette icône présente une figure de la Résistance entrée dans la légende pour son courage hors du commun, son action efficace dans la lutte contre le nazisme.

STRATÉGIE

Cette icône souligne un plan d'attaque ou de défense.

UN PEU DE TECHNIQUE

Cette icône pointe les passages concernant l'armement et l'équipement.

Et maintenant, par où commencer ?

Par où vous voulez ! Je vous conseille cependant de lire cet ouvrage de façon classique, du début à la fin, en suivant l'ordre chronologique. Vous comprendrez mieux les tenants et les aboutissants de cette histoire de la Résistance. Vous pouvez cependant piocher dans différents chapitres en fonction de vos besoins et de votre curiosité.

Si vous voulez vous informer sur les origines de la Résistance, rendez-vous aux chapitres 2 et 3. Si vous désirez en savoir plus sur l'organisation et l'unification de la Résistance, filez aux chapitres 5 et 6. Si la Gestapo, adversaire principal de la Résistance, vous intrigue, alors le chapitre 8 répondra à vos questions. Si les énigmatiques affaires Grandclément et Jean Moulin ne cessent de vous questionner, vous trouverez des explications aux chapitres 9 et 10. Les chapitres 11, 12 et 13 vous permettront de découvrir l'action héroïque des Forces françaises libres en Afrique ; de même que les chapitres 14 et 15 vous feront admirer le courage des aviateurs et des marins de la France libre. L'armée d'Afrique et ses victoires n'auront plus de secrets pour vous après la lecture des chapitres 16, 17 et 18. Enfin, la Libération, période phare de la Seconde Guerre mondiale, avec ses maquis, l'armée de Lattre et la division Leclerc, occupe glorieusement les chapitres 19 à 27. À tout moment, vous pouvez sauter des pages ou revenir en arrière, c'est vous qui décidez. Bonne lecture !

Première partie

Les débuts de la Résistance

Dans cette partie...

Nous découvrons que l'esprit de résistance existe déjà au sein de l'armée française en mai-juin 1940, théâtre de nombreux combats sanglants. Les débuts de la Résistance intérieure se manifestent dès l'été 1940 par des actes hostiles à l'occupant. La France libre du général de Gaulle voit le jour durant la même période. Les réseaux se créent peu à peu et se spécialisent dans le renseignement, l'évasion, la diffusion de journaux et de tracts. La Gestapo s'installe en France dès le début de l'Occupation.

Chapitre 1

Pourquoi s'intéresser à la Résistance ?

Dans ce chapitre :

- La Résistance a fait changer la France
- Un rôle clé dans l'histoire de la Seconde Guerre mondiale
- Une certaine idée de la France

Un événement majeur de l'histoire de France

N'OUBLIEZ PAS

La Résistance est un moment essentiel de l'histoire de France, où des hommes et des femmes ont accepté de lutter dans la clandestinité la plus totale contre un adversaire implacable, dont la sinistre Gestapo. La torture, la délation, la déportation, les fusillades ne parviennent pas à soumettre les combattants de l'« Armée des ombres ». De grandes figures émergent, comme Jean Moulin. Le général de Gaulle trouve en pilotant ces initiatives patriotiques le moyen de s'affermir politiquement.

On retrouve dans cette lutte toutes les facettes de la guerre moderne : les sabotages, les embuscades, la guérilla, le renseignement, la propagande, les évasions, les combats terrestres, maritimes et aériens.

Avec les années, la Résistance attire de plus en plus l'attention des Alliés, qui décident de multiplier les parachutages d'armes et d'agents. Elle devient l'un des piliers principaux de la stratégie militaire alliée, du fait de sa montée en puissance et de son rôle fondamental sur un plan tactique : la fixation des troupes allemandes, susceptible de favoriser le succès des débarquements prévus sur les côtes de France.

La Résistance renseigne également les Alliés d'une manière particulièrement efficace : les documents fournis par les réseaux sur l'implantation des troupes allemandes jouent un rôle capital dans le choix des lieux de débarquement.

La Résistance française ne se limite pas à son action clandestine en métropole : les Forces françaises libres et l'armée d'Afrique jouent également un rôle important dans la défaite des troupes de l'Axe en Afrique, en Italie, en France et en Allemagne.

Un bouleversement politique

L'action de la Résistance, avec l'aide des Alliés, met fin au régime antisémite et autoritaire de Vichy, réinstaure les valeurs de la République, fondées sur la liberté, l'égalité et la fraternité.

De la Résistance émergent de grandes personnalités politiques – comme Pierre Messmer, Charles de Gaulle, Jacques Chaban-Delmas, François de Menthon, Charles Tillon –, ainsi que de grands chefs de guerre – comme les quatre maréchaux français de la Seconde Guerre mondiale, de Lattre, Leclerc de Hauteclocque, Juin et Kœnig. Les femmes se distinguent particulièrement dans la Résistance, obtenant par là une place reconnue et légitime dans la société. On citera Germaine Tillion (voir le chapitre 28), Lucie Aubrac, Marie-Madeleine Fourcade…

Les valeurs du Conseil national de la Résistance, reposant sur la justice sociale, l'indépendance nationale, le pluralisme démocratique, etc. se retrouvent dans les institutions des IVe et Ve Républiques. Elles demeurent d'actualité à notre époque.

Une meilleure compréhension de l'évolution de la France

Les valeurs de la Résistance permettent de mieux comprendre l'évolution spectaculaire de la société française. La justice sociale, le pluralisme des idées politiques et philosophiques, la reconnaissance de la place des femmes dans la société, le rôle de la France dans le monde en tant que grande puissance sont autant de causes d'actualité pour lesquelles les résistants ont lutté durant la Seconde Guerre mondiale. Le combat contre le racisme et l'antisémitisme est à ajouter à cette liste non exhaustive. Le patriotisme trouve sa justification comme moyen d'unifier le peuple français autour de grands projets, afin de maintenir la France parmi les puissances mondiales majeures sans pour autant sombrer dans un nationalisme étroit et sectaire.

Chapitre 2

Les résistants oubliés de mai-juin 1940

Dans ce chapitre :

- Des combats acharnés passés aux oubliettes de l'histoire
- Dunkerque sauve l'armée britannique
- Des pertes considérables dans les deux camps

Suite à l'attaque hitlérienne contre la Pologne, en septembre 1939, la France et la Grande-Bretagne entrent en guerre contre l'Allemagne. Durant plusieurs mois, le front occidental se fige dans l'immobilité ; c'est la *drôle de guerre*. Le commandement français, parfaitement informé de la puissance offensive de l'armée allemande, cherche à gagner du temps pour rattraper son retard dans de nombreux domaines. Le général Vuillemin, commandant en chef de l'armée de l'air, n'ignore rien de la supériorité numérique et matérielle de la Luftwaffe (aviation allemande). Les généraux Gamelin et Georges ont tiré les leçons de la guerre mécanisée menée par les forces allemandes en Pologne en septembre 1939. La ligne Maginot couvre la frontière franco-allemande, rendant inutile toute offensive sur cette partie du front. Hitler et ses généraux en sont conscients ; aussi envisagent-ils d'attaquer dans les Ardennes, point faible du dispositif français, pratiquement dépourvu de fortifications solides.

Une armée défensive

Les trois divisions de chars (dites *cuirassées*) françaises, constituées à la hâte durant l'hiver 1939-1940, n'ont pas pour vocation d'opérer une percée en profondeur dans les lignes allemandes : elles doivent seulement colmater les brèches causées dans la défense française, avant que des renforts puissent reconstituer un front défensif cohérent. Les trois divisions légères mécaniques (DLM) peuvent effectuer des reconnaissances en profondeur et croiser le fer avec les Panzerdivisions – durant un temps cependant limité – afin de permettre aux divisions françaises d'infanterie (soldats combattant à pied) de s'installer défensivement sur une nouvelle ligne de front. Les divisions légères de cavalerie (DLC), équipées de blindés et de chevaux, ont une vocation de reconnaissance limitée : elles sont censées découvrir l'axe initial de l'offensive allemande. Les bataillons de chars de combat, dispersés sur l'ensemble du front, doivent appuyer les divisions d'infanterie, colmater les brèches, soutenir les divisions cuirassées, les DLM et autres DLC.

Positionnées sur les arrières du front, les unités blindées françaises peuvent effectuer des reconnaissances et des contre-attaques limitées afin de soutenir l'infanterie dans son rôle défensif. La faible autonomie des chars français trouve sa justification dans cette stratégie.

Un système de transmission défaillant

LE SAVIEZ-VOUS ?

Pour que la tactique défensive française soit réellement efficace, il faudrait que son système de transmission soit en mesure de répondre à la rapidité des attaques allemandes. Or, si le couple avion-char fonctionne parfaitement dans le camp allemand du fait de l'excellence des moyens radio, l'armée française souffre d'un manque cruel d'efficacité dans ce domaine : les trois quarts des chars français ne sont pas équipés de radios et ne peuvent donc manœuvrer avec le soutien de l'aviation. Le général allemand Guderian, assistant au milieu des années 1930 à des manœuvres de l'armée française, finit par conclure qu'il était possible d'enfoncer le front français du fait de la défaillance des moyens de transmission des chars adverses.

La ligne Maginot : forteresse inutile ?

LE SAVIEZ-VOUS ?

Après la défaite de 1940, la *ligne Maginot*, si longuement glorifiée dans les décennies précédentes, a fait l'objet des pires critiques en tant que symbole de l'inefficacité de l'armée française : elle n'aurait servi à rien, puisque les Allemands l'ont contournée par les Ardennes…

Or, si Hitler et ses généraux ont jugé utile de la contourner plutôt que de l'attaquer de front, c'est qu'ils ont estimé que son efficacité défensive était tangible. On ignore souvent que, en juin 1940, les Allemands ont voulu tester sa solidité en l'attaquant en plusieurs endroits. Ainsi, le 14 juin, en Moselle, secteur le plus faible de la ligne Maginot, où les gros ouvrages sont remplacés par une cinquantaine de casemates (abris bétonnés) de taille moyenne, une centaine de petits blocs et une cinquantaine de tourelles, 155 000 soldats allemands, appuyés par 1 100 canons et 300 bombardiers, sont repoussés par 18 000 soldats français, soutenus par seulement

114 pièces d'artillerie. Cette offensive coûte en un seul jour 1 200 tués et 4 000 blessés aux six divisions allemandes engagées, contre 679 tués et 1 800 blessés aux six régiments français défendant le secteur.

Finalement attaquée de tous côtés à partir du 15 juin, la ligne Maginot résiste à tous les assauts. Sept divisions allemandes tentent de traverser le Rhin entre Rhinau et Neuf-Brisach, sur un front de 30 km défendu par l'unique 104e division d'infanterie de forteresse. L'organisation défensive comprend une ligne de casemates doubles, espacées de petits blocs. On compte également une série de points d'appui qui complètent le dispositif. L'ensemble représente moins de 10 000 hommes faisant face à 90 000 soldats allemands. L'offensive allemande dans ce secteur se heurte à une farouche résistance. L'avance de la Wehrmacht ne se fait pas « les mains dans les poches » : on compte dans les rangs allemands 766 tués, 2 567 blessés et 117 disparus en trois jours de combat ! L'impression des soldats français est qu'il suffirait de quelques compagnies pour rejeter l'ennemi dans le fleuve. Mais où prendre ces renforts ? On a prélevé des effectifs sur la ligne Maginot pour consolider les fronts de l'Aisne et de la Somme.

Le 25 juin 1940, malgré la multiplicité des attaques allemandes et la puissance des moyens employés, 45 des 53 gros ouvrages de la ligne Maginot résistent encore. Les Allemands ont subi de lourdes pertes en tentant de s'emparer de ces positions fortifiées.

Sur le front des Alpes, fin juin 1940, la « Maginot alpine » remplit également son rôle : avec seulement 215 000 soldats, 986 pièces d'artillerie et une dizaine de chars, l'armée française tient en échec 377 000 soldats italiens et allemands, soutenus par 797 blindés, 2 599 canons et une puissante aviation. Les Français ont perdu 503 soldats (tués, blessés, disparus ou prisonniers), contre 7 329 soldats germano-italiens. Le béton préserve les vies des défenseurs et inflige de lourdes pertes à l'assaillant.

Il est donc totalement faux d'affirmer que la ligne Maginot n'a servi à rien : bien au contraire, elle a repoussé les assauts ennemis en leur infligeant de lourdes pertes.

Les forces en présence

À la veille de l'offensive allemande du 10 mai 1940 sur le front ouest, il est indispensable de connaître l'état des forces en présence pour mieux comprendre la suite des événements. La guerre moderne implique l'utilisation de moyens matériels jouant souvent un rôle capital dans la victoire.

Le 9 mai 1940, l'armée française aligne sur le théâtre de guerre du Nord-Est :

- 63 divisions d'infanterie ;
- 7 divisions d'infanterie motorisée;
- 6 divisions blindées (3 divisions légères mécaniques et 3 divisions cuirassées) ;
- 5 divisions légères de cavalerie et 4 brigades indépendantes de cavalerie ;
- 13 divisions d'infanterie de forteresse,

soit un total de 94 divisions. La réserve générale comprend encore 17 divisions d'infanterie et la 4e division cuirassée (constituée le 15 mai).

- L'armée britannique engage en France 9 divisions d'infanterie et 1 division blindée.
- L'armée belge dispose de 22 divisions d'infanterie, dont l'effectif réel équivaut à 12 divisions.
- L'armée hollandaise est forte de 10 divisions d'infanterie.

La totalité des forces terrestres alliées représente 136 divisions et 4 brigades, dont 7 divisions blindées. De son côté, l'armée de terre allemande totalise sur le front ouest :

- 118 divisions d'infanterie ;
- 6 divisions d'infanterie motorisée ;
- 10 divisions blindées ;
- 1 division de cavalerie,

soit un total de 135 divisions. La réserve repose sur 22 divisions d'infanterie, portant ainsi la totalité des effectifs terrestres allemands à 157 divisions.

Des chars français dispersés et inadaptés à la guerre moderne

L'armée française aligne 2 262 chars modernes, dont seulement 853 sont équipés d'un canon efficace pour la lutte antichar. Le reste de la force blindée française se compose de 1 409 chars, armés du vieux canon de 37 mm modèle 1918, capable de percer seulement 15 mm de blindage, alors que 2 043 des 2 683 chars allemands modernes ont un blindage épais de 20 à

30 mm (Panzer II, III, IV, Skoda) et sont équipés d'un canon à haute vitesse initiale (20 mm, 37 mm ou 75 mm).

Figure 2-1 : Char français Somua S35 en 1940.

La masse principale des chars français se trouve dispersée en une trentaine de bataillons et une douzaine de compagnies sur l'ensemble du front occidental, ce qui réduit leur efficacité. Seuls 960 des 2 262 chars français sont intégrés au sein d'une division, alors que les 2 683 chars allemands en première ligne sont tous regroupés au sein des 10 Panzerdivisions (divisions blindées) en action. La Wehrmacht dispose également d'une réserve de 320 chars ainsi que de 36 chasseurs de chars (canons mobiles), ce qui porte l'effectif des tanks allemands à 3 039 engins.

Les divisions blindées françaises, aussi bien cuirassées que mécaniques (légères et lourdes), pâtissent de nombreux défauts au niveau de leur organisation et de leur dotation en matériel : transmission rudimentaire, DCA (défense antiaérienne) quasi inexistante, infanterie insuffisamment équipée en véhicules, système de ravitaillement en essence lent et archaïque, absence de moyens de franchissement des fleuves et autres rivières. À la différence de leurs rivales françaises, les Panzerdivisions représentent chacune une véritable petite armée, capable de combattre de manière indépendante, avec de nombreux chars, une puissante infanterie motorisée, une DCA et une artillerie motorisée très efficaces, un système de transmission moderne. Elles disposent également de moyens de ravitaillement en essence performants, ainsi que d'excellentes unités du génie (chargées des travaux rendus nécessaires par les opérations militaires).

Figure 2-2 : Artilleurs français en 1940 équipés d'une vieille mitrailleuse pour la DCA.

Une DCA française déficiente

La grande faiblesse de l'armée française réside dans la déficience de sa défense antiaérienne : elle déploie 3 800 canons, souvent vétustes, contre 9 300 pièces modernes du côté allemand. Même constatation pour l'armement antichar : la France dispose bien de deux excellents types de canons de 25 mm et de 47 mm, mais la dotation théorique par division de 48 à 52 de ces pièces sera rarement honorée. Les 55ᵉ et 71ᵉ divisions françaises d'infanterie (DI), qui vont subir le choc initial de trois Panzerdivisions (788 chars) à Sedan, ne possèdent pour la première que 12 pièces antichars, pour l'autre que huit pièces ! En revanche, on recense pas moins de 52 à 72 canons antichars de 37 mm au sein de chaque division allemande, sans compter ceux des groupes de reconnaissance. Il convient d'y ajouter 650 batteries lourdes de DCA (88 mm et 105 mm), alignant 6 700 pièces destinées à appuyer les divisions allemandes dans la lutte antichar.

La supériorité aérienne allemande

En mai 1940, l'armée de l'air française aligne 1 300 avions, dont 630 chasseurs, 270 bombardiers et 400 appareils de renseignements. Sur les 1 900 appareils dont dispose la Grande-Bretagne, 400 seulement se trouvent opérationnels en France. Les aviations belges et hollandaises totalisent 200 appareils. L'ensemble des avions alliés disponibles sur le front ouest ne représente que 1 900 appareils. Dès l'offensive allemande du 10 mai, 232 avions français sont détruits au sol, ainsi que la quasi-totalité des appareils belges et hollandais, ce qui va réduire davantage les forces aériennes alliées, limitées pour la suite des combats à moins de 1 500 avions – même si une partie des 1 500 avions anglais stationnés en Grande-Bretagne vont parfois intervenir dans la bataille, notamment lors du sauvetage du corps expéditionnaire britannique à Dunkerque.

De son côté, la Luftwaffe (armée de l'air allemande) dispose d'une incontestable supériorité numérique avec 3 900 appareils disponibles le 10 mai 1940, dont 1 500 bombardiers, 1 500 chasseurs, 900 avions de renseignements et de transport. La totalité de cette puissante flotte aérienne est équipée d'avions modernes, surclassant techniquement la plus grande partie des appareils alliés. À titre d'exemple, le chasseur français Morane-Saulnier 406, équipant la majorité des groupes français de chasse, est armé d'un canon de 20 mm et de deux mitrailleuses de 7,5 mm et vole à 485 km/h – alors que son adversaire allemand, le Messerschmitt 109E, armé de deux canons de 20 mm et de deux mitrailleuses de 7,92 mm, atteint les 575 km/h. Le meilleur chasseur français, le Dewoitine 520 (un canon de 20 mm, quatre mitrailleuses de 7,5 mm, vitesse de 530 km/h), est réduit à 36 exemplaires le 9 mai 1940. Plus d'une moitié des bombardiers français sont des modèles vétustes, lents et dépassés, comme les Bloch 210, les Farman 222 et les Amiot 143. Les modernes Breguet 691, LeO 451 et Bloch 174 sont trop peu nombreux. Les avions français sont surclassés en vitesse de 100 km/h en moyenne par ceux de la Luftwaffe.

Les groupes français de chasse sont inutilement dispersés sur l'ensemble des frontières du territoire, alors que la Luftwaffe a concentré la quasi-totalité de ses forces face à la Hollande, à la Belgique et à la France. La coopération entre la chasse française et l'armée de terre est quasiment inexistante, alors que les divisions allemandes peuvent compter à tout moment sur le soutien de la Luftwaffe. De nombreuses contre-attaques de chars français vont être stoppées ou entravées par l'action rapide et efficace des bombardiers allemands. Le système de liaison radio terre et air va jouer un rôle déterminant lors des combats.

Figure 2-3 : Chasseur français Dewoitine D520.

Les plans mis en œuvre

STRATÉGIE

Dès mars 1940, le général allemand Erich von Manstein propose à Hitler une vaste offensive qui prévoit l'invasion de la Hollande et de la Belgique, de manière à attirer vers le nord les meilleures unités alliées. Si les Franco-Britanniques viennent à tomber dans ce piège, une autre offensive dans les Ardennes, marquée par la rupture du front français à Sedan, encerclera les divisions alliées engagées en Belgique. La rapide percée des Ardennes permettra ensuite de remonter vers l'embouchure de la Somme. Une fois assuré le contrôle des côtes de la Manche, et sans avoir trop mis à l'épreuve les Panzerdivisions, la Wehrmacht pourra diriger son attaque vers le cœur de la France.

La guerre éclair

Comme ce fut le cas en Pologne, les assauts allemands combinent l'utilisation massive de l'aviation et des chars, qui mènent la *guerre éclair*. Les unités d'infanterie doivent ensuite nettoyer les poches de résistance, sans que cela ralentisse la percée en profondeur des unités blindées. Des pièces de DCA de 88 mm, efficaces à plus de 2 000 m, seront utilisées pour maintenir à distance les contre-attaques des chars français et britanniques.

La faiblesse du plan allié

Le *plan Dyle*, conçu par les Franco-Britanniques, envisage de contenir l'offensive allemande en portant les meilleures troupes (Ire et VIIe armées françaises et corps expéditionnaire britannique) en Belgique et en s'appuyant par la droite sur Sedan et les Ardennes comme pivot. Les trois divisions légères mécaniques françaises doivent croiser le fer avec les trois Panzerdivisions du groupe d'armées B, afin de permettre à l'infanterie alliée de s'établir défensivement sur la ligne Dyle, fleuve se trouvant en Belgique. La France s'est donc bien dotée d'une force mécanisée rapide, mais dépourvue de DCA et sans couverture aérienne. La défense de la Meuse et des Ardennes, menacées par le très puissant groupe allemand d'armées A (sept Panzerdivisions), repose sur les IXe et IIe armées françaises, formées en majorité de médiocres divisions de séries A et B. Si ces unités peuvent compter sur une artillerie de soutien, les fortifications restent notoirement insuffisantes, la ligne Maginot s'arrêtant à la frontière du Luxembourg.

Une résistance héroïque en mai 1940

LE SAVIEZ-VOUS ?

Malgré les erreurs tactiques et stratégiques du général Gamelin, l'armée française oppose une résistance héroïque à l'offensive allemande. Sur le front de Bréda, en Hollande et en Belgique, la 1re division mécanisée française (160 chars) tient en échec la 9e Panzerdivision (150 chars) du 11 au 14 mai 1940, malgré l'écrasante suprématie aérienne allemande.

Hannut et Gembloux : succès défensifs français

LÉGENDE

À Hannut, en Belgique, du 12 au 13 mai 1940, les 2e et 3e divisions mécanisées françaises (380 chars) livrent bataille aux 3e et 4e Panzerdivisions (664 chars), soutenues par une puissante aviation. Les redoutables chars français Somua S35, dont le blindage de 55 mm résiste aux principaux canons des panzers, font un carnage dans les rangs allemands. Succès tactique incontestable pour le général Prioux, commandant les deux unités françaises : 164 panzers sont mis hors de combat, contre 105 chars français. Les deux jours suivants (14 et 15 mai), les 3e et 4e Panzerdivisions, qui tentent de percer en direction de Gembloux, sont repoussées par la 1re division marocaine d'infanterie et la 15e division d'infanterie motorisée, bien équipées en canons antichars et en artillerie de campagne, puis soutenues par les 13e et 35e bataillons de chars ; 62 autres panzers sont détruits. En quatre jours de combats, à Hannut et à

Gembloux du 12 au 15 mai, les Allemands déplorent la perte de 226 panzers sur 664 engagés.

Sur la ligne Dyle, les troupes franco-britanniques contiennent les attaques allemandes, dont la 2e division d'infanterie nord-africaine, opposée à la 18e division allemande d'infanterie le 15 mai.

Résistance désespérée sur la Meuse

Sur la Meuse, malgré l'écrasante supériorité numérique et matérielle des Allemands, les troupes françaises opposent une résistance opiniâtre du 10 au 15 mai 1940. Dans le secteur de Dinant, la 18e division d'infanterie (DI) française du général Duffet contient la 7e Panzerdivision du général Rommel, en manquant même de capturer ou de tuer le futur chef de l'Afrikakorps lors d'une contre-attaque. Dans le même secteur, la 5e division d'infanterie motorisée enraye également la progression de la 5e Panzerdivision. Pour forcer le passage, le commandement allemand doit engager deux divisions d'infanterie (8e et 28e DI) et une puissante aviation d'assaut, afin d'appuyer les deux Panzerdivisions en difficulté. À Monthermé, la 102e division d'infanterie de forteresse, qui tient un front énorme de 35 km alors que ce type d'unité est prévu pour défendre une position de 5 à 6 km, tient en échec durant trois jours les 6e et 8e Panzerdivisions. À Sedan, la 55e DI se trouve opposée aux 1re, 2e et 10e Panzerdivisions, sans oublier le régiment d'élite Grossdeutschland et le soutien massif de plusieurs centaines d'avions. La courageuse 55e DI repousse plusieurs assauts et succombe finalement sous le poids du nombre.

Le 15 mai, à Flavion, sur la Meuse, la 1re division cuirassée française (160 chars) livre bataille aux 5e et 7e Panzerdivisions (500 panzers). Les chars lourds français B1 bis, monstres de 32 tonnes, dont le blindage de 60 mm résiste aux principaux canons antichars allemands, se sacrifient avec un héroïsme extraordinaire, bien que la moitié d'entre eux ne puisse manœuvrer faute d'essence. Le commandement allemand doit utiliser son artillerie lourde pour détruire les « pachydermes » français. Les bombardiers allemands interviennent également dans la bataille. Bilan de cette lutte titanesque d'une journée : 58 chars français sont détruits au combat, ainsi qu'une centaine de panzers.

Du 15 au 19 mai, la 2e division cuirassée française (160 chars), étalée sur un front de 100 km à l'ouest de la Meuse, tente de s'opposer à la ruée des 1re, 2e, 6e et 8e Panzerdivisions (954 panzers) : 118 chars français et environ 300 blindés allemands (chars et automitrailleuses) sont détruits.

Stonne : le Verdun de 1940

LÉGENDE

Du 14 au 25 mai 1940, l'armée allemande engage d'importantes troupes pour s'emparer du secteur de Stonne, au sud de Sedan, afin de couvrir sa progression à l'ouest : le régiment d'élite motorisé Grossdeutschland, la 10ᵉ Panzerdivision, des éléments de la 1ʳᵉ Panzerdivision et de la 2ᵉ division d'infanterie motorisée puis les 16ᵉ, 24ᵉ et 26ᵉ DI, soit un total de 90 000 soldats et 300 chars. Le commandement français aligne de son côté la 3ᵉ division cuirassée, la 3ᵉ division d'infanterie motorisée, la 6ᵉ division d'infanterie coloniale ainsi que divers groupes de reconnaissance, soit un total de 42 500 soldats et 130 chars. Malgré son écrasante supériorité numérique et matérielle, l'assaillant allemand est tenu en échec durant douze jours d'une lutte sanglante où 7 500 soldats français et 26 500 soldats allemands sont mis hors de combat (tués, disparus et blessés), sans oublier la destruction de 65 chars français et d'une centaine de blindés allemands (tanks et automitrailleuses). Le commandement allemand surnomme la bataille de Stonne le « Verdun de 1940 » !

Figure 2-4 : Fantassins français en 1940 de la 14ᵉ DI.

De Lattre et de Gaulle se distinguent déjà

À Rethel, sur le front de l'Aisne, la 14e DI française (18 000 soldats) du général de Lattre de Tassigny repousse du 15 au 22 mai les assauts enragés des 3e, 21e et 22e DI allemandes (54 000 soldats) : 800 soldats allemands sont capturés, 85 blindés et véhicules divers sont détruits par la 14e DI, qui ne compte de son côté que deux chars lourds B1 bis hors de combat, venus l'appuyer.

Du 17 au 30 mai, la 4e division cuirassée française du colonel puis général de Gaulle, engagée successivement à Montcornet, Crécy-sur-Serre et Abbeville, perd 165 chars et un millier d'hommes. Elle revendique, durant la même période, la destruction de 300 blindés et véhicules ennemis (chars, automitrailleuses, camions, motos, voitures et transports de troupes), 110 canons, 300 mitrailleuses et 200 mortiers, sans oublier la mise hors de combat de 5 000 soldats allemands. La 57e DI allemande perd 2 300 hommes (tués, blessés, disparus ou prisonniers) contre la division du général de Gaulle, au sud d'Abbeville, du 28 au 30 mai 1940.

Le miracle de Dunkerque

La résistance héroïque de l'armée française dans les Flandres, notamment à Lille et à Dunkerque, en mai 1940, couvre le rembarquement de 224 686 soldats professionnels de l'armée britannique, représentant la quasi-totalité des effectifs dont dispose la Grande-Bretagne à ce moment en Occident en termes de troupes terrestres. La capture de cette importante armée – après la destruction de plus de la moitié de son aviation (1 029 avions sur 1 900 disponibles) en mai-juin 1940, sans oublier des pertes navales massives à Dunkerque et en Norvège – aurait plongé la Grande-Bretagne dans un état de faiblesse extrême qui l'aurait contrainte à signer un armistice avec l'Allemagne.

Outre la résistance acharnée de l'armée française à Lille et à Dunkerque, couvrant comme l'a souligné Winston Churchill lui-même le rembarquement des troupes britanniques, Hitler décide d'engager une seule Panzerdivision contre la poche de Dunkerque. En effet, du 10 au 23 mai, 50 % de ses panzers ont été mis hors de combat (détruits ou endommagés) contre l'armée française. Il sait qu'il lui reste à affronter en juin encore 60 % de cette même armée française, qu'il redoute toujours. Il tient donc à préserver ses précieuses unités blindées pour engager la seconde phase de la campagne de 1940 dans de bonnes conditions. En échouant à s'emparer du puissant corps expéditionnaire britannique, il permet à la Grande-Bretagne de poursuivre la guerre, condamnant ainsi à terme l'Allemagne à mener une guerre sur deux fronts qui sera la cause principale de sa défaite militaire.

Au prix de très lourdes pertes, 30 000 soldats français et 2 000 à 6 000 soldats britanniques contiennent autour de Dunkerque, durant une dizaine de jours (du 26 mai au 4 juin 1940), 160 000 soldats allemands, soutenus par une centaine de chars et 800 avions ; 347 781 soldats alliés au total sur 400 000 sont évacués par mer, dont 224 686 soldats britanniques et 123 095 soldats français. Un incroyable succès, lorsqu'on sait que Churchill ne pensait sauver que 30 000 à 40 000 hommes au total. En quelques jours, les amirautés (hauts commandements de la marine) britannique et française sont parvenues à réunir 848 navires civils et militaires ; 235 navires alliés sont coulés, 18 219 soldats alliés sont tués ou portés disparus (16 000 soldats français et 2 219 soldats britanniques) ; 34 000 soldats alliés sont capturés, principalement des Français. Les pertes militaires allemandes s'élèvent à 20 000 tués ou blessés lors de l'unique bataille de Dunkerque, sans oublier 318 avions allemands hors de combat (détruits ou endommagés). Les pertes civiles françaises sont évaluées à 3 000 morts et 10 000 blessés.

LÉGENDE

Les troupes françaises ayant défendu la poche de Dunkerque méritent d'être citées. Il s'agit de la 12e DI motorisée du général Janssen, de la 68e DI du général Beaufrère, d'éléments de la 60e DI du général Tesseire, du groupement du secteur fortifié des Flandres du général Bathélemy, du groupement blindé Marchal avec des chars des 1re et 2e divisions mécanisées, de divers groupes de reconnaissance, ainsi que de batteries d'artillerie de l'armée de terre et de la Marine nationale. L'ensemble du commandement est assuré par l'amiral Abrial, le contre-amiral Platon et le général Fagalde. Soulignons également que les poches de Calais, de Boulogne et de Lille ont opposé une superbe résistance, fixant ainsi de nombreuses unités allemandes qui n'ont pu participer à la bataille de Dunkerque. Pour s'emparer de Dunkerque, le commandement allemand engage une Panzerdivision et huit divisions d'infanterie.

La marine française mobilise dans cette opération 300 navires militaires et civils réquisitionnés, dont 123 vont être coulés. Elle parvient à embarquer 102 570 soldats alliés. Bien que battue, l'armée française a joué un rôle stratégique considérable dans la poursuite de la guerre par la Grande-Bretagne. Son sacrifice n'a pas été inutile.

Une résistance héroïque en juin 1940

STRATÉGIE

Le général Weygand, nouveau commandant en chef de l'armée française à compter du 19 mai, tire les leçons de la bataille des Flandres et de celle de la Meuse. La nouvelle ligne de front qu'il constitue sur la Somme et l'Aisne repose sur un système défensif en profondeur, constitué par des groupes de combat dispersés dans les localités et les bois, capables de résister à des attaques venant de tous côtés (système dit *du hérisson*). Il s'agit ainsi de dissocier les panzers de l'infanterie d'accompagnement, afin de rendre les blindés plus vulnérables aux armes antichars et à l'artillerie de campagne. Des groupements et bataillons blindés sont maintenus en réserve pour contre-attaquer en réponse aux éventuelles percées allemandes.

Des réserves blindées insuffisantes

Pour que ce dispositif défensif soit efficace sur l'ensemble du front, il faudrait maintenir une réserve d'unités blindées en grand nombre. Or, Weygand a inutilement sacrifié trois divisions blindées pour essayer de reprendre, fin mai et début juin, la tête de pont d'Abbeville, solidement tenue par l'armée allemande. Les 4e et 2e divisions cuirassées françaises et la division blindée britannique Evans y ont subi de très lourdes pertes, sans oublier l'engagement d'autres unités blindées françaises contre d'autres têtes de pont établies également sur la Somme : environ 600 précieux chars alliés y ont été perdus lors d'opérations inutiles et décousues.

La force blindée de réserve étant sérieusement entamée, le général Weygand ne peut prétendre défendre le front Somme-Aisne avec un maximum d'efficacité, devant une armée allemande disposant d'une supériorité numérique de deux à trois contre un. Or, malgré une situation encore plus désavantageuse que le 10 mai, l'armée française parvient à tenir en échec la puissante Wehrmacht (armée allemande) en plusieurs endroits sur la Somme et l'Aisne, du 5 au 12 juin, démontrant ainsi l'efficacité du système défensif « en hérisson » prôné par le général Weygand.

Sur la Somme et l'Aisne, 40 divisions françaises, soutenues par 1 200 chars et 600 avions, affrontent 80 à 120 divisions allemandes, appuyées par 2 000 chars et 2 500 avions.

Nombreux succès défensifs sur la Somme et l'Ailette

Au sud d'Amiens, du 5 au 9 juin 1940, le 14e Panzerkorps perd 235 de ses 428 chars (détruits ou endommagés) contre deux divisions françaises d'infanterie (16e et 24e DI), établies en profondeur, soutenues par une puissante artillerie et une trentaine de chars. L'offensive allemande et un échec dans ce secteur.

Au sud-est d'Abbeville, la 5e Panzerdivision perd 38 chars pour l'unique journée du 5 juin contre la 3e division légère française de cavalerie, réduite à une dizaine de blindés. La 7e Panzerdivision du général Rommel, engagée sur la Somme entre Longpré et Hangest contre la 5e division d'infanterie coloniale (DIC) et le 7e régiment de cuirassiers, déplore la perte d'une soixantaine de blindés du 5 au 7 juin.

Dans le secteur de Péronne, la 1re division cuirassée française, réduite à 124 chars mais épaulée par trois DI, parvient à contenir durant cinq jours, du 5 au 9 juin, quatre Panzerdivisions totalisant 600 chars. Sur cette même partie du front, le 117e RI détruit une cinquantaine de blindés allemands ; le 29e RI en neutralise un nombre équivalent.

Le prix à payer par la Wehrmacht en deux jours de combat (5 et 6 juin) contre la 87e DI d'Afrique sur le canal de l'Ailette est élevé : 1 800 morts, 4 500 blessés et 300 prisonniers allemands !

Résistance acharnée sur l'Aisne

Sur l'Aisne, de Thugny-Trugny à Attigny, la 14e DI du général de Lattre de Tassigny repousse trois divisions allemandes d'infanterie du 9 au 10 juin. Les pertes françaises sont réduites, alors que celles de l'adversaire sont lourdes, avec notamment 1 800 tués, 6 500 blessés et 1 200 prisonniers.

Toujours sur l'Aisne, à Voncq, du 9 au 10 juin, la 36e DI du général Aublet contient les assauts de trois divisions allemandes d'infanterie ; on compte 6 000 soldats allemands hors de combat, contre 2 000 soldats français !

À l'est de la 36e DI, trois divisions françaises d'infanterie (35e et 6e DI, 1re DIC) repoussent durant trois jours (du 9 au 11 juin) cinq divisions allemandes d'infanterie.

Au nord-ouest de Reims, les 44e, 45e et 42e DI, formant le 7e corps d'armée du général de La Porthe du Theil, sont attaquées le 9 juin par cinq DI allemandes : 72 000 soldats français contre 90 000 soldats allemands. Les assauts allemands sont partout repoussés avec de lourdes pertes pour la Wehrmacht. Devant une résistance française aussi acharnée, le commandement allemand décide de déplacer de Péronne les 3e, 4e, 9e et 10e Panzerdivisions pour venir épauler les cinq DI allemandes en difficulté contre le 7e corps d'armée français. Le 10 juin, soutenues par environ 800 panzers, les cinq divisions allemandes peuvent enfin percer les lignes françaises, après des combats acharnés dans lesquels les trois divisions d'infanterie françaises ne peuvent opposer qu'une quinzaine de chars de la 1re compagnie du 42e bataillon de chars de combat (BCC).

La percée allemande

Dans le secteur de Château-Porcien et Rethel, les 10e et 2e DI françaises sont assaillies, les 9 et 10 juin 1940, par six DI allemandes, soutenues par les 1re, 2e, 6e et 8e Panzerdivisions, les 20e et 29e divisions motorisées, soit un total de 36 000 soldats français opposés à 200 000 soldats allemands, appuyés par 954 chars du général Guderian. Les troupes françaises accomplissent le miracle de repousser tous les assauts allemands le 9 juin, mais, le 10 juin, les positions sont finalement enfoncées devant l'écrasante supériorité numérique et matérielle de l'assaillant. Les 10 et 11 juin, à Juniville et à Perthes, au sud de Rethel, le groupement blindé français Buisson, réduit à 160 chars, parvient à contenir la percée des quatre Panzerdivisions du général Guderian, totalisant 900 panzers. Les pertes s'élèvent à une centaine de chars hors de combat côté allemand, et à une cinquantaine côté français.

La percée allemande n'est effective au nord de Reims et au sud de Rethel, les 11 et 12 juin 1940, qu'en raison de l'écrasante supériorité en chars de la Wehrmacht dans ces deux secteurs. Le manque de blindés français s'est révélé fatidique dans les deux cas.

Des pertes énormes dans les deux camps

Du 10 mai au 25 juin 1940, l'armée allemande déplore 212 000 soldats hors de combat (49 000 tués ou disparus et 163 000 blessés), 1 800 chars détruits ou endommagés sur 3 039 engagés, sans oublier 1 559 avions perdus sur 3 900 engagés. L'armée française compte de son côté 342 000 soldats hors de combat (92 000 tués ou disparus et 250 000 blessés), 1 900 chars perdus sur 2 262 engagés et 892 avions hors de combat sur 1 300 engagés. Ces pertes témoignent de l'acharnement des combats, balayant la légende d'une prétendue « promenade militaire » des forces allemandes.

Il convient de noter que, sur les 1 500 000 soldats français capturés du 10 mai au 25 juin 1940, 1 100 000 l'ont été après le 17 juin 1940, suite à l'annonce radiophonique catastrophique du maréchal Pétain appelant à la cessation des combats, alors que l'armistice ne sera signé que le 22 juin et ne prendra effet qu'après le 25 juin. Le 18 juin et les jours suivants, l'armée allemande capture ainsi de nombreux soldats français persuadés que les combats sont terminés. – Or, des soldats faits prisonniers après une cessation officielle des combats ne sont pas considérés comme prisonniers de guerre et doivent être libérés ; s'ils sont faits prisonniers avant l'armistice (ce qui était le cas entre le 17 et le 25 juin), ils deviennent les captifs de l'ennemi pour une durée indéterminée –. Cependant, de la Loire à la Creuse, 350 000 soldats français luttent pied à pied, sans déposer les armes, jusqu'à la fin réelle des hostilités, se déplaçant la nuit et combattant le jour. Dans l'est, 400 000 autres se battent également jusqu'au bout sur la ligne Maginot, ainsi que 215 000 braves sur le front des Alpes. Du 14 au 25 juin, 965 000 soldats français au total ont poursuivi la lutte dans les pires conditions.

La tactique défensive de l'armée française a souvent tenu en échec sa rivale allemande, lorsque le rapport de force n'était pas trop déséquilibré. Dans le cas contraire, l'écrasante supériorité numérique et matérielle de l'assaillant, concentrée en des endroits vitaux, a fait la différence.

LE SAVIEZ-VOUS ?

Le sacrifice de l'aviation

Du 10 mai au 25 juin 1940, la chasse française effectue 20 410 sorties, et les bombardiers français 2 130. Sur 1 300 avions français engagés, 892 sont mis hors de combat. Durant la même période, les pertes humaines des aviateurs français s'élèvent à 541 tués, 364 blessés et 105 disparus, soit un total de 1 010 hommes hors de combat, représentant 40 % des officiers et 20 % des sous-officiers et non gradés. La Luftwaffe (armée de l'air allemande) déplore également de lourdes pertes, avec 1 559 avions hors de combat sur 3 900 engagés. Les pertes humaines côté allemand s'élèvent à 2 668 tués, 4 191 blessés et 2 923 disparus, soit un total de 9 782 aviateurs hors de combat, frappant principalement les équipages des bombardiers et des avions de reconnaissance. Contrairement aux critiques de la propagande anglophobe du régime de Vichy, l'aviation britannique a activement participé aux combats de mai-juin 1940, perdant 1 029 de ses précieux appareils.

Ces chiffres démontrent que l'armée de l'air française n'a pas démérité en mai-juin 1940. Elle a notamment privé la Luftwaffe d'une supériorité numérique suffisante pour battre l'aviation britannique durant la bataille d'Angleterre qui a suivi, du 11 août au 31 octobre 1940. À la fin de juin 1940, la Luftwaffe n'a plus que 841 bombardiers opérationnels et un peu plus de 700 chasseurs. Le 3 août 1940, à la veille d'engager la bataille aérienne décisive contre la Grande-Bretagne, la Luftwaffe n'a pas reconstitué ses effectifs du 10 mai, ni pour la chasse ni pour les bombardements, et elle se trouve à court de pilotes.

Les pilotes de la chasse française ayant remporté plus de dix victoires, en mai-juin 1940, sont les suivants : lieutenant Marin La Meslée (16 victoires), sous-lieutenant Plubeau (14), lieutenant Dorance (14), capitaine Accart (12), sergent Le Nigen (12), lieutenant Le Gloan (11), sergent-chef Tallent (11), sous-lieutenant Lefol (11).

Chapitre 3

Les débuts de la résistance clandestine et de la France libre

Dans ce chapitre :

- Les premiers résistants
- Les premiers réseaux
- Les débuts de la France libre

La défaite militaire française de mai-juin 1940 marque une scission entre les partisans de l'armistice signé par le régime de Vichy et ceux qui décident de poursuivre la lutte aux côtés des Alliés. La majorité de la population pense surtout à survivre, en attendant des jours meilleurs. Cependant, dès le début de l'occupation allemande, la Résistance se forme en divers groupes isolés, tandis qu'en Grande-Bretagne le général de Gaulle parvient à rallier les premiers Français libres.

La ligne de démarcation

L'une des dispositions les plus spectaculaires de la convention franco-allemande d'armistice du 22 juin 1940 est la création d'une *ligne de démarcation* coupant en deux le territoire français. Courant à peu près horizontalement de Genève à Tours, puis descendant par Angoulême et Mont-de-Marsan jusqu'à la frontière espagnole, elle sépare la *zone d'occupation allemande* de la *zone libre*.

Théoriquement, la souveraineté du régime de Vichy doit demeurer entière sur l'ensemble du territoire. Mais, en zone nord, le gouvernement français s'engage à faire appliquer par ses services les décisions des autorités allemandes. En zone sud, où ne stationnent pas de troupes occupantes jusqu'en novembre, Vichy est autorisé à conserver une petite armée de 100 000 hommes équipés d'armes légères.

En vérité, ces dispositions ont été conçues, de part et d'autre, comme un arrangement provisoire, dans la perspective d'une défaite rapide de la Grande-Bretagne. Pendant plusieurs mois, le gouvernement du maréchal Pétain prépare activement son retour à Paris. Mais la poursuite de la guerre transforme la ligne de démarcation en véritable moyen de pression : son franchissement dans les deux sens n'est autorisé qu'à une infime minorité, et la correspondance elle-même est limitée entre les deux zones à des cartes postales sans enveloppe. Par ailleurs, contrairement à ce que stipulent les conditions de l'armistice, l'Allemagne hitlérienne annexe les trois départements d'Alsace-Lorraine, délimite, d'Amiens à Dôle, deux zones, interdites et réservées, où les réfugiés ne peuvent rentrer, et rattache directement à l'autorité allemande de Bruxelles les départements du Nord et du Pas-de-Calais. La ligne compromet les échanges économiques entre le nord et le sud de la France. Elle permet également aux nazis d'avoir la haute main sur les industries de la zone occupée.

Le régime de Vichy et une population attentiste

N'OUBLIEZ PAS

En décembre 1940, le maréchal Pétain renonce définitivement à rentrer à Paris, qui devient la capitale des ultras de la Collaboration. Le régime de Vichy bouleverse l'échiquier politique traditionnel, interdit les partis issus de la IIIe République, favorise le développement de mouvements qui, à des degrés divers, soutiennent la *Révolution nationale* – avec pour fer de lance la fameuse devise « Travail, Famille, Patrie ». Certains percevront dans le « paternalisme » de Pétain l'écho d'une France « traditionnelle », d'autres chercheront leur « idéal » dans l'Allemagne hitlérienne ou l'Italie fasciste.

À l'égard de l'occupant allemand, la population française est dans sa large majorité attentiste. Nombreux sont ceux qui croient que l'Angleterre s'effondrera à son tour et qu'il convient, selon les directives du maréchal Pétain, de vivre d'abord et d'attendre ensuite l'occasion de s'en sortir. Cependant, un rapport établi dès le mois d'août 1940 par l'occupant constate que l'opinion française, trop marquée par le choc de la défaite puis par les premières difficultés de la vie quotidienne, ne fait que cacher son hostilité à l'Allemagne. Si la majorité de la population est maréchaliste ou attentiste en 1940, elle évolue à partir de 1942, supportant de plus en plus mal la présence des Allemands et le régime de Vichy.

Les débuts de la France libre

La *France libre* voit le jour en juin 1940, lorsque le général de Gaulle, sous-secrétaire d'État à la Défense nationale dans le gouvernement français démissionnaire, réussit à gagner la Grande-Bretagne. Le soir du 18 juin, il lance son célèbre *appel aux Français* dans les studios de la BBC. Il refuse de reconnaître la défaite. La France n'est pas seule, dit-il, elle a un empire colonial, une marine intacte, elle est l'alliée de la Grande-Bretagne, elle peut utiliser les ressources industrielles des États-Unis. Il appelle les Français à se mettre en contact avec lui.

De Gaulle tente d'incarner la résistance française

Peu de Français ont entendu son appel, moins encore savent qui est ce jeune général, malgré les succès qu'il a remportés au sein de la 4e division cuirassée en mai-juin 1940. En l'accueillant sur le sol anglais, Winston Churchill espère que cette arrivée sera le prélude à la venue à Londres de personnalités politiques françaises plus importantes. Personne ne vient. Churchill est déçu. De Gaulle, lui, à compter de son appel à la résistance, parlera de lui-même comme de l'incarnation de la souveraineté française.

Figure 3-1 : Le général de Gaulle parle au micro de la BBC à Londres en 1940. (8)

En Angleterre, il tente de persuader quelques personnalités françaises de se joindre à lui. Il n'attend rien des hommes politiques mais met son espérance dans les autorités d'outre-mer, ainsi que dans les chefs militaires. Pour toute réponse, il reçoit un ordre, adressé à « l'ex-colonel de Gaulle », le sommant de se présenter devant un tribunal militaire en France. Il se garde bien d'y répondre ; c'est donc de Londres qu'il assiste à la fin de la IIIe République.

Sa première tâche consiste à établir un mouvement de la France libre à Londres et à mettre sur pied une force militaire. Le 23 juin 1940, le gouvernement britannique reconnaît le *Comité national français* et donne son accord pour traiter avec lui de toute question relative à la poursuite de la guerre. Le 7 août, Churchill promet la restauration intégrale de l'indépendance et de la grandeur de la France. En échange, les forces de la France libre devront continuer la guerre contre l'Axe.

La faiblesse des effectifs

À la fin du mois de juin 1940, les effectifs militaires français qui se trouvent sur le sol britannique s'élèvent à 31 000 hommes, dont 10 500 fantassins, rescapés de Narvik, Dunkerque, Cherbourg et Brest, ainsi que 25 500 marins, fusiliers marins et aviateurs. Mais la plupart d'entre eux ne pensent qu'à rentrer en France. Ceux qui décident de demeurer en Grande-Bretagne le font pour des raisons diverses et changent facilement d'avis. Le 29 juin, le général de Gaulle rallie la plus grande partie de deux bataillons de la 13e demi-brigade de la Légion étrangère (900 hommes), avec le lieutenant-colonel Magrin-Vernerey (dit « Monclar ») et le capitaine Kœnig, 200 chasseurs alpins du 6e BCA, les deux tiers de la 342e compagnie autonome de chars (12 tanks H39), quelques éléments d'artillerie (six canons de 75 mm), du génie, des transmissions, plusieurs officiers d'état-major.

Les premiers ralliements

La France libre scelle cependant sa naissance sur un triple échec : elle n'a pas empêché le gouvernement français de signer l'armistice le 22 juin, elle n'a pas réussi à entraîner les chefs de l'empire colonial dans la dissidence, elle n'a constitué en Grande-Bretagne qu'une force armée dérisoire (7 000 hommes sur les 31 000 présents au début). Mais, peu à peu, la situation s'améliore : quelques personnalités réussissent à gagner Londres et acceptent de servir la France libre, comme Gaston Palewski et René Cassin. Les territoires français d'outre-mer, comme le Tchad, le Cameroun, le Congo, l'Oubangui-Chari, ainsi que les comptoirs français de l'Inde, la Nouvelle-Calédonie, les Nouvelles-Hébrides, Tahiti, la Polynésie, commencent à se rallier au général de Gaulle en 1940. Les troupes du colonel Leclerc et du capitaine Kœnig, appuyées par les chars H39 de la 1re compagnie autonome, rallient le Gabon par la force en novembre 1940. L'opération n'a coûté qu'une douzaine de tués. Le 1er bataillon d'infanterie de marine prend part aux combats à la frontière égypto-libyenne dès septembre 1940. Du Tchad, le colonel Leclerc commence à attaquer les positions italiennes du sud de la Libye en décembre 1940.

En décembre 1940, les *Forces françaises libres* (FFL) représentent près de 27 000 hommes, 24 bâtiments de la marine et une cinquantaine d'avions de combat. L'armée de terre repose sur 6 000 hommes en Grande-Bretagne, 17 500 soldats en Afrique-Équatoriale, articulés en cinq bataillons de marche, le 1er bataillon d'infanterie de marine (195 hommes), engagé en Libye, la 13e demi-brigade de la Légion étrangère (1 000 hommes) et un escadron de spahis marocains (100 hommes) au Soudan, sans oublier l'équivalent d'un bataillon dans le Pacifique. La marine comprend 1 000 hommes, deux contre-torpilleurs (le *Léopard*, le *Triomphant*), un torpilleur (la *Melpomène*), un aviso colonial (le *Savorgnan de Brazza*), quatre avisos-dragueurs (le *Duboc*, le *Dominé*, la *Moqueuse* et le *Chevreuil*), cinq sous-marins (le *Surcouf*, le *Narval*, la *Minerve*, la *Junon* et le *Rubis*) et 11 chasseurs de sous-marins. L'aviation aligne 1 000 hommes, une escadrille de chasse (Dewoitine 520), une escadrille de bombardement et deux escadrilles de reconnaissance en Grande-Bretagne, un groupe de reconnaissance et de bombardement (avions Blenheim et Lysander), une escadrille de bombardement (appareils Glenn Martin) au Tchad, une escadrille de bombardement à Aden, une escadrille de chasse (Morane-Saulnier 406 et Potez 63/11) à Haïfa, une escadrille de chasse (Morane-Saulnier 406 et Hurricane) en Égypte et en Libye.

Les débuts de la Résistance intérieure

Les premiers actes de résistance isolés se manifestent dès le début de l'Occupation : un petit nombre de patriotes, meurtris par la défaite, refusent de se courber devant l'occupant et d'adhérer à la politique de collaboration du gouvernement de Vichy. Le 22 août 1940, Raoul Armat est arrêté pour avoir saboté un camion allemand. Un rapport de police du 28 août 1940 indique que la population (y compris les agents de police) n'est pas assez respectueuse vis-à-vis des troupes d'occupation. La résistance est déjà en germe le 29 août, dans les salles de cinéma, lorsque le public applaudit les passages des actualités dans lesquels sont montrées les troupes alliées. Dans le même sens, le 8 septembre 1940, les officiers allemands se plaignent qu'à certains passages de l'opéra de Bizet *Carmen* où l'on parlait des Britanniques, des spectateurs se soient mis à applaudir inconsidérément.

Les premiers résistants

Le 17 juin 1940, Jean Moulin, préfet d'Eure-et-Loir, est arrêté à Chartres par les Allemands. Résistant à la torture, il préfère se trancher la gorge plutôt que de signer un protocole rendant coupable l'armée française d'exactions perpétrées en réalité par les nazis. Finalement libéré, il réintègre ses fonctions. Le 2 novembre 1940, relevé de son poste par Vichy, il gagne la zone libre. Il rejoint Londres en octobre 1941.

Dès juillet 1940, le socialiste Jean Texcier diffuse des tracts clandestins, par lesquels il invite à s'insurger contre la Wehrmacht. Le général Cochet, à Saint-Étienne, tout en proclamant sa fidélité au maréchal Pétain, encourage l'armée d'armistice à préparer la revanche. Au sein de cette même armée, le colonel Colson organise de nombreux dépôts d'armes clandestins en zone libre. À Marseille, le capitaine Henri Frenay, homme de droite, recrute quelques officiers dans la perspective de la création d'une Armée secrète. À Vichy même, le commandant Loustaunau-Lacau, ancien cagoulard (militant d'extrême-droite), utilise ses fonctions officielles de secrétaire général de la Légion des combattants afin d'organiser l'un des premiers réseaux d'évasion et de renseignements, La Croisade, devenue « Alliance » fin 1940. À la suite de l'arrestation en 1941 de Loustaunau-Lacau, Marie-Madeleine Fourcade, issue d'une vieille famille de la bourgeoisie marseillaise, prend la direction du réseau Alliance, qu'elle va diriger avec une grande efficacité durant toute la guerre. À Paris, les premiers périodiques clandestins paraissent dès l'automne 1940 : *Pantagruel*, de Raymond Deiss, *L'Arc*, de Probus Corréard, *Valmy*, de Raymond Burgard.

Premiers sabotages

Le premier sabotage contre l'occupant a lieu en Charente, le 21 juin 1940, à la veille de l'armistice. Ce jour-là, André Delage (15 ans), son frère Robert Delage (16 ans), Jean et Louis Leproux (16 et 17 ans) ainsi que Jean Dumonté (17 ans) sabotent plusieurs avions pris par l'ennemi se trouvant sur le terrain d'aviation de Bel-Air, à Ruelle, près d'Angoulême.

Les archives allemandes nous apprennent l'exploit du jeune Joël Libouban, qui, en plein mois d'août 1940, traverse l'esplanade des Quinconces, à Bordeaux, où se dresse l'immense panneau de la Propagandastaffel : dix panneaux sont lacérés, une dizaine d'autres maculés de graffitis et piétinés. En Gironde, à la fin du mois d'août 1940, Léo Paillère et Jean Duboué forment une organisation qui recueille des renseignements d'ordre militaire. Des armes sont également récupérées et entreposées à Langoiran.

La résistance chrétienne

À Brive, Edmond Michelet (voir le chapitre 28), figure de la démocratie chrétienne, diffuse à l'été 1940 des tracts qui refusent la résignation ; il entraîne ses équipes sociales du simple secours aux réfugiés vers l'aide aux opposants antinazis. Lyon s'affirme très tôt comme la capitale de la Résistance chrétienne. Stanislas Fumet, directeur de *Temps présent*, y fait reparaître sa revue sous le titre de *Temps nouveau*. Elle devient le point de ralliement de démocrates-chrétiens patriotes, comme Pierre Chaillet ou François de Menthon. Celui-ci, ancien président de l'Association catholique de la jeunesse française et professeur de droit, réalise la jonction encre ce groupe chrétien et certains de ses collègues. À l'automne 1940, il contacte dans les universités de droit Pierre-Henri Teitgen, René Courtin ou René Capitant et lance *Liberté*, périodique qui, tout en soutenant Pétain, refuse la collaboration et réfute le nazisme.

L'illusion du double jeu de Pétain

La popularité du maréchal Pétain est incontestable en 1940. Personne ne met en doute la sincérité du patriotisme du vainqueur de Verdun. L'illusion du *double jeu* de Pétain s'est longtemps nourrie du désir d'union des Français, et bien des résistants, comme Henri Frenay, ont toujours fait preuve d'une certaine retenue dans leurs attaques contre Vichy. L'attitude dominante chez de nombreux résistants de la zone sud, en 1940-1941, conjugue l'hostilité patriotique aux Allemands et la bienveillance à l'égard du maréchal Pétain. Les appels à la résistance du général Cochet se partagent entre une germanophobie virulente et une absolue confiance dans le « vainqueur de Verdun ». Les mouvements d'Henri Frenay et de François de Menthon, constitués d'hommes venus des multiples familles de la droite, ne renoncent que tardivement à leur sympathie pour le Maréchal. Frenay, résistant de la première heure, se présente comme un élément de « cette droite traditionnelle, pauvre, patriote et paternaliste », agissant autant par nationalisme que par antinazisme. Son attitude politique, en 1940-1941, se définit par un rejet des tares de la IIIe République, responsable selon lui du désastre de 1940, et par le sentiment d'un redressement moral nécessaire. Cela le conduit, en août 1941, à qualifier d'« acceptable » la politique intérieure de Vichy.

La croyance en une distinction entre Pétain et son entourage constitua longtemps un moyen commode de soutenir le Maréchal et d'approuver certains aspects de la Révolution nationale tout en fustigeant la dérive collaborationniste. Certains résistants manifestent pourtant d'emblée une hostilité plus vive à Vichy.

Le réseau du musée de l'Homme

LÉGENDE

À l'automne 1940, le jeune ethnologue Boris Vildé fonde à Paris le réseau du musée de l'Homme avec ses collègues Anatole Lewitzky et Yvonne Oddon. Disposant d'antennes en province, ils organisent des évasions vers la zone libre. Fin 1940, ils sont rejoints par des enseignants de Béthune et par l'avocat Weil-Curiel, qui, de son côté, a fondé un groupe clandestin (les Avocats socialistes) avec Nordmann et Jubineau. Efficacement épaulé par le professeur Rivet, le réseau se transforme en un Comité national de salut public et diffuse un périodique, *Résistance*, auquel participent des patriotes comme Aveline, Paulhan, Cassou. Première grande tragédie de la Résistance, le groupe est décimé en février 1941 suite à une dénonciation, et détruit définitivement en novembre 1942 par l'exécution de la plupart de ses membres au mont Valérien.

Les résistants socialistes du Nord et ceux de Libération

Les milieux socialistes du Nord sont particulièrement actifs. Le maire de Roubaix, Jean Lebas, amalgame dès l'automne 1940 un groupe important qui organise des évasions vers la Belgique et diffuse un journal, *L'Homme libre*, qui devient *La Quatrième République* en mai 1941. À Lille, en avril 1941, Noutour, fonctionnaire socialiste, fonde avec l'aide du démocrate-chrétien Dumez un autre périodique clandestin, *La Voix du Nord.* Considérablement soutenu dans la région, ce journal va bientôt tirer à plusieurs milliers d'exemplaires.

LÉGENDE

La manifestation du 11 novembre 1940

La manifestation parisienne du 11 novembre 1940 symbolise un timide réveil. Depuis la rentrée universitaire, une tension règne dans les lycées et les facultés. À l'approche de l'anniversaire de l'armistice de 1918, des étudiants comme Bellanger ou Lescure diffusent des tracts antinazis et progaullistes. L'arrestation de l'universitaire sympathisant communiste Langevin, le 30 octobre 1940, met le feu aux poudres. Le 11 novembre, une importante manifestation, rassemblant environ 5 000 étudiants et lycéens, se déroule à l'Arc de triomphe. Des échauffourées éclatent avec les troupes allemandes, et les arrestations sont nombreuses. Des actes d'hostilité envers le IIIe Reich se multiplient un peu partout en France : grèves, lacérations d'affiches, graffitis, tracts patriotiques, sabotages divers, presse clandestine, évasions, renseignement…

En septembre 1940, l'ingénieur Ripoche, après avoir diffusé des tracts antiallemands, regroupe des officiers d'aviation et fonde le mouvement Ceux de la Libération.

Bordeaux, base stratégique allemande

LE SAVIEZ-VOUS ?

Par son ouverture sur l'Atlantique et l'importance de son port, Bordeaux devient l'une des plus importantes bases stratégiques du IIIe Reich. La ville et sa région se trouvent en zone occupée dès 1940. Une gigantesque base sous-marine de 43 000 m^2 y est construite pour abriter des sous-marins qui sillonnent l'Atlantique et l'océan Indien. Les navires qui assurent les liaisons de l'Allemagne avec le Japon y ont installé leur port d'attache. Dès le 22 juillet 1940, Bordeaux a le triste privilège de loger la première des 16 antennes de la Gestapo en France.

Figure 3-2 : La base sous-marine allemande à Bordeaux.

Charles Tillon, résistant communiste de la première heure

Le jour même de l'appel du 18 juin 1940, Charles Tillon, délégué clandestin du Parti communiste français, rompt avec l'attitude attentiste de son parti en distribuant des tracts patriotiques sur le port de Bordeaux. Dès le mois de septembre, Charles Tillon, Marie Beyer et René Michel forment les premiers groupes chargés de l'action armée contre l'occupant. Un premier sabotage est effectué le 7 décembre 1940 contre une ligne téléphonique allemande. Parallèlement, un groupe de jeunes communistes, animé par Claude Meyroune et Raoul Claveria, ronéotype et diffuse le journal *Le Volontaire* ainsi que des tracts clandestins.

Filières d'évasion et réseaux de renseignements

Toujours à Bordeaux, l'instituteur Jean Ferrier établit une filière pour gagner l'Angleterre, *via* l'Espagne, que cinq jeunes utilisent dès l'été 1940. Le 24 août 1940, un Juif polonais, Israël Karp, ancien engagé volontaire de 1914-1918, manifeste son hostilité aux soldats allemands qui hissent le drapeau nazi devant la gare Saint-Jean. Cet acte courageux lui vaudra le poteau d'exécution. Il en sera de même pour Pierre-Lucien Mourgues, un Bordelais de 74 ans qui sera fusillé en décembre 1940.

En septembre 1940, le général d'Harcourt et le capitaine Jacquemet fondent le réseau de renseignements Jacky, comprenant notamment les officiers Besson, Douence et Salefran. En décembre, le capitaine Sabadie, l'aumônier Lasserre et le lieutenant de vaisseau Scherrer, émissaire du commandant Loustaunau-Lacau, forment une équipe de renseignements. Le groupe Georges Aubert voit le jour en octobre 1940. Ses principaux membres, l'aspirant Aubert, Georges Bonnet, le père Louis de Jabrun, Paul Mamert et Mohamed Mould Abdallah, mettent en place un réseau d'évasion spécialisé dans le passage clandestin de la ligne de démarcation.

Le groupe Dominique, formé par Lucienne Souillié en septembre 1940, sabote avec succès plusieurs camions allemands. Pierre Girard, serrurier d'art, et ses compagnons se lancent dans la collecte de renseignements militaires, tels que l'emplacement et l'organisation des troupes allemandes au port de Bordeaux et à l'aérodrome de Mérignac. Le commandant Étienne Grandier-Vazeille, dégagé des cadres de l'armée d'active depuis 1932, organise un noyau actif de résistance. Jules Domercq, sous-chef de gare à Bordeaux-Saint-Jean, renseigne la Résistance sur les déplacements des trains. Arrêté par les autorités d'occupation, ce résistant de la première heure sera torturé au fort du Hâ, où il mourra après avoir eu les yeux arrachés.

Le 8 octobre 1940, des élus socialistes et des fonctionnaires, dont le député de la Gironde Fernand Audeguil, Georges Bonnac et André Mureine, fondent le Comité d'action socialiste de la Résistance.

Louis de La Bardonnie et la Confrérie Notre-Dame

LÉGENDE

Dès la fin du mois de juin 1940, Louis de La Bardonnie, monarchiste et propriétaire viticulteur à Saint-Antoine-de-Breuilh, groupe autour de lui des hommes décidés à résister activement : Paul Ambuster, Pierre Beausoleil, l'abbé de Dartein, Jean Eschbach, le docteur Pailloux, Paul Dungler, Jean Fleuret et Ange Gaudin. Cet embryon du réseau Confrérie Notre-Dame (CND) établit des points de passage de la ligne de démarcation en Gironde et ailleurs, sabote des véhicules allemands et collecte des renseignements de tous ordres sur les troupes d'occupation. C'est en Gironde que le réseau CND, fondé par le colonel Rémy, prend une extraordinaire expansion. Le commandant Gaudin et le colonel Fleuret se chargent de renseigner les Alliés sur les navires italiens et allemands ancrés dans le port de Bordeaux, et surtout de signaler leurs mouvements.

Il semble certain, rapporte le colonel Rémy, que les renseignements fournis par l'antenne bordelaise du réseau CND aient été à l'origine de la destruction de 11 sous-marins allemands et italiens et de plus de 20 cargos, dont certains transportaient du matériel de guerre de première importance. Ce résultat équivaut à une grande victoire navale.

La Résistance s'étend un peu partout

La Résistance gagne peu à peu toute la France. À Saint-Étienne, Jean Nocher fonde Espoir, d'inspiration républicaine. À Marseille, les socialistes locaux gravitant autour de Gaston Defferre et de Félix Gouin créent des groupes de combat qui s'associent au réseau Brutus, fondé par l'officier Pierre Fourcaud (voir le chapitre 28). Le réseau Brutus, à l'origine très marqué à droite, est progressivement investi par des socialistes, comme Thomas, Gouin et Bayer. Solidement implanté à Lyon, Marseille et Toulouse, le réseau Brutus associe renseignement, sabotages et propagande.

Nantes, Clermont-Ferrand, Lyon et Toulouse

À Nantes, le réseau Bocq-Adam est officiellement créé le 15 septembre 1940. Ses membres se distinguent par quelques coups de main contre l'occupant, collectent de précieux renseignements pour les Alliés et organisent des évasions. Le groupe Marcel Hévin, fondé en août 1940, transmet à Londres des renseignements sur les installations allemandes de la région nantaise. D'autres réseaux suivent, tombent les uns après les autres et voient leurs membres exécutés. La Résistance nantaise ne baisse pas pour autant les bras.

Emmanuel d'Astier de La Vigerie, ancien officier de marine, refuse l'armistice. Dès l'été 1940, il tente de former un premier groupe de résistance à Port-Vendres. Son projet se réalise peu à peu. En novembre 1940, à Clermont-Ferrand, il entre en contact avec Jean Cavaillès, les époux Aubrac (Lucie et Raymond), Georges Zérapha, et fonde une organisation (La Dernière Colonne) qui placarde des tracts appelant à la résistance. D'Astier cherche à créer un mouvement qui sera le point de rencontre des syndicalistes, des socialistes et des communistes. Il contacte ainsi les syndicalistes Jouhaux et Buisson pour la CGT, Morandet pour la CFTC. Il se lie avec les socialistes Mayer, Gouin et Ribière.

À la fin de 1940, des patriotes venus d'horizons très différents – Georges Valois, ancien de l'Action française, Elie Péju, ex-communiste, Antoine Avinin, de Jeune République – fondent le mouvement France-Liberté à Lyon.

Toulouse devient également une plaque tournante de la Résistance. Les nombreux immigrés italiens ayant fui le régime fasciste sont parmi les premiers résistants du département de la Haute-Garonne. Silvio Trentin, ancien professeur de droit et député socialiste italien, arrive en France en 1926. Il groupe autour du mouvement Libérer et fédérer des socialistes (Moch et Auriol), des intellectuels (Cassou) ou des communistes (Friedmann). Trentin regroupe aussi bien des démocrates-chrétiens que des socialistes et des communistes. Son implantation géographique, toulousaine et marseillaise, en fait une organisation active de la Résistance du sud de la France. À l'automne 1940, des militants communistes distribuent à Toulouse des tracts condamnant « les forbans de Vichy ». Des réseaux de renseignements et d'évasion ont des antennes à Toulouse. Les mêmes personnes se retrouvent dans des organisations différentes.

La zone nord et la région parisienne

Dès l'automne 1940, la zone nord voit la multiplication des mouvements de résistance. Les Bataillons de la mort, l'Armée des volontaires et le Mouvement national révolutionnaire sont trois groupes courageux rapidement anéantis. Les premiers périodiques résistants parisiens

(*Pantagruel*, *L'Arc*, *Valmy*) naissent, pour disparaître parfois aussitôt. Sur les ruines de *Valmy*, Renet-Destrée fonde le mouvement Résistance, qui édite un périodique éponyme.

À Paris, les lycéens et les étudiants donnent naissance à divers petits groupes. Les étudiants Lusseyran et Oudin fondent Les Volontaires de la liberté, recrutant dans les grandes écoles. Des intellectuels et des universitaires créent Socialisme et liberté. Le plus solide de ces mouvements, Défense de la France, a été fondé par les étudiants Viannay, Salmon et Jurgensen, soutenus par l'industriel Lebon. Ce mouvement édite dans les caves de la Sorbonne un périodique, organise des évasions vers la zone sud et entreprend la fabrication de faux papiers. Marquée à droite à l'origine, cette organisation clandestine connaît une audience croissante auprès des jeunes Parisiens.

Les zones est et ouest

L'est de la France a également ses groupes clandestins. À Nancy, Nicolas Hobam, l'instituteur Leroy et le colonel Granval fondent le mouvement Lorraine, qui attire les fonctionnaires et les gendarmes. En Alsace, Bareiss fonde un groupe militaire, vite anéanti.

À l'ouest, Chatenay et Poupot mettent sur pied, à Angers, le mouvement Honneur et Patrie, qui se place rapidement sous l'autorité du BCRA (service de renseignements de la France libre). Au Havre, les résistants Morpain, Garreau et Hamon organisent à la fin de 1940 un réseau de renseignements et de récupération d'armes. Ce groupe va être décimé en avril 1941. Les rares survivants s'orientent vers la propagande et la production de faux papiers. Toujours au Havre, les adolescents Maltrud et Pellerin distribuent des tracts patriotiques et font éditer un véritable périodique, *Le Patriote*. Partout en France, des groupes naissent.

Les Charentes et les Landes

N'OUBLIEZ PAS

En Charente, les communistes se signalent par des actions diverses contre l'occupant : grèves dans les usines, diffusion de tracts dénonçant la trahison du gouvernement de Vichy… Ces initiatives, visant aussi bien les Allemands que Vichy, provoquent les premières arrestations : Moreau en juin 1940, Perrot, Raycondeau, Chazot et Gaudy en octobre de la même année. Certains éléments du groupe – qui formeront le célèbre maquis gaulliste Bir Hakeim – constituent de 1940 à 1942 des équipes dispersées de deux ou trois personnes en Charente : Vandeputte et Montauban à Laurençon ; Chabanne, Pascaud et Cherves à Chasseneuil ; Beillard et Boireau à Chazelles ; Tauza et Baijard à Montembœuf ; Maze, Censier et Pacton à Saint-Claud ; Bonneau,

Keller à Angoulême et à Roumazières ; le groupe Valentin à Cognac… En dehors de quelques sabotages d'installations allemandes, l'activité porte surtout sur les passages clandestins de la ligne de démarcation et la propagande. En Charente-Maritime, le groupe Guilleaud des Robins, formé à Saint-Hilaire-du-Bois, camoufle des armes dans la nature. Dès août 1940, la ferme du résistant Guilleaud des Robins sert de refuge aux Juifs et aux saboteurs du commandant Thibaudeau. Le communiste Yves Tasset met en place un groupe de sabotage qui détruit trois camions allemands à La Pallice le 28 septembre 1940.

Dans le département des Landes, la résistance est organisée, dès septembre 1940, par un groupe de trois hommes à Dax : Camille Bouvet, Pierre Sentucq et Léonce Dussarat. Ils se spécialisent dans le renseignement en fournissant notamment aux Alliés les plans des terrains d'aviation du Sud-Ouest, en leur communiquant l'emplacement des blockhaus sur la côte atlantique et la localisation des troupes d'occupation. D'autres groupes, spécialisés dans le renseignement et l'évasion, voient le jour, avec les résistants Loubit à Parentis, Broqua à Aire, Lamarque à Geaune, Doussy à Samadet, Lemée à Mont-de-Marsan…

Les Pyrénées

Du fait de la proximité de la frontière espagnole, la résistance dans les Basses-Pyrénées s'illustre dans les réseaux d'évasion. Le Pays basque, occupé par les Allemands dès 1940, voit naître les réseaux Nana, Comète, Margot, Macaye… Les passeurs basques se taillent rapidement une solide réputation. Parmi eux, Florentino Goïcoechea fait figure de héros. Né le 14 mars 1898 à Hernani, résistant de la première heure, il a aidé des centaines de patriotes et alliés à franchir clandestinement la frontière franco-espagnole.

Du côté d'Urrugne, Florentino Goïcoechea se présente, à l'époque, comme le principal maillon de la chaîne. De Ciboure, une personne dévouée, Kattalin Aguirre, se charge d'accueillir les aviateurs alliés, les résistants français, les réfractaires et, d'une façon générale, tous ceux qui veulent poursuivre la lutte hors de la métropole. Il faut ensuite gagner la montagne à la sortie de Ciboure. Expédition risquée : les patrouilles allemandes veillent sans répit. À la nuit tombée, les clandestins suivent Goïcoechea par des sentiers sinueux et abrupts. Vers 1 heure du matin, le passage à gué de la Bidassoa exige un nouvel effort. Du côté espagnol, les gardes franquistes ne sont pas tendres avec les résistants. Il faut encore grimper le versant d'une montagne avant d'arriver au village d'Oyartzun. À cet endroit, tout le monde se restaure. La mission de Goïcoechea est alors terminée, d'autres prennent le relais. Durant l'Occupation, Florentino Goïcoechea a facilité le passage de 227 aviateurs alliés et de plusieurs centaines de résistants français et belges.

Figure 3-3 : Artilleurs allemands à Socoa (Pays Basque) durant l'occupation.

Figure 3-4 : Le colonel Rémy (coiffé d'un béret) à bord d'un navire allié.

Autre grand résistant du Pays basque, le révérend père Joseph Fily se distingue dès 1940. Il travaille avec le réseau Vengeance puis organise une filière de passage à travers les Basses-Pyrénées (réseau Macaye). Les clandestins franchissent la Bidassoa entre Béhobie et Hendaye, malgré la surveillance étroite des Allemands. La plupart des passages vont de Macaye vers Saint-Étienne-de-Baïgorry ou Bidarray. Au début, beaucoup passent par le col de Saint-Ignace et la Rhune. La vallée des Aldudes est également empruntée. Parallèlement, le père Fily organise l'hébergement des évadés. L'abbé Laborde, curé de Macaye, abrite tous les arrivants, notamment les Bretons, dont le chanoine de la cathédrale de Quimper organise les départs. Les passeurs sont tous du coin. Les lieux de passage se multiplient par souci de prudence, mais les plus faciles restent ceux de Biriatou, des cols Ibardein, de la Rhune, d'Ibanesta. Les passeurs du réseau Comète aident dans bien des cas.

Fait étonnant, le village de Macaye ne sera jamais occupé par les Allemands. Perché sur une petite colline, très à l'abri, le village est à peine repérable. Les habitants accueillent facilement les réfractaires au STO (Service du travail obligatoire), les aviateurs alliés… Le ravitaillement est abondant et permet aux évadés de prendre des forces… à la grande joie du presbytère, complet en permanence. Lorsque les évadés de France sont internés au camp de Miranda, en Espagne, le père Fily s'occupe alors de leur nouvelle évasion. Il parvient à faire sortir du camp un grand nombre d'entre eux grâce à l'aumônier du camp, un religieux de la même congrégation que lui. En Béarn, la comtesse Paul de Liedkerke, réfugiée à Pau durant l'Occupation, s'occupe elle-même de la ligne Bourgogne et du réseau Démocratie.

Les premiers résistants communistes

Dès 1940, sans attendre l'invasion de la Russie soviétique (en juin 1941), des personnalités importantes du Parti communiste français (PCF) rassemblent des groupes de résistants : Tillon à Bordeaux, Ouzoulias à Paris, Marcel-Paul en Bretagne, Guingouin en Limousin, Noireau dans le Lot… Dans les usines de Bègles, fief du PCF en Gironde, le mécontentement s'exprime et la révolte éclate. Au travers des revendications relatives à la médiocrité des repas, c'est en vérité l'occupant qui est visé. L'agitation des mineurs du Nord fait encore plus de bruit : à l'instigation des militants communistes, dont Brulé, 100 000 mineurs défient l'occupant et le patronat lors de grèves monstres.

Rémy, agent secret gaulliste

Gilbert Renault (« colonel Rémy » dans la Résistance), aîné d'une famille de neuf enfants, est né le 6 août 1904 à Vannes, dans le Morbihan. Son père, professeur de philosophie et d'anglais au collège de Vannes puis inspecteur général d'une compagnie d'assurances, meurt en 1925. Après des études au collège Saint-François-Xavier de Vannes, il obtient son baccalauréat et suit les cours de la faculté de droit à Rennes. Gilbert Renault est d'abord rattaché à la Banque de France en 1924 avant de se lancer, à la fin des années 1930, dans la production cinématographique. Père de quatre enfants, il cherche vainement à s'engager lors de la déclaration de guerre, en septembre 1939.

En juin 1940, il refuse l'armistice et, après avoir tenté de gagner l'Afrique du Nord, s'embarque pour l'Angleterre à bord d'un chalutier amarré dans le port de Lorient, le 18 juin 1940. Il atteint le Verdon, où il s'embarque à nouveau, cette fois sur un cargo norvégien, le *Lista*, et parvient en Grande-Bretagne le 22 juin 1940. Dès son arrivée, il s'engage dans les Forces françaises libres. Affecté au service de renseignements, nommé chef de mission de seconde classe, il repart pour la France, *via* l'Espagne, dès le début du mois d'août, chargé par le général de Gaulle d'une mission de renseignements consistant à surveiller les mouvements de l'ennemi tout le long de la côte atlantique, de Brest à la frontière espagnole.

Pour accomplir sa mission, Gilbert Renault fonde, en novembre 1940, la Confrérie Notre-Dame (CND), qui s'étendra progressivement à l'ensemble de la zone occupée et même à la Belgique. La CND travaille en liaison avec l'Organisation civile et militaire (OCM) du colonel Touny, qui crée, à l'instigation du « colonel Rémy », le réseau Centurie. L'effectif de la CND atteindra le chiffre de 1 375 personnes, et celui de Centurie 1 682.

Guingouin, premier résistant du Limousin

Georges Guingouin est né le 2 février 1913 à Magnac-Laval, en Haute-Vienne. Son père, sous-officier de carrière, est mort pour la France le 28 août 1914 à Bapaume. Sa mère est institutrice. Après des études à l'école primaire supérieure de Bellac, il intègre l'École normale d'instituteurs de Limoges. Appelé sous les drapeaux en 1934 comme secrétaire d'état-major à la 6e compagnie du train à l'École militaire de Paris, il est ensuite nommé au poste d'instituteur à Saint-Gilles-les-Forêts, en Haute-Vienne. Il est en outre secrétaire du secteur communiste d'Eymoutiers, comprenant les cantons de l'est du département.

Figure 3-5 : Le résistant Georges Guingouin en tenue de combat.

Mobilisé le 23 août 1939 au groupe de transport 120/124, blessé le 17 juin 1940, il est évacué à l'hôpital Sainte-Madeleine de Moulins. Le 18 juin, la ville est attaquée par les Allemands. Se refusant à être fait prisonnier, Georges Guingouin rejoint sous la mitraille le poste de secours de l'unité qui défend la ville et se fait évacuer sur Montluçon. Ce même jour, le général de Gaulle, de Londres, lance son célèbre appel à la résistance.

Revenu dans ses foyers et remis de ses blessures, Georges Guingouin organise la résistance dès juillet 1940 sous forme de groupes clandestins, édite et diffuse des tracts contre le gouvernement de Vichy et les Allemands, confectionne de fausses cartes d'identité. Il se trouve en désaccord avec la ligne politique attentiste ou collaboratrice préconisée par le responsable communiste Jacques Duclos. Il refuse de reproduire et de diffuser *La Vie du Parti* n° 9 de septembre 1940, qui déclare : « Nous devons être sans haine vis-à-vis des soldats allemands. Nous sommes contre de Gaulle et le clan capitaliste dont les intérêts sont liés à Vichy » (Archives du musée de la Résistance, Limoges).

PORTRAIT

De Gaulle, incarnation de la Résistance

Charles de Gaulle est né à Lille le 22 novembre 1890 au sein d'une famille catholique et patriote. Son père, Henri de Gaulle, professeur de lettres et d'histoire, exerce une grande influence sur lui. Les Jésuites et les Frères de l'Assomption lui donnent une solide culture générale et humaniste. Après une année de préparation au collège Stanislas à Paris, il est reçu en 1908 à l'École spéciale militaire de Saint-Cyr. Il a comme condisciple le futur maréchal Alphonse Juin. À sa sortie de Saint-Cyr, au 13e rang, il choisit pour affectation le 33e régiment d'infanterie (RI) d'Arras, commandé alors par le colonel Philippe Pétain.

En août 1914, le lieutenant de Gaulle combat dans la Ve armée du général Lanrezac. Blessé dès le 15 août à Dinant, évacué et hospitalisé, il ne peut retourner au front qu'en octobre. Il est blessé une deuxième fois au combat du Mesnil-lès-Hurlus le 10 mars 1915. Il rejoint ensuite le 33e RI, où il est commandant de compagnie, puis adjoint du colonel. Il reçoit une troisième blessure lors de la bataille de Verdun, en 1916. Laissé pour mort, il obtient une citation à titre posthume à l'ordre de l'armée. Fait prisonnier, il est soigné à l'hôpital de Mayence puis enfermé dans diverses forteresses allemandes, d'où il tente de s'évader à cinq reprises. Il ne sera libéré qu'en novembre 1918.

De 1919 à 1921, il est envoyé en Pologne, où il participe à la formation de l'armée polonaise, engagée dans une lutte – finalement victorieuse – contre l'Armée rouge. Il est ensuite chargé de cours à l'École militaire de Saint-Cyr, avant son admission à l'École de guerre, en 1922. Il fait un stage à Trèves puis à l'état-major de l'armée française du Rhin à Mayence en 1924. En 1925, il est détaché à l'état-major du maréchal Pétain, vice-président du Conseil supérieur de la guerre. Il est à nouveau affecté à Trèves en 1927 comme chef de bataillon. De Gaulle est muté au Levant en 1929 et passe deux années à Beyrouth. En 1931, il rejoint le secrétariat de la défense nationale à Paris. Durant cette période, il publie des articles et des ouvrages qui le font remarquer. Dans *Vers l'armée de métier*, livre publié en 1934, il prône la création d'une armée professionnelle mécanisée aux côtés de la conscription et souligne l'importance des divisions blindées dans la guerre moderne.

Colonel en 1937, il est nommé à la tête du 507e régiment de chars à Metz. En septembre 1939, il est promu commandant des chars de la Ve armée, stationnée dans l'est de la France. En janvier 1940, il envoie à 80 personnalités militaires ou politiques un mémorandum qui insiste sur la nécessité d'allier le char et l'avion d'assaut lors des opérations militaires futures. Affecté au commandement de la 4e division cuirassée, il se distingue lors des combats de Montcornet, Crécy-sur-Serre et Abbeville, en mai 1940, où il bouscule à plusieurs reprises les défenses allemandes en faisant de nombreux prisonniers. Nommé général de brigade le 1er juin, il est appelé par Paul Reynaud, président du Conseil, comme sous-secrétaire d'État à la Défense nationale et à la Guerre le 5 juin. Hostile à l'armistice demandé par le maréchal Pétain (nouveau président du Conseil), le général de Gaulle rejoint Londres le 17 juin afin de poursuivre la guerre. Il lance son appel à la résistance le 18 juin dans les studios de la BBC. Il est condamné à mort par contumace en août par le gouvernement du maréchal Pétain.

.../...

Le 28 juin 1940, Winston Churchill, chef du gouvernement britannique, reconnaît le général de Gaulle comme le chef des Français libres. De Gaulle se consacre alors à la création d'une force armée qui doit poursuivre la guerre contre l'Axe. Les Forces françaises libres luttent avec efficacité sur terre, sur mer et dans les airs aux côtés des Alliés sur tous les fronts. Avec notamment l'aide de Jean Moulin, de Gaulle unifie en 1943 la Résistance intérieure, qui se rallie à lui. Il fonde à Brazzaville un organe politique, le Conseil de défense de l'Empire, le 27 octobre 1940. Il dote la France libre d'un Comité national français en septembre 1941, préfiguration du gouvernement en exil, qui deviendra le Comité français de libération nationale le 3 juin 1943, après son arrivée à Alger, instance qu'il préside avec le général Giraud. Le général de Gaulle devient le président du gouvernement provisoire de la République français, formé le 3 juin 1944. Il arrive en Normandie le 14 juin 1944 et rétablit l'autorité d'un gouvernement national. Le 25 août, le général de Gaulle s'installe victorieusement à Paris. Le 9 septembre, un gouvernement d'unanimité nationale est constitué, sous sa présidence. Une Assemblée constituante est ensuite élue, en octobre 1945. Le 8 mai 1945, comme l'avait voulu cinq ans plus tôt le général de Gaulle, la France est présente à la table de la victoire à Berlin, par l'intermédiaire du général de Lattre de Tassigny, aux côtés des trois autres grandes puissances (États-Unis, URSS et Grande-Bretagne).

En désaccord avec l'Assemblée constituante sur la conception de l'État et le rôle des partis, le général de Gaulle démissionne de la présidence du gouvernement provisoire le 20 janvier 1946. Il a rempli la mission qu'il s'était donnée le 18 juin 1940 : libérer le territoire, restaurer la république, organiser des élections libres et démocratiques, entreprendre la modernisation économique et sociale. Rappelé au pouvoir en 1958, il s'achemine vers l'indépendance de l'Algérie en 1962. De 1962 à 1968, en tant que président de la République, il consolide le régime de la Ve République par d'importantes réformes et la modernisation du pays. Il institue un axe franco-allemand au sein de l'Europe, dote l'armée française de l'armement nucléaire, refuse la tutelle américaine et initie le retrait de la France du système intégré de l'OTAN en 1966. Il renforce la Communauté européenne avec la politique agricole commune en 1963. Il remporte les élections présidentielles de 1965 avec 54,8 % des voix.

Le 27 avril 1969, il décide de quitter le pouvoir suite à l'échec d'un référendum portant sur la régionalisation et la réforme du Sénat. Il se consacre alors à l'écriture, poursuivant notamment la rédaction de ses *Mémoires de guerre*, entreprise commencée en 1954. Il décède le 9 novembre 1970 à Colombey-les-Deux-Églises. Il est enterré au cimetière de cette localité, en présence de sa famille, des compagnons de la Libération et des habitants de son village. Le 12 novembre a lieu à Notre-Dame de Paris une cérémonie officielle avec les autorités de l'État et des personnalités étrangères du monde entier.

Chapitre 4

La Gestapo s'installe en France

Dans ce chapitre :

- Une organisation tentaculaire
- Des chefs nazis fanatiques
- L'adversaire principal de la Résistance

Principal adversaire de la Résistance, la Gestapo, police secrète d'État de l'Allemagne hitlérienne, connaît un essor considérable en France et dans le reste de l'Europe, suite aux invasions successives de la Wehrmacht. Cette organisation répressive et policière a cependant déjà sévi en Allemagne, suite à la prise du pouvoir par Hitler.

Les origines de la Gestapo

DATE CLÉ

En janvier 1933, au moment de l'arrivée au pouvoir de Hitler en Allemagne, le parti nazi met peu à peu en place une politique de répression contre tous les opposants au niveau régime, par l'écartement, l'internement et l'élimination, en dehors de tout cadre légal. La *Gestapo* (abréviation de *Geheime Staatpolizei*, c'est-à-dire « Police secrète d'État ») est officiellement fondée le 26 avril 1933 par un décret prononcé par Hermann Göring, ministre de l'Intérieur de la Prusse dans le premier gouvernement de Hitler. Dans la foulée, la Gestapo, dont les activités sont au début limitées à Berlin, ouvre un bureau dans chaque district prussien et met en place, dès le mois de juin, un réseau de surveillance de l'opinion publique. Elle démantèle l'organisation clandestine politique du Parti communiste allemand et enquête sur les activités de la SA (*Sturmabteilung*, « Section d'assaut »), branche paramilitaire du nazisme, en conflit avec sa rivale, la SS (*Schutzstaffel*, « Troupes de protection »).

Les premiers membres de la Gestapo

Les 200 premiers membres de la Gestapo sont des policiers et des militants nazis fidèles à Göring. Le siège central se trouve à Berlin, au n° 8 de la Prinz-Albrecht-Strasse. Police secrète qui doit se fondre dans la population, la Gestapo se crée une tenue vestimentaire civile devenue célèbre, avec le manteau de cuir noir et le chapeau à large bord. Elle multiplie les arrestations et les assassinats contre les opposants de tous bords.

La Gestapo est secondée dans ses tâches répressives par 50 000 auxiliaires de police, nommés par Göring dès février 1933, et comprenant 25 000 membres des SA, 10 000 membres de la SS et 15 000 membres du Stahlhelm (nationalistes de l'organisation des Casques d'acier).

Himmler entre en scène

Pendant que Göring organise la Gestapo en Prusse, Henrich Himmler, chef des SS, prend le contrôle des polices des autres États allemands. En mars 1933, il est nommé préfet de police de Munich, puis, le mois suivant, président de la police de Bavière. Durant les mois qui suivent, il parvient à réunir sous ses ordres les polices de Hambourg, du Mecklembourg, de Lübeck, de la Thuringe. Au printemps 1934, il dirige toutes les polices allemandes à l'exception de la police prussienne. Devenu ministre de l'Air, Göring va devoir céder la Gestapo à son rival, Himmler, qui unifie toutes les polices allemandes. Ce dernier étend ainsi le champ d'action de la Gestapo à l'ensemble de l'Allemagne.

La loi du 17 juin 1936, sur décision de Hitler, confie officiellement la Gestapo à Himmler, qui devient le chef de toutes les polices allemandes. La Gestapo et la Police criminelle (*Kriminalpolizei*, ou « Kripo ») forment la Police de sûreté (*Sicherheitspolizei*, ou « Sipo »). La Sipo est chargée de lutter contre les ennemis de l'État avec la Kripo, qui « poursuit les individus qui par suite de dégénérescence physique ou morale sont séparés de la communauté populaire et qui violent, dans leur intérêt particulier, les dispositions prises pour préserver l'intérêt général » ; la Gestapo, de son côté, s'occupe « des individus qui, comme mandataires des ennemis du peuple allemand national-socialiste, veulent détruire l'unité nationale et anéantir la puissance de l'État ».

Organisation de la Gestapo

Dirigée de 1936 à 1945 par Heinrich Müller, la Gestapo est organisée en cinq puis en six départements, comportant plusieurs sections :

- **département A :** adversaires du nazisme (A1 : organisations communistes ; A2 : contre-sabotage et sécurité générale ; A3 : réactionnaires, libéraux, monarchistes, émigrés ; A4 : Service de sécurité, prévention des attentats) ;
- **département B :** églises, sectes religieuses, Juifs et francs-maçons (B1 : catholicisme politique ; B2 : protestants et sectes ; B3 : autres églises et francs-maçons ; B4 : Juifs) ;
- **département C :** internement, fichier central, presse (C1 : ressources humaines, fichage et dossiers ; C2 : internements préventifs et de protection ; C3 : presse et édition ; C4 : affaires du parti nazi et de ses organisations) ;
- **département D** (institué durant la guerre) : territoires occupés et travailleurs étrangers en Allemagne (D1 : protectorat de Bohême-Moravie et résidents tchèques ; D2 : Gouvernement général de Pologne et résidents polonais ; D3 : travailleurs étrangers ; D4 : répression dans les territoires occupés de l'Ouest, à savoir Pays-Bas, Belgique, France, Luxembourg, Norvège, Danemark) ;
- **département E :** contre-espionnage et économie (E1 : contre-espionnage dans l'industrie du Reich ; E2 : problèmes économiques généraux ; E3 : questions économiques des pays de l'Ouest ; E4 : questions économiques des pays du Nord ; E5 : questions économiques des pays de l'Est ; E6 : questions économiques des pays du Sud) ;
- **département F :** frontières du Reich et identité judiciaire (F1 : Police des frontières ; F2 : passeports ; F3 : cartes d'identité ; F4 : Police des étrangers) ;
- **département P :** relations avec les polices étrangères ;
- **département N :** regroupement et centralisation des renseignements.

La Gestapo voit son budget augmenter considérablement, passant de 1 million de marks en 1933 à 40 millions en 1937. Sur la base des décrets du 28 février 1933 et du 8 mars 1934, elle peut emprisonner ou interner en camp de concentration qui bon lui semble, sans limite de durée, sans chef d'accusation et sans procès. L'absence de tout contrôle juridictionnel sur les agissements de la Gestapo est officiellement confirmée, le 10 février 1936, par une loi qui indique notamment que « les ordres et les affaires de la Police secrète ne sont pas sujets à l'examen des tribunaux administratifs », loi qui ne fait que confirmer un avis de la Cour administrative de Prusse de 1935, selon lequel « une mise en détention décidée par la Gestapo ne peut être contestée devant un tribunal ».

Un système tentaculaire

Chaque ville d'Allemagne a un poste de la Gestapo, dirigé par un inspecteur de la Police de sûreté, dont la mission oscille entre les renseignements généraux (rapport sur l'état moral de la population) et le traitement des dénonciations (qui représente 80 % de son activité). La Gestapo dispose d'un vaste réseau d'informateurs et joue sur la terreur qu'elle inspire, car ses effectifs sont faibles en réalité. À titre d'exemple, le bureau de Düsseldorf ne dispose que de 281 agents pour 4 millions d'habitants, tandis que la ville d'Essen aligne 43 agents pour 650 000 habitants. À Cologne, on recense 69 membres de la Gestapo pour 750 000 habitants. La Gestapo, forte en tout de 35 000 à 40 000 agents (sans compter les délateurs rétribués), ne pratique pas un encadrement étroit de la population, en raison de celui qu'exerce déjà le parti nazi.

Répartie à travers toute l'Allemagne, la Gestapo comprend 57 services régionaux, dont 21 postes principaux et 36 postes secondaires. La Kripo, qui depuis 1936 forme avec la Gestapo la Sipo, dispose de 66 services régionaux, divisés en 20 postes principaux et 46 postes secondaires.

La Gestapo intègre le RSHA

Le 27 septembre 1939, la Gestapo intègre l'*Office central de sûreté du Reich* (RSHA). Himmler obtient en 1940 que les membres du RSHA ne relèvent que de la juridiction spéciale de la SS, ce qui ouvre la voie à l'arbitraire le plus total. Réunion de tous les organes de police et de sécurité du Reich, le RSHA se divise en sept services, dont les deux premiers s'occupent de la direction du personnel et de la gestion des finances. Les cinq autres s'évertuent à remplir le plus efficacement possible la mission qui leur incombe. Ainsi, le troisième service, le Service de sécurité du chef SS du Reich (SD), s'occupe des affaires intérieures allemandes. Le quatrième n'est autre que la Gestapo, le cinquième la Police criminelle (Kripo) ; le sixième, la branche du SD en charge des affaires extérieures au territoire allemand, représente le contre-espionnage. Enfin, les missions capitales du développement et de la défense de l'idéologie nazie reviennent au septième service. Les services sont indépendants les uns des autres et ne répondent qu'à la seule autorité de leur chef, Reinhard Heydrich, lui-même subordonné à Himmler.

Heydrich, Göring, Himmler et Müller

PORTRAIT

Né à Halle en 1904, Reinhard Heydrich s'engage à 18 ans dans la marine, où il devient officier de renseignements. Il en est chassé en 1931 pour avoir séduit une jeune fille qu'il refuse d'épouser. Il entre au parti nazi en 1923 et devient l'adjoint de Himmler, qui fonde pour lui le SD, dont la sinistre réputation s'étendra à toute l'Europe. Il emploie bientôt 100 000 agents occasionnels et 3 000 à temps complet. Chef de la Police politique de Munich, Heydrich joue un rôle important dans l'épuration du parti nazi, en 1934. Il est nommé chef de toute la police allemande au sein du RSHA et organise le 9 novembre 1938 la « Nuit de cristal », le plus terrible pogrom qu'ait connu l'Allemagne jusque-là. En 1940, commissaire général de la Gestapo pour tous les territoires occupés, il est blessé le 29 mai 1942 par des résistants tchèques et meurt le 4 juin.

Le fondateur de la première Gestapo, Hermann Göring, est né à Rosenheim le 12 janvier 1893. As de l'aviation allemande durant la Première Guerre mondiale, hostile à la République de Weimar (régime démocratique mis en place en Allemagne entre les deux guerres), il s'engage dans une compagnie commerciale suédoise. En 1921, il suit des cours à l'université de Munich et entre en contact avec le parti nazi. Il est blessé aux côtés de Hitler à Munich en 1923 lors du putsch manqué dit « de la Brasserie ». Député (en 1928) puis président (en 1932) du Reichstag (Parlement allemand), il facilite la prise du pouvoir national-socialiste. Ministre de l'Intérieur, Premier ministre de Prusse, ministre de l'Air, il supervise la Gestapo et prépare le réarmement allemand. Hitler le désigne comme son successeur futur. Après la campagne de France en mai-juin 1940, il est nommé maréchal du Reich. Chef suprême de l'économie de guerre, il organise l'exploitation des territoires conquis. En avril 1945, ayant amorcé des négociations avec les Alliés, il est déchu de ses fonctions. Condamné à Nuremberg, il s'empoisonne avant d'être pendu, le 15 octobre 1946.

PORTRAIT

Heinrich Himmler voit le jour le 7 novembre 1900 à Munich. Il étudie l'agriculture à l'université de Munich et, par la suite, devient membre de l'Académie de droit allemand. Sous-chef (en 1927) puis chef (en 1928) des SS, il dirige également la propagande nazie jusqu'en 1930. Membre du Reichstag et du Conseil d'État prussien en 1933, il commande ensuite les forces de police allemandes en 1936. En 1939, il devient sous-chef de l'Administration du Reich. Hitler le charge de supprimer la résistance antinazie en Allemagne et dans les pays occupés. Il s'exécute avec zèle. En 1943, il occupe le poste de ministre de l'Intérieur. Après la formation du gouvernement de Dönitz et la mort de Hitler, en avril 1945, Himmler se cache sous une fausse identité. Démasqué par les soldats britanniques à Bremervörde, il est arrêté le 21 mai 1945. Le 23 mai, il avale une capsule de poison et meurt en quelques minutes.

Le chef de la Gestapo de 1936 à 1945, Heinrich Müller, né le 28 avril 1900, n'est pas un nazi de conviction, mais un opportuniste et un policier de carrière sans état d'âme. Lorsque Hitler prend le pouvoir, le 20 janvier 1933, il est le chef du département politique de la police bavaroise à Munich. Avant cette date, il a lutté indifféremment contre les communistes et les nazis. Son ralliement au nazisme n'est pas immédiat, car il croit initialement que l'aventure hitlérienne ne durera pas. Ainsi, le 9 mars 1933, Müller recommande à ses supérieurs d'utiliser la force contre les nazis, qui mettent fin illégalement au gouvernement du Land de Bavière. Le *Gauleiter* (chef de district) de Haute-Bavière, dans un rapport daté du 4 janvier 1937, le qualifie de « nationaliste » et de « séparatiste bavarois », car il est membre du Parti populaire bavarois, et ajoute « qu'il n'est en aucun cas un national-socialiste ».

Müller ne s'inscrit au parti nazi que le 31 mai 1939, sans pour autant être écarté de la police. En 1934, il rejoint la SS pour intégrer le SD sous les ordres de Heydrich. Deux ans plus tard, il devient chef des opérations de la Gestapo. Lors de la création du RSHA, en septembre 1939, il est propulsé à la tête du département IV, soit la Gestapo et la Police des frontières, avec le grade de *Gruppenführer* (général). Müller est donc le n° 3 du système policier nazi, après Himmler et Heydrich. Cette promotion a plusieurs explications : Müller est compétent et discipliné, sans être mêlé aux querelles du parti nazi ; ce n'est donc pas un ambitieux à craindre pour les maîtres de l'appareil policier nazi, Himmler et Heydrich. Ensuite, il a la preuve que la mère de Heydrich a des ascendances juives, ce qui est un moyen de pression non négligeable sur le jeune loup du SD. Müller se range sous la bannière de Heydrich et devient auxiliaire du SD.

Dans la guerre génocidaire envisagée contre la Russie soviétique, Müller est l'un des rares volontaires à se présenter pour participer aux groupes d'extermination mis en place, les *Einsatzgruppen*. Une des particularités de la Gestapo est de coiffer le département B, dont la section B4 se charge de la répression contre les Juifs, dirigée par Adolf Eichmann. Müller est donc un des principaux chefs du programme d'extermination des Juifs, tâche qu'il délègue cependant à Eichmann afin de se consacrer pleinement à sa mission policière contre les opposants de tous bords. En novembre 1942, il décapite le réseau de renseignements soviétique de l'Orchestre rouge. En août 1944, Müller oriente son action principale au sein du service de contre-espionnage.

Il est vu pour la dernière fois dans le bunker du Führer, à Berlin, le 29 avril 1945. Son corps n'a pas été retrouvé. Durant la guerre froide, le bruit a couru qu'il travaillait pour les services secrets américains, ce que la CIA dénonce comme une désinformation soviétique. En 1961, le lieutenant-colonel Goloniewski, un Polonais collaborant avec les Occidentaux et l'OTAN, informe les Américains que Müller aurait travaillé jusqu'en 1951 à la Police politique soviétique. Par la suite, il aurait quitté l'URSS pour se réfugier en Amérique latine. Après l'enlèvement de son ex-subordonné Eichmann par les Israéliens, le KGB aurait fait exécuter Müller pour qu'il ne parle pas. En réalité, la fin du chef de la Gestapo reste un mystère non élucidé.

Une administration démoniaque

Tentaculaire, le RSHA (Office central de sécurité du Reich), dont dépend la Gestapo, représente une administration démoniaque et quasi impériale, capable de surveiller et de contrôler non seulement le pays tout entier, mais également les nombreux territoires que les nazis sont alors en passe d'occuper ou d'annexer. Tentaculaire, le RSHA est présent partout, à l'intérieur et à l'extérieur du Reich. Rien n'échappe à cette nébuleuse bureaucratique aussi complexe qu'efficace. À ce propos, il est important de préciser que seul Heydrich (son concepteur, avec Himmler) a pu y évoluer comme un poisson dans l'eau – son successeur, Ernst Kaltenbrunner, ne réussira jamais à manier ce gigantesque appareil répressif, ni à le maîtriser totalement.

Heydrich fait constituer par ses services des dossiers concernant les plus hauts dignitaires nazis et même sur le Führer en personne – et si l'on est en droit de se demander pourquoi personne n'a jamais trahi Heydrich à ce sujet, les témoignages faisant état de la barbarie de l'intéressé apportent une explication plus que convaincante. D'ailleurs, Heydrich fait de la cruauté sa marque de fabrique. Apparemment fragile, voire efféminé, cet homme quasiment incapable de regarder un interlocuteur dans les yeux affirme son autorité en se montrant capable d'une sauvagerie sans borne.

Son successeur, Ernst Kaltenbrunner, né en octobre 1903 à Rieds, en Autriche, est l'un des premiers Autrichiens à adhérer au parti nazi, dont il fut l'un des membres les plus fervents. Lors de l'Anschluss (annexion de l'Autriche par l'Allemagne nazie), il est nommé secrétaire d'État à la sûreté de l'Autriche. En mars 1938, il réussit à cumuler les fonctions de chef de police à Vienne, en Basse-Autriche et en Haute-Autriche. En 1943, il devient le bras droit de Himmler. Arrêté en décembre 1945, il est jugé à Nuremberg. Il nie tout en bloc et se décharge sur Himmler de tous les crimes qui lui sont reprochés. Accusé d'avoir assisté à des exécutions dans les camps de concentration qui étaient sous ses ordres et d'avoir signé de nombreuses condamnations à mort, il est pendu le 16 octobre 1946.

Avec des chefs et des subalternes sans scrupule, la Gestapo va démontrer sa redoutable efficacité et sa puissance démoniaque dans la France occupée de 1940-1944.

Les débuts de la Gestapo à Paris

Dès 1934, les renseignements généraux français fichent des agents allemands présents sur le sol national dont l'action en faveur du nazisme est avérée. Ces agents tissent des liens avec des parlementaires, des industriels, des journalistes, des écrivains, des diplomates et des militaires français, dans une lutte commune contre le communisme. Depuis 1935, la Gestapo et le SD (Service de sécurité) connaissent parfaitement la police française : ils multiplient les dossiers sur la France, son organisation administrative, culturelle, religieuse, artistique, économique et politique. Chaque secteur de la Gestapo et du SD est chargé d'étudier en détail un secteur français correspondant au sien. C'est ainsi que les agents de la région de Berlin travaillent depuis des années sur… la région parisienne.

Helmut Knochen

Les crimes de la police nazie en Pologne en 1939 ont causé de vives critiques de la part du commandement et de l'état-major de la Wehrmacht. En conséquence, la Gestapo et le SD, ainsi que les autres services de police nazis du RSHA, ne sont pas autorisés à suivre la Wehrmacht durant la campagne de l'Ouest, en mai-juin 1940. Hitler, cherchant à maintenir des relations cordiales avec le commandement militaire du pays, inflige ainsi en apparence un véritable camouflet à Himmler et à Heydrich.

C'est une perte d'influence inadmissible pour Himmler, qui charge Heydrich de monter un commando spécial (ou *Sonderkommando*) de 20 hommes pour s'infiltrer en France. Son chef, le SS Helmut Knochen, un jeune loup du SD âgé seulement de 30 ans, s'est déjà illustré dans la capture de deux agents britanniques sur la frontière hollandaise en novembre 1939. Lorsque Paris tombe, le 14 juin 1940, le commando Knochen, camouflé sous des uniformes de la Police secrète de campagne (GFP), s'installe à l'Hôtel du Louvre. Il ne comprend que quelques véhicules légers et peu d'armement. Le lendemain, déjà bien informé, le commando se rend à la préfecture de Paris pour saisir les fichiers sur les émigrés allemands, les antinazis, les Juifs et les francs-maçons.

Helmut Knochen, présenté par son entourage comme un « sportif accompli, un universitaire extrêmement intelligent, cultivé, poli, de manières agréables », réunit les qualités nécessaires pour traiter avec les Français. C'est aussi un nazi convaincu, qui ne va reculer devant rien pour parvenir à ses fins. Les autres membres du commando sont également très jeunes ; plusieurs sortent de l'université, comme Hagen, âgé seulement de 27 ans, et membre du SD depuis 1934. Le SD fournit l'essentiel de l'effectif, en dehors de deux SS chargés de gérer les éventuels coups durs. Tous sont spécialisés depuis longtemps dans l'analyse et l'espionnage des milieux étrangers.

Comme le commandement militaire allemand de Paris cherche à entraver l'action du commando Knochen, Heydrich lui envoie en août 1940 un policier SS expérimenté en la personne de Karl Bömelburg, qui devient le chef de la Gestapo en France. En 1938-1939, Bömelburg occupe le poste d'attaché à l'ambassade d'Allemagne en France, tout en menant des actions de renseignements clandestines. Knochen est venu lui-même à Paris en 1937 pour « visiter » la capitale.

Né le 14 mars 1910 à Magdebourg, Helmut Knochen est issu d'un milieu modeste. Son père, Karl Knochen, instituteur (comme le père de Himmler), est un psychorigide. Helmut suit de bonnes études, passe l'équivalent du baccalauréat à Magdebourg et poursuit un cursus universitaire à Leipzig, Halle et Göttingen. En 1935, il obtient son doctorat de philosophie avec une thèse sur le dramaturge anglais George Colman. Il envisage de devenir professeur de lettres, mais son père l'oriente vers une autre carrière : nationaliste et militariste, capitaine d'artillerie, blessé à Verdun, ce dernier fait inscrire son fils à la section nationaliste des Casques d'acier (organisation paramilitaire allemande)

Pour aider ses parents, Helmut donne des leçons de gymnastique tout en suivant les cours de l'université. Il écrit également des articles dans divers journaux locaux. Le 1er mai 1933, il adhère à l'une des branches paramilitaires du nazisme, à savoir la SA. Peu après, ses articles paraissent dans le *Studentenpresse*, organe officiel du ministère nazi de la Culture. Jugeant cette nouvelle activité plus rémunératrice que le professorat, il entre à l'agence officielle de la presse allemande en tant que rédacteur. Il y rencontre le Dr Six, agent du SD, qui le recrute en 1937 comme membre de son service au sein de la section presse à Berlin. Helmut y reçoit le grade de capitaine SS et se charge d'analyser la presse allemande, puis se consacre à l'étude des journaux français, belges et hollandais, notamment les publications des émigrés antinazis. À Paris en juin 1940, il quitte l'Hôtel du Louvre pour s'installer à l'Hôtel Scribe avec son commando. Le groupe déménage ensuite au 57, boulevard Lannes, puis prend finalement ses quartiers au 72, avenue Foch, jusqu'en août 1944.

Le commandement de la Wehrmacht, découvrant les véritables raisons de sa présence à Paris, lui signifie qu'il n'a aucun pouvoir et régularise sa situation en le plaçant sous son contrôle. En bon diplomate, Knochen affirme qu'il n'a nullement l'intention d'empiéter sur les prérogatives de l'armée d'occupation et explique que sa mission se limite uniquement à effectuer un travail de recherches sur les émigrés allemands et autrichiens antinazis, les communistes, les Juifs et les francs-maçons, tous ennemis d'après lui de l'Allemagne hitlérienne. Il s'engage à solliciter l'aide de la GFP (Police secrète de campagne, organisation strictement militaire comparable à la Sûreté française aux armées) à chaque fois que des perquisitions et des arrestations seront nécessaires. Il parvient même à conclure un accord avec le directeur de la Police militaire, le Dr Sowa. Le commando Knochen peut ainsi multiplier ses activités contre les ennemis désignés du régime nazi. Bien que limité à une vingtaine d'hommes, il peut donc compter à tout moment sur les 2 500 policiers militaires de la GFP installés à Paris, dont l'effectif atteint bientôt 6 000 hommes.

Roland Nosek

Ayant ainsi installé sa première tête de pont au cœur de la capitale française, Knochen fait venir un deuxième commando d'une vingtaine d'hommes, dirigé par le SS Kieffer, puis, début août 1940, un troisième groupe, commandé par le SS Roland Nosek, chargé de recueillir des renseignements politiques.

Nosek, spécialiste dans cette branche, membre du parti nazi depuis 1932, a déjà visité l'Italie, la Roumanie, la Belgique, la Hongrie, la Turquie, la Roumanie, la Grèce et la France. Il parle couramment le français, l'anglais et l'espagnol. Depuis 1938, il appartient au SD et a lui-même formé son groupe, en choisissant uniquement des agents parlant parfaitement le français, connaissant bien ce pays et y ayant des relations personnelles. Au sein de cette troisième équipe, on trouve des employés et des commerçants allemands, dont un marchand de vins, une comtesse divorcée, deux Luxembourgeois et une jeune institutrice tchèque.

Nosek et son équipe logent à l'Hôtel du Boccador et installent des bureaux dans les locaux de la Sûreté générale française, au 11, rue des Saussaies, où Bömelburg, représentant de la Gestapo et chef de la Sipo pour la France, prend également ses quartiers avec ses hommes.

Le général SS Thomas

Le général von Brauchitsch, commandant en chef de l'armée allemande, donne des directives pour que l'on s'oppose au travail des gestapistes de Himmler en France, notamment à Paris. Knochen se limite donc à recueillir les renseignements initialement prévus sur les ennemis du Reich. Pour contrebalancer la toute-puissance de la Wehrmacht, Himmler et Heydrich font venir dans la capitale française le général SS Thomas, chargé de superviser l'ensemble des commandos déjà au travail. Avec le titre de « représentant du chef de la Police de sûreté et du SD pour la Belgique et la France », Thomas est officiellement chargé d'assurer les liaisons entre l'ambassade d'Allemagne et le commandement militaire en France.

Véritable colosse, puissant, tonitruant et grand buveur d'alcool, Thomas est un amateur de casinos, de boîtes de nuit et de prostituées. Il a un atout essentiel qui lui vaut la confiance absolue du chef Heydrich et sa nomination à Paris : sa fille est la maîtresse de Heydrich – elle a même eu un enfant avec lui.

Thomas s'installe à Paris au 57, boulevard Lannes ; il partage son temps entre la capitale française et Bruxelles. En France, son action consiste à courir les cabarets de Pigalle et des Champs-Élysées. Pour étendre ses réseaux de renseignements et sa toute-puissance, il cherche à s'appuyer sur les séparatistes bretons, corses, basques, sur le Rassemblement antisémite de Louis Darquier de Pellepoix, sur le Comité France-Allemagne de Georges Scapini et de Fernand de Brinon, ainsi que sur le Comité secret d'action révolutionnaire d'Eugène Deloncle, mouvement d'extrême-droite violemment antisémite.

Les divers services de la police nazie

À Paris, les divers services de sécurité de la police nazie sont placés sous la direction de Karl Oberg, qui occupe le 72, avenue Foch, avec comme directeur de cabinet Herbert Hagen ainsi que Helmut Knochen et le Dr Kurt Lischka comme adjoints. Cette équipe patronne sept départements :

- **département I** (officier SS Franck) : chargé du personnel, 19-21, avenue Foch ;
- **département II** (officier SS Dr Laube) : administration et économie (contact avec la police et la gendarmerie françaises), 74, avenue Foch ;
- **département III** (officier SS Dr Maulatz) : Sûreté du Reich, 60, avenue Foch ;
- **département IV** (officier SS Bömelburg et adjoint SS Kieffer) : Gestapo (Police secrète chargée des ennemis politiques, des Juifs et des résistants), 78-84, avenue Foch ;
- **département V** (officier SS Odewald), Kripo (police criminelle) : 74, avenue Foch ;
- **département VI** (officier SS Hagen – homonyme de Herbert Hagen) : SD (Police de sécurité : espionnage et contre-espionnage, contrôle des élites françaises), 76, avenue Foch ;
- **département VII** (officier SS Dr Biederbick) : documentation et idéologie, 60, avenue Foch.

PORTRAIT

Le chef de la Gestapo en France

Karl Bömelburg, chef de la Gestapo en France, est né le 28 octobre 1885 à Elberfeld, en Allemagne. Durant sa jeunesse, il séjourne cinq années à Paris puis rentre en Allemagne, se marie et travaille à Berlin dans la pâtisserie de ses parents. Il entre au parti nazi en 1931, est embauché dans la SA puis dans la SS. Il rejoint la Gestapo en 1934, devient commissaire de la Kripo (Police criminelle) au siège de Berlin. En 1938, il est promu attaché de l'ambassade d'Allemagne à Paris, met en place un centre clandestin de la Gestapo dans la capitale française, travaille à Lyon et à Saint-Étienne, expérience dont il ressort parfaitement bilingue. En janvier 1939, l'inspecteur général de la Police judiciaire française, Antoine Mondanel, l'expulse du territoire national pour l'aide fournie aux organisations d'extrême-droite et aux agents nazis. Installé à Prague, Bömelburg devient conseiller de police de la Gestapo et chef de la section de lutte contre la Résistance tchèque.

Lieutenant-colonel SS, il est nommé en août 1940 par Heinrich Müller chef de la Gestapo pour la France, avec le titre de « directeur criminel ». Durant les années qu'il passe à Paris, son activité est marquée par la répression, les interrogatoires, ses subordonnés faisant souvent usage de la torture. Non seulement il supervise la répression mise en œuvre par ses hommes, mais il suit également celle que mènent ses auxiliaires français. Bömelburg est en grande partie responsable de la déportation de 150 000 Français.

Bon vivant, il apprécie les soirées mondaines et les bons repas. Lors de l'été 1941, il effectue un voyage en zone libre pour réactiver ses agents d'avant-guerre. La même année, il occupe également une demeure au 40, boulevard Victor-Hugo, à Neuilly-sur-Seine, dite « villa Bömelburg », maison réservée aux « hôtes forcés ». Jean Moulin, après son arrestation à Caluire le 21 juin 1943, y séjourne deux semaines (25 juin-8 juillet) ; il mourra lors de son transfert en train vers Berlin. Bömelburg serait donc l'un des derniers officiers supérieurs allemands à avoir vu Jean Moulin vivant.

Atteint par la limite d'âge en novembre 1943, il est remplacé par Stindt et se voit muté à Vichy, où il représente Karl Oberg. En juin 1944, en remplacement du capitaine SS Hugo Geissler, tué par la Résistance près de Murat, dans le Cantal, il devient le chef de la Gestapo en zone sud. Le 28 août 1944, il assure le transfert du maréchal Pétain en Allemagne et occupe le poste de chef de la sécurité des réfugiés français présents alors à Sigmaringen. Le 29 avril 1945, il autorise le départ du maréchal Pétain vers la Suisse.

En mai 1945, après la capitulation de l'Allemagne, Bömelburg subtilise les papiers du sergent Bergman, tué lors d'un bombardement, et se fait passer pour lui. Un hobereau des environs de Munich l'embauche comme jardinier. Il occupe ensuite un poste de bibliothécaire, tout en prenant clandestinement la direction d'un groupe de nazis réfugiés en Espagne. En 1946, le jour de la Saint-Sylvestre, il glisse sur une plaque de verglas et meurt le crâne fendu. Plus tard, son fils Ralf fait graver son nom sur une pierre tombale. Le 2 mars 1950, il est condamné à mort par contumace par le tribunal militaire de Lyon.

Les premières mesures antijuives en France

N'OUBLIEZ PAS

Le 20 septembre 1940, Heydrich demande au ministère des Affaires étrangères du Reich d'accorder à la Sipo-SD (services regroupés au sein du RSHA depuis 1939) en France une compétence prioritaire pour l'action antijuive en raison de son expertise dans ce domaine. Theodor Dannecker, chef de la répression antijuive à Berlin, arrive aussitôt à Paris. Âgé seulement de 26 ans à l'époque, il travaille avec Eichmann, futur organisateur de la Solution finale, depuis 1937. Il exige la coopération des autorités françaises – le gouvernement de Vichy promulgue déjà des textes antisémites dès juillet 1940.

Le 22 juillet 1940 en effet, 7 000 Juifs perdent la nationalité française. Le 27 août, on assiste à l'abrogation de la loi de 1939 interdisant la propagande antisémite dans la presse française. Le 3 octobre, la loi réglementant le statut des Juifs entraîne leur exclusion de la fonction publique et des professions artistiques. Le 4 octobre 1940, « les ressortissants étrangers de race juive pourront être internés dans des camps spéciaux ». Le 7 octobre, c'est l'abrogation du décret Crémieux de 1870, déclarant les Juifs d'Algérie citoyens français.

En zone libre, des camps spéciaux sont ouverts pour les étrangers « de race juive », comme Brens, dans le Tarn, en novembre 1940, Gurs, dans les Hautes-Pyrénées, dès octobre de la même année, Rivesaltes en janvier 1941. De quoi faciliter terriblement les futures déportations.

Dannecker utilise l'argument du rôle actif de certains Juifs dans la lutte contre l'occupant allemand pour exiger des internements massifs en zone occupée : les camps de Pithiviers et de Beaune-la-Rolande, dans le Loiret, ouvrent dès avril 1941, celui de Compiègne, dans l'Oise, en juin, puis celui de Drancy en août. Reste à les remplir…

Une première *rafle* à Paris, le mercredi 14 mai 1941, frappe 3 747 Juifs polonais, tchécoslovaques et autrichiens, internés ensuite à Pithiviers et Beaune-la-Rolande. Presque tous seront déportés à Auschwitz en 1942. Le 20 août, une deuxième rafle vise à Paris 3 200 Juifs étrangers dans le 11e arrondissement, haut lieu de la Résistance communiste française, dont de nombreux Juifs font partie. Une troisième rafle, le 12 décembre, concerne 743 Juifs français et 300 Juifs étrangers. La machine criminelle nazie contre les Juifs présents en France est désormais en marche, avec la collaboration du régime de Vichy.

La Gestapo autour de Paris

Outre Paris, déjà évoqué, les divers services allemands de répression installent 175 postes et antennes de la Gestapo-SD (service de sécurité), ainsi que des services auxiliaires sur l'ensemble du territoire français de 1940 à 1944. Cette organisation repose sur 1 500 à 2 500 fonctionnaires allemands, 6 000 agents français de la Gestapo et 24 000 informateurs français occasionnels.

En Seine-et-Marne, l'antenne de la Gestapo-SD se trouve à Melun, au 21, rue Delanoy, sous les ordres de l'officier SS Willy Tuchel et de son adjoint Wilhelm Korf, avec une équipe d'une dizaine de membres, dont le caporal-chef Emil Pahl, chauffeur de Korf, qui s'habille en paysan pour démasquer les réfractaires au STO (Service du travail obligatoire) et les résistants locaux. Adolf Hoppe se spécialise dans la lutte contre les Juifs, avec l'aide de la police française locale.

En Seine-et-Oise, la Gestapo-SD s'installe le 15 décembre 1941 à Maisons-Laffitte au 9-11 *bis*, avenue Eglé. Le 10 juin 1944, l'équipe déménage à Versailles, au 44, avenue de Villeneuve-l'Étang. Couvrant le nord-ouest de Paris, l'ensemble est commandé par le sous-lieutenant Arthur Katzemich, commissaire de police de 45 ans, avec comme adjoint le sous-lieutenant Willy Stärket, secrétaire de police de 45 ans également. Les affaires juives reposent sur le sergent Kurt Werner et sur Christian Ritcher, Winzemberg, Heuer, Wonschina et Rump. En tout, 15 agents, dont deux femmes particulièrement sadiques : Mlle Christoph, 20 ans, secrétaire et maîtresse de Katzemich, qui participe aux interrogatoires musclés, et Anna Brokate, 50 ans, veuve d'un officier allemand, particulièrement haineuse à l'encontre des Français, et chef des interprètes.

La Gestapo dans l'est de la France

En Moselle, dès l'annexion de 1940, Metz devient le siège du commandant de la police de sûreté et du service de sécurité (Gestapo-SD et services auxiliaires) de Lorraine et Sarre-Palatinat, au 10-12, rue aux Ours. À la tête de cet ensemble se trouve le général de brigade Anton Dunckern, 35 ans, ami d'enfance de Himmler, décoré par Hitler de l'ordre du Sang pour sa participation au putsch manqué de 1923, organisateur en 1934 de la Gestapo à Breslau, Sarrebruck et Brunswick, qui rejoint Metz dès l'été 1940. Il est secondé un court laps de temps par Willi Wolter, 33 ans, membre de la Gestapo de Cologne en 1936, responsable après Metz de l'*Einsatzgruppe* E en Croatie, qui décime la population juive et massacre les résistants. En juillet 1940, la Gestapo proprement dite s'installe au 40-42, rue de Verdun (rue Leclerc-de-Hauteclocque à la Libération), avec deux chefs successifs :

le Dr Meyer, puis, à partir de 1943, le commandant Johann Schmidt, 31 ans. L'équipe comprend comme chef pour la section de sabotage le capitaine Hans Kaeppel, pour la section politique l'inspecteur Franz Arndt (58 ans), pour la section contrôle des étrangers le sergent Erich Küver (39 ans), qui signe certaines arrestations de Juifs ; et, plus que partout ailleurs, des indicateurs issus de toutes les couches de la société, dont deux Lorrains qui se surpassent dans ce domaine – Georges Demerlé et Charles Cridlig. Le premier infiltre les filières résistantes d'évasion ; le second fait arrêter de nombreux passeurs et résistants. Demerlé sera fusillé en juin 1947, et Cridlig subira le même sort en mars 1948.

Les prisons de Metz, rue Maurice-Barrès et rue en Chandelle, ne suffisent plus à l'internement des prisonniers ; s'ajoute, en janvier 1942, le Grand Séminaire, rue Asfeld, pour les détenus de la Gestapo-SD. À l'automne 1943 s'ouvre le camp de Woippy, à 6 km de Metz, puis la police nazie investit le fort de Queuleu ; ces deux centres de rétention deviennent des lieux de torture et des antichambres de la déportation. Le camp de Woippy est dirigé par le lieutenant SS Fritz Kirchdorfer, âgé de 45 ans, personnage cynique et cruel, secondé par Bachmann et Savatski. Le camp du fort de Queuleu, à Metz même, est notamment utilisé comme centre d'interrogatoire des détenus, sous la houlette du commando gestapiste Kaeppel – du nom de son responsable, le SS Hans Kaeppel. Celui-ci est secondé par Kark Eydam (35 ans) et Julius Zurner (34 ans). Viennent ensuite le sergent Muller et le capitaine Friedrich Daschel, et enfin l'adjudant-chef SS Georges Hempen (40 ans).

À Sarreguemines, en Moselle, l'antenne de la Gestapo-SD a pour adresse principale le 37, rue des Muguets. Elle est dirigée par le commandant SS Ewald Biegelmeyer (30 ans). À l'angle des rues Douaumont et Fulrade travaille une équipe gestapiste commandée par l'Autrichien Ernst Reitmeyer. À Sarrebourg, le SS Steffens s'installe avec une équipe au 18, avenue du Maréchal-Joffre, tandis qu'à Saint-Avold la Gestapo, forte d'une dizaine de membres, prend place rue Clemenceau, avec le chef du SD Johan Hirschbiegel (50 ans). À Thionville, un commando de la Sipo-SD est déjà présent le 11 juillet 1940, au 5, rue du Grand-Condé ; il est dirigé par Kurt Werner.

L'Alsace annexée

LE SAVIEZ-VOUS ?

Le 28 juin 1940, l'Alsace est annexée au Reich et fait désormais partie du *Gau* (secteur administratif) de Bade, sous les ordres du *Gauleiter* Wagner. Strasbourg, dans le Bas-Rhin, devient le siège de la Gestapo de la région, qui s'installe au 11, rue Sellenick ; elle dépend de l'ensemble des services de répression du BDS, au 10, avenue d'Alsace et 67, allée de la Robertsau, sous le commandement du général SS de 33 ans Gustav Adolf Scheel. À Wissembourg, l'antenne du SD s'installe en 1941 au 15, rue de l'Étang-du-Cygne, puis dans les locaux de l'école, au 1, place Martin-Bucer. À Haguenau, l'antenne du SD prend ses quartiers au 24, rue de l'Aqueduc. À Saverne, l'antenne du SD occupe le 8 de la rue Roseraie. À Sélestat, le SD, dirigé par Franz Bracht, s'installe au 16, route de Strasbourg. Colmar est doté d'une antenne Gestapo-SD au 10, avenue Poincaré, sous les ordres de Ludwig Kayser, policier de 45 ans.

Clé du sud du département du Haut-Rhin, Mulhouse subit la présence d'une antenne de la Gestapo-SD au 29, rue de Modenheim (actuelle rue Salengro), dont le responsable est le commandant SS Fritz Glitz, secondé par Hermann Georg Scheuring. À Thann, une équipe gestapiste s'établit au 6, rue du Faubourg-du-Rhin (actuelle avenue du Général-de-Gaulle), puis une antenne du SD dans l'actuelle avenue Pasteur. À Altkirch, une antenne du SD occupe le 20 de la rue Ferrette ; elle rassemble une dizaine de policiers dirigés par Jacob Bauer, un nazi de 50 ans fanatique et brutal, lui-même épaulé par Fritz Rauer et Karl Reisser (40 ans). Montreux-Vieux, ville frontière, est dotée d'une équipe du SD rue de la Gare, dont Anton Joseph Pollheimer, inspecteur de police de 30 ans, assure la direction. Des commandos opèrent à Saint-Louis, Soppe-le-Bas et Guebwiller.

La Gestapo en Aquitaine

Après l'Alsace, l'Aquitaine est particulièrement ciblée par la Gestapo et les autres services nazis répressifs. Bordeaux, avec son port et son ouverture sur l'Atlantique, devient l'une des bases stratégiques du IIIe Reich. Une base sous-marine y est construite durant l'Occupation ; les Allemands peuvent aussi utiliser la base aérienne militaire flambant neuve de Mérignac.

Dès le 22 juillet 1940, Bordeaux a le triste privilège d'accueillir l'une des premières antennes de la Gestapo-SD, sous la direction de Herbert Martin Hagen. Né en 1913, francophone, entré au SD à 23 ans en tant que chef de la section antijuive, il travaille avec Eichmann (futur responsable des convois vers l'extermination) et Dannecker (chargé de la déportation des Juifs depuis la France). Cette antenne de la Gestapo-SD prend ses quartiers aux 145, 196, 197, 220, 222 et 224 de l'avenue du Maréchal-Pétain, devenue après la guerre l'avenue de la Libération. La Gestapo bordelaise compte jusqu'à 290 agents. Hagen quitte Bordeaux en mai 1942 ; il est remplacé par le capitaine Hans Luther, magistrat dans le civil. En octobre 1943, le commandant Walther Machule lui succède. Il prend comme adjoint le Dr Oehme.

Friedrich Wilhelm Dohse arrive à Bordeaux

Au mois de janvier 1942, un adjudant du SD âgé de 29 ans arrive à Bordeaux. C'est un gaillard de près de 1 mètre 90, mince et musclé. Les cheveux noirs, le visage aux traits réguliers, le sourire facile, il tranche sur ses collègues nazis. « Il faisait très "type des services spéciaux" », dira sa secrétaire.

Friedrich Wilhelm Dohse va devenir l'un des plus redoutables adversaires de la Résistance française.

« Je suis né le 22 juillet 1943, écrit-il dans ses Mémoires, dans une petite ville provinciale en Allemagne du Nord (Elshorn Kris de Pinnenberg) où mon père était professeur. Moi-même, je suis les cours du lycée où j'acquiers la formation professionnelle de commerçant importateur et exportateur. En 1935, j'entre dans la police judiciaire à Kiel ; plus tard, je suis déplacé à la Police politique.

» Au printemps 1942, on nommait dans la France occupée un chef supérieur de la SS et de la police (général membre du Conseil supérieur de la guerre) ; c'est aussi le début des installations et des organisations des services régionaux, les commandants de la police de sécurité du SD, brièvement dits “KDS”. Le même schéma se répétait à Bordeaux, dans les départements de la Gironde, des Landes et des Basses-Pyrénées.

» Le 26 janvier 1942, j'étais déplacé de Paris à Bordeaux avec l'ordre d'organiser la section IV à l'office du KDS qui englobait déjà le Service de sûreté allemand » (Archives du Centre national Jean-Moulin, Bordeaux).

Dohse a souvent tendance à enjoliver son passé. En vérité, c'est en tant que membre du parti nazi qu'il a rejoint le SD, et non du fait d'un déplacement involontaire. Quand Dohse se présente au capitaine Hagen, chef de l'antenne bordelaise du SD, il est froidement reçu : Hagen lui fait comprendre qu'il est de trop. Vexé, Dohse reprend sa valise et repart le soir même à Paris. Il se présente le lendemain à Karl Bömelburg, chef de la Gestapo en France, qui lui ordonne de retourner à Bordeaux, l'assurant que le nécessaire sera fait. Lorsqu'il revient au Bouscat, Hagen le reçoit à bras ouverts et le laisse travailler comme il l'entend.

Dès son arrivée à Bordeaux, Dohse prend comme secrétaire particulière Maria Fierling (plus connue sous le nom de « Mme Sommer ») et la charge de former une milice armée parmi les voyous du port de Bordeaux. Les policiers Naerich et Konsich épaulent Dohse dans ses enquêtes. De son côté, Hans Luther se fait assister des lieutenants Doberschutz, Bordes et Mayer, qui compulsent des dossiers à longueur de journée. Le tortionnaire Anton Enzelsberger se charge de faire parler les victimes. Le lieutenant Kunesch poursuit une activité parallèle à celle de Dohse, visant à neutraliser la Résistance.

Un puissant appareil répressif

N'OUBLIEZ PAS

À la fin de l'année 1940, l'appareil répressif des Allemands est en place à Bordeaux. Le fort du Hâ, sinistre prison construite à la fin de la guerre de Cent Ans, offre de terribles conditions d'incarcération. La caserne Boudet, rue de Pessac, est utilisée par le capitaine Hortmann pour y enfermer les prisonniers qui n'ont pu être admis au fort du Hâ. Le camp d'internement administratif de Bordeaux-Bacalan, rapidement insuffisant, est relayé par celui de Mérignac-Beaudésert, qui affiche une capacité de 513 places en décembre 1941. Les Juifs ne séjournent pas longtemps au camp de Mérignac – ils sont bientôt dirigés vers Drancy, puis vers l'Allemagne ou la Pologne. Les internés y sont surveillés par 35 gendarmes français et une trentaine de gardes civils.

Le siège du SD au Bouscat comporte des cellules aménagées dans les caves exiguës : 1,2 m de large et 2 m de long, sans fenêtre ni literie. Le traitement le plus classique du prisonnier est la bastonnade au nerf de bœuf. Les tortionnaires ont également recours à la pendaison par les pouces, à l'immersion dans une baignoire, aux brûlures de cigare, aux coups de poing dans la figure, aux coups de pied dans le ventre et à la cordelette, pour serrer la tête ou le cou du supplicié jusqu'à l'évanouissement. Ces méthodes sont utilisées dans toutes les antennes et les autres services de la Gestapo et du SD.

À Langon, en Gironde, passage obligé pour franchir la ligne de démarcation, un commando du SD est installé au 41, route de Bazas. Supprimé le 31 décembre 1943, il est transféré à Périgueux.

Dans les Landes, Mont-de-Marsan est une ville coupée en deux par la ligne de démarcation. Le SD, commandé par l'adjudant Karl Janes, dépendant de Bayonne et de Bordeaux, s'installe route du Houga, à la villa Mathilde. À Dax, une antenne du SD prend place dans une villa boulevard Cuyès en août 1942.

Les Pyrénées sous haute surveillance

N'OUBLIEZ PAS

Depuis le 30 juin 1940, le département des Pyrénées-Atlantiques est coupé en deux par la ligne de démarcation. Une antenne du SD s'installe en 1941 à Biarritz à l'Hôtel Édouard-VII, ainsi que dans une maison au 6, allée Dominique-Morin, ancienne pension de famille devenue lieu de détention. À Bayonne, le SD, commandé par le capitaine Otto Hubner et ensuite dirigé par le lieutenant Franz Viedmann, prend place, en juin 1942, dans la villa Mont-Carmel, avenue du Maréchal-Soult. La citadelle de Bayonne sert de prison pour les résistants, tandis que les Juifs sont internés dans la prison Château-Neuf. À Hendaye, la villa La Gobette est transformée en commissariat de la *Grenzpolizei*, dépendant du SD de Biarritz, dont l'ensemble regroupe un personnel important, avec 40 agents (dix officiers et sous-officiers, huit policiers de carrière, quatre interprètes, huit employés de bureau et dix plantons). Les officiers Jahn et Kutschman puis le commissaire Schmidt prennent la direction de cette équipe, à la frontière de l'Espagne.

À Cambo-les-Bains, un poste de la *Grenzpolizei* commandé par Frantz Warthona et Frederic Wessels déménage à trois reprises (villa Les Lauriers, puis, en mars 1943, villa Bi Ainarak, et enfin, en 1944, villa Behartia). À Saint-Jean-Pied-de-Port, la gare est occupée par des douaniers et des agents de la Gestapo, tandis qu'à Orthez le SD s'installe en juillet 1941 au château de Lameignière, avec deux officiers, trois sous-officiers et quatre soldats, dont la mission consiste à escorter d'Orthez à Bayonne et à Biarritz les personnes arrêtées sur la ligne de démarcation. Ce commando est ensuite déplacé fin 1942 à Pau, au 57, rue Monacade, sous les ordres du lieutenant Hoberman et de l'adjudant Muller.

La Gestapo dans le nord de la France

LE SAVIEZ-VOUS ?

Dans le Nord-Pas-de-Calais, à Lille, ce sont des commandos du SD, camouflés sous l'uniforme de la GFP (Police secrète de campagne), qui interviennent dès le 13 juillet 1940 au siège de l'évêché. Dès le 12 août, un commando SD réquisitionne l'immeuble du 4, avenue du Jardin-Botanique à La Madeleine, commune située à 2,5 km au nord de Lille. Ce groupe se compose de huit policiers et de deux chauffeurs, dirigés par le commissaire Meissner (40 ans), ancien professeur à l'École de police de Berlin. Fin juillet 1941, l'inspecteur Hans Witt (50 ans) remplace Meissner, mais son manque de poigne lui vaut un renvoi en Allemagne. À l'été 1941, les effectifs sont renforcés sous la direction du commissaire Viktor Hanischfeger, épaulé par le tortionnaire Karl Kohl. En janvier 1943, l'équipe déménage au 18-20, rue François-de-Baedts, puis, en mai 1944, s'installe également au Grand Café de La Rotonde, au carrefour de Saint-Maur. En 1944, le responsable de l'antenne est Gunther Rausch (auteur de nombreux massacres antisémites en Ukraine), secondé par Walter Paarman (brute sanguinaire qui poursuivra son activité policière en Hollande après la guerre), sans oublier Herman Rosendael et Fritz Habener.

À Douai, une antenne de Lille s'installe en 1941 au 5, quai Joffre. Le lieutenant Heige y est muté, soutenu par l'interprète belge Hanot. La principale prison du SD se situe à Cuincy, à 4 km de Douai. Un poste de la GFP et du SD prend place rue de Lille, à Tourcoing. Dans les autres régions de France, la Gestapo ne s'implante pour de bon qu'à partir de 1941, et surtout après novembre 1942, suite à l'invasion allemande de la zone libre.

Deuxième partie

La Résistance intérieure s'organise

Dans cette partie…

Les réseaux se multiplient, et les mouvements permettent de structurer et d'unifier la Résistance intérieure sous la houlette de Jean Moulin et de Pierre Brossolette. Les premiers maquis voient le jour, notamment en Limousin, dans l'Ain et les Pyrénées.

Chapitre 5

Réseaux et mouvements

Dans ce chapitre :

- Le BCRA et le SOE aident la Résistance intérieure
- La grande efficacité des réseaux
- La création des mouvements

Devant la toute-puissance de la Gestapo, la Résistance intérieure est contrainte de s'organiser en réseaux et mouvements afin d'intensifier son action. Elle bénéficie également de l'aide de la Grande-Bretagne et de la France libre, par l'envoi de matériel et d'agents dans le but de former les résistants à la lutte clandestine. Cet appoint est essentiel pour permettre un développement durable dans un contexte particulièrement difficile du fait de l'occupation de la métropole.

La multiplication des réseaux

N'OUBLIEZ PAS

Durant toute la durée de la guerre, 266 *réseaux* reliés aux services spéciaux de la France libre du général de Gaulle sont créés en métropole, avec 150 000 membres permanents et 300 000 membres occasionnels. Il convient de leur ajouter 125 réseaux ou sous-réseaux rattachés aux services spéciaux britanniques, engageant des résistants français. Le colonel Rémy estime que le nombre de ces Français rattachés aux réseaux français ou britanniques dépasse le demi-million de personnes (hommes et femmes).

Les réseaux se spécialisent soit dans l'évasion de prisonniers de guerre, de pilotes alliés tombés chez l'ennemi, de résistants emprisonnés, soit dans le renseignement concernant le dispositif militaire, économique et industriel de l'occupant, soit dans le sabotage militaire et industriel, soit dans la propagande, par la diffusion de tracts et de journaux publiés par des mouvements clandestins.

L'aide précieuse du BCRA et du SOE

À Londres, la France libre du général de Gaulle entend aider les résistants de la métropole. Dans la nuit du 11 au 12 mai 1941, les sous-lieutenants Forman, Varnier et Cabard sont parachutés près de Bordeaux pour saboter la centrale électrique de Pessac. Le capitaine Georges Bergé (voir annexes B) est l'organisateur de cette mission. La centrale alimente en énergie les usines de la région et surtout la base sous-marine de Bordeaux.

La première tentative de sabotage n'aboutit pas : les trois officiers français découvrent que la centrale est protégée par un haut mur d'enceinte que couronne un câble à haute tension, et ils devinent derrière le mur une certaine animation. Les trois hommes montent à Paris, où Forman prend contact avec le résistant Joël Le Tac. L'équipe ainsi renforcée repart pour la Gironde. Là, elle peut être mieux renseignée sur les rondes de nuit, préparer sa retraite, récupérer son matériel et ses explosifs, les mettre en état.

Dans la nuit du 7 au 8 juin 1941, le commando passe à l'action : Forman escalade le mur d'enceinte, se glisse de l'autre côté en évitant le câble à haute tension, saute à l'intérieur et ouvre le portail d'entrée afin que les trois autres saboteurs le rejoignent. Ils s'introduisent dans la centrale et procèdent à la mise en place d'explosifs sur les huit principaux transformateurs. L'explosion retentit, suivie d'un incendie, alors que l'équipe s'éloigne dans la nuit. La base sous-marine, qui abrite 43 submersibles de la 12e flottille allemande de *U-Boote* et dont le bassin à flot n° 1 accueille 32 sous-marins italiens, se voit ainsi privée d'électricité durant plusieurs semaines.

Le *Special Operations Executive* (SOE) du colonel britannique Buckmaster s'intéresse également à la France. Créé par Churchill le 19 juillet 1940, le SOE se trouve placé, en partie, en concurrence avec l'*Intelligence Service* (IS). Sa mission est de soutenir la Résistance intérieure par tous les moyens, en expédiant notamment des agents et du matériel. Le SOE envoie en France 1 800 agents, dont 1 750 hommes et 50 femmes, durant toute la durée du conflit. Les agents du SOE arment 250 000 résistants français et se livrent à d'efficaces opérations de sabotage. L'IS s'occupe avant tout de renseignements, l'action étant le monopole du SOE.

Pour contrebalancer la mainmise britannique sur la Résistance française, le général de Gaulle, le « colonel Passy » (André Dewavrin – voir le chapitre 29) et le capitaine de corvette d'Estienne d'Orves mettent en place le *Bureau central de renseignements et d'action* (BCRA), devant s'occuper de l'envoi d'hommes, d'argent et de matériel en métropole. La rivalité SOE-BCRA sera parfois sensible : Britanniques et Français libres vont se livrer une lutte sournoise et permanente pour le contrôle de la Résistance française. Les missions du BCRA sont inaugurées dès le 20 juillet 1940 par le parachutage du lieutenant Mansion. Honoré d'Estienne d'Orves débarque en France la veille de Noël 1940 pour y structurer un réseau. Trahi par son opérateur radio, il est arrêté par la Gestapo le 21 janvier 1941. Condamné à mort, il est fusillé au mont Valérien le 29 août.

Les réseaux Alliance (de Loustaunau-Lacau), Carte (de Bénouville) ou Famille-Interallié (de Vomécourt) dépendent du SOE ; les réseaux CND (de Rémy), Cohors (de Cavaillès), Phalanx (de Pineau) se rattachent au BCRA. Les principaux mouvements et les partis ont également leurs propres réseaux, comme Brutus pour les socialistes, Turma pour le CDLR (Ceux de la Résistance)…

Le BCRA, tout comme le SOE, parachute des agents sur le sol français avec leur matériel radio. Le métier est très dangereux : un opérateur a une durée de vie moyenne de six mois. Les risques s'aggravent encore à partir du moment décisif où la multiplication des messages augmentent les chances des Allemands de détecter le poste.

Les opérateurs, héros souvent méconnus, paient un lourd tribut à la guerre : sur 97 opérateurs envoyés en France, 36 sont capturés, 6 tués, 12 blessés à l'atterrissage. Grâce à eux, les résistants de Londres et de France peuvent correspondre. L'échange d'agents entre la Résistance intérieure et Londres parachève les liaisons créées par la radio. La tâche essentielle des agents est de trouver grouper et d'encadrer des résistants pour constituer des réseaux d'action, d'évasion ou de renseignements. Une vaste propagande, aux voix multiples, contrebalance l'action de l'ennemi. La BBC, avec son porte-parole français Maurice Schumann, diffuse des émissions patriotiques. Mais la radio est également amenée à jouer un rôle important dans la conduite des opérations militaires : elle devient un excellent outil pour transmettre les consignes d'action soit aux résistants de l'intérieur, soit aux agents qui leur ont été dépêchés pour les épauler.

LE SAVIEZ-VOUS ?

La mission *Savannah* (mars 1941) inaugure les actions du SOE en France. Les parachutages puis les débarquements-embarquements par avions Lysander, dits *opérations Lysander*, se multiplient. Près de 400 agents britanniques (dont 110 seront arrêtés) sont envoyés en France. Le SOE réalise de nombreux parachutages d'armes. En liaison avec le SOE, le BCRA organise des missions chargées de recenser les terrains opérationnels pour les parachutages ou les opérations Lysander, comme la mission *Brick* du lieutenant Mitchell, en juin 1941. La création de la Section des atterrissages et parachutages (SAP) en zone sud (1942) fournit au BCRA un remarquable outil de transmission. Des réseaux uniquement spécialisés dans la transmission se développent en 1942 : réseaux Bouleau à Lyon, Cactus à Clermont-Ferrand, Érable à Toulouse…

L'efficacité des réseaux de renseignements

Les très nombreux renseignements fournis aux Alliés par la Résistance française ont joué un rôle capital dans la défaite de l'Allemagne. À lui seul, le choix judicieux de la Normandie comme lieu de débarquement en juin 1944, au lieu du Pas-de-Calais, est une preuve évidente de l'efficacité de la Résistance française. Le général américain Omar Bradley affirmera à Jacques Piette, inspecteur général des Forces françaises de l'intérieur : « J'ai à vous témoigner la satisfaction de l'armée américaine à l'égard de la Résistance française. C'est en effet, à la suite de la réception à Londres du plan de défense côtière de la Manche et de la Normandie que nous avons choisi le point de débarquement. Les renseignements qui figuraient sur ce plan étaient d'une telle valeur que nous avons pu réussir l'opération de débarquement » (Archives du Centre national Jean-Moulin, Bordeaux).

Les réseaux français fournissent aux Alliés des renseignements si précis sur les défenses allemandes du mur de l'Atlantique que Churchill, Montgomery, Eisenhower et Bradley peuvent choisir en toute connaissance de cause l'endroit le plus sûr tactiquement et stratégiquement pour débarquer avec succès.

Le général américain Eisenhower écrit que « la Résistance française a fourni aux Alliés une aide essentielle ». Winston Churchill estime de son côté que « les renseignements vitaux fournis par la Résistance française ont écourté la guerre en Europe d'une année ». Le sinistre général Karl Oberg, chef suprême de la SS et de la police allemande en France, a reconnu que « la lutte contre la Résistance française a été un échec. Un réseau détruit voyait l'éclosion d'un autre peu après. Nos services, malgré de nombreux succès remportés, n'ont pu juguler la montée en puissance de la Résistance française ». Le chef de la Milice, Joseph Darnand, écrit dans un rapport que « la situation est pire qu'avant les opérations contre les terroristes. Les forces du maintien de l'ordre de Vichy ayant disparu dans plusieurs départements, la Résistance s'est réorganisée et devient plus menaçante que jamais » (Archives du CNJM, Bordeaux).

La Résistance intérieure joue également un rôle capital dans la bataille de l'Atlantique. « Il semble certain, écrit le colonel Rémy, que les renseignements fournis par l'antenne bordelaise du réseau CND [Confrérie Notre-Dame] aient été à l'origine de la destruction de 11 sous-marins allemands et italiens et plus de 20 cargos dont certains transportaient du matériel de guerre de première importance. Ce résultat équivaut à une grande victoire navale » (Archives du CNJM, Bordeaux).

C'est grâce aux renseignements fournis par les agents des réseaux du colonel Rémy (Gilbert Renault) que peuvent avoir lieu aussi bien l'interception du cuirassé *Bismarck* en mai 1941 que l'immobilisation des cuirassés *Scharnhorst* et *Gneisenau* dans la rade de Brest (informations recueillies par le lieutenant de vaisseau Philippon et transmises par Bernard Anquetil), ou encore le raid des commandos britanniques sur Bruneval en février 1942 (renseignements du capitaine Roger Dumont). Les informations transmises par Rémy et ses agents permettent également la destruction de très nombreux sous-marins allemands et italiens dans l'Atlantique.

Fin février 1942, par une opération aérienne, Rémy, accompagné de Pierre Julitte, gagne l'Angleterre, d'où il revient fin mars par une autre opération Lysander. Mais, pourchassé par la Gestapo, il doit quitter la France. Avec plusieurs membres de sa famille et le jeune Alain de Beaufort, il embarque à Pont-Aven pour l'Angleterre, sur un navire de pêche, le 17 juin 1942. Il transporte alors personnellement jusqu'en Grande-Bretagne le plan des défenses allemandes du *Atlantikwall* (mur de l'Atlantique), qui va de Cherbourg à Honfleur. Cette carte allemande, récupérée par les agents du réseau Centurie, servira de base aux préparatifs du débarquement du 6 juin 1944.

La Gestapo, n'ayant pu parvenir à interpeller Rémy, se venge en arrêtant sa mère, ses cinq sœurs, dont deux seront déportées, et son frère Philippe, qui ne reviendra pas des camps. De retour en France, le colonel Rémy organise également les premiers contacts entre la France combattante et les Francs-tireurs et partisans (FTP), proches du Parti communiste français, dont il accompagne à Londres le représentant, Fernand Grenier, en janvier 1943.

L'ingénieur Stosskopf, du réseau Alliance, fournit des informations complètes sur la base sous-marine de Lorient, et un autre ingénieur, Keller, parvient à se brancher en dérivation sur la ligne PTT reliant Berlin au QG des troupes allemandes en France.

Les réseaux d'évasion et les évadés de France

LE SAVIEZ-VOUS ?

Les réseaux d'évasion portent des noms divers – Sabot, Zéro, Famille, Martin, Pat-Oléary, Bret, Morton, Enfant d'Édouard, Alliance, Françoise, Bourgogne, Mithridate, Maurice, Andalousie, Mécano, Wisigoth-Lorraine, Martial, Charette, Gallia, Brandy, Kléber, Eugène, Alphonse… Ils groupent plus d'un millier de personnes rien que dans la zone des Pyrénées, dont 250 passeurs chevronnés ou accompagnateurs de montagne. Jean-Louis Bazerque (« Charbonnier ») est l'un des meilleurs passeurs des Pyrénées centrales : plusieurs centaines de personnes franchissent la frontière grâce à lui. Il est tué avec deux de ses compagnons par une patrouille allemande à Larroque.

Les réseaux dépendants des Britanniques paient de fortes sommes aux passeurs, les prix allant de 1 500 francs à 20 000 francs. Ces sommes peuvent sembler astronomiques pour l'époque. Il ne faut pas oublier que les passeurs ou auxiliaires subissaient de lourdes pertes : 151 ont été emprisonnés, 64 sont morts en déportation, 13 ont trouvé la mort sur le terrain.

Ces réseaux d'évasion spécialisés dans l'évacuation d'aviateurs alliés ou de résistants qu'il faut conduire à Londres utilisent deux filières principales : la Suisse et l'Espagne.

Le réseau Comète, créé en 1940 par Andrée de Jongh, est l'un des tout premiers à organiser des évasions du nord de la France vers l'Espagne. Les réseaux d'évasion rattachés au BCRA prennent souvent des noms d'alcools français, comme Pernod, Cointreau, Bénédictine, Bordeaux, Bourgogne… Les Britanniques disposent des réseaux Françoise, Félix, Cirnwallis, Chartes, Jean-Jacques, Nevers… Des réseaux d'évasion par voie maritime voient également le jour, dont Shelburn pour le secteur de la Manche et Pat pour la côte languedocienne.

Des hommes et des femmes de tous âges, des prisonniers français ou alliés évadés d'Allemagne ou de France, des pilotes et des soldats alliés, des résistants ou des maquisards traqués, des militaires cherchant à reprendre le combat, des Juifs pourchassés, des réfractaires au STO (Service du travail obligatoire), de simples civils ont franchi la chaîne des Pyrénées, classée « zone interdite » par l'occupant.

N'OUBLIEZ PAS

De 1940 à 1944, 33 000 Français, dont 460 femmes, s'évadent de France par l'Espagne : 260 en 1940, 1 760 en 1941, 7 580 en 1942, 18 540 en 1943 et 4 860 en 1944. Sur ces 33 000 Français évadés, 3 100 d'entre eux, non mobilisables ou réformés, participent à la guerre dans des tâches civiles ; 1 500 autres rejoignent définitivement le Moyen-Orient ou les États-Unis. La grande majorité des évadés de France est dirigée vers la Grande-Bretagne ou le Maroc : 23 000 Français et 1 600 étrangers vivant en France s'engagent dans les armées françaises de libération, dont 3 400 en Grande-Bretagne et 19 600 en Afrique du Nord.

Les pertes sont éloquentes : 1 860 évadés de France sont remis entre les mains des autorités de Vichy par les Espagnols avant le 13 novembre 1942 ; 2 120 évadés pris par les Allemands ou remis à eux par les Espagnols sont déportés en Allemagne ; 450 sont abattus par l'occupant pendant le passage des Pyrénées, disparaissent dans des accidents de montagne ou meurent dans les prisons espagnoles.

À ces chiffres, il convient d'ajouter environ 20 000 étrangers passés par les Pyrénées durant la même période, portant le chiffre total des évadés de France à environ 53 000 personnes.

PORTRAIT

Le réseau Édouard, créé en juillet 1940 par les Britanniques, est dirigé par Gaston Hèches, restaurateur à Tarbes, qui aide les républicains espagnols et les Juifs. Socialiste et patriote, d'une grande intégrité, Hèches, bien que souffrant de rhumatismes, fait preuve d'un immense courage physique et moral. Son identité est souvent falsifiée. Un de ses premiers noms de code est « Thomas ». Il est également connu sous le nom de « Tristan ». Plus tard, il fonde une filière pour le franchissement des Pyrénées qu'utilisent les candidats à l'exil, et qui sert aussi à récupérer de l'argent en Espagne afin de financer les réseaux du sud de la France. Le réseau Édouard s'implante également chez Desbiaux, au 21, rue de Langelle, à Lourdes, en contact avec Laurent Cazenave, du mouvement Combat.

Le réseau Andalousie, rattaché au BCRA (services spéciaux de la France libre), fondé en 1941, compte dans le département 36 membres permanents et 40 occasionnels ; parmi ces 76 membres, on recense deux déportés (Rémi Lohse et Maurice Diépenthol), deux morts au combat (Jacques Brousen et Pierre Fauchon) et une internée (Alice Carreze).

PORTRAIT

Gérard de Clarens

Un des fondateurs du réseau Andalousie, Gérard de Clarens, né en 1922, grandit dans une famille marquée par la Première Guerre mondiale : deux de ses oncles ont été tués au combat. En 1939, il est étudiant à Paris. Il se rend régulièrement en vacances dans les Pyrénées pour y pratiquer le ski. Bien qu'âgé seulement de 18 ans, il s'engage dans la Résistance en 1941, effectue des repérages pour apprendre à mieux connaître le terrain des Hautes-Pyrénées, lieu de passage privilégié vers l'Espagne. Il met en place une filière de passages et d'évasions vers l'Espagne. La particularité de ces passages, c'est qu'ils se font à pied ou à vélo à travers la montagne. Gérard de Clarens est arrêté trois fois : une fois à Gèdre, deux autres fois en Espagne. Au total, il effectue 37 passages entre 1941 et 1944. Celui que l'on appelait « Claverie » ou « Gonzalès » a joué un grand rôle dans la Résistance locale et nationale. Après la guerre, il s'engage dans l'armée. Il fait partie d'associations internationales de résistants, intervient au musée de la Déportation et de la Résistance de Tarbes. Décédé en juillet 2010, il était officier de la Légion d'honneur, médaillé de la Résistance, croix de guerre 1939-1945 avec trois citations.

Le colonel Teyssier d'Orfeuil et le colonel Bernard, présents à Lourdes, participent activement à l'action clandestine des passages. Il en va de même de François Vignalle, champion de ski et guide émérite de Barèges. Une aide précieuse est également fournie par le docteur de l'hôpital de Lourdes Marcel Billières, qui cache de nombreux clandestins ainsi que du matériel indispensable à la Résistance.

Parmi les autres figures marquantes de cette action clandestine, on ne peut oublier Henri Janvier, Jean Cénac, Louis Bacqué, Jean Gaits, le capitaine J. Dane, le capitaine Roman Célestin et bien d'autres.

L'importance des mouvements

Les mouvements cherchent à unifier les organisations clandestines afin de permettre une plus grande efficacité dans la diffusion de la presse résistante et des tracts, tout en affirmant les diverses tendances politiques de la Résistance intérieure.

Les mouvements de la zone nord

Cinq principaux mouvements finissent par s'imposer en zone nord :

- Ceux de la Résistance (CDLR) ;
- Ceux de la Libération (CDLL) ;
- l'Organisation civile et militaire (OCM) ;
- Libération-Nord ;
- le Front national.

Le CDLR est issu du groupe Combat Zone Nord, fondé par Robert Guédon et Pierre de Froment, et qui va être décimé par de nombreuses arrestations, dont celles de Guédon lui-même et d'Henri Ingrand ; de l'équipe d'origine, il ne reste bientôt plus que Jacques Lecompte-Boinet. Ce dernier, épaulé par Pierre Arrighi et de Voguë, réorganise le mouvement, qui étend ses ramifications en province, dont la Normandie, la Champagne et la Lorraine. Des groupes francs et des réseaux de renseignements se forment sous son égide.

Le CDLL doit son existence à l'ingénieur Maurice Ripoche, qui organise un groupe spécialisé dans le renseignement. Ce mouvement recrute parmi les anciens militants de droite du Parti social français (PSF) du colonel de La Rocque et des officiers apolitiques. Une tragique hécatombe emporte les chefs principaux durant l'hiver 1942 – Ripoche, Coquoin (« Lenormand »), Védy (« Médéric ») et le colonel Ginas. Des premiers dirigeants, seul André Mutter survivra à la guerre. Pour ne pas disparaître, le CDLL doit se rapprocher du BCRA et s'associer aux corps francs Vengeance.

L'OCM se caractérise par son influence auprès d'industriels, de hauts fonctionnaires, de militaires et de membres des professions libérales : P. Lafaucheux (directeur de la Compagnie de construction des fours), J.-H. Simon (avocat au Conseil d'État), J. Ribeyrol (avocat) ou encore A. Lepercq (président du Comité d'organisation des houillères). Après l'arrestation de Jacques Arthuys, en décembre 1941, l'OCM est dirigée par le colonel Touny, avec Blocq-Mascart pour adjoint civil. L'action militaire (renseignements, évasions, groupes francs) est privilégiée. On estime à plusieurs milliers le nombre de volontaires appartenant à l'OCM en 1942. Forte de ses liens avec la France libre, établis par le colonel Rémy et Pierre Brossolette, l'OCM tente de rallier d'autres mouvements sous sa bannière.

Si le CDLR et le CDLL se proclament apolitiques et si l'OCM peut faire figure de mouvement conservateur, Libération-Nord se signale par l'adhésion de nombreux militants syndicalistes et socialistes. À l'origine du mouvement, on trouve le journal que fait paraître Christian Pineau, fonctionnaire au ministère du Ravitaillement. Dans un premier temps, Libération-Nord est dominé par des syndicalistes de la CGT (C. Pineau, A. Gazier, R. Lacoste, C. Laurent) et de la CFTC (G. Tessier). Après le départ pour Londres de Pineau, en avril 1942, les socialistes prennent le contrôle de Libération-Nord, avec J. Texcier, L. Vallon et H. Ribière… Libération développa une double activité : la propagande était assurée par la diffusion de *Libération*, journal tiré à 50 000 exemplaires en 1942. Les éléments militaires étaient plus faibles, au point que Rémy accusait Libération-Nord d'être un mouvement « bavard ». Des progrès sont cependant obtenus par la suite, en particulier grâce au colonel Zarapoff, promu à la tête des forces militaires.

Le Front national et les Francs-tireurs et partisans

N'OUBLIEZ PAS

Le Front national (aucun rapport avec le parti actuel), fondé par le Parti communiste français en mai 1941, doit théoriquement réunir les patriotes de toutes origines. Les communistes sont censés y côtoyer des dirigeants de mouvements (Y. Farge), des radicaux (J. Godart), des démocrates-chrétiens (G. Bidault), des conservateurs (L. Marin, J. Debû-Bridel) et même des anciens du parti de droite PSF (J. Bounin), sans oublier des ecclésiastiques (Mgr Chevrot). En réalité, derrière cette façade pluraliste, les communistes occupent tous les postes importants. Deux comités directeurs (aux ordres de P. Ginsberger dit « Villon » au nord et de G. Marrane au sud) se chargent de la coordination. Ce mouvement multiplie les comités sectoriels, avec le Front des écrivains, le Front des médecins, le Front des avocats, le Front des commerçants… Les Forces unies de la jeunesse patriotique et l'Union des femmes françaises sont avant tout des organisations satellites placées sous l'influence du Parti communiste français (PCF). Le Front national a cependant l'immense mérite de susciter les ardeurs résistantes contre l'occupant et le régime de Vichy. Il permet également au PCF de réintégrer le jeu politique, afin de préparer son bon en avant lors de la Libération.

Pour comprendre cette stratégie, il faut remonter au *pacte germano-soviétique*, signé le 23 août 1939. Depuis 1938, après deux années de croissance, le PCF est en déclin. Ce recul se transforme en débâcle après la signature du pacte de non-agression entre l'URSS communiste et l'Allemagne nazie. Les militants communistes sont divisés et ébranlés ; un tiers des parlementaires « rouges » osent renier le parti. La dialectique communiste officielle prétendait expliquer cette alliance contre nature par le fait que la « guerre impérialiste » qui s'annonçait allait accélérer la destruction du capitalisme, et que pour cette raison il fallait s'abstenir de lutter contre le nazisme.

Lorsque l'armée soviétique participe à l'invasion de la Pologne conjointement avec le IIIe Reich, le gouvernement Daladier, par le décret-loi du 26 septembre 1939, interdit le PCF. Des centaines de cadres et d'élus du parti se retrouvent internés. La CGT décide de se joindre à la campagne anticommuniste lorsque les réformistes votent l'exclusion des communistes qui refusent de désavouer le pacte germano-soviétique. Le PCF connaît les heures les plus noires de son existence de septembre 1939 à juin 1940. Mais si la grande masse des militants a déserté le parti, le noyau dur de l'appareil a tenu le choc. Ces militants chevronnés acceptent de comprendre et de défendre la diplomatie soviétique. Thorez, qui déserte l'armée française en novembre 1939, se trouve à Moscou. Jacques Duclos et Benoît parviennent, dès l'été 1940, à reformer à Paris une direction nationale. Le retour des mobilisés va permettre de reconstituer en partie les effectifs.

Jusqu'à l'invasion de la Russie par la Wehrmacht, en juin 1941, la direction nationale du PCF reste fidèle à une défense absolue de la ligne définie par la « patrie des travailleurs », à savoir l'URSS : « La guerre engagée est une guerre impérialiste dans laquelle les travailleurs français n'ont pas leur place ; les politiciens français et anglais, par leur refus d'une véritable alliance avec l'URSS, portent une responsabilité écrasante dans le déclenchement de la guerre et dans la déroute ; la seule lutte légitime est la lutte révolutionnaire et non la pseudo-résistance des gaullistes, jouets du capitalisme britannique » (Archives du CNJM, Bordeaux).

Au nom de cette logique, les relations avec l'occupant sont ambiguës. Si le régime de Vichy est condamné aussitôt par l'« Appel au peuple de France » du 10 juillet 1940, le régime nazi n'est pas dénoncé. À la même date, le journal *L'Humanité clandestine* va jusqu'à appeler à une fraternisation avec les soldats du national-socialisme. Les dirigeants nationaux engagent des démarches auprès de la Propagandastaffel pour obtenir une parution légale du quotidien communiste. En zone libre, le régime de Vichy renchérit sur l'interdiction du PCF par une répression féroce.

En zone occupée, les Allemands se montrent d'abord réservés, voire conciliants, en faisant libérer, en juillet 1940, des centaines de militants communistes. Dans la zone rattachée au commandement allemand de Bruxelles (Nord et Pas-de-Calais), la Wehrmacht, soucieuse de préserver la production charbonnière, n'hésite pas, à la fin de 1940, lors des premières grèves des mineurs, à se poser en arbitre entre ouvriers et patrons. Cette attitude conciliante de l'occupant est loin d'être générale, comme le prouve la grande vague d'arrestations des militants ou sympathisants communistes de l'automne 1940, à Bordeaux par exemple. La direction du PCF croit cependant pouvoir rééditer le « coup bolchevik » de 1917 (Berlin se rendant complice de la révolution communiste pour mettre la Russie hors d'état de poursuivre la guerre), avec la bienveillante neutralité de l'occupant et l'appui à distance de Moscou… Peine perdue : les Allemands, misant sur Vichy, n'ont pas l'intention de promouvoir un régime communiste en France.

À l'instigation des militants communistes, dont M. Brulé, 100 000 mineurs défient l'occupant et le patronat lors d'une grève du 28 mai au 9 juin 1941. Suivant la nouvelle doctrine du Komintern (instance politique communiste officielle), qui considère à partir de la fin avril 1941 que la guerre peut revêtir un « caractère national légitime », le PCF charge G. Marrane, au milieu de mai 1941, de constituer un Font national de lutte pour l'indépendance de la France, fédérant toutes les oppositions à Vichy. C'est cependant l'invasion de l'URSS, en juin 1941, qui offre au PCF l'occasion de la clarification décisive : du jour au lendemain, le parti abandonne ses références à la « guerre impérialiste » et appelle à la constitution d'un large front antifasciste. Bien que conçu à l'origine dans une optique différente, le Front national offre une structure idéale à pareil projet.

Les communistes français vont être les premiers résistants, à partir de l'été 1941, à mener une lutte armée contre l'occupant. Les résultats n'en sont pas moins, en apparence, contestables : suite à l'attentat contre l'intendant Reimers, 50 otages sont fusillés près de Bordeaux. L'année suivante (septembre 1942), 70 militants communistes et syndicalistes sont passés par les armes en réponse à un attentat commis à Paris. Cette sanglante répression a cependant le mérite de dresser davantage la population contre l'occupant ; c'est l'un des buts recherchés par le PCF.

À la fin de l'année 1941, une profonde divergence oppose les résistants sur la tactique à employer contre l'occupant. Les communistes sont favorables à l'« action immédiate », c'est-à-dire aux attentats contre les Allemands pris au hasard et la guérilla. Les autres, non communistes, y sont tout à fait opposés : les attentats aveugles n'ont à leurs yeux pas d'autre efficacité que de susciter des sanctions dont souffre la population.

En février 1942, la direction clandestine du PCF donne naissance aux FTP (Francs-tireurs et partisans), chargés d'engager la lutte armée contre l'occupant. Charles Tillon, qui en prend la direction, se fait épauler par Marcel Prenant pour assurer la formation militaire des cadres. Tillon est également secondé par trois commissaires nationaux : Eugène Hénaff, Albert Ouzoulias et Georges Beyer. Les combattants de la MOI (Main-d'œuvre immigrée) forment les premières unités FTP avec les communistes français. Un premier bataillon FTP-MOI est créé à Paris en mars 1942, sous les ordres d'Abraham Lissner, ancien des Brigades internationales (volontaires engagés du côté républicain dans la guerre d'Espagne). Les FTP-MOI vont prendre à leur compte la plupart des attentats organisés dans la région parisienne durant l'été 1942. Toulouse va être également le théâtre de leurs actions, dont celles de la 35e brigade MOI de Marcel Langer. On compte en son sein des Slaves, des Juifs, des Roumains, des Italiens, des Espagnols, des Arméniens et même des Allemands antinazis. La MOI est responsable d'attentats et d'exécutions spectaculaires dans plusieurs départements.
Le groupe Manouchian est décimé, ainsi que bien d'autres. Si le SOE britannique semble se réjouir de ces attentats en série, le BCRA est plus réservé.

PORTRAIT

Missak Manouchian

Missak Manouchian est né le 1er septembre 1906 dans une famille de paysans arméniens du village d'Adryman, en Turquie. Enfant, il perd son père, tué par des soldats turcs lors du génocide arménien de 1915. Sa mère meurt quelque temps après, victime de la famine qui s'ensuivit. Il est alors recueilli, avec son frère Karabet, dans un orphelinat du protectorat français de Syrie. En 1925, les deux frères débarquent à Marseille, où Missak exerce le métier de menuisier, qu'il a appris à l'orphelinat. Puis les deux frères montent sur Paris, où Karabet tombe malade. Missak se fait alors embaucher aux usines Citroën comme tourneur afin de subvenir à leurs besoins. Karabet décède en 1927, et Missak sera licencié lors de la grande crise économique des années 1930. Il gagne alors sa vie en posant pour des sculpteurs. Il écrit des poèmes, et, avec son ami arménien Semma, il fonde deux revues littéraires, *Tchank* (« L'Effort ») et *Machagouyt* (« Culture »), où sont publiés des articles sur la littérature française et la littérature arménienne. À la même époque, Missak et Semma s'inscrivent à la Sorbonne comme auditeurs libres et y suivent des cours de littérature, de philosophie, d'économie politique et d'histoire.

En 1934, Missak adhère au Parti communiste français. En 1935, il est élu secrétaire du Comité de secours pour l'Arménie. Il devient alors un militant permanent. C'est là qu'il rencontre Mélinée, sa future compagne. À la même époque, il est également responsable du journal *Zangou* (nom d'un fleuve arménien).

Au début de la guerre, il est affecté dans une usine de la région de Rouen en tant que tourneur. Rentré à Paris après la défaite de juin 1940, il reprend ses activités militantes dans la clandestinité. Il est arrêté lors d'une rafle anticommuniste en juin 1941. Interné au camp de Compiègne, il est libéré au bout de quelques semaines, aucune charge n'étant retenue contre lui. Il devient alors responsable de la section arménienne clandestine de la MOI (Main-d'œuvre immigrée). En février 1943, Manouchian est versé dans un groupe des Francs-tireurs et partisans (FTP) de la MOI, formé en avril 1942 sous la direction du Juif bessarabien Boris Holban. Le premier détachement où Manouchian est affecté comprend uniquement des Juifs roumains et hongrois, ainsi que des Arméniens. Le 17 mars 1943, il participe à sa première action armée à Levallois-Perret.

En juillet 1943, il devient commissaire technique des FTP-MOI parisiens. En août, il est nommé commissaire militaire des FTP-MOI parisiens, à la place de Boris Holban, qui a été démis de ses fonctions pour raisons disciplinaires. Joseph Epstein est devenu le responsable de l'ensemble des FTP de la région parisienne. Les groupes Manouchian accomplissent une trentaine d'opérations armées en plein Paris d'août à novembre 1943, dont l'exécution du général allemand Julius Ritter, adjoint pour la France occupée de Fritz Sauckel, responsable de la mobilisation de la main-d'œuvre STO dans l'Europe occupée par les nazis.

La brigade spéciale des renseignements généraux de la police française mène une vaste filature qui aboutit au démantèlement complet des FTP-MOI parisiens à la mi-novembre 1943, avec 68 arrestations, dont celles de Missak Manouchian et de Joseph Epstein. Mélinée Manouchian parvient à échapper de justesse à la police. Missak Manouchian et 22 de ses camarades sont livrés aux Allemands, qui exploitent l'affaire à des fins de propagande. Une célèbre affiche rouge placardée dans Paris à 15 000 exemplaires présente Manouchian en ces termes : « Manouchian, Arménien, chef de

.../...

bande, 56 attentats, 150 morts, 600 blessés. » Mais l'affaire de l'« affiche rouge » produit l'effet contraire à celui qu'escomptaient les nazis : pour toute la Résistance, elle devient le symbole du martyre. Les soutiens de sympathisants se multiplient. Les 22 résistants, dont Missak Manouchian, sont fusillés au mont Valérien le 21 février 1944.

En 1955, à l'occasion de l'inauguration de la rue du Groupe-Manouchian, située dans le 20e arrondissement de Paris, Aragon écrivit un poème, *Strophes pour se souvenir*, librement inspiré de la dernière lettre que Missak Manouchian adressa à son épouse, Mélinée, et qui sera mis en musique par Léo Ferré sous le titre *L'Affiche rouge* en 1959.

Les mouvements de la zone sud

Trois principaux mouvements de résistance naissent en zone sud en 1941 et 1942 : Combat, Libération et Franc-tireur.

Henri Frenay, qui a fondé le Mouvement de libération nationale (MLN) en 1940, entretient des contacts étroits avec des officiers du 2e bureau de l'armée d'armistice, dont certains membres travaillent avec les services spéciaux britanniques. Dans l'immédiat, Frenay porte la lutte sur la propagande et le renseignement. Le journal *Les Petites Ailes*, devenu *Vérités* en août 1941, informe l'opinion de la zone sud de la réalité de la situation militaire et du pillage de la France par le IIIe Reich. Puissant dans le Sud-Est à l'origine, le MLN s'étend dans toute la zone sud et dispose même d'une antenne en zone nord avec les résistants Froment et Guédon.

Le groupe formé par François de Menthon attache la même importance à la propagande. Son journal, *Liberté*, publié à Marseille avec les démocrates-chrétiens Courtin, Teitgen et Coste-Floret, dénonce le défaitisme et le nazisme. Le groupe Liberté se voit renforcer, à Montpellier, par l'adhésion de Renouvin (voir le chapitre 28), activiste de droite, et de ses groupes francs, qui, à partir de l'été 1941, mènent des sabotages et des attentats en zone sud. Renouvin et son adjoint Faloc recrutent parmi les étudiants, les ouvriers et des républicains espagnols exilés, rassemblés par le socialiste Tixador.

En novembre 1941, le groupe de Frenay fusionne avec celui de François de Menthon, donnant ainsi naissance au mouvement Combat, qui devient la plus puissante et la plus structurée des organisations de résistance au début de l'année 1942. L'ensemble est dirigé par un comité directeur composé de Frenay, Bourdet, Chevance, de Menthon, Teitgen, Coste-Floret. Plus tard, Roure et Bidault le rejoindront. La structure de Combat s'articule autour de deux axes : l'action (renseignements, groupes francs) et le ROP (recrutement, organisation, propagande), chargé de la diffusion du journal *Combat*, tiré à plus de 80 000 exemplaires à la fin de 1942. De nouveaux services viennent renforcer le mouvement : service financier et social (Albrecht), noyautage des administrations publiques (Boudet à Lyon), faux papiers (Bollier), relations extérieures (de Bénouville), action ouvrière (Degliame, dit « Fouché »), sabotage-fer (Lacroix). À la fin de 1942, Combat regroupe plusieurs milliers d'hommes répartis surtout en zone sud, dont les principaux chefs sont Peck à Lyon, Michelet à Limoges, Chevance à Marseille, Courtin à Montpellier et Dhont à Toulouse.

Henri Frenay

Henri Frenay est né le 19 novembre 1905 à Lyon. Son père est officier de carrière. Bachelier, il entre en 1924 à l'École spéciale militaire de Saint-Cyr. De 1926 à 1929, il sert comme officier à l'armée du Rhin, d'abord au 10e bataillon de mitrailleurs, puis au 156e régiment d'infanterie. De 1929 à 1932, il est affecté successivement en Syrie au 16e régiment de tirailleurs tunisiens puis à Kamechlié, au 8e bataillon assyro-chaldéen. En 1933, il retourne en métropole, à Hyères, au 3e régiment d'infanterie alpine avant d'effectuer, en 1935, un stage d'observateur aérien à Lyon-Bron. En 1936-1937, le capitaine Frenay se trouve en stage à l'École supérieure de guerre. En 1938, il est à Strasbourg, où il suit les cours du Centre des hautes études germaniques et en obtient un diplôme.

En 1939, il est affecté à Ingwiller, à l'état-major de la XVIIe région militaire. Durant la campagne de France, officier d'état-major au col du Donon, il est fait prisonnier en juin 1940 et parvient à s'évader, puis à rejoindre sa mère en zone sud, à Sainte-Maxime. Il est cité à l'ordre de l'armée.

En juillet 1940, Henri Frenay est affecté en garnison à Marseille et, dès le 15 août, refusant la défaite, il écrit un manifeste, premier appel à la lutte armée. Il organise dès lors les premiers recrutements parmi ceux qui comme lui s'opposent à l'armistice. En décembre 1940, il est affecté au 2e bureau de l'état-major de l'armée à Vichy. En janvier 1941, il démissionne de l'armée et entre rapidement dans la clandestinité. Il publie le 16 juillet suivant un numéro clandestin des *Petites Ailes*. Au même moment, il rencontre pour la première fois Jean Moulin, qui se prépare à partir pour Londres. Il fonde ensuite le Mouvement de libération nationale (MLN) et édite le journal *Vérité* à partir de septembre 1941, avec l'aide de Berty Albrecht, qu'il connaît depuis 1934. En novembre 1941, à Grenoble, il rencontre François de Menthon, qui dirige le mouvement Liberté, éditant un journal du même nom. De la fusion du MLN et de Liberté naît le mouvement Combat. En décembre paraît le premier numéro du journal *Combat*.

Combat, toujours avec l'aide de Berty Albrecht, devient le premier mouvement de résistance de la zone sud en termes d'effectifs. Grâce aux fonds fournis par Jean Moulin, Combat peut financer ses cadres et se développer. Persuadé qu'il est important de former la Résistance à la lutte armée, Frenay met en place les premières cellules de l'Armée secrète et les premiers groupes francs durant l'année 1942. Dès juin 1942, il est recherché par la police de Vichy. À l'été 1942, *Combat* tire à 100 000 exemplaires.

En septembre 1942, Henri Frenay part pour Londres en compagnie d'Emmanuel d'Astier de La Vigerie et y rencontre le général de Gaulle. Il est de retour en France en novembre 1942

.../...

par une opération aérienne. Début 1943 sont créés sous l'impulsion de Jean Moulin les Mouvements unis de la Résistance (MUR), qui voient l'unification des principaux mouvements de la zone sud – Combat, Libération et Franc-tireur. Henri Frenay est alors membre du comité directeur des MUR.

En janvier 1943, il confie la direction du mouvement à son adjoint Claude Bourdet et retourne à Londres. En juillet, il part pour Alger, où, le mois suivant, le général de Gaulle lui remet la croix de la Libération. Nommé en novembre 1943 à la tête du Commissariat aux prisonniers, déportés et réfugiés du Comité français de libération nationale à Alger, il continue à écrire dans *Combat*, fait plusieurs discours à la radio, puis est appelé à siéger à l'Assemblée consultative provisoire d'Alger. En août 1944, Henri Frenay devient ministre des Prisonniers, déportés et réfugiés du gouvernement provisoire de la République française. Il arrive en France le 1er septembre 1944. Le lendemain, il se trouve à Paris et participe au premier Conseil des ministres de la Libération. Il se dévoue à la tâche immense visant à assurer le retour en France des prisonniers de guerre et déportés. Malgré les nombreuses difficultés, en mars 1945 ont lieu les premiers retours (20 000), qui se poursuivent en avril (313 000), en mai (900 000) et en juin (276 000). En juillet, le ministère considère le rapatriement comme terminé.

En janvier 1945, Henri Frenay est l'initiateur de ce qui deviendra le Mémorial de la France combattante, au mont Valérien. En septembre 1946, il est président de l'Union européenne des fédéralistes. Directeur de plusieurs sociétés et administrateur de maisons d'édition, il publie en 1973 *La nuit finira* puis, en 1975, *Volontaires de la nuit*. Henri Frenay est décédé le 6 août 1988 à Porto-Vecchio, en Corse, où il est inhumé.

Emmanuel d'Astier de La Vigerie, ancien officier de marine, refuse l'armistice. Dès l'été 1940, il tente de former un premier groupe de résistance à Port-Vendres. Son projet se réalise peu à peu. En novembre 1940, à Clermont-Ferrand, il entre en contact avec Jean Cavaillès, les époux Aubrac (Lucie et Raymond), Georges Zérapha et fonde une organisation (La Dernière Colonne) qui placarde des tracts appelant à la résistance. D'Astier cherche à créer un mouvement qui sera le point de rencontre des syndicalistes, des socialistes et des communistes. Il prend ainsi contact avec les syndicalistes Jouhaux et Buisson pour la CGT, Morandet pour la CFTC. Il se lie avec les socialistes Mayer, Gouin et Ribière. Le mouvement Libération voit le jour en juillet 1941 à Clermont-Ferrand. Le comité directeur comprend, en octobre 1942, E. d'Astier, R. Aubrac, R. Brunschwig, P. Viénot, R. Lacoste et M. Poimboeuf. Les principaux chefs régionaux sont Canguilhem à Clermont-Ferrand et Forgues à Toulouse.

PORTRAIT

Emmanuel d'Astier de La Vigerie

Emmanuel d'Astier de La Vigerie est né le 6 janvier 1900 à Paris. Ses frères aînés Henri et François sont également de grands résistants. Après des études au lycée Condorcet puis à l'école Sainte-Geneviève à Versailles, il entre à l'École navale en 1919. Il démissionne de la marine en 1931 pour commencer une carrière de journaliste.

Mobilisé en août 1939 au Centre de renseignements maritimes de Lorient, il rejoint, en juin 1940, le 5e bureau replié à Port-Vendres, avant d'être démobilisé le mois suivant. En septembre 1940, refusant l'armistice, il fonde à Cannes le mouvement de résistance La Dernière Colonne, qui se destine au sabotage. Après l'arrestation de son adjoint, Édouard Corniglion-Molinier, en décembre 1940, il gagne Clermont-Ferrand, où règne une atmosphère favorable à la Résistance, notamment au sein de l'équipe de la rédaction du journal *La Montagne*.

En juin 1941, Emmanuel d'Astier de La Vigerie fonde avec Jean Cavaillès le mouvement Libération, qui, avec Combat et Franc-tireur, va devenir l'un des trois plus importants mouvements de résistance de la zone sud. Libération recrute le plus souvent ses membres dans les milieux syndicaux (CGT) et socialistes. En tant que chef de son mouvement, il fait paraître des affiches, des tracts et le journal du même nom, dont le premier numéro paraît en juillet 1941.

En janvier 1942, une liaison est établie avec Londres par Yvon Morandat, représentant du général de Gaulle, puis par Jean Moulin, qu'Emmanuel d'Astier de La Vigerie rencontre alors pour la première fois. En mars se déroule la première réunion, à Avignon, des responsables de Libération, Combat et Franc-tireur, sous la présidence de Jean Moulin.

Emmanuel d'Astier de La Vigerie rallie Londres par sous-marin en mai 1942 ; il y rencontre le général de Gaulle. Envoyé en mission à Washington en juin 1942, il est chargé de négocier auprès du président Roosevelt la reconnaissance de la France libre. Il repart pour la France à bord d'un chalutier en juillet 1942, avec le grade de lieutenant-colonel.

En novembre 1942, après un deuxième voyage à Londres, il regagne la France avec Henri Frenay et se trouve désigné pour siéger au Comité de coordination des mouvements de résistance, qui devient, en janvier 1943, le Directoire des Mouvements unis de la Résistance (MUR), dont il est le commissaire aux affaires politiques. Il repart pour Londres en avril 1943 puis retourne en France en juillet, à la suite de l'arrestation de Jean Moulin.

De retour à Londres en octobre 1943, il prend les fonctions de commissaire au sein du Comité français de libération nationale (CFLN) à Alger, à partir de novembre. On le charge de définir la stratégie et les crédits affectés à l'action de la Résistance métropolitaine. Dans ce cadre, il rencontre Churchill à Marrakech en janvier 1944, afin de lui demander des armes pour la Résistance.

Lors de la création du gouvernement provisoire de la République française, en juin 1944, Emmanuel d'Astier de La Vigerie devient ministre de l'Intérieur. Il débarque en France en juillet. Il quitte ses fonctions en septembre 1944, après avoir refusé la proposition de servir comme ambassadeur à Washington.

Député communiste de l'Ille-et-Vilaine de 1946 à 1958, il reçoit le prix Lénine de la paix en 1957. Il fonde le quotidien *Libération* puis, en 1966, le mensuel *L'Événement*. Il décède le 12 juin 1969 à Paris. Son inhumation se déroule au cimetière d'Arronville, dans le Val-d'Oise.

Libération se différencie de Combat par sa structure plus légère. On retrouve la même division entre l'action paramilitaire (Aubrac) et l'action politique (Brunschwig), dont la mission essentielle est la diffusion de *Libération,* le périodique clandestin du mouvement, tiré à 35 000 exemplaires en 1942. Cependant, les groupes militaires de Libération ne peuvent rivaliser avec l'Armée secrète de Combat. En fait, Libération est un mouvement avant tout politique, exprimant un refus de Vichy beaucoup plus radical que Combat et s'affirmant chaque jour plus révolutionnaire et plus marqué à gauche. Alors que Frenay rêve de former des militants spécialisés et hiérarchisés, d'Astier pense que le rôle des résistants est de susciter et d'encadrer un soulèvement populaire.

À la fin de 1940, des patriotes venus d'horizons très différents – Georges Valois, ancien de l'Action française, Elie Péju, ex-communiste, Antoine Avinin de Jeune République – fondent le mouvement France-Liberté à Lyon, qui va devenir Franc-tireur en décembre 1941. Jean-Pierre Lévy (voir le chapitre 28) s'associe au groupe, qui élargit son activité à toute la zone sud. Le périodique clandestin (France-Liberté) devient l'emblème du mouvement, qui recrute des journalistes lyonnais comme Altmann, Farge, Nocher… Ne voulant pas se limiter à la propagande, le mouvement forme des groupes francs qui passent à l'action par des sabotages et des attentats en 1942. Le comité directeur repose en 1941 sur Lévy, Avinin, Péju, Clavier et Pinton, auxquels s'ajoutent Altmann et Petit-Claudius à partir de 1942.

D'autres groupes s'organisent en zone sud. Fugère et Stibbe, anciens membres du Parti socialiste ouvrier et paysan (PSOP, section dissidence pacifiste et antifasciste de la SFIO créée en 1938 par Pivert et Vaillant), relancent les réseaux de leur ex-parti et fondent le périodique clandestin *L'Insurgé*, qui tire à un maximum de 30 000 exemplaires jusqu'en 1942.

La résistance de l'armée d'armistice

Après les accords d'armistice de juin 1940, qui coupent la France en deux, l'article 4 des conventions prévoit le maintien d'une armée française en zone libre. Elle sera connue sous le nom d'*armée d'armistice*. Ses effectifs sont fixés en métropole à environ 100 000 hommes (parmi lesquels 3 768 officiers, 15 072 sous-officiers et 75 300 hommes de troupe), tous volontaires, auxquels s'ajoutent les 60 000 hommes de la gendarmerie et les 10 000 hommes des sept groupements de défense aérienne du territoire.

Les forces terrestres sont organisées en huit divisions d'infanterie aux moyens réduits. L'armement lourd est interdit par le vainqueur : aucun char, pas d'artillerie lourde ni d'armes antichars. Seuls sont autorisés huit automitrailleuses Panhard (sans canon de 25 mm) par division, quelques mortiers et canons de 75 mm, l'armement individuel, fusils MAS 36 ou mousquetons et pistolets-mitrailleurs de divers types. Sauf exception, chaque division se compose de trois régiments d'infanterie, d'un régiment d'artillerie et d'un régiment de cavalerie. La cavalerie dispose en outre de quatre autres régiments de réserve.

Figure 5-1 : Le colonel André Pommiès.

L'action clandestine

Dans chaque régiment de l'armée d'armistice, deux officiers exercent des fonctions clandestines. L'un a la charge de garder le contact avec les hommes rendus à la vie civile pour entretenir l'esprit de revanche et « remettre ça » à l'issue d'une mobilisation secrète. Le second est le gestionnaire des armes et du matériel interdits par l'occupant, mais récupérés et camouflés à l'insu de la Commission d'armistice. Un plan de mobilisation établi en secret doit permettre, grâce au *camouflage du matériel* (CDM), de tripler le nombre de divisions en cas de reprise des hostilités. Le général Colson, René Carmille, les colonels Périsse, Zeller et Pfister, le général de La Porte du Theil avec ses Chantiers de jeunesse, le capitaine Jacques Faure avec Jeunesse et montagne et bien d'autres participent activement à un plan de mobilisation secrète de l'armée en zone libre, en cas de reprise des hostilités contre l'Axe sur le sol français.

Figure 5-2 : Le commandant Jacques de Bentzmann.

Sur proposition du colonel d'Anselme, le capitaine André Pommiès (voir le chapitre 29) se voit confier, le 15 novembre 1940, la mobilisation secrète de l'armée dans les Landes, les Basses-Pyrénées, les Hautes-Pyrénées et l'arrondissement de Mirande, dans le Gers. Avec l'aide précieuse du lieutenant Plaud, Pommiès parvient à constituer en une seule année plus de 50 dépôts contenant 1 200 fusils-mitrailleurs, 200 mitrailleuses, 10 mortiers de 81 mm, 4 canons de 75 mm, 3 500 fusils, 400 tonnes de cartouches, 8 000 obus de 81 mm, 5 000 obus de 25 mm…

Le commandant Mollard et le camouflage du matériel

LE SAVIEZ-VOUS ?

En 1941, le commandant Mollard, responsable du CDM (camouflage du matériel), prend la décision de monter en zone libre des ateliers clandestins, qui doivent construire 45 tourelles de chars. Les fabrications de tourelles sont entreprises sous le faux nom des établissements « Dubourg et Cie », dont le siège social se trouve à Sarlat. Les ateliers de montage sont installés à Saint-Cyprien. À Auch, dans le Gers, le commandant Maurice Corominas travaille pour les services spéciaux de l'armée d'armistice. Il est appuyé dans son entreprise par des éléments du 2e régiment de dragons, unité stationnée à Auch en septembre 1940. À sa tête se trouve l'ancien chef du contre-espionnage de l'armée, le colonel Schlesser, germanophobe et ardent patriote. Une de ses premières visites à Auch est naturellement pour le commandant Corominas.

Au sein du 2e dragons, Schlesser charge le capitaine d'Ornans de camoufler le matériel et l'armement ayant échappé aux Allemands. Les armes et les munitions dissimulées dans la nature proviennent soit des départements des Hautes-Pyrénées et du Lot-et-Garonne, soit des propres dépôts du 2e dragons, dont des canons antichars de 25 mm – interdits par les commissions de contrôle. Seuls les officiers et sous-officiers sont admis pour ce genre de missions délicates. Le colonel Schlesser en personne fait les premières sorties. On y retrouve toujours le capitaine de Neuchèze ainsi que le lieutenant Maître, sans oublier l'action importante du commandant de Bentzmann.

Ces opérations ont toujours lieu de nuit. Les hommes sont en bleu de travail, sans insigne et sans grade. Le matériel, transporté dans des camions à immatriculation civile, est de préférence déchargé dans les combles, les caves ou les granges des châteaux environnants.

En 1941, une équipe permanente du CDM est mise en place à Auch. Elle comprend le capitaine Picaud, le lieutenant Robin et les sous-officiers Combres, Mariage, Pilard et Salvat. Le colonel Schlesser prête ses dragons dans bien des cas. Le CDM gersois prend pour poste de commandement une maison de campagne proche de Pavie. Son rôle est de camoufler aussi bien des armes que les uniformes, le matériel optique, les casques… Là encore, les châteaux isolés dans la nature servent de refuges : Brézillac à Belmont, Aulagnères à Valence-sur-Baïse… ainsi que les communautés religieuses d'Auch. L'orphelinat de Monferran-Savès abrite des caisses de munitions et tout un hôpital de campagne. Le bois de Monpardiac, suffisamment grand, sert de cache d'armes.

En dehors des propriétaires qui accueillent les dépôts du CDM, certains fonctionnaires (Voizard et Cousteau), le mécanicien Rivière, l'entrepreneur Branet, les frères Gazeran (garagistes) participent aux opérations. Malheureusement, une partie du matériel tombera aux mains des Allemands lors de l'invasion de la zone libre. Cependant, des stocks sauvés de justesse feront la joie de certaines unités combattantes de la Résistance du département.

La zone sud devient un immense dépôt d'armes

Un peu partout en zone libre, des armes et du matériel sont cachés. D'importants dépôts existent autour de Lyon, dans le Rhône, sous la surveillance du lieutenant-colonel Planet, du commandant de Reyniès et des capitaines Agostini et Desgeorges. Dans l'Isère, le capitaine Richard et les lieutenants Lancelon, Daruelle et Bertaux parviennent à constituer plus de 150 dépôts clandestins, dans lesquels sont entassées plus de 300 tonnes d'armement et des munitions.

La totalité du matériel camouflé en zone libre, au 1er avril 1941, représente 65 000 armes individuelles, 10 000 armes collectives d'infanterie, 400 pièces d'artillerie, dont 55 canons de 75 mm, 1 000 tonnes de munitions d'infanterie, 10 000 obus de 75 mm, 150 000 grenades, un important matériel de transmission.

Le colonel Mollard passe en 1942 un contrat avec la société Lorraine-Lunéville, usine de Bagnères-de-Bigorre, pour un marché intéressant le ministère de l'Agriculture, portant sur la fourniture de 250 engins chenillés désignés sous le nom de « tracteurs forestiers ». Ce sont en réalité des chenillettes Lorraine destinées à l'armée et camouflées par les Eaux et Forêts. De nombreux autres projets clandestins sont en cours à l'époque : un projet de char de 35 tonnes, le montage de canons de 90 mm et de chars Somua…

L'action clandestine se poursuit en Afrique du Nord

Aux 100 000 hommes de l'armée d'armistice en métropole, il convient d'ajouter les 112 786 hommes (dont 4 114 officiers) se trouvant en Afrique du Nord (AFN), les 156 996 hommes des autres possessions françaises, soit quelque 379 000 soldats de toutes armes, ainsi que 60 000 marins et 40 000 aviateurs.

Le 10 septembre 1940, le général Weygand arrive à Alger pour restaurer le potentiel de l'armée d'Afrique par des apports clandestins, malgré le regard inquisiteur des Commissions d'armistice allemande et italienne. Des ateliers sont créés pour la fabrication d'armes antichars, une main-d'œuvre travaille à la construction de pistes d'atterrissage. La fraude semble être partout : 10 000 soldats venus de métropole sont camouflés en ouvriers, la Poste embauche 5 500 militaires à titre civil… Sous prétexte de maintenir l'ordre dans les tribus du Sud marocain, le général Weygand obtient des Allemands la présence de 16 000 soldats français. Il en réunit rapidement le double.

Au début de 1941, Weygand aligne 200 000 hommes en AFN. Les Allemands, qui savent que le général Weygand « prépare la revanche », obtiennent son rappel la même année et, un an après son retour en métropole, l'arrêtent et l'internent en Allemagne. Mais son impulsion a été décisive : lorsque, en novembre 1942, l'Afrique du Nord fait son retour dans la guerre, les forces militaires françaises représentent 225 000 hommes, dont 6 700 officiers, qui vont jouer un rôle important lors de la campagne de Tunisie en 1943. Le camouflage de l'armement en AFN est également une réussite exceptionnelle : 55 000 fusils, 4 000 armes automatiques, 210 mortiers de 81 mm, 80 canons de 75 mm, 43 canons antichars de 47 mm, 45 canons antichars de 25 mm ou 37 mm, 45 000 grenades, 8 000 mines antichars, 300 000 obus, 26 millions de cartouches et plus de 6 000 camions.

La création de l'Organisation de résistance de l'armée

Dans le contexte de novembre 1942, faute d'une intervention alliée directe sur les côtes françaises à brève échéance, l'armée d'armistice est dissoute en métropole. Mais l'organisation clandestine déjà esquissée s'étoffe considérablement : dès le mois de décembre 1942, l'Organisation de résistance de l'armée (ORA) est mise sur pied. Son ossature est le 2e bureau (service de renseignements de l'armée), camouflé de diverses façons – le contre-espionnage devenant par exemple les « travaux ruraux ». Son premier chef, le général Frère, arrêté et déporté, est remplacé par le général Verneau, arrêté lui aussi, et auquel le général Revers va succéder. L'ORA va contribuer à faire passer en Afrique du Nord, par l'Espagne, les cadres et les spécialistes que réclame la nouvelle armée française, engagée dans la lutte contre l'Axe. Mais elle forme aussi des cellules régionales, des maquis et des corps francs, dont le célèbre corps franc Pommiès, l'une des plus efficaces unités de la Résistance armée.

Chapitre 6

L'unification de la Résistance intérieure

Dans ce chapitre :

- L'action d'unification de Jean Moulin et de Pierre Brossolette
- Le Conseil national de la Résistance
- L'Armée secrète

Au début de 1942, opposée à des forces répressives toujours plus efficaces, la Résistance se trouve dans l'obligation d'unir ses efforts. Les problèmes d'argent et d'armement exigent une solution rapide. La principale impulsion à cette unité vient surtout de Londres : le général de Gaulle appelle de toutes ses forces à cette union de la Résistance autour de la France libre. Il voit là un terrain sur lequel appliquer sa conception du combat patriotique et un moyen de renforcer sa position vis-à-vis des Alliés. Un double mouvement pousse donc résistants et Français libres à s'entendre : les uns ont besoin d'armes et d'argent, les autres recherchent une légitimité plus sûre.

L'action décisive de Jean Moulin

Si les premiers contacts entre la Résistance intérieure et la France libre remontent à 1940, les rapports restent fragiles à la fin de l'année 1941. C'est à Jean Moulin, arrivé à Londres en septembre 1941, que revient la lourde charge de l'unification. Parachuté en France en janvier 1942, il limite dans un premier temps sa mission à la zone sud.

La création de l'Armée secrète

Au milieu de l'année 1942, Jean Moulin parvient à regrouper les effectifs paramilitaires des trois mouvements de la zone libre (Combat, Libération et Franc-tireur) en une seule organisation, l'Armée secrète (AS). « Dans la situation actuelle de la guerre, écrit Jean Moulin, une action d'envergure de l'Armée secrète ne peut être envisagée que si elle est liée à une action directe des forces alliées débarquant sur le territoire français, en vue d'y rechercher la décision. L'Armée secrète évitera d'engager dans des opérations de caractère désespéré, des effectifs et des cadres d'élite qui risqueraient d'être anéantis prématurément. Par contre, les cellules professionnelles et les groupes francs doivent être à même d'agir à tout moment. Si le débarquement allié en France se produit, l'Armée secrète devra utiliser les possibilités d'action qui lui seront offertes. L'action de sabotage déjà commencée sera poursuivie. À cet égard un programme sera envoyé. En attendant son arrivée, les centrales électriques seront attaquées en première urgence. La mission de l'Armée secrète est de paralyser la manœuvre allemande par une action générale déclenchée au moment opportun après le débarquement allié » (Archives du Centre national Jean-Moulin, Bordeaux). Le général Delestraint, âgé de 65 ans et qui n'est membre d'aucun mouvement, devient le chef de l'Armée secrète.

La création de divers services complémentaires (BIP, CGE et NAP)

Au sein des services civils, le *Bureau d'information et de propagande* (BIP), dirigé par Georges Bidault, voit le jour et accomplit un double rôle : agence de presse, il centralise les renseignements et les diffuse auprès des mouvements et en direction de Londres. Service de propagande, il répartit le matériel de propagande fourni par Londres et prépare les articles à publier dans la presse clandestine. Le *Comité général des études* (CGE), créé en zone libre en juin 1942, s'installe à Paris en avril 1943. Composé d'experts, il a un double but : mener une vaste enquête sur les responsables économiques, politiques, administratifs du pays et préparer des projets sur le futur régime politique économique et social de la France après la Libération. Les principaux membres du CGE sont Robert Lacoste, Pierre-Henri Teitgen et René Courtin, François de Menthon, Paul Bastid et Alexandre Parodi. Le *Noyautage des administrations publiques* (NAP), service fondé par le mouvement Combat du capitaine Henri Frenay et approuvé par Jean Moulin, se propose d'obtenir la complicité de certains fonctionnaires travaillant dans l'Administration de Vichy. Pour coordonner tous ces services, Jean Moulin se dote d'un Secrétariat général qu'il confie à Daniel Cordier, ancien sympathisant de l'Action française de Charles Maurras, parachuté de Londres en août 1942. D'abord installé à Lyon, le secrétaire général se déplace à Paris en mars 1943. Tony de Graaf assure le secrétariat à Lyon à compter de cette date.

Les conversations préparatoires à la coordination des mouvements ont lieu à Londres au début d'octobre 1942, sans Jean Moulin, qui n'a pu venir. Frenay et d'Astier de La Vigerie acceptent le rapprochement mais se plaignent de Moulin, qu'ils accusent d'autoritarisme. Le général de Gaulle tranche cependant en faveur de l'ancien préfet d'Eure-et-Loir, son délégué. Avec la création du Comité de coordination, Jean Moulin peut croire que sa mission unificatrice est terminée. En fait, il n'en est rien : le débarquement des Alliés en Afrique du Nord en novembre 1942 et l'occupation par les Allemands de la zone libre ainsi que la renaissance des partis politiques et des syndicats amènent Jean Moulin à suggérer de modifier le Comité de coordination.

Le Conseil national de la Résistance voit le jour

En février 1943, Jean Moulin retourne à Londres pour rendre compte de sa mission et recevoir de nouvelles instructions. Le général de Gaulle lui remet la croix de la Libération et le nomme délégué général du Comité national français (avec rang de ministre). Commissaire national en mission, Jean Moulin quitte Londres le 21 mars muni d'instructions qui le chargent de créer le *Conseil national de la Résistance* (CNR) et devient le seul représentant permanent du général de Gaulle et du Comité national pour l'ensemble du territoire métropolitain.

À la différence des organismes précédents, le CNR regroupe les mouvements de résistance de l'ancienne zone libre (unifiés par Jean Moulin) et ceux de la zone occupée (unifiés par Pierre Brossolette, qui a fondé le Comité de coordination de la zone nord, dont la première réunion s'est tenue le 3 avril 1943 en présence de Jean Moulin). Le CNR comprend, outre les représentants des principaux mouvements de résistance, des membres des forces politiques et syndicales qui se sont ralliées aux grands principes de la Résistance. Le CNR forme donc l'embryon d'une représentation nationale réduite, appelée à être étoffée après la libération du territoire.

Pour mettre sur pied le CNR, Jean Moulin doit longuement négocier avec les principaux mouvements de résistance. En effet, ceux-ci acceptent mal à leurs côtés la présence des représentants des anciens partis politiques et supportent difficilement de se soumettre à l'autorité du général de Gaulle. Finalement, la première réunion du CNR peut se tenir à Paris le 27 mai 1943. Seize représentants sont présents – huit pour les mouvements, six pour les partis politiques et deux pour les syndicats. Les communistes ont deux représentants. On note dans cette liste l'absence des trois chefs historiques de la Résistance de la zone libre, qui, aidés par Moulin, ont construit l'Armée secrète et les Mouvements unis de la Résistance (organisation administrative de l'AS) : les circonstances ont voulu que d'Astier de La Vigerie et Jean-Pierre Lévy se soient trouvés à Londres au moment de cette réunion.

Quant à Frenay, il a refusé de siéger. La séance du 27 mai 1943 peut être considérée comme le couronnement de la mission unificatrice de Jean Moulin. En dix-huit mois, il a doté la Résistance d'une triple unité : unité militaire avec l'Armée secrète, unité administrative avec les Mouvements unis de la Résistance et unité politique avec le Conseil national de la Résistance. L'AS compte 208 240 hommes en mai 1943.

Les querelles intestines de la Résistance

La création du CNR ne met pas fin aux querelles intestines de la Résistance : les chefs des mouvements continuent à s'opposer. Plusieurs d'entre eux remettent en cause l'autorité du Comité national français de Londres, rattaché au général de Gaulle. Certains essaient de profiter de la création du Comité français de libération nationale à Alger, le 3 juin 1943, fidèle au général Giraud, pour s'émanciper de la tutelle du général de Gaulle et obtenir la révocation de Jean Moulin de la présidence du CNR.

On connaît assez bien les divergences profondes qui opposent Moulin et le capitaine Frenay (chef de Combat). Ce que l'on a par exemple appelé l'*affaire suisse*, sur le financement de la Résistance par les services américains, a mêlé les membres de la délégation des Mouvements unis de la Résistance à Genève (avec Bénouville notamment) à ces déchirements internes. Moulin taxe ces négociations des responsables de Combat avec les représentants des services secrets américains (OSS) de « coup de poignard dans le dos de De Gaulle » – tout cela sur fond de querelles entre gaullistes et giraudistes. Mais les relations avec les autres chefs des mouvements de zone sud sont aussi tendues. Daniel Cordier relève que « d'Astier de La Vigerie (Libération) a recherché tout ce qui pouvait lui nuire (Jean Moulin) ».

À Londres, André Philip, un des proches du général de Gaulle, qui reçoit les rapports de Moulin, commence à douter des capacités du président du CNR à remplir la mission qui lui a été confiée. Daniel Cordier précise que Jacques Bingen, un des responsables des services secrets de la France libre (BCRA), dans cette première crise de mai 1943, a pris position en faveur de Moulin. Des désaccords profonds, créant plusieurs incidents, se sont produits par ailleurs au sujet des initiatives prises par Pierre Brossolette en ce qui concerne l'organisation de la Résistance en zone nord. De son côté, Moulin s'est appuyé jusqu'à son arrestation sur le chef de l'Armée secrète, le général Delestraint, alors que celui se trouve également au centre de débats passionnés.

Dans un rapport du 4 juin 1943, Jean Moulin fait état des divisions entre les différentes composantes de la Résistance : « À notre retour d'ici, Delestraint et moi, nous avons trouvé en zone sud les dirigeants des mouvements, plus exactement Frenay (Combat) et d'Astier de La Vigerie (Libération)

– le représentant de Lévy (Franc-tireur) étant demeuré plus calme – dans un état de surexcitation considérable.

» Le Comité directeur (CD) adressait des circulaires incendiaires aux régions et publiait des tracts invitant à la révolte ouverte, les armes à la main. Ces instructions prévoyaient, entre autres, la constitution de "bastions armés" dans les usines.

» Cet état d'esprit, qui est loin d'être en état d'harmonie avec celui que nous avons trouvé à Londres, nous amena, Delestraint et moi, à faire avec tous les dirigeants nécessaires une mise au point avec le CD au lendemain même des importantes conversations de Delestraint avec l'état-major anglais sur l'utilisation de l'AS.

» Delestraint se heurta à une position bien arrêtée de la part de Frenay qui entendait agir coûte que coûte, tout de suite, distribuant toutes les armes aux gens dans le maquis pour qu'ils fassent acte de guerre dès à présent. La séance se termina d'ailleurs par une altercation entre Delestraint et Frenay, ce dernier s'étant laissé aller, une fois de plus, à des violences de langage inadmissibles à l'encontre du chef de l'AS.

» En outre, d'Astier de La Vigerie qui, jusqu'à ces derniers mois, était en désaccord fréquent avec Frenay et apportait un contrepoids à l'emprise de Frenay et de Combat a, depuis la fusion, fait absolument cause commune avec Frenay. D'Astier de La Vigerie ayant personnellement pris en main l'action politique des Mouvements unis, il était nécessaire de conserver une activité à Frenay, et cette activité ne pouvait être que militaire. Donc, volonté très nette de D'Astier d'appuyer toutes les revendications de Frenay en ce domaine.

» Les syndicats ont appuyé ma position dans la querelle des Services centraux. Par contre, ils ont été effrayés par les circulaires de Frenay préconisant une insurrection immédiate et prévoyant la création de "bastions armés".

» Nous estimons que la plupart des circulaires portées par Frenay sur le plan des régions – et de là à celui des départements et des communes – pour les faire juges de nos divergences de vues, sont aussitôt connues des Anglais, des Américains, de la police, voire de la Gestapo. Je regrette les imprudences commises par les Mouvements. Le cloisonnement doit être de rigueur ; les membres subalternes ne doivent pas connaître l'adresse et le nom d'un autre. Il n'existe aucune préparation morale prévoyant l'arrestation et l'interrogatoire… » (Archives du CNJM, Bordeaux).

PORTRAIT

Jean Moulin

Jean Moulin est né le 20 juin 1899 à Béziers, où son père est professeur d'histoire et conseiller général radical-socialiste de l'Hérault. Bachelier en 1917, il s'inscrit à la faculté de droit de Montpellier et entre parallèlement comme attaché au cabinet du préfet de l'Hérault. Il est mobilisé en avril 1918 et envoyé dans les Vosges, où le surprend l'armistice de novembre 1918. Licencié en droit, il entre très tôt dans la carrière préfectorale : d'abord secrétaire général de préfecture à Montpellier, il est en 1925 le plus jeune sous-préfet de France, à Albertville, en Savoie. Il est successivement sous-préfet de Châteaulin (1930-1933) et de Thonon (1933), puis secrétaire général de la Somme (1934-1936).

Il a également appartenu à plusieurs cabinets ministériels et notamment à celui de Pierre Cot, ministre de l'Air dans le gouvernement du Front populaire, où il s'engage dans l'aide clandestine à l'Espagne républicaine. Nommé préfet en mars 1937, il est, là encore, le plus jeune préfet de France et est nommé à Rodez en 1938, puis à Chartres l'année suivante.

Lorsque la guerre éclate, il veut rejoindre les troupes, mais il est maintenu en affectation spéciale à Chartres, où il fait face à l'exode de la population. Le 17 juin 1940, il reçoit alors les premières unités allemandes. Celles-ci veulent lui faire signer une déclaration accusant des unités de tirailleurs sénégalais d'avoir commis des atrocités envers des civils de Saint-Georges-sur-Eure, en réalité victimes des bombardements allemands. Maltraité et enfermé parce qu'il refuse de signer, il se tranche la gorge dans sa cellule. Soigné *in extremis* par les Allemands, il reste en poste avant d'être, en tant que préfet de gauche, révoqué par Vichy début novembre 1940. Il part pour la zone sud, s'installe dans la maison familiale de Saint-Andiol (Bouches-du-Rhône) et prend contact avec les principaux mouvements de résistance de zone sud.

En septembre 1941, il quitte la France par ses propres moyens pour rejoindre l'Angleterre depuis le Portugal après avoir traversé l'Espagne. À Londres, il est reçu par le général de Gaulle, auquel il fait le compte rendu de l'état de résistance de la France et de ses besoins. Rapidement convaincu de l'intelligence et des capacités de son interlocuteur, le général de Gaulle renvoie Moulin en métropole avec pour mission de rallier et d'unir les mouvements de résistance. Il doit également créer une Armée secrète en séparant le militaire du politique. Muni des moyens financiers et du matériel de transmission nécessaires, Jean Moulin est parachuté sur les Alpilles le 2 janvier 1942 à 3 h 30 du matin. Il installe son quartier général à Lyon.

Délégué général de De Gaulle, Jean Moulin commence à mener à bien sa tâche complexe et délicate en zone sud. Il rencontre Henri Frenay, Emmanuel d'Astier de La Vigerie et Jean-Pierre Lévy, responsables respectivement des trois mouvements principaux de la zone sud (Combat, Libération et Franc-tireur), leur apporte une aide financière, parvient, non sans mal, à aplanir leurs différends. Son action aboutit, en octobre 1942, à la création de l'Armée secrète, fusion des groupes paramilitaires de ces trois grands mouvements (dont le commandement est confié au général Delestraint), puis, au début de l'année 1943, à la création des Mouvements unis de la Résistance, rassemblant Combat, Libération et Franc-tireur.

.../...

Grand amateur d'art et dessinateur lui-même, Jean Moulin ouvre entre-temps une galerie d'art à Nice, la galerie Romanin (son propre pseudonyme d'artiste), qui lui sert de couverture. En février 1943, il se rend à nouveau à Londres, où il rend compte de sa mission et est décoré par le général de Gaulle de la croix de la Libération. De retour en France le 20 mars par une opération Lysander, il devient l'unique représentant du général de Gaulle pour la Résistance. Ses efforts dans toutes les directions, malgré certaines réticences, aboutissent bientôt à la constitution du Conseil national de la Résistance, dont la première réunion se tient sous sa présidence au 48 de la rue du Four à Paris, le 27 mai 1943. Il s'agit d'un conseil réunissant les responsables des mouvements de résistance des deux zones, mais aussi des responsables politiques et syndicaux. Important politiquement car il symbolise aux yeux du monde – et surtout des Alliés – l'unité française, le CNR adopte lors de sa première réunion une motion reconnaissant le général de Gaulle comme le seul chef politique de la France combattante.

Dans le but d'organiser rapidement la relève à la tête de l'Armée secrète, décapitée par l'arrestation à Paris du général Delestraint, Moulin en convoque les responsables pour le 21 juin 1943 à Caluire, dans la banlieue de Lyon, chez le Dr Dugoujon. Mais, à la suite de dénonciations, la Gestapo, emmenée par Klaus Barbie, intervient : tous les hommes présents sont arrêtés et conduits à la prison du fort Montluc. Sauvagement torturé par les hommes de Barbie, qui l'identifie après deux ou trois jours, Jean Moulin est transféré début juillet avenue Foch, à Paris, puis dans une villa de Neuilly où la Gestapo a coutume de torturer les personnalités importantes. Ses tortionnaires s'acharnent tour à tour sur lui, en vain : il ne parlera jamais. Devant cet échec, Berlin exige son transfert. C'est dans le train qui l'emmène en Allemagne, quelque part entre Metz et Francfort, qu'il meurt le 8 juillet 1943.

Ses « cendres présumées », d'abord déposées au Père-Lachaise, ont été transférées au Panthéon le 19 décembre 1964.

Pierre Brossolette unifie la Résistance en zone nord

Pierre Brossolette est né le 25 juin 1903 à Paris. Fils d'un inspecteur de l'enseignement primaire de tradition radicale, il fait ses études à Janson-de-Sailly et à Louis-le-Grand. Il entre à l'École normale supérieure en 1922. En 1925, agrégé d'histoire, il effectue son service militaire au 5e régiment d'infanterie (RI) à Paris comme sous-lieutenant.

Une carrière prometteuse

Il débute une carrière de journaliste au sein de divers journaux (*L'Europe nouvelle*, *Le Quotidien*, *Le Progrès civique*, *Notre Temps*, *Excelsior*, *Terre libre*,

Le Populaire). Militant socialiste, sous-chef de cabinet de François Piétri, ministre des Colonies, il est chargé des questions de communication et des relations avec la presse pendant plusieurs mois en 1930. Rapidement démissionnaire, il se présente en 1936 aux élections dans l'Aube, où il est battu. Léon Blum, en octobre 1936, lui confie la rubrique politique étrangère à la radio nationale. Anti-munichois, violemment attaqué par une partie de la presse, il est révoqué par Daladier en janvier 1939.

Résistant de la première heure

Mobilisé le 23 août 1939, lieutenant au 5ᵉ RI, il forme la compagnie d'accompagnement attachée au 21ᵉ bataillon d'infanterie qui est placée en garde du quartier général à La Ferté-sous-Jouarre. Il est promu capitaine en mars 1940 et décoré de la croix de guerre pour son attitude lors de la retraite de son unité. Il est démobilisé fin août ; l'Administration de Vichy refuse sa réintégration dans le corps enseignant en raison de son passé antifasciste. Il achète alors à Paris une librairie, au 89, rue de la Pompe, qui va servir de couverture à ses activités de résistance. Début 1941, par l'intermédiaire d'Agnès Humbert, il entre au réseau du musée de l'Homme et collabore au journal *Résistance*, dont il devient le rédacteur en chef.

Après le démantèlement du réseau du musée de l'Homme, Pierre Brossolette est ensuite intégré, en novembre 1941, au réseau du colonel Rémy, la Confrérie Notre-Dame, pour laquelle il devient le chef de la section presse et propagande. Il signe son engagement aux Forces françaises libres le 1ᵉʳ décembre 1941. Il rédige une série de rapports destinés à informer les services français de la radio de Londres. Il prend également des contacts avec le mouvement Libération-Nord et l'Organisation civile et militaire.

Agent du BCRA

Le 27 avril 1942, il effectue son premier départ pour Londres, par avion Lysander, du terrain de Saint-Saëns, près de Rouen. En Angleterre, il rédige plusieurs rapports pour le Bureau central de renseignements et d'action (BCRA) et rencontre à plusieurs reprises le général de Gaulle. Promu chef de bataillon, il est parachuté au-dessus de Chalon-sur-Saône le 4 juin. Arrivé à Paris le 7, Brossolette établit des contacts politiques importants. Il permet l'évasion d'André Philip et persuade Charles Vallin de rejoindre l'Angleterre. Les deux hommes, *via* Gibraltar, gagnent la Grande-Bretagne le 14 septembre 1942. Le 22, il évoque sur les ondes de la BBC le rôle important de la Résistance française. Affecté au BCRA, il devient l'adjoint du colonel Passy et, le 1ᵉʳ octobre, prend la tête de la Section opératoire, service chargé de faire le lien entre les Résistances extérieure et intérieure. À ce titre, il accueille les principaux chefs de la Résistance à Londres et s'entretient avec eux. Le

17 octobre 1942, le général de Gaulle lui décerne la croix de la Libération avant de le nommer membre du Conseil de l'ordre de la Libération.

Son action en zone nord

Pierre Brossolette atterrit en France dans la nuit du 26 au 27 janvier 1943 afin d'accomplir une importante mission, en coopération avec le colonel Passy et Yeo Thomas (SOE, services secrets britanniques – voir le chapitre 5), parachutés un mois plus tard. Cette mission a pour but, en zone nord, de procéder à l'inventaire de toutes les forces de la Résistance, de séparer le renseignement de l'action militaire, de rechercher les cadres d'une administration provisoire pour la Libération. Brossolette établit des contacts avec divers responsables de la Résistance (Jean Gosset, Jean Cavaillès, le colonel Touny, Pierre Villon…).

Pierre Brossolette et le colonel Passy sont de retour à Londres le 16 avril 1943 et présentent leur rapport de mission. À Londres, Brossolette remplace à 38 reprises Maurice Schumann au micro de la BBC, entre le 29 mai et le 27 juillet 1943, pour y lire des chroniques de combat et d'espoir rendant hommage aux résistants.

La mort d'un héros

Le 13 août 1943, Brossolette part pour Alger. Il y rencontre le général de Gaulle avant de revenir en Grande-Bretagne, le 3 septembre, avec l'autorisation de repartir en France. Il accomplit son dernier départ pour la France le 19 septembre : il est déposé *via* une opération Lysander près d'Angoulême. Il sert de conseiller à Émile Bollaert, nouveau délégué national de la Résistance.

En novembre, il reçoit l'ordre de revenir à Londres. L'opération Lysander ayant échoué, une opération d'évacuation par mer est mise en place, à partir de la Bretagne. Le 2 février 1944, Pierre Brossolette et Émile Bollaert embarquent sur un navire de pêche qui s'échoue à l'entrée de la baie d'Audierne en raison du mauvais temps. Réfugiés à Plogoff, chez un résistant local, ils sont arrêtés tous les deux à Audierne lors d'un contrôle de routine.

Pierre Brossolette est transféré à la prison de Rennes le 5 février, puis écroué. Sous la torture, il ne parle pas. Il est alors conduit à Paris, le 19 mars, au siège de la Gestapo, au 84, avenue Foch. De nouveau torturé, il persiste à se taire. Il profite, le 22 mars 1944, d'un moment d'inattention d'un de ses gardiens pour se jeter par la fenêtre du cinquième étage. Très grièvement blessé, il meurt le soir, vers 22 heures, à l'hôpital de la Pitié. Le 24 mars, son corps est incinéré au Père-Lachaise.

Charles Delestraint : premier chef de l'Armée secrète

Charles Delestraint est né le 12 mars 1879 à Biache-Saint-Vaast, dans le Pas-de-Calais. Son père est comptable dans les fonderies. Il fait jusqu'en 1896 ses études secondaires à Haubourdin chez les Maristes et obtient brillamment le baccalauréat. Il entre ensuite à l'École spéciale militaire de Saint-Cyr en 1897 et en sort parmi les premiers trois ans plus tard. Le 1er octobre 1900, il est nommé sous-lieutenant au 16e bataillon de chasseurs à pied, où il reste pendant treize ans.

Fait chevalier de la Légion d'honneur

Le 25 août 1914, chargé d'une mission spéciale sur la Meuse à hauteur de Haybes (Belgique), il bouscule un important détachement allemand, retarde la progression ennemie et permet ainsi la liaison des IVe et Ve armées françaises. Il est alors fait chevalier de la Légion d'honneur, reçoit la croix de guerre avec palme et la croix de guerre belge. Le 30 août, il tombe dans une embuscade lors de l'attaque de Chesnois-Auboncourt ; il est fait prisonnier et détenu au camp de jusqu'en 1918. Rapatrié en décembre 1918, il est ensuite affecté à l'état-major et nommé chef de bataillon. Dépendant du 104e régiment d'infanterie puis de l'état-major de l'armée, il est affecté à l'École supérieure de guerre. Le 3 octobre 1923, ayant demandé à servir dans les chars, il est envoyé au 517e régiment de chars de combat (RCC) à Düren, en zone d'occupation française. En avril 1927, il est nommé commandant en second de l'École d'application des chars de Versailles, sous la direction du général Frère. Il est promu lieutenant-colonel en décembre 1927.

Défenseur des chars de combat avec de Gaulle

En 1932, il prend le commandement du 505e RCC à Vannes puis est promu colonel. En 1936, il commande la 3e brigade de chars à Metz et, le 23 décembre de la même année, reçoit ses étoiles de général de brigade. Il a alors comme subordonné le colonel de Gaulle, qui commande le 505e RCC. Ils luttent tous deux pour une utilisation différente et plus massive des blindés. Atteint par la limite d'âge en mars 1939, il est rappelé le 1er septembre et reçoit le commandement des chars de combat de la VIIe armée. En avril 1940, il est nommé adjoint à l'inspection des chars, puis on lui confie, dans une situation désespérée, le commandement d'un groupement cuirassé qui ne comprend plus que deux divisions. Il parvient à couvrir le repli de deux armées, permettant ainsi à de nombreuses unités d'échapper à la capture.

Organisateur de l'Armée secrète

Dès l'armistice, il n'accepte pas la défaite et décide de regrouper les anciens des unités de chars. À partir de 1941, son activité de résistant s'intensifie, ce qui lui vaut un rappel à l'ordre de Vichy le 27 février 1942. À l'été 1942, sur l'avis d'Henri Frenay, Jean Moulin propose le nom de Delestraint au général de Gaulle pour organiser, d'abord en zone sud, l'Armée secrète. Le 11 novembre 1942, après avoir rencontré Jean Moulin, Delestraint est confirmé dans sa mission par une lettre du général de Gaulle.

Dès lors, il collabore étroitement avec Jean Moulin pour organiser la Résistance au plus haut niveau, en rencontrant les principaux responsables des mouvements. C'est ainsi que les deux hommes sont tous deux convoqués par le général de Gaulle à Londres le 13 février 1943. Charles Delestraint est alors chargé d'étendre la structure de l'Armée secrète en zone nord. Il rentre en France le 20 mars 1943, en compagnie de Jean Moulin et de Christian Pineau. Il est promu général de corps d'armée, visite début avril le plateau du Vercors et les premiers maquis. Ensuite, à Paris, il participe aux réunions visant à regrouper les grands mouvements de la zone nord.

Arrêté par la Gestapo

Le 9 juin 1943, au métro La Muette, alors qu'il a rendez-vous avec René Hardy, Charles Delestraint est arrêté par la Gestapo, douze jours avant l'arrestation de Jean Moulin à Caluire. Il est interrogé à Neuilly puis avenue Foch par la Gestapo. En juillet, il est incarcéré à Fresnes. Après une instruction de neuf mois, il est envoyé au camp de Natzwiller-Struthof, en Alsace. Les Alliés approchant, il est transféré en septembre 1944 à Dachau, près de Munich. Le 19 avril 1945, dix jours seulement avant l'arrivée des Américains, il est abattu d'une balle dans la nuque avant d'être incinéré au crématoire du camp.

LE SAVIEZ-VOUS ?

Le 10 novembre 1989, en guise d'hommage rendu par la nation, le nom de Charles Delestraint était officiellement gravé en lettres de bronze au Panthéon à Paris.

Chapitre 7

Les premiers maquis

Dans ce chapitre :

- Les maquis de l'Ain
- Les maquis du Limousin
- Le corps franc Pommiès

Les premiers *maquis,* organisations de résistance abritées en montagne ou en forêt, sont constitués dans diverses régions de France, notamment dans l'Ain, le Limousin et les Pyrénées, afin de former des groupes armés devant passer à l'action au déclenchement de la libération du territoire. Durant l'Occupation, les maquis se distinguent par de multiples sabotages et sont renforcés par l'arrivée de nombreux réfractaires au Service du travail obligatoire (STO), institué par Vichy. Ces jeunes gens refusent d'aller travailler en Allemagne et préfèrent rejoindre les maquis pour lutter contre les Allemands.

Romans-Petit et les maquis de l'Ain

PORTRAIT

Henri Romans-Petit est né le 13 février 1897 à Firminy, dans la Loire. Aîné de quatre enfants d'une modeste famille, dont le père travaille comme employé aux chemins de fer, Henri poursuit ses études lorsque la Première Guerre mondiale éclate. Il attend avec impatience d'avoir l'âge requis pour s'engager, le 15 juillet 1915, en signant son enrôlement au 13e bataillon de chasseurs alpins de Chambéry. Après six mois d'instruction, il reçoit son baptême du feu sur le front de l'Ouest.

Citation à l'ordre du bataillon

Sa brillante conduite lors d'une mission de reconnaissance en juillet 1916 lui vaut une citation à l'ordre du bataillon puis sa nomination au grade de caporal, qui sera suivie, peu après, de celle de sergent. Après un stage de neuf mois à l'École spéciale militaire de Saint-Cyr, Romans-Petit se voit muté, sur sa demande, dans l'aviation, à l'escadrille 127 de bombardement de jour. Son immense courage dans cette nouvelle arme trouve sa récompense par l'accession au rang d'aspirant, puis à celui de sous-lieutenant.

À la fin du conflit, en novembre 1918, il est démobilisé et retourne à ses chères études. Licencié en droit, il devient l'agent principal pour six départements d'un groupe de presse. La tension internationale de 1938 entraîne une mobilisation des cadres, si bien que Romans-Petit rejoint son escadrille d'affectation. Ce n'est qu'une fausse alerte, mais l'année suivante le capitaine aviateur Romans-Petit se trouve à son poste. En décembre 1939, il commande les bases aériennes de Nice et de Cannes. Ses avions participent à la victoire de l'armée des Alpes, qui repousse l'offensive de l'armée italienne. C'est là qu'en juin 1940 le surprend l'armistice.

Les premières bases d'un groupe clandestin

Pour ce patriote enflammé, la guerre ne peut se conclure par la défaite. Il tente de rejoindre l'Angleterre à bord d'un avion, mais il se heurte à une escouade de gendarmes qui fait bonne garde. Démobilisé, il gagne Saint-Étienne. C'est là qu'il fonde les premières bases d'un groupe clandestin, avec le soutien efficace de Jean Nocher, membre du réseau Ali, rattaché aux services secrets de la France libre. Aux missions de renseignements s'ajoutent les réceptions de parachutages, effectuées sur les terres du domaine des Barillons et de la ferme de Lagnis. Dans le contexte de cette vaste organisation, le sous-réseau Espoir, créé par Romans-Petit et Nocher, accomplit efficacement ses missions dans le domaine du renseignement.

L'arrestation de Nocher, en 1942, oblige Romans-Petit à changer de secteur. Sillonnant le département de l'Ain, il tente de trouver des fermes pour y accueillir les réfractaires du STO. Marcel Demia, résidant à Ambérieu, l'aide dans cette tâche difficile. L'Ain comprend deux régions différentes : à l'ouest s'étend la Bresse, avec ses collines argileuses, et l'est constitue un terrain montagneux, couvert de forêts, dont le point culminant du Grand Colombier (1 534 m) domine les environs. Plus au nord, la chaîne des crêtes se dresse avec ses massifs élevés du Crêt de la Neige (1 718 m) et du Reculet (1 717 m). Le département est donc favorable à l'implantation de nombreux maquis.

Figure 7-1 : Parachutage d'armes pour un maquis.

Chef départemental de l'AS de l'Ain

L'état-major de l'Armée secrète de la région ne tarde pas à nommer Romans-Petit chef militaire départemental de l'Ain, en raison de son engagement patriotique depuis l'armistice et de son expérience d'officier. Ses premières démarches reposent sur une reconnaissance détaillée de la topographie des différents secteurs. Il entre en contact avec Marius Chavant, maire de Montgriffon, qui va l'aider dans sa tâche. Romans-Petit parvient rapidement à accomplir la mission qui lui a été confiée : rassembler des combattants solides afin de leur fournir un encadrement et une formation les rendant aptes à pratiquer la guérilla. Il parvient à former des groupes mobiles, indépendants les uns des autres, pouvant facilement se dégager lors des assauts donnés par les troupes allemandes ou miliciennes. Il applique ainsi la tactique de la guérilla mobile, identique à celle qui va être pratiquée par Georges Guingouin en Limousin et Robert Leblanc en Normandie. Romans-Petit peut créer une école de cadres qui s'installe aux Georges, près de Montgriffon ; elle est dirigée par Vaudan puis par Marcault, qui va former des éléments aptes à assurer le commandement des camps et des groupes.

Le dévouement d'hommes comme Deschamps, Tarpin, Demia, Jeanjacquot, Chavant, Vaudan, Juhem, Millet, Ecquoy, Chambon, Rosette, Perrotot (« Montréal »), Girouse (« Chabot ») permet de structurer les camps, d'assurer leur sécurité et leur ravitaillement. À la fin du mois d'août 1943, les maquisards de l'Ain représentent une menace sérieuse pour les troupes d'occupation. Les maquis de l'Ain montent des opérations audacieuses qui permettent de récupérer armes, uniformes et matériel provenant des dépôts de l'armée d'armistice. Pour agir, Romans-Petit bénéficie d'un vaste mouvement de renseignements reposant sur des agents des PTT, des gendarmes acquis à la cause de la Résistance, des cheminots, des employés municipaux.

Le défilé militaire du 11 novembre 1943

Le 11 novembre 1943, Romans-Petit défile à la tête d'un bataillon de maquisards dans Oyonnax, en pleine occupation allemande. En formation impeccable, chaque section flanquée des cadres en tenue s'ébranle ; pour les habitants, c'est un spectacle extraordinaire que de voir un bataillon de maquisards en uniforme et en armes se diriger au pas cadencé vers le monument aux morts de la guerre 1914-1918. Sur place, Romans-Petit dépose une gerbe en forme de croix de Lorraine, puis, après avoir fait observer une minute de silence, il entonne *La Marseillaise*, reprise avec ferveur par des milliers de personnes rassemblées aux alentours.

L'hymne est à peine terminé que cette foule d'hommes, de femmes et d'enfants se précipite sur les gars du maquis, que chacun peut étreindre. Mais la prudence est de règle : les consignes de départ tombent. Les maquisards rejoignent les camions, qui s'éloignent au son de *La Marseillaise*. Les groupes de sécurité décrochent à leur tour. Il ne reste plus dans la ville qu'une population en effervescence. L'effet de cette manifestation est énorme : Londres en parle avec enthousiasme, tandis que Berlin ne peut cacher son inquiétude.

Une guérilla efficace

Les unités allemandes lancent diverses opérations contre les maquis, mais Romans-Petit mène une guérilla efficace. Les détachements ennemis voient leurs ennemis se dérober dans la nature à leur approche ou sont mitraillés lors d'embuscades. L'envoyé militaire britannique Pat ne peut cacher son admiration devant la remarquable organisation des maquis de l'Ain.

Peu après, des armes sont parachutées en quantité dans la région, dont des fusils-mitrailleurs et des bazookas. Romans-Petit prend en charge le commandement des maquis en Haute-Savoie, afin de les former aux tactiques de la guérilla mobile. En février 1944, il est de retour dans l'Ain et s'emploie à coordonner l'activité des formations combattantes. Embuscades et sabotages se multiplient. En avril 1944, la Wehrmacht contre-attaque lors d'opérations de ratissage qui s'enlisent, tandis que les patrouilles tombent dans diverses embuscades. Le lieutenant Paul de Vanssay couvre son groupe de maquisards au sacrifice de sa vie. La tactique de Romans-Petit porte ses fruits : l'occupant s'épuise à poursuivre des maquis fantômes qui disparaissent pour resurgir ensuite sur le flanc ou sur les arrières des colonnes montant en renfort. Les voies de communication sont systématiquement coupées.

Ulcéré par cette impitoyable guérilla qui décime ses bataillons, l'occupant peut défouler sa haine sur la population civile. Le jour de Pâques 1944 est marqué par une féroce répression : 240 personnes sont arrêtées à Saint-Claude, 60 à Oyonnax. Des villages sont incendiés, comme Chougeat, Vulvoz, Racouze, Chalours, La Rivoire et Sièges.

Guingouin et les maquis du Limousin

PORTRAIT

Dès l'hiver 1940-1941, afin d'échapper à la répression de Vichy, une première planque souterraine est construite par Georges Guingouin, Georges Ceuille et son père dans une sapinière, au lieu-dit les Grands-Bois, commune de Soudaine-Lavinadière, en Corrèze. Guingouin, premier maquisard de France, mène une vie austère, au cœur de l'hiver et de la forêt.

Création des premiers groupes de francs-tireurs

Au printemps 1941, les premiers groupes de francs-tireurs sont créés en Haute-Vienne par Guingouin lui-même. Leur mission consiste à diffuser des tracts et à collecter des armes, des munitions et des explosifs. Parmi eux se distinguent les résistants Planteligne et Boissard. Les armes sont alors des fusils de chasse ou des souvenirs de la Première Guerre mondiale. Le matériel de destruction est fabriqué par des forgerons avec des boîtes d'essieux de charrettes ou des boulons de poteaux jumelés de tramways électriques.

LE SAVIEZ-VOUS ?

Une campagne est engagée par Guingouin pour empêcher la livraison du blé limousin à l'Allemagne. Ainsi, le 13 décembre 1942, la botteleuse du ravitaillement à Eymoutiers est détruite. Le lendemain, celle de Maymac connaît un sort identique. La petite réserve d'explosifs s'épuise rapidement. Devant la nécessité d'en constituer un stock plus important, Guingouin prépare des expéditions contre deux mines de la région (Lapleau et Saint-Léonard), équipées d'un dépôt de dynamite. Le 20 janvier 1943, un groupe FTP de la Haute-Corrèze récupère 250 kg d'explosifs aux houillères de Lapleau, à Maussac. Le 25, après une minutieuse préparation, un groupe de sept hommes, commandé par Guingouin, enlève à la mine de Wolfram de Puy-les-Vignes, à Saint-Léonard (Haute-Vienne), 1 772 kg de dynamite. L'opération se passe de nuit à l'aide d'une camionnette réquisitionnée. De même, dans la région de Cussac (Haute-Vienne), un détachement FTP récupère 45 kg de cheddite chez un carrier le 17 mai 1943. Plus tard, à Bersac, dans la journée du 30 septembre 1943, alors que les voies sautent aux environs, trois FTP rapportent 30 kg d'explosif.

Multiplication des sabotages

Grâce à la dynamite de Saint-Léonard, Guingouin et ses hommes peuvent se mettre au travail : les voies de communication sont particulièrement visées pour combattre l'ennemi. Le 13 mars 1943, un convoi du STO (Service du travail obligatoire) doit partir d'Eymoutiers. Mais, dans la nuit précédant le départ, une terrible explosion endommage sérieusement le viaduc de Bussy-Varache : un groupe composé de Guingouin, Mulatier, Viamont, Dumont, Pastier, Barlet et Nard vient de passer à l'action. Non seulement les jeunes requis pour le STO ne rejoindront pas l'Allemagne, mais la ligne Limoges-Ussel est désormais inutilisable.

Figure 7-2 : Pont saboté par la Résistance.

Au Palais, près de Limoges, l'usine Wattelez de régénération de caoutchouc travaille pour les Allemands, avec une production de 20 tonnes par jour. Afin d'éviter un bombardement aérien des Alliés, qui risquerait de toucher la population civile des environs, la Résistance décide de passer à l'action. Le 8 mai 1943, Guingouin et Duval partent à vélo de la forêt de Châteauneuf, emportant chacun une bombe. Dans la nuit du 9 au 10, guidés par trois ouvriers (Duris et les deux frères Courgnoux) qui connaissent les lieux, ils font sauter les deux chaudières de l'usine et provoquent ainsi un arrêt de la production durant cinq mois. Des victimes ? Aucune !

Le 16 juin 1943, un rapport de la gendarmerie nationale de la Haute-Vienne signale que « dans la nuit du 14 au 15 juin, un attentat à l'explosif a été commis à la sous-station électrique de la Ville-sous-Grange, commune de Bersac [...]. Le montant des dégâts n'a pas été évalué jusqu'alors, toutefois, ils sont assez importants du fait que 12 000 litres d'huile ont été brûlés ou répandus au sol [...]. De toute façon, conclut le rapport, cette affaire comme les autres auront leur dénouement lors de l'arrestation de Guingouin et de ses complices » (Archives du musée de la Résistance, Limoges).

Le STO peuple les maquis

Au printemps 1943, les réfractaires au STO sont de plus en plus nombreux à gagner les maquis se trouvant à Eymoutiers, Saint-Léonard, Châteauneuf-la-Forêt... Ce renforcement d'effectifs va donner la preuve de la puissance du maquis : « Il ne s'agit plus en effet, écrit Guingouin, d'audacieux coups de main exécutés par quelques isolés, mais de véritables "raids" militaires, avec un itinéraire soigneusement établi et une action bien déterminée » (Archives du musée de la Résistance, Limoges).

Figure 7-3 : Le résistant Cazemajor, mort pour la France.

Le 14 juillet 1943, jour de la fête nationale du peuple français, doit être l'occasion d'affirmer la force de la Résistance. Dans tout le département de la Haute-Vienne, le chef Guingouin a mobilisé ses hommes. Malgré la police de Vichy et l'occupant allemand, de nombreuses manifestations patriotiques se déroulent devant les monuments aux morts. Des tracts, distribués par le Comité limousin du Front national de lutte pour l'indépendance de la France, appellent à la résistance et à la libération du pays.

De nouvelles actions efficaces

Dans le secteur d'Eymoutiers, plus spectaculaire que la distribution de tracts, c'est une véritable opération militaire qui va être menée. Le groupe FTP de Châteauneuf se rend à Peyrat-le-Château le 10 juillet pour saboter une locomotive, puis le 12 à Bussy-Varache, où le canal qui alimente la centrale hydroélectrique d'Eymoutiers saute, à La Veytisous, où le câble souterrain téléphonique qui met la base sous-marine de Bordeaux en contact permanent avec l'état-major de la Kriegsmarine à Berlin est sectionné. Le 14, la coupure de la ligne des tramways départementaux (seule voie existant depuis la destruction du viaduc de Bussy) isole les cantons d'Eymoutiers et de Châteauneuf du reste du département. Cette fois, c'est l'armée allemande elle-même qui est touchée par la destruction de ses organes de transmission et de transport.

À la fin du mois d'août 1943, le groupe FTP stationné aux environs de Cussac passe également à l'action. La région visée, Saint-Sulpice-Laurière, se trouvant à 60 km du maquis, les étapes se font de nuit. Le 30 août, une motrice est lancée dans la cuvette du pont tournant. Au milieu du mois de septembre, la ligne haute tension qui fournit le courant à la traction électrique est coupée, et la voie ferrée Montluçon-Saint-Sulpice saute. C'est ainsi que, jusqu'à la Libération, le trafic entre Limoges et Saint-Sulpice (lignes Paris-Toulouse et Bordeaux-Lyon) sera souvent interrompu, obligeant les trains à rouler à vue et occasionnant des retards dans l'acheminement des convois au service de l'occupant.

« À partir du mois d'août 1943, écrit Georges Guingouin, à chaque lunaison, il y aura des réceptions d'armes par l'équipe de Magnac-Bourg. En janvier 1944, quatre avions en largueront plusieurs tonnes » (Archives du musée de la Résistance, Limoges).

Lorsqu'au printemps 1944 le responsable du SOE (services secrets militaires britanniques – voir le chapitre 5) des parachutages du département, Maurice Southgate, viendra inspecter les maquis du chef Guingouin, il ne pourra s'empêcher de dire : « C'est formidable ! Je regrette de ne pas avoir une caméra, car à Londres, on ne peut s'imaginer qu'en plein centre de la France, il peut y avoir des groupes aussi bien organisés » (Archives du musée de la Résistance, Limoges).

Le 8 août 1943, Guingouin donne l'ordre suivant à ses troupes : « Pas un grain de blé pour le Boche. » Une vaste campagne est alors menée pour empêcher la livraison de blé à Hitler. Les groupes FTP s'opposent avec succès au battage. Les entrepreneurs qui n'ont pas obéi aux avertissements de la Résistance voient leur matériel détruit, les pièces maîtresses dérobées.

Figure 7-4 : Maquisards avant une embuscade.

Une répression vichyste inefficace

Depuis le mois de mars 1943, l'occupant allemand demande au gouvernement de Vichy d'intensifier la lutte contre les « terroristes » de la Haute-Vienne. Au début d'octobre 1943, des forces de police supplétives sont mises à la disposition du préfet régional de Limoges pour effectuer des opérations répressives : 15 escadrons de la garde et 12 groupements mobiles de réserve (GMR) viennent renforcer les brigades de gendarmerie devenues impuissantes. Vichy aligne donc au total 3 000 hommes, aux ordres du général de La Garde-Bois.

Devant cet énorme déploiement de forces, les 256 Francs-tireurs et partisans (FTP) de la Haute-Vienne s'organisent en petits détachements de 10 à 20 hommes pratiquement insaisissables. Chaque groupe est en contact avec une ferme qui assure ravitaillement et liaison. Des granges abandonnées, des maisons isolées et même des souterrains servent de refuges. Cette nouvelle disposition permet aux FTP d'échapper à toutes les recherches de la police et de se préparer à passer l'hiver ; car la boue, la neige et l'absence de feuilles aux arbres rendent beaucoup plus difficile la dissimulation des campements maquisards en forêt. Les expéditions punitives des GMR, qui cherchent vainement leurs ennemis, tournent rapidement à la farce.

De nouveaux sabotages

Malgré la police, malgré le froid, Guingouin et ses hommes poursuivent le combat. Ne sortant que la nuit, dormant le jour, chaque groupe s'active autour de son cantonnement. Les voies de communication, en particulier la ligne Toulouse-Paris, si importante pour l'état-major allemand, sont régulièrement coupées, les pylônes électriques et les usines travaillant pour l'occupant sautent, sans effusion de sang parmi la population civile.

Ainsi, la perte de milliers d'heures de travail et de longs arrêts dans le trafic ferroviaire viennent considérablement entraver le rendement de la machine de guerre allemande. D'octobre 1943 à février 1944, Guingouin et ses maquisards accomplissent les actions suivantes :

- 28 octobre 1943, à Saint-Sulpice-Laurière : coupure de la ligne de 60 000 volts alimentant la traction sur la ligne Paris-Toulouse. Trafic interrompu durant plusieurs heures.

- 10 novembre 1943, à Limoges : deux pylônes soutenant la ligne électrique de l'usine Gnome-et-Rhône sont dynamités. Arrêt de l'usine le 11 novembre.

- 11 novembre 1943, à Limoges : coupure de la ligne électrique alimentant la traction.

- 9 janvier 1944, entre Saint-Sulpice-Laurière et La Jonchère : déraillement d'un train de matériel et de soldats allemands sur la ligne Limoges-Châteauroux. Vingt wagons sont détruits. Trafic interrompu pendant trente heures.

- 1er février 1944, à La Jonchère : destruction d'une locomotive et de cinq wagons par sabotage de la voie.

- 27 février 1944, à Saint-Yrieix : destruction d'une scierie travaillant pour l'occupant.

Le 30 décembre 1943, un groupe GMR doit assurer la protection de la distribution des cartes d'alimentation à Sussac. Guingouin y voit une excellente occasion pour récupérer des armes, des casques et du matériel. Un détachement FTP tombe par surprise sur les GMR et les fait prisonniers. Enveloppés dans des couvertures – car ils ont dû céder leurs uniformes –, les représentants de Vichy n'ont plus si fière allure…

Le Préfet du maquis

Lutter farouchement contre l'occupant, stopper l'industrie travaillant pour lui, saboter les voies de communication, empêcher les déportations de jeunes ne sont pas les seuls objectifs du chef FTP Guingouin : celui-ci décide également de combattre le marché noir et les « affameurs » du peuple. On le surnomme alors « le Préfet du maquis ». Le ravitaillement destiné aux Allemands est enlevé puis distribué clandestinement à la population et aux maquis. Les maires installés par Vichy sont tenus de démissionner, les outils de propagande détruits. Les listes de recensement pour le STO disparaissent au fur et à mesure qu'elles sont établies. Dans de nombreuses communes, les minotiers sont tenus de fournir de la farine blanche aux boulangers, et le pain blanc fait sa réapparition.

Devant cette vaste opération de séduction, l'état d'esprit de la population en faveur des maquis ne se fait pas attendre : tandis que la police se heurte du côté des paysans à un silence qui ne facilite pas son travail, les détachements FTP voient leur ravitaillement assuré et obtiennent des renseignements précis sur l'occupant et les collaborateurs.

Les autorités de Vichy ne peuvent que constater les succès remportés par Guingouin et ses hommes, comme le prouvent trois extraits de comptes rendus du service des renseignements généraux de la Haute-Vienne :
« 7 janvier 1944, la population conserve toujours le même état d'esprit. Dans l'ensemble elle est favorable au "maquis". Les paysans ne parlent pas ou ne veulent pas parler, soit par sympathie pour les réfractaires, soit par crainte de représailles. Aussi leur réticence rend-elle les recherches beaucoup plus difficiles.

21 janvier 1944, si une partie de la population se plaint amèrement des attentats commis par les bandes armées, beaucoup ne veulent toujours voir en elles que des réfractaires et, à ce titre, les considèrent avec sympathie. De ce fait, les renseignements que l'on peut obtenir sur les individus qui se livrent à des actes de brigandage, sont sciemment déformés et il est exceptionnel que l'on puisse obtenir même des victimes des signalements précis. La peur des représailles chez quelques-uns, la sympathie chez les autres font que les fonctionnaires de police éprouvent des difficultés sérieuses pour obtenir des renseignements précis.

» 29 janvier 1944, en raison du déroulement des opérations militaires et en prévision d'un éventuel débarquement des Alliés en France, la population, et plus particulièrement les milieux paysans, se montre de plus en plus réticente pour fournir des renseignements aux fonctionnaires de police. Sans doute faut-il voit dans cet état d'esprit une certaine sympathie pour les groupes de résistance et la crainte de représailles dans le cas où les

Anglo-Américains prendraient pied dans notre pays » (Archives du musée de la Résistance, Limoges).

Au début de l'année 1944, l'union étroite entre la population et la Résistance existe donc réellement en Haute-Vienne. La popularité dont jouit Guingouin ne choque pas seulement Vichy et l'occupant. Gabriel Roucaute, responsable du Parti communiste français en zone sud, menace de le faire exécuter : « Ou bien il rentre dans le rang et exécute nos ordres, ou bien il doit disparaître de la circulation » (Archives du musée de la Résistance, Limoges).

Esprit foncièrement indépendant et responsable, Guingouin refuse de se plier à certains ordres de son parti. Ainsi, il dénonce ouvertement les exécutions de soldats allemands pris au hasard, car elles n'ont pas d'autre effet que d'attirer des sanctions et des représailles dont souffre la population.

Une organisation remarquable

Au début de l'année 1944, chaque détachement FTP envoie au château de la Ribeyrie (commune de Saint-Gilles-les-Forêts), alors lieu de stationnement du poste de commandement, ses meilleurs éléments, en particulier tous ceux qui ont accompli leur service militaire. Grâce au patriotisme des habitants des environs, la compagnie ainsi formée peut manœuvrer en plein jour. Les exercices de combat (attaque, défense, utilisation du terrain, camouflage) alternent avec le maniement et le nettoyage des armes ainsi que des tirs réels dont les échos se répercutent dans la montagne.

C'est cette compagnie de choc qui effectue les opérations les plus importantes. Par cet entraînement intensif mêlé à l'épreuve directe du feu, la formation militaire, morale et physique des futurs cadres de l'armée de libération de la Haute-Vienne est activement menée. Le chef Guingouin, nommé lieutenant-colonel, a également parfaitement organisé son état-major : on y trouve un commissaire aux opérations, un commissaire aux effectifs et un commissaire technique. Les services techniques sont les suivants :

- service P (propagande) ;
- trésorerie ;
- service relations ;
- service A (cartes d'identité) ;
- service B (renseignements) ;
- service C (matériel) ;

- service I (intendance) ;
- service G (parachutage) ;
- service S (sanitaire).

Enfin, les commandants FTP Phillibert, Terrioux, Bernard et Lavrat épaulent efficacement le lieutenant-colonel Guingouin. Le service B (renseignements) ayant prévenu les maquis FTP du passage éventuel dans le département de la Commission d'armistice allemande, une embuscade est tendue par la compagnie de choc sur la route d'Eymoutiers à Treignac le 28 mars 1944. Vers 15 heures, la Commission d'armistice tombe aux mains des maquisards. Afin de venger des FTP sauvagement abattus à Farsac un mois auparavant, les deux officiers allemands ainsi que leurs chauffeurs sont passés par les armes.

La riposte de l'occupant ne se fait pas attendre : la division SS Brehmer occupe pendant huit jours les cantons d'Eymoutiers, de Châteauneuf et de Saint-Léonard. Devant la disproportion des forces, Guingouin applique la seule tactique possible : la dispersion. Une fois de plus, l'occupant, puissamment armé, ne rencontre que le vide devant lui. Dans un rapport du 7 avril 1944, le général SS Brehmer doit admettre l'échec de l'opération antiguérilla : « Il y avait beaucoup de terroristes, mais ils étaient insaisissables » (Archives du musée de la Résistance, Limoges).

Les colonnes SS se sont à peine retirées qu'une nouvelle organisation des groupes FTP est décidée. La compagnie de choc est divisée en plusieurs éléments qui viennent encadrer les détachements dispersés. Ces nouvelles formations, extrêmement mobiles, vont former les *volantes*. Chaque volante, d'un effectif de 60 à 80 hommes, reste autonome, tant au point de vue du ravitaillement qu'au point de vue de l'armement. En liaison constante avec l'état-major, les volantes vont jouer un rôle important ; la sécurité du territoire et l'action incessante contre l'ennemi sont leurs principaux objectifs. Transportés par camions et voitures de liaison, les hommes rallient en un temps record l'endroit choisi pour l'embuscade, le pont à faire sauter, le transport de ravitaillement à contrôler…

Les parachutages d'armes lourdes (mitrailleuses, bazookas, mortiers) permettent de former des groupes militaires solides et efficaces. Ainsi se constituent de véritables unités tactiques qui vont harceler constamment l'ennemi. Avant même le débarquement allié en Normandie, les volantes exécutent une dizaine de sabotages ferroviaires en l'espace d'un mois. Le 6 juin 1944, le lieutenant-colonel Guingouin a sous ses ordres une troupe FTP représentant 17 bataillons, répartis en compagnies et en sections. C'est une véritable petite armée qui va être en mesure de libérer la Haute-Vienne et ses environs.

La montée en puissance du corps franc Pommiès

« Nous nous battrons en France et nous ramènerons les Allemands chez eux » (Archives du Centre national Jean-Moulin, Bordeaux). C'est ainsi que s'exprime le capitaine André Pommiès au lendemain de l'armistice du 22 juin 1940. Considérant la bataille de mai-juin 1940 comme une simple péripétie, Pommiès va devenir l'un des plus célèbres résistants de France.

Cet homme au patriotisme inébranlable est né le 9 juin 1904 à Bordeaux. Il entre à l'École spéciale militaire de Saint-Cyr le 8 octobre 1924. Deux ans plus tard, il est nommé sous-lieutenant au 144e régiment d'infanterie (RI). À partir du 7 octobre 1930, il sert quatre ans au 14e RI. Élève de l'École supérieure de guerre à compter du 1er novembre 1934, il en sort breveté et passe capitaine le 24 mars 1936.

Ses supérieurs ont déjà remarqué les traits dominants de son caractère : « Homme de droiture, franc et loyal, remarquable organisateur, profond patriote, généreux et courageux. A toutes les qualités réunies pour accomplir une belle carrière militaire » (Archives du CNJM, Bordeaux).

Figure 7-5 : André Pommiès et son état-major avant une opération.

Spécialiste du renseignement

Le 10 septembre 1936, le capitaine Pommiès est désigné pour suivre les cours de l'École de guerre tchécoslovaque. « À la vérité, écrit-il, je vis parmi les professeurs de tactique générale ; puis, lors de l'affaire des Sudètes, je suis le sort de la mission militaire du général Faucher où je m'occupe de renseignements » (Archives du CNJM, Bordeaux).

Rentré en France en 1938, il organise et dirige à Lyon le Bureau de centralisation des renseignements de la XIVe région, selon les directives du lieutenant-colonel Schlesser, chef de la section de contre-espionnage de l'état-major de l'armée. Le 5 janvier 1940, il rejoint celle-ci. À la fin du mois de juin, Pommiès se trouve avec le 5e bureau de l'état-major au château de Brax, près de Toulouse.

Capitaine au 18e RI de Pau en septembre 1940, Pommiès entre en relation avec ses homologues des corps de troupes pour organiser des unités de combat. Sur proposition du colonel d'Anselme, le capitaine Pommiès se voit confier, le 15 novembre 1940, la mobilisation secrète de l'armée dans les Landes, les Basses et Hautes-Pyrénées, ainsi que dans l'arrondissement de Mirande, dans le Gers.

Avec l'aide précieuse du lieutenant Plaud, Pommiès parvient à constituer en une seule année plus de 50 dépôts contenant 1 200 fusils-mitrailleurs, 200 mitrailleuses, 10 mortiers de 81 mm, 4 canons de 75 mm, 3 500 fusils, 400 tonnes de cartouches, 8 000 obus de 81 mm, 5 000 obus de 25 mm…

Le 1er novembre 1942, Pommiès remplace le chef d'escadron Chanson à Toulouse dans les fonctions d'officier chargé de la mobilisation secrète de la 17e division d'infanterie.

Les débuts du corps franc Pommiès

Dans le contexte de novembre 1942, faute d'une intervention alliée directe sur les côtes françaises à brève échéance, l'armée d'armistice est dissoute suite à l'entrée de troupes allemandes en zone sud. Mais l'organisation clandestine déjà esquissée s'étoffe considérablement. Dès le mois de décembre 1942, l'Organisation de résistance de l'armée (ORA) est mise sur pied. Son ossature est le 2e bureau, camouflé de diverses façons – le contre-espionnage devenant par exemple le service des « travaux ruraux ». Le chef de l'ORA, le général Frère, arrêté en juin 1943, est remplacé par le général Verneau ; il est arrêté lui aussi en septembre 1943. Le général Revers va lui succéder.

Au début du mois de janvier 1943, l'ORA compte déjà 8 000 hommes. En décembre 1943, les effectifs de la zone sud sont de 30 000 hommes, ceux de la zone nord de 15 000 hommes. L'ORA va contribuer à faire passer en Afrique du Nord, par l'Espagne, les cadres et les spécialistes que réclame la nouvelle armée française. Mais elle forme aussi des cellules régionales et organise ses maquis et ses corps francs, comme celui de Pommiès, le plus important du Sud-Ouest.

À compter du 17 novembre 1942, avec ses adjoints, les capitaines du Temple de Rougemont, Schneider et Ginestet, Pommiès établit son poste de commandement à Toulouse. Si le contact est permanent avec les chefs de l'ORA, les tentatives de rapprochement avec les groupes politisés tournent court, car Pommiès ne vise qu'à la libération du pays par un combat dépourvu d'arrière-pensées politiques.

Au début de 1943, Pommiès dispose d'un embryon de PC et de trois sous-groupements dans les dix départements de l'ancienne région militaire. Bientôt, les trois sous-groupements deviennent quatre groupes comportant chacun une section de destruction. Les effectifs se multiplient par le ralliement de réfractaires du STO.

À la fin de 1943, l'articulation du corps franc Pommiès (CFP) est la suivante :

- groupement Sud-Ouest : capitaine Benony (Basses et Hautes-Pyrénées, une partie des Landes) ;
- groupement Nord-Est : capitaine Cramaussel (Lot et les trois quarts nord du Tarn-et-Garonne) ;
- groupement Est : chef d'escadron de Clerck (nord de la Haute-Garonne, sud du Tarn-et-Garonne, une partie de l'Aude).

Le 5 avril 1944, les effectifs totaux du CFP s'élèvent à 8 000 hommes, dont 5 300 sont organisés en unités. Le 18, Pommiès rattache le groupement du Gers à celui du chef d'escadron de Clerck. Deux nouveaux groupements sont également créés :

- groupement Centre : lieutenant Céroni (Hautes-Pyrénées à l'est de Tarbes et la partie du Gers située au sud d'Auch) ;
- groupement Ouest : capitaine de Milleret (Landes et la partie ouest du Gers).

Le commandant André Pommiès fixe trois missions principales à ses unités : le renseignement, le sabotage et le harcèlement. Jean d'Aligny, l'un des adjoints de Pommiès, est arrêté en mars 1943 par la Gestapo. Le capitaine de Rougemont le remplace, tandis que le capitaine Ginestet se charge de l'organisation administrative du CFP.

LE SAVIEZ-VOUS ?

Conformément aux instructions du colonel Mollard, le service du camouflage du matériel de la 17e division de Toulouse est prêt à fournir au CFP armement et véhicules à la demande. « Il m'a même déjà remis, écrit Pommiès, des dépôts menacés d'être découverts par la Gestapo ; tel celui qui a été enterré dans la propriété de Jean d'Aligny et dans les bois environnants, représentant 35 tonnes de munitions. Les transports, auxquels je participe, sont effectués par des camions et des chauffeurs du service du camouflage des matériels, la main-d'œuvre étant en général fournie par l'AS (Armée secrète) sous les ordres de M. Charrier » (Archives du CNJM, Bordeaux).

Pour la seule région des Basses et Hautes-Pyrénées, plus de 1 500 véhicules sont sortis des parcs de l'armée et camouflés. Une partie de ceux-ci seront remis au CFP pour assurer ses déplacements, en particulier au cours des mois de juin et août 1944.

Figure 7-6 : Maquisards motorisés du corps franc Pommiès.

Les deux premiers parachutages d'armes et de munitions se déroulent dans la nuit du 1er au 2 mai 1943, à l'est de la ville d'Auch. Puis, grâce aux liaisons radio directes que Pommiès établit avec la section action de Londres, cinq autres parachutages sont réalisés à 12 km de Tarbes entre août 1943 et mai 1944.

LE SAVIEZ-VOUS ?

Unité indépendante, le CFP attire un nombre considérable de volontaires. Elle va compter dans ses rangs des hommes aussi différents que le professeur Léon Schwartzenberg, l'écrivain Jean-Louis Curtis, l'ambassadeur Francis Lacoste, le général Fleury, chef d'état-major de l'armée de l'air jusqu'en 1981,

Mrg Saint-Gaudens, évêque d'Agen, sans oublier cet autre grand nom qui s'illustrera en Indochine après avoir servi au CFP, Vandenberghe.

Au début du mois de février 1943, à Toulouse, le capitaine Dunoyer de Segonzac entre en relation avec le commandant Pommiès. Au cours de l'entretien, les deux hommes se mettent d'accord sur la mise en place d'un service de renseignements et de contre-espionnage. Pommiès sait que ses efforts d'organisation seront vains sans une protection efficace contre l'espionnage.

Des mesures sont rapidement prises pour éviter toute infiltration par la Gestapo : discrétion absolue, cloisonnement vertical et horizontal, boîtes à lettres pour le courrier... Mais l'attaque est souvent la meilleure des défenses. Il importe pour Pommiès, ancien des services spéciaux, d'aller chercher le renseignement chez l'adversaire et de l'exploiter de telle sorte que les intéressés soient prévenus à temps des dangers qui les menacent...

L'infiltration des services ennemis

STRATÉGIE

Les Allemands disposent avec la Gestapo d'une arme diabolique contre la Résistance. Pommiès organise un vaste réseau de renseignements ; celui-ci devient rapidement efficace et s'introduit chez l'ennemi lui-même.

Se fiant aux références données par le capitaine Dunoyer de Segonzac, Pommiès met en place des correspondants à chaque échelon de commandement du CFP, et, avec leur aide, il truffe d'agents les services ennemis.

On voit alors, par exemple, l'agent E. être chargé de noyauter les services toulousains des Allemands Lehman et Schweitzer. La Gestapo s'appuie aussi sur des organismes satellites français, dont les plus dangereux sont le Parti populaire français (PPF), la Milice et la police. L'agent F. infiltre le PPF ; parmi les secrétaires du 2e bureau régional de la Milice est introduit l'agent féminin M. ; dans les polices départementales et locales, chaque échelon de commandement du CFP a ses informateurs ; enfin, dans la fameuse Brigade spéciale de l'intendant de police régionale Marty, la « seconde Gestapo », Pommiès met lui-même en place un agent remarquable, CH.

Pommiès trouve une aide considérable en la personne du commandant Morhange (Marcel Taillandier) (voir le chapitre 28), lui aussi des services spéciaux. Cet homme de grande classe installe son poste de commandement clandestin au château de Brax, adossé à la forêt de Bouconne, à 35 km de Toulouse. Ayant réussi à capter la confiance des chefs de la Gestapo et à obtenir d'eux une carte d'officier, Morhange devient l'un des plus précieux agents du CFP. Il fait également appel, en certaines circonstances, à d'autres équipes de renseignements du CFP – celles de Sarrazin à Tarbes et de Cramaussel à Cahors.

Le service de contre-espionnage et de renseignements du CFP parvient à établir en deux ans 3 000 fiches (avec photos, empreintes et dossiers) de collaborateurs et de suspects, ainsi que 200 fiches (avec photos et adresse en Allemagne) de membres de la Gestapo ayant opéré dans le Sud-Ouest.

Le bilan des équipes de répression du CFP est tout aussi impressionnant : 68 officiers ou agents de la Gestapo sont supprimés avant le 6 juin 1944. André Villeneuve, membre du CFP, tient à préciser : « Abattre 68 agents ou officiers de la Gestapo prouve la vigilance et l'efficacité du service de renseignements du CFP. Mais tirer, de sang-froid, dans le dos d'un soldat de la Wehrmacht qui se promène dans la rue, cela, jamais aucun de nous ne l'a fait » (Archives du CNJM, Bordeaux).

Les sabotages

À la fin du mois de mars 1943, le commandant Pommiès prescrit aux chefs des groupements de prévoir une section de destruction. Le maniement des explosifs nécessite néanmoins un personnel qualifié. À la demande de Pommiès, le BCRA (services secrets de la France libre) lui envoie de Londres des instructeurs.

Le 15 novembre 1943, Bernard Amiot est parachuté au lieu-dit Lamothe, à 8 km au sud-ouest de Lectoure, dans le Gers. Pommiès lui confie aussitôt le rôle d'instructeur auprès des groupements. En collaboration avec ceux-ci, Amiot recrute une Section spéciale de destruction. Le 4 mars 1944, un deuxième instructeur d'explosifs, Philippe Lauzier, est parachuté dans les Hautes-Pyrénées pour le compte du CFP. Cet homme intrépide, sergent au 1er bataillon de choc d'Afrique, va travailler en collaboration avec Amiot.

Très rapidement, la Section spéciale de destruction Amiot exécute des actions spectaculaires : de décembre 1943 à janvier 1944, 38 locomotives utilisées par les Allemands sont détruites. Puis, de mars à mai 1944, une dizaine d'établissements travaillant pour les Allemands sont sabotés.

Au sein du CFP, le groupement Sud-Ouest va également déployer une intense activité durant la période clandestine. Fondé en janvier 1943, il couvre une zone d'action comprenant les Basses et Hautes-Pyrénées ainsi qu'une partie des Landes. Le 1er avril 1943, le capitaine Balade est remplacé à la tête du groupement par le capitaine Benony. De nombreuses unités militaires ayant été par le passé en garnison dans les villes de Tarbes et de Pau, le groupement Sud-Ouest dispose d'un excellent encadrement : il peut aligner un état-major, une section de renseignements et de destruction (lieutenant Pottier), trois bataillons d'assaut pour les Hautes-Pyrénées, un bataillon pour les Basses-Pyrénées et un pour les Landes. L'ensemble représente en avril 1944 un effectif de 715 hommes dotés d'un important armement, avec 11 fusils-mitrailleurs, 200 mitraillettes, 31 fusils de guerre et 86 revolvers.

Le 18 avril 1944, Pommiès réorganise les zones de responsabilité des groupements. C'est ainsi que le groupement Sud-Ouest se trouve amputé d'une partie des Hautes-Pyrénées et du département des Landes.

L'évasion de Céroni

Le 23 mars 1944, le lieutenant de cavalerie Céroni, chargé de former le groupement Centre du CFP, est arrêté à Tarbes par la Gestapo. Conduit à la Feldgendarmerie de l'Hôtel Moderne, Céroni est immédiatement interrogé. On l'accuse d'appartenir à un mouvement de résistance et de constituer des bandes armées. Malgré les menaces de mort, il nie tout. La Gestapo le fait enfermer dans une cellule de l'ancienne prison du 24e régiment d'artillerie.

Mme Montblanc, voisine de palier de Céroni, prévient le beau-frère de ce dernier, le lieutenant de cavalerie Navarro, également membre du CFP à Tarbes. Navarro rôde autour de la Feldgendarmerie et parvient à savoir où se trouve enfermé Céroni. Après avoir reçu les informations nécessaires, notamment grâce à une équipe de surveillance commandée par Dejoie, Navarro décide de faire évader son beau-frère. L'opération semble particulièrement dangereuse, la prison étant gardée par des soldats SS.

Navarro et ses hommes se chaussent d'espadrilles et utilisent un armement commando : pistolet automatique, mitraillette, poignard, cordelette de strangulation. Le 24 mars 1944, à 2 heures du matin, l'équipe de protection est en place. L'équipe d'escalade, munie de pinces, de scies, de marteaux et de cordes, dresse une échelle de bois le plus doucement possible contre le mur de 6 m de haut. L'intrépide Navarro monte le premier. Tout va bien, lorsque soudain des phares trouent l'obscurité. On lève rapidement l'échelle ; Navarro reste aplati sur le sommet du mur. Il en profite pour regarder à l'intérieur de la prison : personne dans le chemin de ronde où d'habitude un soldat SS fait la navette. Les phares sont en fait ceux d'Allemands rentrant à bicyclette, et que l'équipe de protection laisse passer tranquillement.

L'échelle est remise en place. D'autres résistants, parmi lesquels Dejoie, montent à leur tour sur le mur. Il s'agit maintenant de faire passer l'échelle à l'intérieur (elle mesure 8 m), et sans heurter la paroi ! La corde qui la soutient casse… mais le bruit ne donne pas l'éveil… et la manœuvre réussit. Navarro se dirige droit à la cellule de son beau-frère et l'appelle. Un bruit de paille froissé, et le détenu se montre par le guichet. Pour ouvrir, il s'agit de tirer un gros verrou qui, malheureusement, grince de manière infernale. « Je savais que vous viendriez », dit Céroni, qui tend ses poings liés et dont Navarro scie les menottes.

Céroni n'a pas subi d'interrogatoire depuis plusieurs heures. Jeune et agile, il franchit facilement le mur. Il reste à délivrer M. Monties, membre de l'Armée secrète, également emprisonné. Même bruit de paille, même verrou grinçant, au risque de donner l'alerte. Le malheureux, dont les ongles ont été arrachés, n'a plus toute sa lucidité. Surpris, il se met à tourner sur lui-même comme un fou. Navarro doit le pousser par les épaules, le hisser jusqu'au sommet du mur, d'où, malgré ses 110 kg, il lui prend la fantaisie de tenter de sauter. On l'en dissuade rapidement, et il se laisse descendre avec les cordes. Dernière inspection de Navarro aux cellules : plus personnes à libérer. À son tour, il franchit le mur avec ses hommes, puis chacun disparaît dans la nuit.

L'exploit est réalisé : les deux résistants se trouvent libres ! Au matin, tandis que Navarro et ses hommes dorment bien sagement, les Allemands constatent l'incroyable évasion. Le poste de guet a bien entendu quelque chose, la sentinelle est sortie puis rentrée sans avoir rien vu de suspect. Pour le prix d'une telle négligence, un sous-officier et quatre soldats des bataillons SS sont sévèrement sanctionnés.

L'exécution de Vidoni

LE SAVIEZ-VOUS ?

À Tarbes, l'agent de la Gestapo le plus actif est sans conteste le sous-chef Vidoni. Le capitaine Benony, du CFP, a rapidement conscience du danger qu'il représente. Pommiès lui donne l'autorisation de procéder, par des moyens locaux à son enlèvement ou à son exécution, sa préférence allant à la première solution, qui offrirait la possibilité d'un marchandage.

L'adjudant de cavalerie Sarrazin, apprécié pour son audace et son intelligence, est chargé de la mission. Il expose un plan fort simple à son équipe : « Nous savons que Vidoni est un habitué de L'Obstacle, bar situé en plein centre de Tarbes, en face de l'Hôtel Moderne, siège de la Kommandantur. Un soir, on l'attendra devant l'établissement. S'il sort avant 21 heures, alors que la circulation automobile est encore autorisée, on s'emparera de lui et, à bord d'une camionnette, on le conduira dans le bois de Laslades, 10 km à l'est de Tarbes. Dans le cas contraire, on l'abattra avec un pistolet silencieux, afin de ne pas attirer l'attention de la sentinelle allemande placée devant la proche Kommandantur » (Archives du CNJM, Bordeaux).

Sarrazin choisit son équipe avec le plus grand soin : Mme Sarrazin, son épouse, surveillera Vidoni au bar et signalera son départ. Six membres du CFP et deux de l'AS l'enlèveront.

Le 31 mars 1944, à 19 h 30, le dispositif est en place. Mme Sarrazin pénètre dans le bar et se mêle à une conversation qu'entretient le propriétaire avec Vidoni. L'adjudant Sarrazin et ses compagnons se placent devant la sortie principale de L'Obstacle, rue Despourins ; la camionnette est garée le long du trottoir opposé.

Le temps passe. Un peu avant 21 heures, Sarrazin renonce à l'enlèvement et se résout à l'exécution. Il renvoie alors les deux membres de l'AS (Tixador et Nunez) avec la camionnette.

À 22 heures, la sortie principale du bar est fermée. Robert Eischen prend la relève de Mme Sarrazin, qui rentre chez elle, non sans avoir signalé que Vidoni est armé. Les six autres résistants attendent à l'extérieur, devant la porte de service.

À 22 h 30, Eischen sort ; comme convenu, il précède Vidoni. Dès que celui-ci paraît, le résistant Dorckel tire sur lui, à bout portant, avec son pistolet silencieux. Vidoni fait semblant d'être touché puis dégaine son arme et fait feu sur les assaillants, qui, heureusement, ne sont pas atteints. Bien que surpris, Sarrazin riposte immédiatement avec son revolver, et Viltard avec sa mitraillette Sten.

Au bruit de la fusillade, la sentinelle allemande de la Kommandantur intervient avec son fusil, mais les sept hommes disparaissent dans la foule qui sort d'un cinéma voisin. Le lendemain, l'un des membres du groupe, le policier résistant Martin, se rend à la morgue, où il constate avec stupeur que, sur 19 balles tirées sur Vidoni, une seule a été mortelle : il portait sous son costume une épaisse cotte de mailles !

Nouveaux sabotages

LÉGENDE

Depuis le début de l'année 1943, l'usine Hispano-Suiza de Soues (Hautes-Pyrénées) travaille au profit de la Luftwaffe. Sa production mensuelle représente 200 moteurs d'avion. Lorsqu'en mars 1944 le haut commandement allié fait connaître son intention de bombarder l'usine, avec le risque de toucher la population civile, Pommiès intervient immédiatement pour demander le report de cette opération : « Pas besoin de forteresses volantes pour arrêter le travail dans cet établissement », dit-il.

Le 15 avril 1944, le commando Pottier (groupement Sud-Ouest du CFP), guidé par le directeur de l'usine lui-même, réalise avec une incroyable audace, à la barbe de l'occupant, le sabotage intelligent des installations – c'est-à-dire qu'elles sont suffisamment détériorées pour interdire toute activité pendant de longs mois, mais ne sont pas détruites irrémédiablement. Des victimes ? Aucune !

Le commandant Pottier est radieux, car sa mission est un succès. Il en aura la confirmation lorsqu'un technicien allemand, spécialement venu de Paris, affirmera que la production de l'usine Hispano-Suiza ne pourra pas reprendre.

Le jeudi 6 avril 1944, quatre membres du CFP (Amiot, Duthuit, Lauzier et Piat) sabotent la Compagnie française de raffinage de Boussens ; la production d'une huile de graissage nécessaire aux convois ferroviaires allemands est stoppée. Une opération de l'aviation alliée a été ainsi évitée ; son bombardement aveugle n'aurait pas pu préserver les citernes de chlore de la SEUB, dont l'explosion aurait provoqué l'asphyxie de la population environnante. Ce nouveau succès du CFP lui vaut les félicitations du général Cochet, commandant des Forces françaises de l'intérieur de la zone sud.

Le 25 mai 1944, le colonel de Milleret (voir le chapitre 29) exécute avec son équipe le sabotage de l'arsenal de Tarbes. La fabrication des canons de 150 mm est stoppée jusqu'à la Libération. Le lendemain même, l'équipe Chemier fait sauter la voie ferrée Tarbes-Auch près de Bazet, quinze minutes avant le passage d'un train de matériel allemand. Les dégâts sont considérables, et neuf soldats allemands sont tués ou blessés.

De décembre 1943 à mai 1944, l'ensemble du CFP recense à son actif 40 locomotives détruites, 500 coupures de rails, 12 usines sabotées, 30 ponts détruits et 7 lignes à haute tension interrompues en permanence.

Le 6 juin 1944, le commandement français de Londres donne l'ordre de passer à l'insurrection générale. Les phrases convenues sont entendues à la radio. Le corps franc Pommiès mobilise tous ses effectifs – plus de 9 000 hommes – pour mener la lutte ouverte.

Troisième partie

La Gestapo contre la Résistance

Dans cette partie…

La répression de la Gestapo s'abat sur la France entière. Les arrestations et les déportations se multiplient. La Résistance intérieure est durement frappée par l'affaire Jean Moulin et l'affaire Grandclément ; elle parvient cependant à maintenir sa cohésion.

Chapitre 8

La répression de la Gestapo

Dans ce chapitre :

- Des régions entières ravagées
- Des réseaux décimés
- La multiplication des déportations

N'OUBLIEZ PAS

En novembre 1942, suite à l'invasion de la zone libre, la Gestapo occupe désormais tout le territoire français. Forte d'une vingtaine d'antennes régionales et d'une centaine d'antennes départementales, elle traque sans merci les résistants et les Juifs. Le bilan de son action sur cinq années est effrayant : 300 000 arrestations, 30 000 fusillés, 88 000 déportés politiques et résistants, dont 35 200 morts en camps, 25 000 maquisards morts au combat, 76 000 Juifs déportés, dont seulement 2 280 sont revenus.

Figure 8-1 : Résistants français victimes de la Gestapo.

Des régions entières martyrisées

En Seine-et-Marne, les archives du département font état de 185 fusillés, 112 autres crimes et atrocités, plus 36 cadavres découverts dans une fosse à Arbonne-la-Forêt, près de Fontainebleau.

LE SAVIEZ-VOUS ?

Le 24 juillet 1944, le chef gestapiste Korf effectue une descente au séminaire de La Brosse-Montceaux, que les nazis accusent d'être un repaire de résistants et de Juifs : « À 5h30, nous étions dans la chapelle pour la prière du matin, témoigne un moine survivant. On nous a fait mettre en rang et Korf a appelé le père économe. Il était parti la veille. Nous avons entendu dire que, torturé, il avait révélé certains noms des oblats. Korf a appelé père Piat, Gilbert, les scolastiques, Lucien Périer et Jean Cuny, puis frère Nio, le gardien. La torture a eu lieu au sous-sol de la chapelle. Korf a utilisé un nerf de bœuf et une grande baignoire dans laquelle il les poussait jusqu'à ce qu'ils soient presque noyés. Frère Nio est sorti sourd de la torture – ils ont brisé ses tympans. Ils ont aussi brûlé ses pieds, il pouvait à peine marcher. Ensuite Korf a ordonné que nous allions au potager. Sous ses ordres, des scolastiques retirèrent des parachutes et des bidons vides de munitions d'un puits où la Résistance les avait cachés. Mais les armes avaient été abandonnées ailleurs. Korf a dit : "Vous allez me dire où sont les armes, sinon je vous tue l'un après l'autre." Il a désigné père Gilbert et Korf a tiré sur lui une rafale de mitrailleuse. Puis il a dit à son adjudant de nous fusiller. Un prêtre nous a donné l'absolution. Korf a fait venir le père Piat tellement torturé qu'ils ont dû l'apporter dans une de leurs voitures, puis il a rechargé sa mitrailleuse et a exécuté père Piat puis frère Nio. Un colonel de la Wehrmacht est arrivé et lui a dit d'arrêter, que c'était inutile et à l'encontre de l'honneur de l'armée allemande. Ils ont discuté peut-être une heure. Korf a accepté de ne pas nous tuer.

» Le cynisme de Korf est tel qu'après cet acte odieux, il s'est présenté dans un restaurant de Villeneuve-la-Guyard en disant qu'il avait faim et qu'il venait de fusiller cinq curés » (Archives du Centre national Jean-Moulin, Bordeaux).

La Seine-et-Oise et la Moselle sous les coups de la Gestapo

En Seine-et-Oise, la Gestapo fait notamment arrêter 300 personnes, Juifs et résistants, durant l'Occupation. À Bezons, le 1er août 1942, le chef gestapiste Werner fait déporter les Juifs Eliokem Ribonovich, Paul Alteresco, Felix et Wolff Wine. En octobre 1942, le SD (service de renseignements SS) intervient dans diverses usines pour réprimer sévèrement les sabotages exécutés par certains ouvriers. En mai 1944, des résistants du groupe Morlot sont atrocement torturés à Versailles puis déportés. Le 4 juillet débute un parachutage près de Marbois en faveur de la Résistance locale. La Gestapo, renseignée, se trouve en embuscade, abat André Branche et Georges Heren, tandis que dix Anglais parachutés sont capturés, dont sept seront exécutés à la prison de Beauvais. Le 5 août, suite à une dénonciation, le SD, la Feldgendarmerie et les miliciens encerclent la ferme du Franc-Moreau, où se déroule une réunion de résistants ; 16 d'entre eux sont déportés.

LE SAVIEZ-VOUS ?

Durant l'annexion, de 1940 à 1945, 7 761 Mosellans sont arrêtés, 5 812 déportés (dont 2 690 ne sont pas revenus), sans oublier 13 000 internés. La communauté juive est expulsée dès 1940 vers la France, où elle subit de nombreuses rafles : sur 8 513 Juifs recensés en 1936 (dont 4 200 à Metz), 2 344 sont déportés.

Le groupe Mario du chef résistant Jean Burger subit des arrestations massives de la Gestapo en août 1943, suivies par son démantèlement début 1944, causant la déportation de 900 de ses membres, dont un tiers ne reviendront pas. Le groupe de résistance Derhan déplore la perte de 46 de ses membres, arrêtés de fin 1943 à mai 1944.

En août 1942 et en janvier 1943, 30 000 jeunes mosellans sont incorporés de force dans l'armée allemande. Les réfractaires sont impitoyablement recherchés par la Gestapo – sur 200 000 Lorrains mobilisables, 40 000 environ ont déserté. Le 18 juillet 1944, la Gestapo encercle Honskirch, à 20 km de Sarreguemines, pour capturer des réfractaires, dont 200 tombent entre les mains de l'occupant. Le BDS (commandant de la police de sûreté et du service de sécurité) de Metz recense 182 arrestations effectuées par le SD en juillet 1941. L'incorporé de force qui refuse de répondre à la convocation risque de voir sa famille déportée ; c'est le cas notamment d'Harro Tissier, qui prend le large, et dont la mère, Élisabeth (46 ans), est envoyée en camp de concentration. André Bour se réfugie en France ; son père est déporté. Paul Pierr refuse de rejoindre son unité ; son frère est déporté.

Le 3 juin 1944, la Gestapo de Metz et un bataillon SS lancent une vaste opération contre les réfractaires et les déserteurs de la région : une douzaine sont arrêtés, 2 sont abattus, 123 villageois sont internés à Woippy, dont 43 ne reviendront pas. Le 17 juillet, 12 hommes et 13 femmes sont internés.

La Gestapo et les autres services nazis raflent les résistants ouvriers pour les déporter. Le 12 octobre 1943, 12 personnes sont arrêtées dans la région de Moyeuvre-Rosselange. Le 25 janvier 1944, la Gestapo frappe les aciéries de Rombas, Moyeuvre et Rosselange en arrêtant 45 ouvriers, supposés résistants. Le 9 février, 71 ouvriers de la sidérurgie sont emprisonnés par les gestapistes, qui torturent même un certain nombre d'entre eux. Le 28 avril, 22 ouvriers sidérurgistes sont expédiés à la prison de Zweibrücken. Dans la ville frontière de Neubourg, la Gestapo traque les réfugiés et les passeurs.

L'Alsace n'est pas épargnée

Dès juillet 1940, les Juifs sont expulsés d'Alsace. Du 28 juin 1940 au 15 novembre 1941, la Gestapo de Strasbourg arrête 2 978 Alsaciens, dont 779 pour « attitude francophile », 399 pour antinazisme, 47 pour espionnage, 40 pour aide aux prisonniers de guerre.

La nazification passe dès juillet 1940 par l'ouverture des camps contre les opposants. Le camp de Schirmeck, à 50 km de Strasbourg, est destiné aux Alsaciens francophiles et antinazis. Ce camp de travail, de rééducation et de sécurité est commandé par le SS Karl Buck. Ce tortionnaire est secondé par une Alsacienne, Marie-Louise Lehmann, qui dirige sans pitié le camp des femmes. Le travail y est pénible. Interrogatoires musclés, tortures, brimades, privations sont courants. Au total, 25 000 personnes passent par ce camp, dont une moitié sont des Alsaciens et des Mosellans.

Le 21 mai 1941 arrivent les premiers déportés au camp de concentration du Struthof. Le bilan humain enregistré de 1941 à 1943 y est lourd : 52 000 déportés de 30 nationalités au total, 10 239 exécutés, dont 4 500 Polonais et 4 471 Français, 6 000 morts par pendaison ou fusillade. Conçu pour loger 2 000 à 3 000 détenus, il en abrite 7 000 en août 1944. En août 1942, il devient un centre d'« expérimentation médicale », où les professeurs Hirt, Haagen et Bickenbach, de l'université de Strasbourg, multiplient les pires atrocités.

Le 15 juillet 1941, la Gestapo mène une action répressive contre la localité d'Hochfelden, à 30 km de Strasbourg, où, « le 13 juillet, de jeunes gens se rassemblent dans un café pour jouer du jazz, tandis que 150 autres chantent des refrains patriotiques français. La population ouvre les fenêtres et témoigne sa sympathie en applaudissant. Au monument aux morts, une personne non identifiée fait un discours sur le fait que les morts de la commune ont donné leur vie pour la France et non pour l'Allemagne. Une banderole tricolore et une gerbe ornent le monument, où on a inscrit "À nos soldats morts" » (Archives du CNJM, Bordeaux). La Gestapo procède durant cinq jours à des enquêtes et à des arrestations, suivies de nombreuses déportations. Le 19 juillet, 300 policiers nazis, sous la houlette de la Gestapo, prennent position. Toutes les maisons et le presbytère catholique sont fouillés. Au total, 106 habitants sont envoyés au camp de Schirmeck.

L'incorporation de force dans la Wehrmacht renforce la Résistance et la répression. Tout réfractaire est impitoyablement pourchassé par la Gestapo. Le 1er septembre 1944, 107 résistants, capturés par la Gestapo, sont tués d'une balle dans la nuque à Natzwiller.

Le 23 novembre 1944, les chefs gestapistes Isserlhorts et Gehrum quittent Strasbourg avec des résistants pour couvrir leur retraite vers l'Allemagne. Au bord du Rhin, plusieurs otages sont contraints de se déshabiller, abattus d'une balle dans la nuque et jetés dans le fleuve. Le lendemain, 12 autres sont abattus à Rastatt, puis 4 femmes du réseau Alliance à Offenbourg, 3 hommes à Fribourg, 8 à Buhl et, le 30 novembre, 25 à Pforzheim.

Les 579 Juifs d'Haguenau sont impitoyablement chassés par la Gestapo, qui en massacre 156, tandis que les autres sont déportés. À Saales, le 12 novembre 1944, 21 résistants du maquis de La Grande-Fosse sont arrêtés par les miliciens et la Gestapo et déportés en Allemagne, après trois jours d'interrogatoires et de tortures. Le 31 janvier 1945, la Gestapo capture une centaine de maquisards dans la vallée de Munster ; tous sont déportés en Allemagne après avoir subi de nombreux sévices, particulièrement les 13 femmes arrêtées.

Mulhouse, fief du patriotisme français

La ville de Mulhouse est considérée par les nazis comme un fief du patriotisme français. La Gestapo multiplie les incarcérations, frappant notamment, du 28 juin 1940 au 15 novembre 1941, 2 077 personnes pour « attitude francophile », propagande antiallemande, espionnage… Début 1942, les nazis procèdent à 200 arrestations d'ouvriers suite à la découverte de tracts communistes. Le 26 octobre 1944, 22 détenus dont 6 femmes, tous membres du maquis de La Chapelle-aux-Bois, sont passés par les armes.

Le 24 septembre 1944, cinq résistants sont torturés puis fusillés par la Gestapo au col de Bussang. Le 18 octobre, le maquis de Thann est en partie décimé par les nazis, qui massacrent une dizaine de personnes et en déportent 40 autres, parmi lesquelles seulement 3 hommes et 5 femmes rentreront. Sainte-Marie-aux-Mines subit particulièrement la répression gestapiste, avec 88 déportés, 417 expulsés et 6 fusillés. Grâce aux diverses filières résistantes de cette cité patriotique, environ 700 prisonniers de guerre français, patriotes et réfractaires ont pu gagner les Vosges.

À Ballersdorf, à 7 km d'Altkirch, le 12 février 1943, 18 jeunes refusant l'incorporation dans la Wehrmacht décident de franchir la frontière suisse. Une patrouille allemande en tue trois. Le 13, le village est encerclé par la Gestapo et les SS, qui fusillent 14 personnes en représailles et déportent plusieurs familles.

La répression gestapiste en Auvergne

Diverses rafles orchestrées par la Gestapo et d'autres services, dont les autorités françaises de Vichy, frappent les 2 895 Juifs français et 765 Juifs étrangers présents dans le département de l'Allier. Les premières arrestations débutent le 23 août 1942. Le 25, 155 personnes sont arrêtées à leur domicile. D'autres se cachent dans les monts du Cantal, notamment dans les communautés protestantes. D'autres rafles ont lieu entre janvier et juin 1944.

Dès l'invasion de la zone libre, en novembre 1942, la Gestapo attaque la Résistance. Les 8 et 9 janvier 1943, 40 officiers et sous-officiers français du 2e bureau (renseignements) se trouvant à Vichy sont arrêtés, dont le général d'Harcourt, le colonel Terrier, le capitaine de vaisseau Samson. Presque tous sont déportés. Le 17 mars, le gestapiste Geissler abat à Vichy l'un des agents du réseau Alliance, en la personne de Guillebaud. En avril-mai, puis en septembre, d'autres membres de ce réseau sont capturés par les nazis ; 16 d'entre eux sont fusillés, 22 déportés. La Gestapo attaque ensuite le réseau Mithridate, dont une trentaine de membres sont incarcérés entre juillet et octobre 1943. L'ORA est également durement frappée à Clermont-Ferrand, à Royat et à Romagnat en octobre, avec 32 membres arrêtés, dont un de ses chefs, Henri Madelin : « Frappé à coups de matraque, nerf de bœuf, doigts écrasés, obligé à marcher pieds nus sur des punaises, brûlé avec des cigarettes, finalement roué de coups, il fut reconduit dans sa cellule expirant, puis jeté mort sur un chemin », écrit Alain Guérin (Archives du CNJM, Bordeaux).

LE SAVIEZ-VOUS ?

La même sauvagerie préside au traitement de Marc-Roland Juge, commissaire de police de Vichy et membre de la Résistance, en janvier 1944 : « Un témoin qui entra dans la pièce après quatre heures de matraquage vit une table et un lit renversé, un tabouret cassé, une barre de fer tordue, les fils téléphoniques rompus et du sang répandu partout. Juge, les ongles arrachés, ne formait plus qu'une masse sanguinolente. Le gestapiste Adam Essinger, en sueur et manches retroussées, nerf de bœuf à la main s'exclamait : "Celui-là, c'est un dur !" Marc-Roland Juge est transféré à Clermont-Ferrand, de nouveau affreusement torturé, en vain, fusillé le 24 mars 1944 » (Archives du CNJM, Bordeaux).

Le gestapiste Geissler arrête 40 personnes à Saint-Flour le 11 juin 1944, une douzaine à Murat, où finalement des maquisards le mitraillent et le tuent. En représailles, 115 habitants de Murat sont déportés, dont 75 ne rentreront pas.

Les rafles antisémites frappent 18 communes de l'Allier, le 26 août 1942, causant la déportation de 143 Juifs. Le 29 décembre 1943, la Gestapo arrête le résistant Pierre Kan, membre de Libération-Sud ; torturé, déporté, il meurt le 18 mai 1945. En mai 1944, la Gestapo arrête des résistants de Marcillat, dont six sont exécutés immédiatement. En juin, à Désertines, 12 habitants sont arrêtés. Le 8 août, 10 jeunes résistants retranchés à la ferme de la Bouillole, à Saint-Plaisir, sont massacrés par le gestapiste Dorscht et ses tortionnaires. Le 14 août, 42 otages et résistants sont extraits de la caserne de Richemont de Montluçon et abattus près de Quinssaines, au lieu-dit les Grises ; plusieurs d'entre eux ont le crâne défoncé à coups de crosse.

Dans le Puy-de-Dôme, 1 801 Juifs français et 1 192 Juifs étrangers sont recensés par les services de Vichy. La première rafle d'août 1942 frappe 50 Juifs ; d'autres, prévenus, parviennent à s'enfuir.

Le 25 novembre 1943, la Gestapo arrête 1 200 étudiants de Strasbourg, repliés à l'université de Clermont-Ferrand ; 400 d'entre eux, suspectés d'appartenir à la Résistance, sont emprisonnés. Le 16 décembre, suite à un attentat à l'hôtel du Globe, le gestapiste Blumenkampf fait exécuter 24 détenus. Le 8 mars 1944, trois grenades éclatent contre des soldats allemands allant au cinéma ; en représailles, les gestapistes exécutent l'instituteur Alfred Klein du réseau Les Ardents, Henri Weilbacher et François Marzolf, membres de l'ORA, ainsi que Jean Boutet, chef régional de l'ORA. Du 27 juin au 19 août 1944, la Gestapo de Clermont-Ferrand fait fusiller 175 résistants, tandis que 25 autres décèdent en cellule après interrogatoire.

La torture gestapiste repose sur les pratiques suivantes : « Marche pieds nus sur des punaises, tire-bouchon dans la plante des pieds ou les fesses, manche à balai ou canon de revolver dans le vagin ou l'anus ; brûlures de cigarette aux paupières, bouche, seins, ventre, vagin ; écrasement des ongles, aiguilles sous les ongles, viol collectif, supplice de la “balançoire”, lier pieds et mains du prisonnier déshabillé à une barre de fer et le frapper inlassablement, tout en effectuant un mouvement pendulaire autour de la barre » (Archives du CNJM, Bordeaux). Le 20 août 1944, la Gestapo fait déporter 239 détenus de la caserne du 92e régiment d'infanterie de Clermont-Ferrand, rejoints par 140 détenus de Nancy et d'Épinal.

La répression gestapiste en Nord-Pas-de-Calais

La région Nord-Pas-de-Calais déplore 5 687 déportés résistants, 450 condamnations à mort et 1 630 peines purgées dans une prison allemande. À ces chiffres, il faut ajouter 700 Juifs, pour la plupart étrangers, raflés par le SD le 11 septembre 1942, déportés à Auschwitz (où 95 % mourront), sans oublier 158 Roms arrêtés fin 1943 et déportés à Auschwitz (85 % d'entre eux ne sont pas revenus).

En juin 1941 éclate la grande grève de 100 000 mineurs. En représailles, 244 mineurs sont déportés à Sachsenhausen. Les FTP Julien Hapiot, Charles Debarge et Jules Dumont, dirigés par Michel Brulé, accomplissent durant l'été 1941 une trentaine de sabotages ferroviaires, 2 attaques de poudrières, 18 attaques de mairies. Tombé dans un guet-apens de la Gestapo fin septembre 1942, Charles Debarge est torturé et meurt à la prison d'Arras sans avoir parlé. La résistante France Bloch-Sérazin est arrêtée à son tour en février 1942, torturée et décapitée en février 1943. Michel Brulé tombe sous les balles allemandes en avril 1942. Jules Dumont, capturé par la Gestapo en 1942, est fusillé au mont Valérien le 15 juin 1943. Julien Hapiot le sera en septembre 1943. En 1942, 123 résistants, presque tous communistes, sont fusillés à la citadelle d'Arras.

Le résistant Natalis Dumez, du mouvement La Voix du Nord, est arrêté en septembre 1942, Jules Noutour un an plus tard. Le 2 octobre 1943, Pierre Hachin est incarcéré à son tour par la Gestapo : « Tortures pendant quinze jours, nerf de bœuf, matraquage, baignoire, élongation des membres, électricité sur les parties génitales, ongles arrachés un par un », écrit Daniel Delafosse. Au total, 61 résistants de La Voix du Nord sont fusillés, 78 meurent en déportation, 93 sont portés disparus, 123 tombent durant les combats de la Libération. Le 1er septembre 1944, 871 prisonniers de Loos-lès-Lille et Saint-Bernard sont déportés, dont seulement 275 reviendront.

Des larmes et du sang sur tout le territoire

La Bourgogne éprouvée

En Côte-d'Or, les premières arrestations de Juifs à Dijon débutent le 27 février 1942 et se poursuivent par la suite. Le 24 février 1944, 92 Juifs sont déportés, tandis que plus de 120 résistants tombent sous les balles au champ de tir de Montmuzard. Les FTP sont décimés. La Gestapo anéantit le maquis de Cessey-sur-Tille. Avant le débarquement de juin 1944, 553 habitants de Dijon sont déportés et 86 fusillés.

LE SAVIEZ-VOUS ?

En Saône-et-Loire, la Gestapo fait déporter, rien que dans la ville de Chalon et ses environs, 32 personnes en 1941, 484 en 1942, 553 en 1943 et 807 en 1944. La communauté juive déplore 199 déportés, dont 60 % arrêtés en 1942. À Vermot, Vieux-Dun, Arleuf, Crux-la-Ville et Dun-les-Places, de nombreux villageois sont torturés, exécutés ou déportés, en représailles des actions de la Résistance. En août 1944, le SD déporte 129 résistants de Chalon et Dijon. Il en fusille 56 dans différentes communes puis se replie à Montbéliard.

LE SAVIEZ-VOUS ?

À Nevers et à Château-Chinon, dans la Nièvre, une grande majorité des 210 Juifs recensés en 1941 sont arrêtés par le SD lors des rafles de 1942 et 1944. Des centaines de Juifs sont raflés à Auxerre, dans l'Yonne, tandis que sur 2 000 détenus de la prison centrale 43 sont fusillés et 239 déportés. On dénombre 537 Nivernais déportés et 259 décédés pour faits de résistance. À Besançon, dans le Doubs, 100 résistants sont exécutés à la citadelle entre avril 1941 à août 1944. À Montbéliard, la Gestapo fait fusiller 200 personnes et en déporte plus de 1 000 autres en trois rafles, de juin à août 1944. Juste avant sa libération, en novembre 1944, Belfort déplore 570 personnes déportées, dont 325 résistants. Les 43 familles juives d'Héricourt, en Haute-Saône, sont toutes déportées durant l'Occupation.

La Normandie et la Bretagne victimes de la barbarie gestapiste

On dénombre en Normandie 6 140 personnes arrêtées et 170 fusillées de juillet 1940 à mai 1944 ; 1 500 sont arrêtées et 154 fusillées de juin à août 1944.

Le département de la Seine-Maritime est celui qui paie le tribut le plus lourd à la traque antijuive en Normandie : 607 arrêtés, 486 déportés, seulement 38 rescapés des camps de la mort. La première rafle à Rouen de 77 Juifs débute en mai 1942.

LE SAVIEZ-VOUS ?

Dans Rouen, on compte 90 mouvements locaux ou nationaux de résistance. La répression gestapiste va y causer de lourdes pertes. Plusieurs centaines de résistants sont arrêtés, déportés ou fusillés ; 210 résistants communistes sont emprisonnés le 21 octobre 1941 – parmi lesquels Suzanne Lavale, envoyée en camp de concentration en mai 1943, Césaire Levillain, abattu avec Michel Corroy le 4 mai 1944, Raoul Leprettre, déporté le 2 juillet 1944. Le maquis FTPF (francs tireurs partisans français) de Barneville, dirigé en mai 1943 par le métallurgiste Albert Lacour et le déserteur autrichien Rudolf Pfandhauer, subit les foudres de la Gestapo le 24 août 1943 : les deux chefs tués, huit hommes fusillés, les autres déportés. La chute du réseau Prosper durant l'été 1943 cause de nombreuses arrestations en Seine-Maritime. Début 1944, 12 des principaux responsables de la Résistance de ce département sont capturés, dont plusieurs meurent dans le convoi du 2 juillet 1944 vers Dachau – commandant Folliot, chef régional de l'ORA, René Philippeau, chef départemental des FFI, Yves Meyer, un des chefs des maquis… À Dieppe, 38 résistants sont déportés ou fusillés au début de l'année 1944.

À Évreux, dans l'Eure, 67 Juifs sont raflés le 13 juillet 1942. Cette même ville compte au total 204 déportés et 106 fusillés. À Alençon, dans l'Orne, Joseph Onfray, membre de l'Organisation civile et militaire, est arrêté et déporté à Buchenwald en novembre 1943. Les Juifs sont durement frappés : 63 d'entre eux sont arrêtés en juillet et octobre 1942, dont 51 sont déportés, avec seulement 2 rescapés. Les dernières arrestations de Juifs en 1944 frappent notamment Paul Ebstein, décoré de la croix de guerre et de la Légion d'honneur. L'Orne compte 390 résistants déportés et 473 autres tués. À Caen, dans le Calvados, 162 résistants sont fusillés, 719 déportés, dont 422 décèdent dans les camps de concentration. À Cherbourg, dans le département de la Manche, 2 459 personnes sont arrêtées et 1 600 massacrées.

En Bretagne, on compte en tout plus de 3 700 déportés, dont 762 en Ille-et-Vilaine, ainsi que plus de 2 000 fusillés. Sur les 2 000 Juifs recensés fin 1940, 500 sont déportés, dont 35 % en Ille-et-Vilaine. Dans le Finistère, on déplore 1 249 déportés politiques et 46 déportés juifs. La ville de Brest compte à elle seule 237 déportés, 38 fusillés et 35 disparus.

Lors de la libération de la poche de Lorient, en mai 1945, un charnier est découvert au stand de tir de la citadelle de Port-Louis, à l'entrée de la rade : « Trois fosses de 69 corps torturés, certains la bouche cousue au fil de fer ; des militaires, gendarmes, marins, cultivateurs, ouvriers, artisans, employés, des étudiants et leur professeur… » (Archives du CNJM, Bordeaux). Le 18 mai 1945, un autre charnier est découvert, cette fois au fort de Penthièvre, sur la presqu'île de Quiberon, dans le Morbihan ; on comptabilise 60 corps.

Le 18 janvier 1944, un soldat allemand est abattu à Guilliers, à 52 km de Vannes. En représailles, 500 personnes sont arrêtées et 43 déportées. Le 11 juillet, 50 résistants sont fusillés à Vannes. Le 12, 25 autres sont passés par les armes à Locminé. Le 29, 9 détenus sont fusillés à Pontivy. Le département des Côtes-d'Armor accuse 540 déportés et 1 200 résistants tués. De nombreuses fosses communes sont découvertes dans ce département à la Libération : 34 corps à Lannion-Servel, 54 corps dans la forêt de L'Hermitage-Lorge, 38 corps dans la forêt de Lorge (membres brisés, mâchoires fracturées, thorax enfoncés, l'un d'eux les lèvres cousues au fil de fer). Le 10 juillet 1944, 17 résistants, affreusement torturés, sont fusillés dans le bois de Malaunay, près de Guingamp. La résistante Léonie Corre est l'une des nombreuses victimes de la terreur gestapiste en Bretagne : arrêtée le 3 avril 1944, torturée, elle meurt à Ravensbrück à 58 ans.

La région d'Orléans et ses martyrs

Le département du Loiret compte quatre camps pendant l'Occupation : Beaune-la-Rolande et Phitiviers, ouverts au printemps 1941 en prévision des rafles antisémites en région parisienne, Jargeau pour les nomades et La Verrerie pour les résistants.

Le 18 juin 1942, Theodor Dannecker (représentant d'Adolf Eichmann à Paris) prépare la déportation de 1 000 Juifs avec le KDS (commando de la Sipo-SD) d'Orléans et la préfecture. Il ordonne de vider Pithiviers et Beaune-la-Rolande pour faire place à de nouveaux détenus. Le 25 juin, un premier convoi de 1 000 Juifs quitte Pithiviers pour Auschwitz, dont seulement 24 rescapés reviendront. Trois jours plus tard, c'est le tour de Beaune-la-Rolande d'être vidé – 35 survivants seulement. Six convois suivent jusqu'en septembre, avec seulement 78 survivants. D'autres rafles ont lieu, notamment début 1944. La répression contre la Résistance est également féroce dans le département du Loiret, qui déplore 350 fusillés et 730 déportés, parmi lesquels 405 personnes ne reviendront pas.

Dans le département du Cher, le bilan général de la répression gestapiste et des autres services nazis fait état de 699 déportés (dont 414 morts), 200 résistants et civils exécutés, 171 FFI tués au combat. En Eure-et-Loire, on comptabilise 410 déportés, dont 247 résistants. Les principaux réseaux de résistance de ce département tombent les uns après les autres, avec 200 arrestations dans plusieurs communes, 90 déportés et 31 fusillés. Aux côtés de la Gestapo, l'inspecteur français de police Denuzières participe activement à la traque des résistants. Dans le Loir-et-Cher, parmi les 440 déportés hommes et femmes, 232 ne reviendront pas.

La traque de la Gestapo en Pays de la Loire

En Maine-et-Loire, le convoi des Juifs raflés en juillet 1942 comprend 824 personnes, parmi lesquelles seulement 14 reviendront en 1945. Le 16 octobre, un nouveau convoi conduit 116 Juifs à Drancy. Le 22 novembre 1943, 64 Juifs sont déportés, 33 autres raflés fin janvier 1944, dont 26 déportés. La répression contre la Résistance fait état de 210 fusillés et de 618 déportés. Le SD intervient également en Mayenne – 156 résistants déportés et 500 fusillés. Les rafles antisémites frappent en juillet 1942 48 Juifs étrangers puis, en octobre, 24 Juifs français et étrangers.

En Indre-et-Loire, fin 1942, 600 Juifs (hommes, femmes et enfants) sont déportés ; 747 résistants sont envoyés en camps de concentration, 317 fusillés. Dans la Sarthe, le camp de Mulsanne compte 610 internés en 1942 (nomades et Juifs), qui sont tous déportés par la suite. Plus de 400 enfants juifs sont cachés dans le même département. Plus de 300 résistants sont victimes de la Gestapo – torturés, déportés ou fusillés. En Loire-Atlantique, la communauté juive a presque totalement disparu après les rafles de l'été et de l'automne 1942 puis de janvier 1944. Des centaines de résistants sont arrêtés, fusillés ou envoyés en camps de concentration. Le 28 juin 1944, 1 500 SS et 600 miliciens, conduits par 120 gestapistes d'Angers et de Nantes, attaquent le maquis rassemblé à la ferme des Brées ; une centaine de maquisards sont massacrés.

La répression en Picardie et dans les Ardennes

Dans l'Aisne, on compte 168 résistants fusillés, 429 déportés et 129 FFI tués lors des combats de la Libération, tandis que 215 Juifs sont envoyés dans les camps de la mort. Dans la Somme, la communauté juive regroupe une centaine de familles, dont 70 sont déportées après les rafles de 1942 et 1944.

Plusieurs centaines de résistants sont massacrés ou déportés, comme Gaston Blanchard, Jean Catelas, Antoinette Dobel, Madeleine Michelis… L'exhumation du résistant FTP Georges Matifas révèle les tortures que lui a infligées la Gestapo : visage tuméfié, nez écrasé, mains atrocement allongées, écrasées par l'étau.

Dans l'Oise, le camp de Compiègne-Royallieu est, après Drancy, le deuxième camp d'internement pour les détenus politiques et les juifs : 53 000 déportés y sont passés. C'est l'une des principales armes de répression dont dispose la Gestapo. Le premier convoi, composé essentiellement de Juifs, part le 27 mars 1942. Dans celui du 6 juillet 1942 sont entassés 1 120 syndicalistes et communistes ainsi que 50 Juifs. Celui du 24 janvier 1943 transporte 230 femmes, dont les résistantes Marie-Claude Vaillant-Couturier, Danielle Casanova (voir le chapitre 28), Hélène Solomon, Charlotte Delbo ; 181 de ces femmes mourront en déportation. Le dernier convoi quitte Compiègne le 17 août 1944 avec 1 249 résistants, parmi lesquels 511 ne reviendront pas.

N'OUBLIEZ PAS

Dans le département des Ardennes, on compte 524 résistants déportés, 288 fusillés, tandis que 101 Juifs sont raflés et déportés en 1942, 204 en janvier 1944. Le 13 juin 1944, dans la nuit, 106 maquisards sont torturés et abattus dans le bois des Manises, à Revin, dont le plus jeune, Jean Mélin, de Fumay, a 16 ans. D'autres massacres sont commis, notamment à Floing le 29 août 1944 : dix maquisards sont torturés et tués dans une cave abandonnée.

La zone sud et la sauvagerie gestapiste

N'OUBLIEZ PAS

Le département de la Charente-Maritime recense 1 120 déportés (parmi lesquels 578 ne reviendront pas), 225 exécutions et 892 FFI morts lors des combats de la Libération. À la prison Saint-Maurice de Rochefort, 100 résistants se trouvent derrière les barreaux ; 60 d'entre eux seront déportés et 20 autres fusillés. Léopold Robinet, fondateur du groupe Honneur et Patrie, y sera torturé, ainsi que le député résistant Jean Hay. Le 9 mars 1944, une opération du SD de Saintes et de La Rochelle, conduite par le chef gestapiste Dietz, arrête le résistant Yves Paronnaud et dix autres membres de son organisation à Tonnay-Boutonne.

Dans les Deux-Sèvres, la Résistance n'est pas épargnée, avec 414 déportés, parmi lesquels 132 seulement reviendront. Les résistants Raymond Chesse, Gabriel Richetta, l'abbé Chauvat, Maurice Geslin sont décapités le 1er septembre 1942. Camille Thébault, de La Crèche, sous-officier de réserve, communiste, dirige les FTP. Arrêté par la Gestapo en février 1943, torturé durant trois mois, il meurt finalement le 19 mai. Le 16 septembre, sa femme, jugée, s'entend dire par le chef gestapiste Robert Mayer, en poste à Niort : « Votre mari était un homme. Nous l'avons tenu trois mois sans pouvoir lui tirer une parole » (Archives du CNJM, Bordeaux). Arrêtée sur dénonciation, elle sera également déportée.

La répression gestapiste en Midi-Pyrénées et en Languedoc-Roussillon

Rien qu'en Haute-Garonne, la répression menée par l'occupant, avec la Gestapo en première ligne, affiche le bilan suivant : 1 370 déportés, parmi lesquels 644 ne sont pas revenus, 216 résistants morts au combat, 198 fusillés, 112 civils massacrés et 91 disparus. Dans la région Midi-Pyrénées elle-même, on recense 6 400 Juifs déportés, en comptant ceux du camp de Gurs. Dans le département du Tarn-et-Garonne, 450 Juifs sont déportés ainsi que 370 habitants liés à la Résistance (parmi lesquels 143 mourront), 91 résistants sont fusillés ou abattus, 63 civils pendus, abattus ou brûlés vifs. Dans les Hautes-Pyrénées, on compte en tout 205 résistants et maquisards tués ou fusillés ; 595 hommes, 110 femmes et 44 enfants déportés, parmi lesquels 388 hommes, 89 femmes et 37 enfants ne reviendront pas ; les représailles sur les autres populations font 78 morts et 50 blessés. Dans le Lot, on dénombre 290 déportés morts, 400 résistants tués dans les combats ou fusillés, sans oublier 164 victimes civiles.

Dans l'Aude, la répression est également sévère, touchant notamment le maquis de Trassanel, à 25 km de Carcassonne, qui, attaqué début août 1944, déplore 47 résistants torturés et exécutés. Dans les Pyrénées-Orientales, 2 313 Juifs du camp de Rivesaltes sont déportés. Ce département compte également 675 résistants déportés, 71 tués, dont 23 fusillés. Plus de 300 Juifs de l'Aveyron sont déportés, ainsi que de nombreux résistants. Le 17 août 1944, à la veille de quitter Rodez, le SD massacre 30 résistants, âgés de 17 à 53 ans ; leurs visages défigurés par les tortures qui ont précédé leur exécution rendent les identifications problématiques. Le 22 février 1943, 41 Juifs sont raflés à Mende, en Lozère. Le maquis Bir Hakeim, attaqué le 28 mai 1944, perd 27 de ses hommes, qui, conduits vivants villa Lyonnet à Mende, sont affreusement torturés par la Gestapo puis abattus comme des chiens près de Badaroux.

Le martyre de la Dordogne, du Limousin et de l'Indre

En mars-avril 1944, le passage en Dordogne de la division SS Brehmer, guidée le plus souvent par l'équipe gestapiste de Périgueux de Michael Hambrecht, est marqué par de multiples crimes, comme le massacre et l'exécution de nombreux Juifs, d'otages et de résistants notamment à La Bachellerie, Azerat, Sainte-Orse, Tourtoirac, Excideuil, Brantôme, Saint-Pancrace,

Champagnac-de-Belair… On recense 1 000 personnes déportées et 204 abattues. On compte 102 « Justes parmi les nations » dans ce département, ainsi que plus de 23 000 résistants en 1944, issus de divers maquis.

De novembre 1942 à août 1944, 817 résistants sont tués et 1 200 déportés. Du 18 au 21 février 1944, plusieurs chefs de la Résistance sont arrêtés et déportés, dont le capitaine Galley, chef de l'ORA de Périgueux, le colonel de Grancey, un des chefs de l'ORA du département, Graffin, chef de l'ORA de Dordogne Nord, et Paul Marion, chef FTP de Dordogne. Le 30 mars, la division Brehmer et la Gestapo s'installent à Terrasson. Le 31, René Lascaud, secrétaire général de la mairie lié à la Résistance, est torturé et abattu, ainsi que 52 résistants et Juifs. Le hameau de la Tranche est brûlé (quatre de ses habitants trouvent la mort dans l'incendie) ; Preyssac connaît le même sort. À Rouffignac, 107 maisons sur 110 sont détruites ; les SS et les gestapistes massacrent 64 personnes et emprisonnent les autres, y compris les gendarmes. À Azerat, des civils sont fusillés, dont le maire et son adjoint. À La Bachellerie, 13 otages sont exécutés, ainsi qu'un horloger juif et son fils de 13 ans. En août 1944, avant son départ de Périgueux, la Gestapo fusille 7 civils et 41 résistants.

Plusieurs camps d'internement sont installés dans le département de la Haute-Vienne, notamment à Saint-Germain-les-Belles, La Meyze, Séreilhac, où sont emprisonnés des réfugiés espagnols, des communistes, des apatrides. Le camp de Nexon, au sud de Limoges, abrite 450 Juifs (hommes, femmes et enfants) qui seront tous déportés. En mars 1944, la division SS Brehmer, guidée par la Gestapo de Limoges d'August Meier, sévit également dans ce département très résistant : on compte 100 localités fouillées, plus de 3 000 arrestations (dont 1 500 maintenues), une centaine de déportations, de nombreux assassinats dans 75 communes. Les Juifs sont particulièrement visés : des dizaines d'entre eux sont abattus sur place, des dizaines d'autres déportés.

La Haute-Vienne déplore 3 200 résistants tués, la Corrèze et la Creuse 760. Dans l'Indre, 500 habitants sont déportés pour motifs raciaux ou politiques (parmi lesquels 65 % ne sont pas rentrés), 220 civils fusillés et 322 résistants tués au combat.

La répression dans les régions de Marseille et de Nice

Le recensement de février 1942 comptabilise 17 082 Juifs (dont 9 998 Français) dans la région de Marseille. Les hôtels marseillais Bompard, Terminus, du Port et du Levant deviennent des centres d'internement pour femmes et enfants. Le camp des Milles, ouvert en septembre 1939 dans une tuilerie d'Aix-en-Provence en vue de l'internement de républicains espagnols, se transforme en lieu de détention pour 2 200 Juifs à l'automne 1942.

Le 13 janvier 1943, Karl Oberg (chef supérieur de la SS et de la police allemande en France) se rend à Marseille pour rencontrer René Bousquet, alors préfet régional, Herbert Hagen, Rolf Mühler et Odewald. Le 23, 1 875 personnes (Juifs, clochards, vagabonds, chômeurs et autres) sont arrêtées par les polices française et allemande et internées à la prison des Baumettes. La nuit suivante, un régiment de police allemande est placé derrière les barrages de la police française ; 635 autres personnes sont également envoyées aux Baumettes. Le 24, 1 300 personnes parmi ces détenus sont conduites à la gare d'Arenc, convoi complété par 300 individus raflés dans la nuit. Au total, la Gestapo, aidée par la police française, fait déporter 1 642 détenus pour Compiègne, dont 782 Juifs français et étrangers. Le chef gestapiste Willy Bauer, chargé des affaires juives avec son adjoint Richard Held, offre 500 à 1 000 francs à ses agents français pour un Juif livré. D'avril 1943 à mars 1944, de nombreux Juifs sont également raflés. Au final, un Juif sur cinq de la région de Marseille est déporté, soit 4 378 victimes. Plus de 20 000 personnes sont enfermées au camp de Fréjus.

Contre la Résistance, la Gestapo de Marseille n'est pas en reste. Le 14 avril 1943, les chefs gestapistes Moritz, Mühler et Dunker décapitent l'état-major régional des Mouvements unis de la Résistance lors d'un vaste coup de filet : 123 personnes sont arrêtées et déportées. Le 4 juin 1944, la Gestapo infiltre divers mouvements et maquis, avec pour résultat l'arrestation de 82 résistants et la mort de 96 autres. Le 11 juillet 1944, des groupes résistants de la région sont de nouveau frappés : on compte 36 arrestations et 20 fusillés.

À Avignon, la Gestapo, dirigée par Wilhelm Müller et Wilhelm Wolfram, exige dès le 12 février 1943 la liste des Juifs du Vaucluse, comprenant 1 474 personnes, dont 458 étrangers. Plusieurs centaines d'entre eux sont déportés ; les autres sont sauvés par la population, quand elle parvient à les cacher. Le 16 septembre 1943, la Gestapo, les SS et les miliciens arrêtent 300 résistants de 19 communes du département. Dans le département du Gard, la répression gestapiste et des autres services allemands est particulièrement féroce : 1 523 arrestations, 92 personnes exécutées, 518 déportées, dont 263 pour faits de résistance.

La région de Nice, placée sous occupation italienne jusqu'en septembre 1943, est devenue un lieu de refuge pour de nombreux Juifs. En effet, l'armée italienne protège systématiquement les Juifs dans ses zones d'occupation, aussi bien en France qu'en Afrique, dans les Balkans et même sur le front russe.

Dès le 15 septembre 1943, Alois Brunner arrive à Nice avec un commando spécial antijuif, formé en Grèce et à Drancy. Au total, 7 606 Juifs étrangers et 5 267 Juifs français ont été recensés depuis 1942. Brunner lance de vastes opérations pour faire déporter un maximum d'entre eux ; on dénombre au total 2 718 victimes, dont Tristan Bernard, Simone Jacob (future Simone Veil), le père de Serge Klarsfeld, alors résistant… La Résistance n'est pas épargnée non plus. Dès le printemps 1943, la Gestapo frappe en faisant arrêter 120 résistants gaullistes. Le maquis Faïta, dans le Var, près de Toulon, est en grande partie décapité par l'antenne gestapiste locale, dirigée par Alfred Holzer. Après le débarquement du 6 juin 1944 en Normandie, les FFI mobilisent plusieurs centaines d'hommes dans la région, notamment dans le massif de Siou-Blanc, près de Toulon. La Gestapo exerce des représailles sur les villages alentour, marquées par des dizaines de morts, maquisards et otages. Dans les Alpes-de-Haute-Provence, 300 Juifs sont déportés. Le 16 juin 1944, plusieurs responsables résistants locaux sont arrêtés à Oraison, près de Digne : Loui Martin-Bret, François Cuzin, Jean Piquemal, Roger Chaudon. Ils sont tous emmenés aux Baumettes, torturés puis exécutés à Signes, dans le Var, le 18 juillet 1944.

Chapitre 9

L'affaire Grandclément

Dans ce chapitre :

- Une des plus incroyables affaires de la Résistance
- Grandclément : traître ou bouc émissaire ?
- Un pacte avec la Gestapo ?

En 1943, l'Aquitaine est l'une des régions de France où la Résistance s'est le mieux développée : on y recense de nombreux réseaux et divers groupes clandestins. Les Allemands y ont implanté l'une des premières antennes de la Gestapo au Bouscat, près de Bordeaux, une base sous-marine à Bordeaux-Bacalan, de nombreuses garnisons de la Wehrmacht, des terrains d'aviation de la Luftwaffe. Cette immense région, avec ses plages de l'Atlantique, attire également l'attention des Britanniques : le Special Operations Executive (SOE), organisation clandestine britannique dirigée par le colonel Buckmaster, s'intéresse particulièrement à l'Aquitaine. Sa mission est de soutenir la Résistance intérieure par tous les moyens, en envoyant des agents et du matériel en Europe.

Grandclément, chef de l'OCM en région B

Le SOE s'intéresse particulièrement au département de la Gironde. Dès août 1942, Claude de Baissac, agent britannique, est parachuté près de Châteauroux. Il rejoint rapidement Bordeaux afin d'y établir des contacts avec la Résistance locale. Il demande au colonel Buckmaster de lui envoyer le radio Roger Landes (« Aristide »). Parachuté en Sologne, celui-ci gagne Bordeaux et rencontre Claude de Baissac au café Bertrand, quai des Chartrons, où il installe son émetteur radio, avant de se réfugier, pour plus de sûreté, à Cenon puis à Caudéran, au domicile d'une veuve, Marcelle Carralp-Jardel, avenue de la République. Il y séjourne plusieurs mois, reconnaît les zones de parachutages d'armes, organise des équipes de réception, recrute des agents (André Bouillar, Léonce Dussarat, Jean Duboué, Daniel et Léo Paillère, Roger Tronche, Charles Corbin…).

Claude de Baissac, Roger Landes et leurs agents passent à l'action à la fin de l'année 1942. La centrale électrique de la route de Bayonne, les câbles d'alimentation électrique de Mérignac, ceux des batteries antiaériennes des Deux-Poteaux et l'émetteur radio des Quatre-Pavillons sont sabotés ou détruits. Soixante terrains de parachutage ou d'atterrissage sont homologués par Londres.

Figure 9-1 : André Grandclément.

Le parcours chaotique de Grandclément

Au début de l'année 1943, la Gironde est l'un des départements français cités en exemple par les Alliés pour l'efficacité de ses groupes de résistance. L'Organisation civile et militaire (OCM), solidement épaulée par le SOE, semble tout diriger. L'OCM est un mouvement né de la fusion, en décembre 1940, d'un groupe d'origine militaire recrutant dans les amicales régimentaires, avec un groupe émanant de la Confédération des travailleurs intellectuels. L'OCM rassemble toute une élite de hauts fonctionnaires, de cadres supérieurs, d'industriels, de militaires, d'étudiants... Grâce au soutien massif du SOE, de nombreux parachutages ont fourni des milliers d'armes à cette importante force clandestine.

Le mérite d'une telle organisation revient en partie à André Grandclément, grand patron de l'OCM en région B, secteur qui couvre la Charente-Maritime, la Charente, la Gironde, les Landes et les Basses-Pyrénées. Grandclément est en 1943 un homme de 34 ans, grand, séduisant et intelligent. C'est un fils de bonne famille : son père, Raoul Grandclément, est un amiral de la flotte à la retraite, médaillé de la Première Guerre mondiale, grand-croix de la Légion d'honneur, cité trois fois à l'ordre de l'armée. L'amiral est marié à une demoiselle de Barolet, fille d'un colonel d'infanterie. Les Grandclément, originaires du Jura, ont émigré au XVIIIe siècle en Bretagne. André Grandclément renonce à l'École navale pour épouser plus rapidement, le 7 novembre 1929,

Geneviève Toussaint, la fille d'un colonel d'infanterie. La cérémonie religieuse se déroule à l'église Notre-Dame de Bizerte, en Tunisie, en présence d'importantes personnalités militaires, comme les futurs amiraux François Darlan et Thierry d'Argenlieu (le premier rejoindra Vichy et le second la France libre) : foisonnement de galons dorés sur des uniformes variés et chamarrés…

André Marie Hubert François Grandclément est né le 28 juillet 1909 à Rochefort. Sa jeunesse est mouvementée. Sa mère décède assez vite. L'enfant suit son père, affecté à divers postes militaires. André est d'abord élève du célèbre collège Franklin, chez les Jésuites. Puis il rejoint l'établissement de Beyrouth, où enseignent encore les Jésuites. Son père vient de prendre la direction de la division navale de Syrie. Deux ans plus tard, le même amiral commande la marine en Algérie avant d'être nommé préfet maritime de Bizerte. André suit son père dans son parcours africain et entre au lycée de Tunis. Il passe son bac à Paris, dort à Massillon, un collège privé du 4e arrondissement, et étudie au lycée Saint-Louis. Depuis son enfance, son père a orienté André vers la marine. Mais sa future épouse, Geneviève Toussaint, une ravissante bourgeoise, va bientôt le détourner de cette voie royale. À 18 ans, en pleine préparation navale, André se fâche avec son père. Il renonce à la marine mais reste cependant dans l'armée. Il est d'abord simple soldat dans un régiment de tirailleurs sénégalais. Le deuxième classe Grandclément suit les cours d'élève officier et passe ses permissions en Tunisie, dans la famille du colonel Toussaint, commandant du centre d'incorporation d'infanterie de la région. Puis vient le mariage.

La vie du jeune couple débute mal. Un enfant naît dans les années 1930 mais décède peu après. Une fille, Ghislaine, voit le jour à Sfax, où le père se trouve en garnison. L'accouchement est problématique ; Ghislaine souffre de paralysie infantile. Une deuxième fille, Francine, voit le jour en 1934. André et Geneviève auront encore deux autres enfants, des jumeaux qui décéderont peu après la naissance. Le lieutenant Grandclément réussit son école d'élèves officiers mais ne se fait pas à l'armée coloniale : malgré son indéniable patriotisme, il avoue être tout le contraire d'un guerrier. D'un point de vue physique, d'abord : des varices à la jambe gauche le fatiguent considérablement lors des marches et lui causent des étourdissements. Il s'insurge de voir de quelle manière les gradés occidentaux traitent les tirailleurs sénégalais.

Geneviève et André quittent Sfax en 1931 pour s'installer à Toulon. Ils résident dans un appartement coûteux, dépourvu de chauffage. Le couple vit le plus souvent sans enfants : Ghislaine, pour cause d'examens médicaux, reste la plupart du temps à Paris. En 1932, André entre à l'École militaire de Saint-Maixent afin d'y suivre des cours durant deux ans. En 1934, il est victime d'une grave chute de cheval, qui dégénère par la suite en tuberculose osseuse. Il quitte Saint-Maixent pour l'hôpital de Clamart. Il y fait de fréquents séjours jusqu'à sa réforme définitive, pour raisons de santé – avec pension à 100 %. André ne peut cependant se résoudre à ne rien faire. Un ami de longue date, Armand Cartron, proche de l'Action française, l'accueille au sein de sa petite entreprise spécialisée dans l'alcool à Nuits-Saint-Georges, en Bourgogne.

Brillant comportement en mai-juin 1940

En 1935, André devient assureur à Bordeaux. Ses liens avec sa femme, Geneviève, ne cessent de se détériorer. Quelques mois avant le début de la Seconde Guerre mondiale, il rencontre celle qui deviendra sa maîtresse puis sa seconde épouse, Lucette Rigou, une femme fine et distinguée, à la beauté piquante. Officiellement, il fait toujours partie de l'armée, puisqu'il reste en congé maladie. En 1937, la Commission de réforme décide de renouveler sa pension à 100 %, soit une rente de 6 000 francs mensuels. Quand la guerre est déclarée, en septembre 1939, André ne tient plus en place : bien que réformé, il désire se battre. Son père est mis à contribution, sonne aux portes, contacte ses vieux amis, « fait résonner ses médailles ». Grâce au rapport d'un inspecteur général – qui pourtant lui conseille fermement de ne pas s'engager –, le lieutenant Grandclément est déclaré apte au service armé.

En février 1940, il rejoint le 5e régiment de tirailleurs sénégalais. Lors des combats de mai-juin 1940, il se bat avec bravoure sur le front des Ardennes. Son action lui vaut une citation à l'ordre de la division : « Réformé à 100 %, a repris volontairement du service à l'occasion de la guerre, s'est révélé excellent chef de section, faisant preuve de volonté, de sang-froid et d'initiative dans tous les combats auxquels a pris part l'unité, s'est particulièrement distingué le 23 mai 1940 alors que sa section était complètement débordée par un ennemi très supérieur en nombre, a réussi à maintenir tout le monde à son poste et à redresser une situation un moment compromise » (Archives militaires françaises, Vincennes).

Mais son état de santé se rappelle à son souvenir : il doit être hospitalisé le 12 juin 1940 à Toulouse. Démobilisé, il revient à Bordeaux, reprend son travail dans les assurances et parcourt le Sud-Ouest, ce qui lui permet de connaître beaucoup de monde. Politiquement, il se situe à droite et n'aime guère les communistes ; mais la politique servile de Vichy à l'égard des Allemands l'écœure rapidement, alors que son frère Philippe Grandclément exerce les fonctions d'adjoint au chef de camp des travailleurs espagnols à Montpeyroux. André Grandclément entre dès 1941 dans la Résistance au sein du mouvement France Vivra.

Un essor considérable de son action résistante

Très rapidement, l'organisation de Grandclément prend un essor considérable, disposant bientôt d'un état-major avec le colonel Rollot, le commandant Grandier-Vazeille et le capitaine de corvette Goyau. Grandclément a pour principaux lieutenants André Maleyran, Roland Chazeau, Jean Renaud-Dandicolle, Jacques Castor, André Latour, Pierre Duzon, Christian Fossard, René Mollié, Lucien Banizette, Michel Lejoly, Daniel

Vinsonneau, Marcel Tête, Yves La Prairie… En tant que neveu du général Jouffrault et ami du capitaine Rauzée (chef de l'Amicale de Saumur), André Grandclément, qui a combattu vaillamment comme lieutenant en 1940 dans un régiment de tirailleurs sénégalais, bénéficie d'un préjugé favorable aux yeux des chefs de l'OCM. Il gravit facilement les échelons et se retrouve en 1942 chef de l'OCM en région B.

Activement secondé par le colonel Rollot, Grandclément organise de son mieux la Résistance : il recrute dans les milieux étudiants, reçoit de fortes mensualités du SOE, dispose d'un état-major, de cinq groupes de combat, d'une équipe de parachutage, d'écoles d'entraînement au maniement des armes camouflées à Bordeaux, Arcachon et Facture, de maquis en Corrèze et dans les Landes, d'une filière d'évasion, d'une liaison radio avec Londres. Enfin, son armement est abondant, avec plus de 2 000 mitraillettes Sten, des explosifs, des fusils, des pistolets… Du fait de l'activité conjuguée de Léo Paillère, de Claude de Baissac, de Roger Landes, de Jean Duboué, de Grandclément, de Rollot, de Grandier-Vazeille, la région B pourra compter sur des milliers d'hommes le jour du Débarquement !

Poinsot et Dohse passent à l'action

N'OUBLIEZ PAS

Cette belle façade va rapidement tomber en décrépitude. Le commissaire Pierre Napoléon Poinsot, de la *Section des affaires politiques* (SAP, sorte de Gestapo française), et le lieutenant SS Friedrich Wilhelm Dohse, officier de la Gestapo allemande, enquêtent minutieusement.

Né le 27 janvier 1907 en Meurthe-et-Moselle, Poinsot est un Lorrain au faciès rond et aux cheveux noirs gominés. Il a servi à Casablanca puis aux Andelys, dans l'Eure, avant d'être promu à Bordeaux. Apprécié par ses supérieurs pour ses résultats dans la lutte contre les stupéfiants et la contrebande, Poinsot va devenir par son anticommunisme viscéral un auxiliaire zélé de la Gestapo. Les bureaux de la SAP, cours du Chapeau-Rouge, se transforment en véritables salles de torture. La SAP comptera jusqu'à 200 agents.

Le démantèlement des réseaux Alouette et Prosper

N'OUBLIEZ PAS

Le démantèlement des réseaux Alouette et Prosper, durant l'été 1943, permet à la Gestapo de remonter jusqu'au chef de l'OCM en région B. Les règles strictes de cloisonnement n'ayant pas toujours été respectées, notamment au sein du réseau SOE Prosper, Dohse prend connaissance du nom de Grandclément, assureur, domicilié au 34, cours de Verdun à Bordeaux. Dohse sait aussi que la plupart des membres de cette organisation se camouflent sous le masque d'une compagnie d'assurances dont le directeur est Grandclément lui-même, et que, pour parachever cette couverture, une police d'assurance est établie au nom de chaque membre. La Gestapo mène une perquisition minutieuse au cabinet d'assurances de Grandclément qui entraîne de nombreuses arrestations. Le 30 juillet 1943, Lucette Grandclément, seconde épouse du chef de l'OCM, tombe ainsi entre les griffes de la Gestapo à Bordeaux.

André Grandclément, se sachant recherché par l'occupant, remplace pour un mois son ami Paul Pierson dans son cabinet d'assurances de Paris. Cependant, il ne perd pas contact avec la région B : Thinières puis Camplan continuent de recevoir des instructions. Il est également en relation constante avec les agents anglais du SOE, dont plusieurs réseaux sont en train de sombrer… Dès qu'il apprend l'arrestation de sa femme, Grandclément commence à s'agiter afin d'obtenir sa libération et va jusqu'à menacer de se constituer prisonnier. Alfred Touny, chef national de l'OCM, l'en dissuade rapidement.

De son côté, la Gestapo de Bordeaux ne reste pas inactive, en signalant à Karl Bömelburg (chef de la Gestapo en France) que le chef de l'OCM en région B se cache à Paris. « Enfin, écrit Dohse, nous répartîmes un grand nombre de photos de l'homme établies d'après celles que nous avions prises dans son appartement » (Archives du Centre national Jean-Moulin, Bordeaux).

L'arrestation de Grandclément

Le 18 septembre 1943, Dohse est informé par un agent double qu'un rendez-vous est prévu pour le 19 à Paris, avenue de Wagram, avec Grandclément. Ne pouvant obtenir un avion pour monter à Paris, Dohse donne l'ordre d'arrêter « le gibier » au lieu indiqué. Le lendemain, Grandclément, accompagné du résistant Marc Vuillemin, doit rencontrer le résistant Marc O'Neill au n° 15 de l'avenue de Wagram. Terriblement méfiant depuis les arrestations en série ayant frappé le SOE et l'OCM, Grandclément décide d'arriver en retard et s'attable à la terrasse d'un café des environs. À 11 h 15, Jacques Desoubrie, un indicateur de la Gestapo ayant infiltré la Résistance, téléphone à Dohse : « Je suis dans un café où se trouve Grandclément. » Des ordres sont immédiatement donnés pour l'arrêter. À 11 h 30, Grandclément et Vuillemin sont ceinturés par plusieurs nazis en civil et enfermés à Fresnes.

Le 21 septembre 1943, Grandclément est transféré au siège de la Gestapo bordelaise, un château du XIXe siècle au Bouscat. Le lieutenant SS Kunesch et un interprète le prennent en charge. Ce premier interrogatoire n'ayant rien donné, Dohse s'en occupe lui-même. C'est en insistant sur la détention de la femme de Grandclément et de ses compagnons que Dohse se met en devoir de jouer le grand jeu, sans user de la moindre brutalité : avant de l'interroger, il lui dit que son épouse est en excellente santé. Il lui laisse entrevoir la possibilité de la retrouver. À la nuit tombée, Dohse prend congé et donne l'ordre d'aménager une chambre pour son prisonnier, de bien le nourrir et de lui accorder d'autres petites commodités.

Un accord avec la Gestapo

LE SAVIEZ-VOUS ?

Le lendemain matin, d'après la version donnée par Dohse, l'interrogatoire aurait pris l'allure d'une discussion portant sur le climat politique général, la situation militaire, les divergences de vues dans la Résistance française, le gouvernement de Vichy et autres sujets. Dohse aurait accordé à Grandclément l'entière liberté de s'exprimer et même de critiquer l'Allemagne. Au cours de cette longue conversation, l'Allemand tente de trouver une solution au problème qui le hante : les dépôts d'armes de l'OCM et la manière de s'en emparer. En fin d'après-midi, Dohse a repéré trois sujets sensibles aux yeux du chef de la région B, sur lesquels il va pouvoir jouer : Grandclément se préoccupe fort du sort des 250 hommes arrêtés, membres de son organisation, dont il se sent responsable ; il se montre nettement hostile au communisme ; l'emprisonnement de sa femme le met au supplice, ainsi que la crainte de la voir gravement compromise, déportée voire condamnée à mort.

Le 22 septembre, après avoir obtenu l'approbation de ses supérieurs, Dohse fait venir dans son bureau les deux époux et assiste à de touchantes retrouvailles. Le 23, Grandclément est laissé en liberté surveillée. Il aurait entrepris de réaliser d'incroyables accords avec le policier SS Dohse : la livraison d'une partie des armes parachutées en échange de la libération d'un certain nombre de résistants de son organisation, ainsi que de la suspension des autres arrestations prévues. Lors de sa rencontre avec Dohse, au Bouscat, Grandclément est fort surpris de constater que le policier allemand sait tout : les noms des agents britanniques, des membres de l'OCM, leurs lieux de rendez-vous, l'emplacement de presque tous les dépôts d'armes… Grandclément se croit assez habile pour manipuler Dohse, mais, face à la toute-puissance de la Gestapo, que peut-il faire ?

Toujours est-il que la Résistance en région B se trouve en partie démantelée. Grandclément a-t-il agi de sa propre initiative ou a-t-il reçu d'abord l'accord du SOE pour livrer les armes à la Gestapo ? Bien entendu, l'officier du SOE Roger Landes prétend que non. Assez curieusement, l'adjoint de Landes, Charles Corbin, interrogé par la Gestapo, est à son tour libéré. Dans un rapport confidentiel rédigé par Gabriel Delaunay, ancien préfet des Basses-Pyrénées et ancien président du Comité départemental de libération de la Gironde, nous apprenons que « Dohse rencontra plus tard Corbin avec lequel il déjeuna. Dohse précise qu'au cours d'un déjeuner avec Corbin, il a présenté en détail l'accord qu'il avait passé avec Grandclément, tant en ce qui concernait la remise des armes que la non-arrestation de 150 personnes appartenant à la Résistance identifiées par ses services. Dohse affirme d'ailleurs qu'à cette époque les renseignements parvenus de Paris sur l'organisation du SOE en France indiquaient que la fille de Corbin était fiancée avec Roger Landes. L'identité de Claude de Baissac, officier du SOE, est également clairement identifiée » (Archives du CNJM, Bordeaux). « Grillé », Claude de Baissac a déjà quitté la France ; Roger Landes ne tarde pas à le suivre. Ce dernier reviendra quelques mois plus tard reprendre la direction des opérations et s'occuper de Grandclément…

La livraison des armes à la Gestapo

À partir du 27 septembre 1943, les livraisons des armes se succèdent pendant quelques semaines. Dohse et ses indicateurs se rendent successivement près de Pissos, dans la forêt de Sabres, où 45 containers d'armes sont saisis ; 260 containers sont découverts à La Brède, dans une ferme abandonnée, 356 au Temple, 80 à Lacanau, 115 à Saint-Médard, 44 à Saint-Jean-d'Illac, 35 à Blaye – soit 935 containers atteignant un poids total de 45 tonnes, avec notamment plus de 2 000 mitraillettes Sten. En revanche, les dépôts d'armes de Morcenx et de Rion-des-Landes restent entre les mains de la Résistance : selon Dohse, 30 tonnes environ ont été sciemment détournées par Grandclément et ses hommes.

En contrepartie de la remise des armes, Dohse aurait fait libérer une centaine de résistants de l'OCM, dont bien entendu la femme de Grandclément, le chiffre allant de 82 à 180 selon les témoignages et les documents. Léonce Dussarat, un des chefs de la Résistance landaise, aurait refusé de rencontrer Grandclément accompagné de Dohse et préféré prendre la fuite.

L'affaire du maquis de Lencouacq

Dohse et Grandclément se seraient découvert des préoccupations convergentes face au « danger » communiste : si les Allemands devaient quitter la France, des « maquis blancs » pourraient se tenir prêts à la lutte afin d'éviter le « grand soir » des révolutionnaires rouges. À Lencouacq, dans les Landes, Grandclément caresse l'incroyable projet de faire inspecter un maquis par Dohse !

Le chef du maquis, Guy Saramagnan, informe ses supérieurs des propositions de Grandclément. Le colonel de Marguerittes, un des chefs de l'OCM, affirme que toute tractation avec l'ennemi est considérée d'après le règlement militaire comme un acte de haute trahison et, comme tel, punie de mort. La sanction dictée par le fougueux colonel de Marguerittes est rapidement appliquée : le fils du colonel Rollot, qui a accepté la visite de Grandclément, est jugé responsable de haute trahison et fusillé le 1er novembre à 11 heures.

Le même jour, à 16 h 15, les voitures transportant la « Commission d'armistice franco-allemande » arrivent près du maquis de Lencouacq. Dohse, Grandclément et son adjoint Malleyrand continuent à pied. Chazeau, autre adjoint de Grandclément, marche en tête du détachement. Une rafale de mitraillette le tue sur le coup. Les autres prennent la fuite, échappant de justesse à l'embuscade tendue par les maquisards. Ces derniers trouvent dans les vêtements de Chazeau un laissez-passer et un permis de port d'arme délivré par la Gestapo de Bordeaux. Une heure après cet incident, le maquis de Lencouacq se retire en direction du sud-est, dans la forêt de Geaune.

Le 2 novembre 1943, Grandclément, furieux, se précipite chez le professeur Joubert, membre de l'OCM, et parle de vengeance : il accuse les résistants Ferrier et Patanchon d'être à l'origine de cette tuerie. Le 3 novembre, Ferrier est arrêté puis relâché après une perquisition sans résultat à son domicile. La Résistance se divise, au plus grand bénéfice de la Gestapo…

La Résistance tente de réagir

La Résistance du Sud-Ouest semble cependant se ressaisir après l'affaire de Lencouacq. Une conférence d'état-major réunit le colonel Camplan, le colonel de Marguerittes, Yvon Toussaint et le professeur Joubert. Marguerittes relate les événements survenus à Lencouacq et annonce la mort de son agent de liaison, Auguste, assassiné près de Morcenx. Il accuse Grandclément et Malleyrand d'en être responsables et demande la convocation du Comité national de l'OCM, présidé par Touny. Aucune réponse cohérente ne sera donnée au colonel de Marguerittes, qui, se sachant traqué par Dohse, va devoir quitter la région.

Camplan entre en scène

Le chef de l'OCM, Alfred Touny, ne reste cependant pas inactif : il confie à Camplan la mission de coordonner l'action de la Résistance en région B. Le docteur Alain Boyau doit de son côté assurer la liaison entre Paris et le Sud-Ouest. Enfin, Michel Pasteau verse 3 000 francs à Camplan. Cette réorganisation de façade ne va pas empêcher Dohse de porter de nouveaux coups à la Résistance. Alain Boyau, membre de l'OCM, résume la situation de la façon suivante : « À Paris, les échelons de commandement de l'OCM sont plus ou moins noyautés et en tout cas connus des Allemands, qui semblent ne rien ignorer des ordres qui y sont pris. On peut se rendre compte à la suite des événements qui viennent de se passer que l'OCM est non seulement infiltrée, mais que même à l'intérieur de ses éléments sains, il existe une dissension certaine » (Archives du CNJM, Bordeaux).

La poursuite de l'action destructrice de Dohse

LE SAVIEZ-VOUS ?

Cette « dissension certaine », Dohse ne vas pas cesser de l'entretenir afin d'arriver à ses fins : neutraliser la Résistance. Au mois de novembre 1943, il rencontre clandestinement, à l'insu de son chef à Paris, le révérend père Piquet, une nuit, dans un immeuble parisien. Dohse n'ignorait pas à l'époque le rôle important que jouait cet homme d'Église dans la Résistance.

En 1950, le révérend père Piquet reconnaîtra dans une déposition avoir rencontré Dohse : « Il est exact qu'à la demande de Grandclément, j'ai consenti... à avoir un entretien avec le lieutenant Dohse dont on m'assurait qu'il avait des sentiments bienveillants à l'égard de la Résistance. L'entrevue a eu lieu dans un appartement vide rue de Bourgogne, en présence de mon ami Marcel Beaufils, professeur d'allemand au lycée Pasteur qui me servait d'interprète et de témoin. J'avais caché mon nom et m'appelais pour la circonstance l'"abbé Lefèvre". Le lieutenant Dohse est arrivé accompagné de Grandclément et de sa femme. Dohse m'a dit à plusieurs reprises qu'il voulait être humain et qu'il l'avait prouvé en libérant, à la demande de Grandclément, de nombreux résistants. Il disait également vouloir lutter, non pas contre les Français, mais contre les communistes. D'après ce que Grandclément m'avait écrit, le lieutenant se serait montré à son égard, et à l'égard de ses compagnons de résistance, particulièrement compréhensif et même chevaleresque, ayant même proposé, paraît-il, de laisser subsister plusieurs des maquis de Grandclément, et je n'ai pas eu l'occasion de constater le comportement du lieutenant Dohse, en dehors du court entretien ci-dessus indiqué » (Archives du CNJM, Bordeaux).

Cette incroyable rencontre entre un révérend père résistant et un officier SS n'aura pas de suite. Quelques mois plus tard, le révérend père Piquet sera arrêté à Paris et déporté en Allemagne. Friedrich Wilhelm Dohse : « Ensuite je vis, raconte-t-il dans ses Mémoires, Alain Boyau, officier de liaison du Comité national de la Libération (CNL) à Paris, André Noël, lieutenant de Grandclément et chef d'un grand maquis dans la Corrèze, Charles Corbin, officier de liaison de l'organisation anglaise du SOE, ainsi que le commissaire Pelletier, officier de liaison du CNR de Paris. Je leur expliquai mes idées et essayai de les gagner à notre cause. André Noël me déclara qu'il préférait lutter armes en main jusqu'à la mort contre les Allemands. Notons qu'ils venaient me voir armés, et s'en allaient sans être poursuivis. À la demande de Grandclément, je leur fournis des "lettres de sauvegarde", des "laissez-passer" et des "autorisations de port d'arme", comme en avaient reçu Lacaze, Malleyrand, Chazeau, Cazenave et beaucoup d'autres » (Archives du CNJM, Bordeaux).

De son côté, Grandclément multiplie les contacts. Il rencontre des membres de l'OCM parisienne. Il proclame son double jeu, assure mener les Allemands par le bout du nez et, pour preuve de son efficacité, agite une liste de 180 résistants libérés. Il a livré 45 tonnes d'armes aux Allemands mais affirme que plus de 30 tonnes sont encore cachées. La Résistance est selon lui préservée, et elle le restera puisque la Gestapo a mis fin aux arrestations. Les chefs de l'OCM demeurent sans réaction, comme hébétés devant cette situation pour le moins unique dans l'histoire de la Résistance.

Figure 9-2 : Le résistant Claude Bonnier, mort pour la France.

Le sacrifice de Claude Bonnier

L'homme à poigne dont a besoin le Sud-Ouest arrive d'Angleterre le 15 novembre 1943. On le surnomme « Hypoténuse ».

Depuis la fin de l'année 1941, le Bureau central de renseignements et d'action (BCRA, services spéciaux de la France libre – voir le chapitre 5) a procédé par étapes successives à l'implantation de missions et de réseaux divers. Afin de coordonner et d'unifier les mouvements de la Résistance intérieure, chaque région reçoit, à partir de 1943, un délégué militaire régional (DMR). En mission, le DMR a une autorité qui doit théoriquement s'imposer à tous les mouvements de résistance.

Le général de Gaulle estime que seul un DMR d'exception peut redresser la situation catastrophique en région B. Cet homme exceptionnel se nomme Claude Bonnier (« Hypoténuse » en mission). Né à Paris le 4 novembre 1897, il quitte le 6 avril 1915 la classe de mathématiques spéciales du lycée Condorcet pour s'engager dans l'armée, à 17 ans seulement. À l'armistice du 11 novembre 1918, il est lieutenant, chevalier de la Légion d'honneur et titulaire de la croix de guerre avec quatre citations. Il n'a que 21 ans. Claude Bonnier reprend ses études. Après dix mois de travail acharné, il est brillamment reçu à Polytechnique et à l'École des mines. Il choisit cette dernière et en sort ingénieur civil à 25 ans. Le 6 novembre 1942, il s'engage dans les Forces françaises libres. Résistant de la première heure, il a publié divers articles dans la presse clandestine. En Écosse, il suit l'entraînement des commandos parachutistes à 45 ans.

Au début de l'année 1943, Claude Bonnier est volontaire pour partir comme délégué militaire en région B. Pour le BCRA, cette région est devenue, depuis l'affaire Grandclément, la « région pourrie ». Le commandant Bonnier, promu colonel, quitte Londres le soir du 14 novembre 1943. Mais il n'est pas seul dans l'avion chargé de le conduire en France occupée : un mois avant son départ, le BCRA lui a présenté celui qui doit l'accompagner pour le seconder en qualité de chef de l'organisation de sabotage. Il s'agit de Jacques Nancy, né à Carthage, en Tunisie, ancien ingénieur diplômé de l'École supérieure de mécanique et d'électricité de Paris. Mobilisé en 1939, il est décoré de la croix de guerre le 19 juin 1940. Prisonnier en Allemagne, il s'évade, rejoint Londres et s'engage dans le service action du BCRA.

Peu après la Libération, Jacques Nancy se souviendra de sa première rencontre avec Claude Bonnier : « C'est à l'automne 1943 que je fus présenté au colonel Bonnier à Londres. D'allure très jeune, les épaules carrées, les cheveux en brosse, les yeux très doux, brillants d'intelligence derrière ses lunettes, une figure calme et énergique d'où se dégage une impression extraordinaire à la fois de force et de douceur. Tout en lui respire le chef fort moralement et physiquement » (Archives du CNJM, Bordeaux).

Dans la nuit du 14 au 15 novembre 1943, dans une prairie qui borde la Charente, une équipe de réception attend l'arrivée de Claude Bonnier et de Jacques Nancy. L'organisation des opérations aériennes en région B est l'œuvre d'un brillant étudiant en médecine, Jean Lapeyre-Mensignac. Cet homme d'action s'est occupé, dès l'automne 1940, des passages clandestins de la ligne de démarcation. Engagé volontaire au BCRA en 1941, il est chargé de recruter les cadres responsables de ces opérations : René Chabasse, Pierre Barrère, Guy Margariti, Philippe Boireau et Charles Franc.

En janvier 1944, Claude Bonnier, Jacques Nancy et leur équipe ont déjà créé, armé et instruit 70 groupes de résistants dans le Sud-Ouest. Malheureusement, Bonnier ne parvient pas à s'entendre avec le nouveau chef de l'OCM en région B, le colonel Eugène Camplan, héroïque pilote de chasse de la Grande Guerre, plusieurs fois décoré. Ce dernier a sans aucun doute désapprouvé l'attitude de Grandclément, mais sans pour autant rompre avec lui. Dans le climat empoisonné de la Résistance bordelaise, tout le monde est soupçonné de travailler pour la Gestapo.

Le 18 janvier 1944, par le train de 17 heures, Camplan part pour Paris assister à une réunion de l'OCM qui doit définir sa position à l'égard de Bonnier et de Grandclément ; mais Camplan descend en gare d'Angoulême. Il n'arrivera jamais à Paris. Le 14 mars 1946, son corps sera retrouvé par hasard par des promeneurs non loin de Ruffec, en Charente. L'autopsie montrera qu'il a été tué par une balle de gros calibre. Camplan a-t-il été victime d'un ordre ferme et répressif de Bonnier ? On a longtemps cru à cette thèse. Or, Camplan a quitté la gare de Bordeaux en compagnie de deux résistants douteux, Butté et Augier. D'après une enquête de Jean Lapeyre-Mensignac, officier du BCRA, Butté et Augier auraient été des agents doubles travaillant pour la Gestapo. Selon une autre hypothèse, Camplan aurait été abattu sur ordre d'un des chefs de la Résistance nationale, Jean de Vogüe.

Comble de malheur, Claude Bonnier va lui aussi connaître une fin tragique : suite à la trahison des frères Lespine, anciens résistants de l'OCM, le policier SS Dohse apprend que Bonnier a des contacts directs avec Louis Durant, l'opérateur radio de Camplan. Le matin du 9 février 1944, Claude Bonnier se rend, sans protection, au domicile de Durant, 14, rue Galard à Bordeaux. La police allemande est là, en force. Bonnier est arrêté. Amené au siège de la Gestapo au Bouscat, il se donne la mort en croquant sa pilule de cyanure : pour être sûr de ne pas compromettre ses camarades, Bonnier a préféré la mort au déshonneur.

Claude Bonnier a malheureusement été arrêté une valise à la main. Dohse affirme qu'elle contenait des documents importants : « En dehors d'une somme de 4,5 millions de francs, nous avons découvert un rapport du colonel Passy à Londres : ces sept pages, tapées à la machine, étaient vraiment uniques en leur genre. Ce rapport représentait pour nous une belle aubaine puisqu'il comprenait tous les éléments que nous désirions connaître : la situation clairement établie de l'ancienne OCM dans le Sud-Ouest, les noms des chefs et les effectifs de l'organisation dans neuf départements, la qualité des armes parachutées disponibles… » (Archives du CNJM, Bordeaux).

Comme souvent, Dohse exagère : la Gestapo bordelaise était déjà bien renseignée sur l'OCM depuis le démantèlement de plusieurs réseaux du SOE lors de l'été 1943. Un rapport de Bonnier contient cependant des renseignements précis sur les activités d'Édouard Tarif (voir annexes B), résistant de la première heure, sous-chef de gare à Bordeaux depuis février 1941. Arrêté en mars 1944, Tarif est torturé puis déporté en Allemagne. Il décédera des suites de ses blessures en mars 1945.

Le plan audacieux de Dohse

À l'époque où Bonnier et Camplan se disputent le commandement de la Résistance en région B, le lieutenant Dohse met en place le plan le plus audacieux de toute sa carrière : il persuade Grandclément d'envoyer deux délégués auprès du général de Gaulle à Alger pour lui proposer ni plus ni moins un armistice entre l'occupant allemand et la Résistance non communiste dans le Sud-Ouest de la France. Le *Reichsführer* SS Heinrich Himmler donne son accord personnel et annonce qu'il en informera Hitler.

N'OUBLIEZ PAS

Dans un rapport de police judiciaire établi après la guerre, le 26 février 1946, on apprend que le pacte proposé par Dohse aurait contenu les clauses suivantes :

- 1° Constitution de dépôts d'armes communs.
- 2° Engagement pris par les membres de l'OCM en région B de ne pas tirer sur les Allemands si ceux-ci étaient obligés de quitter la France.

- 3° Engagement pris par les Allemands de ne pas arrêter les membres de l'OCM en région B, dont la liste serait fournie, tant que dureraient les négociations.
- 4° Engagement de ne pas commettre des actes de sabotage pendant le séjour de l'armée occupante en France.
- 5° Engagement des membres de l'OCM en région B d'aider les Allemands dans leur lutte contre les communistes.

« À cette époque, raconte Dohse, je me suis rendu compte que Grandclément, essentiellement par l'intermédiaire de Malleyrand et de Boyau à Paris, gardait, malgré son isolement à Bordeaux et dans les Landes, des contacts importants dans la Résistance. D'autre part, devant l'action croissante de ces mouvements d'une manière générale, je sentais qu'il était nécessaire de prendre personnellement une nouvelle initiative. Il me fallait entrer en relation avec une haute personnalité de la région pour, d'abord au plan régional et ensuite même au niveau national, régulariser la lutte entre l'occupant et la Résistance. Je m'en suis ouvert à Grandclément et lui ai proposé de me mettre en relation avec le professeur Joubert que je connaissais déjà de nom et de personnalité et dont je n'ignorais pas le rôle important dans l'OCM.

» J'entrevis une espèce de trêve possible entre nous autres Allemands et l'OCM et un moyen de contrecarrer les efforts de l'opposition pour renforcer la position de Grandclément. C'est ainsi que je conçus le plan d'entrer en relation avec le professeur Joubert, soit pour le gagner à la cause de Grandclément ou à une autre encore meilleure, soit le cas échéant, pour le compromettre, lui et l'opposition de façon que tous deux perdent leur crédit auprès des leurs. Cette action pouvait ou réussir ou obligatoirement freiner sérieusement la réorganisation de l'OCM sous la conduite du colonel Camplan, et, par là, renforcer la position de Grandclément. Le risque était donc pour nous relativement minime » (Archives du CNJM, Bordeaux).

Joubert tombe dans le piège

LE SAVIEZ-VOUS ?

Une rencontre entre Dohse et Joubert a lieu le 22 novembre 1943, au siège de la Gestapo au Bouscat. « Lors de notre entretien, raconte Dohse, j'étudiai avec le professeur Joubert un projet de trêve, et, finalement avec la participation de mes chefs, je proposai que les résistants arrêtés soient traités comme des prisonniers de guerre. Ces conditions par les deux parties formaient une base pour des négociations dans le sens du projet connu : maquis anticommunistes, etc. » (Archives du CNJM, Bordeaux).

Joubert déclare que la Résistance n'a qu'un chef, le général de Gaulle, et que c'est à lui qu'il faut s'adresser. Dohse, qui n'espérait pas d'autre réponse, demande à Joubert de faire connaître ses propositions aux chefs de l'OCM.

Le lendemain même, Joubert, accompagné du colonel Thinières, se rend à Paris afin de recevoir l'approbation du colonel Touny, chef national de l'OCM. Celui-ci pense que les propositions de Dohse ne sont pas sérieuses et ne mènent à rien. Mais, estimant que l'hiver sera dur, il convient qu'il faut gagner du temps. Aussi ordonne-t-il de poursuivre les conversations avec Dohse, à condition que les arrestations et les exécutions d'otages et de résistants cessent.

De retour à Bordeaux, Joubert communique les conditions à Dohse, qui les accepte aussitôt. Quelques résistants sont libérés, dont l'épouse du colonel Thinières. Une véritable détente s'établit dans la région.

Le général de Gaulle tranche

Cependant, les tractations ne rencontrent pas l'approbation du commandant Paillère et du colonel de Marguerittes. Ils le font savoir au colonel Touny, qui déclare finalement que seul le général de Gaulle a la compétence pour trancher une telle affaire. Dohse demande donc à Joubert et à Thinières de se rendre à Alger, où se trouve le chef de la France libre.

Dohse nous raconte la suite : « J'ai vu Joubert à Paris. Il m'a tenu au courant des pourparlers. Il s'est décidé à partir pour l'Afrique du Nord. Je lui ai proposé de lui faciliter le passage en Espagne ; il a accepté ! Je lui précisai que ni [mes collaborateurs] à Paris ni mes chefs à Bordeaux n'étaient au courant que le colonel Thinières accompagnerait le professeur Joubert. Inutile d'ajouter que je m'étais engagé volontairement sur mon honneur de garantir la liberté au colonel Thinières. Ma parole transmise, il accepta ma proposition. Nous avions fixé rendez-vous à la gare d'Hendaye, où j'eus l'occasion de m'entretenir longtemps avec le colonel Thinières. Puis je cachai le colonel et le professeur Joubert dans le coffre de ma voiture et franchis la frontière. Vers 1 heure de l'après-midi (le 20 décembre 1943), je passais le pont international d'Irun et quittais mes deux émissaires près du consulat d'Angleterre de San Sebastian. Nous étions convenus d'un message à lancer dès leur arrivée à Alger : "Louis et Charles sont bien arrivés." Nos services d'écoute ont capté ce message, si mes souvenirs sont bons, dans la nuit du nouvel an 1944. Dans le courant du mois de février, j'ai appris que le général de Gaulle s'était refusé à donner suite à mes propositions. Je l'ai su par deux canaux différents : l'un par la Résistance, Grandclément et Malleyrand – dont la source était Alain Boyau, officier du CNL à Paris – et l'autre par nos services de contre-espionnage, émanant d'un réseau à Alger » (Archives du CNJM, Bordeaux).

Le professeur Joubert, cherchant à se justifier après la guerre, déclarera avoir été présenté, en compagnie de Thinières, au général de Gaulle par André Philip, le 8 janvier 1944. Le général aurait alors donné l'ordre de rompre les entretiens avec les Allemands. Mais, d'après le colonel Rollot, qui se trouvait à Alger à la même époque, Joubert et Thinières n'ont pas été reçus par le général de Gaulle. Le 12 janvier, celui-ci les a fait envoyer à Laghouat, en résidence surveillée.

Thinières sera libéré en juin 1944 et nommé après la guerre « commissaire du gouvernement auprès du tribunal militaire de cassation des troupes d'occupation en Allemagne et en Autriche ». Cet homme, couvert par la gauche du fait de son appartenance au Parti socialiste et à la franc-maçonnerie, se permettra de juger les Alsaciens-Lorrains engagés dans l'armée allemande, alors que lui-même avait traversé la frontière espagnole en compagnie de l'officier SS Dohse !

Le professeur Joubert ne sera libéré qu'en juillet 1945, après qu'une longue enquête l'aura lavé de tout soupçon. Berlin ne fut pas plus séduit par les tractations : informé par Himmler, Hitler ordonna la rupture des négociations. La mission Thinières-Joubert, malgré la fin de non-recevoir opposée par le général de Gaulle, aura parfaitement servi les intérêts de la Gestapo : elle n'aura fait qu'accentuer davantage les dissensions au sein de la Résistance. Après la mort de Bonnier et de Camplan, la « mascarade d'Alger » et les coups portés par la Gestapo, la situation de la Résistance dans le Sud-Ouest paraissait désespérée au début de l'année 1944. Dans un rapport du 4 mars 1944, le résistant Alain Boyau présentait l'état de l'OCM en région B :

- « 1° Grandclément semble posséder 3 000 hommes dans la région du Sud-Ouest qui ont une entière confiance en lui et à qui il reste 25 tonnes de matériel environ. L'attitude de Grandclément reste à expliquer, et que doit-on faire de ses protestations de foi ?

- » 2° Ce qui reste de l'organisation de Paillère après son départ en Espagne : environ 1 500 hommes pour toute la région, presque tous dans la région bordelaise, mais avec des ramifications possibles dans toute la région du Sud-Ouest. Ils ont été mis en sommeil depuis quelque temps, mais il est possible de s'en servir car ils possèdent un bon commandement, un bon moral, des terrains et des équipes de parachutage, mais à l'heure actuelle, ils ne doivent pas posséder plus de 10 mitraillettes.

- » 3° Quelques groupes épars assez peu armés, tenant plus ou moins le maquis, en particulier dans la Charente et dans les Landes, comprenant environ 530 hommes et qui sont en liaison avec les maquis de Corrèze.

- » 4° On me signale d'autre part que dans la partie sud des Landes et des Basses-Pyrénées, on peut compter sur les restes de l'OCM, environ 700 hommes qui semblent en bonnes conditions et un peu armés.

- » 5° Il existe d'autre part, surtout dans le nord de la région, des organisations dépendantes de Libération, mais qui semblent disposer de beaucoup plus de comités de libération locaux, que d'hommes et de matériel » (Archives du CNJM, Bordeaux).

Cette présentation des forces de l'OCM en mars 1944 ne doit pas faire oublier que d'autres organisations résistantes n'ont pas cessé de se renforcer. L'immense travail accompli par Claude Bonnier, Lucien Nouaux (voir le chapitre 29), André Jolit, André Bouillar, André Pommiès, Léonce Dussarat, Jacques Nancy, Roger Landes et bien d'autres n'a pas été vain : la Résistance du Sud-Ouest va être en mesure de porter des coups sévères à l'occupant durant l'été 1944.

Le comportement de Grandclément trouble et divise

Le comportement de Grandclément trouble et divise la Résistance au point que le soupçon de trahison empoisonne l'atmosphère et déclenche une guerre des chefs qui cause la mort de nombreux hommes. Dohse est ainsi parvenu à diviser la Résistance pour mieux la neutraliser.

Après la guerre, André Grandclément devient, pour l'historiographie officielle, l'unique responsable des vagues d'arrestations qui ont décimé l'OCM et le SOE en région B. Pourtant, dès 1948, l'excellent rapport de l'inspecteur Borderie du SRPJ de Bordeaux sur les actes de trahison reprochés à Grandclément est formel : « Aucune des dénonciations dont Grandclément fut accusé n'a laissé de trace » (Archives du CNJM, Bordeaux). Mais son « double jeu » à l'ombre de la Gestapo a certainement affaibli la Résistance.

Les historiens René Terrisse et Guy Penaud ont démontré que l'on a imputé à tort à Grandclément de nombreuses affaires. Il ne serait que le bouc émissaire d'une situation plus compliquée. D'autres résistants partagent le point de vue de Roger Landes, dont les officiers du BCRA Jean Lapeyre-Mensignac et Pierre Barrère. Pour eux, même si Grandclément n'a fait arrêter personne, son comportement a divisé la Résistance au plus grand bénéfice de la Gestapo.

Grandclément donne lui-même une autre version : « L'histoire de notre lutte ne compte pas, puisque l'incompréhension et la légèreté de ceux qui devaient être nos amis nous ont fait perdre la seconde manche » (Archives du CNJM, Bordeaux). Cette phrase étrange de Grandclément, entendue par l'un de ses proches, révèle une terrible désillusion. Les « amis » en question, ce sont les Anglais. Lui qui s'est dépensé sans compter pour que la Résistance du Sud-Ouest soit prête à soutenir un débarquement allié en France à l'automne 1943 est tombé de haut : l'invasion a eu lieu, mais… en Italie ! Et dans les griffes de la Gestapo, Grandclément s'est rendu compte de la surprenante connaissance qu'avaient les Allemands de son organisation.

L'opération Starkey

D'après le correspondant de guerre britannique Charles Wighton, les services secrets anglais, avec l'accord de Churchill, auraient utilisé en 1943 l'organisation de Grandclément pour intoxiquer les Allemands et leur faire croire à l'imminence d'un débarquement sur la côte aquitaine, de façon à fixer plusieurs divisions de la Wehrmacht loin de la péninsule italienne. Cette délicate mystification est aujourd'hui un fait établi… et possède même un nom : *Starkey*. Au cours de cette opération, on n'hésitera pas à sacrifier une partie de la Résistance française pour tromper Hitler.

Pendant toute la guerre, les dirigeants britanniques ne ménageront guère les résistants français. Ils hésiteront rarement à les sacrifier à des buts jugés par eux « supérieurs ». Et tel sera également le sort des groupes et réseaux de résistance immolés aux idéaux obscurs et irresponsables de la stratégie. La destruction d'une partie de l'OCM et du SOE, en 1943, en fournit une illustration. Les agents français, comme Grandclément, seront intentionnellement trompés sur la véritable nature de l'opération. Croyant à l'imminence d'un débarquement réel, les résistants se lancent à fond dans l'action qu'on leur prescrit, assumant des risques qu'ils n'auraient jamais pris s'ils avaient su qu'il s'agissait d'une ruse. La police allemande, qui dispose de renseignements précis grâce à des imprudences et à l'infiltration des groupes et des réseaux, riposte par un vaste coup de filet. En quelques jours, la plupart des réseaux du SOE, étroitement liés à l'OCM, sont détruits. Au sein du réseau Prosper (major Francis Suttill), mis en place pour contrôler et ravitailler en armes une soixantaine de groupes dans la région parisienne, plus de 1 500 personnes sont arrêtées. Il en va de même pour le réseau Savant (Claude de Baissac), qui s'étend sur tout le Sud-Ouest. Plus de 300 résistants sont capturés.

Le démantèlement d'une importante partie de la Résistance sera le résultat de cette simulation visant à tromper les Allemands. Or, le maréchal von Rundstedt, commandant en chef à l'Ouest, ne se laisse pas berner par un tel piège. Hitler est à ce point convaincu qu'il s'agit d'une feinte qu'il retire au même moment les deux tiers des armées de l'Ouest pour renforcer le front de l'Est, l'Italie et les Balkans.

L'existence au sein du SOE d'un agent qui transmettait depuis plusieurs mois les courriers de l'organisation anglaise en France aux Allemands accrédite davantage cette thèse. Grandclément a-t-il été manipulé par les Britanniques pour tromper les Allemands ? Tout semble le confirmer.

Le plaidoyer de Grandclément

Le long plaidoyer que Grandclément a rédigé peu de temps avant sa fin tragique se trouve dans les archives du SOE. Que contient-il ? Certains documents ont mystérieusement disparu, mais d'après deux agents français des services spéciaux de la France libre, qui ont tenu à garder l'anonymat, on pourrait lire les faits suivants : Grandclément n'aurait collaboré qu'apparemment avec Dohse. Il n'aurait livré qu'une partie des armes et non la totalité, afin d'obtenir la libération de certains de ses hommes « trahis » par les Anglais. On aurait mis sur son compte des actions qui étaient en réalité le fait de personnalités importantes du SOE. Le même SOE aurait de lourdes responsabilités dans l'arrestation de Grandclément à Paris, ainsi que dans le démantèlement de l'OCM en Gironde. La constitution de maquis « anticommunistes » et la mission Thinières-Joubert ne seraient que des mesures provisoires, afin de suspendre les arrestations massives de résistants de l'OCM.

Un fait est certain : les accusations portées contre Grandclément sont fondées principalement sur les témoignages de Roger Landes, de certains résistants et de Dohse. Le fait que le principal intéressé ne soit plus là pour se défendre jette bien entendu l'ombre d'un doute sur les versions données par ses adversaires les plus acharnés. Il n'en demeure pas moins vrai que l'OCM, comme la Résistance en général, était un mouvement créé dans le but de combattre l'occupant. Celui qui pactise avec l'ennemi se rend théoriquement coupable de trahison tant moralement que juridiquement. La complexité du cas de Grandclément dépasse évidemment cette équation qui arrange bien les interprètes manichéens de l'histoire. Il est prouvé que l'« accord » Dohse-Grandclément a été un marché de dupes, où les deux protagonistes ont cherché à se tromper l'un l'autre.

L'énigme Grandclément

Le 10 juillet 1944, André Grandclément, l'homme que toute la Résistance recherche, se trouve avec son épouse au Pyla-sur-Mer. Condamné par les messages de mise à mort de la BBC envoyés depuis Bordeaux par l'agent du SOE Roger Landes (de retour en France depuis mars 1944), Grandclément rédige un long plaidoyer dans lequel il tente d'expliquer son comportement. Après avoir déjoué la vigilance de la Gestapo le 20 juillet, il essaie d'obtenir un avion Lysander pour rejoindre Londres, afin de pouvoir se justifier devant le général de Gaulle.

Lors de son errance à travers la lande girondine, le couple Grandclément est rejoint par un authentique résistant de Biganos, Marc Duluguet. Très enthousiaste à l'idée de rallier Londres, Duluguet accepte de devenir le garde du corps de Grandclément. Finalement, après maintes péripéties, Grandclément, son épouse, Lucette, et Duluguet tombent dans un piège tendu par Roger Landes et son équipe. Interrogés par Roger Landes dans la propriété de Franck Cazenave, près de Belin, les trois prisonniers auraient été emmenés sur le territoire de la commune de Muret et abattus sur place le 27 juillet 1944. André Bouillar se serait chargé de Grandclément, Roger Landes de l'épouse, Christian Campet du jeune Duluguet, totalement innocent dans l'affaire. Duluguet, membre du réseau Jade-Amicol, avait participé à plusieurs opérations de sabotage dans le département. Roger Landes s'empare ensuite de la serviette contenant les documents de Grandclément.

Selon certains témoins, l'idée initiale de Roger Landes consistait à mener Grandclément à Londres par avion. Il se ravisa lorsqu'il constata que Grandclément connaissait la cause du démantèlement de l'OCM et du SOE dans le Sud-Ouest en 1943, à savoir l'opération *Starkey*, visant à sacrifier une partie de la Résistance française pour faire croire à Hitler à l'imminence d'un débarquement en France, de façon à fixer plusieurs divisions allemandes loin de la péninsule italienne. Roger Landes, amoureux de la fille de Charles Corbin (son adjoint), a voulu couvrir celui-ci au sujet de sa collusion avec la Gestapo. Il est clairement prouvé que Corbin a rencontré Dohse, en compagnie de Grandclément. L'a-t-il fait pour renseigner Roger Landes sur les intentions de la Gestapo ? En abattant Grandclément et son épouse, Roger Landes se serait prémuni contre toute révélation compromettante.

Nullement rassuré, Alban Bordes, résistant actif de la région, qui a participé à la capture de Grandclément, prend la précaution d'exiger du délégué militaire du SOE Roger Landes un ordre d'exécution écrit. Les proches de Grandclément, témoins gênants, sont abattus les uns après les autres par les hommes de Roger Landes. Il en sera ainsi pour André Noël, dont le cadavre sera retrouvé à Parempuyre le 13 août 1944. Les documents de la famille de Duluguet, prouvant l'innocence de ce dernier, vont être subtilisés par Roger Landes, sous la menace, après la guerre.

Dohse agent double ?

Dohse a-t-il été un agent double travaillant aussi bien pour la Gestapo que pour les services spéciaux britanniques ? Rien ne permet de l'affirmer avec exactitude.

Il est cependant troublant de constater que cet officier SS, arrêté par les Britanniques au Danemark en mai 1945, sera renvoyé en France pour y être jugé, ce qui lui sauvera la vie. Réclamé en effet par la Pologne, Dohse cherchera un moyen d'éviter l'extradition – les tribunaux militaires polonais ont, à cette époque, une très mauvaise réputation parmi les officiers SS. Il écrit une longue lettre au tribunal militaire de Bordeaux pour être jugé par lui. Les autorités françaises obtiendront très facilement, auprès des Britanniques, son extradition.

Lors de son procès, de nombreux faits seront curieusement occultés, comme sa responsabilité évidente dans la dernière fusillade d'otages à Souges, en août 1944. Le tribunal condamnera Dohse à une peine de sept ans d'emprisonnement seulement. Mais, tenant compte de sa captivité de guerre, de l'internement et de la détention préventive à partir du 8 mai 1945, il sera laissé libre le jour du jugement, en avril 1953.

Quant à Roger Landes, même s'il était en France pour servir les intérêts britanniques, les multiples parachutages dont il est à l'origine ont permis d'armer de très nombreux maquis. Sans cet homme de grande valeur, la Résistance girondine et landaise aurait manqué d'armes pour lutter efficacement contre l'occupant.

Grandclément est-il bien mort en juillet 1944 ?

Une question demeure cependant : Grandclément est-il bien mort en juillet 1944 ? D'après certains témoins, son exécution n'aurait été qu'un simulacre. Roger Landes lui aurait laissé une chance de s'échapper lorsque Grandclément lui révéla qu'il détenait des documents compromettants à son sujet, cachés en plusieurs endroits différents.

Le 27 décembre 1944, l'inspecteur de police Louis Durand se rend à Saugnacq-et-Muret afin d'identifier les corps du couple Grandclément et de Duluguet. Le policier français est accompagné de Mme Hermann, capitaine de la DGSS (Direction générale des services spéciaux), de l'inspecteur-chauffeur Guiberteau et de l'inspecteur photographe Vielcazal. Le petit groupe marche dans les fougères, s'arrête à 4 ou 5 km de la route, près d'une ancienne bergerie. Malgré le travail de deux bûcherons, également présents, il n'est pas possible de dégager le corps de Grandclément, l'eau remplissant le trou creusé au fur et à mesure. Seule la tête peut être extraite ; elle est photographiée. Un peu plus loin, la seconde tombe, celle de Lucette Grandclément, est découverte, mais là encore l'eau inonde le trou creusé. Il en va de même de la tombe de Duluguet. Les photos prises par l'inspecteur Vielcazal ne permettent aucunement d'identifier les corps vu l'état de décomposition très avancé dans lequel ils se trouvent. Très curieusement, Mme Hermann les identifie formellement, même si le corps de Marc Duluguet apparaît vêtu d'un vêtement… de femme !

Le 5 septembre 1946, l'inspecteur photographe Jean Belloc, chef du service régional de l'Identité judiciaire, se rend à Saugnacq-et-Muret afin d'identifier les corps avant de les faire enterrer plus dignement. Le maire du village lui montre le chemin. Belloc identifie le corps de Grandclément en se fiant au très mauvais cliché pris par Vielcazal près de deux ans auparavant… Les trois cadavres sont retirés de la forêt et enterrés dans le cimetière de

Saugnacq-et-Muret, dans la plus grande discrétion. En 1947, les corps du couple Grandclément vont être finalement placés en terre à Pompignac, au nord de Bordeaux, dans le caveau de la famille Chastel, la famille de la mère de Lucette Grandclément. Les cercueils ne sont pas ouverts et disparaissent dans le caveau massif, sur le sommet duquel est apposée une plaque « Aux martyrs de la Résistance. Lucette et André Grandclément, lâchement assassinés le 27 juillet 1944 ». Ainsi, aucune authentification sérieuse des corps n'a été faite par la police.

Une très étrange lettre du meilleur ami d'André Grandclément, Armand Cartron (exécuteur testamentaire), datée du 17 février 1945 et adressée à un proche de la famille, révèle les faits suivants : « J'ai pu, hier, avoir des premières nouvelles du père (André Grandclément). Elles sont infiniment meilleures qu'on ne pouvait les espérer. Peut-être sa santé se rétablira-t-elle tout à fait, de même que celle de sa femme qui suit le même traitement que lui. Les voiles sombres paraîtraient se déchirer. Je ne puis vous dire à quel point j'en suis heureux. Je vous communique cela confidentiellement [...].

» Il faut pour qu'ils guérissent, conserver à leur égard la discrétion la plus absolue et s'abstenir de quoi que ce soit qui les touche. On risquerait fort de ne pas échapper à la contagion. D'où ma prudence qui a pu vous surprendre.

» Je ne connais, ou ne crois connaître, du reste, leur clinique que depuis hier » (Archives du CNJM, Bordeaux).

Si la possible survie d'André Grandclément est difficile à admettre, cette lettre troublante et d'autres faits viennent pourtant étayer cette incroyable hypothèse. Armand Cartron, exécuteur testamentaire d'André Grandclément, refuse dans les années 1965-1970 de rencontrer l'une des filles de Grandclément, Francine, dont il est pourtant le parrain. Cette attitude semble confirmer que l'homme a un secret à garder, mais lequel ? Il n'y a cependant entre le parrain et sa filleule ni brouille ni mésentente d'aucune sorte. Francine repart, dépitée et surprise, sans pouvoir obtenir la moindre explication. Autre fait troublant : lors des funérailles de Philippe Grandclément, en 1970, à Saint-Laurent-de-la-Prée, le cortège funèbre jure avoir vu se recueillir André Grandclément sur la tombe de son frère…

Plus étrange encore : André Delage, président et fondateur du Centre national et de l'Institut Jean-Moulin à Bordeaux, ancien résistant à la Section spéciale de sabotage de Jacques Nancy, déclara avoir reçu la visite, dans les années 1980, d'un homme âgé et distingué, ressemblant fortement à André Grandclément, qui lui demanda diverses informations confidentielles sur la Résistance en Aquitaine, dont l'OCM… Une partie du mystère de cette incroyable affaire demeure. Seule une expertise ADN permettrait de savoir qui se trouve dans le cercueil d'André Grandclément à Pompignac.

Chapitre 10

L'affaire Jean Moulin

Dans ce chapitre :

- L'arrestation de Jean Moulin
- Klaus Barbie le tortionnaire
- La mort d'un héros

On croit tout connaître de l'action de la Résistance, et on se persuade que, les années passant, l'histoire s'est décantée de sa part d'ombres et de malentendus. Pourtant, chaque fois que l'on dépoussière un dossier, que l'on tente de comprendre ce que sont les années noires de l'Occupation, on se trouve confronté à un certain nombre d'interrogations qu'aucune réponse hâtive ne parvient à satisfaire. Car la Résistance, aussi noble fût-elle dans son élan patriotique pour la liberté, a aussi ce qu'il convient bien d'appeler ses « affaires ». Celle de Jean Moulin divise encore de nos jours.

Klaus Barbie, le boucher de Lyon

La ville de Lyon, dans le département du Rhône, se trouve étroitement liée durant l'Occupation à la personne de Klaus Barbie, chef de la Gestapo dans les services de la police de sûreté allemande de cette cité martyre de la Résistance. Le KDS (antenne Sipo-SD) est installé le 11 novembre 1942 à l'Hôtel Terminus, se déplace au printemps 1943 à l'École de santé militaire puis déménage à nouveau, pour le 23, place Bellecour. La prison Montluc enferme de nombreux Juifs et résistants jusqu'au 24 août 1944. Le KDS est d'abord dirigé par le commandant Rolf Mühler, tandis que, depuis juillet 1942, Barbie se trouve au casino de Charbonnières-les-Bains, faubourg de Lyon, avec une partie du commando Donar, chargé de détecter les radios clandestines. Mühler est remplacé en 1943 par Fritz Hollert, puis en mai 1944 Werner Knab prend la direction du KDS lyonnais. Le lieutenant SS Herbert Werner arrive avec un commando pour épauler ses collègues déjà présents.

La haine de la France

Klaus Barbie est né le 25 octobre 1913 à Bad Godesberg, une plaisante station thermale de la banlieue sud de Bonn, sur la rive gauche du Rhin. Son père, d'abord employé de bureau, devient ensuite instituteur et meurt à 45 ans des suites d'une blessure reçue durant la Première Guerre mondiale contre l'armée française, d'où en partie la haine de son fils pour la France, pays où son père a été blessé. Klaus Barbie fait ses études secondaires au Gymnasium Friedrich Wilhelm de Trèves puis obtient son *Abitur* (baccalauréat) en 1934.

Trois mois à peine après la prise du pouvoir par Hitler, en 1933, il rejoint les Jeunesses hitlériennes. Il accomplit durant six mois le Service du travail obligatoire. Début 1935, il rencontre Heinrich Himmler et, le 25 décembre, devient membre du SD (service de renseignements de la SS). Il se trouve affecté à la section IV (les services secrets) à Berlin. En 1937, il est nommé à Düsseldorf, où les registres prouvent qu'il adhère en mai au parti nazi, sa carte de membre portant le n° 4584085. Il reçoit ensuite une formation d'enquêteur au quartier général de la police de l'Alexanderplatz, à Berlin. Après quelques semaines à la Brigade criminelle, il est affecté à la Brigade des mœurs. En 1936, il est muté à Düsseldorf. C'est là qu'il rencontre Regine Margareta Willms, une activiste du mouvement féminin nazi. Ils se fiancent en 1939 et se marient à Berlin le 25 avril 1940. En 1937, il est passé par l'école du SD à Bernau. Fin 1938, il accomplit son service militaire au 39e régiment d'infanterie puis suit une formation d'officier. Cinq mois avant son mariage, il est nommé sous-lieutenant SS.

Lieutenant en Hollande

En mai 1940, Barbie est envoyé en Hollande, pays qui vient d'être envahi, afin de s'occuper des « problèmes juifs », d'abord à La Haye, puis à Amsterdam. C'est en Hollande qu'on le nomme lieutenant. Le 20 avril 1941, il reçoit la croix de fer de seconde classe pour avoir « nettoyé » un ghetto de 300 Juifs. De janvier 1941 à mars 1942, il montre un zèle très actif à Amsterdam dans la poursuite des Juifs. On le détache ensuite pour un court laps de temps à Bruxelles. Le 4 juillet, sa femme donne naissance à une fille, Ute Regina, dans leur maison de Trèves.

Klaus Barbie aurait été envoyé en Russie de l'été 1941 au printemps 1942 dans un commando spécial de la Sipo-SD chargé de la lutte contre les partisans sur les arrières de l'armée allemande et aurait commis de nombreux massacres. En mai 1942, comme il est bien noté et qu'il parle français, Klaus Barbie est nommé chef de la sécurité à Gex, dans l'Ain, près de la frontière suisse. Il tente vainement de s'emparer de l'agent secret allié Alexander Foote. En juin 1942, il est affecté au KDS de Dijon puis après l'invasion de la zone libre au KDS de Lyon, où il dirige la section IV, chargée de la lutte contre les résistants, les communistes et les Juifs.

Chef de la Gestapo de la région lyonnaise

N'OUBLIEZ PAS

En février 1943, Klaus Barbie est promu chef de la Gestapo de toute la région lyonnaise, devenant ainsi le troisième officier, par ordre d'importance, au sein du KDS de Lyon. Surnommé « le boucher de Lyon », il donne l'ordre d'exécuter de nombreux otages et de déporter des milliers de Juifs à Drancy, étape intermédiaire avant Auschwitz. Parmi ses victimes se trouvent les 86 personnes arrêtées le 9 février 1943 au siège d'une association juive française situé au 12, rue Sainte-Catherine à Lyon, mais aussi les 44 enfants d'Izieu, raflés le 6 avril 1944. Il a également été prouvé qu'au printemps 1943, ayant capturé un résistant nommé Kemmler, il le frappe pendant quatre heures d'affilée à coups de gourdin, l'abandonnant ensuite à ses hommes, qui continuent avec des chaînes. Kemmler meurt peu après. Les tribunaux militaires français l'ont jugé pour la déportation de 7 400 personnes et sa participation active aux tortures infligées à 14 311 combattants de la Résistance.

Durant le premier semestre de l'année 1944, Barbie dirige le commando de la Sipo-SD qui accompagne les troupes luttant contre les maquis dans l'Ain et le Jura, où de nombreux civils sont massacrés par les nazis. Il est également très actif en Savoie, à la frontière franco-suisse, contre les filières de passage de clandestins. Il conduit des interrogatoires suivis d'actes de torture à l'Hôtel Pax d'Annemasse, en Haute-Savoie. Le 11 août 1944, Barbie fait partir directement de Lyon pour Auschwitz le dernier convoi de 650 déportés. Il est accusé d'avoir fait fusiller 22 otages, dont des femmes et des enfants, ainsi que 70 Juifs à Bron et beaucoup d'autres parmi les 120 prisonniers de la prison Montluc, exécutés à Saint-Genis-Laval durant l'été 1944 – en présence également du second officier du KDS de Lyon, Fritz Hollert.

En septembre 1944, Klaus Barbie se trouve dans les Vosges, où il participe à la lutte contre les maquis locaux. Le 14, il est recommandé pour être nommé au grade de capitaine SS. Après la libération de la France, Barbie, blessé, parvient à gagner la ville de Baden-Baden, en Allemagne. Le 9 novembre 1944, il est officiellement promu au grade de capitaine SS. En poste à Halle, puis à Düsseldorf et à Essen, il termine la guerre à Wuppertal.

La protection américaine et l'arrestation

LE SAVIEZ-VOUS ?

En mars 1946, les services secrets américains, décrétant que l'ennemi principal est désormais la Russie de Staline, embauchent massivement des ex-agents nazis, comme Klaus Barbie, qui devient un agent des services américains de contre-espionnage de 1947 à 1951. Bien que recherché par les

Alliés comme criminel de guerre, il est officiellement employé par les Américains, qui l'utilisent dans la lutte anticommuniste. En 1948, la France réclame cependant son extradition d'Allemagne, qui est refusée par les Américains pour trois raisons : « Son aide est vraiment précieuse dans le cadre de la guerre froide, ensuite ses prétendus crimes contre la Résistance sont des actes de guerre, enfin les Français recherchent davantage la vengeance que la justice, dans une France submergée par les communistes » (Archives du Centre national Jean-Moulin, Bordeaux).

Figure 10-1 : Le résistant Jean Moulin, unificateur de la Résistance.

En 1951, Barbie, accusé de vol par la police allemande, est exfiltré vers l'Argentine par les services secrets américains. Sous l'identité de « Klaus Altmann », il s'installe en Bolivie, obtient la nationalité de ce pays et dirige une entreprise d'exploitation de bois, puis, de 1966 à 1971, une compagnie maritime qui s'adonne au trafic d'armes et de drogue au profit des dictatures militaires d'Amérique latine. À partir de 1964, il collabore même étroitement avec l'armée bolivienne, notamment dans la lutte contre les opposants, en faisant usage de la torture. De 1965 à 1967, il est de nouveau au service des États-Unis, au sein de la CIA. En 1971, il soutient le coup d'État du colonel Hugo Banzer Suarez en Bolivie. Il fonde même une organisation paramilitaire d'extrême-droite, les Fiancés de la mort, qui se livre à de nombreuses agressions contre ses adversaires politiques.

Sa compagnie maritime ayant fait faillite, il s'installe au Pérou. Cependant, l'arrivée dans le pays de Beate Klarsfeld, spécialisée avec son mari Serge dans la chasse aux criminels nazis, l'oblige à regagner la Bolivie, où il bénéficie de la protection du régime fasciste en place, dans lequel il est même nommé colonel honoraire des services de renseignements. Cependant, après que le gouvernement français de François Mitterrand eut accordé une importante aide au nouveau gouvernement bolivien, plus démocratique depuis 1981, Klaus Barbie est finalement expulsé vers la France en février 1983. Son procès débute en 1987. Il est condamné à la prison à perpétuité pour crimes contre l'humanité. Le 25 septembre 1991, Barbie meurt en prison à Lyon, à près de 78 ans, des suites d'un cancer du sang et de la prostate.

L'arrestation de Jean Moulin

Le manque de cloisonnement entre les mouvements de la Résistance, malgré les recommandations de Moulin, va être à l'origine de bien des drames. Début 1943, la Gestapo est parvenue à infiltrer divers réseaux du mouvement Combat de Frenay, ainsi que d'autres mouvements rattachés à l'Armée secrète (AS). Le général Delestraint est arrêté le 9 juin 1943 au métro La Muette à Paris (voir le chapitre 6) ; il sera fusillé en 1945 à Dachau. Klaus Barbie, un des chefs de la Gestapo de Lyon, a déjà procédé à l'interrogatoire de René Hardy (résistant du mouvement Combat) et l'a relâché le 10 juin. Le 21 juin 1943, Jean Moulin réunit à Caluire, près de Lyon, les principaux responsables militaires de la Résistance, afin de pourvoir au remplacement provisoire du général Delestraint, chef de l'AS, qui vient d'être arrêté à Paris.

Le drame de Caluire

DATE CLÉ

Les chefs de la Résistance qui doivent se rencontrer le 21 juin 1943, en présence de Jean Moulin, chez le Dr Frédéric Dugoujon, place Castellane (aujourd'hui place Gouailhardou) à Caluire, sont les suivants :

- **Raymond Aubrac**, membre de Libération, apparaît comme un possible délégué général de l'AS en zone nord.
- **Henri Aubry**, membre de Combat, est le chef d'état-major de l'AS. Sur les conseils de Pierre de Bénouville (Combat), il fait venir René Hardy à la réunion de Caluire, alors que ce dernier vient d'être arrêté puis libéré par la Gestapo…
- **Le Dr Frédéric Dugoujon**, ancien camarade de lycée du résistant André Lassagne, a donné son accord pour que sa maison de Caluire, qui abrite son cabinet médical, serve à des réunions clandestines. Elle ne fut, en fait, utilisée qu'une seule fois, le 21 juin 1943.
- **René Hardy**, membre de Combat, est le chef de NAP-Fer, l'organisation de sabotage du rail. Bien que non convié par Jean Moulin, il s'invite à la réunion, sur les conseils imprudents d'Aubry et de Bénouville…

- **Le colonel Albert Lacaze**, membre du mouvement France d'Abord, n'occupe encore aucune place dans l'organigramme « officiel » de l'AS. Il a été invité à Caluire par Bruno Larat.
- **Bruno Larat**, parachuté par les services secrets de la France libre en mars 1943, est responsable du Centre d'opérations de parachutage et d'atterrissage, fondé dès avril à la place du Service des opérations aériennes et maritimes, « grillé ».
- **André Lassagne**, membre de Libération, est l'adjoint de Joseph Gastaldo (le chef du 2e bureau de l'AS, arrêté à Paris). Moulin l'a chargé de mettre sur pied la réunion de Caluire.
- **Émile Schwarzfeld**, colonel de réserve, chef de France d'Abord, a été pressenti par Moulin pour diriger, par intérim, l'AS de zone sud en attendant la nomination du remplaçant de Delestraint. Il n'a pas eu le temps de prendre ses fonctions.

Le 21 juin 1943, vers 14h15, le colonel Lacaze, qui connaît l'adresse de la réunion par Bruno Larat, arrive le premier à la maison du Dr Dugoujon. La réunion est prévue pour 14h30. Il est conduit au premier étage. À 14h25, André Lassagne conduit Henri Aubry et René Hardy à la maison de Caluire. Ils se sont retrouvés à 13h40 au funiculaire de la Croix-Paquet, à Lyon, puis ont pris le tram n° 33. Ils sont descendus à l'arrêt des Frères puis ont marché jusqu'à la maison. La bonne du Dr Dugoujon les fait également monter au premier étage.

LE SAVIEZ-VOUS ?

Hardy est filé par Edmée Delétraz (espionne à la solde de la Gestapo) depuis Lyon. En vue de la maison, elle fait demi-tour, reprend le tram et le funiculaire. À la Croix-Paquet, elle prévient les Allemands.

À 14h30, Bruno Larat arrive tout seul. Il est l'un des organisateurs de la réunion et connaît donc l'adresse du Dr Dugoujon. Il rejoint les premiers arrivés au premier étage. À 15 heures arrivent Jean Moulin, Raymond Aubrac et le colonel Schwarzfeld. Seul Jean Moulin connaît l'adresse. Ils ont une demi-heure de retard, car Schwarzfeld n'était pas au rendez-vous au terminus funiculaire de la Croix-Paquet. La bonne du Dr Dujougon, croyant avoir affaire à des patients, les introduit au rez-de-chaussée, dans la salle d'attente, où attendent déjà des malades.

À 15h10, une dizaine d'Allemands de la Gestapo, conduits par Klaus Barbie lui-même, arrivent à bord de plusieurs voitures. Toutes les personnes présentes dans la maison sont arrêtées et interrogées pendant une heure environ. Barbie, violent à l'extrême, veut savoir qui est « Max », surnom de Jean Moulin dans la Résistance. Vers 16h30, les hommes menottés (sauf Hardy, dont les mains sont retenues par un simple « cabriolet », une sorte de ficelle) sont transférés dans les voitures allemandes.

À cet instant, Hardy réussit à s'enfuir, malgré les tirs heureusement fort imprécis des Allemands… Vers 18 heures, Hardy, légèrement blessé, est arrêté par la police française chez sa logeuse, Mme Damas, quai de Serin, actuel quai Joseph-Gillet, à Lyon. Après des soins d'urgence à l'hôpital Édouard-Herriot, il est transféré le 22 juin à l'hôpital de l'Antiquaille puis est récupéré le 28 juin par les Allemands, qui le transportent à l'hôpital militaire de la Croix-Rousse. Il s'évade le 3 août.

Le Dr Dugoujon, Albert Lacaze, André Lassagne, Henri Aubry et Émile Schwarzfeld sont transférés à Paris le 26 juin. Bruno Larat est conduit à Paris le 18 juillet. Déporté, il meurt le 5 avril 1944 au camp de Dora. Raymond Aubrac reste à Lyon ; il est emprisonné à Montluc dans la cellule n° 77 jusqu'au 21 octobre, date à laquelle il réussit à s'évader lors d'un transfert en camion, grâce à l'aide de sa femme et d'un groupe de résistants.

Le martyre de Jean Moulin

Après son arrestation, Jean Moulin est interné au fort Montluc, à Lyon. De là, tous les jours, le prisonnier est transféré à l'École de santé, lieu de torture de la Gestapo, pour y être interrogé par Klaus Barbie. Décidé à ne pas parler, Jean Moulin s'enferme dans son silence. « Il n'a rien avoué », dira plus tard son bourreau (archives du CNJM, Bordeaux). On ne saura plus jamais rien de précis sur lui. Le seul témoignage est celui de Christian Pineau, incarcéré au fort Montluc au même moment. À son retour de déportation, il racontera que, sur ordre de la Gestapo, il avait été amené à raser un moribond, dont « seuls les yeux vivaient encore » et dans lequel il avait reconnu Jean Moulin (Archives du CNJM, Bordeaux).

De Lyon, Jean Moulin aurait été transporté en voiture jusqu'à Paris et de là conduit à la « villa Bömelburg », à Neuilly, comme semble le confirmer le témoignage de Meiners Heinrich, fonctionnaire allemand à la Sûreté de Paris en 1943 : « Dès les premiers jours où j'ai été interprète dans cette section, j'ai reçu l'ordre d'aller au 40 du boulevard Victor-Hugo, à Neuilly, dans la "villa Bömelburg". Dans cette villa habitait le chef de la section IV, le SS *Sturmbannführer* Bömelburg. Le véritable propriétaire devait être un industriel israélite. Les caves et le premier étage étaient installés pour servir de cellules. On y mettait les prisonniers importants. J'ai reçu l'ordre d'y prendre un prisonnier et de l'amener pour un interrogatoire, 84, avenue Foch. Pendant que j'attendais que le prisonnier se prépare, j'ai regardé dans une cellule au premier étage où une femme de ménage faisait le nettoyage. Un gardien de la SS surveillait. La pièce était meublée d'un lit, d'une table, d'une armoire et d'une chaise. J'ai vu un prisonnier dans cette cellule qui me fit une impression très bizarre. Le prisonnier était allongé, puis il s'est assis et je l'ai vu marcher une fois dans la chambre en s'appuyant aux meubles et aux murs. Il était oppressé et se tenait le ventre ou les reins. Il m'a fait l'impression d'un homme très malade et qui n'avait plus pour longtemps à vivre. Il avait des yeux fixes et par instants hagards. Son âge était très difficile à déterminer parce qu'il avait "fondu" et son costume était devenu trop large. Il était visiblement amaigri et avait des cheveux grisonnants. J'ai demandé au gardien qui était ce prisonnier. Il m'a dit que c'était une haute personnalité française, un ancien préfet, Jean Moulin, de Montpellier, je crois » (Archives du CNJM, Bordeaux).

De Paris, Jean Moulin aurait été envoyé à Berlin par chemin de fer et serait mort en gare de Metz « d'une défaillance cardiaque », selon le rapport de l'infirmier allemand qui l'accompagnait. Ses « cendres présumées » ont été déposées au cimetière du Père-Lachaise en juillet 1943. Jean Moulin a disparu mais sans avoir parlé, et l'édifice qu'il avait construit ne s'effondra pas. Il avait assuré les plus hautes responsabilités : président du Comité de coordination des Mouvements unis de la Résistance, délégué général du Comité national, ministre en mission, président du Conseil national de la Résistance (voir le chapitre 6). Bafoué, torturé, lui qui savait tous les secrets de la Résistance a gardé le silence.

La figure mythique

Rares sont les villes, en France, où le nom de Jean Moulin ne figure pas sur une plaque de rue, un monument ou un établissement scolaire. C'est la nation entière qui perpétue le souvenir de celui que Malraux devait appeler « le chef du peuple de la nuit ». Parmi tous les hommages, nous soulignerons la citation dont Jean Moulin fit l'objet à Londres, en octobre 1942, rédigée par le général de Gaulle, qui la prononce en le décorant de l'ordre de la Libération : « Chef de mission d'un courage et d'un esprit de sacrifice exemplaires, a, en personne, établi la liaison entre les forces françaises combattantes et les mouvements de résistance en France, en déployant pour y arriver, une ardeur exceptionnelle » (Archives du CNJM, Bordeaux).

Le 18 décembre 1964, dans le cadre des cérémonies commémoratives du vingtième anniversaire de la Libération, sur décision du général de Gaulle, alors président de la République, et du gouvernement, les cendres de Jean Moulin sont transférées dans la crypte de la Déportation, où des résistants venus de tous les coins de France montent la garde autour du cercueil de leur chef avant de le conduire au Panthéon, à Paris.

« L'idéal n'est pas une chose qui se consomme mais une valeur qui s'entretient et qui passe comme un flambeau », écrivait Jean Moulin (Archives du CNJM, Bordeaux).

La polémique

LE SAVIEZ-VOUS ?

Dans les mois qui suivent les arrestations de Caluire, René Hardy se trouve au centre des enquêtes et des accusations. Les services secrets de la France libre (BCRA) ont de fortes présomptions à son sujet, puisque, dès le 2 juillet 1943, le commandant Manuel, adjoint du colonel Passy à la tête du BCRA, diffuse le message suivant : « Faire connaître extrême urgence si Hardy, je dis Hardy, est actuellement en liberté, soit évadé soit relâché. Si Hardy libre, prenez toutes les mesures de précaution, car avons fortes présomptions contre lui. Prévenir ami » (Archives du CNJM, Bordeaux).

D'après le Dr Frédéric Dugoujon, survivant de l'affaire de Caluire, les preuves contre Hardy sont monumentales : « C'est René Hardy qui a vendu Jean Moulin. Mais il ne le connaissait pas sous son vrai nom. Pour lui il s'agissait de "Max", son surnom dans la Résistance. C'est le mercredi 23 juin 1943 qu'a été révélée son identité véritable. Les preuves contre Hardy sont monumentales, aussi énormes que la tour Eiffel. Le juge d'instruction du deuxième procès Hardy m'avait dit à l'époque : "Vous savez docteur, des preuves contre Hardy, j'en ai plus haut que votre maison qui a trois étages" ; or il a été acquitté à la minorité de faveur. Au premier procès, il a été acquitté parce qu'il avait soutenu qu'il n'avait jamais été arrêté par Barbie le 8 juin. Or on sait qu'après son arrestation, Barbie était venu chercher Hardy en voiture et l'avait ensuite contraint d'aller le voir au siège de la Gestapo, tous les deux jours… J'ai toujours dit que je le tenais pour le seul responsable de l'arrestation de Jean Moulin » (Archives du CNJM, Bordeaux).

Jean-Louis Théobald a été arrêté le même jour que le général Delestraint. Il a travaillé aux côtés de Daniel Cordier au secrétariat de Jean Moulin. Sur l'affaire Hardy, il déclare : « La plupart des gens qui ont été arrêtés ont donné d'autres gens. Ce n'est pas de la délation : sous la torture, bien des gens sont obligés de parler. Il y aurait eu 43 000 arrestations de Français en 1943 ; nombre d'entre eux ont parlé. Ce ne sont pas les Allemands qui avaient les fichiers. Trois hommes étaient au courant de la réunion de Caluire : Hardy, Aubry et Aubrac. Or je n'ai jamais compris pourquoi tous ceux qui ont été arrêtés avec Moulin ont été transférés à Paris, sauf Aubrac. Je n'ai pas compris non plus pourquoi Aubrac n'a pas été jugé ensuite à Paris comme nous tous. On a tous été interrogés, condamnés et déportés sauf le Dr Dugoujon qui a été relâché. Par ailleurs, Aubry et Hardy étaient tous deux membres du mouvement Combat, aux côtés de Frenay et de Bénouville. Tous deux sont morts depuis. Aubry a été arrêté à Caluire ; je crois qu'Aubry était encore plus coupable qu'Hardy. J'ai rencontré Aubry sur les Champs-Élysées quelque temps avant sa mort, et je lui ai dit : "On a passé de drôles de moments à cause de toi : la taule, la déportation, etc." Il m'a répondu : "C'est vrai, j'ai été maladroit." Personne n'a jamais eu la preuve formelle ni contre l'un ni contre l'autre ; ce qui est sûr, c'est que dans l'entourage de Frenay, on n'aimait pas Moulin » (Archives du CNJM, Bordeaux).

Le docteur François-Yves Guillin, qui a été secrétaire du général Delestraint, témoigne au sujet de l'affaire Jean Moulin : « Le coup de foudre entre le général de Gaulle et Jean Moulin a eu lieu en 1941. C'est là que le courant est passé entre les deux hommes. Ils se sont retrouvés à Londres entre le 15 février et le 20 mars 1943. Moulin a supplié plus tard de Gaulle de lui apporter de l'aide pour sauvegarder l'Armée secrète. Henri Frenay, chef du mouvement Combat, lui était farouchement hostile. Or Frenay n'a jamais pardonné à de Gaulle de lui avoir préféré Delestraint comme chef de l'Armée secrète. Moulin était soumis à des pressions énormes ; Frenay en effet écrivait de son côté à de Gaulle : "Débarrassez-vous de Jean Moulin !" Qui a vendu Moulin ? René Hardy ? Ce qui est sûr c'est qu'il était plus que suspect. Mais Hardy était un instrument. Delestraint a été arrêté avant Moulin. Hardy n'est pas coupable pour Delestraint, ce n'est pas possible. Je suis formel. Pour Caluire, c'est autre chose, même s'il y a encore des zones d'ombre. Il est vrai que Moulin gênait comme Delestraint. Les Allemands auraient profité des dissensions au sein de la Résistance. Je l'ai ressenti malgré mon jeune âge à l'époque. J'avais 21 ans, j'étais un témoin, cependant il y a des choses que je ne comprenais pas. Mais il était évident que Moulin et Delestraint marchaient, unis dans leur combat.

» L'accusation [selon laquelle] Moulin aurait été communiste est une absurdité. Il a eu cependant des contacts avec les communistes au moment de la guerre d'Espagne et avec certains chefs de la Résistance pour former l'Armée secrète. De Gaulle qui savait fort bien qui était Moulin lui a donné toute sa confiance alors qu'il aurait pu choisir un autre homme politique. Il n'a pas accepté Pierre Cot, par exemple. De Gaulle jaugeait les hommes. Jean Moulin était pour lui un homme d'État en herbe » (Archives du CNJM, Bordeaux).

Jean-Louis Crémieux-Brilhac, résistant au sein de la France libre, historien, ancien conseiller d'État, donne également son opinion sur l'affaire Jean Moulin : « Il est certain que Moulin sentait le cercle se refermer. Il l'écrit dans son rapport du 4 juin à de Gaulle ; il lui dit qu'il est menacé, que la police et la Gestapo n'ignorent rien de son identité ni de ses activités. Il dit que les méthodes de certains éléments de la Résistance ont contribué à rendre plus dangereuse la situation. Entre le mouvement Combat et Moulin, il y avait un antagonisme, c'est certain. Frenay était un résistant hautement estimable, il a été l'inventeur de l'idée de l'Armée secrète et se voyait jouer un grand rôle dans la Résistance et après la guerre. Or il supportait mal l'autoritarisme certain de Moulin. Pour l'affaire de Caluire, il n'est pas impossible qu'il y ait plusieurs pistes. En tout cas, je considère que les présomptions contre Hardy sont extrêmement fortes. Certes, il avait été un grand résistant, mais il avait déjà été arrêté. Traqué, il faisait, semble-t-il, aussi l'objet d'un chantage à propos de sa maîtresse.

» Les Allemands avaient infiltré la Résistance. En mars 1943, la Gestapo est parvenue à saisir une valise qui contenait entre autres un rapport de Frenay donnant un organigramme de la Résistance. Je peux attester que dans les jours qui ont suivi Caluire, dont la nouvelle est parvenue à Londres le 23 juin, nous espérions que Moulin n'avait pas été identifié ; le premier télégramme laissait penser en effet que les Allemands savaient qu'ils avaient fait une grosse prise, mais pensaient qu'il s'agissait de Frenay, alors que celui-ci était à Londres. Nous avons considéré à Londres qu'Hardy était l'un des suspects les plus probables. Aubry a commis une grave imprudence. Certains ont su qu'Hardy avait été arrêté et l'ont amené à Caluire où il n'avait rien à faire. Aubry a simplement renforcé les avocats du mouvement Combat, afin de défendre sa succession à Delestraint. En accordant une telle confiance à Hardy, il ne s'est pas rendu compte du risque… Mais il est difficile d'incriminer untel ou untel » (Archives du CNJM, Bordeaux).

Un patriote mort pour la France

Divers auteurs ont publié des livres accusant Jean Moulin d'être soit un agent des communistes, soit un agent des services secrets anglo-américains. Toutes ces accusations saugrenues ne reposent sur aucune preuve sérieuse. Jean Moulin, délégué fidèle du général de Gaulle, a servi jusqu'au bout les intérêts de la France gaullienne et de la Résistance. Il est en revanche certain que le mouvement giraudiste Combat, en acceptant l'argent des services spéciaux américains, devenait un instrument de division au sein de la Résistance. La lutte entre giraudistes (favorables à la tutelle américaine) et gaullistes (défenseurs acharnés de l'indépendance nationale) pour la prise du pouvoir se trouve au cœur de l'affaire Jean Moulin.

Les Américains avaient tout intérêt à semer la division au sein de la Résistance, afin d'administrer la France en tant que pays vaincu au moment de la Libération et après la guerre. Fait troublant, Klaus Barbie, le bourreau de Jean Moulin, sera comme on l'a dit activement recherché par les services secrets français après la guerre mais bénéficiera d'une étrange protection de la part des services secrets américains… C'est grâce à ces mêmes services qu'il va pouvoir se réfugier en Amérique latine, échappant durant plusieurs dizaines d'années à la justice française. Nous savons également que Barbie a travaillé, durant la guerre froide, pour les services secrets américains. L'arrestation de Jean Moulin, chargé d'unifier la Résistance derrière le général de Gaulle, arrangeait aussi bien les Allemands que certains impérialistes américains… Le président américain Roosevelt n'aimait guère le général de Gaulle ; il lui préférait le général Giraud, plus militaire que politique, donc plus facilement manipulable…

L'ouverture de certaines archives militaires américaines a révélé que l'amiral Darlan travaillait depuis 1938 pour les services secrets des États-Unis. Après sa mort, le général Giraud lui a ensuite succédé pour un temps, à la tête de l'Afrique française du Nord, sous les bons auspices du président Roosevelt… Le général de Gaulle, en partie grâce à l'action de Jean Moulin, est finalement parvenu, en écartant Giraud, à déjouer le « rêve » américain de faire de la France une puissance administrée par les États-Unis.

PORTRAIT

Lucie et Raymond Aubrac

Lucie Bernard est née le 29 juin 1912 à Mâcon. Elle est reçue en 1929 à l'École normale d'institutrices de la rue des Batignolles, à Paris. Refusant l'uniforme imposé par l'internat, elle décide de gagner sa vie à Paris comme plongeuse dans un restaurant. Elle noue des contacts avec les militants communistes, tout en choisissant de ne pas se laisser embrigader – signe précurseur de son esprit d'indépendance, qui la pousse à refuser de suivre les cours de l'école de Moscou. Ses rencontres au cours des années 1930 avec de jeunes Polonais, Hongrois, Allemands et Roumains fuyant les régimes totalitaires ou autoritaires de leur pays la sensibilisent au danger que représente le fascisme naissant. En 1936, lors d'un voyage à Berlin à l'occasion des Jeux olympiques, elle prend brutalement conscience de la réalité du régime nazi et de son antisémitisme. En parallèle, elle poursuit des études d'histoire et de géographie à la Sorbonne. Agrégée d'histoire en 1938, elle est nommée professeur à Strasbourg. C'est là qu'elle rencontre et épouse en 1939 Raymond Samuel, alias « Aubrac » dans la Résistance, un jeune ingénieur des Ponts et Chaussées né le 31 juillet 1914 à Vesoul, au sein d'une famille juive.

Officier du génie, Raymond Samuel est capturé durant la campagne de France, le 21 juin 1940. Dès la fin août, Lucie organise son évasion, alors qu'il est détenu à Sarrebourg. Tous deux courent se réfugier à Lyon, en zone libre. Elle y obtient un poste de professeur, il travaille comme ingénieur. Ensemble, le jeune couple entre dans la Résistance dès octobre 1940 puis rejoint en 1941 le mouvement Libération d'Emmanuel d'Astier de La Vigerie. Ils participent à la création et à la diffusion de la feuille clandestine du mouvement.

En 1942, remarqué par d'Astier de La Vigerie comme un remarquable organisateur, Raymond Aubrac se voit confier l'organisation militaire du mouvement. Lucie, mère d'un petit garçon depuis 1941, doit faire face à un terrible drame : son mari est arrêté en mars 1943 par la police française à Lyon. Libéré faute de preuves, il est de nouveau interpellé à Caluire, le 21 juin, en compagnie de Jean Moulin. Détenu au fort Montluc, il y passe plusieurs mois. Lucie monte alors une opération commando avec un groupe de résistants et, le 21 octobre, réussit à délivrer son époux lors de son transfert à l'École de santé militaire. C'est la fuite éperdue et l'errance, avant qu'un avion ne parvienne à les conduire à Londres le 8 février 1944. Le 6 juin 1944, Raymond Aubrac est délégué à l'Assemblée consultative d'Alger. Après avoir accouché cette fois d'une fille, Lucie Aubrac rejoindra son mari, nommé commissaire régional de la République à Marseille en août 1944 suite à la libération de la ville par l'armée française du général de Lattre de Tassigny.

En janvier 1945, Raymond Aubrac poursuit sa carrière au sein du ministère de la Reconstruction, se révélant un élément moteur dans la politique de déminage du territoire. Quant à Lucie, elle reprend son poste de professeur d'histoire tout en militant en faveur des droits de l'homme dans le monde. Elle publie trois ouvrages sur l'histoire de la Résistance. En 1948, Raymond fonde l'entreprise BERIM (Bureau d'études et de recherches pour l'industrie moderne). Lucie décède à Paris le 14 mars 2007. Elle est enterrée avec les honneurs militaires le 21 mars, aux Invalides, en présence d'un grand nombre de personnalités politiques.

Comme le raconte l'historien Philippe Valode, on sait qu'à deux reprises Raymond Aubrac a été mis en cause : d'abord par le journaliste du *Progrès* Gérard Chauvy, dans un ouvrage l'accusant de trahison de résistants lyonnais, puis par l'historien Bartosek, dénonçant ses liens financiers avec le Parti communiste russe. À aucun moment des preuves n'ont pu être apportées concernant ces deux accusations. Bien au contraire, les Aubrac ont clairement été blanchis.

Raymond Aubrac est décédé en 2012.

Quatrième partie

Les Forces françaises libres (FFL)

Dans cette partie…

Les Forces françaises libres du général de Gaulle se distinguent en Érythrée, en Libye et en Égypte. L'aviation gaulliste prend de l'ampleur avec la création de groupes aériens, et la marine gaulliste lutte sur toutes les mers du globe.

Chapitre 11

La guerre des FFL en Afrique orientale

Dans ce chapitre :

- La brigade FFL Monclar
- La bataille de Keren
- La victoire de Massaouah

À l'automne 1940, le général de Gaulle décide que les Forces françaises libres stationnées en Afrique prendront une part active aux combats menés contre les Italiens, tant en Libye qu'en Afrique orientale. Pour conduire la guerre en Afrique orientale, Mussolini a choisi un homme énergique en la personne du duc d'Aoste. Cousin du roi Victor-Emmanuel III, le duc Amédée d'Aoste est gouverneur d'un vaste territoire africain, avec l'Éthiopie, l'Érythrée et la Somalie. Pour le défendre, il dispose d'une armée de 191 000 hommes (91 000 soldats italiens et 100 000 soldats indigènes), force qui semble impressionnante sur le papier.

Or, la réalité est tout autre : les troupes indigènes sont souvent armées de fusils modèle 1866 à un coup, et l'artillerie repose pour l'essentiel sur de vieux canons de la Première Guerre mondiale. Cette armée ne compte pas un seul char lourd, seulement les très vulnérables chenillettes L3 et les tanks moyens M11/39, pas de pièces antichars, peu de mines. L'aviation reste squelettique : 133 avions en état de voler sur 350 appareils, dont les surannés Fiat CR.32 et Caproni CA.133.

Les débuts des opérations militaires

Au cours des premiers mois de 1940, qui précèdent l'entrée en guerre de l'Italie, les effectifs britanniques en Afrique orientale s'élèvent à seulement 22 000 soldats. De juin à août 1940, les troupes italiennes envahissent toute la Somalie britannique, menacent le Kenya en occupant la ville de Kassala, située à 20 km à l'intérieur des terres, et font la conquête de plusieurs postes frontaliers au Soudan. Le duc d'Aoste a sous ses ordres des militaires remarquables, comme les généraux Carnimeo, Frusci, Nasi, De Simone, Lorenzini ; ce sont tous de vieux coloniaux, habitués à se battre sur un théâtre de guerre difficile.

Les soldats italiens ne peuvent espérer aucun ravitaillement ni renfort de Rome. En revanche, les Britanniques, dont les colonies encerclent presque toute l'Éthiopie, sont en mesure de se renforcer rapidement, avec un armement lourd et puissant. Dès l'automne 1940, ils peuvent aligner 110 000 hommes bien équipés avec un régiment de chars lourds Matilda, dont le blindage n'a rien à craindre des armes italiennes. Pendant plus de dix-sept mois, les troupes italiennes parviennent à leur opposer une résistance héroïque.

La riposte des Alliés

LE SAVIEZ-VOUS ?

Les Britanniques n'attendent pas l'arrivée de toutes leurs unités pour commencer la conquête de l'Éthiopie. Après avoir renforcé le blocus maritime, ils lancent une triple offensive. La première, aux ordres du général Platt, commandant les forces britanniques du Soudan, vise à conquérir, de janvier à mai 1941, l'Érythrée et l'extrémité nord de l'Éthiopie jusqu'à l'Amba Alagi, qui représente l'ultime refuge du duc d'Aoste, avec 7 000 de ses hommes, à plus de 3 000 m d'altitude. La garnison italienne résiste, du 5 avril au 19 mai 1941, jusqu'à l'épuisement total des munitions et des vivres, uniquement soutenue par le chasseur Fiat CR.42 du capitaine Visentini, qui abattra 16 appareils ennemis ! Les Britanniques venus du nord et du sud de l'Éthiopie y font leur jonction. Les combats de la brigade FFL Monclar entrent dans le cadre de cette offensive et plus particulièrement dans celui de la bataille décisive de Keren.

La seconde offensive part du Kenya en février 1941. Elle est placée sous le commandement du général Cunningham et vise d'abord à conquérir la Somalie italienne, puis à rejoindre un corps débarqué en mars à Berbera pour libérer la Somalie britannique. Elle se dirige sur Addis-Abeba, capitale de l'Éthiopie, où elle tend la main à une deuxième colonne venue directement du Kenya. La troisième offensive, représentée par les partisans du négus (souverain éthiopien), vient du Soudan et rejoint la colonne Cunningham aux environs d'Addis-Abeba.

Figure 11-1 : Mitrailleurs FFL en Afrique orientale.

La résistance acharnée des Italiens à Keren

Les combats les plus durs vont se dérouler en Érythrée, là où sont engagées les FFL. Les Italiens ont replié leurs troupes sur la ville de Keren, nœud de communications et véritable verrou sur la route d'Asmara, la capitale, et de Massaouah, principal port de guerre érythréen sur la mer Rouge. À ce titre, ils ont solidement fortifié les abords de l'agglomération, en zone montagneuse.

Du 2 au 13 février 1941, la 4e division indienne (britannique), venant d'Agordat, attaque en force le camp retranché de Keren, défendu par la division italienne Savoia. Toutes les attaques britanniques sont repoussées avec de lourdes pertes. La 5e division indienne, envoyée en renfort, est également tenue en échec. Les six bataillons italiens de *bersaglieri* (tirailleurs), d'*alpini* (chasseurs alpins), de « chemises noires » (Milice fasciste) et les dix bataillons d'*askari* érythréens combattent avec une bravoure extraordinaire. Le bataillon d'*alpini* Uork Amba prend la position de la Roche-Percée et repousse trois bataillons britanniques ! Durant cette première phase de la bataille de Keren, les Britanniques comptent 4 000 soldats hors de combat, et les Italiens 3 000.

La victoire de Cub Cub

L'engagement des unités de la France libre va jouer un rôle important dans la victoire des Alliés en Afrique orientale. Les troupes FFL rejoignent le théâtre des opérations par des voies différentes, au fur à mesure de leur constitution. La première unité française engagée en Érythrée, en décembre 1940, est le 1er escadron de spahis marocains (ESM) du capitaine Jourdier, venu de Syrie. Il sera suivi du 3e bataillon de marche (BM), venu du Tchad par voie terrestre, précurseur de la brigade FFL Monclar, et engagé le 15 février 1941 à Mersa Teclai. La troisième force est formée du gros de la brigade Monclar, ayant quitté l'Afrique équatoriale, et qui rejoint, par voie maritime, le front érythréen le 12 mars. Un renfort de cette brigade, la 3e compagnie du 1er bataillon d'infanterie de marine, venue du Levant (Syrie et Liban sous domination française), arrive le 26 mars à l'Engiahat. La dernière unité est le 4e BM, envoyé de Syrie le 31 juillet 1941 afin qu'il participe à la fin des combats à Gondar. La totalité des FFL en Afrique orientale représente 3 000 combattants.

La défense habile des Italiens

Le général italien Carnimeo, commandant de la 1re division d'infanterie coloniale Savoia, fait retraiter vers Chelamet les troupes du secteur nord dans la nuit du 1er au 2 février 1941. Par la suite, le commandement italien ne laisse à Cub Cub et à Cam Ceua que le 112e bataillon de la 44e brigade coloniale. La ligne principale de défense passe plus au nord, par le col de Mescelit et la ligne de la crête de l'Engiahat, tenue par les 2e et 4e brigades coloniales. Le génie italien (soldats chargés des travaux et constructions) s'est employé à défendre les accès de Keren au moyen de mines et de pièges, en particulier dans les agglomérations. Ces derniers consistent en tranchées profondes recouvertes de branchages et de sable. À une vingtaine de mètres de l'obstacle, des abris, protégés par des barbelés, permettent aux Italiens de lancer des bouteilles d'essence enflammées sur les véhicules qui se sont laissé prendre au piège. Ce succédané de défense antichar illustre bien l'astuce mais aussi la pénurie d'armes modernes qui règnent chez les Italiens.

Les FFL attaquent de front

Le 19 février 1941, le 3e bataillon FFL de marche attaque de front et, après une lutte acharnée, réussit à s'emparer du sommet qui domine à 1 700 m le fort de Cub Cub. En exécution des ordres du général Briggs, le commandant FFL Garbay envoie un groupement de deux compagnies commandé par son adjoint, le capitaine Bavière, contourner les défenses ennemies qui s'opposent à sa progression. À l'aube du 20, ayant escaladé des hauteurs de plus de 1 500 m aux pentes abruptes, couvertes de ronces et d'épineux, le détachement Bavière surprend les Italiens en les prenant à revers.

Mais ceux-ci se ressaisissent : les artilleurs retournent leurs canons, la mêlée est intense, la situation devient rapidement confuse. À la nuit tombée, les Italiens et les Français sont étroitement entremêlés, le capitaine Bavière, la poitrine traversée, se trouve dans les lignes ennemies. À la fatigue du jour s'ajoute le manque de vivres et d'eau ; heureusement, le lieutenant de vaisseau Lehlé (qui sert à la compagnie d'appui), accompagné de quelques volontaires, découvre une source et réussit à ravitailler, sous les balles, les sections non encerclées. La nuit est tombée, aussi glaciale que le jour fut torride. Le matin du 21, le combat reprend, mené par les compagnies des capitaines Allegrini et d'André.

Au troisième jour, raconte le général Saint-Hillier, le 112e bataillon colonial italien se bat toujours avec la même fureur, résistant depuis trente-six heures. Le général Briggs confie alors au commandant Garbay sa dernière réserve : un peloton de blindés Bren-Carrier et l'appui d'une batterie de canons de 25 livres (86 mm). Garbay donne l'assaut avec la section de commandement du lieutenant Perron : transmetteurs, secrétaires, observateurs et cuisiniers ; non loin, la compagnie Garbit charge, les tirailleurs ont le coupe-coupe à la main.

En fin de journée, la victoire est chèrement acquise. Le 3e BM-FFL compte 22 tués, 2 disparus et 44 blessés. Les Italiens abandonnent sur le terrain 98 morts, un butin considérable, dont 4 canons de 65 mm, 3 drapeaux, 6 mortiers et 430 prisonniers. La route de Cub Cub se trouve ainsi ouverte par l'action audacieuse et déterminante des FFL, qui s'empressent de la déminer.

La bataille de l'Engiahat

À l'issue de ce combat, le 3e bataillon de marche (BM) se réorganise à Cub Cub durant les journées des 24 au 28 février puis se rend à Chelamet pour y attendre l'arrivée de la brigade Monclar. Cette unité fait enfin son apparition sur le front érythréen au début du mois de mars 1941. Outre le 3e BM déjà engagé, elle comprend la 13e demi-brigade de la Légion étrangère (DBLE) du colonel Cazaud (trois compagnies), la 1re compagnie de chars du lieutenant Volvey, ainsi que différents services complémentaires (artillerie, transport, génie, transmissions, ambulances…). L'ensemble représente 99 officiers, 223 sous-officiers et 1 964 hommes de troupe.

La guerre à 2 000 m d'altitude

Aux côtés de la 7e brigade indienne du général Briggs, la brigade FFL Monclar a la délicate mission d'attaquer, au nord de Keren, l'imposant massif de l'Engiahat, dont certains sommets culminent à plus de 2 000 m d'altitude. Le secteur est défendu par les 31e et 151e bataillons coloniaux italiens. La première ligne de défense italienne s'appuie sur le Grand Willy (2 030 m), sommet rattaché au massif de l'Engiahat par le grand Peter (2 100 m) et dont le col (2 008 m) est l'un des rares passages vers la route d'Asmara-Keren. Le cheminement, qui emprunte un fond d'oued coupé d'éboulis et de rochers, est très escarpé.

Pour sa marche d'approche, la brigade FFL Monclar a dû abandonner ses camions, devenus inutilisables sur ce terrain. Le 13 mars, après six heures de pénibles ascensions et une violente fusillade, les légionnaires de la 13e DBLE s'emparent du Grand Willy. Le 15, la brigade Monclar attaque l'Engiahat. Elle se heurte à une forte résistance. Cloués au fond d'un ravin par des tirs de mortier, les Français libres doivent faire face à deux contre-attaques menées par un adversaire résolu, qui a une certaine prédilection pour l'emploi des grenades. Les Italiens constituent de véritables batteries de grenadiers avec un pourvoyeur portant une hotte remplie et un lanceur qui agit au commandement. Cette organisation, adaptée au terrain et aux circonstances, se révèle très efficace et permet d'économiser les munitions d'artillerie. Les contre-attaques italiennes sont cependant repoussées ; les légionnaires de la 13e DBLE peuvent ainsi continuer leur progression, mais de manière très lente et au prix de lourdes pertes – 19 tués et 69 blessés. Le colonel Cazaud, le capitaine Saint-Hillier (futur général), le capitaine Morel et le lieutenant Lamoureux sont parmi les blessés.

Le problème de l'eau

Devant les difficultés pour ravitailler, appuyer et renforcer les unités engagées, le colonel Monclar ordonne le repli. Le problème de l'eau prend une grande acuité après un combat mené dans de telles conditions. Durant toute la journée, les tirailleurs du 3e BM effectuent à dos d'hommes, et malgré de pénibles dénivelés, le ravitaillement en eau de la Légion. Le lieutenant Messmer, après avoir regroupé la section Vergniaud, part à la recherche d'un puits. Le père Malec, aumônier de la 13e DBLE, creuse l'ouest qui borde l'Engiahat pour distribuer de l'eau aux blessés. Vers 20 heures, le capitaine de Lamaze rend compte au poste de commandement que la 3e compagnie est regroupée en sécurité. Il demande seulement un renfort de brancardiers pour évacuer ses blessés. L'adjudant-chef Branier, avec une quinzaine de volontaires, se porte à la 2e compagnie pour l'aider dans cette tâche et lui transmettre l'ordre de repli.

La position est finalement évacuée

À la fin de la nuit du 15 au 16 mars 1941, le capitaine Morel rejoint le poste de commandement après être resté près de vingt-quatre heures, blessé, à la tête de la 2e compagnie. Une partie du matériel a dû être abandonnée faute de porteurs. Elle sera récupérée durant la nuit. Une forte patrouille est envoyée par le colonel Monclar durant la nuit du 16 au 17 pour tâter les positions adverses. En traversant le plateau, aux vues de l'ennemi, elle déclenche un feu de barrage intense.

Le 17 mars, le 4e bataillon britannique, bien appuyé par son artillerie, essaie à son tour de s'emparer de l'Engiahat. Il échoue de la même façon que les Français. Toute la journée, les Italiens harcèlent les positions françaises au moyen de leurs mortiers, se révélant particulièrement habiles dans leur utilisation.

« L'ensemble de la manœuvre alliée se solde par un échec, reconnaît le colonel Monclar. Notre attaque a échoué avec des pertes qui vont nécessiter quelques jours de récupération pour rendre les unités à nouveau opérationnelles. Elle a été déclenchée trop prématurément, sans coordination avec l'attaque des Britanniques, qui ne devaient intervenir que quarante-huit heures après, donc sans appuis et soutiens suffisants. Cette tâche aurait pu se justifier dans l'espoir de bénéficier de la surprise, mais il ne pouvait en être question après les accrochages qui ont accompagné l'arrivée de mes hommes. Elle n'a permis de révéler que trop tardivement la configuration générale du massif auquel les Alliés s'attaquent : une place fortifiée. D'autre part, l'adversaire a été notoirement sous-estimé en nombre et en qualité. Le système défensif de Keren est beaucoup plus étoffé au nord que le commandement britannique ne l'a imaginé d'après les renseignements insuffisants. L'Engiahat est depuis longtemps une position organisée, qui a pour mission d'interdire l'accès de l'oued Anseba, couloir naturel de Keren » (Archives de la Fondation de la France libre, Paris).

L'unique aspect positif des attaques infructueuses des Franco-Britanniques réside dans la fixation de deux excellents bataillons italiens. Du 20 au 25 mars, l'activité de la brigade FFL Monclar se limite à quelques patrouilles qui font une centaine de prisonniers et recueillent des renseignements importants, notamment une reconnaissance audacieuse sur les arrières de l'ennemi par une dizaine d'hommes, commandés par le lieutenant (futur général) Simon.

À l'ouest et au sud de Keren, les 4e et 5e divisions indiennes, appuyées par la RAF (armée de l'air britannique), attaquent massivement les positions italiennes le 25 mars 1941. Deux jours plus tard, la brigade Monclar, soutenue également par l'aviation anglaise, se lance de nouveau à l'assaut de l'Engiahat. L'opération, minutieusement montée, dans un style très britannique par sa progressivité ainsi que sa judicieuse utilisation du terrain et des appuis, tombe dans le « vide » : les Italiens ont évacué discrètement leurs positions, dans la nuit du 26 au 27 mars, pour se retirer en direction d'Asmara. La chute prochaine de Keren rend leur action retardatrice inutile. Seuls quelques éléments ont été laissés sur place pour couvrir la retraite.

Il est 11 heures lorsque les Français débouchent sur l'Engiahat. Keren vient de tomber ; les Français aperçoivent au loin les colonnes italiennes qui se replient en désordre sur la route d'Asmara. La poursuite s'organise aussitôt. Dans la plaine, de nombreuses troupes italiennes sont encerclées et faites prisonnières avant d'avoir eu le temps de se regrouper et d'organiser une résistance sérieuse. Le 28 mars, les tirailleurs du 3e BM et les légionnaires de la 13e DBLE capturent 1 027 soldats ennemis. La Légion atteint la route d'Asmara à 6 km à l'est de Keren. Elle y rencontre les éléments avancés de la 5e division indienne. Ces derniers viennent de traverser Keren et sont très surpris de trouver les Français sur leur chemin. Ils apprécient la performance accomplie par les FFL. Le 30 mars, les Français sont félicités et passés en revue, à Chelamet, par le général de Gaulle, le lieutenant-colonel Brosset et le général britannique Spears.

La victoire de Massaouah

Keren et Asmara tombés, il ne reste plus aux Italiens qu'un seul môle de résistance en Érythrée : Massaouah, port principal de la région et base militaire moderne sur la mer Rouge.

Dans la précipitation de leur repli, les Italiens ont laissé intactes les lignes téléphoniques entre Asmara et Massaouah. Le général Platt, commandant les forces britanniques du Soudan, en profite pour établir un dialogue avec l'amiral Bonetti, commandant en chef de la marine italienne en mer Rouge et responsable de la défense du port de Massaouah. Il lui demande de se rendre et décide d'une trêve, afin de faciliter les négociations. L'une des clauses essentielles prévoit la livraison des installations portuaires. Les parlementaires sont bien reçus, mais Mussolini, mis au courant, ordonne à l'amiral de résister jusqu'au bout, en sabotant les installations les plus importantes. Le 6 avril 1941, la trêve est rompue.

Les défenses italiennes

Les dernières unités italiennes rescapées de Keren, d'Asmara et de Ghinda se sont réfugiées à l'abri de la ceinture fortifiée de Massaouah. La garnison est composée de deux bataillons de « chemises noires », de trois brigades coloniales décimées, de plusieurs groupes d'artillerie de montagne et de défense côtière, de quelques chars légers et de détachements de carabiniers, de douaniers et de marins. L'ensemble de cette troupe disparate a été très éprouvé par les précédents combats.

Les installations portuaires se prolongent au sud à Arcico, où l'on trouve d'importants dépôts de carburant qui doublent ceux de la ville. Des salines coupent l'agglomération en deux dans sa partie médiane. Un aérodrome a été construit en arrière des salines, mais il est rendu inutilisable par les bombardements de la RAF. L'arrière-pays présente une plaine côtière étroite au sud, s'élargissant au nord, formée par un confluent d'oueds orientés ouest-est. La principale vallée est empruntée par la route et le chemin de fer qui mènent à Asmara et à Keren.

La plaine de Massaouah débouche au nord sur un plateau de faible altitude, entaillé de nombreux oueds : le Ras Dogon. Elle est surplombée au sud et à l'ouest par la colline de Ghanfur, dernier obstacle avant la mer, qui culmine d'une centaine de mètres et commande la dépression de Moncullo, située plus à l'ouest. Les Italiens ont construit sur cette colline une ligne de forts. Les forts Vittorio Emmanuele et Umberto I sont principalement armés de 12 canons de 77 mm et de mitrailleuses lourdes. Cette artillerie peut être soutenue par le tir des batteries côtières de 120 mm, retournées vers l'intérieur des terres ; mais son effet est plus psychologique que réel, car elle n'est pourvue que d'obus perforants, destinés à percer le blindage des navires. La dépression située à l'ouest de la colline de Ghanfur est organisée défensivement autour du fort et des villages de Moncullo et de Zaga. Cette ligne de résistance est couverte par une série d'avant-postes composée de tranchées, de barbelés et de mines.

Le plan d'action de la brigade FFL Monclar

STRATÉGIE

Partie de Chelamet le 2 avril 1941, la brigade Monclar doit participer à la conquête de Massaouah. Durant sa marche d'approche vers l'objectif, elle capture 600 soldats ennemis, fortement démoralisés. La trêve est mise à profit par les Français pour regrouper leur brigade. Seul le 3e bataillon de marche manque à l'appel, faute de moyens de transport. La consommation d'essence des véhicules, accélérée par les parcours sur de mauvaises pistes, a dépassé toutes les prévisions, et le dépôt d'essence britannique a été éloigné sans préavis. La 3e compagnie du bataillon d'infanterie de marine (capitaine Savey) est venue renforcer la brigade FFL.

Le plan d'attaque est mis au point par les Alliés lors d'une conférence tenue à Dogali. Les Français doivent attaquer la face ouest de Massaouah en coordination avec les assauts britanniques venus du nord-ouest et du nord. Lorsque la 10e brigade indienne aura atteint la hauteur de la cote 95, le général Heath, chef de l'opération, donnera le signal pour que la brigade Monclar s'empare de Moncullo et de la ligne des forts.

Le colonel Monclar décide d'agir en deux temps. Il veut d'abord s'assurer d'une base d'assaut favorable en s'emparant de la ligne des avant-postes italiens (objectif A), puis relancer l'attaque pour conquérir la ligne des forts (objectif B). Les Français libres se voient donc confier la mission la plus difficile pour la conquête de Massaouah.

Précédés d'une préparation d'artillerie de vingt à trente minutes, les assauts seront appuyés par des tirs d'accompagnement et de contrebatteries. À cet effet, la mince artillerie de la brigade FFL (deux canons de 75 mm) est renforcée par huit obusiers britanniques de 86 mm et trois batteries de 150 mm. Une compagnie de chars se chargera d'appuyer les FFL en cas de besoin. Pour cette opération, le colonel Monclar engage la 13e demi-brigade de la Légion étrangère (DBLE) et la compagnie Savey du bataillon d'infanterie de marine. À la suite d'un retard d'une demi-heure dans la transmission des ordres, le premier échelon français ne s'élance à l'attaque le 8 avril 1941 qu'à 6 heures, sans que les tirs de préparation britannique aient eu lieu.

Le triomphe des FFL

Des actions de débordement, opérées sur un ennemi peu accrocheur, suffisent à conquérir la ligne d'avant-postes (objectif A). Ce déroulement, relativement aisé, rend inutile l'engagement de la compagnie de chars. Les unités de tête s'alignent sur la seconde base d'assaut vers 7 heures. Dès le départ de la seconde attaque, à 7 h 45, la 1re compagnie de la Légion (capitaine de Bollardière) se heurte à un centre de résistance ennemi étalé en profondeur, au sud de la route, sur la cote 67. Vers 8 h 30, 84 soldats italiens, dont deux officiers, sont capturés. La compagnie de Bollardière poursuit sa progression vers le pont en ciment de Moncullo.

Simultanément, au sud, la 2e compagnie de la Légion (capitaine Saint-Hillier) est immobilisée par trois points d'appui solidement tenus : au nord le village et le fort de Moncullo, au sud les ouvrages défensifs de Zaga. Plusieurs tentatives de débordement échouent. Les Italiens se défendent avec l'énergie du désespoir. Le lieutenant Clarence et plusieurs légionnaires sont blessés. À 10 heures, le capitaine Saint-Hillier demande au capitaine Savey (3e compagnie du bataillon d'infanterie de marine) d'attaquer de flanc un fortin qui bloque son unité.

Arrivé dans la plaine, le capitaine Savey s'empare des réservoirs de carburant et s'assure le contrôle de la sortie méridionale de Massaouah. Il fait parquer dans un hangar les Italiens, qui se rendent en grand nombre. Quelques voitures de soldats britanniques, venant du nord, arrivent par la route, ce qui fait croire au capitaine Savey que le port est occupé. Il monte dans une camionnette en compagnie du soldat Le Goff, armé d'un fusil-mitrailleur, et part en ville pour rendre compte de sa position au colonel Monclar. En fait, ils sont les premiers Français à pénétrer dans Massaouah.

En sortant de la ville, le capitaine Savey rencontre des chars, la voiture d'un général anglais et des motocyclistes de la Légion qui arrivent sur la route d'Asmara.

Le 8 avril 1941, à partir de 12 h 30, toute résistance cesse. La brigade FFL se trouve aux portes de Massaouah avec 2 643 prisonniers. Le colonel Monclar est partagé entre l'ordre de tenir ses soldats hors des murs de Massaouah et le désir de faire briller son unité et la France libre en y entrant le premier, afin d'y recevoir la reddition du commandant en chef italien. Il entre finalement dans la ville avec une très faible escorte : deux camions chargés de légionnaires, accompagnés de motocyclistes.

La reddition du commandement italien

L'escorte arrive à l'hôtel de la compagnie immobilière Albergen d'Afrique orientale, où 90 officiers italiens attendent pour se rendre. Interrogés, ceux-ci déclarent que les généraux sont déjà partis. Mais un sous-officier arrive de façon impromptue et demande l'autorisation de rejoindre son général, dont il garde les bagages. C'est ainsi que le colonel Monclar découvre la présence du général Bergonzi, commandant les troupes italiennes d'Érythrée, et de 30 officiers d'état-major qui sont immédiatement confiés à la surveillance du lieutenant Merlin. Avec aplomb, le colonel Monclar ordonne qu'on le conduise à l'amiral Bonetti, commandant en chef de la marine italienne en Afrique orientale. Un officier italien s'exécute. Le colonel Monclar, une fois arrivé à l'amirauté, fait prisonnier l'amiral Bonetti ainsi que les généraux Tessitore et Carnimeo.

LE SAVIEZ-VOUS ?

Les officiers italiens donnent leur parole de ne pas chercher à s'enfuir et d'arrêter les destructions. Ils ajoutent d'ailleurs que tout est déjà détruit, ce qui n'est pas tout à fait exact : dans le port, une vingtaine de bateaux marchands ont été coulés récemment. Des mines à retardement explosent, mais de nombreux dépôts de carburant sont intacts. Avant sa reddition, l'amiral Bonetti a jeté son sabre par la fenêtre pour ne pas avoir à le remettre à ses vainqueurs. Mais son geste n'a pas échappé à un légionnaire, qui attend patiemment la marée basse pour récupérer le trophée et l'apporter fièrement au colonel Monclar. Ce dernier l'offrira, fort courtoisement, au général anglais Platt.

Le général britannique Heath arrive à 16 heures. Fair-play, il félicite les Français pour la capture massive d'officiers italiens de qualité et s'étonne, non sans humour, que le colonel Monclar se soit aventuré dans la ville sans ses troupes alors que le commandement anglais avait prescrit aux Français de rester hors des murs.

Une victoire décisive

Au total, deux brigades alliées, dont une française, appuyées par six batteries d'artillerie, ont attaqué un terrain accidenté, parsemé de mines, défendu par de nombreux ouvrages fortifiés. Cependant, en une matinée, l'objectif a été atteint : 11 500 officiers et soldats italiens se sont rendus, dont 3 000 à l'actif de la brigade Monclar. La garnison italienne compte également 3 000 tués, principalement victimes de la RAF et de l'artillerie. Parmi les prisonniers italiens, on recense 5 000 blessés.

Ce succès est dû à l'élan des Français libres et à l'efficacité de l'artillerie britannique. L'adversaire, acculé à la mer après plusieurs défaites, s'est en partie démobilisé. Les Italiens ont prétendu avoir été gênés dans leur tir par la présence, parmi les combattants ennemis, de nombreux prisonniers que les Alliés ne pouvaient évacuer vers l'arrière, faute d'effectifs.

Ainsi se termine la campagne d'Érythrée, qui a coûté aux FFL, de janvier à avril 1941, 250 soldats hors de combat (tués ou blessés). Les 3 000 Français libres engagés ont capturé un important matériel et 14 000 soldats italiens. Pour la première fois depuis sa création, la France libre a pu envoyer contre l'Axe une formation de taille appréciable, ayant joué un rôle important dans la défaite italienne en Afrique orientale. Le 7 avril 1941, le général britannique Platt passait en revue la brigade Monclar et la félicitait pour les efforts accomplis et les résultats obtenus.

Raoul Magrin-Vernerey (Monclar)

Raoul Magrin-Vernerey est né le 7 février 1892 à Budapest, en Hongrie. Il fait ses études au lycée Victor-Hugo à Besançon et au petit séminaire d'Ornans, dans le Doubs. Dès l'âge de 16 ans, il souhaite s'engager dans la Légion étrangère. Refusé en raison de son âge, il reprend ses études et, en 1912, est admis à l'École militaire de Saint-Cyr (promotion Montmirail). Il en sort à la veille de la Grande Guerre avec le grade de sous-lieutenant et se trouve affecté au 60e régiment d'infanterie (RI). Il combat dans le corps de l'infanterie, au 60e RI puis au 260e RI, et se distingue de façon remarquable, termine la guerre avec le grade de capitaine, la Légion d'honneur, 11 citations et 7 blessures.

Après l'armistice de 1918, il quitte la France pour le théâtre d'opérations extérieures au Levant, où il reçoit deux nouvelles citations. En mars 1924, il est affecté à la Légion étrangère, au 1e régiment étranger d'infanterie (REI) puis au 3e REI, avec lequel il prend part à la campagne du Rif, au Maroc. Chef de bataillon en 1928, il sert au Proche-Orient puis est de nouveau affecté à la Légion en 1931, au Maroc avec le 2e REI, puis au Tonkin avec le 5e REI. En janvier 1938, il prend le commandement du bataillon d'instruction de Saïda avant d'être promu lieutenant-colonel en juin de la même année et de repartir pour le Maroc avec le 4e REI.

.../...

En février 1940, le lieutenant-colonel Magrin-Vernerey est nommé au commandement des deux bataillons de marche de la Légion, qui forment la 13e demi-brigade de la Légion étrangère (DBLE). Sous ses ordres, cette unité se distingue en Norvège en mai et juin 1940, lors des batailles de Bjervik et de Narvik. De retour en Bretagne le 16 juin 1940 avec le corps expéditionnaire, il s'embarque le 19 juin de Saint-Jacut-de-la-Mer avec quelques officiers de la 13e DBLE. À Jersey, la petite troupe est prise en charge par un cargo et parvient en Angleterre le 21 juin 1940. Magrin-Vernerey se rallie au général de Gaulle sous le pseudonyme de « Monclar » (du nom d'un village du Tarn-et-Garonne dont sa famille est originaire) et se voit promu colonel. La moitié de sa demi-brigade le suit. Il forme son unité et la met à la disposition du général de Gaulle.

Fin août 1940 commence le périple africain de la 13e DBLE et du colonel Monclar : Dakar, Freetown, le Cameroun. Il refuse de prendre part à la campagne de ralliement du Gabon pour ne pas avoir à combattre des Français. En Érythrée, le colonel Monclar conduit victorieusement la Brigade française d'Orient aux combats de Keren et de Massaouah contre les troupes italiennes. Massaouah est sa victoire, entièrement préparée et commandée par ses soins. Avec une section d'éclaireurs motocyclistes, il traverse le dispositif ennemi déjà disloqué et pénètre le premier dans la ville. Il fait lui-même prisonnier l'amiral Bonetti, commandant en chef italien en Afrique orientale, le général commandant en chef en Érythrée, deux autres officiers généraux, ainsi que 449 autres officiers. Il refuse ensuite, comme pour le Gabon, de porter les armes contre des Français lors de la campagne de Syrie, en juin 1941.

Chargé, à partir d'octobre 1941, d'administrer le territoire des Alaouites comme délégué et commandant des troupes, il est promu général de brigade en décembre 1941. Commandant des forces terrestres françaises en Grande-Bretagne de décembre 1942 à novembre 1943, il devient ensuite, jusqu'à la fin de la guerre, adjoint du général commandant supérieur des troupes du Levant, où il doit notamment faire face à des troubles violents dans le nord de la Syrie en mai-juin 1945.

En 1946, le général de division Raoul Magrin-Vernerey, dit « Monclar », est nommé adjoint au commandant supérieur des troupes d'Algérie et, en juin 1948, est promu inspecteur de la Légion étrangère et participe avec celle-ci aux combats d'Indochine (Cochinchine et Tonkin). Général de corps d'armée le 20 février 1950, il choisit de terminer sa carrière active par une dernière campagne : en 1951, échangeant ses étoiles de général pour des galons de lieutenant-colonel, il obtient le commandement du bataillon français mis à la disposition de l'ONU en Corée. Il reçoit alors une dernière citation à l'ordre de l'armée. En 1962, ses titres de guerre, ses campagnes, ses blessures le désignent au choix de gouverneur des Invalides. Il est décédé au Val-de-Grâce le 3 juin 1964. Il a été inhumé dans la crypte des Invalides.

Chapitre 12

L'épopée de la colonne FFL Leclerc

Dans ce chapitre :

- Leclerc de Hauteclocque multiplie les exploits
- La guerre au sud de la Libye
- La victoire de Koufra

Le ralliement du Tchad à la France libre, en août 1940, permet au général de Gaulle d'attaquer la Libye par le sud. Pour contrer la menace gaulliste, le commandement italien engage des compagnies sahariennes motorisées, les *sahariani*, unités équipées et armées pour la guerre de mouvement dans le désert. Une *sahariana* aligne 76 à 147 hommes, montés sur 15 à 20 véhicules Spa à grandes roues, tandis que l'armement repose sur quatre canons-mitrailleurs de 20 mm, quatre mitrailleuses lourdes de 12,7 mm et 11 mitrailleuses légères.

Ce type d'unité, mobile et puissamment armé, composé de soldats d'élite, souffre cependant de l'absence de mortiers et de canons de campagne à tir courbe. En revanche, la *sahariana* dispose de larges réserves lui assurant une grande autonomie, avec cinq jours d'eau, un mois de vivres et un rayonnement de 600 km. Ces compagnies luttent en liaison avec une aviation de reconnaissance également adaptée aux bombardements, aux ravitaillements et à l'évacuation sanitaire. Six *sahariani* sont disponibles en 1940.

L'arrivée de Leclerc

Le colonel Philippe Leclerc de Hauteclocque, arrivé au Tchad le 2 décembre 1940, compte bien organiser les forces gaullistes de ce vaste territoire africain en unités motorisées, capables d'affronter les redoutables *sahariani*. Il cherche dans un premier temps à tester la capacité de résistance de l'adversaire.

Dès le 5 janvier 1941, il lance un raid méhariste avec un détachement, aux ordres du capitaine Sarazac, du lieutenant de Bazelaire et de l'adjudant-chef Marson, dont l'ensemble se compose de 25 tirailleurs, de 19 guides et de 68 chameaux. La mission consiste à s'emparer du poste italien de Tedjéré, situé dans le Fezzan, la région la plus au sud de la Libye. Après un parcours en plein désert d'une centaine de kilomètres, sur un terrain sinueux et caillouteux, le détachement français passe à l'attaque du poste italien le 12 janvier. Le système défensif repose sur trois bastions et un fortin, le tout ceinturé de barbelés. La résistance opiniâtre des soldats italiens repousse les trois tentatives françaises de s'emparer du poste, si bien que le capitaine Sarazac ordonne le décrochage après plusieurs heures de combat.

Leclerc tire les leçons de la guerre dans le désert

STRATÉGIE

Le colonel Leclerc tire les leçons de cette opération infructueuse : « L'intérêt de cette reconnaissance réside en ce qu'elle a été faite par un détachement entièrement méhariste. Elle souligne la difficulté actuelle d'un emploi offensif de ces unités. Les groupes nomades réclament une sérieuse mise en condition préalable. L'alimentation des chameaux au cours même de ces opérations présente de grandes difficultés. Enfin les animaux doivent être envoyés au repos pour plusieurs mois après un effort sérieux. La disproportion entre rayon d'action et la vitesse des éléments méharistes et des éléments motorisés est très forte et constituerait pour les premiers un handicap sérieux en cas de rencontre des seconds. En résumé, bons instruments de défense et de surveillance des massifs montagneux des régions nord du Tchad, les groupes nomades ont, par contre, une capacité offensive très réduite. Ils pourraient cependant rendre encore des services en tant qu'appoint, renforts ou relève des détachements motorisés » (Archives de la Fondation de la France libre, Paris).

Figure 12-1 : Combattants de la France libre en Afrique.

Opération contre Mourzouk

LE SAVIEZ-VOUS ?

Parallèlement à cette opération, les Français libres et les Britanniques montent une opération conjointe pour s'emparer de l'important poste italien de Mourzouk, véritable capitale du Fezzan, bourgade de 2 000 habitants dont la garnison italienne repose sur 200 hommes, cantonnés dans un fort. Les moyens mis en œuvre par les Alliés sont importants :

- la patrouille G, composée de volontaires de la Garde écossaise, sous les ordres du capitaine Creighton-Stuart ;
- la patrouille T, formée de volontaires néozélandais, commandés par le major Clayton ;
- un groupe gaulliste, constitué de la 6e compagnie de tirailleurs sénégalais du Tchad, dirigé par le lieutenant-colonel d'Ornano, le capitaine Massu et le lieutenant Eggenspiller.

La totalité de cette troupe franco-britannique aligne une centaine d'hommes, une trentaine de véhicules, 11 mitrailleuses, 4 fusils antichars Boys, 1 canon Bofors de 40 mm et 2 mortiers de 76 mm.

Les deux patrouilles britanniques, parties du Caire, doivent rejoindre les Français libres au nord du massif du Tibesti. Le 8 janvier 1941, la colonne alliée s'ébranle en direction de Mourzouk et arrive le 11 sur la route de Sebha, à une dizaine de kilomètres de l'objectif. L'assaut est donné vers midi, à l'heure de la plus grosse chaleur. L'aérodrome, proche du fort, est investi facilement par les Alliés grâce à l'effet de surprise, mais la garnison italienne riposte rapidement et cause des pertes sensibles aux assaillants, si bien que la retraite devient inévitable.

À 17 heures, tous les véhicules alliés rallient le point de départ au nord de Mourzouk, avec un blessé sérieux et les corps du lieutenant-colonel d'Ornano et du sergent britannique Hewson. Les Italiens déplorent 8 tués (dont le capitaine Giona), 10 blessés, 3 prisonniers et 3 avions détruits. Cependant, la conquête convoitée de Mourzouk est un nouvel échec pour les Alliés : la résistance courageuse des soldats italiens, dirigés par le lieutenant Cianferrana, commandant en second du fort, a déjoué l'objectif fixé par les Alliés.

La victoire de Koufra

LÉGENDE

Après les combats infructueux de Tedjéré et de Mourzouk, le colonel Leclerc décide d'attaquer Koufra. Cette oasis isolée, située à l'extrémité sud-est du désert libyen, à 750 km du golfe de Syrte, se présente comme l'un des maillons essentiels du système défensif de Mussolini en Afrique, entre la Libye, l'Égypte et le Soudan.

En effet, dans le cadre de l'empire colonial italien, l'aérodrome de Koufra représente la plus importante base de communication aérienne entre la Libye et l'Éthiopie, au moment où l'Afrique orientale italienne est menacée par les Britanniques. La chute de Koufra mettra en péril le ravitaillement aérien des garnisons italiennes en Éthiopie, et par la même occasion de celles d'Érythrée. L'importance stratégique de Koufra est donc bien réelle.

Une solide garnison italienne

UN PEU DE TECHNIQUE

D'après les renseignements alliés, « la qualité de la garnison italienne de Koufra paraît bonne et sa valeur stimulée par la présence du lieutenant-colonel Leo et du capitaine Moreschini, officiers réputés pour leur expérience de la guerre du désert. Les Italiens savent se battre en cas de nécessité » (Archives militaires françaises, Vincennes).

La garnison de Koufra repose d'abord sur un détachement de 6 avions Caproni (aptes à la reconnaissance et au bombardement) puis sur la Sahariana di Cufra (compagnie motorisée forte de 76 hommes, 4 canons-mitrailleurs de 20 mm, 4 mitrailleuses lourdes et 11 mitrailleuses légères), commandée par le capitaine Mattioli. Cette unité d'élite doit repousser les raids ennemis. La dernière composante de la garnison, uniquement défensive, est représentée par 4 compagnies d'infanterie, fortes au total de 327 soldats, équipées de 4 canons de 20 mm, de 21 mitrailleuses lourdes de 12,7 mm et de 32 mitrailleuses légères. Cette organisation, en apparence puissante, révèle cependant une lacune de taille, remarquée par le colonel Leclerc : l'absence d'artillerie à tir courbe et au calibre suffisamment important pour contrebattre l'artillerie adverse.

La colonne motorisée de Leclerc

La colonne motorisée du colonel Leclerc, chargée de s'emparer de Koufra, s'articule autour d'un bataillon d'infanterie motorisée à trois compagnies de deux sections chacune, dont l'ensemble représente 402 hommes, 162 véhicules, 26 fusils-mitrailleurs, 4 mitrailleuses lourdes, 2 canons de 37 mm, 4 mortiers de 81 mm et 1 canon de 75 mm. Plus faible en armes automatiques que l'adversaire italien, la colonne motorisée Leclerc dispose cependant d'une puissante artillerie de campagne, apte à mettre en grande difficulté un adversaire qui en est totalement dépourvu.

La colonne Leclerc quitte le Tchad le 27 janvier 1941 et atteint la frontière le 31, à 450 km de son objectif. Le détachement motorisé britannique du major Clayton, intégré à l'unité gaulliste et fort de 24 véhicules, demande l'autorisation au colonel Leclerc d'explorer le djebel Cherif, relief situé à 100 km au sud de Koufra. Ce détachement britannique est repéré par l'aviation italienne dès le 28 janvier. Alerté, le commandement italien décide de l'intercepter en lançant à sa rencontre la Sahariana di Cufra. Les avions italiens localisent de nouveau la colonne Clayton grâce aux traces laissées par les véhicules sur le sable.

La patrouille britannique tombe dans un piège

LE SAVIEZ-VOUS ?

Le 29 janvier 1941, la patrouille britannique tombe dans un piège tendu par les Italiens. Dès le début, trois véhicules néo-zélandais sont détruits par les tirs précis de l'adversaire, tandis que les autres tentent de riposter puis prennent la fuite. Outre la Sahariana, avec ses canons de 20 mm et ses mitrailleuses de 12,7 mm, l'aviation italienne joue en appui un rôle important dans la débâcle britannique, avec le lancement de bombes légères et le mitraillage au sol. Un bombardier Caproni touche d'un coup au but le véhicule du major Clayton. Blessé, ce dernier est fait prisonnier, ainsi que ses deux équipiers. Le bilan est lourd pour les Britanniques : deux tués, quatre disparus, trois prisonniers, de nombreux blessés, trois véhicules détruits, deux abandonnés, plusieurs autres endommagés. Les Italiens déplorent seulement deux morts et pas un seul blessé.

Démoralisés par la disparition de leur chef et leurs pertes importantes, les survivants de la patrouille britannique demandent l'autorisation de se retirer au colonel Leclerc, qui accepte de mauvaise grâce cette défection inattendue. L'officier de liaison britannique, le capitaine Nayme, fortement impressionné par la combativité des Italiens, déconseille même à Leclerc la poursuite de l'opération contre Koufra. Estimant à juste titre que cet officier allié se trouve encore sous le choc du combat, Leclerc décide de continuer l'opération.

Premiers combats près de Koufra

Le 5 février 1941, une patrouille française tombe sur des bâtiments administratifs extérieurs au fort de Koufra, ainsi que sur un poste de carabiniers (gendarmes italiens) ; quelques prisonniers tombent ainsi entre les mains des gaullistes. Une seconde patrouille revient de l'aérodrome, qui ne semble pas gardé. Leclerc décide alors de l'attaquer aussitôt. Il lance un détachement motorisé de six véhicules qui parvient à détruire deux avions au sol, mais la garnison italienne du fort, alertée par l'incendie des Caproni, riposte par des tirs de mitrailleuses lourdes. Leclerc ordonne le repli de sa patrouille. C'est le moment idéal que choisissent les avions italiens pour attaquer. Pour éviter les bombes et les rafales de mitrailleuses, les conducteurs français circulent en zigzag. Le véhicule du lieutenant Arnaud est endommagé par une rafale qui blesse ce dernier au bras. Par ailleurs, un tirailleur sénégalais (Omar Diagne) est tué, tandis que trois autres soldats sont blessés.

La colonne Leclerc s'abrite derrière des rochers et reprend sa route après le départ des avions, pour finalement s'arrêter au puits Sarra, le 9 février 1941. Limité par ses faibles réserves d'essence, Leclerc décide d'alléger la composition de ses forces, qui se limitent désormais à 400 hommes et à 150 véhicules, tout en conservant la même puissance de feu, avec 26 fusils-mitrailleurs, 4 mitrailleuses, 2 canons de 37 mm, 4 mortiers de 81 mm et 1 canon de 75 mm.

Le 18 février, à proximité de Koufra, l'unité gaulliste se heurte à sa rivale italienne, la Sahariana di Cufra, qui ouvre la première un feu d'enfer sur les Français. Les canons italiens de 20 mm incendient plusieurs véhicules adverses. Les armes automatiques françaises ripostent, et un mortier de 81 mm, finalement mis en batterie, jette le trouble chez les Italiens. Le combat semble cependant tourner à l'avantage de la Sahariana. Voyant sa manœuvre bloquée à gauche, Leclerc ordonne au détachement du capitaine de Rennepont de déborder plus largement par la droite. Il se joint même à ce peloton afin de mieux contrôler l'exécution de la manœuvre. Après une heure et demie de combats acharnés, cette dernière réussit : les Italiens, se voyant débordés et ne pouvant répondre aux tirs des mortiers adverses, retraitent en direction du fort.

La nuit se passe entre alertes et patrouilles, mais la garnison italienne demeure dans le fort. Cependant, le 19 févriers 1941, sept bombardiers Caproni, venant de Hon, bombardent et mitraillent la colonne Leclerc, qui riposte avec ses armes automatiques. Puis la Sahariana passe de nouveau à l'attaque dans le but de dégager le fort. Une fois de plus, l'usage des mortiers français fait la différence. La Sahariana ne dispose d'aucune arme à tir courbe, ce qui handicape sérieusement ses possibilités combatives. Les mortiers de 81 mm permettent de battre les angles morts des positions abritées, contre lesquelles les Italiens n'ont pas de parade, sinon la dispersion. Après deux heures d'une lutte intense, la Sahariana se retire en direction de Tazerbo, laissant le fort de Koufra sans protection extérieure.

La tactique pour s'emparer de Koufra

Le 20 février 1941, le colonel Leclerc peut ainsi mettre au point sa tactique pour conquérir le fort. Il estime que tout assaut frontal sera coûteux et conduira à l'échec. Il n'ignore pas que la garnison italienne de Giarabub, autre fort assiégé par les Alliés, résiste héroïquement depuis trois mois, avec ses 1 300 valeureux soldats aux ordres du lieutenant-colonel Castagna, à 3 500 militaires britanniques. Toutes les attaques frontales, malgré une supériorité numérique écrasante, sont repoussées à chaque fois par les inébranlables défenseurs de Giarabub. Sachant que les Italiens sont d'excellents soldats – contrairement à ce que laisse penser une légende détestable –, le colonel Leclerc prend les mesures nécessaires pour un siège de longue durée de la forteresse de Koufra, vaste bâtisse pouvant loger une garnison de près de 400 hommes, mais qui n'offre qu'une protection limitée contre les tirs de l'artillerie du fait de la vétusté de ses remparts, de ses bastions et de ses tourelles.

C'est par un harcèlement continu et une guerre des nerfs que Leclerc espère obtenir la capitulation de la garnison italienne. Son unique canon de 75 mm de montagne entreprend un bombardement de 20 à 30 coups par jour et modifie ses positions pour donner l'impression d'une artillerie française nombreuse. Les deux canons de 37 mm font de même, tandis que les quatre mortiers de 81 mm multiplient les tirs à 1 500 m au nord-ouest du fort. Des patrouilles et des coups de main sont entrepris régulièrement, afin de décourager les tentatives de sortie et d'entretenir un sentiment d'isolement au sein de la garnison.

Le bombardement systématique du fort de Koufra commence à produire ses effets : le commandement italien reçoit des coups sans pouvoir les rendre, du fait d'un manque total d'artillerie à tir courbe. Des obus pulvérisent le poste de radio et le mess des officiers. Ces destructions sapent le moral de la garnison, qui voit pleuvoir les obus sans pouvoir riposter et désespère de recevoir des secours extérieurs.

La capitulation italienne de Koufra

Le 28 février 1941, après une dizaine de jours de siège et de bombardements d'artillerie, un soldat de la garnison de Koufra remet au colonel Leclerc une lettre du commandant du fort, le capitaine Colonna, qui lui propose de mettre les blessés des deux camps à l'abri des combats. Leclerc, qui devine un adversaire chancelant, lui fait répondre que cette question ne peut être traitée qu'entre officiers.

À 16 heures, un officier italien porteur d'un drapeau blanc quitte le fort. Le capitaine de Guillebon et le lieutenant Sammarcelli, envoyés par Leclerc en parlementaires, le rencontrent avec la consigne de refuser tout accommodement pour les blessés et de sonder le moral des assiégés. L'entretien se révèle long et instructif : « Devant notre fermeté, raconte le capitaine de Guillebon, l'officier italien finit par demander, sur le ton de la confidence et à titre personnel, les conditions d'une reddition. Cette attitude nous confirme que les assiégés sont mûrs pour une capitulation. En réponse, le colonel Leclerc fait reprendre de plus belle le bombardement du fort par le 75, les 37 et les mortiers de 81 » (Archives militaires françaises, Vincennes).

Les Italiens, qui ne disposent d'aucune pièce d'artillerie de campagne, se trouvent dans une situation intenable. Le 1er mars 1941, à l'aube, le lieutenant français Ceccaldi aperçoit un drapeau blanc sur l'un des bastions du fort. Un officier italien, le lieutenant Miliani, sort du fort pour tenter une nouvelle négociation, mais Leclerc s'impatiente : il interrompt les pourparlers, monte sur une camionnette, accompagné du capitaine de Guillebon, du sous-lieutenant Ruais et du parlementaire italien, et entre d'autorité dans le fort ! Surpris par ce retour inattendu du parlementaire accompagné d'officiers français, les Italiens ouvrent les portes du fort. Le capitaine Colonna tente de s'opposer verbalement à cette intrusion audacieuse. Le colonel Leclerc, furieux, lui ordonne de réunir ses officiers. Tout en protestant, le capitaine Colonna s'exécute. Après une présentation individuelle des cadres par le commandant du fort, le colonel Leclerc s'adresse à eux. D'abord dur et haché, son style devient vite plus aimable et diplomatique : « Vous vous êtes bien battus. Votre commandement vous abandonne : capituler dans ces conditions n'est pas déshonorant. Pensez à vos blessés » (Archives militaires françaises, Vincennes).

Enfin, Leclerc dicte les conditions de la capitulation : « Un hôpital mixte pour blessés français et italiens sera organisé immédiatement sous la direction du médecin-capitaine Mauric dans les locaux sanitaires près de la sous-zone. Tout le matériel d'armement collectif, individuel et automobile sera maintenu en place ; les armes en position à l'extérieur du fort seront rapportées dans l'enceinte dans un local désigné par le commandant. Aussitôt après la signature, une section française composée uniquement d'Européens prendra possession du fort ; les quatre bastions et le poste de police seront occupés. La garnison est autorisée à envoyer des messages radio privés et sera ensuite autorisée à mettre hors d'état le poste radio. Toute la garnison sera rassemblée à 14 heures sans armes dans la cour. Elle sera passée en revue par le colonel Leclerc, les indigènes seront ensuite dirigés en ordre sur leur camp. Commandement du camp des indigènes : lieutenant Fabre ayant comme adjoint un officier italien. Le commandement français prendra toutes dispositions pour assurer aussi rapidement que possible le retour des indigènes originaires de Koufra, la libération des indigènes étrangers à l'oasis. Les officiers, sous-officiers et hommes de troupe nationaux italiens seront dirigés le plus tôt possible sur Faya et Fort-Lamy, où le général commandant supérieur réglera leur stationnement. Toutes dispositions de détail nécessaires au maintien de l'ordre et à la bonne exécution du service seront éventuellement ajoutées au présent acte » (Archives militaires françaises, Vincennes).

Tout en acceptant la capitulation, le capitaine Colonna insiste pour que les Européens soient les seuls à prendre possession du fort, par crainte du pillage par des indigènes. Ce 1er mars 1941, à 14 heures, la garnison italienne défile devant le colonel Leclerc. Elle compte 11 officiers, 18 soldats italiens, 273 tirailleurs libyens. Une dizaine de soldats italiens ou libyens ont été tués ou blessés. Les Français s'emparent d'un butin appréciable, avec 4 canons-mitrailleurs de 20 mm, 3 mitrailleuses de 12,7 mm, 18 antiques mitrailleuses autrichiennes Schwarlose de la guerre précédente, 32 mitrailleuses Fiat modèle 1935 ou fusils-mitrailleurs Breda modèle 1930, 14 véhicules et un stock important de munitions. Les pertes françaises se limitent à 4 tués, 21 blessés, dont 4 officiers, sans oublier 4 véhicules détruits.

Le serment de Koufra et les nouvelles opérations

Le 2 mars 1941, à 8 heures, une prise d'armes rassemble les Français. Après avoir fait présenter les armes et hisser le drapeau tricolore, le colonel Leclerc lance son célèbre *serment de Koufra* : « Nous ne nous arrêterons que quand le drapeau français flottera sur Metz et Strasbourg » (Archives de la Fondation de la France libre, Paris).

La prise française de Koufra, avec son aérodrome, met fin à tous les ravitaillements aériens des troupes italiennes en Afrique orientale. L'importance stratégique de cette bataille est donc capitale dans la suite des opérations militaires en Érythrée notamment.

Après la victoire de Koufra, Leclerc, promu général le 10 août 1941, prépare ses troupes à une opération de grande envergure sur le Fezzan qui doit coïncider avec l'offensive britannique de l'hiver 1941-1942 sur Tripoli. La contre-attaque du général Rommel, en janvier 1942, fait annuler le projet français. Cependant, pour ne pas condamner ses soldats à une inaction néfaste à leur moral, le général Leclerc lance plusieurs raids sur le Fezzan de février à mars 1942. Les gaullistes engagent pour ces opérations 476 hommes répartis en 7 détachements, 144 véhicules et 11 avions. Les zones d'action couvrent Brack au nord, Tmessa à l'est, Oum el-Araneb au centre et Tedjéré-Gatroun au sud.

Les Français libres doivent accomplir des raids de 1 600 à 3 800 km en territoire ennemi. Les forces italiennes défendant le Fezzan comprennent 2 compagnies sahariennes motorisées, 3 compagnies méharistes, 11 compagnies libyennes de mitrailleurs, 1 compagnie de fusiliers libyens et 1 compagnie du génie. L'ensemble est placé sous les ordres du lieutenant-colonel Leo, dont le poste de commandement se trouve à Hon. Des postes fortifiés tiennent les principales oasis, protégeant les infrastructures nécessaires aux liaisons et au soutien des troupes : aérodromes, stations radio et bases de ravitaillement.

Après quelques succès locaux début mars 1942, les Français libres subissent une série d'échecs, du fait de la contre-attaque des deux *sahariani* à Hon, devant Zuila et Oum el-Araneb. Loin de ses bases, le général Leclerc ordonne le repli le 7 mars.

« Cette première campagne du Fezzan, écrit le commandant Vincent, a été un excellent entraînement à la guerre dans le désert. Grâce à une surprise que la discrétion des déplacements et des liaisons radio a rendue presque totale, les différents détachements ont réussi au début des coups de main audacieux. Ils ont ainsi entretenu un sentiment d'insécurité dans des garnisons italiennes qui se croyaient protégées par plusieurs centaines de kilomètres de désert. Il est apparu également qu'il valait mieux éviter le combat lorsque l'ennemi, étant sur ses gardes, lance dans l'action des formations motorisées puissantes et de l'aviation » (Archives militaires françaises, Vincennes).

Ces opérations permettent également, aux yeux de Leclerc, d'aguerrir les hommes et d'expérimenter sur le terrain les unités mobiles. Il ne s'agit donc pas de conquérir un territoire mais d'y pénétrer par surprise et de frapper vite et fort, en causant le maximum de destructions et de pertes à l'ennemi. La présence bénéfique de Leclerc et la capacité d'adaptation de la troupe ont joué un rôle décisif lors de ces opérations, parfois couronnées de succès.

Le général Leclerc dresse le bilan de cette campagne du Fezzan de février-mars 1942 : « Quatre postes fortifiés ont été pris, plus de 50 prisonniers faits, plusieurs dépôts importants d'essence et de munitions incendiés, de nombreuses armes automatiques emportées, ainsi que trois avions détruits » (Archives militaires françaises, Vincennes).

Cette première période de la guerre du désert, de 1940 à 1942, a été pour le général Leclerc et ses hommes le moyen de faire participer la France libre à la lutte contre l'Axe, en fixant d'importantes troupes italiennes au sud de la Libye. Tout comme les gaullistes en Érythrée, la victoire de Koufra est le prélude de la renaissance militaire de la France, bientôt suivie par l'héroïque résistance de Bir Hakeim.

Figure 12-2 : Le général Leclerc en Afrique, en compagnie d'un officier britannique.

PORTRAIT

Philippe Leclerc de Hauteclocque

Philippe de Hauteclocque est né le 22 novembre 1902 au château de Belloy-Saint-Léonard, dans la Somme, au sein d'une vieille famille de la noblesse picarde. Il entre à Saint-Cyr en 1922 (promotion Metz et Strasbourg) et en sort major de cavalerie en 1924. Il réédite ce succès en 1925 à l'École d'application de cavalerie de Saumur. Il est affecté au 5e régiment de cuirassiers en occupation en Allemagne. Après avoir passé une année à Trèves, il obtient une affectation au 8e régiment de spahis algériens au Maroc. Il participe à la pacification du territoire puis prend le commandement du 38e goum en 1929. Il est rappelé en métropole en 1931 et devient instructeur à Saint-Cyr. Après un séjour au Maroc, il se présente à l'École de guerre. Il en sort major en juillet 1939, ayant entre-temps obtenu la Légion d'honneur et le grade de capitaine à titre exceptionnel.

Fin mai 1940, faisant alors partie de l'état-major de la 4e division d'infanterie, il est fait prisonnier. Il parvient cependant à s'évader et à rejoindre les lignes françaises. Le 15 juin, lors d'une contre-attaque face à des blindés allemands dans la plaine de Champagne, il est blessé à la tête et à nouveau capturé. Il s'évade le 17 et, *via* l'Espagne et le Portugal, parvient à gagner Londres, où il se présente le 25 juillet au général de Gaulle sous le pseudonyme de « Leclerc ». Il est promu chef d'escadron.

Le 6 août 1940, envoyé en Afrique-Équatoriale française avec Claude Hettier de Boislambert et René Pleven par le général de Gaulle, il quitte l'Angleterre pour le Cameroun. Il a pour mission de ramener ce territoire dans la guerre ; le 26 août 1940, à Douala, où il a débarqué en pirogue avec 22 hommes, il reçoit le ralliement du Cameroun à la France libre. Il est nommé ensuite commissaire général. En novembre 1940, il rallie le territoire du Gabon à la France libre.

Promu colonel, il est désigné commandant militaire du Tchad. De Fort-Lamy (Tchad), il lance dès le 25 janvier 1941 avec la « colonne Leclerc » une opération à travers 650 km de désert contre le fort italien de Koufra, qu'il conquiert le 1er mars. Le lendemain, il proclame : « Jurons de ne déposer les armes que lorsque nos couleurs, nos belles couleurs, flotteront sur la cathédrale de Strasbourg. » C'est le « serment de Koufra ». Le 6 mars 1941, il est nommé compagnon de la Libération par le général de Gaulle.

Promu général en août 1941, il mène alors contre les Italiens une campagne de harcèlement et lance du 2 février au 14 mars 1942 une expédition victorieuse sur le sud du Fezzan, en Libye. Un butin important est pris ou détruit. Alors que Rommel avance sur l'Égypte, différentes patrouilles sont organisées au nord et à l'est du Tibesti, en Libye. À la mi-décembre 1942, Leclerc entreprend la conquête du Fezzan avec plus de 3 000 soldats, formant la « force L ». L'attaque est fulgurante et très en profondeur, allant jusqu'à Tripoli, en Libye. Le succès est total. Le 24 janvier 1943, la jonction est opérée avec les troupes britanniques. La force L s'installe alors en Tunisie pour protéger le flanc de la VIIIe armée britannique, entre dans Kairouan le 12 avril et défile le 8 mai 1943 dans Tunis libéré, ce qui vaut à Leclerc d'être présenté par Montgomery au roi d'Angleterre, George VI.

Le 15 mars 1943, la force L devient la « 2e division française libre », qui, trois mois plus tard, acquiert le statut de 2e division blindée (DB) au Maroc, à Temara, où elle est organisée, entraînée et équipée de matériel américain. En avril 1944, la 2e DB est transférée en Angleterre, où elle attend impatiemment l'heure du débarquement en France. Leclerc passe

.../...

sous le commandement du général Patton et débarque en Normandie, près de Saint-Martin-de-Varreville, le 1er août 1944. Leclerc dirige la 2e DB pendant les difficiles combats de Normandie – Alençon, la forêt d'Écouves, Ecouché, Carrouges et Argentan. Le 22 août 1944, Leclerc obtient l'autorisation de mettre en mouvement la 2e DB en direction de Paris. Le 25, il entre dans la capitale par la Porte d'Orléans, reçoit la reddition du général allemand von Choltitz et installe son poste de commandement dans la gare Montparnasse.

Début septembre 1944, il reprend sa route vers l'est et, après avoir forcé les Vosges, fait hisser le drapeau français, timbré de la croix de Lorraine, sur la flèche de la cathédrale de Strasbourg le 23 novembre 1944. Il nettoie l'Alsace et la Lorraine, participe à la réduction de la poche de Colmar et, fin avril 1945, ayant atteint la Bavière, reçoit comme objectif le « nid d'aigle » de Hitler à Berchtesgaden. Une partie de la 2e DB participe également à la réduction de la poche de Royan, en Charente-Maritime.

Aussitôt après la capitulation allemande, le général Leclerc est désigné pour commander le corps expéditionnaire français en Extrême-Orient. Le 22 juin 1945, la 2e DB est rassemblée dans la forêt de Fontainebleau pour recevoir l'adieu de son chef. Leclerc quitte la France le 18 août 1945 et signe pour la France, le 2 septembre, l'acte de capitulation du Japon. Il parvient à Saigon le 5 octobre 1945, pacifie en trois mois le Cambodge et la Cochinchine, débarque en mars 1946 au Tonkin. Le 15 juin, ses troupes se trouvent à la frontière chinoise. Il est alors promu général de corps d'armée et devient inspecteur général des forces terrestres en Afrique du Nord. Le 12 avril 1947, il est nommé inspecteur des forces terrestres, maritimes et aériennes en Afrique du Nord. Lors d'une mission, le 28 novembre 1947, son avion s'écrase près de Colomb-Béchar, en Algérie. Il est inhumé dans la crypte des Invalides. Par décret du 23 août 1952, le titre suprême de « maréchal de France » lui est conféré à titre posthume.

Chapitre 13

La bataille de Bir Hakeim

Dans ce chapitre :

- La 1re brigade française libre
- Une bataille titanesque
- L'habileté tactique du général Kœnig

Mai 1942 : l'Axe lance la gigantesque offensive qui doit lui donner la victoire. Hitler trace lui-même le plan qui prévoit la prise de Moscou et l'entrée à Bakou, tandis qu'en Afrique du Nord son objectif est de s'emparer du canal de Suez. Vainqueurs du Caucase et soldats de l'Afrikakorps ont rendez-vous au Proche-Orient. Le Führer demande au maréchal von Bock et au général Rommel de rechercher surtout la destruction des forces adverses. Si une défense élastique permet aux soldats soviétiques de se rétablir sur la Volga et de briser le rêve allemand à Stalingrad, en revanche la défense rigide de la VIIIe armée britannique en Libye fait le jeu de Rommel. Or, la résistance acharnée de la 1re brigade française libre à Bir Hakeim fixe une grande partie de l'Afrikakorps et permet aux troupes alliées de se rétablir à El-Alamein.

Les forces et les plans en présence

Depuis deux ans, le nord de la Libye est le théâtre d'opérations de guerre menées sous leur forme la plus moderne : unités blindées et motorisées s'y affrontent. La valeur des chefs et celle des combattants, autant que la supériorité matérielle, interviennent dans l'affrontement d'armées d'égale importance. Cela entraîne une alternance de progressions et de replis le long du littoral méditerranéen. Le terrain désertique, plat et caillouteux est favorable à la manœuvre des chars.

Le plan et les forces de Rommel

Le général Rommel, à la tête de l'*Afrikakorps* (divisions allemandes de panzers en Afrique du Nord), qui aligne 560 chars germano-italiens contre 994 tanks britanniques, doit ruser pour vaincre son adversaire. Il cherche à attirer les divisions blindées britanniques dans la région d'Acroma par l'esquisse d'une attaque frontale dirigée sur El-Gazala ; son plan consiste à déborder la ligne fortifiée au sud de Bir Hakeim pour les détruire par une attaque à revers devant les couper de leurs arrières, ainsi que les unités statiques de la position fortifiée. L'essentiel du corps de bataille allié éliminé, il doit s'emparer au plus vite de Tobrouk puis foncer sur l'Égypte jusqu'au canal de Suez.

À l'aile droite de son dispositif, il a placé ses cinq meilleures divisions : les 15e et 21e Panzerdivisions, la 90e division motorisée allemande, la division blindée italienne Ariete et la division motorisée italienne Trieste. À l'aile gauche, dans le secteur de Gazala, se trouve son ami le général Crüwell, avec ses 10e et 21e corps italiens (divisions Sabratha, Trento, Brescia et Pavia), sans oublier la 15e brigade d'infanterie allemande.

Plan et forces alliés

Du côté adverse, convaincu que l'Axe attaquera sur Tobrouk, le général Ritchie, qui commande la VIIIe armée britannique, a déployé le gros de ses forces en face de Crüwell, à savoir quatre divisions et deux brigades sur son aile droite, et au sud (le secteur directement menacé par Rommel) seulement deux divisions et trois brigades, dont les 3 700 Français de la brigade FFL du général Kœnig, unité positionnée dans le secteur désertique de Bir Hakeim. L'offensive de Rommel, déclenchée le 26 mai 1942, surprend le général Ritchie.

La position clé de Bir Hakeim

Simple croisement de piste dans un désert aride, caillouteux, nu et balayé par les vents de sable, Bir Hakeim est visible de partout : le champ de bataille se caractérise en effet par une absence totale de couverts et d'obstacles naturels. La position englobe une légère ondulation sud-nord que jalonnent l'ancien poste méhariste (sans valeur défensive) et, près d'un point coté 186, les deux « mamelles », déblais de deux anciennes citernes de Bir el-Harmat. À l'est de l'ondulation, une grande cuvette inclinée vers le nord. Bir Hakeim couvre le flanc sud de la VIIIe armée britannique et doit servir de pivot de manœuvre aux éléments blindés agissant au sud. La mission principale de la brigade FFL consiste à occuper, à organiser et à défendre le point fort de Bir Hakeim, même après encerclement. Des patrouilles FFL peuvent agir autour du camp retranché dans un rayon de 32 km de jour et de 8 km de nuit.

La 1re brigade française libre

Pour tenir Bir Hakeim, la 1re brigade française libre dispose de nombreux moyens antichars mais manque d'artillerie lourde et de blindés. Son infanterie repose sur la 13e demi-brigade de la Légion étrangère (DBLE) du lieutenant-colonel Amilakvari (2e et 3e bataillons de la Légion étrangère), la 2e demi-brigade de marche du lieutenant-colonel de Roux (2e bataillon de marche de l'Oubangui et bataillon du Pacifique). À la veille de la bataille, la troupe est renforcée par le 1er bataillon d'infanterie de marine du commandant Savey, des éléments de DCA (défense antiaérienne) du 1er bataillon de fusiliers marins du commandant Amyot d'Inville, la 22e compagnie nord-africaine du capitaine Lequesne et la 1re compagnie de sapeurs-mineurs du capitaine Desmaisons.

Une grande puissance de feu

Côté artillerie, le général Kœnig dispose du 1er régiment d'artillerie du lieutenant-colonel Laurent-Champrosay. L'ensemble représente 3 700 hommes, 24 canons de 75 mm utilisés comme artillerie de campagne, 2 obusiers britanniques de 86 mm, 30 pièces antichars de 75 mm, 7 pièces françaises de 47 mm, 7 pièces italiennes de 47 mm, 18 canons antichars de 25 mm, 46 fusils antichars de 12,7 mm, 18 canons antiaériens de 40 mm, 4 mitrailleuses bitubes DCA de 13,2 mm, 96 fusils-mitrailleurs de DCA, 20 mortiers de 81 mm, 24 mortiers de 60 mm, 210 fusils-mitrailleurs d'infanterie, 72 mitrailleuses Hotchkiss de 8 mm, 63 blindés légers d'infanterie (chenillettes) Bren-Carrier.

Un camp retranché entouré de mines

Le camp retranché de Bir Hakeim se présente sous la forme d'un triangle presque équilatéral de près de 17 km de périmètre. Un champ de mines en matérialise le contour sur le terrain. Chacun des angles est formé par un point d'appui fermé qui bat les lisières du dispositif et défend les ouvertures situées au débouché des trois pistes principales. Pour donner de la profondeur à ce système défensif relativement linéaire, un marais de mines (c'est-à-dire une surface très grande faiblement minée) précède la position. Les branches nord et nord-est de ce marais s'étendent jusqu'aux centres de résistance voisins. À hauteur du Trigh el-Abd, elles sont reliées par une bande minée. Le triangle ainsi déterminé sur le terrain qui est baptisé « zone du V » est surveillé par des patrouilles motorisées de la brigade FFL.

Dès leur installation à Bir Hakeim, les Français libres poursuivent les travaux défensifs commencés par les Britanniques, à savoir l'achèvement du champ de mines qui forme l'obstacle antichar principal ; la création des marais de mines, gênant les repérages allemands et rendant hasardeuse la circulation des véhicules sur de grands espaces ; la mise en place de faux champs de mines dans la « zone du V » ; l'achèvement d'emplacements de combat enterrés pour l'infanterie et l'artillerie, d'observatoires et d'abris pour le personnel.

Le 25 mai 1942, le général Kœnig décide de donner de la profondeur à la défense des faces ouest et sud et d'organiser la défense intérieure de la position. Dans ce but, il aménage cinq points d'appui fermés sur la côte en fer à cheval entourant la cuvette centrale. Lorsque l'offensive germano-italienne se déclenche, le camp de Bir Hakeim présente peu de défenses repérables au-dessus de la surface du sol : les emplacements individuels et collectifs ainsi que les postes de commandement sont enterrés, dispersés, entourés par une large ceinture minée. Des telles positions protègent admirablement les défenseurs contre les bombardements d'aviation ou d'artillerie. Pour les neutraliser, l'ennemi doit faire usage d'une importante consommation de munitions. Les lignes de défense sont couvertes au moyen d'avant-postes légers, qui sont reliés par radio à des colonnes mobiles capables de résister aux réactions de l'ennemi sans se laisser accrocher.

Rommel doit engager ses meilleures troupes

N'OUBLIEZ PAS

Pour réduire le camp retranché de Bir Hakeim, le général Rommel va devoir engager successivement du 27 mai au 11 juin 1942 la majorité de ses meilleures unités : la division blindée Ariete, la division motorisée Trieste, la 90e division motorisée, la 15e Panzerdivision, des éléments de la division d'infanterie Pavia, la colonne spéciale du colonel Ecker… soit un total de 37 000 hommes, appuyés par 250 blindés divers, 210 pièces d'artillerie de 75 à 210 mm, sans oublier la IIe armée aérienne, au sein de laquelle la concentration de bombardiers fut plus élevée qu'à Stalingrad ! La Luftwaffe et la Regia Aeronautica effectuent 1 400 sorties contre Bir Hakeim en seize jours !

Premier échec à l'offensive de l'Axe

LÉGENDE

Dès le 27 mai 1942, les Français libres infligent un premier échec au plan initial du général Rommel. À 9 heures, la division blindée italienne Ariete, venant du sud-est, attaque le camp retranché de Bir Hakeim après avoir détruit une brigade motorisée britannique. Cette division d'élite s'est couverte de gloire lors de la bataille de Bir el-Gobi, en novembre-décembre 1941, en repoussant deux divisions et deux brigades britanniques. Lors des combats de Bir el-Gobi, l'Ariete a détruit une centaine de blindés britanniques pour la perte de 34 chars de son côté. Formée du 132e régiment de chars M13/40, du 8e régiment de *bersaglieri* et du 132e régiment d'artillerie, la division Ariete du général De Stefanis s'avance à toute vitesse dans un panache de poussière sur Bir Hakeim.

« On distingue deux vagues, raconte le général Saint-Hillier (jeune capitaine à l'époque), respectivement de 50 et 20 chars, à 1 500 m. À 1 200 m, les premiers blindés italiens ouvrent le feu au moment où leur gauche atteint le marais de mines. La riposte est violente, brutale et immédiate : 11 canons antichars crachent leurs obus en une seule bordée. Derrière, à 2 000 m, notre artillerie tire sur des camions d'où l'infanterie débarque. Le tir d'efficacité des 75 persuade rapidement l'adversaire qu'il lui faut rembarquer et disparaître. C'est ainsi qu'après avoir laissé quelques plumes, le 8e régiment de *bersaglieri* s'est désolidarisé du 132e régiment de chars qui fonce sur nous.»

Figure 13-1 : Blindé français à Bir Hakeim en 1942. (39)

La bataille est courte mais intense, elle dure de 9h30 à 10h15. Au tir des chars répondent les antichars et l'artillerie. La première vague d'attaque est rompue, ses chars tourbillonnent un instant, puis se reforment et se joignent à la deuxième vague. Celle-ci est brisée à son tour. Trente-deux chars italiens sont détruits, 18 carcasses gisent dans les marais et les champs de mines, six sont à l'intérieur de la position : un de ces derniers incline dangereusement son tube sur l'alvéole d'un 75 antichar qu'il a touché d'un obus avant d'être lui-même mis hors de combat… Les Français ne comptent qu'un canon et un camion détruits. À la compagnie Morel, l'alerte a été chaude. Les légionnaires ont gardé leur sang-froid face à la masse blindée qui les chargeait et les cinq canons du point d'appui avaient cassé six chars sous les yeux du lieutenant Pernet qui observait le tir. Au prix de deux blessés chez nous, 91 prisonniers restent entre nos mains : les rafales de fusils-mitrailleurs des légionnaires ont persuadé les survivants des équipages de chars qu'il valait mieux se rendre. L'héroïque colonel italien Prestisimone, commandant du 132e régiment de chars, est capturé, blessé. Il est parvenu à l'intérieur de nos lignes après avoir eu trois chars détruits sous lui. Le combat est fini, la division Ariete ("Bélier"), réduite à 33 chars, disparaît en tirant » (Archives de la Fondation de la France libre, Paris).

Dans Bir Hakeim, immédiatement, des patrouilles sortent. Les chenillettes Bren-Carrier cueillent des prisonniers allemands après avoir détruit leurs camions. Au nord, le détachement du capitaine de Lamaze démolit encore deux chars italiens – ce qui porte à 34 le nombre de chars ennemis détruits pour l'unique journée du 27 mai. Cette journée s'achève dans l'euphorie sans qu'on ait conscience d'avoir infligé un échec sérieux au plan de Rommel. Les forces de l'Axe, victorieuses des Britanniques, butent sur la position de Bir Hakeim, héroïquement défendue par les Français libres.

Le 28 mai, le détachement motorisé du capitaine de Lamaze s'éloigne d'une dizaine de kilomètres et se heurte à des éléments avancés de la division Trieste. Avec ses trois canons antichars de 75 mm, il parvient à détruire sept automitrailleuses Fiat-Ansaldo. Le 29 mai, le détachement du capitaine de Sairigné quitte le camp retranché et démolit au canon de 75 mm trois chars allemands.

Rommel doit réduire le camp de Bir Hakeim

LE SAVIEZ-VOUS ?

Le général Rommel, qui a porté des coups sévères aux forces britanniques, doit se résoudre à stopper son avance afin de réduire le camp de Bir Hakeim. Il décide d'y engager la division Trieste et la 90e division motorisée allemande, renforcée de trois régiments blindés de reconnaissance et d'un bataillon d'infanterie de la division Pavia. Durant la seule journée du 1er juin, la Luftwaffe attaque à plusieurs reprises les positions françaises. Le 2 juin, deux parlementaires italiens, envoyés par Rommel, se présentent devant les lignes françaises. Conduits au poste de commandement du général Kœnig, les deux officiers italiens adressent une somation de se rendre. Le discours, prononcé en italien, ne nécessite pas de traduction : « *Exterminare… capitulare…* » Kœnig leur affirme qu'il n'est pas question de se rendre. Les visiteurs saluent et s'en vont.

Le duel d'artillerie s'engage par une chaleur insupportable. Bir Hakeim va encaisser du 2 au 10 juin plus de 40 obus de gros calibre, allant du 105 au 220, et les bombes de 1 400 sorties aériennes. En riposte, 42 000 coups de 75 mm tomberont sur les fantassins ennemis, car les canons lourds sont hors de portée.

L'admiration du commandement allemand

LE SAVIEZ-VOUS ?

Le général Rommel raconte : « Une invitation à se rendre, portée aux assiégés par nos parlementaires ayant été repoussée, l'attaque fut lancée vers midi, menée du nord-ouest par la division motorisée Trieste, et du sud-est par la 90e division motorisée allemande, contre les fortifications, les positions et les champs de mines établis par les troupes françaises. La bataille de juin commença par une préparation d'artillerie ; elle devait se poursuivre dix jours durant avec une violence peu commune. Pendant cette période, j'assumai moi-même, à plusieurs reprises, le commandement des troupes assaillantes. Sur le théâtre d'opérations africain, j'ai rarement vu combat plus acharné » (Archives militaires allemandes, Fribourg-en-Brisgau). De son côté, le général allemand von Mellenthin déclarera plus tard « n'avoir jamais affronté, au cours de toute la guerre du désert, une défense aussi acharnée et héroïque » (Archives militaires allemandes, Fribourg-en-Brisgau).

Pendant deux longues journées (3 et 4 juin 1942), toutes les tentatives d'attaques ennemies sont arrêtées. Précédés par des tirs de 105 mm fusants, dont le coup d'assommoir semble soulever le sol sous une gerbe d'éclats, des centaines d'avions matraquent le réduit français. Des tirs percutants de 155 mm pleuvent également. Plusieurs bataillons germano-italiens arrivent à moins de 1 000 m des positions. Les Français libres subissent sans faiblir les assauts répétés, malgré les tirs des canons portés de 50 mm, terriblement précis, qui s'acharnent sur les armes automatiques. Le 1er régiment d'artillerie réplique de tous ses tubes, et les fusiliers marins d'Amyot d'Inville réussissent à abattre plusieurs avions ennemis.

Voici le récit de ces journées par Lutz Koch, témoin oculaire allemand, correspondant du *Berliner Illustrirte Zeitung* : « C'est ainsi que commence l'attaque dans le Sud mais bientôt, il s'avère que, malgré nos succès du début, les positions de défense sont établies en profondeur et occupées par un adversaire qui se défend farouchement. Sous les ordres du général Kleemann, chevalier de la croix de fer, venant du front russe, les pionniers réussissent, après un travail sans prix, à ouvrir une brèche dans la première ceinture de mines. La vigueur avec laquelle toutes les armes de la défense sont concentrées sur cette brèche est si forte que l'attaque est repoussée. On essaie un jour plus tard au sud et, de nouveau, on approche assez près des lignes intérieures, mais là, la grêle des projectiles devient si forte que ce serait de la folie de faire un seul pas en avant dans cette contrée qui n'offre aucun abri naturel…

» Un abri est, ce jour-là une possession très précieuse. Mais c'est bien plus terrible pour les défenseurs de Bir Hakeim qui, jusqu'au matin du 8 juin où commence le deuxième acte de l'attaque sur la forteresse du désert, ont subi 23 vagues de Stukas. Sans interruption, les lourdes bombes allemandes tombent dans leurs positions et sur leur artillerie, des avions italiens viennent aussi, toujours et toujours, au-dessus du point d'appui, répandre la mort. "Je n'aimerais pas être dans cet enfer", me dit un camarade qui se trouve à côté de moi dans l'abri, tandis que nous voyons à la jumelle toujours de nouvelles colonnes de fumée et de flammes qui forment une ceinture autour du point central de la position » (Archives militaires allemandes, Fribourg-en-Brisgau).

Le général Rommel, pourtant avare de compliments, ne cache pas son admiration devant l'héroïque résistance des troupes françaises : « Les Français disposaient de positions remarquablement aménagées ; ils utilisaient des trous individuels, des blockhaus, des emplacements de mitrailleuses et de canons antichars ; tous étaient entourés d'une large ceinture de mines. Les retranchements de cette sorte protègent admirablement contre le bombardement par obus et les attaques aériennes : un coup au but risque tout au plus de détruire un trou individuel. Aussi, pour infliger des pertes notables à un adversaire disposant de pareilles positions, est-il indispensable de ne pas lésiner sur les munitions. La principale difficulté consistait à ouvrir des brèches dans les champs de mines, sous le feu des troupes françaises… Appuyés par les attaques continues de l'aviation, les groupes d'assaut, composés de troupes appartenant à diverses armes et prélevés sur différentes unités, engagèrent l'action au nord et au sud. Mais, chaque fois, l'assaut était stoppé dans les fortifications remarquablement établies par les Français. Chose curieuse, le gros des troupes anglaises s'abstint d'intervenir pendant les premiers jours de l'offensive lancée contre Bir Hakeim. Seule la division Ariete fut attaquée le 2 juin, mais elle opposa à l'assaillant une résistance opiniâtre…

» Nous n'avions plus à craindre de voir les Britanniques lancer d'importantes attaques de diversion contre nos forces qui investissaient Bir Hakeim et nous espérions poursuivre notre assaut contre la forteresse sans risquer d'être dérangés… Le 6 juin, à 11 heures, la 90e division motorisée partit de nouveau à l'assaut des troupes françaises commandées par le général Kœnig. Les pointes avancées parvinrent à 800 m du fort, puis l'offensive s'arrêta. Le terrain, caillouteux, n'offrait aucune possibilité de camouflage et le feu violent des Français ouvrait des brèches dans nos rangs. Dans la soirée, l'assaut fut interrompu pendant que l'encerclement se resserrait autour du point d'appui. De faibles attaques de dégagement, lancées par la 7e brigade motorisée britannique contre la 90e division motorisée, furent repoussées. Au cours de la nuit du 6 au 7 juin, dans le secteur occupé par cette dernière unité, nous réussîmes à ouvrir des couloirs dans les champs de mines et, à la faveur de l'obscurité, les groupes d'assaut parvinrent à distance d'attaque.

L'ouvrage fut soumis à un sévère bombardement par l'artillerie et l'aviation et, le 7 juin au matin, l'infanterie repartit à l'assaut.

» Malgré son mordant, cet assaut fut stoppé par le feu de toutes les armes dont disposaient les encerclés. Ce n'est qu'au nord de Bir Hakeim que les groupes de combat réussirent quelques pénétrations dans le dispositif ennemi. C'était un admirable exploit de la part des défenseurs français qui, entre-temps, s'étaient trouvés totalement isolés. Le 8 juin, l'attaque se poursuivit. Pendant toute la nuit, nous n'avions cessé de lâcher des fusées et de battre les positions de défense avec nos mitrailleuses pour empêcher les Français de prendre du repos. Et pourtant, le lendemain, lorsque mes troupes repartirent, elles furent accueillies par un feu violent, dont l'intensité n'avait pas diminué depuis la veille. L'adversaire se terrait dans ses trous individuels, et restait invisible. Il me fallait Bir Hakeim, le sort de mon armée en dépendait » (Archives militaires allemandes, Fribourg-en-Brisgau).

La bataille fait rage

Rommel fait venir autour de Bir Hakeim ses meilleures troupes et les canons prévus pour le siège de Tobrouk. Il a les célèbres pionniers et unités d'assaut du colonel Hacker, un peloton de cinq chars lourds et les canons de 88 mm qui vont tire sur le camp français. Le brouillard épais qui aveugle les défenseurs en ce matin du 8 juin cache la mise en place des troupes d'élite, et 22 avions tournent au-dessus du camp, attendant que la brume se lève.

L'enfer se déchaîne

À 7 h 26, l'enfer se déchaîne. Bombes, avions, grosse artillerie pilonnent. Tout le monde tire, d'ailleurs : les chars, les canons de 88 mm et ceux de 50 mm, qui protègent les pionniers d'assaut progressant mètre par mètre dans le champ de mines. Les efforts de ces derniers sont un instant ralentis par la RAF, qui les mitraille en rase-mottes, mais, vers 11 heures, la canonnade croît encore en intensité ; les groupes d'assaut allemands passent à l'attaque sans succès. Vers midi, la RAF intervient de nouveau et d'une manière très efficace : l'attaque est enfin enrayée. Plusieurs positions sont littéralement labourées par les obus. Le bombardement d'artillerie reprend ; 60 bombardiers joignent l'éclatement de leurs bombes à ce concert. Les détachements sur Bren-Carrier contre-attaquent. Le 1er régiment d'artillerie (RA) tire sans arrêt. Partout, des véhicules flambent. Un soleil dispense sa chaleur accablante sur ce tas de poussière dans lequel Français et Germano-Italiens s'affrontent.

Dans le courant de l'après-midi, la RAF intervient quatre fois, volant au ras du sol et mitraillant le colonel Hacker et ses soldats. Rommel lui-même entre dans le passage de mines ; il emmène ses batteries derrière lui et roule le long de la brèche, sans se soucier de sa personne, en criant « *Vorwärts!* » pour les Allemands et « *Avanti!* » pour les Italiens. Au sud et à l'est, une autre attaque démarre, soutenue par des chars et des canons d'appui. Un bombardement de 35 avions prélude à l'affaire, et l'artillerie lourde s'en mêle. Des véhicules flambent sur la position, et un dépôt de munitions saute. L'attaque ennemie n'est heureusement pas menée à fond et est contrainte de s'interrompre.

Le brouillard se lève le 9 juin au matin et montre un dispositif ennemi renforcé au nord : six canons de 50 mm, cinq groupes de mitrailleuses de 20 mm, quatre canons de 88 tirent. À 7h30, les mortiers d'infanterie et les canons lourds ouvrent le feu, et, dans le ciel, des bombardiers tournent, attendant d'y voir clair pour décharger leur ferraille. À 8h30, ces 60 avions trouvent l'occasion favorable. L'équipe de pièce d'un canon de 75 mm est pulvérisée par un coup de 88 mm frappant son alvéole ; le légionnaire survivant, la main arrachée, charge son 75 mm en s'aidant de son moignon, pointe son canon et touche le 88 mm.

En début d'après-midi, 42 Stukas bombardent la face nord et le groupe sanitaire. Les Germano-Italiens montent à l'assaut en formation serrée. Ils avancent sous un feu intense mais ne réussissent à pénétrer dans la position que dans la partie nord. Une charge de trois sections de Bren-Carrier les force à s'arrêter puis les oblige à décrocher. Un observateur signale que, devant le bataillon du Pacifique, l'ennemi laisse 250 cadavres sur le terrain pour cette unique journée. Le groupe sanitaire est définitivement détruit, et 17 blessés couchés sont tués à 20 heures par le dernier bombardement d'aviation, le plus fort subi depuis le début du siège.

Le message de Kœnig

LÉGENDE

Le général Kœnig adresse le message suivant à ses hommes : « Nous remplissons notre mission depuis quatorze nuits et quatorze jours. Je demande que ni les cadres ni la troupe ne se laissent aller à la fatigue. Plus les jours passeront, plus ce sera dur : cela n'est pas pour faire peur à la 1re brigade française libre. Que chacun bande ses énergies. L'essentiel est de détruire l'ennemi chaque fois qu'il se présente à portée de tir » (Archives militaires françaises, Vincennes).

Le général Kœnig n'ignore pas que le 10 juin sera le dernier jour où il faudra tenir : le commandement britannique lui a fait savoir que la résistance n'était plus essentielle pour le développement général de la bataille, à savoir la couverture du repli des troupes britanniques en direction d'El Alamein. Le 1er RA n'a plus qu'une centaine d'obus, alors qu'il lui en faudrait le triple, les antichars et les mortiers n'ont plus que 50 coups par pièce. Les réserves d'eau sont épuisées ; un ravitaillement par air procure 170 litres qui sont distribués aux blessés. Les vivres sont limités. Le brouillard prolonge la nuit jusqu'à 9 heures ; son humidité est appréciée des soldats. Les équipes téléphonistes du capitaine Renard réparent encore les lignes, comme ils l'ont fait sous les pires bombardements.

Rommel engage la 15e Panzerdivision

Le général Rommel, qui veut en finir au plus vite, a décidé d'engager la 15e Panzerdivision. L'étau s'est resserré autour des Français libres. Des combats se déroulent aux mortiers et aux fusils-mitrailleurs. Au nord-ouest de la position, le lieutenant Bourgoin et ses hommes se battent à la grenade contre un bataillon du 66e régiment italien de la division Trieste ; et toujours l'artillerie de l'Axe qui pilonne le camp retranché…

À 13 heures, 130 avions bombardent la face nord, et, peu après, l'attaque débouche derrière un barrage violent d'artillerie : des chars de la 15e Panzerdivision appuient l'infanterie. La situation devient critique : la 9e compagnie du capitaine Messmer est enfoncée, la section de l'aspirant Morvan, qui en formait le centre, est anéantie. Une charge héroïque de Bren-Carrier rétablit la situation de justesse. L'assaillant est une fois de plus repoussé.

Le harcèlement d'artillerie dure jusqu'à 19 heures ; une centaine d'avions arrosent de nouveau les positions, donnant le signal d'un nouvel assaut sur la face nord. L'artillerie française tire ses derniers obus, et l'attaque germano-italienne est encore enrayée après deux heures de combats acharnés. Bir Hakeim présente un aspect apocalyptique ; la fumée des véhicules qui brûlent monte jusqu'au ciel. Mais la journée n'est pas finie, et elle promet d'être rude si les hommes en jugent par la vue de leurs officiers, qui se rasent avec leur dernier quart d'eau : ils tiennent à avoir une apparence correcte pour mourir.

La sortie de la position

Durant la nuit du 10 au 11 juin 1942, la garnison française va sortir de vive force, emmenant ses blessés et toutes les armes lourdes que les véhiculent encore en état de marche pourront embarquer. Un passage dans le champ de mines, à la porte sud-ouest, est pratiqué de nuit ; l'infanterie à pied ouvrira un couloir, et les véhicules s'y engouffreront. Tout ce qui ne peut être emporté est détruit. Deux compagnies restent sur place ; elles tenteront ensuite de sortir, si elles le peuvent… Le 2e bataillon de la Légion a déjà franchi le champ de mines ; une des dernières unités, la section de l'aspirant

Germain, vient de passer en ordre derrière la 7e compagnie. Dans la nuit noire, où les repères manquent car tout a été bouleversé, les colonnes motorisées se mettent en place vers 22 h 30. Le bruit alerte l'ennemi, qui lance des fusées éclairantes.

Une lutte acharnée pour percer

Les armes automatiques ennemies crachent leurs rafales lumineuses, surprenant le bataillon du Pacifique, qui commence son mouvement à pied, derrière le 3e bataillon de la Légion – où l'en entend l'aspirant Bourdis trouver encore le courage de plaisanter sur la situation. Le silence est rompu : les mitrailleuses Breda, les mitrailleuses de 20 mm, les canons de 50 mm tirent, des obus éclatent, des véhicules sautent sur les mines. Les camions flambent, et le feu ennemi se concentre sur ces torches. Le lieutenant français Dewey, avec ses Bren-Carrier, charge les armes automatiques et détruit trois nids de mitrailleuses. Il chargera ainsi jusqu'à la mort, son Bren-Carrier éventré achevant sa dernière course sur le canon de 50 mm qui l'a frappé… Cet antichar, placé dans l'axe de la sortie, avait fait bien du mal.

Le capitaine Gufflet, du 1er RA, est tué dans sa voiture observatoire au moment où il dit : « Toutes les balles ne tuent pas… » Le capitaine Bricogne part, avec un fusil et deux grenades, attaquer une mitrailleuse allemande… Des groupes se forment ; c'est la course en avant d'hommes décidés à se frayer un passage en combattant. Des Bren-Carrier ouvrent la route aux ambulances du médecin-capitaine Guillon.

Les officiers donnent l'exemple

Près du couloir gît le capitaine Mallet, tué par l'explosion d'une mine. Il a reconnu le passage, permettant une meilleure évacuation de la troupe… Les hommes s'avancent… Le capitaine Lalande et le capitaine Messmer portent un fusilier marin blessé, tout en discutant de l'utilité de savoir la langue allemande. Il est 2 heures du matin ; un canon Bofors tracté bouche le passage, la barbe du père Lacointe (aumônier militaire) s'agite, une dernière poussée, et le tracteur arrache la pièce et fonce, emmenant ses soldats coiffés du béret à pompon rouge. La colonne motorisée s'écoule par groupes de 10 ou 15 véhicules entraînés par des officiers. Le lieutenant-colonel Laurent-Champrosay, le lieutenant de vaisseau Iehlé, les enseignes Colmay et Bauche arrachent ainsi successivement leurs petits convois à l'enlisement de la peur.

Le capitaine Saint-Hillier (futur général) guide les détachements vers le couloir étroit dégagé de mines. Il confie son ordonnance Hardeveld au capitaine de

Lamaze, à qui il donne l'axe de marche. De Lamaze est touché un peu plus loin par une balle de mitrailleuse lourde ; « Dites à mes parents et faites savoir à mes légionnaires que je suis mort en soldat et en chrétien » sont ses dernières paroles. Les Bren-Carrier du sous-lieutenant Mantel approchent, surchargés de blessés – le sien en transporte sept. Il est plus de 3 h 30 ; les sections de tête ont réussi leur décrochage malgré la proximité de l'ennemi. La nuit devient plus claire, on sent déjà l'aube qui va poindre, amenant le brouillard, comme ce fut le cas les jours précédents.

La sortie est un incroyable succès

Les Français libres traversent trois lignes de feu d'où partent sans cesse des rafales, puis les positions des batteries ennemies. La percée des positions germano-italiennes est cependant un succès ! Les lignes britanniques sont atteintes. Les premiers arrivés ont mis quatre heures pour toucher au salut. À 7 h 30, les éléments de recueil ramènent plus de 2 500 hommes vers la liberté et une partie du matériel, dont quelques canons.

Et, pourtant, Bir Hakeim n'est pas encore pris. En effet, l'ennemi n'a pas compris ce qui s'était passé durant la nuit. Rommel a fait venir la 15e Panzer-division pour donner le coup de grâce aux Français. Au matin du 11 juin, un nouveau bombardement aérien massif remue la position abandonnée ; les canons tonnent et l'infanterie d'assaut se lance… mais ne trouve plus devant elle que quelques isolés, la plupart blessés, qui épuisent leurs dernières munitions.

La Luftwaffe ne peut intervenir sur les colonnes alliées en retraite, car ses réserves d'essence sont à sec du fait des 1 400 sorties effectuées à Bir Hakeim. Pendant ce temps, à El-Alamein sont parvenues plusieurs divisions britanniques fraîches : des chars modernes, des canons antichars, de l'artillerie de campagne sont débarqués au même moment en Égypte.

« Le 11 juin 1942, écrit le général Rommel, la garnison française devait recevoir le coup de grâce. Malheureusement pour nous, les Français n'attendirent pas. En dépit des mesures de sécurité que nous avions prises, ils réussirent à quitter la forteresse, commandés par leur chef, le général Kœnig, et à sauver une partie importante de leurs effectifs. À la faveur de l'obscurité, ils s'échappèrent vers l'ouest et rejoignirent la 7e brigade anglaise. Plus tard, on constata qu'à l'endroit où s'était opérée cette sortie, l'encerclement n'avait pas été réalisé conformément aux ordres reçus. Une fois de plus, la preuve était faite qu'un chef français décidé à ne pas jeter le fusil après la mire à la première occasion peut réaliser des miracles, même si la situation est apparemment désespérée… Dans la matinée, je visitai la forteresse, théâtre de furieux combats ; nous avions attendu sa chute avec impatience. Les travaux de fortification autour de Bir Hakeim comprenaient, entre autres,

1 200 emplacements de combat, tant pour l'infanterie que pour les armes lourdes » (Archives militaires allemandes, Fribourg-en-Brisgau).

Les pertes infligées aux Germano-Italiens à Bir Hakeim s'élèvent à 64 blindés détruits (51 chars et 13 automitrailleuses), sans oublier une centaine de véhicules divers. La destruction de sept avions est à mettre à l'actif de la DCA des Français libres. En une seule sortie, la RAF britannique, très active, a descendu 42 stukas. Cent cinquante-quatre Italiens, dont 9 officiers, et 123 Allemands, dont 1 officier, ont été capturés. Le nombre de tués, disparus ou blessés germano-italiens est évalué, d'après les archives militaires allemandes et italiennes, à 3 300 hommes.

Du côté français, sur environ 3 700 combattants dénombrés sur la position, 99 sont tués et 79 blessés au cours du siège. Lors de la sortie, 2 619 hommes parviennent à percer l'encerclement ; 980 sont perdus, dont 814 prisonniers ou disparus, 125 blessés et 41 tués. Le bilan des pertes en matériel se monte à 40 canons de 75 mm, 8 canons de 40 mm Bofors, 5 canons de 47 mm et 250 véhicules détruits.

Un hommage unanime

Le général britannique Playfair, historien officiel de la guerre du désert, estime que la défense prolongée de la garnison française a joué « un rôle important dans le rétablissement des troupes britanniques en Égypte. Les Français libres ont dès l'origine gravement perturbé l'offensive de Rommel. L'acheminement du ravitaillement de l'Afrikakorps en a été fortement troublé. La concentration de plus en plus importante des forces de l'Axe pour percer cet abcès a sauvé la VIIIe armée britannique d'un désastre. Les retards qu'apporte la résistance résolue des Français augmentent les chances des Britanniques de se ressaisir et facilitent la préparation d'une contre-attaque. À plus long terme, le ralentissement de la manœuvre de Rommel permet aux forces britanniques d'échapper à l'anéantissement prévu par l'Axe. C'est par là que l'on peut dire, sans exagération, que Bir Hakeim a facilité le succès défensif d'El-Alamein » (Archives militaires britanniques, Londres).

Churchill, Hitler, de Gaulle et les officiers britanniques admiratifs

Winston Churchill écrit : « En retardant de quinze jours l'offensive de Rommel, les Français libres de Bir Hakeim auront contribué à sauvegarder le sort de l'Égypte et du canal de Suez » (Archives militaires britanniques, Londres).

Les places fortes de Tobrouk et de Marsa Matruh, qui tombent très rapidement (un ou deux jours), ne retardent que faiblement la progression de Rommel, alors que Bir Hakeim résiste durant plus de deux semaines. Dès le 4 juillet 1942, les Britanniques ont pu établir une solide position sur le front d'El-Alamein, en Égypte. Les renforts se sont multipliés, notamment en chars lourds Grant et Sherman, alors que Rommel doit attaquer avec des forces limitées, certaines divisions se trouvant réduites à une dizaine de chars. Dans un rapport du haut commandement anglais du 12 juin 1942, on peut lire : « En tenant compte des combats ininterrompus et sévères que la brigade FFL dut alors mener pendant seize jours, les pertes françaises ont été légères. Les plans de Rommel ont été déjoués grâce à la splendide résistance opposée par la garnison française, qui a toujours repoussé l'ennemi en lui causant des pertes sévères » (Archives militaires britanniques, Londres).

Lorsque le jeune journaliste allemand Lutz Koch, de retour à Berlin, raconte en détail les très durs combats de Bir Hakeim à Hitler, la vieille haine de la France se rallume dans le cœur du chef du IIIe Reich : « Vous entendez, messieurs, ce que raconte Koch, dit aussitôt le Führer. C'est bien une nouvelle preuve de la thèse que j'ai toujours soutenue, à savoir que les Français sont, après nous, les meilleurs soldats de toute l'Europe. La France sera toujours en situation, même avec son taux de natalité actuel, de mettre sur pied une centaine de divisions. Il nous faudra absolument, après cette guerre, nouer une coalition capable de contenir militairement un pays capable d'accomplir des prouesses sur le plan militaire qui étonnent le monde comme à Bir Hakeim » (Archives militaires allemandes, Fribourg-en-Brisgau).

Bir Hakeim a en effet un retentissement mondial. Toute la presse en parle longuement : depuis juin 1940, une grande unité française, isolée, résiste efficacement aux assauts de plus en plus puissants de l'Axe… Le général de Gaulle adresse au général Kœnig, lors du dernier jour du siège, le message suivant : « Sachez et dites à vos troupes que toute la France vous regarde et que vous êtes son orgueil. » En apprenant la réussite de l'évacuation de Bir Hakeim, le général de Gaulle ferme la porte derrière le messager et écrit : « Je suis seul – oh ! cœur battant d'émotion, sanglots d'orgueil, larmes de joie » (Archives de la Fondation de la France libre, Paris).

Le journal britannique *Daily Mail* titre « Les hommes de la France libre rendent le nom de Bir Hakeim immortel ». Le même journal écrit que « la défense de Bir Hakeim est l'un des plus splendides exploits de la guerre ». Le *Times* s'étend longuement sur la bataille de Bir Hakeim : « La bataille fantastique et sanglante a atteint un nouveau sommet lorsque les forces axistes lancèrent une nouvelle avalanche de fer contre les Français de Bir Hakeim. On pense que l'ennemi est en train de regrouper de nouvelles forces importantes avant une attaque plus formidable encore. Les Français gardent un bon moral et repoussent héroïquement tous les assauts de l'ennemi.

Les forces axistes à Bir Hakeim s'attaquent à plus qu'une forte position défensive, elles s'attaquent à quelque chose qu'elles ne peuvent briser : ces hommes sont la France, et la France est dans leurs yeux lorsqu'ils combattent » (Archives militaires britanniques, Londres).

Les généraux britanniques multiplient les éloges en faveur de la bravoure des troupes françaises à Bir Hakeim. Le général Frank Messervy, commandant de la 7e division britannique, écrit, fin juin 1942, la lettre suivante au général Kœnig : « Mon cher général Kœnig, je veux vous écrire un mot pour vous exprimer mon admiration et celle de tous les cadres et troupes de la 7e division britannique pour le magnifique combat mené par vous et les vaillantes troupes de la 1re brigade française libre, dans la défense de Bir Hakeim. Pendant ces deux semaines d'attaques incessantes de l'aviation, de bombardements d'artillerie intenses et d'attaques ennemies déterminées, votre moral n'a jamais fléchi, vous avez tenu fermement et êtes restés indomptables. Par votre défense farouche, vous avez joué un rôle des plus importants dans cette grande bataille du désert afin de déjouer les plans offensifs de l'ennemi » (Archives militaires françaises, Vincennes).

Le maréchal britannique Alexander, un des principaux chefs militaires alliés de la Seconde Guerre mondiale, écrit de son côté : « La bataille de Bir Hakeim représente un des plus beaux faits d'armes de l'armée française dans sa lutte contre l'Axe sur le théâtre de guerre africain. Les soldats français, commandés par un chef magnifique, ont donné la preuve de leur héroïsme légendaire. En fixant durant deux semaines près de la moitié des forces de Rommel, Kœnig et ses hommes ont largement contribué au rétablissement des troupes britanniques en Égypte. Les Alliés doivent reconnaissance et admiration aux troupes françaises et à leur vaillant général.

» Sous le commandement de l'intrépide général Kœnig, vous avez pendant quinze jours et quinze nuits subi les attaques féroces de l'ennemi. Ni le raz-de-marée des chars ni le tonnerre des stukas n'ont entamé votre courage et vous n'avez pas abandonné votre poste avant que le commandement britannique ne vous en donne l'ordre. Bir Hakeim est une victoire française. Je salue vos morts, nos frères d'armes tombés au champ d'honneur, dont la mémoire bénie nous soutiendra dans les batailles à venir » (Archives militaires françaises, Vincennes).

Nouveau combat à El-Alamein

La brigade FFL du général Kœnig, réorganisée, est engagée sur le front d'El-Alamein, où elle participe activement aux durs combats de l'Himeimat en octobre 1942, à l'extrême sud du dispositif allié. Elle se trouve opposée, en partie, à deux unités d'élite de l'Axe, la division parachutiste italienne Folgore et la brigade parachutiste allemande Ramcke. L'éperon désertique et rocheux de l'Himeimat, culminant à 300 m d'altitude, facilite la défense des troupes italo-allemandes. La brigade FFL doit accomplir une longue marche d'approche de 15 km sur un terrain désertique, n'offrant aucune protection aux vues et aux coups de l'ennemi, un parcours difficile à travers les dunes de sable mou. Les défenseurs attendent dans leur bastion qui domine la plaine, bien protégé par un habile réseau de mines. Durant une semaine, attaques et contre-attaques vont se multiplier. Les Français libres, bien que soutenus par une faible artillerie, fixent d'importantes troupes italo-allemandes, pendant que le front d'El-Alamein est percé plus au nord par de puissantes unités blindées britanniques. La bataille de l'Himeimat coûte près de 200 hommes (tués ou blessés) à la brigade du général Kœnig.

PORTRAIT

Pierre Kœnig

Pierre Kœnig est né le 10 octobre 1898 à Caen, dans le Calvados, dans une famille de souche alsacienne. Son père est facteur d'orgues. Pierre fait ses études au collège Sainte-Marie et au lycée Malherbe de Caen. Lorsque la Première Guerre mondiale éclate, il n'a que 16 ans, et, désireux de servir, doit patienter avant de s'engager, en 1917, après avoir obtenu son baccalauréat, au 36e régiment d'infanterie. Il suit les cours de l'École d'aspirants d'Issoudun et, promu aspirant en février 1918, rejoint au front son unité en avril. Il prend part à la bataille des Flandres en mai, puis à celle du Matz en juin-juillet, et enfin à l'offensive de l'Oise en août-septembre 1918. Cité et décoré de la médaille militaire, il est promu sous-lieutenant en septembre 1918 et prend part aux combats de l'Ailette en octobre 1918, avant de décider de rester dans l'armée.

Affecté au 15e bataillon de chasseurs alpins, il sert en Silésie de 1919 à 1922, puis dans les Alpes (1922-1923) avec le grade de lieutenant. Il fait ensuite partie, comme officier de renseignements, des troupes d'occupation en Allemagne jusqu'en 1929, à l'état-major des 40e et 43e divisions d'infanterie. Après un bref séjour au 5e régiment d'infanterie à Paris, Pierre Kœnig part au Maroc comme commandant de compagnie au 4e régiment étranger. Il prend part aux opérations de pacification du Maroc (1931-1934). Promu capitaine, il est affecté à l'état-major du général Catroux et reste au Maroc, où il participe à différentes opérations dans le désert jusqu'à la déclaration de la guerre, en septembre 1939.

Détaché durant quelques mois au 2e régiment de tirailleurs marocains, il quitte l'Afrique du Nord en février 1940 et prend part à l'expédition de Norvège, au sein de la 13e demi-brigade de la Légion étrangère (DBLE), puis à l'état-major du général Audet, commandant du corps expéditionnaire français. De retour en Bretagne le 16 juin 1940 avec le corps expéditionnaire et devant l'impossibilité de reprendre le combat sur le sol français, il s'embarque le 19 juin de Saint-Jacut-de-la-Mer avec quelques officiers de la 13e DBLE, dont son chef, le colonel Magrin-Vernerey (« Monclar »). À Jersey, la petite troupe est prise en charge par un cargo et parvient en Angleterre le 21 juin 1940.

.../...

Arrivé en Angleterre, le capitaine Kœnig retrouve la 13e DBLE et se met aux ordres du général de Gaulle. Promu au grade de chef de bataillon, il joue un rôle prépondérant dans le ralliement du Gabon, en novembre 1940. En décembre 1940, il est nommé commandant militaire du Cameroun et promu lieutenant-colonel. Début 1941, promu colonel, il est au Soudan et en Palestine et prend part à la campagne de Syrie comme chef d'état-major du général Legentilhomme, commandant la 1re division française libre. À l'armistice de Saint-Jean-d'Acre, le colonel Kœnig est délégué pour la France libre à la Commission d'armistice.

Général de brigade en juillet 1941, il combat en Libye, à Halfaya (décembre 1941-janvier 1942), à Méchili (février 1942) et Bir Hakeim (février-juin 1942), en qualité de commandant de la 1re brigade française libre. Résistant aux attaques italo-allemandes menées par le général Rommel pendant quatorze jours et tenant coûte que coûte la position de Bir Hakeim afin de permettre à la VIIIe armée britannique de se réorganiser à El-Alamein, Kœnig accomplit parfaitement sa mission malgré une infériorité numérique flagrante (37 000 soldats italo-allemands contre 3 700 Français libres). Il parvient à ramener avec lui les trois quarts de ses hommes, échappés grâce à la sortie de vive force de la position dans la nuit du 10 au 11 juin 1942, à travers les champs de mines et les positions ennemies.

Le général Kœnig prend part ensuite à la bataille d'El-Alamein en octobre 1942. Adjoint au général de Larminat, commandant la 1re division française libre (DFL), il participe à la campagne de Tunisie (avril-mai 1943), à la suite de laquelle il est promu général de division, commandant de la 1re DFL. Le 1er août 1943, il quitte le commandement de la 1re DFL pour prendre les fonctions de chef d'état-major adjoint de l'armée à Alger et y opérer la fusion entre les troupes d'Afrique du Nord et celles de la France libre.

En mars 1944, il est nommé délégué du gouvernement provisoire de la République française auprès du général Eisenhower (commandant suprême interallié) et, en même temps, commandant supérieur des forces françaises en Grande-Bretagne et commandant des Forces françaises de l'intérieur (FFI). Promu général de corps d'armée le 28 juin 1944, il est nommé gouverneur militaire de Paris le 25 août suivant, et le reste jusqu'à la fin des hostilités.

En juillet 1945, le général Kœnig est nommé commandant des forces françaises en Allemagne avant d'être promu, en mai 1946, général d'armée. Il quitte son poste en Allemagne en août 1949 pour prendre celui d'inspecteur des forces terrestres, maritimes et aériennes de l'Afrique du Nord. Parallèlement, il devient vice-président du Conseil supérieur de la guerre. Il est élu membre de l'Académie des sciences morales et politiques en 1950. Député du Bas-Rhin en 1951, réélu en 1956, il est président de la Commission de la défense nationale de l'Assemblée nationale d'août 1951 à juin 1954.

Élu membre de l'Assemblée consultative européenne en août 1951, il est ministre de la Défense pendant deux mois dans le cabinet de Pierre Mendès France en 1954, puis de nouveau durant quelques mois au sein du cabinet Edgar Faure en 1955. Il apporte son soutien à la cause d'Israël en présidant le Comité franco-israélien. Pierre Kœnig est également élu membre du Conseil de l'ordre de la Libération. Il est décédé le 2 septembre 1970 à l'hôpital américain de Neuilly-sur-Seine. Ses obsèques se sont déroulées en l'église Saint-Louis-des-Invalides. Il a été inhumé au cimetière de Montmartre, à Paris. Pierre Kœnig a été élevé à la dignité de maréchal de France à titre posthume par décret du 6 juin 1984.

Chapitre 14

Les Forces aériennes françaises libres

Dans ce chapitre :

- Les ralliements en Grande-Bretagne et en Afrique
- La création des groupes aériens
- L'as de la chasse française est un gaulliste

Les premiers aviateurs français à rejoindre la Grande-Bretagne afin de continuer la lutte y arrivent avant le général de Gaulle. Ils y trouvent des évacués de Dunkerque, de Narvik, des militaires isolés, autant d'éléments qui vont contribuer à constituer le noyau des Forces françaises libres (FFL).

Le 14 juin 1940, les Allemands entrent dans Paris. Le lendemain, le sergent Jean Demozay, celui qui va devenir le célèbre « colonel Morlaix » dans les *Forces aériennes françaises libres* (FAFL), réussit une évasion sensationnelle. Il a été réformé pour faiblesse constitutionnelle, comme Guynemer au début de la Première Guerre mondiale. Grâce à de fausses attestations, il s'engage en 1939 et devient interprète dans la RAF (armée de l'air britannique) stationnée en France. Il prend, clandestinement, quelques leçons de pilotage. Aidé de mécaniciens britanniques, il remet en état un vieux bombardier britannique abandonné sur un terrain de Nantes et s'installe aux commandes. Avec 16 Anglais et deux Français à bord, il décolle, navigue et se pose sans casse près de Londres. Comme il n'est pas à une fausse déclaration près, il se dit pilote de chasse, alors qu'il n'a jamais passé de brevet. Le 9 septembre 1940, il signe son engagement dans les FAFL et, promu aspirant, sera affecté à un groupe anglais de chasse. Il finira la guerre avec 23 victoires en combat aérien !

Les premiers ralliés

Le 17 juin, un bombardier de la RAF décolle de Bordeaux-Mérignac pour Londres avec, à son bord, dix Français, dont le capitaine Ottensooser (futur « capitaine Charles »). De Mérignac, le même jour, un autre avion britannique s'envole pour Londres avec un passager de marque, celui dont Churchill a dit la veille « Voilà le connétable de France », le général de Gaulle, accompagné de son aide de camp, le lieutenant de Courcel, futur ambassadeur à Londres, et du général britannique Spears. Dans leurs bagages se trouvent les 100 000 francs de fonds secrets du gouvernement précédent, remis par Paul Reynaud, qui vont constituer le premier budget de la France libre.

En Grande-Bretagne

Le 18 juin, trois avions Caudron Simoun emportent de Royan cinq lieutenants de l'École de pilotage : Ezanno, Gaillet, Moizan, Preziosi et Soufflet. Le lendemain, 108 militaires de l'École de pilotage de Morlaix, avec le lieutenant Pinot, partent de Douarnenez sur un langoustier, le *Trevouliste*. Le même jour, de Cazaux et de Toulouse, des avions quittent clandestinement la France en direction de l'Angleterre. Le 20 juin, dans un Farman 220, ils sont 18 sous-officiers qui accompagnent le capitaine Goumin. Aucun des aviateurs présents n'avait auparavant piloté un tel appareil. Heureusement, tout se passe pour le mieux entre Saint-Jean-d'Angély et Saint-Evel, en Angleterre. Le 21, 17 pilotes de l'École de chasse d'Avord s'embarquent à Bayonne sur un cargo en partance pour le Maroc. Le 22, c'est le départ massif de Toulouse-Francazal sur Potez 63/11, Caudron Goéland et Dewoitine D.520. Sont du nombre les lieutenants Choron, Littolff et Schloesing.

En Égypte

Le 23 juin 1940, à la demande du général anglais Wavell, trois Morane-Saulnier 406 (lieutenant Péronne, adjudant-chef Ballatore, adjudant-chef Coudray) décollent à 8 h 30 de Rayak, en Syrie, pour Ismaïlia, en Égypte. Afin d'assurer le soutien logistique de ces chasseurs, deux Fokker trimoteurs partent un peu plus tard, transportant une équipe de cinq mécaniciens (sergents Chaïla, Couturier, Geiger, Calobre, adjudant-chef Epery). À l'atterrissage à Ismaïlia, Péronne, surpris par la piste en dur, casse son appareil : le Morane-Salunier 406, conçu pour être utilisé sur des terrains en herbe, ne possède pas de roulette de queue mais une béquille.

Le 27 juin, le capitaine Paul Jacquier décolle de Syrie, pendant l'heure de la sieste, pour Ismaïlia, avec un Potez 63/11. Le lendemain, Péronne reçoit l'ordre de rentrer en Syrie. D'accord avec Jacquier, il n'en fait rien : ils resteront en Égypte. Ce qui leur donnera l'occasion, avec les capitaines Ritoux-Lachaud et Dodelier, évadés de Tébessa (Algérie) sur deux Glenn-Martin le 1er juillet, de constituer le premier noyau des FAFL au Moyen-Orient.

Il y a déjà là une dizaine d'avions de types différents. Le 4 juillet, ils sont renforcés par un Potez 63/11 du groupe de reconnaissance II/39, piloté par l'adjudant Lebois, et ayant à son bord le sergent-chef Djabian (mitrailleur) et le sergent Vergerio (mécanicien). Se joignent à eux le lendemain le lieutenant Pierre de Mesmont et ses neufs compagnons (Bauden, Chemin, Coste, Cassou, Delpino, Delattre, Lobato de Faria, Le Moal et Pinson), évadés à bord d'un camion bourré de matériel, toujours en provenance de Syrie.

Pétain s'évade de Cazaux...

Le 24 juin est une journée faste : de Port-Vendre, le commandant Pijeaud, 30 aviateurs de l'École de l'air et une dizaine d'officiers et de sous-officiers prennent place sur un cargo grec qui va les conduire à Gibraltar. De son côté, le commandant Lionel de Marmier quitte Saint-Jean-de-Luz sur un bateau anglais chargé de Polonais. Le capitaine Bécourt-Foch, Moynet, Maridor, de Saxcé font le même voyage et arrivent à Plymouth le 27. Enfin, c'est ce jour-là que, sur un Potez 540, Pétain s'évade de Cazaux… Il s'agit du sergent mitrailleur Pétain, qui gagne l'Angleterre avec le sergent pilote Claude Deport.

Le 27 juin, déjouant la surveillance des côtes, un capitaine de réserve qui fera parler de lui, Jean Astier de Villatte, réussit à prendre place sur le dernier bateau anglais qui s'éloigne de l'estuaire de la Gironde, en compagnie des rescapés d'une division polonaise. Le bombardement commence aux différents points d'embarquement et se poursuit, relayé par les attaques incessantes des sous-marins allemands, jusqu'à l'arrivée à Liverpool, trois jours plus tard. Le 6 juillet, Astier de Villatte signe son engagement à Londres.

Vers la même époque, à Gibraltar, les évadés de France et d'Afrique du Nord tentent de rejoindre l'Angleterre. Dès le 28 juin s'est présenté aux autorités britanniques un marin mis à la retraite depuis le 21 novembre 1939, l'amiral Muselier, venant de Marseille à bord du charbonnier anglais *Cydonia*, auquel il a fait traverser les barrages et les champs de mines qu'il avait lui-même mis en place ! Il rallie à la cause de la France libre le chalutier *Président Houduce* et le cargo *Rhin*, prépare leur voyage vers l'Angleterre et s'envole le 29, sur un hydravion qui le conduit auprès du général de Gaulle.

René Mouchotte et les autres

Le 30 juin sont arrivés à Gibraltar un Goéland et un Simoun venant d'Oran (Algérie). René Mouchotte est aux commandes du premier, emportant à son bord deux autres sergents comme lui, Lafont et Guérin, un mitrailleur et deux officiers de l'armée de terre (Held et Soret). À six, le décollage est pénible, d'autant que le commandant de la base à fait débrancher la commande du pas des hélices sur tous les avions… On vole à une moyenne de 130 km/h au lieu des 220 km/h prévus ! Dans le second avion (le Simoun) ont pris place Fayolle et Stourm. Gibraltar est à 475 km d'Oran. Pour naviguer, Mouchotte et Guérin disposent d'une carte arrachée dans un atlas scolaire.

Tout se passe bien pour eux et pour le Simoun, mais, le même jour, un autre groupe d'évadés, venant du Maroc, a moins de chance : trois avions Glenn-Martin en provenance du terrain de Berrechid (Maroc) se présentent en fin de journée au-dessus de Gibraltar. Le premier, piloté par le capitaine Meyrand, seul à bord, atterrit sans difficulté. Le second, avec le capitaine Lager et les lieutenants Aubertin et de Saint-Péreuse, est tiré par la DCA (défense antiaérienne) espagnole mais réussit à se poser sans encombre. Le troisième, au dernier virage, moteur réduit, volets sortis, est abattu par les mitrailleuses espagnoles et tombe dans les eaux anglaises. Ses quatre occupants – le capitaine de Vendeuvre, le lieutenant du Plessis, le lieutenant Berger et le sous-lieutenant Weill – sont tués. Ce sont les premiers morts de la France libre.

Engagements massifs venus de partout

Le 3 juillet 1940, d'autres évadés se présentent à Gibraltar : c'est un Goéland venant de Meknès (Maroc) avec les sergents Perrin et Blaize, un cargo chargé de Polonais au milieu desquels se sont glissés 16 jeunes Français venant de Casablanca… Parmi eux se trouvent Dubourgel, de Labouchère, Monier, de Montbron. Ils arrivent à Glasgow le 25 juillet.

En septembre, c'est le capitaine Bonnafé qui, venant du Levant (Syrie et Liban sous domination française), s'engage dans la RAF en Palestine ; c'est le sergent Max Guedj qui s'embarque à Tanger (Maroc) et qui sera admis dans la RAF comme aspirant en raison de son brevet de pilote civil ; puis le lieutenant Motte qui rejoint l'Angleterre. En novembre, on assiste à quelques départs sensationnels. Un polytechnicien (secrétaire de l'aéro-club de Cochinchine), le capitaine Jean Arnoux (un artilleur qui vient de passer son brevet de pilote civil), le lieutenant Louis Ducorps et un marin (le lieutenant de vaisseau Jubelin) s'évadent de Saigon sur un avion de tourisme, le *Pélican*, dont l'autonomie est de 520 km, et se posent 600 km plus loin, après avoir traversé le golfe de Siam… poussés par la mousson ! Dans leurs bagages, on trouve deux revolvers, trois chambres à air gonflées en cas d'amerrissage, un ouvrage de Plutarque et un autre de Pascal. Les trois héros arriveront à Glasgow le 3 février 1941.

L'évasion de Maurice Halna du Fretay sort également de l'ordinaire : le 15 novembre 1940, il part du parc de la propriété familiale de Jugon, en Bretagne, à bord d'un petit avion personnel, le *Zlin*, dont il a stocké les pièces détachées dans la cave du château, et qu'il a patiemment reconstruit !

Le sergent-chef Lucien Montet, futur « commandant Martell », ancien de la patrouille d'Étampes, s'évade d'Alger sur une barque de pêche le 20 novembre 1940. Itinéraire : l'Espagne, Port-Vendres, la prison maritime de Toulon, deuxième évasion par les Pyrénées, Barcelone, Londres enfin, le 12 avril 1942, d'où il repart pour un parachutage en France avant une nouvelle évasion par l'Espagne… Telles sont les étapes qui le conduiront au groupe de chasse FAFL Alsace, dont il prendra le commandement.

Autre évasion mouvementée, celle du lieutenant Bridoux, parti de la zone occupée le 20 novembre 1940. Il finira par se présenter à Zouar (Tchad) avec le commandant Lanusse et les aspirants Jourdain et Louchet six mois plus tard, après une incroyable randonnée de marches et de contremarches en plein Sahara – 12 000 km en tout, dont 8 000 km de désert, 500 km à pied et 400 km à dos de chameau.

En décembre 1940, le capitaine Tulasne, pilote de chasse au groupe 1/7 de Rayak (Liban) passe en Égypte. À l'autre bout du monde, Madagascar sert de tremplin à la formidable évasion du lieutenant Chevalier, sur un Potez 29, qui se lance sur 800 km de mer ; il ne doit sa réussite qu'aux 450 litres d'essence patiemment stockés pendant deux mois dans sa chambre, sous la forme de 25 bidons qu'il transvasera en vol dans le réservoir ! Il termine son voyage dans l'eau, à 800 m de la côte, entouré de poissons, blessé, mais heureux. Après dix-sept heures de marche, escorté d'indigènes nus armés de sagaies, il peut enfin s'expliquer avec le consul britannique de Mozambique et finalement rejoindre les FAFL d'Égypte en mars 1941.

À la même époque, le commandant Corniglion-Molinier se pose en terre anglaise, suivi du capitaine Bernard Dupérier et du lieutenant de réserve Level (Livry). Le 29 novembre 1941, deux jeunes sergents, Jean Hébert et Denys Boudard, se présentent au terrain de Christchurch, entre Dorchester et Southampton, à bord d'un petit biplace Bucher qu'ils ont volé aux Allemands sur le terrain de Caen.

Environ 3 200 aviateurs ralliés, dont mon oncle…

Les avions des ralliés à la France libre, Simoun, Goéland, Dewoitine 520, Potez 63/11, etc., sont rassemblés à St Athan, dans le pays de Galles, en compagnie d'un exemplaire unique, le Farman 220, quadrimoteur du capitaine Goumin. Quant aux aviateurs ayant rejoint la Grande-Bretagne, ils sont près de 500 au début de l'année 1941. On en compte également une centaine en Afrique-Équatoriale française, autant en Égypte. Ils seront un millier en juillet 1941, dont un tiers en Angleterre. En 1942-1943, 1 800 suivront et porteront les effectifs FAFL à 3 200 hommes. Parmi ces héros de la France libre figure le sous-lieutenant d'aviation Prosper Dorizon, mon oncle, qui terminera sa carrière militaire avec le grade de commandant, la poitrine couverte de décorations britanniques, américaines et françaises.

Instruction et formation made in England

À leur arrivée sur le sol anglais, les Français ont tout d'abord de mauvaises surprises : ils sont fouillés et longuement interrogés. À cette époque, l'Angleterre a la hantise des espions. À la Patriotic School, que le français Livry-Level présente comme « une sorte de prison », c'est le tri : d'un côté ceux qui veulent vraiment se battre et dont les intentions sont pures, de l'autre les indésirables, qu'on oblige à rentrer en France occupée.

L'apprentissage de l'anglais et les bonnes surprises

Il est alors décidé que chaque pilote, après avoir été instruit et entraîné, sera versé dans un *squadron* de la RAF, jusqu'au jour où les Français seront assez nombreux pour constituer des unités autonomes. Et de vieux pilotes de chasse confirmés, comme Dubourgel, virtuose du Bloch 152, doit reprendre l'instruction de zéro sur Tiger-Moth.

L'instruction des pilotes se fait uniquement en anglais. Les Français ne parlant pas cette langue doivent suivre quatre heures de cours par jour. Malgré cela, Mouchotte constate avec humour que son ami Guérin enrichit son vocabulaire d'un mot et demi par semaine en moyenne !

Heureusement, les bonnes surprises ne manquent pas : les nouveaux arrivés notent le confort de la base de St Athan, remarquable par son gymnase grandiose, sa piscine, ses tennis, son ring de boxe, son cinéma de 200 places et la propreté méticuleuse de ses bâtiments, de ses voies, de son personnel. Les familles anglaises considèrent souvent les Français libres comme leurs enfants ; les aviateurs chevronnés de la RAF les accueillent avec modestie, les chauffeurs de taxi ont toujours un mot gentil, les bars leur font crédit, les jeunes filles sourient et se portent volontaires pour leur apprendre l'anglais…

« Il y a le thé aussi, raconte René Mouchotte. Et quand vous demandez un café, vous ne savez pas ce que vous apporte exactement la serveuse : ce doit être une variante du thé ! En Angleterre, on mange très souvent, très peu chaque fois, et j'affirme qu'à la fin de la journée le compte n'y est pas, puisque la faim vous tenaille. Il y a tout de même un restaurant français à Londres qui vous promet un repas gratuit pour chaque victoire aérienne » (Archives de la Fondation de la France libre).

Le bal des condamnés à mort

ANECDOTE

Le 31 juillet 1940, les Français libres peuvent lire dans les journaux que tous militaires déclarés rebelles qui ont rejoint une armée étrangère pour continuer à combattre seront condamnés à mort par l'État français (régime de Vichy) s'ils ne sont pas rentrés en France le 15 août. Les FFL de Londres vont réagir avec un humour très britannique : à la date fixée, le 15 août, ils organisent un bal pour lequel ils lancent des centaines d'invitations. La soirée remporte un succès considérable ; elle restera dans l'histoire sous le nom de « bal des condamnés à mort ».

L'entraînement des FAFL commence sur Tiger-Moth puis sur T-6 Harvard. Un mois à peine après leur arrivée, les pilotes français volent à Old Sarum. Le camouflage de la base est si bien fait qu'on peut passer au-dessus et se croire en train de suivre une rivière ! Le pilote Perrin se perd un jour sur Tiger-Moth et se voit obligé de se poser pour demander sa route… ce qui ne manque pas de provoquer certains problèmes de traduction. Les élèves pilotes poursuivent leur instruction sur Hawker-Hector avant de partir en Operational Training Unit (OTU), dernière étape avant l'affectation en *squadron*, sur Hurricane ou Spitfire.

Figure 14-1 : Chasseurs Hurricane du groupe Alsace des FAFL.

Les combats et les opérations dans le ciel

Les Forces aériennes françaises libres (FAFL), présentes dès la fin juin 1940 en Grande-Bretagne et en Afrique puis au Levant en 1941, se constituent peu à peu en groupes organisés, avec du matériel britannique (chasseurs, bombardiers, éclaireurs, ravitailleurs) :

- le groupe de chasse Alsace (né le 15 septembre 1941 au Levant) ;
- le groupe de bombardement Lorraine (né le 24 septembre au Levant) ;
- le groupe de chasse Île-de-France (né le 20 octobre en Grande-Bretagne) ;
- le groupe de bombardement Bretagne (né le 1er janvier 1942 au Tchad) ;
- le groupe de chasse Normandie (futur Normandie-Niémen, né le 1er septembre au Levant) ;
- les groupes de surveillance Artois et Picardie (nés en juin 1943 respectivement au Levant et en Afrique).

Parallèlement sont créés deux régiments parachutistes en Grande-Bretagne, issus de l'infanterie de l'air, dont l'origine remonte à la seconde moitié des années 1930. Au milieu de 1942, gagnant en importance, les FAFL comptent près de 1 500 officiers, sous-officiers et hommes du rang. Le 27 juin 1943, à quelques jours de leur fusion avec l'Aviation française d'Afrique du Nord, les FAFL atteignent un effectif de 3 200 personnes.

De juillet 1940 à juillet 1943, les FAFL déplorent 500 tués au combat et 152 prisonniers, soit environ 40 % des effectifs du personnel navigant. Durant la même période, les FAFL revendiquent 315 avions ennemis abattus officiellement, 35 probablement abattus, 67 endommagés, 6 bâtiments coulés, 12 bâtiments incendiés et 86 avariés, sans compter des centaines de véhicules et du matériel de toute sorte détruits sur l'ensemble du front.

De 1941 à 1945, le groupe de chasse Alsace accomplit 4 500 sorties, dont 655 de bombardements en piqué, remporte 51 victoires confirmées et 16 probables, coule 27 navires, détruit plus de 500 véhicules au sol, déplore la perte de 21 pilotes dans ses rangs. Durant la même période, le groupe de chasse Île-de-France accomplit 7 100 sorties, abat 75 avions ennemis et perd de son côté 38 pilotes. De 1942 à 1945, le groupe de chasse Normandie-Niémen, engagé sur le front russe, remporte 273 victoires confirmées et 37 probables, endommage également 47 avions ennemis, le tout en 869 combats aériens, pour la perte dans ses rangs de 42 pilotes tués sur 96 présents. De 1941 à 1945, le groupe de bombardement Lorraine perd plus de 100 de ses membres, déverse 2 500 tonnes de bombes en plus de 3 000 sorties.

Martial Valin : chef des FAFL

Martial Valin est né le 14 mai 1898 à Limoges. Après son baccalauréat, alors qu'éclate la Grande Guerre, il souhaite ardemment s'engager. Son père le pousse plutôt à préparer à Limoges le concours de Saint-Cyr. Entré au service dans la cavalerie en avril 1917, au 4e régiment de dragons, il apprend au même moment son admission à Saint-Cyr, où il reste de mai 1917 à février 1918. Aspirant, il prend part ensuite, au sein du 3e régiment de chasseurs d'Afrique, à la guerre de tranchées. Il est cité pour sa participation à la bataille de Champagne. Gazé, il doit être hospitalisé et rejoint son unité en septembre 1918.

Passage par diverses unités

Au lendemain de la guerre, il est affecté au 16e régiment de dragons et, sous-lieutenant, regagne l'école de Saint-Cyr. Il fait en 1920 une année d'application à l'École de cavalerie de Saumur et rejoint son unité à Saint-Germain-en-Laye. Promu lieutenant, il se porte ensuite volontaire pour le Levant et est affecté au 21e régiment de spahis marocains à Constantinople, avant de servir au Maroc au 22e régiment de spahis et de participer à la campagne du Rif en 1925.

Rentré en France en 1926, il est affecté au 4e régiment de hussards de Rambouillet. Rapidement, il passe dans l'aviation. Observateur en avion en 1927, pilote en 1928, il décide de se spécialiser dans l'aviation de bombardement et le vol de nuit. Capitaine en 1929, commandant d'escadrille, il étudie dès 1930 la question du vol groupé de nuit sans aucun feu et l'atterrissage dans le noir avec seulement quelques lumières discrètes. Officier d'état-major de la 12e brigade aérienne de Chartres en 1935, il doit à ses études de tactique aérienne d'être appelé au 3e bureau de l'état-major général de l'armée de l'air, où il reste près de trois ans.

Affecté en 1938 à la 33e escadre aérienne, le commandant Valin est à la tête d'un groupe de reconnaissance qui est en 1939 le premier de l'armée de l'air équipé en Potez 63/11, à la tête duquel il prend part aux opérations de 1939-1940. Il est blessé en service commandé à la suite d'un atterrissage forcé. Nommé ensuite à l'état-major de l'armée aérienne du théâtre des opérations du Nord-Est, il assure les fonctions de chef du 2e bureau à Jouarre, ce qui lui donne l'occasion de travailler en collaboration étroite avec la RAF britannique.

Commandant des FAFL

En mars 1940, le commandant Valin est envoyé en mission militaire française à Rio de Janeiro auprès du gouvernement brésilien. Promu lieutenant-colonel en juin 1940 puis colonel à titre de mission, il envoie le 9 novembre 1940 un télégramme de ralliement au général de Gaulle, qui l'appelle à Londres. Embarqué pour la Grande-Bretagne, le colonel Valin atteint l'Angleterre le 26 mars 1941.

Succédant à l'amiral Muselier, il se voit confier la charge de développer et de diriger les Forces aériennes françaises libres (FAFL). Nommé commandant des FAFL le 10 juillet 1941, il crée en Angleterre le groupe de chasse Île-de-France et au Tchad le groupe de bombardement Bretagne. Toujours en juillet 1941, il forme le groupe de chasse Alsace et le groupe de bombardement Lorraine avec les aviateurs stationnés au Levant et avec les personnels alliés après la campagne de Syrie. Il reçoit ses étoiles de général de brigade aérienne en août 1941. En octobre, il est appelé au Comité national français en qualité de commissaire national de l'air. Après avoir donné à tous les volontaires une instruction aérienne et technique grâce à l'appui des Britanniques, il réussit à former les groupes d'aviation autonomes qui se sont illustrés sur tous les fronts. Il réorganise également l'aviation française de transport, qui, en octobre 1941, relie d'abord la Syrie à l'Afrique-Équatoriale française, ensuite à Madagascar et à Djibouti.

Le général Valin forme également les unités parachutistes de la France libre, qui s'illustrent en Libye et en Crète, avant de participer glorieusement à la libération de la France. Après avoir formé les groupes Artois et Picardie, il constitue le groupe de chasse Normandie, que le général de Gaulle désigne pour le front russe. Promu général de division aérienne en mars 1944, Valin devient chef d'état-major adjoint de l'armée de l'air avec le général Bouscat et chef de la mission de l'air à Londres. Il prend part, le 4 août 1944, à un important bombardement de la poche de Falaise à bord d'un bombardier en qualité de mitrailleur de queue. Quelques jours plus tard, ayant atterri à Bayeux, il rencontre à Chartres les chefs des maquis de la région, à la tête desquels, avec un millier de FFI, il arrive à la Porte d'Orléans aux côtés du général Leclerc et participe à la libération de Paris.

Chef d'état-major général

Nommé secrétaire général de l'air, il assure la mise en place du ministère de l'Air jusqu'au retour d'Alger du ministre Charles Tillon. Le 3 novembre 1944, le général Valin est désigné comme chef d'état-major général. Il occupe ensuite le poste de commandant de la IIe région aérienne. Le 25 janvier 1945, il est promu au grade de général de corps aérien. En mars 1946, il est nommé chef de la délégation militaire française au Comité d'état-major des

Nations unies, où il reste affecté jusqu'en février 1947. À cette date, il est nommé inspecteur général de l'armée de l'air et, promu général d'armée aérienne en 1950, demeure à l'Inspection générale jusqu'en 1957. Il totalise 5 000 heures de vol, dont 1 000 de nuit. Il est décédé le 19 septembre 1980 à Neuilly-sur-Seine. Ses obsèques ont eu lieu à Paris, le 23 septembre, dans la cour d'honneur des Invalides ; il a été inhumé le même jour au cimetière de Limoges.

PORTRAIT

Pierre-Henri Clostermann

Pierre-Henri Clostermann est né le 28 février 1921 à Curitiba, au Brésil. Son père est diplomate et président de sociétés. Il suit des études secondaires à l'école Notre-Dame de Boulogne-sur-Seine et, après le baccalauréat, obtient le diplôme d'ingénieur aéronautique de la Ryan School, aux États-Unis. C'est par la presse américaine qu'il prend connaissance de l'appel du général de Gaulle. Il gagne l'Angleterre, où il s'engage dans les Forces aériennes françaises libres le 18 mars 1942. Il commence alors son entraînement, d'abord à l'Elementary Flying Training School n° 6, où il obtient son brevet de pilote, puis, à partir de novembre 1942, à l'Operational Training Unit 61. Le 22 janvier 1943, il est affecté au groupe de chasse Alsace, où il est promu sergent-chef pilote à la mi-juin. Il se distingue très vite par sa virtuosité et remporte deux victoires le 27 juillet lors d'un combat contre des Focke-Wulf.

Il obtient une troisième victoire un mois plus tard, après avoir attaqué seul une formation ennemie. Nommé au grade d'aspirant le 1er octobre 1943, il est muté le même mois au 602 *squadron* de la RAF. Le 7 janvier 1944, il attaque seul au-dessus d'Abbeville une formation de trois Focke-Wulf et endommage l'un d'entre eux. Il en abat cinq autres en juin 1944, sur le front de Normandie, et met en feu trois véhicules ennemis, dont deux camions-citernes.

Promu sous-lieutenant, Pierre-Henri Clostermann est affecté à l'état-major des Forces aériennes françaises libres en Grande-Bretagne à la mi-septembre 1944. En février 1945, il est affecté à l'Operational Training Unit 55, puis à la fin du mois au 274 *squadron* de la RAF. À la mi-mars, il passe au 56 *squadron* puis, le 8 avril 1945, tout juste nommé lieutenant, est muté comme chef d'escadrille au 3 *squadron*, groupe d'élite de la RAF, équipé d'avions Tempest. Il se distingue tout particulièrement le 3 mai 1945, date à laquelle, à la tête de la 122e escadre de la RAF, il attaque la base aéronavale de Grossenbrode, au Danemark, malgré la couverture de 200 chasseurs allemands. Il abat personnellement un Junkers 252 qui vient de décoller, puis deux Dornier au-dessus du détroit de Fehmarn. Lors d'une nouvelle passe de mitraillage, il endommage gravement au sol deux Arado 232 et deux Blohm-Voss au mouillage. Il participe ensuite à la destruction, en combat aérien, d'un Messerschmitt 109 et d'un Focke-Wulf. Durant cette action, 14 chasseurs ennemis sont descendus pour une perte de 10 de ses coéquipiers. Le lendemain, lors d'une opération sur la base aéronavale de Schleswig, Clostermann détruit seul deux Dornier 18 au mouillage et deux vedettes lance-torpilles.

.../...

Il est démobilisé en octobre 1945 avec un palmarès impressionnant : plus de 2 000 heures de vol, dont près de 600 en vol de guerre, 33 victoires aériennes homologuées et 5 probables, ce qui fait de lui le premier as des chasseurs français de la Seconde Guerre mondiale. De plus, il a détruit lors d'assauts en vol rasant 225 camions, 72 locomotives, 5 chars et une quantité considérable de matériel ennemi.

Il exerce ensuite son métier d'ingénieur à Paris (1946-1955) ; il est élu député du Bas-Rhin dès 1946. Il entame en parallèle une carrière d'auteur à succès en publiant ses souvenirs de guerre. En 1951, il est élu député de la Marne puis député de la Seine, en 1956. Le commandant Clostermann sert en Algérie à l'escadrille de liaisons d'observation n° 4/45 à Oran de 1956 à 1957. Député de Seine-et-Oise en 1962 et des Yvelines en 1967, il est vice-président de la Commission de la défense nationale et des forces armées de l'Assemblée nationale de 1963 à 1969. Il exerce également des fonctions de directeur adjoint en 1962, puis de P-DG de la société Reims-Aviation à partir de 1970. Il est membre du comité de gestion de la Cessna et vice-président de cette société aux États-Unis depuis 1970 et administrateur de la société des avions Marcel Dassault-Breguet depuis 1977. Colonel de réserve de l'armée de l'air, il est, par ailleurs, adepte de la pêche sportive et délégué de la Fédération mondiale de pêche en mer. Il est décédé le 22 mars 2006 à Montesquieu-des-Albères, dans les Pyrénées-Orientales. Il est inhumé au Chesnay, dans les Yvelines.

Chapitre 15

Les Forces navales françaises libres

Dans ce chapitre :

- L'action de l'amiral Muselier
- Divers navires de combat
- Les exploits des FNFL

LE SAVIEZ-VOUS ?

Contrairement aux forces terrestres et aériennes, qui ont subi de lourdes pertes en mai-juin 1940, la marine française sort presque intacte de ce dramatique épisode, non sans avoir participé activement à l'effort de guerre, notamment lors de la campagne de Norvège et durant l'évacuation de Dunkerque. Invaincue malgré l'armistice, la flotte française conserve un moral élevé ; elle se place au quatrième rang mondial, derrière les États-Unis, le Japon et la Grande-Bretagne.

Le début des FNFL

Les *Forces navales françaises libres* (FNFL) voient le jour à la fin juin 1940, lorsque l'amiral Muselier, refusant la capitulation de son pays, s'embarque à Marseille sur un navire de commerce à destination de Gibraltar. Reçu par l'amiral North, Muselier réquisitionne les navires français au mouillage que sont le gros chalutier *Président Houduce*, le cargo armé *Rhin*, les cargos *Anadyr* et *Capo-Olmo*. Cet embryon de flotte sera à l'origine des FNFL, ainsi qu'un groupe aéronautique de plusieurs appareils.

L'action de l'amiral Muselier

L'amiral Muselier s'embarque ensuite le 29 juin à bord d'un hydravion qui le dépose à Londres le 30. Il y rencontre le général de Gaulle, qui lui confie le soin d'organiser et de diriger militairement la marine et l'aviation de la France libre. Émile Henry Muselier est né le 17 avril 1882 à Marseille. Il entre à l'École navale en 1899 et en sort enseigne de vaisseau en 1902. Promu lieutenant de vaisseau en 1912, il fait une brillante campagne avec les fusiliers marins sur le front de l'Yser en 1915, puis il sert dans l'artillerie de marine en Champagne et en Belgique. Attaché au ministre Paul Painlevé puis au cabinet de Clemenceau, il commande la Scarpe de 1918 à 1921, participant à la défense de Marioupol contre les bolchévistes, sur le front de Crimée en 1919, comme capitaine de corvette. Nommé capitaine de frégate, il dirige la Délégation navale de contrôle en Allemagne avant de commander successivement l'*Ouragan*, l'*Ernest-Renan*, le *Voltaire*, puis le cuirassé *Bretagne*. Élevé au rang de contre-amiral en 1933, il commande la marine en Tunisie, puis la 2e division de croiseurs en 1937. Il est nommé peu après commandant de la marine à Marseille. Promu vice-amiral en octobre 1939, il est presque aussitôt mis à la retraite par l'amiral Darlan, suite à un différend qui oppose les deux hommes.

L'ordre du jour n° 1

Après avoir constitué un petit état-major avec le commandant Thierry d'Argenlieu, l'amiral Muselier, installé au Grosvenor Hotel de Londres, rédige l'*ordre du jour n° 1*, aussitôt promulgué le 1er juillet 1940 : « Officiers généraux, officiers mariniers, quartiers maîtres, marins et soldats des armées françaises de l'air et de la mer. Jamais heure n'a sonné plus solennelle et plus opportune de vous rappeler que vous devez obéir à vos commandants pour tout ce qu'ils vous commanderont pour le bien du service et le succès des armes de la France. Vous êtes donc déliés de toute obligation d'obéissance à l'égard de ceux qui acceptent de rendre sans combat aux ordres de l'ennemi les unités de notre flotte, fait unique dans notre glorieuse histoire. Je donne l'ordre aux bâtiments de guerre et de commerce français et aux forces aériennes françaises de rallier sans délai les bases françaises libres ou alliées les plus proches, en vue d'opérations immédiates contre l'ennemi.

» Que chacun comprenne que nos ennemis trouveront toujours dans les termes des armistices, signés sous la force, un prétexte pour amputer la France, après l'avoir occupée tout entière, pour se faire livrer la flotte, l'aviation, l'Empire et les utiliser contre nous-mêmes et contre nos alliés. Seule notre action délivrera la France suivant l'honneur du drapeau. Notre tâche sera facilitée par l'Empire français, même amputé provisoirement de la France occupée. L'Empire comprendra et fera son devoir en mettant à notre disposition ses 70 millions d'habitants et ses ressources infinies. Je prends l'entière responsabilité personnelle des ordres que je viens de donner » (Archives de la Fondation de la France libre, Paris).

Le 1er juillet 1940, au moment de la naissance officielle des FNFL, l'amiral Muselier dispose de trois navires de combat, à savoir le sous-marin *Narval*, ayant rallié Malte ; le sous-marin *Rubis*, dont l'équipage a, dès le 30 juin, manifesté à Dundee, en Écosse, sa volonté de poursuivre la guerre contre l'Axe ; le patrouilleur *Président Houduce*, rallié à Gibraltar. Il faut beaucoup de courage et d'obstination à l'amiral Muselier pour former, peu à peu, une force navale respectable. Il se heurte non seulement à l'hésitation de ses compatriotes, mais également à la maladresse des Britanniques : les navires français stationnés dans les ports de Plymouth et de Portsmouth en juin 1940 ont été saisis par les autorités britanniques, et les équipages internés...

Accord naval avec l'amirauté britannique

UN PEU DE TECHNIQUE

Le 5 juillet 1940, l'amirauté britannique accepte de conclure un accord naval avec les FNFL. Les bâtiments français saisis dans les ports britanniques représentent une force non négligeable, qui est partiellement rétrocédée et progressivement réarmée. À la mi-juillet, la flotte française se trouvant en Grande-Bretagne se compose des bâtiments suivants :

- À Portsmouth : le cuirassé *Courbet*, le contre-torpilleur *Léopard*, les torpilleurs *Branlebas*, *Cordelière*, *Flore*, *Incomprise*, *Melpomène* ; les avisos (navires de guerre rapides et légers) *Savorgnan de Brazza*, *Amiens*, *Arras*, *Capricieuse*, *Diligente*, *Épinal* ; le mouilleur de mines *Pollux*.
- À Plymouth : le cuirassé *Paris*, le contre-torpilleur *Triomphant*, les torpilleurs *Bouclier*, *Mistal*, *Ouragan* ; les avisos *Belfort*, *Chevreuil*, *Coucy* et *Commandant Duboc* ; les sous-marins *Surcouf*, *Junon* et *Minerve*.
- À Falmouth : le bâtiment *Impassible*, les avisos *Commandant Dominé*, *Moqueuse*, *Suippe* ; les sous-marins *Orion* et *Ondine*.
- À Dundee : le sous-marin *Rubis*.

À cette liste de bâtiments de combat, il faut ajouter des unités de faible tonnage et des navires de commerce, portant la totalité des forces navales françaises se trouvant en Grande-Bretagne à 200 navires.

L'emblème de la croix de Lorraine

LE SAVIEZ-VOUS ?

Afin de distinguer les navires ralliés à la France libre des autres unités, l'amiral Muselier choisit de leur donner l'emblème de la croix de Lorraine, en souvenir de son père, qui était lorrain. Cet insigne deviendra celui de toute la France libre. Les officiers de marine des FNFL portent sur leur uniforme un écusson en métal où figure une croix de Lorraine rouge entourée d'un liseré blanc sur fond bleu. Le personnel a le même insigne, mais sur un carré en tissu.

L'état-major FNFL s'installe à Westminster House, un vaste immeuble londonien. Les débuts sont difficiles, et les ralliements peu nombreux. Cependant, les FNFL disposent, en novembre 1940, d'un millier d'hommes et d'une dizaine de bâtiments réarmés d'une certaine importance. L'École navale française voit le jour à Portsmouth, sur le cuirassé *Courbet*, puis sur le bâtiment *Théodore Tissier* ; des volontaires français sont admis à l'École navale anglaise de Dartmouth.

Des écoles de spécialistes sont créées un peu partout, tandis que les Britanniques se chargent de la formation d'une partie du personnel non officier. L'enthousiasme et la bonne volonté suppléent bien souvent au manque de personnel, de matériel et de formation technique.

L'état-major FNFL

Le 1er septembre 1940, l'état-major FNFL comprend notamment le capitaine de vaisseau Moret (chef d'état-major), le capitaine de frégate Héron de Villefosse (premier sous-chef d'état-major), le capitaine de frégate Richard (second sous-chef d'état-major), le commissaire de deuxième classe Rigaux-Brix au 1er bureau (organisation et personnel), l'ingénieur en chef de Villeveuve au 4e bureau (matériel), l'ingénieur principal Lago à la direction des constructions navales, l'ingénieur de deuxième classe Lozachmeur à la direction de l'artillerie navale, le commissaire principal de Pirey à l'intendance, le médecin de première classe Ray au service de santé, l'officier Sinding à la justice maritime, l'officier Schilling au 2e bureau, le capitaine de corvette Burin des Roziers au 3e bureau (opérations, transmissions, liaisons)…

Les forces navales combattantes

À la même date, les forces navales combattantes alignent le cuirassé *Courbet*, les contre-torpilleurs *Triomphant* et *Léopard*, le torpilleur *Melpomène*, les sous-marins *Junon*, *Minerve* et *Rubis*, le croiseur sous-marin *Surcouf*, un groupe de huit chasseurs de sous-marins, un groupe de quatre vedettes anti-sous-marins (*Saint-Léon*, *Saint-Génolé*, *Saint-Yves* et *Saint-Ronan*), un groupe de trois vedettes rapides, un groupe de six corvettes (*Mimosa*, *Alysse*, *Aconit*, *Renoncule*, *Loébia*, *Roselys*), la corvette *Commandant Détroyat*, l'aviso colonial *Savorgnan de Brazza*, les avisos-dragueurs *Commandant Duboc*, *Commandant Dominé*, *Moqueuse*, la canonnière coloniale *Chevreuil*, le croiseur auxiliaire *Cap des Palmes*, un groupe de gros remorqueurs… L'ensemble représente 82 bâtiments.

La quasi-totalité de cette flotte est engagée contre l'Axe dans l'Atlantique, en mer du Nord, en Méditerranée, dans le Pacifique et ailleurs.

UN PEU DE TECHNIQUE

Le cuirassé *Courbet*

Le bâtiment le plus puissant de la flotte FNFL est le cuirassé *Courbet*, construit à Brest en septembre 1910 et mis en service en septembre 1913. Avec ses 22 000 tonnes et son puissant armement (12 canons de 305 mm et 22 canons de 138 mm), le *Courbet* est l'un des meilleurs bâtiments de la Première Guerre mondiale. Il est modernisé à plusieurs reprises de 1929 à 1931, en particulier du point de vue de la DCA (défense antiaérienne), avec l'installation de cinq canons de 75 mm et de nombreuses pièces de 37 mm.

Au début des hostilités, en septembre 1939, il sert d'école de canonnage à Brest. Le 25 mai 1940, le *Courbet* rejoint Cherbourg pour être utilisé comme batterie flottante, afin de s'opposer à l'avance allemande menaçant la presqu'île du Cotentin. Au mois de juin, sur ordre de l'amiral Nord, il rallie le port britannique de Portsmouth. Saisi par les Anglais le 3 juillet 1940, il est rétrocédé rapidement aux FNFL et participe activement, grâce à sa puissante artillerie antiaérienne, à la bataille d'Angleterre, qui fait rage d'août 1940 à janvier 1941. Le navire n'est atteint par aucune bombe et abat cinq avions allemands.

Le capitaine de corvette Sekutowicz, se trouvant à bord du *Courbet*, se souvient : « L'artillerie était commandée par le lieutenant de vaisseau Demeocq, polytechnicien, gendre de l'amiral Muselier, et par un camarade de mon collège de Versailles, l'enseigne de vaisseau Daille, issu de l'École navale, aujourd'hui amiral. C'était un paradis d'artilleur. Après deux semaines d'attente, l'attaque vint en août 1940. La Luftwaffe quittait ses bases de Normandie par grandes vagues, à 1 500 m d'altitude, de jour et de nuit, gratifiait Portsmouth de bombes préliminaires, prenait son virage sur Londres, qui recevait l'essentiel de la charge, et nous dédiait, au retour, des résidus. Tout l'immense dispositif de défense à terre, tous les bâtiments sur rade faisaient feu ensemble : de nombreux avions étaient abattus. Comme personne ne disposait, dans ces circonstances, ni du temps ni des moyens de certifier qui avait mis au but, comme l'énorme caisse de résonance du *Courbet* se hérissait du feu de ses 75, de ses canons de 37 et de ses autres mitrailleuses lourdes, faisant plus de bruit que tous les autres, les Anglais nous attribuaient tous les succès. Nous finîmes par recevoir les félicitations des lords de la mer. Les pilotes de chasse de la Royal Air Force qui accomplirent la mission essentielle et sauvèrent leur pays de justesse, perdant 915 avions en détruisant 1 733 appareils, me dirent qu'ils n'avaient pas envie d'approcher le *Courbet* en action » (Archives de la Fondation de la France libre, Paris).

De février 1941 à l'été 1942, le *Courbet* sert comme lieu de repos des équipages. Son désarmement intervient en avril 1941. Ses canons démontés servent à la défense côtière de l'Afrique française libre. Le *Courbet* est dès lors confié à un équipage de gardiennage formé de marins-pêcheurs et sert uniquement de dépôt de matériel. Il finit sa brillante carrière en juin 1944, devant Ouistreham, où il est volontairement coulé pour servir de brise-lames lors des opérations du débarquement allié en Normandie. Ce fut sa dernière mission.

Les contre-torpilleurs et torpilleurs FNFL

Dans la série des contre-torpilleurs FNFL, le *Triomphant* fait figure de pionnier. Entré en service en 1935, il est considéré comme le navire de guerre le plus rapide du monde, avec ses 45 nœuds aux essais. D'un poids de 3 400 tonnes en pleine charge, il dispose d'un équipage de 13 officiers et de 197 marins. L'armement repose au début sur cinq canons de 138 mm, quatre canons de 37 mm, neuf tubes lance-torpilles de 550 mm et deux grenadeurs. Durant l'hiver 1939-1940, le *Triomphant* participe à la recherche des navires allemands dans l'Atlantique puis à la campagne de Norvège (avril-mai 1940), au cours de laquelle il est endommagé par l'aviation allemande. Il se trouve en réparation à l'arsenal de Lorient lorsque l'avance allemande l'oblige à rejoindre la Grande-Bretagne, au mois de juin.

Le Triomphant

Comme les autres bâtiments français se trouvant à Plymouth, le *Triomphant* est saisi par les Britanniques le 3 juillet 1940 et réarmé le 28 août sous pavillon FNFL. Son premier commandant français libre est le capitaine de frégate Wietzel. Lui succède le capitaine de frégate Auboyneau, qui sera l'un des trois amiraux de la France libre.

Né le 9 novembre 1899 à Constantinople, Philippe Marie Joseph Auboyneau entre à l'École navale très tôt. Dès 1919, il est enseigne de vaisseau et commande la flottille du Danube et de la mer Noire. En 1926, il prend le commandement de l'aviso *Alidade* jusqu'en 1927, puis de la canonnière *Doudart de Lagrée* et de la flottille du Yang-Tsé de 1930 à 1932. C'est comme lieutenant de vaisseau qu'il commande, de 1937 à 1939, le torpilleur *Orage*, avant d'être promu capitaine de corvette et d'assurer les fonctions d'officier de liaison avec la flotte britannique en 1940. Rejoignant la France libre en septembre 1940, il succède à l'amiral Muselier comme commandant en chef des FNFL en 1942.

De septembre à octobre 1940, le contre-torpilleur *Triomphant* voit son armement antiaérien renforcé et modernisé avec un canon de 102 mm, deux canons automatiques de 37 mm, quatre semi-automatiques du même calibre et dix mitrailleuses lourdes de 13,2 mm. Il quitte Plymouth le 12 décembre 1940 et se trouve affecté au 11e groupe d'escorte de la Clyde (fleuve écossais). Désigné pour l'escorte des convois dans l'Atlantique, il est accidentellement abordé par un cargo en rade de Greenock et doit passer en cale sèche en février 1941. Il demeure immobilisé dans les chantiers de Glasgow jusqu'en avril 1941.

Le *Triomphant* appareille de Plymouth le 30 juillet 1941 pour accomplir différentes missions dans le Pacifique. En février 1942, il participe à l'évacuation des Européens des îles Nauru et Océan (archipel Gilbert) devant la menace japonaise. Sous les ordres du capitaine de vaisseau Ortoli, il remplit plusieurs missions d'escorte de convois alliés entre Melbourne et Sydney. Il se distingue particulièrement lors du sauvetage des survivants du navire anglais *Iron Knight*, torpillé dans les parages du cap Howe. Puis il reprend ses missions d'escorte. Il rejoint ensuite la Méditerranée afin de poursuivre ses missions de guerre.

Le Léopard

Autre contre-torpilleur de la France libre, le *Léopard*, lancé en 1934, déplace 3 000 tonnes et est armé de cinq canons de 130 mm, de deux canons de 75 mm, de six tubes lance-torpilles de 550 mm et de quatre mortiers. Au début de la guerre, sa vitesse tombe de 34 à 30 nœuds, et son armement subit une première modification : une des pièces de 130 mm et les deux canons de 75 mm sont remplacés par huit mitrailleuses DCA de 13,2 mm. L'équipage passe, durant la guerre, de 240 à 324 hommes.

Après avoir activement participé à la campagne de France de 1939-1940, le *Léopard* se trouve en Grande-Bretagne en juillet 1940. Il est intégré aux FNFL le mois suivant, sous les ordres du capitaine de corvette Richard (de son vrai nom Evenou). Le renforcement de son armement est mené à bien jusqu'en novembre 1940 – un canon de 102 mm, deux pièces automatiques de 37 mm et cinq DCA de 20 mm. Le navire quitte Portsmouth et gagne la base de Greenock, à l'embouchure de la Clyde, où il est sérieusement endommagé par une terrible tempête soufflant sur la rade dans la nuit du 6 au 7 décembre 1940. Réparé à Glasgow, le *Léopard* peut reprendre la mer en janvier 1941 pour sa première escorte de convoi.

Le 24 février, durant sa troisième mission, il recueille dans l'Atlantique nord les survivants du cargo *Waynegate*, torpillé par un sous-marin. Peu après, il prend en chasse un *U-Boot*. À 11 heures, le *Léopard* exécute une série de grenadages. À 12 h 51, le submersible ennemi semble atteint : des débris de bois et une large tache d'huile remontent à la surface. Le commandant d'un destroyer britannique, le capitaine Bain, fait le rapport suivant, au sujet de l'attaque menée par le *Léopard* : « De mars à avril 1941, le *Léopard* accomplit plusieurs convois dans l'Atlantique. Il entre ensuite en carénage pendant un an. Son rayon d'action passe de 3 000 milles à 4 200 milles marins. La DCA est renforcée avec cinq canons doubles de 37 mm, sept canons de 20 mm, deux mitrailleuses de 13,7 mm et quatre de 8 mm. Le navire reçoit également quatre mortiers pour la lutte anti-sous-marine. Au cours de l'escorte du convoi OS33 dans l'Atlantique, le 12 juillet 1942, le *Léopard* grenade et détruit le sous-marin allemand *U-136*. En novembre 1942, il participe activement au ralliement de l'île de La Réunion à la France libre. » (Archives de la fondation de la France libre, Paris).

Bouclier et Melpomène

Deux torpilleurs sont rétrocédés par les Britanniques aux FNFL après la saisie du 3 juillet 1940 : le *Bouclier* et la *Melpomène*. Un troisième torpilleur, de construction anglaise, la *Combattante*, est donné fin 1942.

Le *Bouclier*, appartenant à la même série que la *Melpomène*, participe à l'évacuation de Dunkerque en mai-juin 1940 (voir le chapitre 2). Dans le cadre des FNFL, le navire est placé sous le commandement du capitaine de corvette Birot en janvier 1941. Le mauvais état des machines et des chaufferies le condamne à servir de navire-école à Plymouth, sous la direction de l'enseigne de vaisseau Baudouy, à partir de mai 1941.

La *Melpomène* appartient à la série des torpilleurs de 900 tonnes (pleine charge) lancés entre 1935 et 1937. Sa vitesse en service est de 32 nœuds, et son armement se compose de deux canons de 100 mm, de deux tubes lance-torpilles de 550 mm, de deux mitrailleuses de 13,2 mm et d'un grenadeur. Elle se distingue lors des opérations de Dunkerque et du Cotentin. Après l'armistice, elle rejoint l'Angleterre puis devient bâtiment FNFL, sous les ordres du capitaine de vaisseau Favreau, le 12 septembre 1940.

Du 25 septembre au 20 octobre 1940, le bâtiment est utilisé en emploi tactique à Portsmouth. Le mois suivant, il assure la protection des convois se dirigeant sur Yarmouth. Il reçoit la visite du roi d'Angleterre le 5 décembre 1940. Après deux mois de réparation à l'arsenal Devonport, la *Melpomène* est rattachée en mars 1941 à la Striking Force, qui assure la défense rapprochée contre les sous-marins de l'Axe.

En mars et avril 1941, le bâtiment accomplit diverses missions d'escorte dans le Western Approaches (zone maritime à l'ouest de la Grande-Bretagne, particulièrement menacée par la flotte allemande), au cours desquelles il est victime d'un abordage avec un destroyer britannique. Les réparations l'immobilisent jusqu'en mai 1941 à Grimsby. On en profite pour renforcer la DCA en y installant un canon automatique de 37 mm. Les escortes de convois de Harwich à Great Yarmouth reprennent aussitôt et se poursuivent jusqu'en septembre 1942. Durant cette période, le lieutenant de vaisseau Favreau, malade, cède son commandement au lieutenant de vaisseau Despreaux.

Les avisos FNFL

Dans la catégorie des avisos (navires de guerre rapides et légers jouant un rôle de liaison) FNFL, la *Moqueuse* termine sa mise au point lors de l'arrivée des Allemands à Lorient. Afin d'échapper à la capture, elle quitte le port le 18 juin 1940 à destination de Groix puis gagne Falmouth, en Grande-Bretagne.

D'un poids de 740 tonnes, elle se déplace à 20 nœuds et est armée d'un canon de 100 mm et de huit mitrailleuses de 13,2 mm. L'aviso est placé sous les ordres du capitaine de vaisseau Demeocq le 15 octobre 1940. En février 1941, la *Moqueuse* se trouve basée dans le Holy Loch (lac écossais) puis, en juillet 1941, escorte de nombreux sous-marins alliés dans l'Atlantique. Le 15 août, le lieutenant de vaisseau Mesny succède à l'officier Demeocq.

L'état-major des FNFL décide d'envoyer la *Moqueuse* en Méditerranée orientale, où, avec d'autres navires, elle forme la 1re division d'avisos. D'avril à juin 1942, la *Moqueuse* protège les convois partant de Beyrouth pour Haïfa (Palestine), Tripoli (Libye) et Port-Saïd (Égypte). Jusqu'à la fin de la guerre, elle s'illustre en Méditerranée. Le lieutenant Bissey en prend le commandement d'octobre 1941 à mai 1942, suivi par le lieutenant Touchaleaume puis par le capitaine de corvette Moreau.

Le Commandant Duboc

L'aviso-dragueur *Commandant Duboc*, un des premiers bâtiments réarmés par les FNFL, a été mis en service en août 1939. D'un poids de 630 tonnes, il se déplace à 20 nœuds et dispose comme armement d'un canon de 100 mm et de huit mitrailleuses de 13,2 mm.

Sous les ordres du lieutenant de vaisseau Bourgine, le *Commandant Duboc* appareille d'Angleterre le 31 août 1940 pour Dakar afin de rejoindre la force navale alliée. Il poursuit ses missions début décembre 1940 en transportant du matériel et du personnel entre Douala (Cameroun) et Libreville (Gabon). En février 1941, le *Commandant Duboc* est envoyé dans l'océan Indien, où il restera jusqu'au mois d'août de la même année. Il est basé en mer Rouge, à Port-Soudan (Soudan) avec la force navale britannique. Escorte, transport et dragage font partie de ses missions durant toute cette période.

Le 15 septembre 1941, le bâtiment rallie le convoi SL87 au large de Freetown (Sierra Leone), dans l'Atlantique. Il patrouille ensuite dans le détroit de Gibraltar du 17 au 21 octobre, puis il participe à l'escorte du convoi HG75, qui se dirige vers l'Angleterre en compagnie de deux torpilleurs et de quatre corvettes. Six sous-marins allemands attaquent le convoi du 22 au 29 octobre, causant la perte de cinq navires. Le *Commandant Duboc* parvient à sauver le cargo *Ariguani*, gravement endommagé, et le ramène à Gibraltar. Le 4 novembre 1941, l'aviso-dragueur quitte Gibraltar en compagnie du destroyer britannique *Ducan* pour renforcer l'escorte du convoi SL91.

En avril 1942, le lieutenant de vaisseau Pépin-Lehalleur en prend le commandement. Envoyé en mission en Afrique-Équatoriale française et dans l'océan Indien, le *Commandant Duboc* est affecté à l'escorte des convois autour de l'Afrique.

Le Commandant Dominé

L'aviso-dragueur *Commandant Dominé* appartient à la même série que le *Commandant Duboc*. Rétrocédé aux FNFL le 26 juillet 1940, ce navire est confié au lieutenant de vaisseau Jacquelin de La Porte des Vaux. Le navire reste ensuite à Douala (Cameroun) avant de rejoindre Lagos (Nigeria), où il entre en cale sèche du 23 janvier au 18 mars 1941.

Lors de son voyage retour vers l'Angleterre, le *Commandant Dominé* participe à l'escorte du convoi SL69. Il accomplit ensuite de nombreuses missions d'escorte dans l'Atlantique et dans l'océan Indien. Le 4 novembre 1941, le capitaine de corvette Burin des Roziers en prend le commandement. Le bâtiment reste en patrouille sur la côte somalienne durant le mois de février 1942, coulant probablement un sous-marin allemand.

Le Savorgnan de Brazza

L'aviso colonial *Savorgnan de Brazza* est un bâtiment de 2 000 tonnes mis en service en 1933. Armé de trois canons de 138 mm et de quatre pièces de 37 mm, il se déplace à 17 nœuds. Saisi à Portsmouth par les Britanniques, il est rétrocédé aux FNFL en juillet 1940. Son commandement est confié au lieutenant de vaisseau Roux. Il rejoint la force M en septembre 1940, participe à l'attaque de Libreville en novembre 1940 et à l'engagement au Gabon.

En mars-avril 1941, le *Savorgnan de Brazza* escorte de Durban (Afrique du Sud) à Port-Soudan (Soudan) le transport de troupes *Fort Binger*, qui amène sur le front d'Érythrée des éléments de la brigade FFL Monclar. Il accomplit de nombreuses patrouilles en mer Rouge, entre Kuba et Massaouah. Il contribue au ravitaillement des troupes alliées qui combattent en Somalie italienne.

Le capitaine de corvette Jubelin prend le commandement du *Savorgnan de Brazza* le 14 août 1942. Ancré à cette époque sur les côtes britanniques, le navire appareille par la suite de Greenock pour mener des missions d'escorte. Attaqué par la Luftwaffe, il abat un Focke-Wulf Kurier quadrimoteur à la latitude de Bordeaux. L'aviso poursuit ses missions d'escorte dans l'océan Indien et dans le Pacifique.

Le Chevreuil

Dernier aviso FNFL, le *Chevreuil* est entré en service en septembre 1939. D'un poids de 750 tonnes, il évolue à 20 nœuds et dispose comme armement d'un canon de 100 mm et de huit mitrailleuses de 13,2 mm. Saisi à Portsmouth, il subit de la part des Britanniques une refonte en vue de sa modernisation.

Cédé aux FNFL le 3 septembre 1940, le *Chevreuil* est placé sous les ordres du lieutenant de vaisseau Fourlinnie. Il escorte plusieurs convois dans l'Atlantique et rejoint le Pacifique en août 1941. Il participe en mai 1942 au ralliement des îles Wallis et Futuna, jusque-là fidèles à Vichy. Le lieutenant de vaisseau Villebois en assure le commandement par la suite.

Les corvettes FNFL

L'activité des corvettes (petits navires de guerre légers et rapides) FNFL porte sur l'escorte des convois dans l'Atlantique et l'océan Indien. Certaines participent au ralliement de Saint-Pierre-et-Miquelon (archipel français d'Amérique du Nord) à la France libre durant l'hiver 1941-1942.

Ces corvettes ont généralement les caractéristiques suivantes : poids de 1 500 tonnes, vitesse de 15 nœuds, équipage de 80 hommes et armement comprenant un canon de 102 mm, un canon automatique de 40 mm, deux canons de 20 mm, deux mitrailleuses Hotchkiss de 8 mm et des grenadeurs. La corvette *Mimosa*, commandée par le capitaine de corvette Birot, prend à son bord l'amiral Muselier lors de l'opération sur Saint-Pierre-et-Miquelon, île qui décide de rallier la France libre. Le 9 juin 1942, la corvette est torpillée par le sous-marin allemand *U-124* dans l'Atlantique. Soixante-cinq marins sont portés disparus, dont le capitaine de frégate Birot, l'enseigne de vaisseau Allonier et l'aspirant de Poulpiquet.

L'Alysse et l'Aconit

La corvette *Alysse*, sous les ordres du lieutenant de vaisseau Pépin-Lehalleur, prend part également aux escortes des convois dans l'Atlantique. Le 8 février 1942, la torpille d'un sous-marin frappe la corvette au large de l'Irlande ; 35 marins périssent dans l'explosion ayant suivi le torpillage.

La corvette *Aconit*, commandée par le lieutenant de vaisseau Levasseur, est mise en service le 27 juillet 1941. Elle escorte des convois entre la Grande-Bretagne et l'Irlande en septembre et octobre. Ce sont ensuite les mêmes missions entre Terre-Neuve et l'Islande de novembre à décembre. Elle participe brillamment à l'opération de Saint-Pierre-et-Miquelon avant de reprendre ses difficiles escortes entre Terre-Neuve et l'Islande.

Lors de l'escorte du convoi ON77, l'*Aconit* porte secours aux naufragés du pétrolier de 8 000 tonnes *Imperial Transport*, victime d'un torpillage. En dix mois, la corvette FNFL a escorté 625 bâtiments (dont seulement huit ont été coulés), parcouru 39 272 milles nautiques et attaqué six sous-marins.

La Roselys

La corvette *Roselys*, aux ordres du lieutenant de vaisseau André Bergeret, est rattachée au 3e groupe des forces d'escorte de la Clyde. D'octobre 1941 à février 1942, elle accomplit de nombreuses missions entre la Grande-Bretagne et l'Islande.

Le 26 janvier 1942, la *Roselys* éperonne volontairement un sous-marin allemand se trouvant en surface. Gravement endommagé, le submersible disparaît dans les profondeurs de la mer. Du 16 au 30 mai 1942, la *Roselys* participe à l'escorte du convoi PQ16 (34 navires), qui se rend à Mourmansk (URSS) à travers l'océan Arctique. Du 26 au 29 mai, des avions allemands décollant des aérodromes de Finlande et de Norvège attaquent le convoi par vagues successives. Plusieurs cargos sont coulés. La *Roselys* se porte au secours d'un cargo soviétique.

Ancrée dans la baie de Kola jusqu'à la fin juin, la corvette FNFL protège en juillet le convoi QP13, qui regagne l'Angleterre. Elle poursuit des missions identiques dans l'Atlantique nord puis en Méditerranée.

La Renoncule et la Lobélia

La corvette *Renoncule*, commandée par le lieutenant de vaisseau Dussumier de Fonbrune, escorte les convois alliés entre la Grande-Bretagne et l'Islande dès septembre 1941. La corvette *Lobélia*, confiée le 16 juillet 1941 au lieutenant de vaisseau Pierre de Morsier, participe dans l'Atlantique nord à l'escorte d'un des plus importants convois de cette guerre, fort de 64 navires, du 1er au 11 février 1942. Une meute de sous-marins harcèle le convoi du 4 au 9 février. Le 7, la *Lobélia* prend une part active au combat en coulant, à l'aide de ses grenades, le submersible *U-609*. Cet exploit lui vaut un télégramme de félicitations adressé le 16 mars par l'amirauté britannique. La *Lobélia* n'en est pas à sa première victoire, puisqu'elle a endommagé un premier sous-marin le 4 février.

Les sous-marins FNFL

Six sous-marins français ont été saisis par les Britanniques le 3 juillet 1940 : la *Créole* à Swansea, le *Surcouf*, la *Minerve* et la *Junon* à Plymouth, l'*Orion* et l'*Ondine* à Portsmouth. Le sous-marin mouilleur de mines *Rubis*, se trouvant à Dundee, en Écosse, n'a pas été inquiété en raison des services exceptionnels qu'il a déjà rendus à la Grande-Bretagne. Le *Narval*, parti de Sousse (Tunisie), rallie Malte le 27 juin 1940 à l'initiative de son commandant et se range sous le drapeau de la France libre.

La Junon et la Minerve

La *Junon* et la *Minerve* appartiennent à une série de six sous-marins construits à Cherbourg dans les années 1930. La *Junon* entre en service en 1935, et la *Minerve* l'année suivante. Leurs caractéristiques : poids de 825 tonnes, puissance de 1 800 CV, vitesse de 15 nœuds, rayon d'action couvrant 4 000 milles, effectif de quatre officiers et de 38 marins ; l'armement se compose d'un canon de 75 mm, d'une mitrailleuse de 13,2 mm, de torpilles de 550 et 400 mm.

Après d'indispensables travaux de coque, la *Minerve* gagne sa zone opérationnelle devant les fjords norvégiens en janvier 1941. Son état-major comprend le lieutenant de vaisseau Sonneville, les enseignes de vaisseau Laurent et Pétrochilo, l'officier des équipages Vibert. Durant l'une de ses premières attaques, le 19 avril 1941, aux abords de Stavanger (Norvège), la *Minerve* torpille un pétrolier allemand de 8 000 tonnes. Du 31 janvier 1941 au 26 août 1942, la *Minerve* effectue 13 patrouilles, dont la dernière consiste à débarquer des agents secrets norvégiens dans la baie de Telo, près de Berefjord. La *Junon* a été en partie sacrifiée au profit de la *Minerve*, faisant office de réservoir de pièces – introuvables dans les arsenaux britanniques. Grâce aux efforts méritoires de son commandant, le capitaine de corvette Querville, la *Junon* reprend le combat à la fin octobre 1941. Ses deux premières missions ont lieu dans le golfe de Gascogne, avec pour objectif d'empêcher la sortie en haute mer des croiseurs allemands *Scharnost* et *Gneisenau*, basés à Brest. En septembre 1942, la *Junon* joue un rôle capital dans l'évolution de la guerre, en faisant débarquer dans le Bjaerangsfjord un commando britannique chargé de détruire au plastic l'usine d'eau lourde de Glomenfjord, en Norvège. Le mois suivant, la *Junon* se distingue de nouveau en torpillant deux ravitailleurs allemands au large des côtes de Norvège.

Le Rubis

Le *Rubis*, sous-marin mouilleur de mines, est construit à l'arsenal de Toulon à la fin des années 1920. Il entre en service en 1932. D'un poids de 925 tonnes, il se déplace à 12 nœuds et dispose d'un rayon d'action de 7 700 milles. L'effectif comprend trois officiers et trente-sept marins. L'armement est le suivant : 1 canon de 75 mm, torpilles de 400 à 550 mm, 32 mines.

Ce submersible a la particularité, unique au monde, de pouvoir larguer ses mines par des puits verticaux, sans utiliser de rails de guidage, ce qui facilite ses missions. Le *Rubis* se trouve aux ordres de l'amirauté britannique depuis le 1er mai 1940. Il s'est particulièrement distingué dans les opérations de mouillage de mines le long des côtes norvégiennes. Sous le commandement du lieutenant de vaisseau Cabanier, le *Rubis* poursuit, sans interruption et sans saisie, sa lutte aux côtés des Britanniques.

Le 26 juin 1940, il largue un chapelet de 32 mines dans les chenaux qui conduisent à Trondjheim, entraînant la perte d'un chasseur allemand de sous-marins. Les Anglais, très satisfaits du résultat de ces missions, décorent le commandant du submersible du Distinguished Service Order. Ils honorent également deux officiers de l'état-major et marins de l'équipage.

Le *Rubis* effectue de nombreuses missions en mer du Nord. Du 14 au 25 août 1941, il mine les passages d'Egersund. Lors de cette délicate opération, il torpille le *Hogland*, bâtiment finlandais de 4 300 tonnes, chargé de munitions. Bien qu'endommagé par la terrible explosion qui a suivi à moins de 250 m, le *Rubis* parvient par ses propres moyens à rejoindre sa base. Ses avaries réparées, il opère dans le golfe de Gascogne en janvier 1942. En minant la route maritime de Saint-Jean-de-Luz à Bayonne, le submersible perturbe sérieusement le cabotage du minerai de fer entre Bayonne et Bilbao.

En avril, le *Rubis* est engagé sur la côte norvégienne puis en mai de nouveau dans le golfe de Gascogne, où il mine la cote entre le Cap-Ferret et Hourtin. Le patrouilleur allemand VP 406 de 500 tonnes saute le 18 août sur une des mines déposées par le *Rubis*. D'autres navires allemands coulent également pour les mêmes raisons. Le sous-marin continue ses missions jusqu'à la fin de la guerre sous le commandement de l'amirauté britannique. Accomplissant 28 missions de guerre, dont 22 consacrées à des mouillages de mines, le *Rubis* a détruit 18 bâtiments ennemis – un exploit unique dans toute l'histoire de la marine française durant ce conflit.

Le *Narval*

UN PEU DE TECHNIQUE

Le *Narval* entre en service en 1926. D'un poids de 970 tonnes, il se déplace à 16 nœuds et peut couvrir 10 000 milles. Son armement repose sur un canon de 100 mm, une mitrailleuse de 8 mm et dix tubes lance-torpilles de 550 mm.

À la déclaration de la guerre, le sous-marin est affecté à la 11e division de submersibles, stationnée à Beyrouth. Le *Narval* se trouve à Sousse (Tunisie) au moment de l'armistice. Apprenant la cessation des combats, le lieutenant de vaisseau Drogou donne l'ordre d'appareillage. Cet homme de devoir expédie un télégramme laconique et clair : « Trahison sur toute la ligne, je fais route sur un port anglais. » Le *Narval* rejoint Malte le 26 juin 1940. La moitié de l'équipage accepte de poursuivre le combat. Une trentaine de marins, arrivant d'Alexandrie à Londres, compensent les défections.

Basé à La Valette (Malte), le *Narval* accomplit sa première mission au sein des FNFL du 25 septembre au 5 octobre. Une deuxième patrouille mène le submersible, du 25 octobre au 3 novembre, dans le secteur de Lampedusa-Kerkennah, au large de la Tunisie. Immobilisé pour des réparations durant tout le mois de novembre, le *Narval* reprend la mer le 2 décembre 1940. Lors de cette mission, il disparaît en mer avec tout son équipage. En novembre

1957, dans le secteur des îles Kerkennah, des plongeurs sous-marins découvrent l'épave du *Narval*, dont la proue a été éventrée par l'explosion d'une mine.

Le Surcouf

Le *Surcouf*, mis en service en 1934, est le plus grand sous-marin du monde. Son poids en plongée atteint 4 277 tonnes ! Il mesure 120 m de long et 9 m de large ! Ce monstre des mers se déplace à une vitesse comprise entre 10 et 18 nœuds et dispose d'une autonomie de quatre-vingt-dix jours. Son armement est redoutable, avec deux canons de 203 mm, deux canons de 37 mm, quatre mitrailleuses de 8 mm et 12 tubes lance-torpilles de 550 mm.

Saisi par les Britanniques, non sans effusions de sang (un mort de chaque côté), le *Surcouf* est rétrocédé aux FNFL le 1er septembre 1940. Le capitaine de corvette Ortoli est désigné pour en prendre le commandement. L'équipage comprend également le lieutenant de vaisseau Blaison, deux aspirants de réserve et 40 officiers mariniers et marins. L'effectif normal étant de 125 hommes, le *Surcouf* n'est pas en état de combattre : il doit attendre que son équipage soit complété avant de pouvoir reprendre la mer. Le 1er avril 1941, le *Surcouf* accomplit sa première mission dans l'Atlantique en tant que bâtiment FNFL. Ayant quitté Halifax (Angleterre), il participe, avec le cuirassé *Ramillies*, à la protection du convoi HX118, qui parvient à Plymouth le 17 avril.

Le *Surcouf* repart pour l'Atlantique et fait escale aux Bermudes. Il en revient en juin 1941 pour sa quatrième mission puis est dirigé sur le New Hampshire (États-Unis) pour un carénage qui se termine fin septembre 1941. Durant cette période, l'officier Ortoli quitte le bord ; il est remplacé par son second, le capitaine de corvette Blaison. Le submersible participe à l'opération de Saint-Pierre-et-Miquelon en novembre et décembre 1941. De là, il retourne à Halifax. En janvier 1942, il fait route en direction du Pacifique, où la guerre fait rage. Dans la nuit du 19, le *Surcouf* est abordé accidentellement par le cargo américain *Thomson Lykes* dans la mer des Antilles. La totalité de l'équipage FNFL périt lors de ce dramatique accident.

Philippe Auboyneau

Philippe Auboyneau est né le 9 novembre 1899 à Constantinople, où son père occupe le poste de directeur de la Banque ottomane. En 1917, il entre à l'École navale et, de mars à novembre 1918, participe comme enseigne de vaisseau aux patrouilles en Manche, à bord du torpilleur *Typhon*. Il sert les dix années suivantes au Moyen-Orient et en Extrême-Orient, où il commande notamment l'*Alidade*, navire hydrographe, puis la canonnière *Doudart de Lagrée* sur le Yangzi Jiang.

Après un séjour en France au ministère de la Marine, Philippe Auboyenau entre à l'École de guerre navale et en sort sous-chef d'état-major de la flottille des torpilleurs de l'Atlantique. Capitaine de corvette, il est ensuite nommé sous-chef d'état-major des forces navales d'Extrême-Orient à Saigon, où il se trouve lors de la déclaration de guerre, en septembre 1939.

Au moment de l'armistice de juin 1940, en tant que capitaine de frégate, il est officier de liaison sur le cuirassé britannique *Warpsite* et joue un rôle important dans les négociations délicates entre l'amiral Cunningham et l'amiral Godfroy, au sujet du désarmement de la flotte française à Alexandrie, en Égypte. Refusant la défaite, Philippe Auboyneau rallie Londres et les Forces navales françaises libres le 20 juillet 1940. Après avoir réarmé le *Triomphant*, il commande ce croiseur léger dans le Pacifique. Après plusieurs missions en Atlantique, il est promu capitaine de vaisseau et nommé commandant des Forces navales françaises libres dans le Pacifique, toujours à bord du *Triomphant*. Il prend part à plusieurs opérations dans le Pacifique sud, aux côtés de la flotte australienne. Il accomplit notamment un raid à proximité immédiate des bases occupées par la marine japonaise afin d'évacuer les garnisons des îles Nauru et Océan.

Rentré à Londres en avril 1942, le contre-amiral Auboyneau est nommé au commandement des Forces navales françaises libres. Également commissaire national de la marine, il inspecte alors les unités navales françaises en Afrique-Équatoriale, au Levant, à Djibouti et à Madagascar. À l'issue des combats en Afrique du Nord, il est nommé chef d'état-major général adjoint de la marine puis major général au moment de l'arrivée du gouvernement provisoire à Alger. Il est l'un des principaux artisans de la fusion entre les FNFL et la marine d'Afrique du Nord. Il quitte ces fonctions pour prendre le commandement de la 3e division de croiseurs, à la tête de laquelle il participe au débarquement de Provence en août 1944.

En 1945, vice-amiral, il commande les forces navales françaises d'Extrême-Orient ; à ce titre, il transporte et soutient les troupes du général Leclerc dans le Sud-Annam et dirige l'opération de débarquement au Tonkin. Membre du Conseil supérieur de la défense nationale et du Conseil supérieur de la marine, Philippe Auboyneau occupe ensuite le poste d'inspecteur général des forces maritimes et aéronavales. Par la suite, il retourne en Indochine pour commander à nouveau les forces maritimes d'Extrême-Orient.

En 1955, il est nommé, pour son dernier poste, commandant en chef des forces maritimes françaises en Méditerranée. Membre du Conseil de l'ordre de la Légion d'honneur, l'amiral Philippe Auboyneau est décédé à Paris le 22 février 1961. Ses obsèques se sont déroulées en l'église Saint-Louis-des-Invalides en présence du général de Gaulle, président de la République. Il a été inhumé à Marly-le-Roi, dans les Yvelines.

Georges Cabanier

Georges Cabanier est né le 21 novembre 1906 à Grenade (Haute-Garonne), de parents propriétaires terriens. Il entre à l'École navale en 1925 et, en octobre 1927, embarque sur le croiseur école *Jeanne d'Arc* avec le grade d'enseigne de vaisseau de seconde classe. En 1928, il sert successivement sur les avisos *Du Couëdic* et *Duperré* puis sur le transporteur militaire *Seine*. En 1930, il fait campagne aux Antilles, aux Bermudes, aux Açores et à Terre-Neuve à bord de l'aviso *Aldebaran*. Après une année à l'École des officiers torpilleurs et électriciens, Georges Cabanier s'oriente vers une carrière de sous-marinier. En 1932, il embarque à bord du sous-marin l'*Achéron* puis du *Saphir*.

Lieutenant de vaisseau

Lieutenant de vaisseau en 1934, il sert sur le sous-marin *Orion* puis en 1936 sur le *Surcouf*, avec lequel il prend part à une croisière d'endurance en Atlantique sud. En 1938, il est nommé au commandement du sous-marin mouilleur de mines *Rubis*, basé à Cherbourg, puis à Bizerte lors de la déclaration de guerre. Dès le début de l'année 1940, le *Rubis* est basé en Grande-Bretagne, à Harwich puis à Dundee, où il est intégré à une flottille de sous-marins britanniques.

Alors que la France signe l'armistice, en juin 1940, le *Rubis*, sous le commandement de Georges Cabanier, mouille 32 mines dans le chenal de Trondheim, en Norvège. À son tableau de chasse, il compte déjà six bâtiments coulés. Rentré à sa base écossaise de Dundee le 30 juin, il se rallie à la France libre en grande partie sur la décision de son commandant, le lieutenant de vaisseau Cabanier, qui entraîne avec lui son bâtiment, son état-major et son équipage quasiment au complet le 10 juillet 1940.

Le *Rubis* poursuit ses missions et inflige à la flotte allemande des pertes sévères en effectuant des raids audacieux dans le fjord de Bergen (Norvège). Le *Rubis* détruit 18 navires ennemis.

Capitaine de corvette

Promu capitaine de corvette en janvier 1941, Georges Cabanier quitte son commandement en mai 1941 pour rejoindre le Pacifique, où il arrive peu avant l'attaque japonaise sur Pearl Harbor. Il exerce les fonctions de commandant de la défense du Pacifique puis de chef d'état-major de l'amiral Thierry d'Argenlieu, haut-commissaire des possessions françaises du Pacifique.

Capitaine de frégate en mars 1943, il commande à partir de mars 1944, après un bref séjour en Europe, le croiseur auxiliaire *Cap des Palmes*, qui opère au sein de la IIIe flotte des États-Unis dans les parages de la Nouvelle-Calédonie et des Nouvelles-Hébrides. Il participe alors à de nombreuses escortes de convois dans le Pacifique.

Amiral

En avril 1945, Georges Cabanier représente la France à la conférence de San Francisco avant de prendre, en juin 1945, le commandement de l'École navale, qu'il réorganise. Capitaine de vaisseau en octobre 1945, il prend, deux ans plus tard, le commandement de la *Jeanne d'Arc*. Attaché naval à Washington en juillet 1949, il reçoit les étoiles de contre-amiral en janvier 1951. En janvier 1953, le contre-amiral Cabanier est nommé secrétaire général adjoint de la Défense nationale. En mars 1954, il est nommé à la tête de la marine en Indochine.

À son retour en France, en février 1956, il devient chef d'état-major particulier du secrétaire d'État à la Marine. Vice-amiral en novembre 1956, il prend quelques jours plus tard le commandement du groupe d'action de lutte anti-sous-marine. En juin 1958, il est affecté comme chef d'état-major de la Défense nationale au cabinet du général de Gaulle. Vice-amiral d'escadre en novembre 1958 puis amiral le 1er juillet 1960, il est nommé à la même date chef d'état-major de la marine et reste à ce poste jusqu'au 1er janvier 1968. Membre de l'Académie de marine, l'amiral Cabanier exerce les fonctions de grand chancelier de la Légion d'honneur de 1969 à 1975. Georges Cabanier est décédé le 26 octobre 1976 à Paris. Ses cendres ont été dispersées au-dessus de l'épave du *Rubis*, au cap Camarat.

Cinquième partie

L'armée d'Afrique

Dans cette partie…

Suite aux débarquements des Alliés au Maroc et en Algérie, en novembre 1942, l'armée française d'Afrique reprend le combat contre l'Axe. Elle se distingue particulièrement en Tunisie, en Corse et en Italie.

Chapitre 16

La campagne de Tunisie

Dans ce chapitre :

- Une armée d'Afrique rustique et brave
- Les rivalités giraudistes et gaullistes
- La fin de la présence de l'Axe en Afrique

N'OUBLIEZ PAS

Connu sous le nom d'*opération Torch*, le débarquement des Alliés en Afrique du Nord française représente un tournant dans la guerre. La décision n'a pas été facile à prendre : quand Roosevelt, président des États-Unis, et Churchill, chef du gouvernement britannique, en parlent pour la première fois, à Washington en juin 1942, la situation sur les différents fronts n'est pas brillante. En Afrique, Rommel marche sur Suez ; en Russie, les Allemands menacent la Géorgie et la mer Caspienne ; les sous-marins de l'Axe infligent des pertes catastrophiques à la flotte britannique.

Le débarquement des Alliés en Afrique du Nord

Staline, en lutte contre les armées du IIIe Reich depuis juin 1941, insiste pour qu'un second front soit ouvert en Europe ; mais ni Churchill ni Roosevelt ne peuvent sérieusement envisager de lui donner satisfaction. Churchill songe à une action de diversion visant à conquérir une base en Méditerranée ; de là, on pourrait ensuite ouvrir dans les Balkans le second front désiré par Staline. Par ailleurs, un débarquement en Afrique du Nord aurait l'avantage de prendre entre deux feux les forces italo-allemandes de Rommel, tout en menaçant directement l'Italie de Mussolini…

LE SAVIEZ-VOUS ?

Malgré l'opposition de nombre de ses collaborateurs, Roosevelt finit par se rallier aux vues de Churchill : une victoire sur le front occidental, même partielle et limitée, rendrait confiance à l'opinion américaine, ébranlée par les défaites dans le Pacifique. L'accord définitif est conclu le 25 juillet 1942.

Staline l'approuve avec enthousiasme. Les états-majors anglais et américain élaborent en détail les modalités de l'opération *Torch*. L'organisation militaire de l'entreprise ne laisse rien au hasard, et les troupes américaines sont entraînées à la guerre du désert.

Les complications politiques

LE SAVIEZ-VOUS ?

Sur le plan politique, l'affaire semble plus compliquée. Le général de Gaulle incarne la Résistance française, engagée dans la lutte contre l'Axe. Depuis plus de deux ans, les Forces françaises libres se sont distinguées sur divers théâtres de guerre. Mais les Américains n'ont pas encore reconnu officiellement le Comité français de libération nationale (CFLN), l'organe politique et militaire de la France libre du général de Gaulle. L'*armée française d'Afrique du Nord* est bien tenue en main par l'État de Vichy, auprès duquel les États-Unis ont maintenu leur ambassade.

Le premier souci des Alliés est de faciliter au maximum les opérations de débarquement. Roosevelt charge son représentant personnel, Robert Murphy, de trouver une personnalité susceptible de rallier les autorités françaises d'Afrique du Nord. Après bien des hésitations, le choix se porte sur le général Giraud, évadé le 17 avril 1942 de la forteresse de Königstein et réfugié en France, en zone libre. En même temps, Murphy prend contact avec des activistes algérois acquis à la cause des Alliés : ceux-ci doivent prendre la ville en main jusqu'à l'arrivée des troupes américaines.

Adoption de la solution Giraud

Le 16 septembre 1942, Roosevelt adopte définitivement la « solution Giraud », décidant par ailleurs de tenir le général de Gaulle et les Français libres en dehors de l'opération : les troupes de débarquement en Afrique du Nord seront exclusivement américaines. Les Alliés craignent les réactions hostiles que pourrait susciter la présence de forces gaullistes ou même britanniques au sein de l'armée française d'Afrique du Nord, fidèle au maréchal Pétain.

Le 23 octobre 1942, amené clandestinement à Cherchill par le sous-marin *Seraph*, le général Clark, adjoint d'Eisenhower, rencontre le général Mast, représentant des officiers français d'Afrique du Nord favorables aux Alliés. Mast assure à Clark et au consul américain Robert Murphy que les détachements français, sous les ordres du général Giraud, sont prêts à appuyer l'action des Alliés. Le 2 novembre, un accord de principe est conclu avec Giraud. Le 7, Eisenhower retrouve à Gibraltar le général Giraud, que le réseau Alliance a fait venir de France.

Trois événements imprévus surviennent alors. D'abord, Giraud, déçu de n'avoir pas reçu le commandement suprême de l'opération, n'arrive à Alger que le 9 novembre au lieu du 8, date du débarquement des Alliés sur les côtes africaines françaises. Ensuite, les Américains étant en retard sur l'horaire indiqué, les activistes algérois, fidèles aux Alliés, perdent le contrôle de la situation quand ils débarquent. Enfin, l'amiral Darlan, commandant en chef des forces de Vichy, se trouve curieusement à Alger lors du débarquement. Il s'ensuit, durant quelques jours, une situation d'une extrême confusion.

Le débarquement

DATE CLÉ

Dans la nuit du 7 au 8 novembre, le corps expéditionnaire allié, parti d'Angleterre et des États-Unis, arrive devant Alger, Oran et Casablanca : l'opération *Torch*, décidée le 25 juillet, entre dans sa phase d'exécution. Il y a là 500 navires de guerre, divisés en trois groupes :

- la Task Force navale de l'Ouest (contre-amiral américain Hewitt), qui débarque ses troupes (commandées par le général américain Patton) au Maroc, à Casablanca ;
- la Task Force navale du Centre (commodore Troubridge, de la Royal Navy), qui débarque ses troupes (commandées par le général américain Fredendall) en Algérie, à Oran ;
- la Task Force navale de l'Est (contre-amiral Burrough, de la Royal Navy), qui débarque ses troupes (dirigées par le général américain Ryder) à Alger.

STRATÉGIE

La direction des forces navales est confiée à l'amiral anglais Cunningham, et c'est le général américain Eisenhower qui assure le haut commandement de l'opération. C'est à 1 heure du matin qu'a lieu le débarquement près d'Alger ; il y a là deux régiments américains, deux brigades britanniques, deux bataillons de commandos britanniques, plus un régiment américain qui, à 5 h 30, pénètre dans le port d'Alger. À 19 heures, la ville capitule.

Le groupe du Centre débarque à 1 h 30 près d'Oran – une division, une division blindée, un bataillon de rangers et un bataillon de parachutistes. Tout le contingent est américain. Les navires anglais *Walney* et *Hartland* sont coulés par les troupes françaises alors qu'ils tentent de prendre le port sans faire de dégâts. Le groupe de l'Ouest débarque à 5 heures près de Casablanca – des troupes américaines, comprenant une division et deux régiments d'infanterie, trois divisions blindées et des unités commandos.

À la suite de l'opération *Torch*, le gouvernement de Vichy rompt ses relations diplomatiques avec Washington. Le 8 novembre, à 7 heures, on remet au maréchal Pétain, qui se trouve à Vichy, une lettre personnelle du président

Roosevelt lui annonçant la nouvelle du débarquement allié en Afrique du Nord. Pétain répond immédiatement : « J'ai toujours dit qu'en cas d'attaque nous défendrions notre empire… Nous sommes attaqués, nous nous défendrons. Voilà l'ordre que je donne. »

De fait, en exécution de ses ordres, les troupes françaises commencent à s'opposer au débarquement, notamment au Maroc. Les combats entre les forces françaises et les forces alliées, assez confus, font de nombreuses victimes au Maroc et en Algérie – près de 3 300 tués ou blessés dans les rangs des troupes françaises, près de 1 500 chez les Alliés, principalement côté américain. On imagine le cas de conscience des officiers et soldats français fidèles au maréchal Pétain, qui incarne à leurs yeux le « vainqueur de Verdun », et la situation de la France occupée en grande partie par l'Axe. Surtout qu'à partir du 11 novembre les troupes germano-italiennes envahissent la zone libre en métropole.

Les Américains se retournent vers Darlan

Les autorités d'Afrique du Nord ne s'étant pas ralliées à Giraud, les Américains se tournent vers Darlan, commandant en chef des forces de Vichy. L'amiral, conformément aux ordres du maréchal Pétain, a d'abord ordonné la résistance ; puis, devant l'impossibilité de la poursuivre, il décide, le 9, une suspension d'armes. Désavoué alors par Pétain, qui le remplace par le général Noguès, résident général (gouverneur à la tête d'un protectorat) du Maroc – où les combats se poursuivent –, Darlan se proclame prisonnier de guerre.

Les Américains menacent de mettre en place la « solution Giraud ». Darlan accepte, le 10 novembre, d'étendre le cessez-le-feu à l'ensemble de l'Algérie et du Maroc. Son objectif, comme celui de Noguès, est de maintenir l'Afrique du Nord « autour du Maréchal et non au nom de la dissidence ». L'occupation de la zone libre de la France par l'Axe, le 11 novembre, lui permet de se réclamer de Pétain, qu'il assure « retenu en métropole ». Le 13, il conclut avec Eisenhower un accord le nommant haut-commissaire de France, l'Administration existante restant en place. Le 15, Darlan proclame que tous ceux qui ont prêté serment de fidélité au Maréchal « seront fidèles au Maréchal » en exécutant ses ordres.

Une Vichy d'outre-mer

L'Afrique du Nord devient une « Vichy d'outre-mer », sous protectorat américain. Les quelques officiers français qui ont tenté de favoriser le débarquement sont même frappés de sanctions. Les détenus politiques restent en prison. La législation antisémite demeure en vigueur. Cette situation paradoxale soulève de nombreux problèmes et de vives oppositions. Le général de Gaulle, qui se prévaut du soutien de la Résistance intérieure, dénonce avec force ces « ex-dignitaires vichystes, qui incarnent le déshonneur et la trahison ». Il peut compter, à Alger, sur un groupe de gaullistes, animé par René Capitant. Bien des conjurés du 7 novembre, souvent d'obédience monarchiste, se sentent frustrés de leur victoire par ces ralliés de la dernière heure, même si Giraud accepte d'être nommé commandant des forces militaires. Dans l'opinion publique américaine, bien des voix s'élèvent pour dénoncer un pragmatisme faisant fi de la morale.

L'assassinat de Darlan

Désorienté par l'imbroglio politique que ses décisions ont généré à Alger, Roosevelt assure, le 17 novembre 1942, que la « solution Darlan » n'est qu'un « expédient provisoire ». L'« expédient provisoire » prend fin, le 24 décembre, lorsqu'un des conjurés du 7 novembre, un jeune monarchiste de 20 ans, Fernand Bonnier de La Chapelle, tue l'amiral Darlan à coups de revolver sur les marches du palais d'Été, à Alger. Deux jours plus tard, le meurtrier, jugé d'une façon expéditive, est exécuté – le général Giraud, nommé le 27 décembre haut-commissaire civil et militaire en Afrique du Nord, a refusé sa grâce.

Figure 16-1 : Tirailleurs marocains.

Churchill et Roosevelt tentent de réconcilier Giraud et de Gaulle lors de la célèbre *rencontre à Anfa* (Casablanca), le 24 janvier 1943. Depuis la fin novembre 1942, les troupes françaises d'Afrique du Nord ont reçu l'ordre d'ouvrir le feu sur les troupes de l'Axe, occupant déjà une partie de la Tunisie.

L'armée d'Afrique

Lors de cette campagne, l'armée française engage des effectifs importants avec 75 000 soldats, tandis que les Américains en alignent 95 000 et les Britanniques 130 000. Les forces de l'Axe disposent de 80 000 combattants allemands et 110 000 italiens.

Les combats se déroulent dans des conditions difficiles, bien souvent dans le froid et sous la pluie – parfois sous la neige, en zone montagneuse, avec des sommets pouvant atteindre 1 500 m –ou des plateaux steppiques et rocailleux.

Le général Giraud charge en principe les généraux Barré, Juin et Koeltz de diriger les opérations militaires aux côtés des Alliés. Mais, en fait, le général Giraud continue à s'immiscer dans la conduite de la guerre.

La grande vaillance de la troupe

Les soldats français participant à la campagne de Tunisie s'organisent autour de quatre divisions d'infanterie (divisions de marche d'Alger, de Constantine, du Maroc, d'Oran), de la brigade légère mécanisée du colonel du Vigier, du corps franc d'Afrique du général de Monsabert (voir le chapitre 29), du détachement saharien du général Delay. La brigade légère motorisée FFL (force L) du général Leclerc a rejoint la VIIIe armée britannique du général Montgomery en Libye. L'armement lourd et léger date pour l'essentiel de la campagne de 1940, voire de la Première Guerre mondiale. Le matériel britannique et américain, plus moderne, équipe peu à peu certaines unités. La campagne de Tunisie va être cependant conduite avec un matériel français désuet et à bout de souffle.

Un correspondant de guerre anglais dépeint ainsi les Français : « Habillés de loques, armés d'antiques fusils Lebel de 1914-1918 et de quelques canons de 75, dépourvus de tout transport… Leur vaillance était stupéfiante, car ils n'avaient aucune chance devant l'équipement moderne des Allemands » (Archives militaires françaises, Vincennes).

Le général anglais Anderson, commandant de la Ire armée britannique, confiera à John d'Arcy-Dawson « qu'il ne pourra jamais chanter assez les louanges des Français pour avoir tenu ferme la Grande Dorsale [chaîne montagneuse tunisienne] au début de la campagne. Les Français brûlaient de se battre, leur courage et leur enthousiasme étaient magnifiques. Si on leur avait confié des armes et des équipements convenables, ils auraient rendu des services bien plus appréciables encore. Tels quels, il est étonnant qu'ils aient réussi à tenir l'ennemi en échec » (Archives militaires françaises, Vincennes).

Des Africains, des pieds-noirs, des coloniaux et des métropolitains

Cette nouvelle armée française est composée pour moitié d'Africains (Tunisiens, Marocains, Algériens, Sénégalais…) et pour moitié de pieds-noirs et de Français venus de la métropole ou des colonies. La proportion des engagés volontaires par rapport aux appelés est d'environ un tiers.

Dès le 13 novembre 1942, les mesures de mobilisation, secrètement préparées, sont déclenchées, les matériels camouflés sortis de leurs dépôts clandestins, et, de tous les points de l'Afrique du Nord, les unités ainsi renforcées partent pour la Tunisie. Ces troupes, bien que légèrement armées et sommairement équipées, mais composées, en grande majorité, de cadres et d'hommes de carrière, pleins d'ardeur et d'un désir de revanche, forment l'*armée d'Afrique*, qui va bloquer l'avance germano-italienne et permettre aux contingents alliés d'effectuer peu à peu leur concentration.

Les débuts de la campagne

Sur 300 km de front dans le Nord tunisien, les troupes françaises doivent en tenir plus de la moitié, afin de permettre le déploiement des unités de la 1re armée britannique et du 2e corps d'armée américain. La zone montagneuse de la Grande Dorsale, défendue principalement par les unités françaises, est marquée par de violents combats contre la division d'infanterie italienne Superga, des éléments des 10e et 21e Panzerdivisions, de la division motorisée von Broich, la brigade Weber et la 50e brigade spéciale italienne Imperiali. De novembre 1942 à mai 1943, attaques et contre-attaques se succèdent de part et d'autre pour la conquête de pitons rocheux et de collines. Le 28 décembre 1942, le groupement français Carpentier parvient presque à rompre le dispositif ennemi, mais les stukas (avions d'assaut allemands) interviennent en même temps qu'une contre-attaque italo-allemande.

Une résistance acharnée

Le 18 janvier 1943, la brigade allemande Weber et des éléments de la division italienne Superga attaquent les positions avancées de la division de marche du Maroc, dont l'armement antichar (canons de 25, 37 et 47 mm) et l'artillerie de campagne (pièces de 75 mm modèle 1897) sont dérisoires face aux chars lourds Tigre I de 56 tonnes et autres Panzer III et IV de 20 et 25 tonnes. Au col du Faïd, les artilleurs français du 67e régiment d'artillerie se font massacrer sur place pour ralentir l'avance des blindés ennemis.

Le lieutenant Louis Gouzi, commandant la première batterie de 75 mm, se souvient : « Les chars ennemis, poursuivant leur progression, concentrent leurs obus sur la pièce. Infiltrés dans les champs de cactus, les blindés sont à moins de 2 000 m bien camouflés. La pièce est mise en antichar. Un blindé allemand sort du champ de cactus. La première pièce tire à obus de rupture. Les coups sont en direction mais ricochent. Cependant, l'emplacement de la pièce est copieusement arrosé en obus explosifs, les balles des mitrailleuses sifflent. Autour de nous, un nuage de fumée et de poussière rend pratiquement impossible l'observation du tir sur les chars. Je donne l'ordre à la pièce de cesser le feu. De leur côté, les chars ne tirent plus mais poursuivent lentement leur progression, gênés par les mines que les soldats allemands accompagnés d'indigènes du lieu et munis de détecteurs cherchent à localiser et à neutraliser. Six cents mètres… Feu ! Un premier char est atteint, un deuxième aussi, cela va être le tour du troisième… mais la riposte est immédiate et de nouveau la pièce se trouve submergée par les coups ennemis (les tireurs de chars doivent s'en donner à cœur joie)… Un obus fracasse l'appareil de pointage… Devant nous 15, 20 chars… Sur notre droite venant de l'ouest, une quinzaine de chars en ligne de bataille… Des Américains peut-être pense-t-on (depuis qu'on les attend !) mais ils se joignent aux autres. La pièce continue de tirer… pour l'honneur sans doute, car la visibilité est redevenue difficile. À notre droite une pièce de 37 mm des tirailleurs africains tire aussi. Derrière nous on entend les mitrailleuses de 13,2 mm […].

» Le tir continue. À l'appareil de pointage défaillant, est substituée la ligne de mire naturelle du canon. Les chars qui ont été atteints l'ont été sans grands dommages semble-t-il, sauf pour ceux qui ont été déchenillés. Nous sommes toujours soumis à un feu violent. Un fracas de tonnerre… La roue droite vient d'être frappée par un obus ; le canon s'est couché sur le flanc droit. Tout le monde est debout, hébété sauf le canonnier Bernard étendu sur le sol, immobile, sans vie. Le maréchal des logis Mancini, le canonnier Cavalier et moi-même perdons du sang, seul le canonnier Mollet semble indemne. Nous sommes environnés de fumée et de flammes. L'emplacement de la pièce est évacué » (Archives militaires françaises, Vincennes).

Malgré la disproportion des moyens, la résistance française se poursuit durant trois jours. Les véhicules légers et les canons français sont écrasés sans vergogne par les blindés allemands, plus puissants. Le 21 janvier, une contre-attaque de la 1re division blindée (DB) américaine permet de stopper la progression ennemie sur la plaine d'Ousseltia.

L'hommage des Allemands

Les forces de l'Axe passent à nouveau à l'attaque le 30 janvier à l'aube. Une fois encore, l'offensive tombe sur les troupes françaises. La lutte entre tirailleurs français et grenadiers allemands est acharnée. Plus de 900 hommes sont tués ou portés disparus en trente-six heures de combat. Le jour même, les Américains de la 1re DB contre-attaquent, d'abord sur Faïd puis sur Maknassy et parviennent à contenir la progression ennemie, non sans des pertes importantes en hommes et en matériel.

Le rapport de l'état-major allemand de la 21e Panzerdivision, daté du 4 février 1943, rend hommage à la bravoure des troupes franco-africaines : « La relève des unités françaises par des américaines, annoncée par les unités d'éclairage, s'est avérée fausse. Les passes du Faïd et du Rebaou étaient tenues par des Français qui avaient mission d'y résister. Ils ont défendu la passe du Rebaou avec acharnement, mais ont dû céder devant l'attaque enveloppante du groupe de combat Kunh [...]. Le combat principal pour le passage principal à l'est du Faïd a été dur et ne s'est pas déroulé comme prévu ; les défenseurs français étaient solidement installés dans les pentes rocheuses des deux côtés de la passe et sur une crête transversale en avant de la passe. Par de violents tirs de mitrailleuses et de mortiers, ils ont empêché la progression des grenadiers du groupe de combat Pfeiffer [...]. Le 2e bataillon du 2e régiment de tirailleurs algériens qui tenait la passe se défendit avec ténacité et tirait encore, alors même que nos grenadiers se trouvaient à quelques mètres d'eux [...]. Des prisonniers français se dégage une excellente impression militaire ; il en est de même des indigènes. Tous sont d'accord pour dire que leur ravitaillement est très critique » (Archives militaires allemandes, Fribourg-en-Brisgau).

Attaques et contre-attaques se succèdent

Le 14 février 1943, après une semaine de neige, les 10e et 21e Panzerdivisions attaquent les forces franco-américaines à Sidi Bouzid (Tunisie). La 1re DB américaine perd une centaine de chars en deux jours, mais le front n'est pas rompu. Le 18 février, à l'aube, les unités alliées peuvent se rétablir sur la Grande Dorsale. Les 19 et 20 février, les Germano-Italiens passent encore à l'offensive ; ils prennent la passe de Kasserine, s'ouvrant la route de Tébessa et de Thala. Les chars américains contre-attaquent, tandis que toutes les réserves françaises sont acheminées vers les points menacés. Brusquement, les troupes allemandes et italiennes commencent à décrocher. Le maréchal Rommel, découragé par la résistance des troupes alliées, juge ses forces insuffisantes pour continuer. D'autre part, les avant-gardes de la VIIIe armée britannique du général Montgomery commencent à atteindre Médenine, laissant présager un assaut général de la ligne Mareth, défendue par la Ire armée italienne du général Messe, au sud de la Tunisie, en avant de Gabès. Le 25 février, Kasserine est réoccupé par les Alliés.

C'est alors que le général von Arnim lance son attaque au nord, dans les secteurs de la Medjerda et de Sejenane, le 26 février 1943, avec d'importants moyens : division motorisée Manteuffel, brigade motorisée Weber, 10e régiment de *bersaglieri* (chasseurs motorisés italiens) et division Superga. L'offensive italo-allemande se développe contre le 5e corps d'armée britannique, fort de trois divisions d'infanterie, et un groupement français composé de trois régiments d'infanterie.

La lutte est d'une violence inouïe. À titre d'exemple, le 3e régiment de tirailleurs algériens perd près de 900 hommes en deux jours. Les Alliés reculent de quelques kilomètres, mais l'agressivité de l'infanterie et les tirs précis de l'artillerie triomphent des assauts enragés de l'Axe. Le corps franc d'Afrique du général de Monsabert, fort de 3 000 hommes, culbute le 10e régiment de *bersaglieri* et lui capture près de 400 soldats. Les pertes alliées sont cependant lourdes, avec 2 500 prisonniers et près de 200 blindés détruits.

Nouveau succès pour Leclerc

Au sud de la Tunisie, le groupement de reconnaissance Luck et une compagnie de la 15e Panzerdivision tentent de déloger la brigade motorisée (force L) du général Leclerc, portée à Ksar Ghilane, en flanc-garde de la VIIIe armée britannique. Le 9 mars 1943, Montgomery propose à Leclerc d'abandonner la position ; mais ce dernier répond qu'il pourra tenir Ksar Ghilane, à condition de bénéficier d'un soutien aérien. Soigneusement camouflés, les postes tenus par le commandant Vézinet aperçoivent au lever du soleil, le 10, les chars de von Arnim et, les laissant venir, les accueillent par un tir meurtrier. Comme prévu, l'aviation complète la meute.

Deux fois dans la journée encore, les Allemands tentent de percer – avec exactement le même résultat. Montgomery, qui croyait Leclerc déjà mort, reçoit à 18 heures le message de victoire du colonel français. Celui-ci se distingue de nouveau, le 19 mars, au djebel Outid, d'où les Germano-Italiens peuvent interdire aux Britanniques de contourner la ligne Mareth. La rapidité et la brutalité de la manœuvre, précédée de tirs d'artillerie, contraignent les soldats de l'Axe à décrocher avant midi.

L'offensive victorieuse des Alliés

À la mi-mars 1943, les troupes françaises commencent à recevoir un armement moderne : trois escadrons de chars britanniques Valentine renforcent les chars Somua S35 ou les D1. Un millier de pistolets-mitrailleurs, 250 canons antichars tractés et 400 camions ou camionnettes sont également livrés. La supériorité matérielle des Alliés est alors écrasante : sept contre un pour les véhicules blindés, vingt contre un pour les chars et trois contre un pour l'artillerie.

Malgré cette disproportion des forces, les troupes de l'Axe et particulièrement les troupes italiennes se battent avec énergie. Le général (futur maréchal) anglais Alexander, commandant des troupes alliées en Tunisie, écrira : « En Tunisie, l'ennemi contre-attaque continuellement et réussit à arrêter notre avance au prix de pertes très lourdes. Nous remarquons que les Italiens se battent particulièrement bien, même mieux que les Allemands qui sont en ligne avec eux. Malgré de sévères pertes infligées par nos barrages d'artillerie, l'ennemi persiste dans ses contre-attaques, et il devient évident qu'une avance dans ce massif inextricable sera coûteuse » (Archives militaires britanniques, Londres).

La retraite des troupes de l'Axe

Le 7 avril 1943, les unités germano-italiennes se replient sur la ligne d'Enfidaville, 215 km de front couvrant Bizerte, Tunis et Hammamet. Les combats de l'Ousselat (du 8 au 12 avril), auxquels participe la division de marche de Constantine, témoignent de la solide résistance des troupes de l'Axe : 550 cadavres ennemis sont dénombrés, parmi lesquels 310 Italiens (dont 150 « chemises noires ») et 560 prisonniers, dont deux tiers d'Italiens. Ces chiffres et la proportion des tués par rapport aux prisonniers mettent en relief l'acharnement des combats et la volonté de résistance des forces italiennes du djebel Ousselat.

Déclenchement de la grande offensive alliée

La 1re division française libre (DFL), commandée par les généraux de Larminat et Kœnig, arrivée d'Égypte après avoir traversé la Libye aux côtés de la VIIIe armée britannique du général Montgomery, prend position sur le front tunisien dans la nuit du 6 au 7 avril 1943 à djebel Garci et Takrouna, afin de relever la 51e division d'infanterie britannique. La 1re DFL se trouve opposée à la 90e division motorisée allemande et à la division italienne Trieste, deux adversaires d'élite de la bataille de Bir Hakeim.

Le terrain montagneux favorise la défense des troupes de l'Axe. La 1re DFL livre de très durs combats pour s'emparer de positions élevées, où les défenseurs italiens et allemands se défendent jusqu'à la dernière extrémité. En trois jours d'une lutte farouche, la 1re DFL déplore 107 soldats hors de combat, capture 437 soldats ennemis, parmi lesquels on ne trouve que deux officiers allemands et un officier italien. Une centaine de tués et 38 blessés italo-allemands sont également ramassés sur le terrain. Les jours suivants, la 1re DFL progresse en direction d'Enfidaville, tout en capturant 10 000 soldats ennemis démoralisés et 300 véhicules.

Le 22 avril, la grande offensive alliée sur Tunis est déclenchée. Dans le secteur du djebel Garci, les soldats du général italien Messe arrivent à contenir les attaques de la VIIIe armée britannique, après dix jours de combats acharnés. Parallèlement, la Ire armée anglaise, commandée par le général Anderson, lance une série d'assauts sur les hauteurs sud-ouest de Tunis. Le 2e corps américain attaque en direction de Mateur, alors que le 19e corps français s'élance en direction de Pont-du-Fahs.

Le corps franc d'Afrique, les 4e et 6e groupements de tabors marocains (unités de montagne), venus renforcer le 2e corps américain, participent activement à la libération de Bizerte. Ils ont face à eux des troupes d'élite : le 10e régiment de *bersaglieri* et le 756e régiment de *Gebirgsjäger* (chasseurs allemands de montagne).

La victoire en Tunisie

LÉGENDE

Le 6 mai 1943, 400 canons anglais de la Ire armée Anderson ouvrent le feu sur un front de moins de 3 km. La division allemande Hermann Göring est enfoncée, découvrant la Ire armée italienne dans toute sa profondeur. Le 9, la 6e division blindée britannique parvient au golfe d'Hammamet, et le 19e corps français pousse en direction du massif de Zaghouan, à près de 1 300 m d'altitude. En revanche, sur le front sud de la poche ainsi formée, le 20e corps italien repousse encore toutes les attaques de la VIIIe armée de Montgomery. Dans la soirée du 11 mai, la division italienne Superga, faute de munitions, est contrainte de se rendre à la division française d'Oran dans la région de Sainte-Marie-du-Zit.

La fin est proche. Le 13, au carrefour de Sidi-Abdallah, le général Koeltz, commandant du 19e corps français, reçoit le général Brosset, commandant de la 1re DFL, arrivant du front de la VIIIe armée britannique. La 1re DFL a livré de durs combats pour la conquête du massif de Takrouna. Le général Alexander, de son côté, vient de télégraphier à Winston Churchill : « J'ai l'honneur de vous rendre compte que la campagne de Tunisie est terminée. Toute résistance ennemie a cessé. Nous sommes maîtres des rivages d'Afrique du Nord » (Archives militaires britanniques, Londres).

Le 20 mai 1943, après avoir défilé à Tunis, les divisions françaises s'installent vers Gafour, Zaghouan et Sainte-Marie-du-Zit, avant de rejoindre leurs garnisons du Maroc et de l'Algérie.

L'ennemi, irrémédiablement battu, n'a pu s'enfuir du continent africain et a laissé aux mains des armées alliées 150 000 prisonniers, avec un matériel considérable. L'armée française revendique à elle seule la capture de 40 000 soldats germano-italiens. En six mois de combat, elle enregistre des pertes importantes, avec 15 000 combattants tués, blessés ou disparus. Les Américains ont perdu 12 000 hommes, et les Britanniques 17 000.

Leçons et conséquences de cette campagne

La victoire des Alliés en Tunisie ouvre directement la voie de l'invasion de l'un des pays de l'Axe, l'Italie, tout en privant les Italo-Allemands d'une grande partie de leurs combattants les plus aguerris.

Cette campagne marque pour la France la réunion enfin acquise, en vue du même objectif (la défaite de l'Axe), des Forces françaises libres et de l'armée d'Afrique, non d'ailleurs sans heurts ni séquelles de rancune et d'incompréhension. De chaque côté, on se renvoie les combats fratricides de Dakar, du Gabon et de Syrie. Les soldats de l'armée d'Afrique de Vichy présentent les gaullistes comme des « déserteurs », des « aventuriers » et des « mercenaires ». Les FFL, qui ne manquent jamais de repartie, leur envoient du « planqués » ou du « collabos ». Le défilé triomphal à Tunis a illustré cette désunion : malgré le souhait de Giraud, les Français libres ont refusé de marcher aux côtés des troupes d'Afrique du Nord et ont défilé avec la VIIIe armée britannique.

Les soldats de Kœnig et de Leclerc retrouvent en Afrique du Nord leurs anciens camarades de promotion de Saint-Cyr, leurs amis de lycée, des compatriotes qui, en 1940, ont fait un choix différent du leur. Les retrouvailles ne suscitent par toujours de la sympathie. On assiste parfois à des échanges houleux. Le général Giraud tente de remédier à la confusion en mettant en avant le fait que désormais Français libres et soldats de l'armée d'Afrique du Nord luttent ensemble contre le même ennemi. Les tensions entre les deux clans vont s'estomper avec le temps, d'autant que la guerre continue. Les soldats africains refusent généralement d'entrer dans cette polémique : ils demeurent fidèles à leurs officiers, qu'ils soient gaullistes ou giraudistes.

« Du point de vue militaire, rapporte le général Beaufre, la campagne de Tunisie ne représentait pour nous qu'une transition vers la guerre moderne. Nous nous étions battus comme des chiens, mais dans un cadre désuet, sans renseignements d'aviation, sans contrebatteries, avec des armes et des procédés de combat sans doute plus proches de ceux de l'armée d'Orient de 1918 que de ce qui nous attendait en Europe. Certes, nous avions eu les coudées franches, de l'espace et du mouvement. De plus, déjà, nous avions appris beaucoup de choses, le rôle du terrain, l'accoutumance au feu, la dure leçon des mines, le rythme nouveau du combat sans tiraillerie et scandé par des tirs rageurs de mitrailleuses ou des pistolets-mitrailleurs et des rafales de mortiers. Nous avions surtout vérifié que nous étions à la hauteur des circonstances. Tout le monde s'était battu avec résolution et sans défaillance… L'armée de 1940 sortait de sa triste ankylose, dont des traces subsistaient encore çà et là. L'armée de la victoire pouvait maintenant naître » (Archives militaires françaises, Vincennes).

Réorganisation de l'armée française d'Afrique

Les *accords d'Anfa*, conclus en janvier 1943, prévoient d'équiper l'armée française d'un armement moderne, provenant surtout des États-Unis, et la constitution d'une force armée de 400 000 hommes. L'ensemble s'articule autour de cinq divisions d'infanterie (DI) et trois divisions blindées (DB) : 1re division motorisée d'infanterie (1re DFL), 2e DI marocaine, 3e DI algérienne, 4e division marocaine de montagne, 9e DI coloniale, 1re, 2e et 5e divisions blindées. À cela, il convient d'ajouter des unités spécialisées, comme les parachutistes (trois régiments de chasseurs parachutistes), le bataillon de choc, le groupe de commandos d'Afrique, des groupements de tabors marocains, des commandos de fusiliers marins, ainsi que des régiments d'infanterie non endivisionnés.

Une armée profondément originale, comme la France n'en a jamais connu ; une armée qui compte moitié d'Européens et moitié de musulmans. En Afrique du Nord, le taux de mobilisation des Européens dépasse celui de la Première Guerre mondiale, et il est dix fois supérieur à celui des indigènes. Il concerne tous les hommes de 18 à 45 ans.

Sur un plan plus politique, la fusion entre les forces d'Afrique et les FFL pose divers problèmes. C'est dans une atmosphère tendue que le général de Gaulle arrive le 30 mai 1943 à Blida et s'installe à Alger pour entamer avec le général Giraud les négociations devant conduire à l'unification de toutes les troupes françaises. À chaque chef d'état-major giraudiste se trouve associé un adjoint gaulliste. Les dissensions entre Alger (général Giraud) et Londres (général de Gaulle) demeurent réelles et finissent par agacer les Alliés. La 2e DB et la 1re DFL par exemple restent des unités de tradition gaulliste.

Le réarmement concerne aussi 17 groupes aériens, représentant 500 avions, dont près de 300 avions de chasse. Un millier d'avions français seront finalement en mesure de combattre durant l'été 1944. Sur le plan naval, la modernisation des bâtiments les plus récents se poursuit dans les chantiers américains ; elle concerne notamment le cuirassé *Richelieu*. Au printemps 1944, cette nouvelle marine atteint près de 350 000 tonnes, la moitié du tonnage de 1939. Elle compte une centaine de navires français modernisés et 140 de construction alliée.

Chapitre 17

La libération de la Corse

Dans ce chapitre :

- Une opération rondement menée
- L'aide des troupes italiennes
- Un succès pour le général Giraud

Occupée par les troupes de l'Axe en novembre 1942, la Corse organise peu à peu sa résistance. Peu d'insulaires ont remis à l'occupant les armes (fusils de chasse et revolvers) dont ce dernier entendait les dessaisir. Elles sont dissimulées, prêtes à resurgir le moment venu. Le 14 décembre, le sous-marin français *Casabianca* apporte une première cargaison d'armes et dépose des agents d'Alger, qui vont organiser la liaison radio clandestine avec l'Afrique du Nord.

À Londres, le 9 décembre, Fred Scamaroni, officier de la France libre, demande au général de Gaulle de lui accorder l'honneur de se rendre en Corse afin de rassembler les résistants dispersés dans l'île. Scamaroni arrive à Ajaccio le 9 janvier 1943. Mais la Gestapo italienne (OVRA), bien renseignée, est à ses trousses. Elle capture son opérateur radio, qui parle sous la torture. Scamaroni est arrêté le 18 mars, torturé lui aussi. Le lendemain, dans sa cellule de la citadelle, il met fin à ses jours. Sur un petit morceau de papier, il a écrit avec son sang ces simples mots : « Vive la France, vive de Gaulle. »

La Résistance corse s'organise

Le commandant Paulin Colonna d'Istria est placé, en avril 1943, à la tête de la Résistance corse. Armes et munitions arrivent. En l'espace de quelques mois, on dénombre 64 parachutages et neuf débarquements par sous-marins, organisés par les services secrets d'Alger, dépendant du général Henri Giraud. Au maquis, les résistants sont maintenant des centaines ; plusieurs y tombent les armes à la main. Près de 500 autres sont déportés. Le 30 août 1943, Jean Nicoli, l'un des chefs de la Résistance de l'île, qui a été arrêté, est fusillé dans le dos et décapité à Bastia.

Paulin Colonna d'Istria

Paulin Colonna d'Istria est né le 27 juillet 1905 à Petreto-Bicchisano, en Corse. Son père est militaire de carrière. Il se destine également à la carrière militaire et, après avoir suivi les cours du collège d'Autun puis ceux de l'École d'officiers de Saint-Maixent, sert en Afrique du Nord pendant la campagne du Rif jusqu'en 1926. Lieutenant en 1930, il choisit la gendarmerie. Promu capitaine, il est affecté en 1936 en Afrique du Nord, où il se trouve au moment de la déclaration de guerre, en septembre 1939. Il n'accepte pas la défaite et, ayant entendu l'appel du général de Gaulle le 18 juin 1940, décide d'entrer dans la Résistance.

En janvier 1943, alors qu'il vient d'être nommé adjoint au commandant de la gendarmerie en Afrique du Nord, il est désigné pour remplacer le commandant de Saule à la tête d'une mission secrète en Corse, avec l'accord des services britanniques. Il forme une équipe franco-anglaise dans laquelle il enrôle deux membres de sa famille. Il est prêt à partir ; mais, alors qu'il est retenu à l'hôpital pour des raisons de santé, ses cousins et un radio anglais partent sans lui. En mars 1943, Paulin Colonna d'Istria se met en rapport avec le commandant Lejeune, officier de liaison entre le cabinet du général Giraud et le SOE (services secrets militaires – voir le chapitre 5) britannique et forme avec lui une seconde équipe avec mission d'unifier et de coordonner les mouvements de résistance en Corse.

Le 4 avril 1943, il débarque clandestinement, *via* un sous-marin britannique, sur la côte orientale corse et, à travers le maquis et les montagnes, rejoint la région du Niolo, où il établit son poste de commandement provisoire. Il s'appuie sur le mouvement Front national pour unifier les différents mouvements de résistance, qui sont très divisés. Le Front national va passer de 2 000 à 9 000 adhérents en mai ; ils seront 12 000 en septembre, lors de la Libération. Parallèlement au travail d'unification des mouvements et du recrutement des francs-tireurs, le travail d'équipement progresse dans la difficulté. La liaison radio est établie avec l'Afrique du Nord. Plus de 50 terrains de parachutage sont repérés et signalés. Les armes sont reçues par air et par mer. Arrestations, déportations, fusillades, rien n'arrête Paulin Colonna d'Istria.

Recherché par les Italiens, il échappe toujours aux arrestations. Le 9 juin 1943, il repart avec un sous-marin britannique pour Alger. Accompagné d'un opérateur radio, Luc Le Fustec, il ramène en Corse, trois semaines plus tard, dans la nuit du 2 au 3 juillet, avec le sous-marin *Casabianca*, 12 tonnes d'armes et de matériel divers. Il entre au comité départemental du Front national et organise la lutte préparatoire au débarquement, qui a lieu le 11 septembre 1943 à Ajaccio et qui, avec l'insurrection de la Résistance, libère le territoire de la Corse. L'armée italienne, libérée de son alliance avec l'Allemagne, participe aux combats aux côtés des troupes françaises pour la libération de l'île.

Le chef d'escadron Colonna d'Istria est ensuite placé par le Comité français de libération nationale à la disposition du préfet de Corse, avant d'être détaché, en novembre 1943, au commandement des forces françaises en Grande-Bretagne, puis d'entrer dans Paris avec la 2e division blindée du général Leclerc, le 25 août 1944.

Après la guerre, il est affecté au commandement de la gendarmerie à Alger puis à Lyon. Promu colonel de gendarmerie en 1947 puis général de brigade en 1956, il commande ensuite la gendarmerie des forces françaises en Allemagne. Il est élu député d'Alger en 1951 mais démissionne ensuite de son mandat. Paulin Colonna d'Istria est décédé le 4 juin 1982 à Toulon. Il est inhumé à Marseille.

Neuf jours plus tard, le 8 septembre, vers 19 h 15, la radio annonce que le maréchal Badoglio, successeur de Mussolini (destitué en juillet), a conclu avec les Alliés un armistice séparé.

La victoire des troupes françaises en Corse

La première démonstration de force de la nouvelle armée française a lieu en septembre 1943, lors de la libération de la Corse, au lendemain de la capitulation italienne. À la demande de la Résistance insulaire, le général Giraud monte en un temps record une opération de débarquement à Ajaccio à partir du 15 septembre. Aidé par la Résistance locale, le bataillon de choc du commandant Gambiez occupe divers passages en montagne, tend des embuscades aux troupes allemandes, permet l'arrivée des renforts, reposant sur le 1er régiment de tirailleurs marocains, le 4e régiment de spahis marocains et le 2e groupe de tabors marocains. L'ensemble représente près de 10 000 hommes. Le transport de la troupe s'effectue, de l'Afrique du Nord à Ajaccio, à bord des croiseurs *Jeanne d'Arc* et *Montcalm*, des contre-torpilleurs *Fantasque* et *Terrible*, des torpilleurs *Alcyon*, *Tempête*, *Basque* et *Fortuné*, des sous-marins *Casabianca*, *Perlet* et *Aréthuse*.

Le ralliement des soldats italiens

LE SAVIEZ-VOUS ?

L'armée allemande en Corse repose sur 20 000 soldats d'élite de la 90e division de grenadiers motorisés et de la brigade d'assaut SS Reichsführer. Les troupes italiennes du général Magli, fortes de 80 000 hommes, refusent majoritairement de se rendre aux Allemands et participent, aux côtés des Français, à la libération de l'île. Les divisions d'infanterie Friuli et Cremona, le 10e régiment Celere et le 175e régiment d'*alpini* (chasseurs alpins italiens) défendent divers accès, facilitant le déploiement des troupes françaises.

Des opérations en zone montagneuse

BATAILLE

Les Allemands, qui envisagent l'évacuation de la Corse par Bastia, doivent livrer de durs combats contre les troupes franco-italiennes jusqu'en octobre 1943. Les opérations se déroulent principalement en zone montagneuse, où l'infanterie marocaine fait une fois de plus preuve de son étonnante mobilité. Les Allemands, mieux équipés en blindés, peuvent cependant retarder la progression des unités franco-italiennes, commandées par le général Martin. Le 29 septembre, les Allemands ne sont plus en effet que 3 000 sur l'île, contre 20 000 peu de temps auparavant. Le 4 octobre, quand les Français pénètrent dans Bastia, les Allemands ont terminé leur évacuation. Ce demi-succès français est dû à l'insuffisance des transports entre Alger et Ajaccio, qui ne purent acheminer à temps le matériel lourd. L'infanterie française et italienne a dû faire face, avec beaucoup de courage, à des contre-attaques d'unités allemandes motorisées, appuyées par des blindés, sans parler de la maîtrise du ciel de la Luftwaffe.

À partir du 6 octobre 1943, Giraud et de Gaulle participent à Ajaccio, Sartène, Levie et Bastia aux fêtes de la libération du premier département français dans une marée d'enthousiasme national.

En moins d'un mois de combat, les Allemands ont perdu 3 000 hommes en Corse (tués, blessés, disparus ou prisonniers), 50 avions et 13 bateaux ou embarcations. Les pertes françaises se limitent à moins de 400 soldats hors de combat ; celles des Italiens sont plus élevées, avec près d'un millier de tués ou blessés.

Un formidable porte-avions

STRATÉGIE

D'un point de vue psychologique et surtout stratégique, le général Giraud, contrairement aux pronostics du général de Gaulle, a remporté une éclatante victoire : la Corse va servir de base avancée terrestre et navale aux forces alliées, engagées dans la libération de l'Europe. Elle sera le tremplin qui permettra les opérations sur l'île d'Elbe et surtout le débarquement de Provence en août 1944.

« Le plus magnifique porte-avions à proximité des côtes de Provence était maintenant à la disposition des Alliés, écrit le général Giraud. Lorsqu'il sera aménagé, il permettra l'envol des chasseurs et des bombardiers légers dans des conditions exceptionnelles [...]. Par ailleurs, les ports et les plages de Corse ne sont qu'à quelques heures de la côte française : condition essentielle pour la surprise nécessaire à tout débarquement » (Archives militaires françaises, Vincennes).

À la veille du débarquement de Provence, la Corse sert de lieu de concentration pour plus de 100 000 soldats français ou alliés et d'une grande quantité de matériel. Paradoxalement, la libération de la Corse entraîne la chute du général Giraud. Avec une habileté redoutable, le général de Gaulle réussit à l'isoler, en le privant d'une grande partie de ses prérogatives. Il obtient l'élimination des proconsuls d'Afrique du Nord. Peyrouton et Boisson finissent par donner leur démission. Le général Noguès est relevé de ses fonctions. Une nouvelle équipe les remplace, fidèle au général de Gaulle. Le général Catroux devient ainsi gouverneur de l'Algérie. Puaux et Mast sont résidents respectivement du Maroc et de la Tunisie. Simultanément, le Comité français de libération nationale, dirigé à la fois par Giraud et de Gaulle, comprend une majorité de gaullistes.

L'éviction du général Giraud

LE SAVIEZ-VOUS ?

L'affaire de Corse donne à de Gaulle l'occasion de remporter la dernière bataille : l'incompatibilité entre les fonctions de coprésident et de commandant en chef. Giraud est accusé d'avoir déclenché l'opération à l'insu du Comité français de libération nationale (CFLN). Profitant de l'extraordinaire naïveté de son adversaire, de Gaulle, par un véritable tour de passe-passe, réussit, le 9 novembre, à l'éliminer du Comité ; Giraud ne conserve plus que le commandement en chef des forces militaires.

Pas pour longtemps. Le 4 avril 1944, il se fera attribuer par le CFLN le titre de « chef des armées » et quelques jours plus tard, par un simple décret, sont supprimées les fonctions de commandant en chef. À titre de compensation, de Gaulle offre à Giraud le titre d'inspecteur des armées, vide de toute substance et purement honorifique. Giraud refuse. Dénué de tout sens politique, le valeureux soldat disparaît de la scène. Il avait pourtant eu le mérite d'obtenir le réarmement des forces françaises d'Afrique.

Chapitre 18

La campagne d'Italie

Dans ce chapitre :

- Le triomphe des troupes françaises
- Une guerre difficile en montagne
- L'habile tactique du général Juin

Le débarquement des Alliés en Sicile en juillet 1943, suivi des débarquements en Italie du Sud en août et septembre, oblige l'Allemagne à faire face à un nouveau front en Europe, après celui de Russie. D'importantes troupes sont engagées de part et d'autre sur un théâtre de guerre montagneux dans les Abruzzes, long de près de 300 km, entre Naples et Rome.

Le corps expéditionnaire français (CEF)

N'OUBLIEZ PAS

Constitué durant l'été 1943 en Afrique du Nord, le *corps expéditionnaire français* (CEF) destiné à combattre en Italie est placé sous le commandement du général Alphonse Juin. L'ordre de bataille représente 120 000 hommes, 12 000 véhicules et 2 500 animaux. L'ensemble repose sur la 2e division d'infanterie marocaine (DIM) du général Dody, la 3e division d'infanterie algérienne (DIA) du général de Monsabert, le groupement de tabors marocains (GTM) du général Guillaume, la 4e division marocaine de montagne (DMM) du général Sevez et la 1re division motorisée d'infanterie (DMI), également appelée « 1re division de la France libre » (DFL) du général Brosset. Il convient d'y ajouter des éléments non endivisionnés, comprenant divers régiments. Toutes ces unités arrivent progressivement sur le front italien. La 2e DIM monte en ligne en décembre 1943, la 3e DIA en janvier 1944, le GTM, la 4e DMM et la 1re DFL en avril-mai 1944.

Intégré à la Ve armée alliée

Le CEF se trouve intégré à la Ve armée alliée du général américain Clark, forte de 18 bataillons britanniques, 65 bataillons américains et désormais de 45 bataillons français. La VIIIe armée du général Montgomery, également présente sur le front italien, aligne 21 bataillons britanniques, 12 bataillons canadiens, 12 bataillons polonais et 9 bataillons indiens. Ces chiffres permettent de mesurer l'importance de la participation française à cette campagne. L'armée française engage ainsi des effectifs qui rivalisent avec ceux des Américains et des Britanniques.

L'armée allemande du maréchal Kesselring aligne sur le front italien une vingtaine de divisions, représentant un total de 110 bataillons. Près de 700 000 soldats alliés affrontent 400 000 soldats allemands. La chaîne montagneuse des Abruzzes, dont certains sommets culminent à 2 200 m, facilite grandement la défense. Ce relief chaotique, quasiment dépourvu de végétation en hiver, sans routes faciles, hérissé de rochers, ajoute à ses obstacles naturels une surprise de taille : la boue, la boue liquide, l'éternelle boue glissante.

Les difficultés du front italien

Le climat si particulier du front italien est une autre mauvaise surprise pour les combattants des deux camps, si l'on en juge d'après les écrits du général Ringel, commandant de la 5e division allemande de montagne : « Il est évident que les divisions venues d'autres théâtres d'opérations furent au début incapables de supporter le froid glacial de la haute montagne auquel elles n'étaient pas habituées et l'épouvantable feu roulant de l'artillerie alliée engagée dans les grandes batailles. Bien que le froid ne fût pas aussi implacable qu'en Russie, les variations constantes du climat, passant de la pluie à la neige, du gel à la tempête, perturbèrent sérieusement les hommes. Dans leurs premières lettres envoyées à leur famille, ceux-ci écrivirent qu'ils seraient volontiers retournés en Russie à quatre pattes… » (Archives militaires allemandes, Fribourg-en-Brisgau).

Avec obstination, le général Clark cherche à rompre les positions allemandes par le mont Cassin (Monte Cassino en italien) et les vallées du Liri et du Sacco. Il se heurte à chaque fois à une résistance acharnée des Allemands, sans pouvoir obtenir un succès décisif. En revanche, le plan préconisé par le général Juin d'un vaste débordement par la montagne en direction d'Atina est repoussé, ou plutôt réduit à une manœuvre limitée.

Dès son arrivée en Italie, Juin se rend assez bien compte de la situation : « J'ai le sentiment que nous n'arriverons à faire notre trou ici qu'en usant de doigté et de discrétion. Les Américains ne sont pas des gens qu'on bouscule… Ils nous aiment bien, mais ils sont aussi pénétrés de leur toute-puissance et d'une susceptibilité qui dépasse tout ce qu'on peut imaginer… Les Français leur paraissent toujours un peu agités et il importe d'abord de gagner leur confiance, surtout avant la bataille. Je m'y efforcerai et, cette confiance acquise, notre place s'agrandira d'elle-même… Pour les mêmes raisons d'opportunité et de discrétion, j'ai pris la décision de conserver, jusqu'à nouvel ordre, l'appellation de "corps expéditionnaire français" aux troupes françaises débarquées en Italie. J'aurais mauvaise grâce, j'en suis convaincu, de me parer dès à présent, aux yeux de Clark, du titre de commandant d'armée. La chose fera son temps, quand on nous aura approuvés et quand l'outil mis entre mes mains se sera révélé comme un véritable outil d'armée » (Archives militaires françaises).

Un moral élevé

LE SAVIEZ-VOUS ?

Le CEF est en effet animé d'un puissant désir d'effacer les souvenirs douloureux de la défaite de 1940, ainsi que de faire honneur à l'ancienne réputation de l'armée française. Ces sentiments s'expriment tout particulièrement parmi les Européens. Le capitaine Bernard Brézet, évadé passé par l'Espagne, écrit au moment de monter en ligne : « Je pars avec le même sentiment du devoir qu'en 1939, je pars en pleine sérénité, parfaitement d'accord avec moi-même. Dans le drame actuel, il faut prendre parti ; c'est ce que je fais, avec tout le risque que cela comporte. Prendre ce risque, c'est mon honneur. Il y a des moments où, coûte que coûte, il faut suivre la voie où l'on se sent appelé par ses sentiments les plus profonds. C'est ce que je fais » (Archives militaires françaises, Vincennes).

Un lieutenant de la 2e DIM parle des milliers de ses compatriotes qui désespèrent en Afrique du Nord de voir arriver l'ordre d'embarcation pour le front italien. Après une journée torride, il écrit dans son carnet de notes : « Plus que le paludisme qui ronge la troupe, l'ennui dévaste les âmes, broyées par cette interminable attente. Il se murmure même que la mésentente avec les Alliés nous privera de la lutte, but unique de toutes nos pensées, seul espoir capable de rafraîchir nos cœurs » (Archives militaires françaises, Vincennes).

Les exploits de la division franco-marocaine

LÉGENDE

Les Français vont bientôt montrer que, loin d'être des fanfaronnades, de tels sentiments sont le ressort d'une efficacité hors norme au combat. Arrivée en Italie fin novembre 1943, la 2e DIM monte en ligne début décembre, afin de prendre position dans le secteur mont Marrone-mont Pantano, de part et d'autre de la route Colli-Atina. Elle aligne près de 17 000 hommes, articulés en trois régiments de tirailleurs marocains (4e, 5e et 8e RTM), un groupe de renforcement (4e groupe de tabors marocains), un régiment d'artillerie (63e RA) et un régiment de reconnaissance (3e régiment de spahis marocains). La 2e DIM compte 41 % d'Européens. Elle relève la 34e division d'infanterie américaine, qui vient de perdre 1 500 hommes (tués ou blessés) lors d'un assaut infructueux lancé contre les défenses ennemies du mont Pantano. Cette grande unité américaine se trouve à bout de souffle, et les Franco-Marocains, qui se soucient peu des doutes des Alliés quant à leur valeur, ne se privent pas de critiquer vertement la situation que les Américains ont laissée se développer dans le secteur.

Des assauts acrobatiques

Pour les Franco-Marocains, arrive le moment de prouver qu'ils peuvent faire mieux. À la surprise des observateurs anglo-américains, ils s'en tirent brillamment. Le 15 décembre, le 8e RTM s'empare par un assaut acrobatique du mont San Michele (1 158 m), malgré les nombreux blockhaus qui balaient de leurs tirs croisés les pentes rocailleuses. Le lendemain, le mont Pantano (1 110 m) est enlevé par les preux du 5e RTM.

Bousculés et impressionnés par l'héroïsme et la férocité des assaillants, les Allemands s'empressent de relever la 305e division d'infanterie par la 5e division de montagne, pensant que les *Gebirgsjäger* (chasseurs de montagne), vétérans du front russo-finlandais, se sentiront à leur aise sur ce terrain dénudé et glacé. L'opération est loin d'être un succès : une nouvelle attaque française déloge les Allemands de San Biagio. L'attaque débute le 24 décembre 1943 pour aboutir le 28 à la conquête du massif de la Mainarde, à 1 478 m d'altitude.

Le jour suivant, l'offensive se poursuit plus au sud vers le massif de Monna Casale, à plus de 1 200 m. Pour arrêter l'avance des troupes françaises et la débandade des troupes d'élite qui arborent l'edelweiss, le commandement allemand doit faire appel au 115e Panzergrenadier-Regiment, une unité prussienne. Mais c'est une formidable tempête de neige qui stoppe l'étonnante progression des troupes franco-marocaines, qui en trois semaines ont perdu près d'un millier d'hommes (tués, blessés ou disparus), contre près de 3 000 chez les Allemands – dont un nombre important de prisonniers.

Une bravoure extraordinaire

Les soldats marocains se battent avec une bravoure extraordinaire. Le tirailleur Krim Ben Abdallah sauve la vie de son capitaine (Popineau) en abattant un Allemand qui s'était approché en rampant. Le sous-lieutenant Moustapha Ben Ahmed a donné l'exemple en tombant à la tête de ses hommes. Le Berbère Driss Ben Tahar, trapu, arborant œil de braise et épaisses moustaches, tirailleur de choc, se spécialise dans les opérations commandos de nuit. Le tirailleur M'Bark Ben Ahmed est souvent volontaire pour les coups durs. Les goumiers, soldats des troupes marocaines de montagne, jaillissent de leurs trous et se ruent vers l'ennemi en psalmodiant la profession de foi musulmane, la Chahada : « *La Allah illah Allah ! Mohammed rassoud Allah !* » (« Dieu est unique ! Et Mahomet est son prophète ! »). La propagande « anticolonialiste » allemande reste sans effet sur les Marocains.

L'historien britannique John Ellis, spécialiste éminent de la guerre, écrit : « Pour cruelles qu'elles fussent, les pertes françaises n'avaient pas été vaines. La rapidité avec laquelle les Français s'étaient emparés d'un objectif qui avait si longtemps défié les Américains, la fougue dont ils avaient fait preuve impressionnèrent grandement amis et ennemis » (Archives militaires britanniques, Londres).

L'admiration de l'ennemi

N'OUBLIEZ PAS

Les termes du compte rendu du général Ringel, commandant de la 5e division allemande de montagne, sont éloquents : « L'infanterie franco-marocaine se montre ardente, manœuvrière, déjà bien habituée au canon et au mortier. Elle constitue un instrument de qualité exceptionnelle entre les mains du commandement. La valeur des cadres de cette infanterie est connue depuis la campagne de Tunisie. Ils se sont comportés admirablement, comme on pouvait le craindre. Les jeunes Français du rang se sont conduits de façon admirable, donnant l'exemple et payant ardemment de leur personne.»

Enfin Alexander et Clark se rendent à l'évidence et doivent admettre qu'au nord du front, face à la 5e division de montagne et aux débris de la 44e division d'infanterie, se tient toujours l'homme que même le commandement allemand a reconnu comme son adversaire le plus dangereux en Italie : le général Juin avec ses Franco-Africains » (Archives militaires allemandes, Fribourg-en-Brisgau).

Le journal officiel des combattants allemands en Italie est aussi élogieux en faveur des soldats de Juin : « On est obligé de reconnaître aux divisions du CEF (corps expéditionnaire français) un commandement souple, une volonté de nous talonner et de bousculer nos mouvements de décrochage. Unités à l'esprit combatif, mordant et offensif » (Archives militaires allemandes, Fribourg-en-Brisgau).

Figure 18-1 : Soldats français sur le front italien.

Le maréchal Kesselring, commandant en chef des armées allemandes en Italie, ne cache pas son admiration pour les troupes françaises : « La tactique des Américains et des Anglais a été dans l'ensemble très méthodique. Les succès locaux ont été rarement exploités. En revanche les Français ont attaqué avec un mordant extraordinaire, et exploité à fond chaque succès en y concentrant aussitôt des effectifs. On a noté la façon française de déborder largement quand c'était nécessaire, par une manœuvre d'envergure, les points d'appui allemands.

» À plusieurs reprises, des terrains montagneux réputés impraticables ont été franchis par l'ennemi qui semble s'être préparé jusque dans les plus petits détails pour cette opération et qui est équipé en conséquence. Il y a donc lieu de garder méthodiquement même les terrains considérés comme impossibles. Spécialement remarquable est la grande aptitude tous terrains des troupes françaises qui franchissent rapidement les zones montagneuses, avec leurs armes lourdes chargées sur des mulets, et qui essaient toujours de déborder nos positions par des larges manœuvres, et de percer par-derrière » (Archives militaires allemandes, Friboiurg-en-Brisgau).

Juin accumule les succès

Début janvier 1944, la 3e division d'infanterie algérienne (DIA) du général de Monsabert vient renforcer les troupes du général Juin. Forte de près de 17 000 hommes, elle aligne deux régiments de tirailleurs algériens (3e et 7e RTA), le 4e régiment de tirailleurs tunisiens (RTT), le 3e régiment de spahis algériens (RSA) et le 67e régiment d'artillerie. On compte près de 50 % d'Européens.

Le général Clark s'obstine toujours à vouloir rompre le front allemand par la vallée du Liri et le mont Cassin. Juin estime qu'il n'existe aucune chance d'enfoncer les défenses allemandes sans une percée préalable des flancs ennemis par les montagnes plus au nord. Selon Clark, l'action principale doit être engagée par la 1re division blindée américaine. Juin est encore loin d'être convaincu.

La guerre sur les sommets montagneux

À une attaque sur le Garigliano, Juin juge plus efficace une manœuvre de débordement par les ailes. Ses troupes, moins tributaires du réseau routier, avec un nombre limité de blindés, sont parfaitement équipées pour la lutte en montagne. Elles rassemblent un important parc de mulets qui leur permet de s'affranchir des problèmes posés par les transports motorisés. Plus précieuse encore est la grande expérience de la guerre en montagne que ces effectifs ont acquise lors des opérations de pacification au Maroc et en Algérie, ainsi que durant les campagnes de Tunisie et de Corse contre l'Axe. Ainsi, la mobilité à pied, l'endurance des combattants, l'infiltration et l'autonomie des petites unités, qualités prépondérantes au CEF, vont se révéler d'une valeur inestimable sur les terrains escarpés des Abruzzes.

Dans la nuit du 11 au 12 janvier 1944, Juin lance une nouvelle offensive vers la ligne allemande Gustav, entre Acquafondata et Costa San Pietro. Les deux divisions françaises doivent conquérir divers sommets, dont certains dépassent 1 500 m, puis franchir les eaux glaciales du Rapido pour attaquer la ligne fortifiée. Un rapport émanant de la 2e division marocaine attire l'attention sur les caractéristiques du champ de bataille : « Il n'est pas possible de comprendre les opérations qui vont se dérouler si l'on n'a pas constamment présentes à l'esprit les conditions extrêmement pénibles dans lesquelles vont se battre les tirailleurs pendant tout l'hiver, dans une boue gluante, sous la pluie ou la neige. Les rochers pointent partout et les pistes se font rares, d'accès difficile parce que constamment battues par les mortiers ennemis et constamment minées. Le fantassin devient un spécialiste de l'escalade et, lorsqu'il faut s'abriter, les rochers ne garantissent pas une protection absolue, surtout lorsque l'artillerie ennemie ajoute aux éclats des projectiles les éclats de pierre volant dans toutes les directions » (Archives militaires françaises, Vincennes).

Le froid pose un problème particulier aux troupes françaises, pauvrement équipées contre les rigueurs du climat. Malgré cette situation éprouvante pour la troupe, les soldats de Juin accomplissent de nouveaux miracles : les premières positions allemandes de la 5e division de montagne sont toutes enlevées. Les tirailleurs collent si près des barrages d'artillerie que l'effet de surprise est total. Ils avancent durant la nuit. Les grenades éclatent dans les abris allemands, d'où jaillissent des hurlements. Certains soldats du Reich courent à demi vêtus, dans la neige, vers les emplacements déjà occupés par les tirailleurs de Juin. Attaques et contre-attaques se succèdent pour la conquête de pitons rocheux. L'avance française est cependant irrésistible. Les monts Monna Casale, Molino, Pantano, Marrone, Lago, Raimo, Ferro, les cotes 1025 et 1029 tombent après des combats acharnés.

L'historien britannique John Ellis note au sujet de la fougue des troupes françaises : « Une drogue inconnue paraissait les encourager à se précipiter vers le sacrifice suprême. Entraînés par une sorte de folie collective, sublimés par la même cause, ils étaient indestructibles. Ce fut admirable ! » (Archives militaires britanniques, Londres).

L'avance irrésistible du CEF

Les fantassins allemands de la division de montagne et les grenadiers du 15e Panzerregiment doivent renoncer à se maintenir sur le Rapido. Pendant les jours qui suivent, les Français sont constamment sur les talons des Allemands. Le Rapido est franchi par les troupes de la division marocaine (2e DIM), qui s'emparent des cotes 1040-1129 et du col d'Arena. De son côté, la division algérienne (3e DIA) pousse le long d'un axe jalonné par les monts Passero, Vade d'Aquo, Rio Il Gallo. Après avoir pris Acquafondata, les tirailleurs algériens traversent Vallerotonda et se déploient sur une ligne allant de Valvori à Sant'Elia. Le 23 janvier 1944, une lutte terrible se déroule pour la conquête du mont San Croce (1 184 m), qui reste finalement aux mains des Allemands. Du 11 au 24 janvier 1944, la seule division marocaine a perdu 4 000 hommes. Les Allemands ont été obligés d'engager toutes leurs réserves pour endiguer l'avance française.

Du 25 au 30 janvier 1944, la 3e DIA du général de Monsabert accomplit l'exploit de s'emparer des positions, jugées imprenables, du Belvédère, à près de 1 000 m d'altitude dans les Abruzzes, en plein hiver et contre un adversaire défendant farouchement ses positions. Les Français débordent ainsi le mont Cassin par le nord. Outre la capture de 1 200 prisonniers, le CEF retient 17 bataillons allemands sur son front, soit 44 % des forces ennemies engagées contre la Ve armée alliée. La bataille du Belvédère a coûté la moitié de ses effectifs au seul régiment de tirailleurs tunisiens (4e RTT).

Le courage et la ténacité du CEF sont une fois de plus reconnus par les chefs alliés. Le général anglais Alexander, commandant en chef des forces alliées en Méditerranée centrale, déclare à Juin : « Vos avances sur un terrain des plus difficiles, contre un adversaire décidé et opiniâtre, furent dignes des plus beaux éloges, et la manière dont toutes ces opérations ont été menées est dans la ligne des plus belles traditions des armées françaises » (Archives militaires françaises, Vincennes).

Une troupe vaillante et des officiers de qualité

L'historien allemand Böhmler, engagé sur le front italien, témoigne également en faveur des troupes françaises : « La grande surprise fut l'attitude du CEF. La campagne de 1940 avait jeté une ombre sinistre sur l'armée française. On ne pensait pas qu'elle pourrait se remettre de sa défaite écrasante. Et maintenant les divisions du général Juin se révélaient extrêmement dangereuses. La raison n'en était pas seulement l'expérience en montagne des Marocains et des Algériens. Trois facteurs intervenaient ensemble : à côté de l'expérience en montagne des soldats des colonies françaises, il y avait l'équipement américain très moderne du corps français, qui lui donnait une telle puissance. Et enfin ces troupes étaient commandées par des officiers français qui connaissaient parfaitement leur instrument. Avec ces trois éléments de base, Juin avait fait un excellent alliage. Pour la nuit, son corps se montra apte à toutes les missions, et le maréchal Kesselring a souligné en ma présence que ce sont toujours les secteurs du front où il savait que se trouvait le corps de Juin qui lui ont donné le plus d'inquiétude » (Archives militaires allemandes, Fribourg-en-Brisgau).

Pendant toute la durée des offensives françaises de l'hiver 1944, des officiers de liaison anglo-américains ont été détachés auprès des unités de Juin. Dans les notes du colonel Robert Shaw, on peut lire, après une attaque du 7e régiment de tirailleurs algériens (RTA) : « J'ai eu l'occasion de suivre les troupes françaises. Je n'ai remarqué nul traînard, nulle perte ou abandon d'armes et de matériel. J'ai pu voir quantité de cadavres allemands. Beaucoup d'entre eux gisaient le crâne défoncé ou le corps percé de coups de baïonnette. Moral excellent » (Archives militaires françaises, Vincennes).

Le front se fige autour du mont Cassin

Le général Juin ne parvient pas cependant à convaincre les états-majors alliés d'abandonner des méthodes de guerre lentes et dépassées. Malgré une réelle supériorité numérique et matérielle, les Ve et VIIIe armées alliées, désorientées par les aspects si particuliers de la lutte en montagne, n'ont rien imaginé d'autre que des attaques frontales, menées dans les vallées, afin de faire sauter les piliers de la défense allemande sur la route de Rome. Les assauts répétés contre le mont Cassin n'ont abouti qu'à des pertes terribles. Les officiers anglo-américains voient dans cette montagne, dominée par une abbaye, une position importante de la défense allemande, alors que le général Juin estime pouvoir tourner par l'ouest le mont Cassin plutôt que de l'attaquer de front. Le 15 février 1944, 142 bombardiers américains ont déversé 300 tonnes de bombes explosives et incendiaires sur le monastère. Ce bombardement permet aux Allemands d'occuper habilement les ruines : d'un monastère, les bombardiers ont fait une forteresse… Le mont Cassin ne sera conquis qu'au prix de lourdes pertes.

Malgré la présence de chars et d'avions, la guerre de mouvement semble condamnée, et on se croit revenu aux heures terribles de la guerre de tranchées de 1914-1918. Cependant, en avril 1944, le général Alexander prépare sa troisième tentative pour ouvrir la route de Rome. L'occasion semble favorable au général Juin pour appliquer l'idée de manœuvre qui le hante depuis quatre mois. Surtout que le CEF vient d'être renforcé par le groupement de tabors marocains du général Guillaume et la 4e division marocaine de montagne du général Sevez, dont l'ensemble représente 20 500 hommes (dont 35 % d'Européens), ainsi que par la 1re division motorisée d'infanterie (1re DFL) du général Brosset, forte de près de 18 000 hommes (dont 57 % d'Européens).

Le triomphe du CEF

LÉGENDE

Au début de mai, le CEF occupe l'étroite tête de pont du Garigliano inférieur, dominée par l'ensemble montagneux du Faito (940 m) et du Majo (839 m) et, un peu plus loin, par les monts Aurunces (plus de 1 200 m). Dans le cadre de l'offensive générale qui se prépare, le plan de Juin, simple et audacieux, veut rompre par surprise les défenses allemandes, s'emparer des sommets qui commandent les vallées et jeter dans les monts Aurunces ses troupes de montagne, qui pratiqueront une brèche dans la ligne Gustav, entraînant ainsi l'effondrement de toute l'aile droite allemande. Juin refuse de se laisser prendre au piège d'une progression lente et difficile le long de la route d'Ausonia et de celle de Sant'Andrea, qui ne peut que se heurter au gros des troupes allemandes.

Cette conception audacieuse, qui affirme les avantages d'une exploitation en montagne et néglige les vallées, n'a pas les faveurs d'Alexander, qui n'attribue à la Ve armée et au CEF qu'une simple mission de diversion. Il a cependant médité sur les causes des échecs précédents, si bien que cette fois l'offensive sera générale, du mont Cassin au golfe de Gaète. La Ve armée doit fixer la 94e division de grenadiers motorisés, tandis que le CEF, opposé à la 71e division d'infanterie, doit se limiter à une manœuvre de débordement par le nord, en direction d'Esperia. C'est à la VIIIe armée britannique, massée sur le cours du Rapido, que reviendra l'honneur de franchir le fleuve, d'enlever le mont Cassin à la 1re division allemande de parachutistes, puis de s'ouvrir la route de Rome. Soutenu par Churchill, le général Alexander compte bien faire entrer les troupes britanniques les premières dans la Ville éternelle.

Une manœuvre de grande ampleur

Nullement satisfait de ce programme, Juin remet à Clark, le 4 avril 1944, un document sur les futures opérations, précisant son idée de manœuvre de grande ampleur réservée à la Ve armée et au CEF : il s'agit non seulement de rompre le front allemand et de se lancer dans les Aurunces, mais d'atteindre Pico, de rejoindre les forces alliées de la poche d'Anzio, avant de se rabattre vers le nord sur Frosinone, afin de déborder la résistance allemande et d'atteindre Rome.

Alexander ne peut se résoudre à accepter un plan qui réserve aux troupes américaines et françaises l'honneur d'entrer dans la capitale italienne. Il ne change rien à son dispositif initial, mais il décide cependant que la Ve armée américaine et le CEF protégeant le flanc de la VIIIe armée s'empareront des routes entre la VIIIe armée et la mer, ce qui, en somme, laisse carte blanche au général Clark, entièrement rallié aux vues de Juin !

Une offensive par surprise

Les mouvements du CEF s'effectuent de nuit, dans le plus grand silence, vers l'étroite tête de pont du Garigliano. Depuis que le CEF a été relevé du secteur nord du mont Cassin, le maréchal Kesselring a perdu sa trace.

La date de l'offensive est fixée pour la nuit du 11 au 12 mai 1944. Juin prévoit notamment de lancer en zone montagneuse près de 25 000 hommes et de 4 000 mulets, avec tout leur ravitaillement, ce qui représente une colonne de près de 60 km de long à acheminer sur trois pistes distinctes ! L'offensive française doit se déclencher par surprise, sans préparation d'artillerie. Sur le reste du front, 2 000 canons pilonnent les positions allemandes, si bien que la surprise se révèle incomplète. Les Allemands se défendent avec énergie. Les tirailleurs de Juin tombent dans les réseaux de barbelés ou dans les champs de mines. Des blockhaus et des points d'appui intacts, un tir précis de mitrailleuses se déclenche. Les lance-flammes établis à mi-pente se démasquent. Les mortiers battent les cheminements de toutes les crêtes. L'attaque du mont Faito se poursuit péniblement pendant toute la nuit.

La prise de chaque blockhaus est une opération indépendante et minutieuse. Dans les centres de résistance, les blockhaus se couvrent les uns les autres, face à la direction d'attaque probable, mais en les assaillant à revers il est possible de les traiter isolément et successivement. Une mitrailleuse de 12,7 mm bat l'entrée et le créneau, un fusil-mitrailleur couvre l'opération. Sous cette double protection, une équipe de deux ou trois hommes s'infiltre lentement en utilisant les angles morts jusqu'à 20 ou 30 m d'une paroi aveugle et l'attaque directement avec un lance-fusées antichar. Au deuxième ou troisième coup au but de cette arme puissante, dont la charge creuse du projectile disloque les épaisses murailles de pierre, l'ennemi montre un chiffon blanc puis sort mains en l'air. L'abri évacué est alors nettoyé à la grenade, pour liquider les récalcitrants.

Le sommet du Faito est finalement occupé par les tirailleurs des 8e et 6e RTM. Mais l'ennemi, qui contrôle les sommets environnants, déclenche un tir d'artillerie intense. Partout ailleurs, c'est l'échec. Malgré leur vaillance, les troupes de Juin n'ont pu enfoncer les défenses allemandes. La 1re DFL ne peut déboucher de ses positions. À Castelforte, les chars de la 3e DIA se heurtent à une farouche résistance, avec de terribles combats de rue. Sur plusieurs points, la 71e division allemande contre-attaque.

Sur le reste du front, les résultats ne sont pas meilleurs : la Ve armée américaine piétine devant Santa Maria Infante, les Britanniques établissent à grand-peine une tête de pont sur le Rapido, tandis qu'à Cassino les Alliés essuient une fois de plus, malgré l'héroïsme du 2e corps polonais du général Anders, un échec sanglant.

La poursuite des opérations

LÉGENDE

Le général Juin, nullement découragé, décide de poursuivre l'offensive à l'aube du 12 mai, après une intense préparation d'artillerie. Cette fois, c'est le succès : en moins de quarante-huit heures, la ligne Gustav s'effondre. Les Allemands ont jeté toutes leurs réserves dans la bataille dès le premier jour. La 2e DIM fournit l'effort décisif en s'emparant du massif du Majo le 13 mai. Avec la perte de cet observatoire en montagne, la 71e DI allemande n'est plus en mesure de s'opposer à la progression foudroyante des troupes françaises dans la vallée.

La 1re DFL nettoie la bouche du Garigliano et progresse en direction de Sant'Andrea et de Sant'Ambrogio. La 3e DIA parvient à faire sauter le verrou de Castelforte après un terrible pilonnage d'artillerie et de sanglants corps à corps. Plus de 1 500 soldats allemands sont capturés. Le 14, la 71e division allemande, fortement éprouvée, commence à se replier en direction du nord-ouest. La 1re DFL fonce sur Sant'Apollinare, tandis que la 3e DIA occupe Ausonia.

Le 14 au soir, la situation du CEF est particulièrement favorable : alors que les Américains pénètrent seulement dans les ruines de Santa Maria Infante, que les assauts polonais continuent à se briser sur Cassino et que les Britanniques ne réussissent que difficilement à élargir leur tête de pont sur le Rapido, les Français ont creusé dans la ligne Gustav une brèche de 25 km de large sur 12 m de profondeur. Depuis le 13 au soir, un immense drapeau tricolore, visible de Cassino à la mer, flotte sur le Majo. Toute l'aile droite du dispositif allemand est ébranlée.

La 1re DFL et la 3e DIA se heurtent les jours suivants à de solides nids de résistance près de Sant'Apollinare et de Castelnuovo. Conscient de l'épuisement de ses troupes, le maréchal Kesselring autorise le repli sur la ligne Dora.

La partie la plus audacieuse du plan du général Juin

STRATÉGIE

Le général Juin a prévu qu'il ne serait pas possible de remporter une victoire décisive le long des routes encaissées, cadenassées par des défilés qui se prêtent admirablement aux actions d'arrière-garde des Allemands, passés maîtres dans la défensive. Mais le repli allemand lui offre l'occasion d'abattre sa carte maîtresse, en réalisant la partie la plus audacieuse de son plan. Lors de leur recul, la 71e DI et la 94e division de grenadiers motorisés (DGM) ont laissé découvert le massif des monts Aurunces.

Dans la nuit du 15 au 16 mai 1944, le groupement de tabors marocains du général Guillaume et le 6e RTM du colonel Cherrière entreprennent l'escalade de la falaise du Fammera. Les éléments ennemis sont surpris et bousculés. Les Allemands disposent pourtant de remarquables troupes de montagne. Mais ils commettent, en mai 1944, la même erreur que l'état-major français quatre ans plus tôt, quand il était convaincu que les Ardennes étaient « impénétrables aux chars ». Considérant le massif des Aurunces comme « infranchissable », les Allemands ont même retiré, le 13, le 8e bataillon de pionniers de montagne qui y travaillait à la construction d'une piste et d'un terrain d'aviation.

Dans ces montagnes, le commandement allemand du 14e corps blindé a jugé impossible de faire passer des troupes importantes. Le général Juin y lance le groupement de tabors marocains et la 4e division marocaine de montagne (général Sevez), soit 18 bataillons et trois groupes d'artillerie, représentant plus de 25 000 hommes et de 4 000 mulets !

Du 16 au 18 mai 1944, le groupement de tabors marocains et la 4e DMM traversent l'imposant massif des Aurunces, à plus de 1 200 m d'altitude. Cette marche victorieuse est jalonnée par les monts Petrella, Revole, Faggeta. Menacés sur leurs arrières, les éléments retardateurs de la 71e DI et de la 94e DGM doivent évacuer leurs positions de résistance. Le 17, la 3e DIA occupe le défilé d'Esperia, épaulée par la 1re DFL, qui s'empare du mont d'Oro. Le long de la côte, les 85e et 88e DI américaines occupent Formia et progressent en direction d'Itri.

Le 19 mai, les troupes de montagne des généraux Guillaume et Sevez ont atteint l'objectif stratégique essentiel, en coupant la rocade Itri-Pico, qui est l'axe de circulation du 14e corps blindé allemand. Rien n'a pu avoir raison de l'audace des troupes franco-marocaines. Le 17, deux bataillons allemands motorisés sont bien envoyés sur la route Itri-Pico. Ils sont surpris près de Revole et détruits lors d'une de ces embuscades dont les goumiers marocains ont le secret.

La prise de Rome

Un rétablissement allemand sur la ligne Dora devient impossible, d'autant qu'après la prise d'Esperia la 1re DFL et la 3e DIA exercent une dangereuse poussée en direction de Pico, au cœur même de la position fortifiée. Le 17 au soir, le maréchal Kesselring ne dissimule plus son inquiétude : devant la percée foudroyante du CEF, il donne l'ordre à la 1re division parachutiste d'évacuer le mont Cassin. Le 20, le général von Senger und Etterlin, chef d'état-major de la Xe armée allemande, décide tardivement d'engager sa dernière réserve, la 26e Panzerdivision, sans trop y croire : « Il semble que tout ce que nous faisons, nous le fassions trop tard ; nous ne sommes plus en mesure de contenir ces diables de Français » (Archives militaires allemandes, Fribourg-en-Brisgau).

Bataille de chars

Malgré sa valeur, la 26e Panzerdivision ne parvient pas à ralentir la poussée des divisions françaises, soutenues sur leur droite par le corps canadien de la VIIIe armée de Montgomery, qui arrive devant Pontecorvo le 19 mai. Pendant deux jours, avec l'appui de deux bataillons de chars américains, la 3e DIA livre bataille pour la prise de Pico, par un temps pluvieux qui empêche l'intervention de l'aviation. Malgré la puissance des chars Tigre I de 56 tonnes et des Panther de 45 tonnes, supérieurs aux Sherman de 32 tonnes des Alliés, les troupes du général de Monsabert parviennent à s'emparer de Pico.

Le maréchal Kesselring est le premier à reconnaître la défaite de son 14e corps blindé : « L'avance du CEF, à la fois dans les vallées et en montagne, a rompu notre dispositif, facilité la progression des Ve et VIIIe armées alliées et empêché notre redressement sur la ligne Dora. Les Français ont combattu avec beaucoup de mordant et exploité, sans aucun délai, tous les succès locaux obtenus » (Archives militaires allemandes, Fribourg-en-Brisgau).

Le 22 mai 1944, après deux semaines de combat, Kesselring ordonne à sa X^{e} armée de se replier sur la ligne César, en avant de Rome. Aucune autre solution ne lui semble possible. Le corps de montagne du général Guillaume progresse déjà dans les monts Ausoni. Les Américains, après la conquête de Terracina, ne sont plus qu'à 50 km de la tête de pont d'Anzio.

Le CEF a rempli sa mission de fer de lance, en sortant les Alliés de l'enlisement. La bataille pour la conquête de Rome est cependant loin d'être terminée. Le 23 mai, le général Clark donne l'ordre au 6e corps d'armée allié du général Truscott de briser la tête de pont d'Anzio. Le 2e corps américain et le CEF doivent en même temps rompre la ligne Hitler. Mais, durant près d'une semaine, la résistance allemande se raidit ; de terribles combats se déroulent le long de la route côtière, dans les monts Lepini, où progressent les troupes françaises de montagne, et le long de la route Pico-San Giovanni. Le maréchal Kesselring lance les 11e et 26e Panzerdivisions dans la bataille. C'est ainsi que la 3e DIA doit faire face à une violente contre-attaque de chars allemands. Le 3e régiment de spahis marocains et le 7e régiment de chasseurs d'Afrique, équipés de blindés plus légers que ceux des Allemands, parviennent cependant à compenser leur infériorité matérielle manifeste par la rapidité et l'habileté manœuvrière de leurs équipages.

La 26e Panzerdivision laisse sur le champ de bataille 31 chars et 10 canons hors de combat. Les Français accusent 27 tués, 64 blessés et 8 blindés détruits. Les deux régiments français pénètrent finalement dans les ruines de San Giovanni. Quant au corps de montagne, il se heurte à une farouche résistance dans les monts Ausoni. Le 27 mai, il réussit à s'emparer de la formidable position de Castro dei Volsci, qui commande l'accès de Frosinone. Bien qu'en pleine retraite, les unités allemandes conservent cohésion et discipline. Elles exécutent un repli méthodique, marqué par des coups d'arrêt sur des positions naturelles suivis de contre-attaques brutales et déterminées.

La progression des Alliés

STRATÉGIE

Du côté allié, la solidarité entres les armées subit une éclipse : l'attraction de Rome réveille les jalousies nationales. C'est à qui entrera le premier dans la Ville éternelle. Le corps de Truscott, après avoir rompu le périmètre défensif allemand devant Anzio, fait ainsi porter son effort en direction de Rome et non sur Valmontone, négligeant de ce fait la chance de prendre au piège le gros des forces adverses. Quant à la VIIIe armée, qui débouche enfin de la haute vallée du Liri, elle entend se réserver la route principale n°6 ; le CEF est rejeté sur des itinéraires secondaires par les monts Ausoni et Lepini.

Les premiers jours de juin 1944 sont marqués par de violents combats en pleine campagne romaine. « Le long des routes, rapporte le général René Chambe, le spectacle qui attend les armées françaises et alliées est saisissant

[...] : ce ne sont que voitures incendiées, culbutées. Leurs carcasses tordues, où se devinent encore les débris calcinés du matériel qu'elles transportaient et souvent les cadavres des hommes qui les montaient, jalonnent les routes, les chemins, les pistes, tous les itinéraires menant au front. On lit partout, sur le sol, l'acharnement, la vigilance implacable avec lesquels l'aviation les a cherchées, poursuivies et détruites » (Archives militaires françaises).

700 véhicules allemands calcinés

Rien que sur la Via Cassia, où opère le CEF, on comptabilise près de 700 véhicules allemands calcinés sur 50 km ! Les Britanniques, retardés par la résistance héroïque des parachutistes italiens du régiment Folgore, unité d'élite de la République fasciste de Mussolini, perdent la course pour la capitale italienne. Ce sont finalement les Américains qui abordent la ville par les routes principales n° 6 et 7 , ainsi que les Français de la 3e DIA, en tête du CEF, qui bordent la rive gauche du Tibre, en amont des lisières de Rome. La section du lieutenant Édouard Roy, rattachée à la 3e DIA, est la première unité française à entrer dans la capitale italienne. Le lieutenant Mehdi El-Glaoui, du 3e spahis, fils du pacha de Marrakech, est tué dans son char aux portes de la ville.

Clark associe Juin à la victoire

Le 4 juin 1944, le général Clark, qui entend associer le général Juin au triomphe des troupes américaines, le prend avec lui dans sa jeep, et tous deux défilent dans les rues, où une foule nombreuse crie sa joie. « Alors s'ouvre pour nous une période de folie, raconte le général Beaufre (chef d'état-major du corps de montagne). Nous sommes accueillis en vainqueurs dans des maisons intactes, à des dîners où brillent de jolies femmes, de l'argenterie et des cristaux. Pour la première fois, nous nous sentons enfin en Europe. Et puis Rome n'oublie pas qu'elle a été longtemps une garnison française... On visite cette ville admirable. On va voir le pape [...], des soldats américains, bardés d'appareils photo le saluent : "*Hello ! Pope !*"... Partout on festoie. Ce sont les délices, non de Capoue, mais de Rome où – paraît-il – l'armée s'est un peu attardée » (Archives militaires françaises, Vincennes).

La conquête de la Toscane et de l'île d'Elbe

En Italie, les armées alliées reprennent ensuite leur marche en direction du nord-ouest. Le CEF progresse dans la magnifique campagne toscane, semée de vieilles villas et ponctuée d'antiques cités comme Colle di Val d'Elsa, Poggibonsi, San Gimignano. La progression est difficile, sous un soleil de plomb. Renforcé par de nouvelles divisions, le maréchal Kesselring mène d'une main de maître la retraite de son armée, tout en accélérant les travaux sur la ligne Gothique, de Pise à Rimini.

Les pertes françaises sont plus lourdes que sur le Garigliano. Les mines et les tirs d'artillerie déciment certains bataillons du général Juin. Le 8 juillet 1944, le CEF entre cependant dans Sienne. Le sergent nord-africain Boulaya, farouche assaillant du Monna Casale en janvier, est grièvement blessé au ventre. Il demande que la médaille militaire gagnée auparavant lui soit épinglée et explique calmement : « Je vais mourir, c'est pour la France, je suis content. » Son dernier cri : « Vive la France ! »

Pour les Français, la campagne d'Italie se termine triomphalement. En mai 1944, c'est le CEF qui a joué le rôle décisif dans la rupture de la ligne Gustav. Pour être juste, il ne faut pas cependant oublier que les troupes françaises n'ont pu reprendre le combat qu'avec l'aide matérielle (chars, artillerie, aviation) des Américains, et que la bataille de mai-juin 1944 a été une œuvre collective exigeant les efforts de toutes les divisions alliées.

De lourdes pertes pour la victoire

N'OUBLIEZ PAS

La campagne d'Italie a causé de lourdes pertes aux troupes du général Juin. Pour un corps expéditionnaire ayant atteint 120 000 hommes, on compte 33 000 soldats hors de combat (tués, blessés ou disparus) de décembre 1943 à juillet 1944. Le détail des pertes par unité est encore plus significatif : la 2e DIM accuse en tout 12 000 tués et blessés, la 4e DMM 3 500, les goums 2 900. Au 8e régiment de chasseurs d'Afrique, on dénombre 30 officiers atteints sur 37, 57 sous-officiers sur 155, et 259 chasseurs sur 756. Le 4e RTM comptabilise 493 tués, 1 994 blessés et 490 disparus, soit 100 % de l'effectif débarqué à Naples !

Sur les 100 000 soldats allemands mis hors de combat durant la même période, au moins 45 000 sont à mettre à l'actif du CEF, dont 10 000 prisonniers.

La conquête de l'île d'Elbe

BATAILLE

La libération de la Corse achevée, le commandement français est mené à considérer l'île d'Elbe comme objectif éventuel. Dès novembre 1943, la préparation de l'opération est entreprise par l'état-major du 1er corps d'armée, installé à Ajaccio, et un agent du service de renseignements français est déposé dans l'île le 17 novembre. En janvier 1944, le commandement des forces alliées envisage également une opération militaire, en précisant qu'elle sera confiée à l'armée française. Il s'agit de constituer une menace permanente sur les arrières de l'armée allemande stationnant en Italie du Nord, ainsi que d'immobiliser la valeur d'une division de réserve sur la côte ligure (région de Gênes).

Le général de Lattre de Tassigny prend en charge l'opération, baptisée *Brassard*. Outre le soutien de la flotte alliée, il dispose de deux régiments de tirailleurs sénégalais (13e et 4e RTS), de la 9e division d'infanterie coloniale (DIC) du général Magnan, du bataillon de choc, d'un groupe de commandos d'Afrique, du groupe de tabors marocains nº 2. L'ensemble représente 12 000 hommes bien équipés.

La garnison germano-italienne, commandée par le général allemand Gall, repose sur 3 000 soldats, une centaine de pièces d'artillerie, une cinquantaine de mortiers et 200 mitrailleuses lourdes. L'étroitesse de l'île (30 km de long sur 20 km de large) permet à l'artillerie de côte ou de campagne de concentrer ses tirs en n'importe quel point.

Au large, les champs de mines imposent la baie de Marina di Campo comme point principal de débarquement possible. La solution pour les Français est de submerger les plages du Sud dès que les batteries côtières auront été neutralisées par les commandos. Une tête de pont couvrant la plage doit s'élargir par la conquête des monts Castello, Bacile, San Martino et Tombone. L'opération préliminaire, menée par le bataillon de choc et les commandos d'Afrique, débute le 17 juin 1944 au matin contre les batteries côtières. Le débarquement des régiments de tirailleurs sénégalais et du groupe de tirailleurs marocains suit, sur les plages de Marina Di Campo, Capo Di Fonza, Capo d'Enfola et devant Capoliveri. La résistance allemande, souvent acharnée, se poursuit durant trois journées entières. Deux mille soldats de l'Axe se rendent, tandis que 700 autres sont tués ou portés disparus. Les pertes françaises s'élèvent à près de 900 hommes hors de combat (tués, disparus ou blessés). La conquête de l'île d'Elbe est une nouvelle victoire française.

« L'ascendant de nos troupes sur l'adversaire, raconte le général de Lattre de Tassigny, s'est révélé irrésistible, et leurs qualités manœuvrières ont été à la mesure de leur vaillance. Mettant en jeu tous les moyens modernes d'une force de débarquement pour écraser un ennemi fortifié, elles ont montré leur aptitude aux missions “amphibies” qui demain pourront leur échoir » (Archives militaires françaises, Vincennes).

PORTRAIT

Alphonse Juin

Fils de gendarme, Alphonse Juin est né le 16 décembre 1888 à Bône, en Algérie. Après des études à Constantine puis à Alger, il est reçu à Saint-Cyr en 1909. Sorti major de sa promotion (la même que celle de Charles de Gaulle) en 1912, il opte pour les tirailleurs algériens. Affecté au Maroc fin 1912, le sous-lieutenant Juin prend part aux opérations de pacification du pays.

En août 1914, le lieutenant Juin monte au front avec les troupes marocaines débarquées en France. En septembre, il participe à la bataille de la Marne. Grièvement blessé en Champagne en mars 1915, il perd en partie l'usage du bras droit. Capitaine en 1916, il rejoint le 5e bataillon de tirailleurs marocains au Chemin des Dames. En février 1918, il suit les cours d'état-major à Melun avant d'être détaché en octobre à la mission française auprès de l'armée américaine.

Breveté de l'École supérieure de guerre en 1921, il sert en Tunisie avant de rejoindre à la fin de l'année 1923 le Maroc, où il participe à la campagne du Rif. À l'automne 1925, il rentre en France avec le maréchal Lyautey et travaille sous ses ordres au Conseil supérieur de la guerre. Promu chef de bataillon en 1926, il part l'année suivante rejoindre le 7e régiment de tirailleurs algériens à Constantine.

En 1929, il est chef du cabinet militaire du résident général au Maroc, Lucien Saint, et prend une part active à la réalisation de la dernière phase de pacification de l'Atlas. Lieutenant-colonel en mars 1932, il devient professeur de tactique générale à l'École supérieure de guerre en 1933, avant d'être affecté comme commandant en second au 3e régiment de zouaves à Constantine. Il prend le commandement de ce régiment le 6 mars 1935. En juin, il est promu colonel. En 1937, il est affecté auprès du résident général du Maroc, le général Noguès, et suit parallèlement les cours du Centre des hautes études militaires.

Nommé général de brigade le 26 décembre 1938, il est affecté à la mobilisation de l'état-major du théâtre d'opérations d'Afrique du Nord. Alors que la situation se durcit en Europe, il prépare à Alger les mesures relatives à la levée de divisions en Algérie et en Tunisie. À la déclaration de la guerre, en septembre 1939, il demande à servir en France métropolitaine. Le 4 décembre suivant, il prend le commandement de la 15e division d'infanterie motorisée. Sa division s'illustre à Gembloux, en Belgique, les 14 et 15 mai 1940, en parvenant à stopper l'offensive allemande à cet endroit du front. Juin défend ensuite Valenciennes puis les faubourgs de Lille, couvrant la retraite de la Ire armée française vers Dunkerque. Il est fait prisonnier à Lille le 30 mai 1940 et incarcéré à la forteresse de Königstein.

Nommé général de division durant sa captivité, il est libéré en juin 1941 à la demande du maréchal Pétain, en tant que spécialiste de l'Afrique du Nord. Nommé adjoint au général commandant supérieur des troupes du Maroc le 16 juillet 1941, il est promu général de corps d'armée et remplace le général Weygand à la tête des forces d'Afrique du Nord le 20 novembre suivant. Il prépare l'armée française d'Afrique à reprendre le combat contre l'Axe.

Le 8 novembre 1942, les Anglo-Américains débarquent en Algérie et au Maroc. Juin, qui n'a pas été informé de l'opération, est arrêté à Alger par des membres de la Résistance locale. Les autorités reprennent toutefois rapidement le contrôle de la ville. Libéré, Juin intervient pour obtenir le cessez-le-feu entre les forces alliées et les troupes françaises. L'armée d'Afrique reprend officiellement le combat contre l'Axe.

.../...

Durant la campagne de Tunisie (novembre 1942-mai 1943), le général Juin commande en partie les troupes françaises. Il est nommé général d'armée le 25 décembre 1942. Il occupe le poste de résident général de France en Tunisie, par intérim, à partir du 8 mai 1943. Au cours de l'été, il met sur pied le corps expéditionnaire français (CEF), à la tête duquel il participe à la campagne d'Italie. Après plusieurs combats menés avec succès, sur le Pantano en décembre 1943, sur le Rapido et au Belvédère en janvier 1944, il remporte la victoire du Garigliano le 13 mai, ouvrant les portes de Rome aux Alliés, puis remonte sur Sienne et le nord de la Toscane. Juin quitte le CEF et l'Italie en août.

Nommé chef d'état-major général de la défense nationale auprès du général de Gaulle, chef du gouvernement provisoire, Juin entre le 25 août 1944 à ses côtés dans Paris libéré. Tandis que la libération de la France se poursuit, il se consacre à la réorganisation des forces armées françaises. Il est également amené, en qualité d'expert militaire, à effectuer de nombreuses missions qui le conduisent, en décembre 1944, à Moscou, où il prend part aux négociations relatives au futur pacte franco-soviétique, et, en avril 1945, aux États-Unis pour la création de l'Organisation des Nations unies. En avril 1946, il est envoyé en Extrême-Orient pour négocier le retrait des troupes chinoises qui occupent le nord de l'Indochine.

En 1947, Juin rejoint l'Afrique du Nord, où il exerce les fonctions de résident général de France à Rabat, au Maroc. En octobre 1950, il effectue une nouvelle mission en Indochine. Inspecteur général des forces armées françaises en janvier 1951, il prend le mois suivant le commandement en chef des forces alliées du secteur Centre-Europe dans le cadre de l'alliance atlantique. Dans le même temps, il est élevé à la dignité de maréchal de France le 7 mai 1952 et reçu à l'Académie française le 26 juin. En février 1957, il fait paraître son premier livre, sur le Maghreb, puis se consacre à la rédaction de ses Mémoires et de divers ouvrages. Il s'éteint le 27 janvier 1967. Des funérailles nationales lui sont rendues.

Sixième partie

Les maquis de la Libération

Dans cette partie…

Les maquis fixent des unités allemandes dans la guérilla, contribuant grandement au succès des débarquements alliés en Normandie et en Provence. De nombreuses garnisons ennemies doivent se rendre aux FFI. Des régions entières sont uniquement libérées par les maquisards.

Chapitre 19

Les Forces françaises de l'intérieur

Dans ce chapitre :

- Kœnig commande les FFI
- Des plans détaillés pour les FFI
- Le maquis des Glières

Les *Forces françaises de l'intérieur* (FFI) sont officiellement créées le 1er février 1944. Elles regroupent, en principe, les formations militaires de tous les organismes de la Résistance. La France se voit organisée en 12 régions militaires, et des chefs FFI régionaux et départementaux sont nommés, non sans de nombreuses difficultés.

À titre d'exemple, le département des Landes, riche en maquis, se trouve coiffé d'une pluralité de commandements : Dussarat est nommé chef FFI départemental par Durandal (commandant de l'Armée secrète du Sud-Ouest), Broqua (chef du Mouvement de libération nationale des Landes), Lamarque-Cando (président du Comité départemental de libération), Hilaire et « Aristide » (Roger Landes), du SOE (services spéciaux britanniques) – situation pour le moins confuse, puisque le colonel de Milleret a été désigné chef départemental des Landes par les généraux Kœnig et Moraglia…

Kœnig, chef des FFI

L'armée FFI, sur les plans national, régional et départemental, forme un état-major à quatre bureaux. Pour des raisons de sécurité, l'ensemble est décentralisé. Une séparation est opérée entre les FFI et les réseaux de renseignements.

Le général de Gaulle confie le commandement des FFI à un chef de guerre prestigieux en la personne du général Pierre Kœnig, héros de Bir Hakeim. Le 1er août 1943, il est nommé chef d'état-major de l'armée à Alger. C'est la période délicate de la fusion des FFL avec l'armée d'Afrique. Kœnig s'acquitte de cette tâche ingrate avec un tel succès que, en mars 1944, il est nommé délégué au gouvernement provisoire d'Alger auprès du commandement suprême allié et, en même temps, commandant des FFI.

Pendant les deux mois qui précèdent le Débarquement, le général Kœnig accomplit, en liaison avec le général Cochet, une tâche ardue et immense : il organise l'état-major FFI, coordonne ses plans avec ceux du commandement suprême. Il persuade les Alliés de la puissance des forces françaises de la Résistance et obtient pour elles l'aide de parachutages de plus en plus nombreux.

Plusieurs plans d'emploi des FFI

Au mois d'avril 1944, les Alliés établissent plusieurs plans d'emploi des FFI pour la libération de la France. Le plan *Vert* doit paralyser les moyens de transport ennemis pendant une quinzaine de jours, correspondant à l'établissement d'une tête de pont en Normandie. Le plan *Bleu* doit saboter le réseau électrique. Le plan *Tortue* retardera au maximum les colonnes ennemies par la guérilla. Des plans d'attaque des dépôts de munitions et de carburant sont également prévus.

Face à l'imposant déploiement des forces de l'occupant (66 divisions, dont 11 blindées), les chefs FFI des différentes régions mobilisent le maximum de troupes. Lors des combats de la Libération (juin-septembre 1944), les effectifs homologués des FFI représentent 300 000 hommes, provenant de l'Armée secrète, des Francs-tireurs et partisans et de l'Organisation de résistance de l'armée. Sur la totalité des FFI homologués, plus d'une moitié ne sont pas armés le 6 juin 1944. Ils le seront en grande partie à la fin du mois de septembre. L'amalgame se poursuit durant les derniers mois de 1944 par l'incorporation aux troupes venues d'Afrique ou de Grande-Bretagne de 140 000 FFI, fruit d'une volonté de fusionner toutes les forces ayant combattu, à l'intérieur et à l'extérieur, pour la libération du pays.

La structure géographique de la France influera sur la tactique de la Résistance. Le Nord, pays à population relativement dense, industriel et plutôt plat, sillonné de nombreuses voies de communication, ne favorise que dans une mesure limitée l'organisation d'actions massives ouvertes. Les sabotages ferroviaires, industriels et électriques y représenteront les principales opérations. Pour implanter des maquis, on n'envisage que les régions de Bretagne, de Normandie, ainsi que le triangle Jura-Morvan-Vosges.

ZONES D'ACTION ET D'INFLUENCE
DES MAQUIS
PAR RAPPORT AUX RÉGIONS

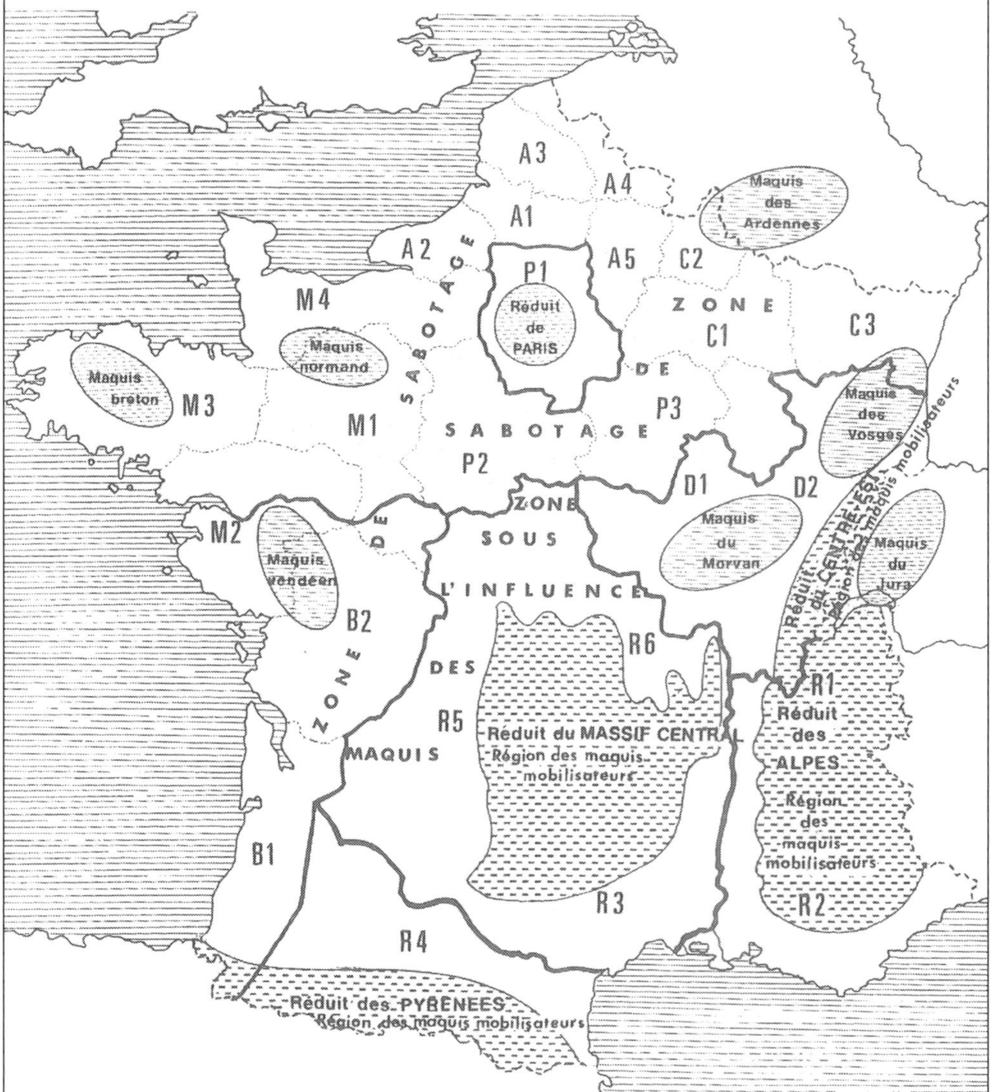

Quant aux possibilités de la Résistance en France méridionale, les Alliés les estiment tout à fait différemment. Ici, le terrain montagneux est très favorable à l'établissement d'importants maquis, refuges pour des milliers de patriotes. C'est ainsi que l'organisation de la zone sud prévoit l'emplacement de grands réduits :

- Le réduit du Massif central doit opérer au nord, vers la Loire, à l'est vers la vallée du Rhône et au sud vers le canal du Midi et la vallée de la Garonne.
- Le réduit des Alpes a pour mission d'opérer principalement dans la vallée du Rhône.
- Le réduit des Pyrénées doit opérer vers le nord, c'est-à-dire vers le canal du Midi et la vallée de la Garonne.

Les réduits FFI du Sud-Ouest, du Centre et du Sud-Est vont représenter une menace permanente pour les unités allemandes voulant rejoindre le front de Normandie. Retarder et si possible paralyser les mouvements des troupes occupantes est l'une des missions prioritaires des FFI. Cette mission va être mise en œuvre dès l'aube du 6 juin 1944.

Le maquis des Glières

Le principe de maquis de plusieurs centaines d'hommes est vivement contesté par certains chefs de la Résistance : d'après eux, cette concentration excessive de maquisards sur une zone géographique déterminée ne peut qu'entraîner une bataille frontale contre l'occupant, à l'effectif souvent plus nombreux et mieux armé. Ce type d'opération permet certes de fixer d'importantes troupes allemandes mais peut entraîner l'anéantissement du maquis en cas d'encerclement. La guérilla avec des petits maquis mobiles obtient souvent des résultats comparables sans mettre en péril l'unité FFI engagée.

Le cas du *maquis des Glières* (fort de près de 500 maquisards), en Haute-Savoie, partiellement anéanti en mars 1944 par d'importantes troupes allemandes et miliciennes (près de 8 000 hommes), semble donner raison aux partisans de la guérilla mobile. Pour expliquer les raisons de cette tragédie, on avancera la faiblesse de l'armement des FFI. Or, il est aujourd'hui prouvé que les parachutages permirent d'armer correctement le maquis des Glières. Une dispersion des maquisards avant l'offensive des troupes germano-miliciennes n'aurait-elle pas été plus sage ?

La polémique

LE SAVIEZ-VOUS ?

En faveur d'une retraite des maquisards des Glières, le chef départemental de l'Armée secrète (AS), Humbert Clair, estime que les FFI, dépourvus d'armes lourdes (canons et DCA), ne pourront résister à une attaque de la Wehrmacht appuyée par l'aviation et l'artillerie. L'officier du BCRA (services spéciaux de la France libre) Jean Rosenthal, présent en Haute-Savoie, défend un autre point de vue : selon lui, le bataillon des Glières doit donner la preuve aux Alliés que la Résistance française se trouve en mesure de livrer une véritable bataille. En outre, il ne peut être question d'abandonner à l'occupant les conteneurs d'armes enfouis dans la neige. Rosenthal communique alors à Clair le télégramme qui emporte la décision : « Considérons Glières comme tête de pont. Parachuterons un bataillon allié. Si opération réussit, parachuterons en masse » (Archives militaires françaises, Vincennes).

Figure 19-1 : L'adjudant Humbert rescapé du maquis des Glières.

Nous avons retrouvé à Annecy d'anciens résistants, dont le Dr Jean Clavel, qui croient le télégramme parti tout simplement… de l'avenue Bouvard, où se trouvait le poste de commandement clandestin de Rosenthal. C'est porter sur lui un soupçon très grave : il aurait ainsi rédigé un télégramme de sa propre initiative, afin d'emporter l'adhésion de ses amis à la thèse de la résistance à outrance. Rosenthal protestera toujours contre des allusions aussi blessantes.

Ce qui est en revanche certain, c'est que Churchill comptait créer des réduits capables de fixer d'importantes troupes allemandes ; et il est vrai que la Résistance vivait dans l'espoir d'un débarquement imminent.

Le colonel Guingouin restera un partisan résolu des petits maquis, capables de se déplacer rapidement afin de porter des coups sévères en plusieurs endroits. Cette tactique va se révéler très efficace en Limousin, en Aquitaine et ailleurs.

La bataille des Glières, livrée à un contre quinze, a fait l'objet d'une vive polémique dans les milieux de la Résistance. Fallait-il se battre dans de telles conditions ? Selon les FTP savoyards, mais également certains responsables de l'AS, la seule résistance efficace est celle qui se traduit par des embuscades et des sabotages, menés par de petits groupes qui disparaissent ensuite dans la nature. Le bataillon des Glières, avec son salut matinal aux couleurs, sa discipline stricte, leur semble voué à l'échec. La querelle « guérilla mobile ou grande concentration » va longuement diviser les maquisards.

Une féconde et dramatique aventure

Les anciens des Glières ont le sentiment d'avoir vécu une dramatique mais héroïque et féconde aventure. Ceux qui les critiquent oublient les conditions dans lesquelles cette bataille fut engagée : la présence de près de 8 000 soldats ennemis, l'annonce du grand parachutage décidé par Churchill, et la neige, comme rarement il en tomba. Cette bataille a également permis d'unifier sur le terrain des maquisards de l'AS, des FTP (Francs-tireurs et partisans), des républicains espagnols, des ouvriers et des bourgeois, des croyants et des incroyants. L'amalgame qui va donner naissance aux Forces françaises de l'intérieur s'est opéré pour la première fois aux Glières. À la radio de Londres, l'évocation des Glières est devenue un véritable symbole, celui d'une affirmation, scellée dans le sang, de la résistance française à l'oppresseur.

Malgré l'importance des pertes subies, la Résistance savoyarde va rapidement se reconstituer. Le responsable départemental de la Milice écrit à Darnand en mai 1944 : « Pour ce qui est du maquis de Haute-Savoie, je tiens à vous signaler que la situation est actuellement pire qu'avant les opérations. Les forces du maintien de l'ordre ayant disparu du département, le maquis s'est réorganisé et devient plus menaçant que jamais. »

Figure 19-2 : Mortier allemand en action contre un maquis.

PORTRAIT

Théodose Morel

Issu, par son père, d'une vieille famille lyonnaise d'industriels de la soierie et, par sa mère, d'une famille d'officiers et de juristes savoyards, Théodose Morel voit le jour le 1er août 1915 à Lyon. Après des études primaires et secondaires chez les pères jésuites, il choisit le métier des armes et prépare, de 1933 à 1935, le concours de l'École militaire de Saint-Cyr à l'école Sainte-Geneviève de Versailles. Il est admis à Saint-Cyr en 1935 (promotion Lyautey). Son rang de sortie, deux ans plus tard, lui permet de choisir son affectation : le 27e bataillon de chasseurs alpins (27e BCA), à Annecy, où il arrive le 1er octobre 1937, jour de sa nomination au grade de sous-lieutenant. Formé comme éclaireur-skieur à Chamonix, Théodose Morel devient officier adjoint au commandant de la section d'éclaireurs-skieurs à Abondance avant d'en prendre lui-même la tête. En mai 1939, sa section gagne la Savoie et la frontière italienne. Elle est en poste au-dessus de Val-d'Isère.

Le 21 septembre 1939, il est promu lieutenant, et, alors que le 27e BCA part pour le front de l'Est, sa section, à son grand regret, reste sur place pour la garde de la frontière, face à l'Italie. Ce qui ne l'empêche pas de se distinguer, du 12 au 20 juin 1940, face aux troupes alpines italiennes : par une manœuvre habile mais risquée, avec un de ses chasseurs, il parvient lors d'une reconnaissance à faire quatre prisonniers. Blessé par balle au bras droit le 18 juin, il continue cependant le combat avec ses chasseurs et reçoit la croix de guerre. Les 21 et 22 juin 1940, appelé en renfort avec sa section près du col du Petit-Saint-Bernard, il réussit à localiser les forces adverses, permettant à l'artillerie d'effectuer un tir d'arrêt qui oblige l'ennemi à se replier. Le lieutenant Morel reçoit une seconde citation et la croix de la Légion d'honneur.

Il part ensuite dans l'armée d'armistice à Annecy, où le commandant Vallette d'Osia a pris le commandement du 27e BCA, en préparant son unité à la revanche. Le lieutenant Morel participe activement au camouflage du matériel (CDM) sous les ordres de son commandant. En août 1941, il est nommé instructeur à l'École militaire de Saint-Cyr, repliée à Aix-en-Provence, et c'est dans l'esprit de la reprise du combat qu'il oriente et instruit ses élèves. Après l'invasion de la zone sud par les Allemands, en novembre 1942, et la démobilisation de l'armée d'armistice, il entre dans la Résistance de Haute-Savoie et dans la clandestinité sous le couvert d'une entreprise de tissage.

Retrouvant Vallette d'Osia, qui commande l'Armée secrète (AS) du département, et le capitaine Anjot, du 27e BCA, il s'attache à mettre su pied l'AS de Haute-Savoie, que l'instauration du Service du travail obligatoire (STO), en février 1943, va contribuer à alimenter. Après l'arrestation de Vallette d'Osia en septembre 1943 par les Allemands, qui ont remplacé les Italiens, puis son évasion pour l'Angleterre, l'AS de Haute-Savoie a perdu son chef. Vallette d'Osia est remplacé par Henri Romans-Petit, chef de l'AS de l'Ain. Morel redouble d'activité ; sa famille échappe de peu à l'arrestation.

À la fin du mois de janvier 1944, le lieutenant Théodose Morel reçoit d'Henri Romans-Petit le commandement des maquis de Haute-Savoie et la mission de réceptionner les parachutages sur le plateau des Glières, à 1 500 m d'altitude et à une quinzaine de kilomètres d'Annecy. Les actions de résistance et de sabotage se multiplient, la loi martiale est décrétée dans le département. Morel décide alors le regroupement de 120 maquisards aux Glières. Deux compagnies

.../...

sont constituées. À partir de février 1944, et durant six semaines, les accrochages se multiplient avec les gardes mobiles de réserve (GMR) de Vichy, qui ceinturent le plateau ; sur ce dernier se trouvent plus de 300 maquisards formant trois compagnies. Morel organise énergiquement, avec les moyens dont il dispose, la défense du site des Glières et instruit son bataillon pour en faire une unité forte et homogène, en vue des combats de la Libération. Sous son impulsion, le bataillon, qui a adopté la devise « Vivre libre ou mourir », regroupe des membres de l'AS mais aussi des FTP et plusieurs dizaines de républicains espagnols, réussissant l'amalgame entre les différentes branches armées de la Résistance savoyarde. Un premier parachutage de 54 containers permet de les équiper en armes légères.

Le 2 mars 1944, Morel décide une opération contre l'Hôtel Beau Séjour à Saint-Jean-de-Sixt, où sont cantonnés les GMR. Trente d'entre eux sont faits prisonniers, monnaie d'échange en contrepartie de la libération de Michel Fournier, un étudiant en médecine, infirmier du maquis, arrêté au Grand-Bornand quelques jours auparavant. Mais, malgré l'accord sur l'honneur de l'intendant de police Lelong, d'Annecy, le résistant reste détenu. Le 5 mars, les Glières connaissent leur second parachutage de 30 containers. Pour obliger Lelong à respecter sa promesse et sur des renseignements précis, Morel décide alors de mener, dans la nuit du 9 mars, contre le poste de commandement des GMR à Entremont, une opération importante dans laquelle il engage une centaine d'hommes. Il se réserve l'objectif principal : l'attaque de l'Hôtel de France, siège de l'état-major des forces de l'ordre. La section des éclaireurs-skieurs parvient à pénétrer à l'intérieur, au prix d'un combat acharné. Au moment où les maquisards désarment leurs prisonniers, le commandant Lefèvre, chef des GMR, sort de sa poche une arme restée cachée ; il tire lâchement à bout portant sur Morel – qui s'effondre, touché au cœur – avant d'être lui-même abattu.

Le lieutenant Théodose Morel est enterré par ses camarades sur le plateau des Glières le 13 mars. Le 2 mai 1944, son corps est descendu dans la vallée. Il est aujourd'hui inhumé au cimetière militaire de Morette, devenu la nécropole nationale des Glières, en Haute-Savoie.

La puissance de l'occupant

N'OUBLIEZ PAS

Malgré les revers subis en Afrique, en Italie et en Russie, l'armée allemande reste redoutable à la veille du « jour J » – celui du Débarquement. Elle aligne 314 divisions, dont 47 mécanisées ou blindées, sans oublier 66 divisions des pays satellites de l'Axe. L'ensemble est réparti à raison de 215 divisions sur le front de l'Est, 27 en Scandinavie, 25 en Italie, 36 dans les Balkans, 8 en réserve, 66 en France, dont 11 blindées.

Les forces allemandes stationnées sur le territoire français se trouvent positionnées principalement sur les côtes de l'Atlantique, de la Manche et de la Méditerranée. Si certaines divisions ne disposent que de la moitié de leurs effectifs théoriques, les troupes d'élite concentrent une puissance de feu et une expérience de la guerre parfois sans équivalent. Des groupements, des régiments, des bataillons de sécurité SS, de la Luftwaffe, de la Feldgendarmerie, de la police, de supplétifs de l'Est… sont chargés de lutter contre la Résistance. La brigade Jesser est uniquement appelée à combattre les maquis. Les unités « antiterroristes » de ce genre peuvent compter sur des renforts provenant de la Wehrmacht, de la Waffen-SS (comme la division Das Reich), voire de la Kriegsmarine. La 157ᵉ division de *Gebirgsjäger* (chasseurs de montagne) du général Pflaum appartient à des formations régulières devant anéantir les concentrations FFI. Les forces du maintien de l'ordre de Vichy, dont principalement la Milice et parfois les groupements mobiles de réserve (GMR), apportent également leur concours.

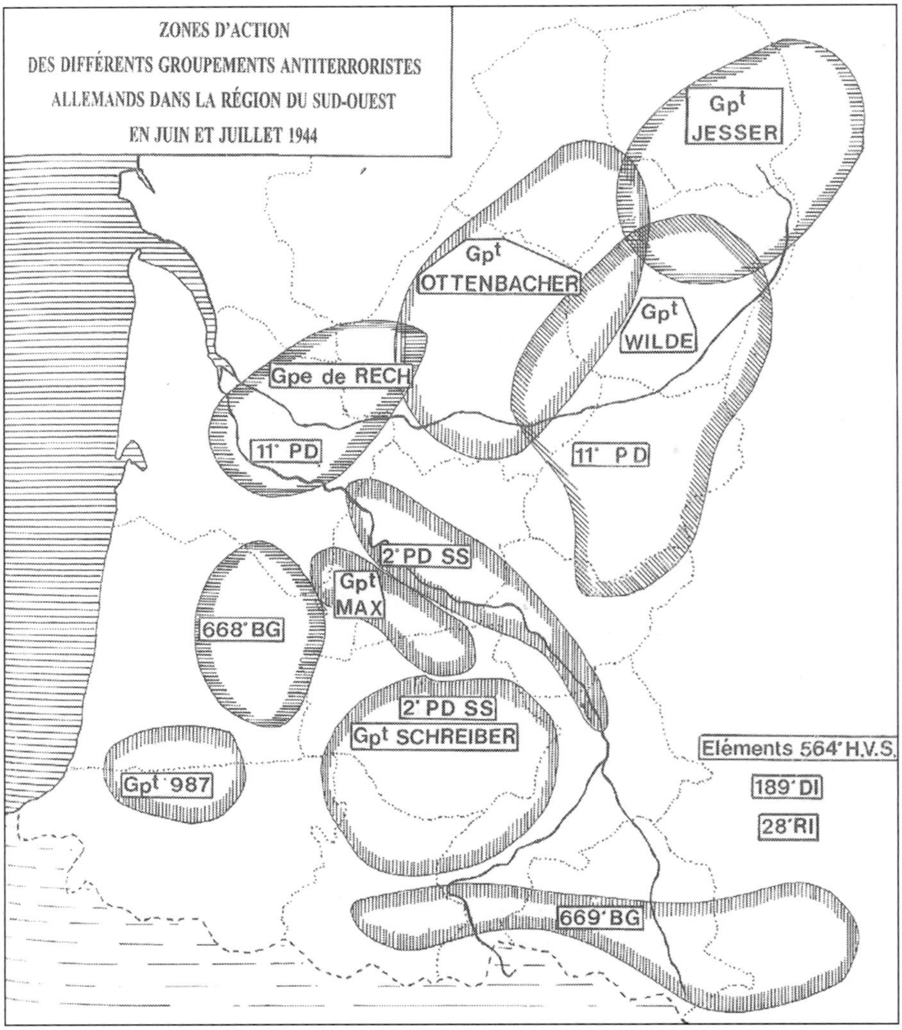

Lors de la lutte contre les maquis, les troupes allemandes n'hésitent pas à utiliser des canons-mitrailleurs de la Flak (DCA allemande), des mortiers, des pièces d'artillerie, des blindés… ainsi que l'aviation légère. Tous les moyens sont bons et nécessaires pour écraser les « terroristes ». Durant l'attaque du plateau des Glières, en mars 1944, la 157e division de *Gebirgsjäger* aligne plus de la moitié de ses effectifs, soit 6 614 soldats. La Milice, en mission d'appui, engage 900 francs-gardes (miliciens soldats) aux ordres du colonel Jean de Vaugelas. L'ensemble représente 7 614 combattants, soutenus par un groupe d'artillerie composé de quatre canons de 88 mm, quatre canons de 77 mm, quatre canons de 105 mm et quatre mortiers lourds de 150 mm. À cela s'ajoute une escadrille de bombardiers (Stuka et Heinkel), avec la couverture des chasseurs Messerschmitt. Près de 8 000 soldats contre 467 maquisards dépourvus d'armes lourdes…

Chaque région de la Résistance (où surviennent batailles, embuscades, sabotages, attentats…) oblige l'occupant à mobiliser des forces considérables dévolues à l'encerclement, à la répression ou à la traque des rebelles. Ces troupes allemandes manquent sur les côtes où les débarquements menacent de se produire à tout moment et feront défaut par la suite.

L'aggravation de la répression allemande

N'OUBLIEZ PAS

L'imminence d'un débarquement allié à l'Ouest a pour conséquence une aggravation de la répression. L'agent de l'Abwehr Robert Kiffer, dit « Raoul », a si bien infiltré la Résistance normande, que l'occupant peut s'emparer d'importants stocks d'armes provenant de parachutages alliés. Les arrestations suivent. Le délégué militaire régional Valentin Abeille, arrêté le 20 mai 1944 avec un de ses officiers, Roger Simon, tombe sous les balles le 31. Le responsable du Bureau des opérations aériennes (BOA), Clouet des Pesruches, échappe de peu aux tueurs gestapistes qui abattent sa secrétaire. Il reçoit l'ordre de rejoindre Londres, ainsi que son adjoint Pichard. Le BOA a cependant obtenu, lors des mois précédant le Débarquement, des résultats appréciables sur toute la région. Le résistant Édouard Paysant y a également joué un rôle important, sans oublier Gros-Granvalet et Janvier-Croisé. La Basse-Normandie compte 20 terrains homologués, qui reçoivent une centaine de tonnes d'armes et de matériel.

Dans cette région, appelée à devenir la tête de pont du Débarquement, Jacques Foccart a la lourde charge de faire appliquer le plan *Tortue*, censé désorganiser les communications allemandes, dont l'acheminement des panzers dans la zone arrière – mission capitale puisque les divisions blindées allemandes ne se trouvent pas à proximité du littoral, malgré les demandes répétées du maréchal Rommel. À la tête du groupe d'armées B (XVe et VIIe armées), dont le front s'étend de la Bretagne à la Hollande, Erwin Rommel a pour supérieur hiérarchique le maréchal Gerd von Rundstedt, commandant en chef à l'Ouest.

Rommel est convaincu que le Débarquement interviendra de nuit à marée haute. Les Alliés ne prendront pas le risque d'exposer leur infanterie au tir meurtrier des armes automatiques sur des plages découvertes. Cette conviction dicte la mise en place de toute une gamme d'obstacles. Le « Renard du désert » est également persuadé que cette opération doit intervenir dans le Pas-de-Calais ou, à la rigueur, de part et d'autre de l'estuaire de la Somme – c'est alors la route la plus directe pour Paris et pour atteindre l'Allemagne. C'est là que s'édifient les rampes de lancement des V1 (missiles à longue portée). Dans l'esprit de Rommel, le passage de la Manche, à son endroit le plus étroit, ressemble au franchissement d'un fleuve. Il ne rejette pas la possibilité d'un débarquement en Normandie mais considère cette hypothèse comme peu probable. Sur la base de sa conviction, qu'il partage avec von Rundstedt, les unités les plus puissantes sont attribuées à la XVe armée, au nord de la Seine. Les travaux de défense sont poussés plus activement dans ce secteur que sur les faibles positions de la VIIe armée (Normandie-Bretagne). De la Loire aux Pays-Bas, le mur de l'Atlantique compte 9 300 ouvrages bétonnés.

Le désaccord entre Rommel et von Rundstedt

Le désaccord entre Rommel et von Rundstedt porte sur l'utilisation des divisions blindées. Rommel, en fonction de son système de défense, tient à porter au plus près de la côte non seulement les unités d'infanterie, mais également ses divisions blindées. Celles-ci doivent intervenir dès les premières heures de l'assaut des Alliés.

« Dans un bref laps de temps, écrit Rommel, qui nous sépare encore de la grande offensive alliée, il faut parvenir à porter nos multiples défenses à un niveau tel qu'elles résistent aux plus puissantes attaques. Il faut anéantir l'ennemi avant qu'il soit en mesure de faire débarquer son matériel lourd et de pénétrer profondément à l'intérieur des terres. C'est dans l'eau qu'il faut l'arrêter, non pas seulement pour le retarder mais pour détruire tout son matériel pendant qu'il est encore à la mer » (Archives militaires allemandes, Fribourg-en-Brisgau).

Pour justifier sa conversion à un système de défense linéaire, Rommel se retranche derrière les carences de la Kriegsmarine et de la Luftwaffe. Le maréchal von Rundstedt estime que les Panzerdivisions doivent être regroupées hors de portée de l'artillerie des navires alliés et dissimulées aux vues de l'aviation, pour contre-attaquer. Amené à trancher en janvier 1944, Hitler décide de placer trois divisions blindées sous les ordres de Rommel, quatre autres restant en réserve.

En avril, Rommel tente d'imposer, de nouveau, son point de vue sur l'utilisation des divisions blindées. À ce titre, il rédige une longue lettre au général Alfred Jodl, qu'il sait proche du Führer : « Malgré la supériorité aérienne des Alliés, si nous réussissons à jeter, au cours des premières heures qui vont suivre le Débarquement, une grande partie de nos forces blindées contre l'ennemi dans les secteurs côtiers menacés, je suis persuadé que nous gagnerons la bataille dès le premier jour. Jusqu'ici, les dommages qui ont été infligés par les divers raids aériens à nos blockhaus restent très négligeables ; en revanche, nos abris de campagne, nos tranchées et nos boyaux de communication ont été entièrement détruits ou gravement endommagés en plusieurs endroits. Voilà qui prouve la nécessité de bien bétonner les positions. Mais mon seul souci véritable est le problème des divisions blindées. Certaines de ces formations restent hélas ! encore dispersées sur un vaste territoire, trop loin à l'intérieur des terres ; elles arriveront certainement trop tard pour jouer leur rôle dans la future bataille du littoral. Étant donné la supériorité aérienne écrasante des Alliés, sans oublier les sabotages de la Résistance française intérieure, tout déplacement important des unités blindées en direction des côtes sera bloqué » (Archives militaires allemandes, Fribourg-en-Brisgau).

Rommel, qui n'oublie pas de mentionner la Résistance comme danger potentiel pour ses divisions, espère cependant que la Gestapo et l'Abwehr ont porté des coups assez rudes pour rendre inopérante l'action des « terroristes ». Le « Renard du désert » va devoir assez vite déchanter : si la Résistance normande se trouve en partie décapitée, elle dispose de suffisamment de ressources pour être en mesure d'engager une lutte efficace. Le FTP Georges Beaufils, envoyé dans l'Ouest comme inspecteur régional des FFI, a pris la région en main suite à l'élimination de plusieurs responsables locaux. Il est assisté par les résistants Harivel, Bertin de La Hautière, Marcel Baudot…

Les départements (Calvados, Manche, Eure et Orne) où vont se dérouler les combats décisifs pour l'établissement et l'élargissement de la tête de pont peuvent compter sur près de 10 000 FFI (AS, FTP, ORA), avec une quantité non négligeable d'armes parachutées.

Chapitre 20

Le rôle capital des maquis normands et bretons

Dans ce chapitre :

- Le Débarquement en Normandie
- Les sabotages se multiplient
- 150 000 soldats allemands fixés en Bretagne

Les combattants sans uniforme, parfois sans armes, dont les brassards n'épargnent par le sort tragique des maquisards pris comme terroristes, vont se trouver engagés dans la plus grande opération combinée de la Seconde Guerre mondiale. C'est une surprise totale pour Rommel, qui a décidé le 5 juin de se rendre en Allemagne pour essayer de régler la question des Panzerdivisions.

Ce jour-là, il pleut, il souffle un fort vent d'ouest, les conditions de marée paraissent défavorables à un débarquement, et les reconnaissances aériennes ne donnent pas à penser qu'il puisse être imminent. Le maréchal a donc fait savoir que, dans ces conditions, il n'avait aucun scrupule à s'absenter. Il a d'ailleurs arrêté avec le général Speidel, son adjoint, les dispositions nécessaires pour une mise en alerte éventuelle. Il a pris la route pour le Reich afin d'arracher à Hitler la décision de rapprocher les divisions blindées de la côte et d'en disposer sans avoir à « tirer dix cordons de sonnettes ». Et puis, cette visite a pour lui une autre importance : le 6 juin, c'est l'anniversaire de sa femme, qui doit célébrer ses 50 ans à Herrlingen…

La grande surprise de Rommel

Rommel est informé durant son voyage qu'une forte armada de navires alliés a débarqué d'importantes troupes sur les plages normandes. Il doit attendre la confirmation de cette incroyable nouvelle qui déjoue ses pronostics. Il est obligé de parcourir en voiture plus de 600 km pour rejoindre son poste de commandement, pestant contre le sort qui l'a conduit en Allemagne le jour du Débarquement et contre cette « maudite Luftwaffe » qui ne lui permet pas de rallier le château de La Roche-Guyon plus vite que par la route, par mesure de sécurité. Dans la soirée, Rommel constate que la situation n'est pas encourageante : « Les Alliés se sont déjà assuré une tête de pont large de 25 km et ils tiennent bon. »

Opération Overlord

L'*opération Overlord* commence tôt, dans la nuit du 5 au 6 juin 1944, par le largage entre 0 h 15 et 2 h 30 des troupes aéroportées devant couvrir les flancs de la zone de débarquement, du Calvados à la Manche, de la vallée de la Dives, point extrême à l'est (secteur britannique), à Sainte-Mère-Église, point extrême à l'ouest (secteur américain). Elle se poursuit, jusqu'au lever du soleil, par le pilonnage de l'artillerie navale et les bombardements aériens des défenses allemandes du littoral.

Le débarquement des troupes débute à 6 h 31. Plus de 6 000 navires ont traversé la Manche par une nuit de grand vent et une pluie battante. Ils ont navigué sur un front large de 80 km, transportant 185 000 hommes et quelque 20 000 véhicules. Les Américains débarquent les premiers à Utah Beach (la Madeleine) et Omaha Beach (Colleville-Saint-Laurent). À 7 h 20, les rangers combattent à la pointe du Hoc. À 7 h 30, les Britanniques prennent pied à Sword Beach (Hermanville-Colleville) et à Gold Beach (Port-en-Bessin), pendant que les Canadiens débarquent à Juno Beach (Bernières-Courseulles). Un commando de marine composé de 177 Français libres, aux ordres du lieutenant de vaisseau Kieffer (voir annexes B), participe aux opérations dans le secteur de Ouistreham-Arromanches.

La preuve de l'efficacité de la Résistance française

Le soir du 6 juin, le maréchal Rommel est obligé de constater que les faibles réserves de son armée ont déjà été jetées dans la bataille. Les généraux des unités d'infanterie attendent l'arrivée des divisions blindées ; ils espèrent que leur intervention permettra alors de rejeter l'ennemi à la mer. Mais rien ne vient, les stocks s'amenuisent, et, d'un bout à l'autre du front, ordre est donné de réduire la cadence des tirs. Un découragement général a commencé à gagner les états-majors, qui risque d'influer sur les combats à venir.

La tournure que prend la bataille donne en partie raison au maréchal Rommel, qui désirait que les Panzerdivisions soient positionnées plus près des côtes afin d'être en mesure de contre-attaquer le jour même du Débarquement. Mais cette opération amphibie constitue pour l'ensemble du commandement du Reich une cascade de surprises : elle intervient d'abord en Normandie et non dans le Pas-de-Calais ; elle se produit à l'aube, à mi-marée et à la fin d'une période de mauvais temps.

Le choix du lieu du Débarquement est une preuve évidente de l'efficacité de la Résistance française. Le général américain Omar Bradley affirmera à Jacques Piette, inspecteur régional des FFI et l'un des principaux responsables du réseau Centurie : « J'ai à vous témoigner la satisfaction de l'armée américaine à l'égard de votre réseau. C'est en effet, à la suite de la réception à Londres du plan de défense côtière de la Manche que nous avons choisi le point de débarquement. Les renseignements qui figuraient sur ce plan étaient d'une telle valeur que nous avons pu réussir l'opération de débarquement avec un minimum de pertes en hommes et en matériel » (Archives du Centre national Jean-Moulin, Bordeaux).

L'action du colonel Rémy, par l'implantation de nombreux groupes de renseignements, a joué aussi un rôle majeur dans le choix des Alliés : c'est lui qui a fondé et animé le plus important réseau de renseignements de la France libre, avec la Confrérie Notre-Dame (devenue « CND-Castille » par la suite), et qui a fourni à Londres les plans détaillés du mur de l'Atlantique. On lui confie également la direction française du plan interallié *Sussex*, destiné à préparer une cinquantaine d'équipes devant être parachutées derrières les lignes allemandes au moment du Débarquement, avec pour mission de fournir par radio des informations afin d'affaiblir les défenses arrière de l'occupant.

L'action des FFI en Normandie

Le Calvados, avec ses 18 km de côtes affectés par le Débarquement, se trouve être le département normand le plus touché le « jour J », les opérations sur les côtes de la Manche se limitant aux 5 km d'Utah Beach. Le chef départemental FFI du Calvados, Jacques Berjot, a comme adjoints Léonard Gilles, Dumis, Duchez et Poinlanne. Berjot, qui se trouve à Luc-sur-Mer, localité libérée dès le 6 juin, est alors coupé de ses troupes. Le commandant de Parléani doit prendre la direction des opérations. Il assure avec succès cette délicate mission malgré les difficultés de communication, étant obligé de circuler à bicyclette pour coordonner les efforts.

La forte densité de l'occupation allemande en Normandie a rendu délicate l'implantation des maquis (Guillaume le Conquérant, La Marseillaise, Montcalm…). Les opérations de la Résistance du Calvados sont cependant importantes dès la phase d'alerte amorcée par la BBC : huit ponts et 100 véhicules détruits. En outre, il convient de signaler de très nombreux sabotages de voies de chemin de fer et d'innombrables ruptures de câbles téléphoniques. Les parachutistes alliés sont guidés, par les habitants et les résistants locaux, hors des champs de mines et des pièges multiples. La célèbre Henriette Henry sauvera ainsi de nombreuses vies.

Figure 20-1 : Jeune maquisard armé d'un fusil mitrailleur Bren.

« Ce rôle, rapporte le commandement allié, a été considérable le long de la côte, lors du passage de rivières, à Caen en particulier et dans les coins difficiles du bocage. En tout cas de nombreuses attestations données par des officiers d'unités anglaises, canadiennes et belges à des FFI semblent le prouver abondamment » (Archives du CNJM, Bordeaux).

La guérilla généralisée

BATAILLE

Les FTP se distinguent particulièrement dans la région de Vire. Les groupes SOE d'Antoine et des détachements FTP truffent de mines les grands itinéraires des environs de Lisieux et d'Orbec. Les groupes Michel et Normandie se manifestent à Évrecy, Bény-Bocage et Sourdeval. Le chef d'équipe Jean Renaud-Dandicolle, résistant bordelais ayant rejoint le SOE, combat avec une grande efficacité dans la région de Cesny-Bois-Halbout : il sabote de nombreuses voies ferrées et parvient à tendre des embuscades meurtrières. Gravement blessé lors d'un combat, il est sauvagement abattu par les nazis.

Dans la Manche, les parachutistes alliés sont également recueillis et guidés par les résistants du coin. Le chef départemental Yves Gresselin fait appliquer le plan *Vert* sur les voies ferrées entre Cherbourg et Carentan, Cherbourg et La Haye-du-Puits, Lison et Coutances, Folligny et Granville ; d'autres sabotages ferroviaires interviennent à Saint-Sauveur-le-Vicomte, Saint-Lô, La Haye-Pesnel, ainsi que la destruction des câbles de télécommunication à longue distance. Les groupes FTP sabotent et mitraillent dans les régions de Cherbourg, de Valognes, de Carentan, de Coutances et d'Avranches. Des groupes de l'Organisation civile et militaire (OCM) font de même dans les secteurs des Pieux, de Sainte-Mère-Église, de Chef-du-Pont et de Villebaudon. Libération-Nord agit dans les secteurs de Montmartin, de Saint-Laurent-de-Terregatte et de Cérences.

Les résistants de tous les groupes, rapporte Marie Granet, sont extrêmement actifs : ils aident l'armée américaine, lui fournissent des renseignements, participent aux combats… Henri Moroge, sa femme et Lefranc regroupent 19 « paras » tombés dans les marais de Tribéhou, les conduisent à Graignes, où ils retrouvent d'autres « paras » – en tout 150. Ils résisteront aux Allemands jusqu'au 11 juin. Moroge guide ensuite l'armée américaine… Mauger passe les lignes le 19 et le 20 juin pour porter des renseignements aux Américains, puis les piloter… Lecrès, lui aussi, franchit plusieurs fois les lignes entre Bricquebec et Port-Bail, pour porter des renseignements aux Anglais (spécialement sur les défenses de Cherbourg) ; il fait le coup de feu, et, avec des camarades (Luce et Harassé), il fait 12 prisonniers.

Les lignes téléphoniques allemandes sont coupées dans le secteur de Mortain par divers groupes dirigés par André Debon et Louis Pinson. D'autres sabotages ont lieu aux environs d'Avranches, où la voie ferrée Lison-Damballe est coupée. Des câbles souterrains sont sectionnés, et quatre lignes aériennes mises hors de combat. Des arbres abattus obstruent les routes. À Barenton, le groupe Les Courtils, commandé par le chef de brigade Dauvergne, arrache les pancartes allemandes et coupe des fils. Les groupes de Saint-Hilaire du Harcouët, que dirigent Louis Blouet et Jacques Navier, abattent un gigantesque sapin qui barre la route entre Juvigny-le-Tertre et Le Poiton. Le 8 juin, cet obstacle stoppe une colonne allemande de 30 camions, qui devient une cible idéale pour l'aviation alliée ; la colonne sera réduite en fumée.

Dans l'Eure, le maquis Surcouf, commandé par les résistants Baudot, Leblanc, Lesage et Vesque, liquide la Feldgendarmerie de Pont-Audemer, coupe les lignes téléphoniques environnantes, multiplie les sabotages et les embuscades. La section Le Braz attaque l'observatoire de Saint-Georges-du-Vièvre ; deux maquisards sont tués, mais les pertes allemandes sont encore plus lourdes – huit soldats abattus, six fusils Mauser et deux mitrailleuses récupérés. Le 7 juin, le maquis capture une quinzaine de soldats ennemis.

L'application du plan Tortue

Dans l'Orne, le chef départemental FFI Daniel Desmeules fait appliquer le plan *Tortue* avec une grande efficacité. L'acheminement de renforts allemands vers la tête de pont se trouve retardé de plusieurs heures ; plus de 150 véhicules sont mis hors de combat. Le brouillage des panneaux de signalisation fait tourner en rond un important convoi dans la région de Flers durant une nuit entière.

Le 11 juin, le maquis de Lignières-la-Doucelle s'oppose à 200 soldats allemands pendant trois heures. Le chef départemental FFI Daniel Desmeules est capturé, mais l'occupant perd une vingtaine d'hommes. La Wehrmacht réagit violemment contre la guérilla qui se généralise dans l'Orne. Dans la forêt d'Écouves, plus de 400 soldats allemands sont mis hors de combat par les maquis.

La libération de la Bretagne

À la veille du Débarquement, l'ordre de bataille de l'occupant est extrêmement puissant en Bretagne : 7 divisions d'infanterie, 2 divisions parachutistes, 1 régiment de forteresse, 29 compagnies côtières, 3 groupes d'artillerie de forteresse, 2 bataillons de la Luftwaffe, une dizaine de régiments de supplétifs de l'Est (Ukrainiens, Géorgiens, Polonais, Russes…). La totalité des effectifs allemands stationnés en Bretagne représente 150 000 hommes en juin 1944.

Face à un tel déploiement de force, les maquis bretons s'enflent à l'approche des opérations militaires. Les cinq départements de la Bretagne (Morbihan, Finistère, Côtes-du-Nord, Ille-et-Vilaine et Loire-Inférieure) totalisent près de 20 000 FFI (AS, FTP et ORA).

La fixation de 150 000 soldats allemands

Durant le mois de mai 1944, les différents représentants de la Résistance se rencontrent dans le Morbihan. Le commandant Barthélémy, délégué du COMAC (Comité d'action de la Résistance), Valentin Abeille, chef du Bureau des opérations aériennes en Bretagne (BOA), le colonel Chenailler, chef FFI du Morbihan, le commandant Le Garrec, chef du bataillon FFI d'Auray, le colonel Donnart, chef FFI du Finistère, prévoient l'exécution du plan *Vert*, visant à paralyser les transports par voie ferrée pendant une quinzaine de jours correspondant à l'établissement d'une tête de pont en Normandie.

Pour permettre aux Alliés de s'implanter sur la côte normande, la Résistance bretonne, avec principalement les unités FFI du Morbihan, a la délicate mission de fixer 150 000 soldats allemands stationnés dans la région. Les maquisards, faiblement armés, doivent être renforcés par des détachements de parachutistes de la France libre. Le commandement allié ne s'attend pas à ce que les FFI bretons, ne disposant que d'un armement léger, s'opposent de vive force aux mouvements d'une troupe aguerrie, lourdement armée et nettement plus nombreuse. Mais il compte sur les parachutistes gaullistes pour multiplier les sabotages et les embuscades, afin de laisser croire à l'ennemi qu'un deuxième débarquement est imminent, cette fois sur les côtes de Bretagne. Le 2e régiment de chasseurs parachutistes (RCP) va être choisi pour cette opération capitale, avec plus particulièrement le 4e bataillon FFL-SAS (commandos parachutistes) du commandant Bourgoin.

L'apport des parachutistes FFL

LE SAVIEZ-VOUS ?

Le camp de Saint-Marcel, à une trentaine de kilomètres de Vannes, devient le lieu de ralliement des bataillons FFI du Morbihan, des parachutages d'armes et d'une importante partie des parachutistes de la France libre du 2e RCP. Le 16 juin 1944, la superficie occupée du camp de Saint-Marcel représente 500 hectares. Les allées et venues des FFI ainsi que le survol des avions alliés ne peuvent manquer d'attirer l'attention de l'occupant. Depuis le 15 juin, les projecteurs allemands de l'aérodrome voisin de Meucon éclairent les avions alliés larguant leurs conteneurs ; en outre, plusieurs pilotes, trompés par les signaux ennemis, ont effectué leur parachutage chez les Allemands, qui se sont emparés des armes.

Cependant, aussi incroyable que cela puisse paraître, l'occupant ne soupçonne pas l'existence d'un centre mobilisateur de cette importance : il pense que la Résistance bretonne va se limiter à des sabotages et à des actions de guérilla dispersées. Après le débarquement en Normandie, le commandement allemand se préoccupe surtout d'acheminer ses réserves vers la Normandie. L'envoi de ces renforts est sérieusement entravé par les parachutistes de la France libre et les FFI bretons. C'est le cas de la 275e division allemande d'infanterie, cantonnée à Redon, qui a reçu l'ordre, le 6 juin, de rejoindre au plus vite Saint-Lô, se trouvant à 200 km. Les coupures des voies ferroviaires et les embuscades ralentissent considérablement le déplacement de cette puissante unité, qui ne pourra atteindre Saint-Lô que le 11 juin ; elle arrive trop tard pour jouer un rôle efficace contre la tête de pont alliée, désormais solidement établie.

Une vingtaine d'équipes de parachutistes FFL-SAS (commandos parachutistes) accomplissent, avec l'aide des maquis locaux, un nombre considérable de sabotages ferroviaires en Bretagne. Face à un réseau désorganisé, les Allemands perdent beaucoup de temps dans l'acheminement de leurs troupes vers le front de Normandie. D'ailleurs, ils y renoncent très vite du fait de l'efficacité foudroyante des « terroristes ».

Le commandant Bourgoin et le colonel Chenailler sont parfaitement conscients que le camp de Saint-Marcel va être repéré tôt ou tard. Ils attendent avec impatience l'ordre de marcher au-devant des troupes américaines pour leur tenir lieu de guides. Dans la nuit du 17 au 18 juin, le commandement allié leur envoie le message suivant : « Éviter à tout prix bataille rangée. Stop. Continuez guérilla à outrance et armement FFI. »

La bataille de Saint-Marcel

La dispersion des unités est décidée, mais il est trop tard. Le camp de Saint-Marcel est défendu par 2 260 maquisards et 140 parachutistes FFL, soit un total de 2 400 combattants. On compte notamment les bataillons FFI Carro et Le Garrec, ainsi que des détachements spécifiquement FTP, comme la compagnie du Guer.

Un premier accrochage avec la Feldgendarmerie de Plöermel, le 18 juin, alerte la garnison allemande de Malestroit, à 3 km du camp retranché. Un bataillon de la 275e DI de la Wehrmacht subit de lourdes pertes en attaquant les positions avancées de Saint-Marcel. Plusieurs compagnies parachutistes de la division Kreta et le 708e bataillon d'infanterie géorgienne viennent renforcer le dispositif de l'occupant. Les troupes de l'Axe, fortes de 3 000 hommes, se heurtent partout à une résistance acharnée des FFI et des FFL, bénéficiant du soutien aérien de chasseurs-bombardiers Thunderbolt P-47.

En début de soirée, le dispositif allemand s'étend, avec l'arrivée de troupes fraîches venant du camp de Coëtquidan. Désormais, près de 10 000 soldats ennemis sont en ligne. Face à un tel déploiement de force, le commandant Bourgoin et le colonel Chenailler décident la dispersion des troupes françaises. Tout semble annoncer que l'attaque ennemie reprendra le lendemain, appuyée par des chars et de l'artillerie lourde. Le camp de Saint-Marcel n'ayant pas été encerclé, il est encore possible de décrocher dans de bonnes conditions.

Le repli commence à 22 heures par le départ du convoi automobile qui emmène l'état-major, et se prolonge durant une bonne partie de la nuit. Deux compagnies du bataillon Le Garrec, durement accrochées, ne peuvent commencer leur mouvement qu'à 23 heures. Une compagnie FFI, encadrée par des parachutistes, couvre héroïquement la retraite, pendant que plus de 2 000 hommes, une vingtaine de camions et quatre ambulances disparaissent dans la nuit. Les FFI regagnent leur maquis d'origine sans rencontrer d'opposition sérieuse. Le capitaine Puech-Samson, commandant la compagnie de protection, bien que blessé à la cuisse lors des combats, met lui-même le feu à la charge qui fait sauter 3 tonnes de munitions reçues les nuits précédentes.

Le matin du 19 juin 1944, l'artillerie allemande pilonne le camp de Saint-Marcel, vide de ses défenseurs… Se sentant ridiculisé, le général allemand Fahrmbacher ordonne d'organiser une chasse aux « terroristes » sans merci. Le 261ᵉ escadron de cavalerie ukrainienne et le 208ᵉ bataillon d'infanterie géorgienne sillonnent la région, terrorisent la population et massacrent les blessés qu'ils découvrent dans les environs. Le 25 juin, les châteaux de Sainte-Geneviève et des Hardys-Béhélec sont incendiés par la Wehrmacht ; puis, le 27, ce qui reste des fermes et le bourg de Saint-Marcel, où ne sont épargnés que l'église, le presbytère et les écoles.

La *bataille de Saint-Marcel*, qui a permis de fixer une dizaine de milliers de soldats ennemis (en comptant la 3ᵉ division parachutiste), représente un incontestable succès tactique pour la Résistance. Les pertes sont également à la hauteur de la victoire : 42 Français tués, dont six parachutistes, une soixantaine de blessés et une quinzaine de prisonniers. Les pertes allemandes sont beaucoup plus lourdes : 300 tués et un millier de blessés.

Les Allemands ont surtout découvert avec surprise, sur les arrières du champ de bataille de Normandie, l'existence de forces bien armées, bien encadrées, qui leur ont infligé des pertes sérieuses et qu'ils n'ont pas pu anéantir. Ils ont constaté que les FFI bretons étaient en relation permanente avec l'état-major allié, puisqu'ils avaient fait intervenir l'aviation lors des combats.

Des parachutistes FFL de plus en plus nombreux

Les parachutistes FFL-SAS sont de plus en plus nombreux en Bretagne. Outre le 4ᵉ bataillon du 2ᵉ RCP, des éléments du 3ᵉ RCP, emmenés par le commandant Château-Jobert, ont sauté au-dessus du Finistère. Mission : fixer les troupes allemandes et semer le désordre. Un commando s'empare, le 4 août, de la Kommandantur de la ville de Daoulas. Magnifique coup d'audace qui inflige 30 tués à l'ennemi, un seul chez les Français (le parachutiste Bréguet). Une importante colonne SS, provenant de Plougastel, s'approche ; les parachutistes FFL lui causent de très lourdes pertes puis s'évanouissent dans la nature. Le 5, ils font 60 prisonniers allemands sans faire usage de leurs armes. À Ancenis, les parachutistes du commando du capitaine Philippe Ragueneau investissent les rues. L'un d'entre eux met la main sur le plan allemand de toute la Bretagne, où figure l'emplacement des moindres mitrailleuses et antichars – document capital pour la progression des Alliés qui évitera une grande perte de temps et surtout une grande perte d'hommes.

Une véritable armée FFI

La Résistance bretonne représente une véritable armée, dont les effectifs de 30 000 hommes fin juillet 1944 forcent l'attention du commandement allié. Leur discipline au combat étonne, leur vaillance stupéfie. Le lieutenant-colonel américain Rudder, commandant le 2e bataillon de rangers, félicite en ces termes les maquisards bretons qui ont combattu à ses côtés : « Nous désirons remercier les FFI pour le travail fait et qui a été une preuve de la renaissance de la tradition martiale de la France » (Archives du CNJM, Bordeaux).

Les résistants bretons ne se bornent pas à des actions de sabotage ou de guérilla : ils participent à des batailles rangées, à des opérations de siège dont parfois, même, ils assument l'entière responsabilité, sans concours des forces alliées.

Dans le seul département des Côtes-du-Nord (Côtes-d'Armor), entre le 10 juillet et le 4 août 1944, les FFI obtiennent des résultats spectaculaires : 2 500 soldats allemands hors de combat, 300 coupures de lignes téléphoniques et de lignes à haute tension, 200 sabotages de lignes de chemin de fer, 40 déraillements, 50 embuscades dirigées contre les convois, au cours desquelles 200 véhicules sont capturés.

En neuf jours (du 4 au 13 août 1944), quatre divisions allemandes stationnées en Bretagne et deux divisions venant de Normandie sont détruites ou encerclées. Le 8e corps d'armée américain et les 30 000 résistants bretons font 60 000 prisonniers. En Ille-et-Vilaine, les maquisards capturent 1 400 soldats allemands et détruisent 100 véhicules.

L'hommage du général Eisenhower

Le général américain Eisenhower, commandant en chef des forces interalliées, a reconnu le rôle important joué par la Résistance bretonne : « Une mention spéciale doit être faite ici de l'aide qui nous fut apportée par les FFI dans la réduction de la presqu'île bretonne. Les forces de la Résistance dans cette zone ont été portées, à partir de juin, autour d'un noyau de troupes SAS du 4e bataillon de parachutistes français, jusqu'à un effectif total d'environ 30 000 hommes. Dans la nuit du 4 au 5 août, un état-major a été envoyé sur place pour prendre en charge les opérations. Devant l'avance des colonnes alliées, ces forces françaises tendaient des embuscades à l'ennemi battant en retraite, attaquaient les groupes isolés et les emplacements fortifiés et protégeaient les ponts. Leur tâche était, une fois que nos blindés les avaient dépassés, de nettoyer les localités où demeuraient des poches de résistance, et de défendre les lignes de communication alliées. De plus, elles rendirent à nos troupes des services inestimables, en leur fournissant des renseignements quant aux dispositions et aux intentions de l'ennemi. Enfin, et ceci n'est pas le moins important, elles avaient par leur harcèlement incessant, entouré les Allemands d'une atmosphère intenable et de danger et de haine, qui sapait la confiance de leurs chefs et le courage de leurs soldats [...].

» En aucune autre guerre antérieure et sur aucun autre théâtre d'opérations au cours de cette guerre, les forces de résistance n'ont été aussi étroitement intégrées à l'effort militaire principal. J'estime que la destruction des communications ferroviaires ennemies, le harcèlement du trafic automobile allemand et la pression de plus en plus forte exercée par les forces organisées de la Résistance française sur les troupes allemandes, ont joué un rôle considérable dans notre victoire » (Archives du CNJM, Bordeaux).

Michel de Camaret

Michel de Camaret est né le 18 janvier 1915 à Vienne, dans l'Isère. Après le baccalauréat, il est incorporé en septembre 1938 au 17e régiment de dragons de Reims. En 1940, il suit les cours de l'École de cavalerie de Saumur et en sort aspirant en avril. Nommé sous-lieutenant, affecté au 12e groupement de cavalerie motorisée, il lutte avec courage sur les fronts de l'Aisne et de la Marne, comme commandant d'un peloton de chars. Blessé le 8 juin à Montmort, il est hospitalisé.

Dès sa démobilisation, fin juillet, il s'efforce de rejoindre la France libre. En septembre, avec son camarade Pierre de Bénouville, comme lui militant de l'Action française, il se rend à Vichy et y rencontre le colonel Groussard, inspecteur général des services de la sûreté nationale. Ce dernier, sous le couvert de ses fonctions officielles, fédère des groupes résistants destinés à combattre l'occupant. Michel de Camaret fait la connaissance de Roger de La Grandière, avec lequel il recherche rapidement une filière pour passer en Afrique du Nord.

En décembre 1940, les hommes des groupes de protection du colonel Groussard qui, quelques jours plus tôt, ont participé à l'arrestation de Pierre Laval et de ses collaborateurs sont recherchés par la police, après le retour au pouvoir de ce dernier sous la pression allemande. Caché à Paris durant quelque temps, Michel de Camaret, avec Pierre de Bénouville, passe en zone libre et s'installe à Nice, puis à Marseille en janvier 1941. Le 9 février, il passe clandestinement en Algérie dans une cheminée de bateau. À Oran, il se met en recherche d'un navire pour Gibraltar, mais il est arrêté, le 15 mars, par la police de Vichy. D'autres camarades, arrêtés également, sont placés avec lui en résidence surveillée. Après une évasion qui les conduit au Maroc, les membres du groupe sont de nouveau interpellés et incarcérés à Rabat, puis à Casablanca. Condamnés à un an de prison, ils sont transférés en septembre à la prison d'Alger.

En mai 1942, Michel de Camaret et ses camarades parviennent à s'évader à nouveau et à rejoindre le Maroc. Grâce à des complicités, Camaret embarque à Tanger sur un petit navire portugais qui le conduit à Gibraltar le 8 juillet. De là, il gagne Londres, où il s'engage, en août, dans les Forces aériennes françaises libres. En septembre 1942, il obtient son affectation dans l'infanterie de l'air à Camberley. Incorporé chez les parachutistes, il commence l'entraînement

.../...

puis est breveté parachutiste en janvier 1943. En juillet, son unité devient le 1er bataillon d'infanterie de l'air puis, en novembre, le 4e bataillon d'infanterie de l'air, placé sous les ordres du commandant Bourgoin.

Michel de Camaret saute sur la France dans la nuit du 7 au 8 juin 1944, dans le secteur de Redon, en Ille-et-Vilaine (Bretagne). Chef de mission, il parvient à accomplir, avec quatre hommes, un sabotage délicat, en faisant dérailler un train de DCA dans un tunnel, gardé par les soldats allemands, sur la voie Rennes-Redon. Il rejoint ensuite la base du maquis de Saint-Marcel, dans le Morbihan, et se bat avec une bravoure extraordinaire lorsque le camp est attaqué. Blessé deux fois par balle lors de l'affrontement, il a un bras cassé mais refuse de cesser le combat. Il se révèle un entraîneur d'hommes de premier ordre.

Remis de ses blessures, il organise, entraîne et galvanise un bataillon FFI du Morbihan qui, sous ses ordres, accomplit de nombreux sabotages et de multiples embuscades. Dans le Nivernais, en septembre 1944, il est un des éléments les plus actifs, et son action amène la reddition de plusieurs milliers d'Allemands. Ensuite, Michel de Camaret est parachuté en Hollande avec son unité, devenue le 2e régiment de chasseurs parachutistes (RCP), et ne cesse, pendant cinq jours, de harceler les garnisons et les convois ennemis. Des documents trouvés sur les Allemands établissent qu'ils estimaient à 800 l'effectif du groupe de 20 hommes du lieutenant de Camaret. En liaison avec des unités canadiennes, il effectue une série d'attaques et d'actions de nettoyage. Le 13 avril 1945, il prend part à l'attaque du bois de Borgen et du village de Stadskanaal. Le lendemain, en patrouille sur Noordbroek, il capture trois prisonniers et obtient des renseignements capitaux. Il reçoit pour son action les félicitations enthousiastes du commandement canadien.

Démobilisé, il se lance dans une carrière diplomatique. En 1945, il est le deuxième secrétaire d'ambassade à Rio de Janeiro. En 1947, il fait partie du corps expéditionnaire en Indochine. Il est affecté à la brigade parachutiste SAS et se trouve promu au grade de capitaine. En 1950, il devient conseiller diplomatique du haut-commissaire à Madagascar. En 1955, il est secrétaire puis conseiller d'ambassade à la mission française auprès de l'ONU. En 1963, Michel de Camaret est consul général de Tanger puis, en 1966, conseiller politique de l'OTAN. De 1968 à 1972, il est représentant permanent de la France au Conseil de l'Europe à Strasbourg, avec rang d'ambassadeur. En 1971, il est ministre plénipotentiaire et, de 1972 à 1978, consul général à Sao Paulo. Il termine sa carrière de diplomate comme ambassadeur en Birmanie (1979). Le 17 juin 1984, il est élu représentant à l'Assemblée européenne sur la liste du Front national de Jean-Marie Le Pen. Michel de Camaret est décédé le 24 juin 1987 à Neuilly-sur-Seine. Il a été inhumé au cimetière de Passy, à Paris.

Chapitre 21

Les maquis du Limousin

Dans ce chapitre :

- Guingouin fixe la division Das Reich
- La féroce répression allemande
- Une guérilla exemplaire

Le Limousin, qui a mérité le nom de « Petite Russie » que lui ont donné les Allemands, se trouve engagé, dès le 6 juin 1944, dans de véritables opérations militaires. Les forces FTP de la Haute-Vienne, aux ordres du colonel Guingouin, représentent 6 800 combattants.

Dès les premiers jours du débarquement allié en Normandie, les FTP du Limousin exécutent une quarantaine de sabotages ferroviaires. Tous les moyens de communication dont pourrait user l'occupant sont détruits, dont le câble souterrain Bordeaux-Limoges-Paris. Les Allemands et les miliciens, isolés et terrorisés, s'enferment dans Limoges, qu'ils transforment en place forte.

La division Das Reich

La *division Waffen-SS Das Reich*, stationnant dans les vallées de la Garonne, du Tarn et en Auvergne, reçoit l'ordre, dans la nuit du 7 au 8 juin, d'écraser la Résistance en Limousin avant de rejoindre le front de Normandie. Cette importante unité, dont l'état-major se trouve à Montauban, est sous les ordres d'un nazi fanatique, le général Lammerding.

La division Das Reich doit suivre la route de Limoges, *via* Brive et Tulle, au milieu d'une région montagneuse, tenue solidement par de nombreux maquis. Elle ne doit donc pas rejoindre la Normandie au plus vite, mais « détruire les bandes » du centre de la France, ce qui explique l'itinéraire qui lui a été fixé par le maréchal von Rundstedt, commandant en chef du front ouest. Cette formation d'élite représente la plus ancienne unité de la

Waffen-SS. Elle a débuté la guerre en Pologne lors de la campagne de 1939. Aux côtés des Allemands se trouvent de jeunes Alsaciens, représentant près du tiers des compagnies de combat en 1944.

Des ordres fermes et répressifs

Les maquisards du Limousin n'ont pas les moyens matériels d'affronter la division blindée SS Das Reich (160 chars lourds et moyens) en bataille rangée ; mais, dans une région au relief accidenté, ils peuvent monter une série d'embuscades, forçant l'occupant à ralentir considérablement sa progression. Les chars ne peuvent se déployer dans ce pays montagneux et consomment une quantité considérable de carburant. Trois jours après leur départ de Montauban, les blindés allemands n'auront pas dépassé Limoges et doivent attendre les citernes d'essence parties de Bordeaux.

Un document du quartier général de l'armée allemande de l'Ouest, daté du 12 février 1944, ne laisse planer aucun doute sur les méthodes répressives : « Lorsqu'une troupe sera attaquée, d'une manière quelconque, que ce soit en colonne de marche, que ce soit dans son cantonnement ou dans une situation analogue, son chef devra immédiatement riposter de sa propre initiative, sans en référer préalablement. Au nombre des mesures à prendre :

» – La riposte immédiate par les armes à feu. Si des innocents sont frappés, ce sera regrettable, mais la faute en incombera aux terroristes.

» – L'isolement immédiat de la zone entourant le lieu où l'acte a été commis, et l'arrestation de tous les civils se trouvant dans les parages, sans distinction de condition ou de personne.

» – L'incendie immédiat des maisons d'où les coups de feu sont partis. C'est seulement après l'exécution de ces mesures immédiates, ou d'autres mesures, qu'il sera fait un rapport » (Archives du musée de la Résistance, Limoges).

Le 8 juin 1944, alors que la division Das Reich est en marche, le général Lammerding reçoit du général von Brodowski, dont le quartier général se trouve à Clermont-Ferrand, un ordre précisant la mission en cours de progression : « Les rapports qui parviennent sur l'Armée secrète et sur les actes de terrorisme dans cette région montrent que l'action prend des proportions considérables. Le 66e corps de réserve avec la 2e Panzerdivision SS Das Reich doit immédiatement passer à la contre-offensive pour frapper avec la plus grande puissance et la plus extrême rigueur, sans aucune faiblesse. Le climat d'insécurité qui règne dans ces régions du Massif central doit être radicalement supprimé. Le résultat de ces opérations est d'une énorme importance pour la suite des opérations à l'Ouest. Tout demi-succès serait un échec. Les forces de la Résistance doivent être anéanties rapidement par des manœuvres d'encerclement. Dans ces régions, infestées en permanence, il faut user de mesures d'intimidation contre les habitants. Il faut, par des exemples, frapper l'esprit de la population. Il faut lui faire passer l'envie d'aider les maquis et de plier de se plier à leurs exigences.

» Le moment que nous traversons est critique. Pour écarter tous dangers qui risqueraient de frapper les unités combattantes dans le dos, il est indispensable d'agir avec dureté et sans aucun ménagement. C'est à ce prix que l'on évitera dans l'avenir de plus grandes effusions de sang pour nos troupes et pour la population civile.

» L'OKW rappelle et souligne ses instructions au sujet des membres de la Résistance française : ceux-ci doivent être considérés et traités comme des francs-tireurs » (Archives du musée de la Résistance, Limoges).

Oradour-sur-Glane

N'OUBLIEZ PAS

Le 9 juin 1944, en fin de soirée, le major Helmut Kämpfe, commandant du bataillon SS Der Führer de la division Das Reich, de retour d'une expédition punitive à Guéret, est fait prisonnier par des résistants entre Moissannes et Saint-Léonard-de-Noblat. Cela se passe aux alentours de 20 heures, heure à laquelle ses hommes retrouvent son véhicule. La disparition de cet officier d'élite traumatise le général Lammerding, qui décide de tout mettre en œuvre pour le sauver. Il va même jusqu'à accepter d'entamer des négociations, démarche tout à fait surprenante de la part de cette unité plus habituée à la répression qu'à la diplomatie. Il propose la libération de résistants détenus dans la prison de Limoges contre celle de Kämpfe. Lorsque la teneur du message parviendra au chef du maquis, le samedi 10 juin, Oradour et ses habitants ne seront déjà plus que cendres.

Le jour de l'arrestation de Kämpfe, durant l'après-midi, le lieutenant SS Gerlach, qui a reçu l'ordre de préparer les cantonnements à Nieul, est capturé avec son chauffeur par les maquisards entre ce bourg et Peyrilhac. On leur lie les mains dans le dos. Les deux captifs sont remis entre les mains de la 2 403e compagnie FTP, au Bois-du-Roi. Le chauffeur est fusillé. Gerlach parvient à s'échapper et rejoint le colonel SS Stadler, à qui il expose les faits. Toujours le même jour, une automitrailleuse de la division Das Reich tombe aux mains des FTP.

« Le 10 juin, raconte Georges Guingouin, ce sera Oradour-sur-Glane… Ce bourg paisible n'abrite aucun élément de résistance. Cependant, les hommes seront abattus dans les granges, les femmes et les enfants emmenés dans l'église où ils seront brûlés vifs : 642 habitants – 245 femmes, 207 enfants et 190 hommes – connaîtront ainsi un sort effroyable…

» Les chefs qui commandent de tels crimes ne peuvent rester impunis. Alors que le jeune soldat allemand capturé lors de l'attaque de l'automitrailleuse de Sainte-Anne aura la vie sauve et recevra les soins nécessaires pour sa blessure… il ne saurait y avoir de clémence pour Kämpfe, officier SS de la Das Reich, commandant du bataillon, fait prisonnier par le détachement FTP Canon, près de Saint-Léonard. Ordre est donné de le passer par les armes. Le commandant Diekmann sera tué sur le front de Normandie, mais le lieutenant Kahn, qui commandait la 3e compagnie lors du massacre d'Oradour-sur-Glane, quoique bien vivant, ne sera même pas recherché, la paix revenue. Quant à Lammerding, bien que condamné à mort par contumace par le tribunal militaire de Bordeaux en 1953, bénéficiant d'étranges protections, il mourra paisiblement dans son lit, bien des années plus tard » (Archives du musée de la Résistance, Limoges).

L'échec des nazis

Si les sacrifices sont lourds, le résultat final n'en sera pas moins capital : la division Das Reich est retardée de quatre jours en Limousin, et son arrivée en Normandie n'aura plus d'efficacité – d'autant plus que, avertis par radio, les bombardiers de la RAF viennent sérieusement la décimer, à Poitiers, dans la nuit du 12 juin. Cette unité qui a semé la terreur parmi la population du Limousin a totalement échoué dans sa mission d'anéantissement des unités de la Résistance. Aussi l'occupant décide-t-il de nouvelles opérations contre les maquis.

Guingouin libère la Haute-Vienne

Des attaques aériennes de la Luftwaffe visent les groupes FTP d'Amboiras, de La Villa-Sussac, du Mazeau… Le 16 juin, un des appareils, un chasseur Reggiane Re.2000, se trouve contraint d'atterrir près de Jumeau-le-Grand, par suite du dérèglement d'une mitrailleuse (12,7 mm), qui a sectionné une pale de l'hélice.

La victoire du mont Gargan

Le 9 juillet 1944, le colonel Guingouin apprend qu'une importante colonne allemande, après avoir opéré contre les FFI du Cantal, arrive en Corrèze et se dirige sur la Haute-Vienne. Il s'agit de la brigade Jesser, forte de 2 500 hommes et de 500 véhicules. Cette nouvelle pose à Guingouin un réel problème : il vient en effet d'obtenir des Alliés un parachutage massif pour ses troupes le 14 juillet en plein jour. Il doit renoncer à la guérilla et au contraire contenir l'occupant dans une véritable guerre de positions, tant que le matériel parachuté ne sera pas distribué.

Le 14, la brigade Jesser se trouve à 90 km d'Eymoutiers. D'autres nouvelles alarmantes arrivent au poste de commandement de Guingouin : en plus de cette attaque venant de l'est, les FTP vont devoir faire face, au sud, au 95e régiment allemand de sécurité venant de Brive et de Tulle par La Croisille, et à l'ouest à un bataillon de Schutzpolizei (police militaire nazie) de la garnison de Limoges, accompagné de 600 miliciens, arrivant sur Linard. C'est donc une manœuvre d'encerclement que va tenter l'occupant. Les assaillants alignent au total 4 800 hommes contre 3 500 maquisards.

« En prévision de cette attaque, écrit Guingouin, la base des partisans du mont Gargan se transforme en véritable hérisson. Le défilé La Celle-Eymoutiers, voie d'accès pour la brigade Jesser, devient impraticable ; le pont de fer de la voie ferrée et le viaduc surplombant la route ont été également détruits. C'est une course contre la montre pour les maquisards qui doivent, à la fois, répartir le matériel largué et contenir l'ennemi. Ce dernier arrive à La Croisille le 16 juillet. Huit kilomètres seulement le séparent de Sussac et du terrain de parachutage du lieu-dit le Clos » (Archives du musée de la Résistance, Limoges).

Le 17 juillet 1944, les forces d'occupation passent à l'attaque. Durant deux jours, les maquisards livrent une véritable bataille, défendant avec héroïsme leurs positions et contre-attaquent même en certains endroits. La mission défensive devant permettre la distribution des armes a parfaitement réussi. Le 19, la guérilla reprend alors ses droits : partout, les colonnes ennemies se trouvent prises sous les tirs d'armes automatiques. Les embuscades se multiplient.

« Bien loin de rechercher le contact avec les partisans, affirme Guingouin, l'Allemand n'aura plus qu'une idée, quitter ce sol qui brûle sous les pieds, cette terre, pour lui "pire que la Russie"... Le 23 juillet, après un dernier engagement, les éléments de la brigade Jesser quittent définitivement la Haute-Vienne et retournent en Haute-Corrèze » (Archives du musée de la Résistance, Limoges).

N'OUBLIEZ PAS

D'après un document allemand trouvé à la Libération, le bilan des *combats du mont Gargan* (du 17 au 24 juillet 1944) a été très lourd pour l'occupant : 342 tués ou blessés, dont 7 officiers morts. Du côté des FTP, on recense 38 tués, 5 disparus et 54 blessés. La Milice, aux ordres du colonel Jean de Vaugelas, n'a essuyé que des pertes insignifiantes, avec un tué et trois blessés. Grâce à un curieux accord avec les Allemands, les miliciens n'ont opéré qu'en seconde position, s'abstenant d'intervenir directement dans la bataille.

Figure 21-1 : Des maquisards ont capturé un camion allemand.

L'encerclement de Limoges

Dès le 12 août, la ville de Limoges se trouve partiellement encerclée par une partie des 13 900 FFI (AS, FTP, ORA) de la Haute-Vienne. Le colonel Guingouin établit une liaison permanente avec le commandant Huard, chef départemental de l'AS, et le commandant Delille, de l'ORA. La garnison allemande, forte d'environ 1 400 hommes, dont deux compagnies SS et un bataillon de miliciens, essaie par de furieux coups de boutoir de desserrer l'étau qui l'emprisonne.

Le colonel Guingouin, commandant l'organisation résistante la plus importante, devient chef FFI du département. C'est à ce titre qu'il va entreprendre les opérations qui libéreront Limoges. Le colonel Meier, chef de la Gestapo de Limoges, déclare qu'avant de se retirer il fera fusiller une grande partie des prisonniers de la place du Champ-de-Foire. Ce sera le sort terrible que connaîtront, au départ des troupes allemandes, les résistants enfermés dans les geôles de Périgueux, Bourges et bien d'autres villes de France.

« Pour les soldats de la liberté, raconte Guingouin, les vies humaines sont précieuses. Aussi, la stratégie choisie sera l'encerclement, et non l'attaque frontale. Certes, le dispositif sera plus long à mettre en place, mais ainsi, le sinistre Meier ne pourra pas exécuter sa menace » (Archives du musée de la Résistance, Limoges).

Le 16 août 1944, le chef de la Milice de Limoges, Jean de Vaugelas, tente de rompre le blocus : il forme une colonne comprenant une centaine de véhicules pour 350 miliciens, accompagnés de 200 femmes, de 150 enfants et de 14 blessés. Deux jours plus tard, après avoir dû livrer bataille à quatre reprises, la colonne se trouve bloquée à La Jonchère, à 20 km de Limoges. Il faudra l'intervention de la 2e compagnie de la Schutzpolizei pour dégager la Milice en fuite.

Les pourparlers et la libération de Limoges

Le 21 août, par l'intermédiaire du consul de Suisse Jean d'Albis, les pourparlers sont engagés entre le colonel Guingouin et le général Gleiniger, chef de la garnison allemande de Limoges.

« Les pourparlers se terminent à 18 h 15, raconte Guingouin. L'acte de capitulation doit être signé à 20 h 30. La reddition est officielle, les embuscades sont levées, mais coup de théâtre, les SS, refusant de s'incliner enlèvent le général Gleiniger, qui sera exécuté. Seul, le capitaine Noll se présente ; il est fait prisonnier avec 12 officiers et 350 soldats. À 20 h 30, les soldats des Forces françaises de l'intérieur entrent dans la ville, l'arme à la bretelle, ayant libéré la "capitale du maquis", avec le minimum de pertes et surtout – ce qui est le plus beau titre de gloire – ayant réussi à sauver tous les prisonniers de la place du Champ-de-Foire, leurs frères d'armes et d'espérance, dont la vie était dangereusement menacée » (Archives du musée de la Résistance, Limoges).

La Résistance en Haute-Vienne compte près de 3 200 tués au combat ou fusillés. Les pertes allemandes s'élèvent à 2 800 soldats hors de combat (tués, blessés ou prisonniers).

La libération de la Corrèze et de la Creuse

En Corrèze, 1 800 FTP encerclent dès le 5 juin 1944 la ville de Tulle, où sont cantonnées les forces de Vichy, la Feldgendarmerie et deux compagnies du 95e régiment de sécurité. Le 7 juin, à 5 h 30, les unités FTP commandées par Godefroy (« Rivière ») et Chapou (« Kléber ») passent à l'attaque. Les miliciens parviennent à quitter la ville, mais les Allemands se barricadent à l'École normale et opposent une farouche résistance. Le lendemain, ils vont tenter une sortie qui se traduira par un échec sanglant.

La tragédie de Tulle

En fin de journée, le 8 juin, les FTP sont maîtres de Tulle. Si les résistants n'ont subi que des pertes légères, les Allemands comptent 44 tués et 60 prisonniers, dont 25 gravement blessés. D'autres sources parlent de 56 tués dans les rangs allemands.

Dans la soirée, un groupe de reconnaissance de la division Das Reich, commandé par le commandant SS Kowatsch, entre dans Tulle. Les FTP, sans armes lourdes, tentent de s'opposer aux blindés allemands. Mais les balles des mitrailleuses ne peuvent rien contre le blindage des « pachydermes » d'acier. Les SS dénombrent trois tués et neuf blessés.

En découvrant à l'hôpital les 44 ou 56 cadavres du 95e régiment de sécurité, le commandant SS Kowatsch et ses tankistes deviennent fous de rage et annoncent que les représailles seront terribles. Kowatsch ordonne d'arrêter tous les habitants masculins de 16 à 60 ans. Trois mille Tullistes sont parqués dans la cour de la manufacture d'armes.

Le 9 juin, 99 innocents sont pendus et 149 déportés en Allemagne. Cent onze ne reviendront pas de Dachau, ce qui porte à 210 le nombre des victimes civiles de la *tragédie de Tulle*.

On peut se demander pour quelle raison les FTP ont attaqué Tulle alors que la division Das Reich faisait route vers la Corrèze. En fait, si le colonel Guingouin a bien été informé du mouvement de l'unité SS, la nouvelle n'a pu être annoncée à temps à tous les chefs de la région FFI du Limousin.

Les nombreux succès de la Résistance

Dès le 6 juin 1944, les maquisards de l'AS ont encerclé la ville d'Ussel. La garnison comprend des miliciens, des éléments du 1er régiment de France (unité de Vichy) et une centaine de soldats allemands.

Le chef Var, responsable de la Résistance et maire d'Ussel, négocie en secret avec les officiers du 1er régiment de France, qui acceptent de passer, avec leurs hommes, sous le contrôle de l'AS. Les Allemands, démoralisés, se rendent au 1er régiment de France et se laissent enfermer dans la caserne de la ville.

La demi-brigade AS-Haute-Corrèze, regroupant 16 maquis, se signale par d'importants succès contre l'occupant. Le 7 juillet 1944, 22 soldats allemands sont tués dans une embuscade à Chavanon. Le 27, une embuscade tendue à Mirambel coûte la vie à 17 Allemands et à six maquisards. Trois jours plus tard, à 2 km d'Eygurande, une quarantaine de soldats allemands tombent sous les balles des FFI. Le 1er août, au pont de Chavanon, trois véhicules sont détruits et une quinzaine d'Allemands abattus. Le 17, les maquisards mettent hors de combat une quarantaine d'ennemis dans la région d'Ussel. Le corps franc AS-Tulle fait également preuve d'une incontestable bravoure – avec une quinzaine d'embuscades à son actif, coûtant la vie à de nombreux soldats allemands.

Figure 21-2 : Soldats allemands capturés par les FFI.

La brigade AS-Basse-Corrèze, forte de 33 maquis, accomplit de multiples opérations militaires. Le 7 juin, une de ses compagnies attaque un train blindé à Noailles ; 16 Allemands et sept maquisards sont tués. Le 18, l'embuscade à Lonzac contre une colonne de 90 camions se solde par la mort d'une quarantaine d'Allemands, pour la perte de deux résistants. À la fin du mois, une cinquantaine d'ennemis trouvent la mort à Solignac et à Souillac.

Les FTP de la Corrèze comptent en juin 1944 près de 6 000 hommes répartis en une quarantaine de compagnies. Ils vont particulièrement se distinguer dans le harcèlement des colonnes allemandes. Le 7 juillet, les FTP tendent une embuscade sur la N89 à Monestier ; une trentaine d'ennemis sont tués ou blessés. À la fin du mois, sur la route Brive-Saint-Chamant, une quarantaine d'Allemands sont mitraillés par les FTP. Le 7 août, un détachement FTP ouvre le feu contre une importante colonne ennemie sur la N89 à Cornil ; 50 Allemands sont tués et trois autres faits prisonniers.

La libération de Brive et de la Creuse

Dès le 15 août, la garnison allemande de Brive, totalement démoralisée, se rend aux FFI – 493 prisonniers, dont 17 officiers, 14 canons, 3 mortiers lourds… tombent aux mains de la Résistance. Le bilan de quatre années de lutte sur le sol de la Corrèze se solde par la mort de 532 résistants et de 632 soldats du Reich. On outre, 1 183 Allemands ont été faits prisonniers.

Dans la Creuse, la nouvelle de l'arrivée de la division Das Reich en Limousin n'a pas été transmise. La libération de Guéret, chef-lieu du département, est donc entreprise dès le 7 juin 1944. Près de 2 000 FFI (École de la Garde, AS, FTP) attaquent la garnison allemande, réduite à une cinquantaine d'hommes. Après six heures de combats acharnés, c'est la reddition. Les résistants rendent à leurs adversaires les honneurs militaires. Le bilan s'établit à sept morts chez les FFI, neuf chez l'ennemi, une quarantaine de prisonniers, un important matériel récupéré, dont une mitrailleuse lourde avec 100 000 cartouches, un fusil-mitrailleur, 30 fusils, 20 mitraillettes, des caisses de grenades, 2 postes de radio…

Une compagnie allemande venue de Montluçon tente de reprendre la ville le 8 juin. Après s'être heurtée à une vive résistance, elle doit repartir en laissant sept morts et dix blessés sur le terrain. Cependant, le lendemain, un bataillon de la division Das Reich, blindés en tête, entre dans Guéret, avec l'intention de tout brûler. Heureusement, Guéret ne connaît pas le sort qui va être le lendemain celui d'Oradour-sur-Glane : la ville le doit au sang-froid de sa population et de son maire, à l'intervention d'un diplomate suédois, mais aussi et surtout à la manière dont ont été traités par les FFI les blessés et les prisonniers allemands.

Malgré la perte de Guéret, la Résistance de la Creuse mène efficacement la guérilla dans tout le département. Le bataillon AS-Anne exécute en l'espace d'un mois une vingtaine de sabotages ferroviaires, paralysant ainsi le ravitaillement de l'occupant. Le 1er août, un accrochage au Pont-de-la-Duge coûte la vie à une vingtaine d'Allemands. Le 12, sur la route de Gouzon-Montluçon, dix soldats ennemis tombent sous les balles du bataillon Anne. Le 17, à Basseneuil, une colonne ennemie forte de trois camions et de trois blindés est attaquée et laisse 23 soldats sur le terrain. Le lendemain, sur la route Gouzon-Boussac, 30 soldats allemands sont mitraillés par les FFI. À Rossignol, le 20, un convoi de huit camions tombe dans une embuscade ; 12 Allemands sont tués. Le jour suivant, au sud de Guéret, une trentaine d'ennemis sont mis hors de combat. Durant tout le mois d'août, le bataillon Anne a livré une vingtaine de combats, en perdant seulement sept hommes.

Le groupement AS-Jack participe activement à la libération du département, avec à son actif une trentaine d'opérations militaires et la perte de 36 maquisards. Les FTP se signalent lors d'une embuscade à Parsac, le 3 juillet ; 15 soldats allemands sont abattus. Le 19 août, 40 miliciens tombent sous les balles d'un détachement FTP sur la N141. Le même jour, à Sauviat-sur-Vige, 40 soldats allemands trouvent la mort lors d'un accrochage. Le sacrifice de 218 résistants de la Creuse est largement compensé par les pertes de l'occupant – près de 600 soldats hors de combat.

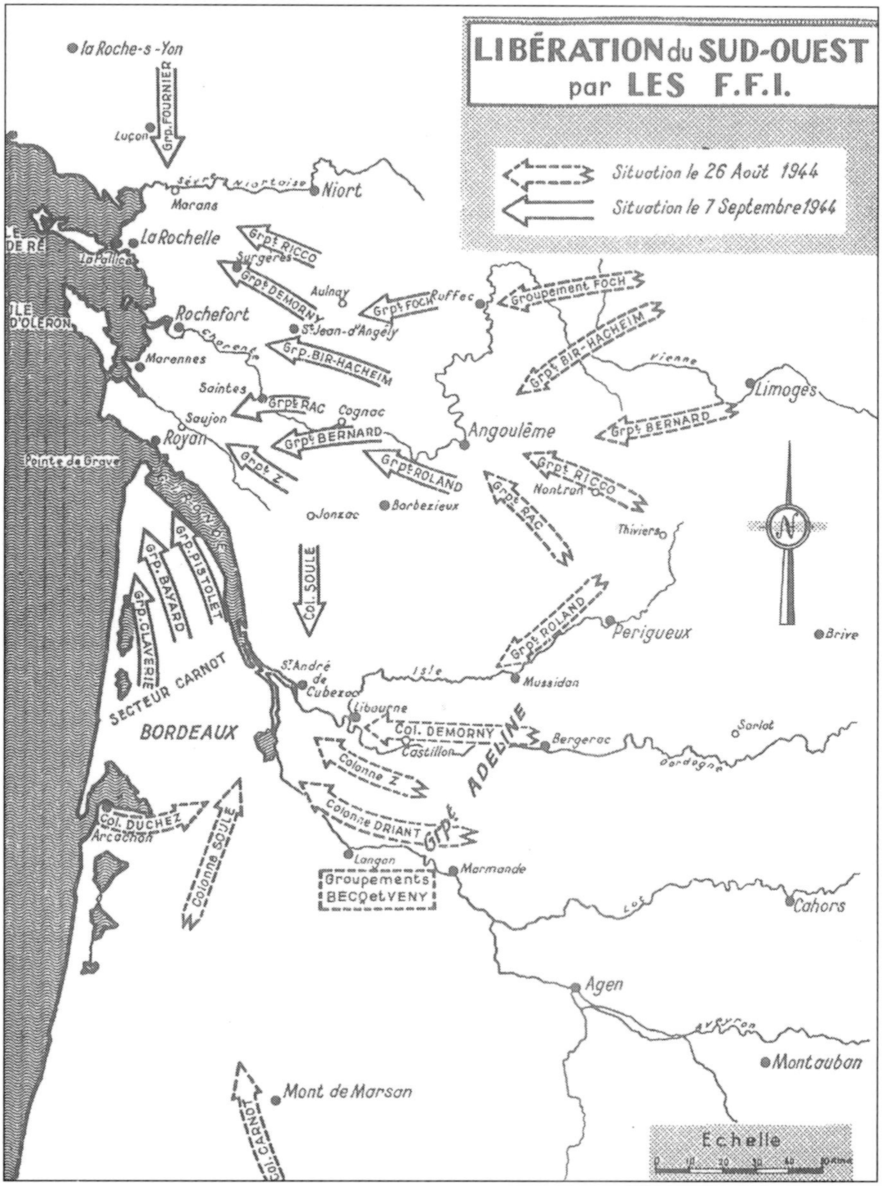

Chapitre 22

La libération du Sud-Ouest par les maquis

Dans ce chapitre :

- Des régions entières libérées par les maquis
- La retraite difficile de l'occupant
- La libération des grandes villes du Sud-Ouest

Des régions entières du sud-ouest de la France se libèrent seules, sans l'aide directe des Alliés. Des garnisons allemandes, encerclées par les maquisards, capitulent ou tentent de se replier en direction des Vosges. Les embuscades et les sabotages se multiplient. Des chefs de la Résistance se distinguent particulièrement dans cette lutte exigeant un réel sens tactique de la guérilla.

La libération de l'Aquitaine

La Résistance en Gironde, durement éprouvée par de multiples affaires, semble plus que jamais divisée à la veille du débarquement en Normandie. Massacres, arrestations massives, exécutions se succèdent. Dès le 8 juin 1944, le maquis de Lorette (80 hommes), cantonné à Saint-Michel-de-Lapujade, est attaqué par un fort détachement de soldats allemands et de miliciens. Le maquis résiste toute la journée et parvient à rompre l'encerclement.

La Gironde sanglante

À partir du 6 juin, le chef FFI André Jolit et ses équipes du Blayais accomplissent plus de 100 coupures du réseau téléphonique allemand en Nord-Gironde et en Charente-Maritime. Le câble souterrain reliant la base sous-marine de Bordeaux à celle de La Rochelle est coupé en une nuit dans la région de Saint-Savin-de-Blaye. Des arbres sont abattus sur les routes nationales et des voies ferrées sautent entre Saint-André-de-Cubzac et Saintes. Les groupes dirigés par Roger Landes (officier du SOE) et Lucien Nouaux, qui tombera sous les balles de la Gestapo, font de même dans tout le reste du département.

Le 14 juillet 1944, le maquis de Saucats, encerclé par des miliciens et des nazis, succombe après une résistance héroïque. Dans le Médoc, le maquis Jean Dufour, limité à une centaine d'hommes, est en partie anéanti par une formation allemande de 800 soldats le 25 juillet 1944. Jean Dufour est tué lors de l'affrontement, ainsi que d'autres maquisards. Les Allemands exercent de sévères représailles contre la population des environs.

Le 19 août, André Jolit et une de ses équipes tendent une embuscade, à Cau-Berson, à une colonne allemande venant de Blaye, qui abandonne 42 tués et huit blessés sur le terrain. Les maquisards ne comptent que quatre blessés, dont l'intrépide André Jolit, touché au bras par une balle explosive.

Le 21 août, informé du repli des forces ennemies occupant Tonneins et Marmande sur La Réole, le commandant FFI Minvielle décide avec son bataillon de les arrêter. Près de 200 soldats allemands sont capturés.

La libération de Bordeaux

Avant de quitter Bordeaux, les Allemands prévoient de détruire le port, les chantiers maritimes, le pont de Pierre, la passerelle du chemin de fer, les docks et la grande grue. On parle de l'exécution possible de 3 000 Bordelais. Un soldat allemand de la Kriegsmarine joue alors un rôle imprévu : le sous-lieutenant artificier Heinz Stahlschmidt se trouve à Bordeaux depuis le mois d'août 1941. Chargé de mener à bien cette terrible mission, il n'écoute que sa conscience. Après avoir essayé, vainement, de prendre contact avec la Résistance locale, méfiante plus que jamais suite à de multiples trahisons, Stahlschmidt fait sauter seul, le 22 août, le blockhaus de la rue Raze, sur les quais, où se trouvent entreposés les explosifs devant détruire le port et ses environs. Il parvient à se réfugier chez la famille Dupuy au Bouscat, puis chez les Moga à Bordeaux.

Cette affaire a des retombées considérables. Les Allemands, persuadés que la Résistance en est à l'origine, décident de traiter avec elle. L'évacuation des troupes allemandes stationnées dans l'agglomération bordelaise s'effectuera sans être entravée par les maquisards ; à cette unique condition, des représailles massives ne seront pas exercées sur la population et la cité. D'autres explosifs, n'ayant pas été entreposés sur les quais, peuvent être utilisés comme moyen de pression sur la Résistance et la mairie de Bordeaux.

Le 26 août 1944, l'entretien courageux du commandant FFI Rougès avec le capitaine de corvette Kühnemann ne fait que persuader l'occupant de la puissance de la Résistance bordelaise. Rougès annonce que des forces alliées considérables encerclent la ville. En réalité, moins de 3 000 FFI, modestement armés, font face à 9 000 Allemands bien équipés. On compte encore dans le département et ses environs 30 000 soldats allemands. Il est vrai que de nombreux maquis du Sud-Ouest font route vers la ville. Après l'entrevue et la signature d'un accord dans les locaux d'un ancien cercle, cours du Trente-Juillet, le commandant FFI Rougès, muni d'un laissez-passer, regagne son maquis, sur la rive droite de la Garonne. Ce sera le seul contact direct entre un membre de la Résistance et les Allemands, qui devront avoir quitté la ville le 27 août à minuit.

L'évacuation est plus longue que prévu. Le 28 août, à 4 h 30, les dernières troupes allemandes quittent Bordeaux par la route de Carbon-Blanc. À 6 h 30, les colonels FFI Adeline et Druilhe, escortés par des maquisards, entrent dans la cité et se dirigent vers le quartier général de la région militaire, rue Vital-Carles. Ils occupent ensuite l'hôtel de ville. Les colonnes FFI défilent devant une foule immense. Des kermesses et de joyeuses manifestations s'organisent un peu partout.

En début d'après-midi parvient la nouvelle de la présence à la pointe de Grave, dans le Médoc, de plusieurs milliers de soldats allemands qui se sont retranchés dans une véritable forteresse. Ils constituent pour Bordeaux une menace qu'il importe de ne pas sous-estimer. Divers groupes FFI, placés sous les ordres du colonel de Milleret, bloquent l'extrémité du Médoc, afin d'éviter un éventuel retour des Allemands. Cette poche allemande – défendue par 4 000 soldats, 110 blockhaus et 111 pièces d'artillerie – va défier le reste du département libéré durant de longs mois. Elle ne tombera qu'après de très violents combats, en avril 1945, alors que les Alliés seront aux portes de Berlin.

La Résistance en Gironde a subi de lourdes pertes, avec 1 300 déportés, plus de 2 000 arrestations, 806 fusillés, 154 maquisards tués lors de la libération du département et 400 autres (venus de tout le Sud-Ouest) tombés durant les combats de la poche du Médoc, sans oublier 1 600 Juifs déportés. On totalise 3 755 tombes allemandes en Gironde.

La lutte armée dans les Landes et les Basses-Pyrénées

Dans le département des Landes, les maquis de Léonce Dussarat sont passés à l'action dès le 7 juin : sabotages routiers et ferroviaires se multiplient, obligeant les garnisons allemandes à quitter les localités avec une extrême prudence. Le 11, 500 soldats allemands attaquent le poste de commandement de Dussarat, dans la forêt de Téthieu, où stationnent une centaine d'hommes. Là sont stockées 10 tonnes d'armes provenant de cinq parachutages. Après avoir vigoureusement résisté, les maquisards tentent de se soustraire à l'encerclement. C'est alors que Dussarat fait sauter le dépôt pour qu'il ne tombe pas aux mains de l'ennemi. « L'explosion, raconte Dussarat, a été terrifiante. Elle a été entendue à 40 km de là, jusqu'à Orthez. L'ennemi surpris s'arrête de combattre de longues minutes, ce qui permet à la plupart de mes hommes de se sauver. Trois des nôtres sont tués en combattant. Quatre autres faits prisonniers sont fusillés le lendemain, après avoir refusé de divulguer le nom de leur chef. Les Allemands ont eu 42 morts et de nombreux blessés dus en grande partie à l'explosion » (Archives du Centre national Jean-Moulin, Bordeaux).

Le 27 juillet, les preux de Dussarat accomplissent un nouvel exploit, décrit par Winston Churchill comme l'« un des plus spectaculaires sabotages ferroviaires de toute la guerre » : les résistants du groupe Pontonx, commandé par Robert Labeyrie, voient se former en gare de Laluque un train composé de 73 wagons de munitions. Dussarat donne l'ordre de le faire sauter en gare. En plein jour, Henri Ferrand, sous la protection d'un groupe armé, se déguise en cheminot et fait semblant de vérifier les essieux des wagons. En vérité, il en profite pour placer des pains de plastic. Quelques minutes plus tard, les habitants de Dax et de Mont-de-Marsan (villes situées à 40 km de Laluque) entendent durant deux jours des explosions en série si violentes que certains croient à un débarquement sur la côte landaise ! La voie ferrée est endommagée sur 1 km ; pendant quinze jours, tout trafic ferroviaire est interrompu.

La brigade Carnot du colonel Jean de Milleret participe à la libération d'Aire-sur-l'Adour le 13 août 1944 et de Mont-de-Marsan le 21, avec des unités de Léonce Dussarat. Une importante colonne allemande d'un millier de soldats, menaçant Mont-de-Marsan, est stoppée près du pont de Bats durant sept heures, avec les sections FFI Latour, Despons, aux ordres de Jean Gervais, et des éléments de la brigade Carnot (Claverie et L'Huillier). Malgré une puissance de feu très supérieure, les Allemands ne peuvent progresser et perdent cinq véhicules. Un énorme camion, qui transporte des munitions, saute, atteint par un obus de mortier. Désemparés, les Allemands se replient en emportant leurs morts et leurs blessés. Mont-de-Marsan est ainsi sauvé des représailles.

Le prix que les Landais ont payé à l'Occupation est lourd : 739 déportés, une centaine de fusillés, 138 internés, une centaine de maquisards tués lors de la Libération. Les archives allemandes signalent la présence de 572 tombes allemandes dans le département.

Dans les Basses-Pyrénées, les nombreuses unités de la Résistance passent à l'action dès l'annonce du débarquement en Normandie. Plus de 200 sabotages sont accomplis dans le département de juin à août 1944. Les embuscades frappent durement les troupes allemandes. Le 23 juin, la brigade Carnot du colonel de Milleret (réduite à 500 hommes) est encerclée dans la région de Portet, au nord de Pau, par un millier de soldats allemands. Après une résistance désespérée, une partie de la brigade FFI parvient à rompre l'étau et peut se regrouper avec son chef à Viella. Beaucoup d'hommes, dont la plupart appartiennent à la compagnie Malvaux, sont faits prisonniers ; 43 d'entre eux seront fusillés au champ de tir de Pont-Long le 6 juillet 1944. Le combat de Portet est une tragédie pour la brigade Carnot, qui accuse 62 tués et une dizaine de blessés. Les pertes allemandes s'élèvent à dix tués et à une trentaine de blessés.

Le 13 juillet, le groupe Sarrazin, rattaché au corps franc Pommiès (CFP), s'oppose à un millier de soldats ennemis dans la région de Monassut, près de Pau. L'affrontement, très meurtrier, coûte la vie à 11 résistants et à 52 Allemands et miliciens. Dans le Pays basque, la compagnie Lavalou, du CFP, encercle la garnison allemande de Mauléon le 10 août. Après quelques accrochages, les Allemands (au nombre d'une cinquantaine) capitulent le lendemain.

Les Allemands en garnison à Pau gagnent Orthez le 20 août. D'autres éléments, dépassant rarement l'effectif d'une section, évitent les grands axes et font retraite vers le nord par les routes secondaires. La compagnie FFI du capitaine Peillon obtient la capitulation d'une colonne ennemie près d'Arthez-de-Béarn le 22 août 1944. Le même jour, la garnison allemande d'Oloron-Sainte-Marie (150 hommes) tente de franchir la frontière espagnole par le col du Somport. Elle se heurte à divers groupes de maquisards, dont ceux du commandant de Carrère. Après une journée de combat, les Allemands se rendent au pont de Sebers. D'autres unités allemandes, qui essaient de se réfugier en Espagne, sont capturées par les FFI après des combats brefs ou violents. C'est le cas à Borce, où 104 soldats allemands, encerclés par les maquisards de l'AS (Armée secrète) et de l'ORA (Organisation de résistance de l'armée), capitulent le 24 août. La libération de Bayonne, de Biarritz et d'Hendaye, le 21 août, permet au bataillon FFI Passicot de capturer 168 soldats ennemis.

La guerre se termine dans le département des Basses-Pyrénées, qui compte de lourdes pertes avec 1 446 déportés, dont 1 167 résistants, 247 internés, 197 fusillés ou morts au combat. Le camp de Gurs, avec ses milliers d'internés (Juifs, Espagnols, Français), totalise 1 197 morts.

Les maquis du Périgord

Dès le 7 juin 1944, les nombreux maquis du Périgord déclenchent l'insurrection dans toute la région. Sabotages et embuscades se multiplient. Le 11, un groupe de FTP de 150 hommes attaque Mussidan. Après une intense fusillade, les résistants, qui comptent une quinzaine de tués et autant de blessés, se retirent. Du côté allemand, 13 soldats ont été tués, une vingtaine de blessés et une dizaine d'autres capturés. Les FTP partis, les Allemands de la garnison de Périgueux et les supplétifs nord-africains de la *Hilfspolizei* procèdent à l'arrestation de 350 habitants de Mussidan. La ville est rapidement livrée au pillage : les Nord-Africains pénètrent dans les maisons particulières et les magasins pour tout saccager. Vers 21 heures, 52 civils sont passés par les armes à quelques mètres de la mairie.

Le 11 juin, d'importantes troupes allemandes tentent d'anéantir les groupes FFI (AS, FTP, ORA) qui occupent Mouleydier et ses environs. Devant la résistance acharnée du groupe Soleil et du corps franc Bir Hakeim, les Allemands doivent battre en retraite. Une nouvelle attaque allemande est lancée le 17 juin. Le groupe AS-Carnot faisant bonne garde, les assaillants doivent décrocher de nouveau avec des pertes sensibles. Le soir même, des renforts FFI arrivent, comme les groupes Cerisier et Bayard, qui prennent position à Saint-Germain, sur la rive gauche de la Dordogne. Le lendemain, la formation allemande Kopp tente de forcer le passage de Mouleydier. La bataille fait rage, mais le groupe DD-Bourniquel, venant en renfort, permet aux résistants de maintenir la position. Pour la troisième fois, les Allemands ont été tenus en échec devant Mouleydier.

Le groupe de reconnaissance de la 11e Panzerdivision est alors envoyé en supplément. Cette unité d'élite dispose de nombreux blindés et d'une excellente artillerie. Son chef, le commandant Bode, âgé de 40 ans, est un vétéran du front russe. Devant le renforcement du dispositif allemand, les groupes FFI (AS, FTP, ORA) Soleil, Alexis, Cerisier, Marsouin, Loiseau, Bertrand, Leduc, Pistolet, Max… forment un vaste système défensif autour de Mouleydier. Mais que peuvent ces hommes sans armes antichars efficaces face à une importante formation blindée ? Le 21 juin, les FFI des postes avancés aperçoivent des blindés se répandant dans la plaine. Le choc de l'acier contre la chair tourne court ; les résistants doivent se replier en catastrophe. Près de 200 maisons de Mouleydier sont incendiées ou détruites en quelques heures par l'artillerie, les lance-flammes et les blindés.

Le mois de juillet 1944 est également marqué par de nombreux combats dans tout le département de la Dordogne. Les troupes du maquis (près de 24 000 hommes) continuent de harceler l'occupant et lui causent des pertes sévères. Le 6 juillet, le 4e bataillon FTP attaque un détachement ennemi à Saint-Georges- ; 15 Allemands restent sur le terrain. Le 8, le groupe FTP Stalingrad tend une embuscade à une colonne de la Wehrmacht à Payzac ;

trois Allemands et un maquisard sont abattus. Le lendemain, 40 FFI du groupe AS-Carnot affrontent à Roudier une colonne allemande qui perd sept hommes. Le même jour, 80 maquisards du groupe AS-Leduc mettent hors de combat 38 soldats allemands dans la région de Beaumont. À Jaure, le 15 juillet, le poste de commandement du 4e bataillon FTP est attaqué par l'occupant, qui est finalement repoussé en laissant huit morts sur le terrain. À la fin du mois, dans le sud du département, le groupe AS-Lecamp livre plusieurs combats, tuant ou blessant 47 Allemands pour la perte de deux maquisards.

Figure 22-1 : Mouleydier après l'attaque allemande.

Le combat de Javerlhac

Depuis le 6 juin, la Section spéciale de sabotage (SSS) de Jacques Nancy rayonne sur plusieurs départements de la région, intensifiant les opérations en tout genre : du 6 au 24 juin, la SSS compte à son actif une centaine de sabotages couronnés de succès, opérations qui retardent considérablement la montée vers le front de Normandie de nombreuses unités allemandes. Le *combat de Javerlhac* du 24 juillet 1944, le plus meurtrier qu'ait soutenu l'armée allemande en Périgord, est à la gloire des FFI de la SSS, qui, peu nombreux (environ 80 saboteurs), repoussent avec héroïsme 800 soldats allemands disposant d'armes automatiques en abondance, de canons de 20 mm, d'une automitrailleuse et d'un avion de reconnaissance.

Jacques Nancy applique une tactique de replis successifs qui va se révéler payante. L'ennemi s'enfonce dans une cuvette où les Français tiennent les hauteurs. Le combat fait rage presque toute la journée. À 17 heures, après des accrochages sur les deux versants et au centre, la situation est renversée : les saboteurs reprennent progressivement le terrain perdu, la trace de l'ennemi en retraite se signale par des pansements, des tas de douilles, des casques et des munitions ou des armes abandonnées. À 18 heures, les preux de Jacques Nancy arrivent au pont du Bandiat, où a eu lieu le premier accrochage… Enfin, le premier barrage est atteint. Là, deux camions allemands complètement détruits n'ont pu être remorqués.

À la fin de ce combat, aucune perte n'est enregistrée du côté de la SSS : pas un seul tué, ni même un blessé ! Du côté des Allemands, on compte 56 tués et 150 blessés – chiffres incroyables qui sont confirmés par les archives allemandes. La puissance de feu de la SSS, forte notamment d'une quinzaine de fusils-mitrailleurs Bren, l'entraînement poussé des hommes et la région encaissée ont joué un rôle déterminant lors du combat de Javerlhac. Dès ce moment, une légende d'invincibilité s'attache à la Section spéciale de sabotage, réputée accomplir de véritables exploits au prix de pertes insignifiantes.

La libération du Périgord et du Lot-et-Garonne

Le débarquement franco-américain en Provence oblige les troupes allemandes à abandonner le Sud-Ouest pour se replier vers Dijon. Les groupes FFI de Dordogne-Sud libèrent Périgueux le 19 août 1944. Sur la N89, de longues colonnes allemandes sont obligées de prendre la direction de Bordeaux, car les routes du Nord et de l'Est sont contrôlées par les maquisards.

La compagnie Guitton, le bataillon Bugeaud, le groupe franc Roland, les groupes Labadie et Gossot encerclent à Saint-Astier une centaine de soldats allemands le 19 août. Ces derniers capitulent le lendemain, les maquisards leur rendant les honneurs militaires. Le jour même, l'occupant doit évacuer Bergerac en catastrophe. Le département de la Dordogne est totalement libéré le 25 août 1944.

La joie de la victoire ne peut faire oublier un bilan hélas très lourd en pertes humaines : la Résistance en Dordogne accuse près de 700 morts, ainsi que des centaines de déportés. Certaines communes ont été durement touchées par la répression féroce de l'occupant : Mussidan, Mouleydier, Saint-Astier… On parle d'un millier d'immeubles détruits et de plus de 3 000 détruits partiellement ; 1 200 soldats allemands ont été tués ou portés disparus, et près de 500 autres capturés par la Résistance locale.

Dès le 1er juin, les unités FFI du Lot-et-Garonne sont mises en état d'alerte. L'état-major départemental créé au mois de mai permet de coordonner et d'orienter les efforts vers un même but, selon une tactique généralisée. Le colonel Beck, les commandants Archidice, Kipfen, Max et Montagnier ont près de 5 000 hommes (AS, Vény, ORA et FTP) sous leurs ordres le « jour J ». Le camouflage des armes et du matériel entrepris dès juillet 1940 par le commandant Jacques de Bentzmann et ses équipes va permettre d'armer de nombreux maquis, en plus des parachutages effectués par la suite.

BATAILLE

Sabotages, embuscades, affrontements directs se succèdent. Le 13 juin, une véritable bataille se déroule à Astaffort entre des unités FFI, dont le bataillon Ribourt, et des troupes ennemies composées de miliciens et d'Allemands. Les maquisards parviennent à se replier. Le 25 juin, la compagnie Adam du bataillon Mickey est attaquée à Lerm par trois colonnes allemandes comptant près de 2 000 hommes et des blindés venus de Grignols, Captieux et Bazas. Après un très dur combat, deux compagnies du bataillon Mickey arrivent en renfort. La quasi-totalité de l'unité FFI peut se replier près de la commune de Sillas. Le 15 juillet, 5 000 soldats du Reich tentent d'anéantir le bataillon Néracais, dans la région de Sos. Les Allemands sont repoussés avec de lourdes pertes. Le 15 août, à Cornier, un terrible combat oppose les résistants du bataillon FFI Jasmin et ceux du Groupe franc 13 à 800 soldats allemands, qui doivent rompre la lutte en laissant sur le terrain une vingtaine de tués et emporter une quarantaine de blessés. Les maquisards déplorent trois tués et une vingtaine de blessés. Le 20 août, les 12 000 FFI du Lot-et-Garonne ont définitivement libéré leur département. Ils ont perdu 250 hommes mais ont fait 400 prisonniers ennemis.

La lutte héroïque des maquis charentais

Le maquis de Bir Hakeim (AS) du colonel Chabanne compte en Charente près de 300 FFI le 6 juin 1944. Il y en aura plus de 600 en juillet et près de 3 000 le mois suivant. Cette unité va se déchaîner durant l'été, multipliant autant qu'il est possible les actions en tout genre. Le « jour J », six sabotages ferroviaires sont accomplis avec succès dans la région d'Angoulême, trois ponts sautent, des installations allemandes sont endommagées. Le 10 juin, entre Angoulême et Roumazières, le maquis accomplit 28 sabotages et détruit huit ponts. Le trafic allemand entre Angoulême et Limoges est interrompu, la route nationale est tenue par le maquis. Un train d'essence, accompagné de 200 soldats, ne peut quitter Angoulême en direction de la Haute-Vienne.

Une guérilla généralisée

Le 26 juin, la Kommandantur de La Rochefoucauld est prise d'assaut. Deux jours plus tard, un accrochage oppose dix résistants à 70 miliciens et nazis à Couture ; un maquisard et dix ennemis sont tués. Le 30, un important convoi allemand est attaqué par le maquis à Xambes. Les pertes allemandes s'élèvent à 40 hommes et trois camions détruits. Les FFI perdent 12 hommes.

Durant tout le mois de juillet, l'occupant tente d'anéantir le maquis Bir Hakeim. Il se heurte à chaque fois à une résistance acharnée. Le 10 août, la 3e compagnie du maquis remporte un important succès en forêt de Saint-Amant-de-Boixe sur l'axe Bordeaux-Paris, où cinq camions allemands sont détruits au bazooka ; 42 soldats allemands, dont un colonel, tombent sous les balles. Les résistants ne comptent qu'un mort et un blessé. Le 15, la 1re compagnie du maquis tend une embuscade à 15 km au nord de Mansle. Trois camions ennemis sont pulvérisés au bazooka, et 15 Allemands abattus. Deux jours plus tard, au même endroit, la 5e compagnie attaque un convoi de six véhicules qui laisse deux camions et une vingtaine de cadavres sur le terrain, pour la perte limitée de quatre FFI blessés. Dans la région de Ruffec, le 24, l'occupant encercle la 2e compagnie du maquis, qui parvient à se replier. On compte 20 tués chez les assaillants et neuf du côté français.

La libération d'Angoulême

Les diverses compagnies du maquis Bir Hakeim se trouvant à quelques kilomètres de l'axe Bordeaux-Paris multiplient leurs attaques contre les colonnes allemandes. Après la prise du camp de La Braconne, l'encerclement et l'investissement de la place d'Angoulême sont décidés par le colonel Chabanne, en accord avec le maquis FTP Bernard et les groupes qui arrivent de Dordogne, dont la Section spéciale de sabotage de Jacques Nancy.
Le 30 août, les maquisards mitraillent les 5 000 soldats allemands quittant Angoulême par sections successives. Des prisonniers sont faits, de nombreux camions sont détruits. La ville d'Angoulême est libérée dans la nuit du 31 août au 1er septembre 1944. Les 7 000 résistants charentais ont définitivement libéré leur département avec l'aide des maquis venus de Dordogne et de Charente-Maritime. La Charente compte 175 résistants et 654 soldats allemands tués, un bilan largement favorable à la Résistance.

La destruction du dépôt allemand de Jonzac

La libération de la Charente-Maritime est marquée par l'un des plus formidables succès de la Résistance française, avec la destruction du dépôt allemand de Jonzac, où se trouve entreposé l'équivalent de 120 wagons de munitions dans d'anciennes carrières. L'ensemble est protégé par une voûte rocheuse de 20 m rendant impossible un bombardement aérien. L'attaque d'un commando est également inopérante du fait de l'importance du dispositif de protection. Il ne reste que la solution du sabotage par la Résistance locale.

Celui qui se porte volontaire pour cette mission suicide se nomme Pierre Ruibet ; il est membre de l'Organisation civile et militaire (OCM). Aux côtés des résistants Marchadier, Crauste et Gatineau, le jeune Ruibet prépare activement l'opération. Le 30 juin 1944, les explosions se succèdent sans interruption dans l'immense carrière ; on retrouve, quelques jours plus tard, le corps du sous-lieutenant Ruibet et ceux de 17 soldats allemands. Le commandement allemand doit reconnaître que la perte de cet immense dépôt de munitions a des conséquences considérables sur le déroulement des opérations militaires en Normandie.

La libération de la Charente-Maritime

Le groupe AS-OCM Bernard se distingue particulièrement lors de la libération de la Charente-Maritime. Du 13 juin au 29 août 1944, il exécute une dizaine d'opérations contre l'occupant. Le 1er septembre, avec la participation du détachement FFI Soulet des Hautes-Pyrénées, le groupe Bernard, fort d'une centaine d'hommes, obtient la reddition de la garnison allemande de Jonzac, représentant 235 soldats (dont cinq officiers) et un important stock de munitions. Le 3, un retour offensif des Allemands venus de Royan est stoppé à l'entrée de Jonzac.

À Tonnay, les groupes FFI commandés par Carruel et Bouton capturent, le 24 août, 12 soldats allemands et s'emparent de 8 000 litres d'essence. En août 1944, le groupe La Bruyère attaque et libère définitivement Montendre le 26. Une cinquantaine d'ennemis sont tués ou blessés, une centaine faits prisonniers, pour la perte minime de deux maquisards.

Le maquis Jean Bernard, alignant une centaine d'hommes, doit faire face à l'assaut de 300 hommes de la Waffen-SS à Château-Gaillard, le 14 août 1944. Le maquis décroche, inflige de lourdes pertes à l'ennemi (42 tués ou blessés), mais perd une vingtaine d'hommes. Il se reforme en cinq jours à

Burie et participe, le 4 septembre, à la libération de Saint-Jean-d'Angély aux côtés d'une formation du maquis Bir Hakeim et des FTP locaux.

En juin 1944, le commandant Jacques Plessis, qui a réorganisé les unités FTP de la Charente-Maritime, dispose de plus de 2 000 hommes, regroupés en 5 compagnies et 12 détachements. On compte à l'actif des FTP du département 74 opérations (sabotages, embuscades...) du 9 juin au 25 août 1944. Le 9 août, 38 soldats allemands sont tués lors d'une embuscade tendue par les FTP à Loulay. Le 13, à Saint-Denis-du-Pin, les FTP mettent hors de combat 49 soldats ennemis pour la perte de deux hommes.

Le 4 septembre 1944, la Charente-Maritime compte plus de 7 000 FFI, qui vont intégrer la division Gironde et la brigade Marchand en position sur le front de Royan-Oléron, où sont retranchés plusieurs milliers de soldats ennemis. La Charente-Maritime ne sera entièrement libérée qu'au mois d'avril 1945.

Guérilla en Midi-Pyrénées et en Languedoc-Roussillon

Dans le département du Gers, conformément à la mission qu'ils ont reçue, les maquis, chacun dans sa zone d'activité, exécutent des sabotages sur les voies ferrées et sur les lignes téléphoniques. Ces derniers sont le fait d'équipes ayant reçu une brève instruction sur les explosifs – la formation s'est surtout faite sur le tas – ou, comme le bataillon Soules, de groupes espagnols très heureux de reprendre le combat. L'explosif utilisé est le plastic, une substance nouvelle fournie en abondance par les parachutages.

Le Gers et ses maquis

BATAILLE

Les opérations de destruction débutent dans la nuit du 7 au 8 juin. La voie ferrée Auch-Toulouse est coupée par sectionnement des rails à Aubiet, à Marsan, puis à L'Isle-Jourdain, Monferran-Savès et Gimont. Celle d'Agen l'est à Fleurance et à Castéra-Lectourois. Vers Tarbes, ce sont les ponts métalliques à L'Isle-de-Noé, Mirande et Miélan qui sont endommagés. À l'extrême sud-ouest du département, la ligne Tarbes-Morcenx est prise pour cible, ainsi que celle de Riscle-Sainte-Marie.

Le 21 juin, 500 soldats allemands de la 189e division d'infanterie attaquent le maquis de Castelnau. Celui-ci oppose une vive résistance toute la matinée. Puis, protégé par un renfort de 200 hommes qu'a envoyés le capitaine Parisot, le maquis est accueilli par le bataillon d'Armagnac au camp de Maupas. D'après Guy Labédan, le combat de Castelnau a coûté la vie à 11 résistants. Du côté adverse, on note une vingtaine de soldats hors de combat.

Le 3 juillet 1944, le bataillon d'Armagnac livre un furieux combat à Estang ; trois maquisards et 11 Allemands sont tués. Le 6, le détachement FTP Gaston tend une embuscade à Castéra-Verduzan à un convoi allemand venant de Condom. Les FTP se sont postés sur le pont de la voie ferrée qui enjambe la N130. Lors de la fusillade, le commandant allemand de la place d'Auch, qui se trouvait en tête de colonne, est sérieusement blessé. Les maquisards peuvent quitter leur position sans pertes.

Le mois de juillet 1944 est marqué par la *tragédie de Meilhan*. Le maquis du docteur Raynaud (une centaine d'hommes) s'est établi près du village de Meilhan depuis le mois de juin. Un jour avant le drame, un homme du groupe est fait prisonnier à l'entrée de Lannemezan par une patrouille allemande. Sous la torture, il donne l'emplacement du maquis – mais ses révélations n'ont guère d'importance, car l'anéantissement du maquis était inscrit dans le plan d'opérations du 116e bataillon de grenadiers depuis plusieurs jours, et un avion allemand avait déjà localisé l'unité FFI. Le 7 juillet, trois compagnies d'infanterie et une compagnie équipée de mortiers et de mitrailleuses lourdes – 800 hommes au total et une quinzaine de véhicules – attaquent le maquis. Les pertes sont lourdes pour la Résistance : 71 tués au combat ou fusillés par la suite. De plus, quatre otages sont passés par les armes. Les pertes allemandes restent inconnues.

Le 26 juillet, un groupe FFI du corps franc Pommiès attaque un convoi allemand sur la N124 à Leboulin. Le chef FFI Wolinsky a disposé ses hommes sur une colline boisée dominant la route. L'affrontement est terrible : les grenades détruisent les deux camions de tête. Du troisième, les Allemands sautent à terre et ripostent. Les maquisards se replient en hâte mais, sous le feu nourri de l'ennemi, perdent trois des leurs. Les Allemands ont trois tués et six blessés, dont deux grièvement.

La victoire de L'Isle-Jourdain

Le 19 août 1944, vers 15 h 30, la garnison allemande d'Auch, forte de 355 hommes bien armés, prend la direction de Toulouse. Elle se heurte rapidement à une série d'obstacles mis en place par diverses unités FFI, dont des éléments du corps franc Pommiès (CFP). À la tombée de la nuit, l'occupant est bloqué à l'entrée de L'Isle-Jourdain par le bataillon d'Armagnac du capitaine Parisot. Le lendemain, les deux adversaires se livrent une terrible bataille qui va durer dix heures. Les Allemands tentent par tous les moyens de forcer les défenses du bataillon d'Armagnac, qui oppose une résistance ferme et héroïque. Le CFP vient renforcer le dispositif en fin de journée.

L'occupant se trouve à ce moment au fond d'une cuvette que dominent les forces de la Résistance. Plusieurs détachements allemands tentent de rompre l'encerclement ; ils sont cloués au sol. À 19 h 30, les unités FFI prennent l'initiative. L'effort principal porte sur le réduit du château de La Côme et son parc. Sous la pression des différentes sections françaises, le feu ennemi faiblit et devient incertain. Les Allemands doivent finalement capituler. La bataille de L'Isle-Jourdain, véritable revanche sur Meilhan, est une incontestable victoire de la Résistance gersoise sur l'occupant. Le CFP et le bataillon d'Armagnac ne comptent que 38 hommes hors de combat, contre 245 pour l'occupant, dont 192 prisonniers (avec 2 colonels). Un important matériel est récupéré par les maquisards.

Les maquis du Lot et des Hautes-Pyrénées

Les FFI du Lot (FTP, Vény, MOI, AS et CFP) exécutent une centaine de sabotages durant tout l'été 1944. La guérilla se révèle payante, avec la mise hors de combat de 600 soldats allemands ou miliciens. Le colonel Noireau (« Georges »), le commandant Picard, le colonel Collignon, le colonel Delmas, le capitaine de Gaudusson, les commandants Cramaussel, Vignaudon, Wurstein, les capitaines Pasquet, Sol, Nouel, Brouel et bien d'autres se révèlent d'excellents officiers. On compte près de 300 résistants tués lors des combats.

Le 19 août, une colonne allemande de 400 hommes tente de pénétrer dans Montauban, aux mains des FFI. Le corps franc Dumas, la 6e compagnie de l'AS et le groupe FTP Tom tiennent en échec l'adversaire durant plusieurs heures, mais, vers 18 heures, la situation devient désespérée pour les Français, mal armés. Débordés, les maquisards vont être encerclés et anéantis s'ils ne se hâtent pas d'abandonner leurs positions. Montauban est promis aux représailles. Les renforts du CFP, arrivant à ce moment, vont sauver la ville. Près de 200 Allemands se rendent, pour la perte légère de 6 tués et 9 blessés chez les FFI.

Dans le département des Hautes-Pyrénées, les combats font également rage. Le relief montagneux favorise les embuscades en tout genre. C'est dans un des plus jolis coins des Pyrénées, au cirque de Payolle, que 1 300 soldats allemands attaquent, le 17 juillet, 80 maquisards placés sous le commandement du capitaine Bernard. Dès l'aube, les guetteurs du groupe Bernard voient arriver l'ennemi de toutes parts. La poignée de braves résiste jusqu'à l'épuisement total des munitions. Malgré son écrasante supériorité numérique, l'occupant perd 57 soldats dans cette opération, tandis que 11 maquisards sacrifient leur vie.

Le 19 août, la garnison allemande de Tarbes quitte son casernement et prend la direction de Toulouse. L'ensemble représente 400 hommes armés provenant de la Wehrmacht, de la Luftwaffe, de la Feldgendarmerie et de la Gestapo. Les unités FFI des Hautes-Pyrénées entrent aussitôt en action. La région vallonnée de Tarbes leur permet de s'étaler en profondeur. Les chefs FFI estiment que l'occupant utilisera par priorité la N117, car c'est la route la plus large et la moins tortueuse. Durant deux jours, des éléments du CFP, de l'AS et des FTP, plus un maquis composé d'Espagnols, engagent une vingtaine d'embuscades qui démoralisent l'adversaire, lui infligent des pertes importantes, bloquent sa progression et l'obligent finalement à capituler. Le général Mayr et son adjoint le colonel Kunts ordonnent à leurs troupes de déposer les armes ; 340 soldats allemands se rendent à la Résistance.

La libération de la Haute-Garonne et de l'Ariège

En Haute-Garonne, le maquis de Saint-Lys est formé le 8 juin 1944 à une trentaine de kilomètres de Toulouse. Il attend avec impatience un parachutage, car son armement est insuffisant. L'occupant ne va pas lui laisser le temps de s'équiper : le 12, un détachement de la division SS Das Reich (automitrailleuses et armes lourdes) donne l'assaut au maquis. La majorité des FFI n'étant pas armée, le combat tourne court : huit maquisards sont tués, ainsi que 12 civils en représailles. Des habitations sont détruites, le maquis est partiellement anéanti.

Au sud du département, le capitaine Alibert commande le maquis AS d'Aspet, cantonné à Campbelles. Le 19 juillet 1944, un bataillon motorisé allemand, équipé de canons et de mortiers, attaque le maquis. Les FFI opposent une résistance héroïque et peuvent se replier sur de nouvelles positions. Le 11 août, le même maquis repousse une autre attaque de l'occupant à Labaderque.

Durant l'été 1944, la répression allemande est féroce en Haute-Garonne : 70 détenus de la prison Saint-Michel de Toulouse tombent sous les balles de l'occupant. Au mois d'août, une colonne allemande, qui se replie, massacre sans raison 19 villageois de Villaudric, dont un enfant de 10 ans.

Un commando FFI, dirigé par le lieutenant Pierre Camus, passe à l'action, le 29 juillet, contre le terrain militaire de Blagnac, où sont entreposés 15 wagons chargés de munitions. Malgré la présence de huit postes de surveillance allemands, le commando s'infiltre et pose des explosifs qui détruisent les wagons.

N'OUBLIEZ PAS

C'est le débarquement allié en Provence, le 15 août 1944, qui précipite les événements. Craignant d'être pris en tenaille en restant plus longtemps dans le Sud-Ouest, les Allemands accélèrent leur retraite. Le département est libéré le 20 août. De pourchassés, les résistants deviennent chasseurs. Mais c'est seulement à Toulouse que se produit un embryon d'insurrection, avec la formation de barricades et quelques combats de rue. Craignant un retour en force des Allemands, le chef FFI régional, Serge Ravanel, a appelé en renfort des unités des départements voisins (Lot, Gers, Tarn-et-Garonne). Il transforme la ville en une sorte de « hérisson » qui oblige les convois ennemis, pour l'éviter, à emprunter des itinéraires détournés où ils s'exposent à des attaques de la Résistance.

Dans le département de l'Ariège, les guérilleros espagnols, avec Ramin Rubio, les officiers parachutés Bigeard et Crypt, les FFI du lieutenant-colonel Aubert se battent comme des lions contre l'occupant. Ils prennent et reperdent Saint-Girons le 20 août.

Les Allemands ont, en effet, encore de la ressource. Ils vont le prouver à Rimont, où pendant deux jours va se livrer une bataille acharnée et meurtrière opposant une colonne motorisée et blindée composée en majeure partie de Mongols et de soldats du Turkestan à deux bataillons de guérilleros renforcés par les FFI.

Quand le combat cessera, le 22 août au soir, avec la reddition du commandant allemand, il ne restera rien du village de Rimont. Mais l'ennemi se sera vu prendre 150 hommes tués ou blessés et 1 540 prisonniers. Les guérilleros, après avoir définitivement nettoyé l'Ariège, poursuivront les colonnes ennemies jusque dans le Tarn, où ils se battront à Gaillac, Carmaux, Albi, Castres, en liaison avec les FTP d'André Calvayrac, les FFI de Durenque, les groupes Vény d'Antoine, les maquis Lenoir, Stalingrad…

De nombreuses colonnes allemandes se rendent après de durs combats. Le colonel Ravanel évalue à 13 000 le nombre de prisonniers allemands en Midi-Pyrénées.

Le corps franc de la Montagne Noire

LÉGENDE

Implanté aux confins du Tarn, de l'Aude et de la Haute-Garonne, le corps franc de la Montagne Noire (CFMN) regroupe sept escadrons totalisant 900 hommes, sous les ordres du commandant Roger Mompezat, entré dans la Résistance dès le mois d'août 1940.

Le 22 avril 1944, un groupe du CFMN engage dans la région de Lacaune un combat contre une colonne allemande de 400 soldats, qui laisse 53 morts sur le terrain. Les maquisards ne comptent que cinq tués.

Le 12 juin, 150 hommes du CFMN, installés dans la région de Laprade, tendent une embuscade à une formation allemande de 500 soldats. La lutte dure plus de deux heures. Les Allemands perdent une cinquantaine de tués, contre un mort et un blessé léger chez les Français.

Figure 22-2 : Le commandant Roger Mompezat.

Au camp de la Galaube, le 20 juillet, le CFMN doit résister à une véritable offensive de l'occupant, alignant six bombardiers, 1 500 fantassins, appuyés par des blindés et de l'artillerie. Les 900 maquisards non seulement repoussent les assaillants mais parviennent à déjouer une tentative d'encerclement. Le lendemain, en faisant le bilan de cette journée, le commandant Mompezat pourra se montrer très satisfait de son unité, qui ne déplore que quatre tués, alors que l'occupant accuse la perte de trois avions, de quatre blindés et d'une trentaine de tués.

Le CFMN, regroupé et réorganisé, est prêt à combattre de nouveau. L'ennemi, qui prépare l'encerclement de la montagne Noire, fait venir plusieurs régiments motorisés. Craignant d'autres Oradour-sur-Glane, les maires des villages voisins demandent au commandant Mompezat de ne pas s'accrocher à la montagne Noire. Sans hésiter, afin d'éviter des représailles contre les villageois, Mompezat disperse son unité par groupes de 50 à 60 hommes dans le Tarn, l'Aude, la Haute-Garonne et l'Hérault. Ces divers maquis poursuivent une guérilla active.

Au milieu du mois d'août, le CFMN, partiellement reformé, prend position dans le secteur de Saint-Pons (Hérault). Dans la nuit du 19 au 20 août, le CFMN, en compagnie de FFI locaux et d'une section de gendarmes, attaque un détachement ennemi, composé d'une dizaine de véhicules. Les 26 Allemands ayant survécu au mitraillage se rendent dans la matinée du 20. Au même endroit, dans l'après-midi, une compagnie du 171e régiment de la Luftwaffe est anéantie par une centaine d'hommes du CFMN, auxquels se sont joints les maquis Latourette, Saint-Vincent et Valentin. Le bilan est lourd côté ennemi : une centaine d'Allemands tués, 28 prisonniers et un important matériel récupéré, dont 15 camions, 3 autocars, 2 mortiers… Les FFI ne comptent que des pertes légères, dont un seul tué pour le CFMN.

Le 21 août, un troisième combat dans le secteur de Saint-Pons oppose 6 000 soldats allemands au CFMN et aux maquis Latourette, Saint-Vincent, Jean Grandel et Valentin (600 maquisards au total). Malgré l'écrasante supériorité de l'adversaire, la lutte s'engage et se poursuit jusqu'à la nuit. Après le décrochage du dernier élément du maquis, c'est la ruée soldatesque allemande dans Saint-Pons, où la nuit se passera en pillages, en exécutions sommaires, en exactions et en réquisitions.

Le 23 août, au pont de La Mouline (Hérault), cinq escadrons du CFMN (120 maquisards) affrontent une colonne allemande de 2 000 soldats venant de Toulouse. La bataille fait rage presque toute la journée ; elle est interrompue en fin d'après-midi par une pluie battante. Les Allemands ont perdu une centaine d'hommes, contre une dizaine d'hommes hors de combat du côté des maquisards.

PORTRAIT

Roger Mompezat

Roger Mompezat est né le 3 avril 1899 à Bordeaux, où son père est fonctionnaire des finances. Il suit ses études au collège de Libourne. Mobilisé à 19 ans, en 1918, il demande à servir dans un bataillon de tirailleurs sénégalais où son frère a été incorporé en 1916. Il est sur le point de monter au front lorsque l'armistice est signé. Au sein du 1er régiment d'infanterie coloniale, il participe à l'occupation en Allemagne et devient secrétaire-interprète à la Mission interalliée des territoires rhénans. Il est démobilisé en mars 1921.

Il termine ses études et passe le concours de fonctionnaire colonial, afin d'effectuer ensuite un séjour de dix ans à Madagascar comme payeur du Trésor. De retour en France, il fonde un cabinet d'expert-comptable. Entré dans la Résistance dès l'été 1940, il participe en 1941 aux réseaux Alliance et Pat. En février 1942, il est membre du comité directeur du mouvement de zone sud Libération. À ce titre, il est chargé de missions de prospection et de la diffusion du journal éponyme dans les départements du Lot, du Lot-et-Garonne, des Pyrénées-Orientales, des Basses-Pyrénées et des Hautes-Pyrénées. Arrêté en juillet 1942 par la police de Vichy, il est libéré grâce à la complicité de policiers résistants. Il prend contact, en janvier 1943, avec des officiers français du War Office rentrant en Angleterre, et, au mois d'avril, il fonde une ligne de passage en Espagne à l'usage des officiers de l'état-major interallié. Au mois de mai, il est correspondant régional du War Office.

En septembre 1943, Roger Mompezat reçoit, par parachutage, le renfort du chef de bataillon Sevenet, accompagné du commandant anglais et opérateur radio Despaigne, alias « Richardson ». Dès cette époque, il a des activités multiples et incessantes : recherche de terrains de parachutage, constitution d'équipes spéciales pour les sabotages dans l'Ariège, l'Aude et le Tarn. Sous sa direction, 29 parachutages sont effectués dans ces départements, sans une seule arrestation.

…/…

En avril 1944, il constitue le corps franc de la Montagne Noire (CFMN), unité de guérilla agréée par l'état-major interallié ; cette unité se compose de maquisards et de volontaires de l'Aude et du Tarn, réunissant des représentants de toute la France, qu'il rassemble, le 6 juin 1944, au pic de Nore (montagne Noire). Roger Mompezat dirige personnellement les opérations. Le 7 juin, le CFMN fait sauter en plusieurs endroits la voie ferrée Carcassonne-Toulouse. Le lendemain, il occupe Montlieu avant d'attaquer un convoi ennemi sur la route des Martyrs. Le 12 juin, un détachement de 150 hommes du CFMN attaque une colonne allemande de 3 000 soldats. Dès la fin du mois, le CFMN compte plus de 900 hommes en uniforme, armés, équipés, encadrés par des officiers ou des sous-officiers de l'armée régulière.

Le 20 août, Roger Mompezat est blessé par un éclat d'obus au combat de Saint-Pons (Hérault). Deux jours plus tard, il est de nouveau sur le terrain. Battu par le feu d'un ennemi supérieur en nombre, il se replie le dernier, sur le point d'être totalement encerclé, et réunit ses dernières forces pour sauver sa voiture et ramener des blessés en dépit de l'épuisement de ses forces physiques. Tout au long de l'été 1944, le CFMN de Roger Mompezat ne cesse de se distinguer par ses attaques courageuses, faisant de la portion centrale de la montagne Noire une véritable zone de la France libre, dans laquelle l'ennemi n'ose pas s'aventurer. Le 16 septembre 1944, il est nommé commandant du bataillon Aude-Montagne Noire, partant rejoindre le front des Vosges. Le 1er novembre, il est rappelé à Toulouse par le Commissariat de la République.

Après la guerre, Roger Mompezat exerce à nouveau son métier d'expert-comptable à Toulouse. Il est président d'honneur du conseil départemental de la Résistance de la Haute-Garonne et président de Libération-Sud jusqu'à sa mort, survenue le 21 mars 1958 à Toulouse. Il y est inhumé, au cimetière de Terre Cabade, dit « de Salonique ».

Le maquis de Picaussel

LÉGENDE

Le maquis de Picaussel, installé dans les départements de l'Aude et de l'Ariège, figure également au palmarès des plus efficaces unités de la Résistance française. Fort de 400 hommes, aux ordres du capitaine Lucien Maury, ce maquis parvient à fixer dans la guérilla d'importantes unités allemandes. Il en est ainsi les 6 et 7 août 1944, lorsque l'occupant engage un groupement blindé de la 11e Panzerdivision (2 300 soldats, 20 chars et une trentaine de pièces d'artillerie) contre le maquis installé dans la forêt de Picaussel, près de Puivert et de Lescale. Le terrain montagneux facilite la résistance des FFI, qui repoussent deux assauts frontaux et peuvent se replier sans difficulté au camp de Quérigut. Le maquis est passé de l'Aude à l'Ariège et va agir à la limite des Pyrénées-Orientales, en multipliant sabotages et embuscades. L'effet démoralisant sur l'ennemi est particulièrement payant. D'après un rapport de la Gestapo de Carcassonne, les Allemands ont chiffré l'effectif du maquis de Picaussel à 4 000 hommes, soit dix fois plus que l'effectif réel. En quinze jours, l'occupant a trouvé devant lui à cinq reprises, insaisissable, le maquis de Picaussel : cinq combats, cinq échecs. Sa hantise des « terroristes » ne fait que croître.

Après une embuscade aux gorges d'Alet, le 17 août, le maquis de Picaussel participe, aux côtés des FTP de Salvezines et du commando américain Swank, à la prise du dépôt de Couiza, représentant la réserve de vivres de la XIXe armée allemande. La garnison capitule après un bref combat. L'attaque de Limoux, le 22 août, menée conjointement par la 308e compagnie FFI, le commando américain Swank et le maquis de Picaussel, se termine victorieusement : 54 prisonniers allemands, dont deux officiers, et la prise de quatre camions chargés d'armes automatiques, de postes radio et de matériel divers.

Le 24 août, tandis que les FTP libèrent la région de Castelnaudary, un détachement du maquis de Picaussel attaque une forte colonne allemande près du carrefour de Villegailhenc. Celle-ci est armée de canons automatiques de 20 mm. Malgré la différence de puissance entre cet équipement et les armes légères des maquisards, la colonne essuie de lourdes pertes – 30 tués ou blessés. Le détachement FFI, commandé par Maurice Allaux et René Brun, déplore cinq tués et deux blessés graves. Le département de l'Aude est libéré.

Chapitre 23

Les maquis d'Auvergne, du Vercors et de Bourgogne

Dans ce chapitre :

- La grande efficacité de la guérilla
- La bataille du Vercors
- De lourdes pertes allemandes

Tout comme dans le Sud-Ouest, les maquis d'Auvergne, de Bourgogne et du Vercors libèrent seuls de vastes portions du territoire, après une lutte féroce contre l'occupant. Sabotages, embuscades et batailles se succèdent dans ces régions que les troupes allemandes doivent finalement fuir.

La libération de l'Auvergne

Le 15 mai 1944, 2 700 volontaires sont rassemblés au mont Mouchet, qui devient le centre de ralliement de tout ce que l'Auvergne compte de maquisards. Ce massif montagneux, au sommet arrondi, culmine à 1 465 m. Gardé à l'est par les gorges de l'Allier, à l'ouest par celles de la Truyère, le pays est couvert d'épaisses forêts, entrecoupées de landes et de maigres pâturages.

La bataille du mont Mouchet

Autour du terrain de parachutage « Plongeon », 15 compagnies FFI ont pris position sur un front circulaire de 20 km. Au centre du dispositif, dans une maison forestière, se trouvent l'état-major et ses services, organisés par le colonel Jean Garcie. Henri Ingrand, chef des Mouvements unis de la Résistance (MUR) et commissaire de la République, se trouve au cœur de cette enclave, aux côtés de Gabriel Montpied et du fondateur des premiers maquis d'Auvergne, Robert Huet.

Figure 23-1 : Le mont Mouchet après la bataille.

Les maquisards qui ont répondu à l'appel du chef départemental des FFI, le colonel Coulaudon (« Gaspard »), croient que le mont Mouchet constitue un réduit où doit être déposé par planeurs et par parachutes un corps aéroporté allié, désigné sous le nom de « force C ». Terrible méprise, car l'état-major allié a finalement décidé d'annuler l'opération. Les maquisards, ignorant cette décision, continueront à croire à sa réalisation.

Dès le mois de mai 1944, le général Fritz von Brodowski, commandant des troupes allemandes du Massif central, charge la brigade Jesser et le 1 000e régiment de sécurité d'anéantir la « concentration terroriste du mont Mouchet ». Près de 5 000 soldats allemands sont engagés, appuyés par 45 blindés et une puissante artillerie.

Une première attaque allemande est repoussée le 2 juin. Une semaine plus tard, l'occupant renouvelle son assaut sans plus de succès. Les unités FFI résistent avec courage et contre-attaquent même en certains endroits. Devant la disproportion des forces, les maquisards évacuent le mont Mouchet et se dispersent en divers groupes, afin de mener la guérilla dans toute la région. La *bataille du mont Mouchet* se solde par la mise hors de combat de 400 soldats allemands, contre 260 résistants.

Les garnisons allemandes en fuite ou capturées

LE SAVIEZ-VOUS ?

Dans l'Allier, les maquis MUR et FTP (Francs-tireurs et partisans) parviennent, en dépit de lourdes pertes, à maintenir leur pression sur l'occupant, attaquant des convois allemands, multipliant les sabotages. Dans le Puy-de-Dôme, plusieurs colonnes ennemies, comportant jusqu'à 250 véhicules, sont mitraillées par des unités FFI (Forces françaises de l'intérieur) qui restent maîtres du terrain. En Haute-Loire, les embuscades prolifèrent. Dans le Cantal, déjà presque entièrement libéré, et où les maquisards circulent en uniforme, il ne subsiste, comme base allemande importante, que les garnisons d'Aurillac et de Saint-Flour.

Le 10 août, Allemands et miliciens évacuent le chef-lieu. Le chef départemental des FFI du Cantal, le commandant Valette, mobilise quatre groupements et s'apprête à attaquer la colonne allemande. Celle-ci est si sérieusement prise à partie à l'entrée du tunnel du Lioran qu'elle met plus de trois jours pour se rendre d'Aurillac à Murat, distant de 50 km. Encore lui a-t-il fallu faire appel à la brigade Jesser, venue à la rescousse depuis Clermont-Ferrand, et aux avions de la base d'Aulnat.

À Rueyre, une garnison allemande de 120 soldats se rend le 20 août à deux compagnies FFI. À Saint-Flour, un bataillon du 95e régiment de sécurité, encerclé le 23, tente plusieurs sorties sans succès. Il lui faut attendre le renfort d'une colonne de 85 véhicules pour se dégager et quitter la région sous les tirs des maquisards. En Haute-Loire, il ne reste plus le 18 août que la garnison allemande du Puy, forte de 800 hommes, commandés par le colonel Metzer. C'est la sortie de cette importante troupe qui va conduire à la libération du département et à la capture de l'essentiel des forces allemandes. Les FFI venus de l'Ardèche, du Puy-de-Dôme et de la Loire prêtent main-forte pour la capture de 600 soldats allemands près du Puy.

Figure 23-2 : Maquisards en Auvergne.

La bataille de Montluçon

Plus au nord se déroule la *libération de Montluçon* (20 au 25 août), qui prend les proportions d'une véritable bataille urbaine, engagée par 1 500 maquisards contre 800 soldats allemands. Encerclée, assiégée, la garnison, secourue par un bataillon SS, réussit finalement à se dégager et à quitter la ville au soir du 24 août. Le lendemain, une colonne de 2 000 Allemands et miliciens, venant de quitter le Limousin, menace la ville. La résistance acharnée des maquisards oblige cette importante unité à rompre le combat et à quitter la région. Les FFI du Puy-de-Dôme du colonel Garcie montent avec succès embuscades et coups de main contre les colonnes allemandes. Le 25 août, les FTP du commandant André Rossignol forcent à la capitulation un bataillon SS de 325 soldats.

La bataille du Vercors

STRATÉGIE

Le Vercors est un lieu de France qui semble prédestiné aux combats de maquisards. Son relief justifie parfaitement l'appellation de « forteresse naturelle » – quadrilatère d'à-pic de 50 km du nord au sud, sur 15 à 20 km de l'est à l'ouest. On le qualifie généralement de « plateau ». Rien n'est plus inexact sur le plan géographique : le Vercors se présente en effet comme une région mouvementée qui s'étend entre le Rhône et le Drac, depuis l'Isère jusqu'à la Drôme. Il est constitué par une série de chaînons calcaires parallèles, séparés par de profondes vallées communiquant entre elles par des passages faciles à défendre.

Huit routes seulement pénètrent à l'intérieur du Vercors. Trois d'entre elles franchissent les crêtes par des cols de plus de 1 000 m d'altitude. Les autres remontent le fond des gorges creusées dans la roche par l'érosion. Entre les vallées s'étendent de vastes forêts où dominent les sapins. Vers le nord, les paysages du Vercors, ses villages et ses fermes ont l'aspect des régions alpestres. Vers le sud, c'est déjà la Provence qui s'annonce dans les toits plats de ses maisons ou dans les cultures de ses champs.

Le plan Montagnards

STRATÉGIE

Au début de l'année 1943, l'écrivain Jean Prévost, l'alpiniste Pierre Dalloz, le commandant Pourchier et le lieutenant Le Ray, évadé d'Allemagne, réfléchissent au pied du Vercors sur l'utilisation possible du plateau. Ils élaborent les premiers points du plan *Montagnards* :

- se servir du Vercors comme d'un centre de perturbation, d'un repaire de corps francs d'où, le moment venu – c'est-à-dire au moment d'un débarquement sur les côtes de la Méditerranée –, pourraient être lancés des raids contre les axes de communication des Allemands ;
- effectuer des destructions de routes qui isoleraient le plateau et interdiraient la montée de blindés ennemis ;
- tenir les destructions pendant que s'opérerait une opération massive d'atterrissages et de parachutages d'hommes et de matériel, au nord et au sud du plateau.

Les résistants Yves Farge et Pierre Dalloz se chargent de présenter ce plan audacieux au général Delestraint, commandant de l'Armée secrète (AS), et à Jean Moulin, le délégué du général de Gaulle. Delestraint informe à ce sujet le BCRA (services spéciaux de la France libre) lors d'une mission à Londres. À la fin février 1943, Pierre Dalloz écoute l'émission de la BBC de 20 h 15. Soudain, un message le fait sursauter : « Les montagnards doivent continuer à gravir les cimes. » Pour lui, cette phrase est significative : Delestraint a bien remis le plan *Montagnards* au général de Gaulle. Le chef de la France libre a donné son accord. Le plan va être transmis aux Alliés.

Le Vercors mobilisé

Le Vercors va se mobiliser, comme tous les maquis en France. Comme tous les autres, il va recevoir les ordres de sabotage et de guérilla. Mais comme il croit que le plan *Montagnards* est connu des Alliés, il attend un atterrissage aéroporté imminent et sans doute aussi un débarquement massif sur les côtes de la Méditerranée. Le 6 juin 1944, nourrissant cette double illusion, le Vercors s'ébranle en prévision d'une opération d'ensemble que l'état-major de Londres n'a pas eu le temps d'étudier. Telle est la raison initiale qui amène le déclenchement du drame.

Le 6 juin 1944, à 18 heures, le général de Gaulle lance sur les ondes de la BBC un appel à l'insurrection : « Pour les fils de France, où qu'ils soient, quels qu'ils soient, le devoir simple et sacré est de combattre l'ennemi par tous les moyens dont ils disposent. »

Dans la soirée du 8 juin 1944, le colonel Descour, commandant de la région R1, se rend à Saint-Martin, afin d'y rencontrer le commandant Huet. Il lui ordonne de poursuivre l'exécution du plan, qui comporte le verrouillage du plateau. À partir du 9, le Vercors se mobilise donc. Les compagnies de réserve, qui se bornaient jusque-là à des exercices d'entraînement, rejoignent leurs points de concentration.

Le 5 juin 1944, 350 maquisards se trouvaient au Vercors. Ils sont 3 000 le 10. Le général Kœnig, qui voit le danger d'une telle mobilisation, adresse à toutes les organisations de la Résistance le message suivant : « Freiner au maximum activité de guérilla. Impossible actuellement vous ravitailler en armes et en munitions en quantité suffisante. Rompre partout contact dans mesure du possible, pour permettre phase de réorganisation. Éviter gros rassemblement. Constituer petits groupes isolés » (Archives du CNJM, Bordeaux).

Ordres et contrordres ont de quoi dérouter la Résistance : pourquoi avoir lancé de Londres le 5 juin au soir le message mobilisant le Vercors ? Afin de tromper les Allemands sur le lieu du Débarquement, le commandement allié a diffusé le message à la totalité des unités FFI. On a donc tendu un piège aux Allemands. Et ils y sont tombés ; mais, hélas, la Résistance française y est tombée avec eux…

Les premières attaques allemandes

La mobilisation du Vercors n'a pas échappé aux services de renseignements de l'occupant. Les Allemands possèdent des avions d'observation qui survolent quotidiennement le Vercors. Le commandant FFI Huet est persuadé que l'ennemi ne se bornera pas à contempler pacifiquement un tel rassemblement.

Le 13 juin 1944, 400 soldats allemands partent à l'assaut de Saint-Nizier, une large brèche dans les murailles du Vercors, où s'étendent sur une largeur de 4 km d'aimables pâturages, faciles d'accès. Le secteur menacé est défendu par 220 FFI, équipés d'armes légères. Les Allemands se heurtent à une résistance farouche et doivent finalement battre en retraite vers Grenoble. Le maquis ne compte que 12 hommes hors de combat, contre une trentaine chez l'ennemi. Le lendemain est marqué par un parachutage d'armes, réclamé d'urgence, qui apporte des armes automatiques (mitrailleuses, fusils-mitrailleurs), mais pas de mortiers, pourtant indispensables pour la guerre en montagne. Le même jour, les Allemands effectuent quelques réglages d'artillerie sur les positions françaises.

Le 15 juin, dès 5 heures du matin, l'occupant lance une deuxième attaque contre Saint-Nizier. Le rapport des forces en présence est encore en faveur des assaillants : 300 FFI opposés à 2 000 soldats de la Wehrmacht, bien armés et parfaitement équipés. La lutte fait rage ; le commandant Huet, craignant d'être totalement débordé sur les ailes, donne l'ordre de repli général. Le village de Saint-Nizier, tombé aux mains de l'ennemi, est incendié. Les Français comptent 24 tués, et les Allemands une trentaine.

Un court répit

Durant un mois, les FFI vont bénéficier d'un certain répit – un mois durant lequel les volontaires affluent, portant le total des effectifs à 3 909 maquisards, dont 169 officiers et 317 sous-officiers. L'ensemble s'articule en 11 compagnies de combat, une compagnie du génie, une compagnie de transport, un groupe de DCA (défense antiaérienne)…

Dès le 13 juillet, afin de donner à ses unités une plus grande cohérence, le commandant Huet décide la création de bataillons. On voit renaître les 6e, 12e et 14e bataillons de chasseurs alpins, le 11e régiment de cuirassiers à pied, le 4e régiment du génie… Tous se partagent les armes, encore trop peu nombreuses, dont la radio ne cesse de réclamer à Londres et à Alger de nouvelles livraisons. En particulier, il manque toujours des mortiers. En même temps s'instaure la République du Vercors. En liaison avec Yves Farge, le commissaire de la République, un embryon d'Administration s'installe dans quelques kilomètres carrés.

Pendant cette période d'accalmie, le Vercors voit sa notoriété s'accroître plus vite que son armement. Les Alliés sont plus prodigues en bonnes paroles qu'en mortiers. Sans doute, à la fin du mois de juin et au début de juillet, les FFI du Vercors reçoivent-ils des renforts par la voie des airs : une mission interalliée, un commando américain, de jeunes instructeurs français venant d'Alger. La BBC ne cesse de vanter l'héroïsme de ce maquis. Des parachutages ont lieu en plein jour sur le terrain de Vassieux ; mais on ne donne pas suite aux demandes répétées de l'état-major du Vercors de bombarder le terrain d'aviation allemand à Chabeuil, à cinq minutes de vol, d'où partent avions d'observation, chasseurs et bombardiers de la Luftwaffe.

Le parachutage du 14 juillet 1944

Le 14 juillet 1944, tout le Vercors est en liesse : de 9 h 30 à 10 heures, dans un ciel sans nuage, une centaine d'avions alliés larguent un millier de conteneurs au-dessus de Vassieux. Cette importante livraison est aussitôt suivie de l'attaque du village de Vassieux par deux chasseurs allemands, qui s'éloignent finalement sous le feu des mitrailleuses françaises. Ils sont relayés par des bombardiers qui parviennent à couper les communications entre le village et l'extérieur ; Vassieux est la proie des flammes. Le bombardement cesse vers 17 heures, et la récupération des conteneurs reprend.

Malgré cet important parachutage, l'armement des FFI reste insuffisant. Les fusils Lee-Enfield et Remington, les revolvers Browning, les mitraillettes Sten et les fusils-mitrailleurs Bren sont en nombre important ; mais la dotation en mitrailleuses reste faible. Enfin, malgré toutes les promesses, l'artillerie de montagne n'est pas arrivée. Les mortiers réclamés avec tant d'insistance font totalement défaut.

L'assaut final

BATAILLE

De son côté, l'occupant allemand n'a cessé de se renforcer autour du Vercors. D'après un document de la Wehrmacht, les unités rassemblées sont les suivantes :

- quatre bataillons de la 157e division alpine ;
- deux batteries d'artillerie de montagne ;
- trois bataillons d'infanterie de supplétifs de l'Est ;
- le 200e régiment de sécurité ;
- le 19e régiment de police ;
- une compagnie de *Feldgendarmen* ;
- un détachement de 30 blindés de la 9e Panzerdivision.

Les effectifs devant attaquer le Vercors atteignent 13 000 hommes. La Luftwaffe aligne 70 avions à Chabeuil.

Le 20 juillet 1944, les Allemands attaquent en divers endroits et occupent Crest dans la soirée. Le même jour, Alger annonce l'envoi pour la nuit du 22 au 23 de deux équipes d'instructeurs de l'armée, de bazookas et surtout de 90 mortiers. Or, le lendemain, 21 juillet, à 9 h 20, 20 planeurs sont lâchés au-dessus de la cuvette de Vassieux, qui vient d'être aménagée pour recevoir les renforts alliés... Deux cents parachutistes allemands en débarquent, tandis que 300 autres sont parachutés sur le village, qui est investi en force.

Au terme d'une journée de combat à Vassieux, 11 villageois ont été massacrés, 101 résistants et 92 parachutistes allemands ont trouvé la mort. Malgré l'intervention de quatre escadrons à pied du 11e régiment de cuirassiers du commandant Geyer, l'ennemi se retranche solidement dans le village. L'absence d'artillerie chez les FFI fait échouer toutes les contre-attaques.

L'ensemble du Vercors est attaqué par l'occupant. Partout, les FFI, sans aucune artillerie, se défendent avec bravoure et contre-attaquent même par endroits. Mais l'ennemi, qui dispose de nombreux mortiers et canons, du soutien de la Luftwaffe et d'une supériorité numérique de quatre contre un, parvient finalement à contourner ou à percer les positions françaises. À Vassieux, des avions allemands apportant de Lyon renforts et munitions se posent sur le terrain d'aviation. Les cols de Tourniol, de la Bataille et du Pionnier tombent les uns après les autres. Au nord du plateau, les assauts allemands sont dans un premier temps repoussés. Mais l'arrivée de renforts ennemis oblige les Français à se replier.

Le 23 juillet 1944, les maquisards assiégés depuis la veille dans une grotte du pas de l'Aiguille, qui ont été attaqués à la grenade et ont failli périr ensevelis, réussissent une sortie. Les survivants gagnent la vallée.

Le colonel FFI Zeller, après avoir à nouveau réclamé, à 7 h 20, un parachutage de troupes à Vassieux, quitte le plateau pour Saint-Nazaire-le-Désert. D'Alger, le général Cochet et le colonel Vallette d'Osia s'envolent pour Naples afin de tenter une ultime démarche auprès du commandement allié.

Le 24 juillet, la répression allemande s'abat sur les civils, qui sont massacrés, femmes et enfants compris. Le soir, l'aviation alliée se décide enfin à bombarder le terrain de Chabeuil ; 30 appareils allemands sont détruits au sol. Le 25, les Allemands pillent et détruisent le village de La Chapelle-en-Vercors. Seize otages sont tués dans des conditions atroces. L'ennemi poursuit sa progression jusqu'à Saint-Martin, où il opère sa jonction avec les éléments de Valchevrière.

Figure 23-3 : Résistants et civils du Vercors massacrés par les Allemands.

La féroce répression allemande

N'OUBLIEZ PAS

Le 27 juillet 1944, les Allemands font irruption dans la grotte de la Luire. Les blessés FFI s'y trouvant sont sauvagement abattus. La répression s'intensifie sur l'ensemble du plateau : 1 200 maisons ont été détruites, dont 146 à Vassieux et160 à La Chapelle-en-Vercors. Le 28, à l'ouest du Vercors, un groupe FFI fait reculer toute une colonne ennemie qui tentait de passer le col des Limouches. Au sud, l'occupant se heurte à une résistance solide. À Saint-Agnan-en-Vercors, le 31, la dernière victime des combats de Vassieux, Arlette Blanc, 12 ans, décède des suites de ses blessures et des mauvais traitements subis dans le village pendant six jours.

L'ensemble des unités FFI se dispersent afin de poursuivre la lutte par des actions de guérilla, jugées plus efficaces qu'une bataille frontale. La *bataille du Vercors* se termine avec de lourdes pertes de part et d'autre : 201 civils sont morts, victimes de l'hystérie sanguinaire de l'occupant. Les dix membres de la famille Blanc, villageois de Vassieux, ont été massacrés par les Allemands, dont la plus jeune, Danielle, n'avait pas 4 ans. Les maquisards ont eu 639 tués.

Le total des pertes allemandes est plus difficile à établir. Selon l'enquête de Paul Dreyfus et les archives militaires allemandes, la Wehrmacht a accusé 1 489 tués dans la Drôme et 468 dans l'Isère. Mais ces morts ne sont pas toutes dues au combat du Vercors. Il est fort probable que l'ensemble des pertes allemandes lors de cette bataille s'élève à 600 hommes hors de combat (tués ou blessés).

Malgré l'échec évident de la lutte frontale face à des troupes plus nombreuses et mieux équipées, l'apport tactique de cette bataille n'est pas négligeable : durant une quinzaine de jours, près de 4 000 FFI, mal armés, ont tenu tête à 15 000 soldats ennemis (en comptant les renforts). À la fin juillet 1944, période cruciale de la guerre à l'Ouest, d'importantes troupes allemandes ont été fixées dans le Vercors. Il n'en demeure pas moins vrai que la guérilla mobile aurait été certainement plus efficace.

La libération de la Bourgogne

Dans la nuit du 5 juin, deux messages de la BBC alertent les résistants bourguignons : « Je cherche des trêfles à quatre feuilles » et « Les tomates doivent être cueillies ». Le premier message ordonne l'exécution du plan *Vert*, c'est-à-dire le sabotage des voies de communication, le second l'exécution du plan *Violet*, c'est-à-dire l'attaque des systèmes de télécommunication de l'occupant.

La multiplication des sabotages

Durant la même nuit, et au cours des nuits suivantes, les équipes de saboteurs FFI entrent en action. De nombreuses coupures sont réalisées sur les voies de la région. Les lignes Lyon-Dijon, Dijon-Paris, Troyes-Gray, Chagny-Gray, Is-sur-Île-Chalindrey, Nuit-sous-Ravières-Chaumont sont coupées, certaines en plusieurs endroits. La coupure de Troyes-Gray est entretenue par de nouveaux sabotages réalisés toutes les douze heures. Deux plaques tournantes sont détruites à la gare de Laumes, une locomotive est gravement endommagée en gare de Recey. Les derniers wagons d'un train de troupes déraillent près de Beaune, embouteillant le grand axe Lyon-Dijon.

Les saboteurs s'en prennent également aux lignes téléphoniques, aux lignes particulières de la SNCF, aux lignes secondaires autour de Saulieu, d'Arnay-le-Duc, de Pouilly-en-Auxois, de Recey-sur-Ource, de Châtillon… Surtout, ils coupent la ligne aérienne Paris-Dijon, au nord de Dijon, et le câble souterrain Paris-Marseille en deux endroits, au nord et au sud de Dijon. Mais, plus que les sabotages, c'est par le renforcement des maquis que la Résistance réagit en Bourgogne. Les résistants interprètent l'annonce de la mise à exécution du plan *Violet* comme un ordre d'insurrection.

La mobilisation des maquis

Des points de rassemblement sont fixés dans les régions forestières, qui ne manquent pas en Bourgogne. Le BOA (Bureau des opérations aériennes) distribue aux volontaires les armes parachutées au cours des mois précédents.

Dans le Châtillonnais, en milieu rural, de jeunes gens qui partent entraînent avec eux leurs camarades qui se sont tenus jusqu'alors à l'écart de la Résistance. À Recey-sur-Ource, M. Perrin, membre de l'ORA et ancien combattant de la Première Guerre mondiale, apprend la nouvelle du Débarquement. Il fait aussitôt saboter le bureau de poste, les installations de la gare, une locomotive et, le lendemain, ordonne la mobilisation générale de tous les hommes valides de ce chef-lieu de canton. Cent cinquante hommes sont rassemblés sur la place publique, armés et répartis en sections, et prennent position sur les routes des environs pour commencer la guérilla.

Le rassemblement le plus important (environ 300 hommes bien armés) se fait dans la forêt de Châtillon, à la Combe aux Cerfs. Il est formé de résistants de la région sous les ordres d'un instituteur alsacien, Jacques Biechlin. Il se renforce de tirailleurs sénégalais, prisonniers dans le département, et que les FFI ont libérés. Le maquis Kœnig se forme au même moment à une vingtaine de kilomètres de Dijon.

Le 10 juin, 3 000 soldats allemands convergeant de Troyes, de Chaumont et de Dijon attaquent le maquis de la Combe aux Cerfs. Après quelques heures de combat et grâce à l'immensité de la forêt, la plupart des FFI réussissent à s'échapper et se dispersent. Mais 37 d'entre eux ont été tués au combat ou fusillés par la suite. Ce rude coup pour la Résistance bourguignonne n'arrête pas cependant la mobilisation.

La lutte armée

LE SAVIEZ-VOUS ?

Entre le 8 juin et le 15 août 1944, pour le seul département de la Côte-d'Or, on relève 223 sabotages divers. Jusqu'au milieu du mois de juillet, les FFI, mal armés, évitent les combats avec les troupes allemandes ; puis les accrochages deviennent plus fréquents. Un peu partout, des voitures et des camions sont attaqués. L'opération la plus spectaculaire a lieu dans la région de Saulieu. Là, les 26, 27 et 28 juillet, le maquis Bayard détruit les postes antiaériens de Bard-le-Régulier, de Marcigny et de Dompierre-en-Morvan et capture 19 soldats allemands. Le 29, le même maquis engage le combat contre l'occupant à Manlay et ne décroche, au bout de six heures, que sous la pression de renforts ennemis venus de Dijon. Les Allemands auraient avoué la perte de 37 tués et d'une quarantaine de blessés. Le maquis perdit lui-même un mort et trois blessés.

Le 23 juillet, six des meilleurs agents de l'Abwehr, qui avaient participé à la destruction du réseau Alliance, tombent entre les mains du capitaine FFI « Casse-Cou », à Poinçon-lès-Larrey, et sont exécutés.

Les 2 et 3 août 1944, le maquis Montcalm, fort d'un millier d'hommes, soutient une véritable bataille près de Mussy-sur-Seine. Il parvient à se disperser après avoir infligé de lourdes pertes à l'occupant. Les Allemands avoueront la mort de 250 hommes, dont 128 le premier jour ; 46 FFI ont été tués.

La montée en puissance des maquis

À la fin du mois d'août, la Résistance bourguignonne voit arriver d'importantes troupes allemandes appartenant aux Ire et XIXe armées. Elles fuient l'avance des troupes alliées et tentent de rejoindre Langres et Vesoul.

Les voies ferrées, totalement désorganisées par la Résistance, sont peu utilisées par les unités allemandes : c'est par les routes surtout que s'effectue la retraite. Les convois mêlent camions militaires, cars, voitures particulières, véhicules hippomobiles, unités de cyclistes ou même détachements à pied.

Depuis le 15 août, le caractère de la résistance bourguignonne à l'occupant s'est modifié : elle est devenue insurrection nationale. Les effectifs des maquis gonflent rapidement. Le 1er septembre, le groupe Bayard a 800 hommes, Liberté 1 000, Lucius 400, Tarzan 300, Bourgogne 227. De nouveaux maquis se forment, dont certains se montrent très combatifs, comme les groupes Valmy et René Laforge. La Bourgogne compte jusqu'à 6 780 FFI (AS, ORA et FTP).

Devant l'arrivée massive de troupes allemandes faisant retraite, la guérilla se généralise. Un premier ordre du commandant FFI départemental prescrit, le 19 août, de harceler l'ennemi avec des équipes de six hommes armés chacun d'un fusil-mitrailleur. Puis, l'ordre général du 23 août ordonne aux maquis d'entraver partout la retraite allemande par des abatis d'arbres, des destructions et surtout par l'attaque de convois. Il recommande cependant d'éviter les combats à l'intérieur des villages, par crainte des représailles.

LE SAVIEZ-VOUS ?

Il est impossible de rendre compte de la totalité des actions. Aussi retiendrons-nous à titre d'exemple le rapport du capitaine Chapuzot, commandant du maquis Valmy. Formé tardivement, après le 15 août, ce maquis est établi au sud de Beaune, à proximité de trois importantes voies routières, les nationales 6, 73 et 74. Il est composé de résistants de la région et de Polonais. Ses premiers succès accroissent son audace : à partir du 31 août, il multiplie les embuscades. Ce maquis, qui compte un effectif de 232 hommes, met hors de combat près de 600 soldats allemands, revendique la destruction de 1 avion, de 1 char, de 24 camions et de 12 voitures de tourisme. Il a pris à l'ennemi, en quelques jours, 1 canon de 105 mm, 3 mitrailleuses lourdes, 18 mitrailleuses légères, 16 fusils-mitrailleurs, près de 200 fusils, 22 voitures de tourisme… Il a perdu 11 hommes au combat. Après avoir opéré sa jonction avec la 1re division blindée française, le maquis Valmy prend part aux opérations de cette unité. Le premier, il pénètre dans Nuits-Saint-Georges. Au cours d'opérations de nettoyage menées jusqu'au 16 septembre 1944, le maquis Valmy capture 130 prisonniers, relève 140 blessés, tue 150 soldats allemands et se saisit de 10 obusiers.

Le 7 septembre 1944, le département de la Côte-d'Or est libéré. Mais, entre Nuits-Saint-Georges et Dijon, les unités allemandes font front et stoppent durant trois jours les avant-gardes françaises. De sérieux combats se livrent autour d'Autun, auxquels participent, aux côtés de la 1re division de Français libres (1re DFL), les maquis d'Auvergne, de Saône-et-Loire et le corps franc Pommiès.

La bataille finale

À ce moment, la plupart des maquis de la Côte-d'Or se regroupent pour constituer deux unités opérationnelles, l'une sous les ordres du commandant Alizon, à l'ouest et au nord de Dijon, l'autre autour de Châtillon-sur-Seine, sous le commandement du colonel Monod (Claude).

Des escarmouches ont lieu à Vantoux et Messigny. Des éléments du groupe Liberté occupent Athuy, à 3 km de Dijon. Mais la ville est encore tenue par des unités de combat et des chars de la XIXe armée allemande. Les FFI ne disposent pas de moyens suffisants pour les déloger. C'est sous la pression des troupes du général de Monsabert que les Allemands évacuent la capitale de la Bourgogne.

À Châtillon, le rôle de la Résistance intérieure est encore plus important. La garnison allemande se prépare à quitter la ville en se joignant à des troupes qui font retraite sur Langres lorsque les maquis l'investissent, le 7 septembre. Les FFI y pénètrent le 8, à 6 h 30, après le départ des Allemands. Mais une colonne ennemie en retraite se heurte, au pont de Maisey, à une section du maquis de Recey, rapidement renforcée par le groupe du capitaine Perrin.

La position est défavorable à la défense. Les FFI s'y accrochent avec héroïsme. Le colonel Monod décide d'engager la bataille. Il ameute tous les maquis disponibles, 600 hommes environ. Pendant deux jours et deux nuits, les maquis de Bourgogne et le commando américain Christopher livrent seuls, à plusieurs milliers d'Allemands, une bataille frontale qui s'étend au nord jusqu'aux villages de Villotte et de Presley. Les Allemands essaient de tourner les défenses. Attaques et contre-attaques se succèdent. Le 10, à 4 heures du matin, les Allemands avancent en force sur Maisey, appuyés par des tirs de mortier. Ils s'infiltrent dans le village évacué par sa population. Mais le colonel Monod rallie ses troupes. À la tête du groupe Recey, armé lui-même d'un fusil-mitrailleur, il contre-attaque le long de la voie ferrée et repousse l'ennemi. Le verrou tient. Il résiste encore le soir, malgré le départ du commando américain Christopher.

Dans l'après-midi du 10, le colonel Monod et le commandant Davout d'Auerstaedt (« Ovale ») se rendent à Arconville, au poste de commandement du général Leclerc, commandant de la 2e division blindée. Ils obtiennent l'appui d'un peloton de chars du groupement Dio, qui rejoint les FFI à 22 heures. Le lendemain matin, les chars et les FFI attaquent. Dès qu'ils entendent le bruit des chenilles, les Allemands prennent la fuite. Ils laissent sur le terrain 200 morts, 70 véhicules, dont 54 camions. Douze officiers, dont un colonel et un lieutenant-colonel, et 150 hommes se rendent. Dans la soirée et le lendemain, le groupe FFI capture encore 85 prisonniers dans les bois voisins.

Le 13 septembre 1944, écrit Maurice Lombard, Dijon libéré voit défiler, dans la grande parade militaire, les FFI aux côtés des troupes de la Ire armée française. Et la foule acclame avec la même passion ses libérateurs en uniforme et les hommes aux brassards sortis des bois de sa province.

Septième partie

L'armée de Lattre et la division Leclerc

Dans cette partie...

L'armée française du général de Lattre de Tassigny débarque en Provence, libère Toulon et Marseille, poursuit la guerre en Alsace et la termine victorieusement en Allemagne. La 2e division blindée du général Leclerc de Hauteclocque débarque en Normandie, libère Paris et Strasbourg et occupe le « nid d'aigle » du Führer, à Berchtesgaden.

Chapitre 24

Le débarquement de Provence

Dans ce chapitre :

- Le triomphe du général de Lattre de Tassigny
- La libération de Toulon et de Marseille
- Un apport stratégique considérable

En juillet 1944, le général Jean de Lattre de Tassigny prend le commandement de l'armée d'Afrique, appelée par les Alliés *armée B*, qui doit débarquer en Provence.

Faisant suite au débarquement de Normandie, celui de Provence entre dans la seconde phase de la libération de la France. La participation française y est considérable, avec cinq divisions d'infanterie et deux divisions blindées, rattachées à l'armée B du général de Lattre de Tassigny : 1re division française libre (général Brosset), 9e division d'infanterie coloniale (général Magnan), 3e division d'infanterie algérienne (général de Monsabert), 4e division marocaine de montagne (général Sevez), 2e division d'infanterie marocaine (général Dody), 1re division blindée (général Touzet du Vigier), 5e division blindée (général de Vernejoul), les commandos d'Afrique du lieutenant-colonel Bouvet. Les Américains engagent le 6e corps d'armée (général Truscott), fort de trois divisions d'infanterie et une division aéroportée, dont l'ensemble appartient à la VIIe armée du général Patch.

Une importante force navale alliée

La force navale représente une armada de 880 navires alliés de guerre, dont 34 bâtiments français (cuirassé *Lorraine*, trois croiseurs, huit contre-torpilleurs, une douzaine d'avisos et d'escorteurs…). Il convient d'y ajouter 1 370 embarcations de débarquement. Le général Eaker, commandant les forces aériennes alliées en Méditerranée, aligne 5 000 appareils (chasseurs, bombardiers, avions de reconnaissance ou de transport).

Face à cet impressionnant déploiement de force, la défense allemande des côtes françaises de la Méditerranée, de Perpignan à Menton, repose sur la XIXe armée allemande du général Wiese, regroupant sept divisions d'infanterie et une division blindée. Le mur de la Méditerranée, nettement moins dense que celui de l'Atlantique, compte cependant 600 ouvrages bétonnés. Toulon et Marseille forment deux places fortes redoutables regroupant un total de 400 pièces d'artillerie de tous calibres, dont des canons de 340 mm de marine. En revanche, la Luftwaffe n'est plus que l'ombre d'elle-même : elle ne dispose, pour le théâtre d'opérations du Midi, que de 120 chasseurs et de 110 bombardiers. Quant à la Kriegsmarine, ses moyens sont réduits à une dizaine de sous-marins et à une trentaine de petits bâtiments de surface.

La zone choisie pour les opérations commandos et aéroportées et pour les débarquements s'étend, à l'est de Toulon, d'Hyères à Cannes, avec pour jalons le cap Nègre, Cavalaire, Saint-Tropez, Sainte-Maxime, La Nartelle, Fréjus, Le Muy, Saint-Raphaël.

Le plan pour débarquer

Le débarquement s'articule en trois opérations successives. D'abord, dans la nuit de « J – 1 » (14 août 1944), une opération préliminaire de couverture est confiée à des forces spéciales américaines et françaises et à la 1re division aéroportée américano-britannique. Les premières – comprenant la brigade d'élite du colonel Walker (forte de trois régiments américano-canadiens), le groupe de commandos d'Afrique du lieutenant-colonel Bouvet (750 hommes) et le corps franc naval d'assaut du capitaine de frégate Seriot – doivent débarquer sur les deux flancs du front d'attaque pour neutraliser des batteries et accomplir divers sabotages. Quant à la division aéroportée, elle va être parachutée aux alentours du Muy afin de bloquer la vallée de l'Argens et d'interdire la RN7 aux renforts allemands pouvant être envoyés de la région du Luc ou de celle de Draguignan.

Le « jour J » (15 août 1944), les trois divisions d'infanterie américaines (3e, 45e et 36e divisions d'infanterie – DI), appuyées par la 1re division blindée française, sont appelées à débarquer entre Sainte-Maxime et Saint-Raphaël, afin de réduire les défenses côtières puis de progresser rapidement en éventail vers l'intérieur des terres, en créant une tête de pont s'étendant d'est en ouest jusqu'à Théoule, Les Adrets, Bagnols-en-Forêt, Trans-en-Provence, Le Cannet, Collobrières et le cap de Léoube, ces différents points formant les jalons d'une ligne fictive appelée *ligne Bleue*.

La troisième phase du débarquement, à « J + 1 » (16 août), porte sur le déploiement des troupes françaises de l'armée B, devant attaquer ensuite les camps retranchés de Toulon puis de Marseille. Le 6e corps d'armée américain, avec ses trois DI, s'oriente alors vers le nord-ouest et le nord pour couvrir le flanc des unités françaises.

Ce plan minutieux s'accompagne évidemment d'une action massive de l'aviation, qui, durant des semaines, bombarde les positions allemandes. Rien que dans la journée du 15 août et la nuit suivante, les bombardiers alliés effectuent plus de 1 600 sorties contre les voies ferrées, les routes, les batteries côtières, les stations radar et de goniométrie, les défenses des plages, les troupes et postes de commandement. L'offensive aérienne sur les communications se poursuit jusqu'au 30 août ; les chasseurs-bombardiers attaquent les colonnes allemandes en retraite sur les routes, en particulier dans la vallée du Rhône, entre Valence et Montélimar, où 2 000 véhicules sont détruits.

Le débarquement

LÉGENDE

L'armada navale est issue de convois partis de l'Italie du Sud, de l'Afrique du Nord ou de la Corse. Dans la nuit du 14 au 15 août 1944, les commandos alliés approchent de la côte provençale. Ils ont quitté le port de Propriano, en Corse, dans la matinée et voguent vers les îles d'Hyères et le cap Nègre. La mer est calme, le ciel suffisamment clair pour que la terre soit visible à la jumelle.

La brigade américano-canadienne Walker se charge des îles. Le secteur du Levant est rapidement occupé après quelques escarmouches : à l'est de l'île, la batterie du de la forteresse du Titan, dont on craignait tant les tirs sur la flotte de libération abordant Cavalaire, n'est en fait qu'une position factice parfaitement camouflée. Sur Port-Cros, les Alliés se heurtent à une résistance plus solide, et il faudra attendre le 17 pour que la garnison accepte de se rendre.

Les commandos d'Afrique

Plus à l'est, le groupe français des commandos d'Afrique a la lourde charge de protéger le flanc gauche du débarquement en détruisant les deux batteries lourdes (canons de 155 mm) du cap Nègre. À 0 h 05, le commandant Rigaud est le premier soldat français à accoster, à bord d'un canot pneumatique, sur la plage du Rayol. Les commandos français escaladent les 100 m d'à-pic du cap Nègre et, par un coup de maître, parviennent à enlever la batterie qui le surplombe. Les Français finissent par atteindre leurs objectifs en profitant de la confusion semée chez l'ennemi. Au jour, le poste de commandement installé sur les collines peut recevoir un parachutage de munitions, et, dans l'après-midi du 15, la liaison est établie avec les fantassins américains débarqués à Cavalaire.

Sur le flanc est de la zone de débarquement, le corps franc Seriot (67 marins partis de Bastia) débarque entre Théoule et Le Trayas. Mais, au cours de l'escalade jusqu'à la route, le corps franc tombe sur un champ de mines. En peu de temps, 26 hommes, dont le chef du détachement, le capitaine de corvette Marche, sont tués ou blessés. Les survivants, la rage au cœur, sont capturés par les Allemands, alertés. Mais leur captivité sera courte…

L'opération aéroportée et le débarquement des troupes

La mise à terre de la force aéroportée se déroule généralement selon le plan prévu. Dès 4 heures du matin, 535 avions de transport et 410 planeurs déposent, tout autour du Muy, à La Motte, Sainte-Roseline, Roquebrune, près de 10 000 parachutistes, avec leurs 213 canons ou mortiers et leurs 220 jeeps. Épaulés par les unités FFI de la région, les « paras » américano-britanniques s'emparent de divers objectifs, libèrent Le Muy, Draguignan, Saint-Tropez, capturent l'état-major allemand chargé de la défense du littoral de Bandol à Menton.

Le moment est presque venu pour le 6e corps d'armée américain de débarquer. Depuis l'aube, 1 000 avions alliés ont déversé 800 tonnes de bombes sur les défenses allemandes, tandis que les 400 canons lourds de la flotte tirent près de 16 000 obus. L'élan des trois divisions américaines, soutenues par la 1re division blindée française, est irrésistible sur les plages de Cavalaire, Pampelonne, La Nartelle, La Garonnette, du Dramont, d'Anthéor… Les divisions alliées enfoncent les positions des 242e et 148e divisions allemandes, renforcées de trois bataillons d'*Ostlegionen* (légions de l'Est). Dans la nuit du 16 au 17 août, le 6e corps occupe une tête de pont de 30 km de profondeur et de 40 m de largeur. Plus de 130 000 hommes ont été mis à terre, avec 18 000 véhicules et 7 000 tonnes de ravitaillement. De nombreux Allemands (5 300) ont été faits prisonniers, et les pertes (1 300 soldats alliés hors de combat) sont relativement faibles.

Depuis le 16 août 1944 au soir, hommes, véhicules et matériel français de l'armée B débarquent sans interruption sur les plages de Sainte-Maxime à Cavalaire.

Les batailles de Toulon et de Marseille

Un fait inattendu bouleverse le planning de l'opération : dès le 16 août, le général Wiese, commandant les troupes allemandes du Sud-Est, reçoit l'ordre de se replier en direction de la Bourgogne et de la Franche-Comté. Deux divisions ont cependant pour mission de défendre Toulon et Marseille et de ne capituler qu'après la destruction complète des installations portuaires.

Pendant que le 6e corps d'armée américain passe à l'exploitation en direction du nord de la vallée du Rhône et de la route des Alpes, le général de Lattre, sans attendre la réunion de la totalité de son armée, prend le risque d'attaquer presque simultanément Toulon et Marseille.

La bataille de Toulon

La garnison allemande de Toulon, protégée par 30 forts, une abondante artillerie et d'innombrables casemates, comprend 18 000 hommes, issus de la 242e DI, de la Kriegsmarine et de la Luftwaffe. L'ensemble est commandé par l'amiral Ruhfus. De Lattre ne dispose que de 16 000 soldats, provenant de la 3e division d'infanterie algérienne (DIA), de la 1re division française libre (DFL), de la 9e division d'infanterie coloniale (DIC), du bataillon de choc et des commandos d'Afrique, d'une trentaine de chars et de 80 canons de calibre moyen. Malgré la disproportion des forces, il accomplit l'exploit de conquérir cette immense place forte en trois phases principales marquant le déroulement de la bataille :

- La **phase d'investissement** (20 et 21 août), au cours de laquelle le groupement du général de Monsabert tend un filet au nord et à l'ouest de Toulon, tandis que le groupement du général de Larminat s'en rapproche à l'est, l'un et l'autre devant former un large demi-cercle autour de la place d'Hyères à Bandol.
- Vient ensuite la **phase de démantèlement** (22 et 23 août), marquée par la progression systématique et difficile de la 1re DFL et de la 9e DIC à travers la ceinture extérieure orientale de la ville, que commandos et tirailleurs de la 3e DIA taraudent de leur côté.
- Arrive enfin la **phase de réduction définitive** des défenses intérieures, qui est surtout l'œuvre de la 9e DIC, et qui se termine le 27 août à 23 h 45 par la reddition sans condition de l'amiral Ruhfus et de ses dernières troupes.

Figure 24-1 : Soldats Allemands capturés par l'armée De Lattre.

La multiplication des faits d'armes

Lors de cette bataille, les faits d'armes accomplis par les forces françaises sont nombreux. Dès le 18 août, un groupe des commandos d'Afrique, fort de 60 hommes, a enlevé dans un fol assaut la batterie de Mauvannes, forte de quatre canons de marine de 150 mm, tué une cinquantaine de ses servants et capturé une centaine de survivants. La résistance allemande est souvent acharnée : 15 blindés du 5e régiment de chasseurs d'Afrique sont détruits lors d'un raid vers l'arsenal de Toulon. Le 23, l'enlèvement du massif du Touar coûte près de 300 hommes à la 1re DFL. Le même jour, des éléments de pointe de la 9e DIC s'emparent du château de Font-Pré, où sont capturés quatre canons de 105 mm, deux de 155 mm, trois antichars de 25 et 37 mm, ainsi que 120 prisonniers. Le fort du Coudon et la Poudrière ne sont réduits qu'après des combats allant jusqu'au corps à corps.

La presqu'île de Saint-Mandrier résiste toujours. Depuis le 18, l'aviation alliée n'a cessé, en dépit d'une puissante DCA (défense antiaérienne), de lancer des centaines de tonnes de bombes sur les casemates qui protègent ses pièces de 340 mm. La flotte s'est jointe à ce déchaînement, dont le cuirassé français *Lorraine*. À partir du 21, le bombardement a été quasi ininterrompu. Toute la zone qui entoure le cap Cépet n'est plus qu'un immense chaos d'où émergent les squelettes calcinés des pinèdes. L'amiral Ruhfus s'y trouve à l'abri dans les galeries bétonnées. Il ne se résout à capituler qu'après plusieurs jours de bombardements intensifs.

La *bataille de Toulon*, marquée par huit jours de luttes ininterrompues, coûte 2 700 tués ou blessés aux troupes françaises, dont une centaine d'officiers. Chez les Allemands, on compte un millier de tués, 17 000 prisonniers et un butin de 200 canons. Le plus grand port de guerre de l'Europe occidentale conquis est ouvert aux forces alliées pour servir de base à de nouvelles victoires.

La bataille de Marseille

À Marseille, le général allemand Schaeffer, commandant de la 244e DI, dispose de 13 000 hommes, de 150 à 200 canons allant du 75 au 220 mm. La prise de cette place forte est confiée à la 3e DIA du général de Monsabert, dont les effectifs, incomplets, ne dépassent pas 10 000 hommes, en comptant un groupement blindé d'appui de la 1re division blindée (DB). Une partie de cette division fonce en direction de Salon.

À Marseille, poussés par Monsabert, qui contrevient aux ordres de l'armée B, cuirassiers, goumiers et tirailleurs pénètrent dans la ville, dégagent les FFI en mauvaise posture et obtiennent la reddition des Allemands avec un minium de pertes.

Après de violents combats autour d'Aubagne, les fantassins nord-africains s'infiltrent en effet par la montagne à travers un dispositif auquel l'ennemi n'a pas eu le loisir d'apporter la même densité qu'à Toulon, et dont les arrières sont menacés par le soulèvement des FFI, déclenché le 21 août. Utilisant la tactique maintes fois éprouvée en Italie, les tirailleurs pénètrent par les faubourgs est le 23 à l'aube et, traversant l'agglomération sous les ovations de la foule, parviennent au Vieux-Port, suivis bientôt des blindés. S'ensuivent alors des combats de rue au cours desquels les points d'appui – dont celui de Notre-Dame-de-la-Garde – sont réduits un à un.

La reddition du général Schaeffer intervient quelques heures après celle de Ruhfus, le dernier bastion dans les îles se rendant à la flotte le 29 dans la soirée. Au terme de la *bataille de Marseille*, l'avance sur le calendrier est de vingt-sept jours, au prix de 1 825 tués ou blessés dans les rangs français, pour 11 000 Allemands capturés à Marseille et dans ses environs.

L'importance stratégique du succès français

Il n'y a que douze jours qu'ont commencé de débarquer les éléments de tête de l'armée française, et neuf jours que celle-ci est entrée dans la bataille. Quatre mille des siens ont été mis hors de combat (tués ou blessés). Face aux troupes françaises, l'ennemi accuse 3 000 tués et 28 000 prisonniers, dont 700 officiers. Deux de ses divisions sont complètement anéanties. Et l'avance française sur l'horaire prévu est d'une telle ampleur qu'elle va jouer un rôle important sur le déroulement de la campagne.

Grâce à la libération de Toulon et de Marseille, les Alliés disposent en Méditerranée d'une immense base qui double celle de Normandie et va contribuer à approvisionner toutes les troupes engagées sur le théâtre européen. Les deux ports du Midi assurent pendant huit mois le transit de 14 divisions et le déchargement moyen de 18 000 tonnes de ravitaillement par jour.

La libération du sud-est de la France

Le général de Lattre décide alors de passer à l'exploitation et de participer à la libération du sud-est de la France. Il réussit à s'affranchir des instructions restrictives du général Patch (commandant la VIIe armée américaine), qui semble vouloir le cantonner dans des missions subalternes. Les troupes françaises vont prendre une part décisive à la poursuite, sur 700 km, de la XIXe armée allemande.

L'armée B est coupée en deux. À l'ouest, le groupement du Vigier remonte la rive droite du Rhône et explore les Cévennes et les monts du Lyonnais ; à l'est, la 3e DIA et la 2e division d'infanterie marocaine (DIM), qui formeront bientôt, avec la 9e DIC (retenue par la prise de Toulon), le 1er corps de Béthouart, progressent par les Alpes avant d'amorcer la réunion de l'armée à l'est de la Saône. Au centre de l'éventail, le 6e corps américain avance sur Lyon par la N7 et la route Napoléon. Après avoir réussi à franchir le Rhône dans la région d'Arles, le 1er corps de Monsabert libère Montpellier avant de progresser en direction de Lyon par la bordure orientale du Massif central. La ville est libérée le 2 septembre par la 1re DB, la 1re DFL, les FFI et les troupes américaines. Simultanément, le 2e corps du général Bethouart relève les troupes américaines face aux Alpes et poursuit son avance le long du Jura en direction de la trouée de Belfort.

Cette progression est régulièrement entravée par les difficultés logistiques, le manque de munitions et la pénurie d'essence. Le ravitaillement est handicapé par les sabotages et les bombardements des voies de communication, en particulier dans le secteur de Montélimar, où la route doit être déblayée au bulldozer dans une odeur effroyable de cadavres en décomposition.

À plusieurs reprises, aux abords de Beaune, de Nuits-Saint-Georges ou de Dijon, la 11e Panzerdivision, qui couvre la retraite de la XIXe armée allemande, effectue d'efficaces contre-attaques qui freinent la progression alliée. De sérieux combats ont lieu dans la région d'Autun, où la brigade allemande Bauer est capturée par les troupes FFI et des éléments de pointe de l'armée de Lattre.

Le succès du plan de Lattre

Le plan du général de Lattre finit par se réaliser. La jonction avec les forces alliées venues de Normandie s'effectue le 12 septembre à Nogent-sur-Seine, à l'ouest du plateau de Langres, entre un groupe de reconnaissance de la 2e DB du général Leclerc et un autre de la 1re DFL.

Dès le 8 septembre 1944, les troupes FFI venues du Sud-Ouest, dont le célèbre corps franc Pommiès, ont combattu, dans la région d'Autun, avec le groupement Demetz de l'armée de Lattre. L'armée Patch est aspirée vers les basses Vosges et en Lorraine. Elle se trouve intégrée avec l'armée B, devenue *Ire armée française*, dans le 6e groupe d'armées de Devers. Les deux corps de De Lattre effectuent leur jonction et prennent position en face des hautes Vosges et de la trouée de Belfort, tout en assurant la couverture sur les Alpes du Nord.

LE SAVIEZ-VOUS ?

Trois semaines d'efforts incessants et de succès ininterrompus ont conduit les troupes françaises de la Provence jusqu'au Jura et au pied des Vosges. Vingt-cinq départements français (près du tiers de notre territoire national) ont été reconquis. Si on y ajoute tout le grand Sud-Ouest, plus de la moitié de la libération du territoire national est l'œuvre exclusive des forces françaises (FFI, armée de Lattre et division Leclerc). Les Ire et XIXe armées allemandes ont laissé 100 000 prisonniers aux mains des troupes françaises depuis le débarquement de Provence. Durant la même période, du 15 août au 19 septembre 1944, l'armée de Lattre a perdu 6 000 hommes (tués ou blessés).

Toutefois, à la fin septembre, la poursuite s'essouffle, puis s'arrête. Les difficultés logistiques persistent, et surtout on assiste à un rétablissement de l'armée allemande, qui s'appuie sur des positions solides, établies dans les montagnes et devant Belfort. Le temps se dégrade, avec des pluies diluviennes et une chute des températures, signes avant-coureurs d'un hiver rude et précoce.

PORTRAIT

Jean de Lattre de Tassigny

Issu d'une vieille famille de la noblesse des Flandres françaises, Jean de Lattre de Tassigny est né le 2 février 1889 à Mouilleron-en-Pareds (Vendée), d'un père poitevin, maire de Mouilleron-en-Pareds, et d'une mère vendéenne. Il accomplit ses études au collège Saint-Joseph à Poitiers et à Paris. Il est reçu quatrième à Saint-Cyr, où il entre en 1909 (promotion Mauritanie), après avoir effectué, comme c'est l'usage, une année de service militaire comme simple soldat, puis comme brigadier au 22e régiment de dragons. Ayant choisi la cavalerie à la sortie de Saint-Cyr, il fait un stage d'un an à Saumur, à l'issue duquel, en 1912, il est affecté comme sous-lieutenant au 12e régiment de dragons à Pont-à-Mousson.

Le 11 août 1914, il est blessé au genou et, un mois plus tard, reçoit un coup de lance à la poitrine lors d'une mission de reconnaissance. Il sert ensuite dans l'infanterie en 1915, au sein du 93e régiment d'infanterie (RI), prend part aux combats de Verdun en 1916 et du Chemin des Dames en 1917. Il est de nouveau blessé à trois reprises. Officier de la Légion d'honneur à la fin de la guerre, il est également titulaire de huit citations et de la Military Cross.

Après la guerre, le capitaine de Lattre de Tassigny est affecté à la section franco-américaine de Bordeaux puis au 49e RI à Bayonne, avant de se porter volontaire, en 1921, pour le Maroc (où il restera jusqu'en 1926) ; il est le chef d'état-major de la région de Taza durant la campagne du Rif. Deux fois blessé lors de ces opérations, il reçoit trois nouvelles citations et est promu au grade de chef de bataillon à titre exceptionnel. En 1927, il entre premier à l'École de guerre. De 1929 à 1931, il sert au 5e RI à Coulommiers. Il est ensuite affecté au 4e bureau de l'état-major de l'armée puis promu lieutenant-colonel à l'état-major du général Weygand de 1932 à 1935. Il commande le 151e RI à Metz, avec le grade de colonel, jusqu'en 1937. En 1938, il passe une année au Centre des hautes études militaires puis est nommé chef d'état-major du gouverneur militaire de Strasbourg. Promu général de brigade en 1939, à Strasbourg, il est alors le plus jeune général de France.

Chef d'état-major de la Ve armée, il prend, en janvier 1940, le commandement de la 14e DI. En mai-juin 1940, la 14e DI repousse tous les assauts ennemis sur le front de Rethel, malgré la supériorité numérique allemande de trois contre un. La 14e DI fait 2 000 prisonniers et continue à se battre à Mourmelon, Nevers et devant Clermont-Ferrand, où elle se replie. Après l'armistice de juin 1940, nommé adjoint au commandement de la 13e division militaire à Clermont-Ferrand, de Lattre se consacre à la formation des cadres à Opme, dans le Puy-de-Dôme. En septembre 1941, il est nommé commandant supérieur des troupes de Tunis et fonde une nouvelle école des cadres à Salammbô. Rappelé en France en janvier 1942, il est nommé commandant de la 16e division militaire à Montpellier et promu général de corps d'armée. En novembre 1942, à l'arrivée des forces allemandes en zone sud, il donne l'ordre à ses troupes de résister. Trahi, arrêté, il est interné à Toulouse puis au fort Montluc, à Lyon. Condamné à dix ans de prison en janvier 1943, il est transféré à Riom, d'où il s'évade, grâce à la Résistance française, dans la nuit du 2 au 3 septembre 1943, pour rejoindre Londres en octobre de la même année. Le 11 novembre 1943, il est promu général d'armée par le général de Gaulle, qu'il rejoint à Alger cinq semaines plus tard.

.../...

Il se voit confier la formation et le commandement de la future Ire armée française. Ayant libéré l'île d'Elbe en juin 1944, l'armée de Lattre débarque en Provence, le 15 août, aux côtés des Alliés. Après la libération de Toulon et de Marseille commence la remontée de la vallée du Rhône avec les durs combats de Chalon-sur-Saône, Beaune et Autun. Le 24 septembre 1944, le général de Gaulle lui remet la croix de la Libération au château de Bournel (Doubs). Le général de Lattre de Tassigny met alors au point l'offensive qui mènera la Ire armée française jusqu'au Rhin. La Ire armée française fait tomber en novembre 1944 les villes de Montbéliard et de Gérardmer, atteint le Rhin – première de toutes les armées alliées. La Ire armée française libère Colmar le 2 février 1945, passe le Rhin de vive force le 30 mars, pénètre en Autriche et pousse jusqu'à la montagne de l'Arlberg ; c'est la célèbre campagne « Rhin et Danube », au cours de laquelle sont capturés près de 300 000 soldats allemands. Le 9 mai 1945, le général de Lattre de Tassigny signe à Berlin au nom de la France, aux côtés des Alliés, l'acte de capitulation de l'Allemagne nazie. Chef d'état-major général de la défense nationale et inspecteur général de l'armée de terre en mars 1947, il est nommé en 1948 inspecteur général des forces armées alliées en Allemagne de l'Ouest, aux côtés du maréchal britannique Montgomery. Nommé haut-commissaire en Indochine et commandant en chef en Extrême-Oirent en décembre 1950, il rétablit la situation au Tonkin par les victoires de Vinh Yen et de Mao Khé. Son fils unique, Bernard, est tué à Ninh Binh le 30 mai 1951, à la tête d'un escadron vietnamien du 1e régiment de chasseurs. Après plusieurs missions à Washington, Londres et Rome, Jean de Lattre de Tassigny repart pour le Vietnam. Il rentre en France pour la Conférence des États associés et meurt le 11 janvier 1952 à Paris. Quatre jours plus tard, ses obsèques sont célébrées en la cathédrale Notre-Dame. Le jour même, il est élevé à la dignité de maréchal de France. Il est inhumé dans son village de Mouilleron-en-Pareds.

Chapitre 25

La libération de Paris et la poursuite des colonnes allemandes

Dans ce chapitre :

- L'insurrection des FFI à Paris
- Le rôle capital de la division Leclerc
- La capture des colonnes allemandes

Fait marquant de la Seconde Guerre mondiale, la libération de Paris symbolise la victoire de la France contre l'hydre nazie. La *2e division blindée* (dite « 2e DB ») du général Leclerc de Hauteclocque joue un rôle déterminant dans ce succès, sans oublier l'apport considérable des forces de la Résistance intérieure, sous la houlette du colonel Rol-Tanguy et du général Jacques Chaban-Delmas (voir le chapitre 28). La résistance allemande est acharnée en certains points de la capitale, et les pertes sont importantes dans les deux camps. Le général de Gaulle prend en main la direction de la cité, ce qui lui permet de s'affirmer aux yeux des Anglo-Américains comme le chef incontestable de la France en guerre contre l'Axe. La division Leclerc remporte un brillant succès à Dompaire, tandis que les unités FFI capturent de nombreuses colonnes allemandes en pleine retraite.

La division Leclerc débarque en Normandie

Formée en août 1943 au Maroc, à Témara (entre Casablanca et Rabat), la 2e DB, commandée par le général Philippe Leclerc de Hauteclocque, rejoint la Grande-Bretagne à bord de divers navires en avril-mai 1944. Cette unité représente un amalgame étonnant de Français libres, d'évadés de France, de soldats de l'armée d'Afrique. Français de souche ou pieds-noirs, Libanais, Algériens, Marocains, Noirs d'Afrique équatoriale, Indiens des Comptoirs (colonies françaises), républicains espagnols, catholiques, protestants, Juifs, musulmans, libres penseurs, anciens combattants des Brigades internationales en Espagne, tous possèdent la volonté de délivrer la France.

La division comprend un régiment de reconnaissance (1er régiment de marche de spahis marocains du colonel Rémy), un régiment d'infanterie (régiment de marche du Tchad du colonel Dio), trois régiments de chars de combat (501e régiment de chars de combat du colonel Warabiot, 12e régiment de chasseurs d'Afrique du colonel de Langlade, 12e régiment de cuirassiers du colonel Noiret), un régiment de chasseurs de chars (régiment blindé de fusiliers marins du capitaine de corvette Maggiar), trois groupes d'artillerie, un bataillon du génie, un groupe de DCA (défense antiaérienne), un groupe d'escadrons de réparation, un bataillon médical… L'ensemble représente 17 000 hommes, 4 000 véhicules, dont 130 blindés légers ou automitrailleuses, 153 chars de combat Sherman M4, 44 chars Destroyer M10. La totalité du matériel lourd est américain.

Leclerc organise sa division en trois ou quatre groupements tactiques (GT), avec pour ossature un régiment de chars de combat, un bataillon d'infanterie, un escadron de reconnaissance et un escadron de chasseurs de chars (GTD du colonel Dio, GTL du colonel de Langlade, GTB du colonel Billotte et GTR du colonel Rémy). Cette grande souplesse d'utilisation, qui exige des qualités de commandement certaines, permet à la 2e DB de s'adapter au mieux aux différentes missions.

Participation à la fin de la bataille de Normandie

La division Leclerc débarque à Utah Beach, en Normandie (Cotentin), le 1er août 1944 et participe à la fin de la bataille de Normandie. Elle doit remonter vers Alençon, puis sur Argentan, et contribuer ainsi à la victoire finale en Normandie par la fermeture de la poche de Falaise avec les Américains. Par son audace, la 2e DB prend les troupes américaines de vitesse.

Depuis le 10 août, la 2e DB progresse vers la poche de Falaise sans pouvoir mener d'opérations de grand style. Mais, à Alençon, Leclerc monte une brillante manœuvre qui pourrait dès le 12 août le porter dans Argentan. Il a compris qu'il faut faire vite pour empêcher l'ennemi de fuir à l'ouest. Entre Alençon et Argentan, l'épaisse forêt d'Écouves constitue un obstacle très redoutable, où se trouvent positionnées deux divisions allemandes. Aussi a-t-il décidé de la contourner à l'ouest et à l'est.

Leclerc viole délibérément les instructions du général américain Haislip, commandant du 15e corps. En effet, la 2e DB opère en partie dans un secteur attribué à la 5e DB américaine et fonce sur Sées, au nord-est de la forêt, dont la prise est réservée à cette dernière ! La manœuvre de débordement est un succès ; le 13, Argentan se trouve à portée de fusil, mais le général Omar Bradley, commandant du 12e groupe d'armées américain, donne l'ordre de stopper l'offensive. « Une aubaine, raconte Michel Marmin, pour les Allemands : la poche reste ainsi entrouverte, alors que Haislip et Leclerc auraient parfaitement pu les y enfermer définitivement après avoir fait leur rapide jonction avec les troupes canadiennes, à Falaise. »

Les hésitations de Bradley facilitent ainsi le rétablissement allemand et le repli de la VIIe armée en direction de la Seine. Dans la forêt d'Écouves, la 2e DB lutte avec un acharnement remarquable : 3 000 soldats ennemis sont faits prisonniers, un régiment de panzers est détruit. En dix jours de combat, la division Leclerc enregistre cependant de lourdes pertes, avec un millier de soldats hors de combat (tués, blessés ou disparus) et 75 blindés détruits.

Déclenchement de l'insurrection à Paris

Le 21 août 1944, le général de Gaulle est averti qu'en dépit des conseils de prudence d'Alexandre Parodi, son délégué politique, et du jeune général Jacques Chaban-Delmas, son délégué militaire, une insurrection vient de se déclencher dans la capitale à l'initiative des communistes et en particulier du colonel Rol-Tanguy, un ancien des Brigades internationales et commandant en chef des FFI (Forces françaises de l'intérieur) d'Île-de-France. C'est également un soldat qui s'est battu avec héroïsme en 1940 contre la Wehrmacht. Il commande en chef conscient de ses devoirs et non en partisan d'une cause politique.

Aux côtés de Charles Tillon, chef national des Francs-tireurs et partisans (FTP), Rol-Tanguy prend de court tout le monde, et même la direction de son propre parti, en lançant ses troupes, le 10 août, dans la guérilla insurrectionnelle. Le même jour, les cheminots de la région parisienne se mettent en grève, suivis par les postiers. Le 15, c'est au tour des policiers, tandis que les combats s'étendent. Le 17, le Comité national des FTP lance l'ordre de mobilisation générale, que reprend, le 18, l'état-major FFI de la région parisienne. Rol-Tanguy a pour adjoint un officier de carrière, le colonel de Marguerittes, chef FFI du département de la Seine.

Quinze mille FFI résolus à se battre

Dans toute la région parisienne, les FFI alignent sur le papier environ 15 000 hommes résolus à se battre, mais disposant d'un armement dérisoire : 4 mitrailleuses, 83 fusils-mitrailleurs, 562 fusils, 325 revolvers et moins de 200 grenades. Les forces allemandes de Paris reposent sur 18 000 hommes, 60 canons, 75 blindés divers et 60 avions. Le général Dietrich von, commandant du *Gross-Paris*, n'a rien d'un fanatique et ne s'est jamais mêlé de politique ; c'est cependant un soldat qui a la réputation d'exécuter les ordres reçus. C'est aussi un homme las, victime de crises d'angine de poitrine, convaincu que l'Allemagne a perdu la guerre. Il estime que Hitler est un fou qui conduit l'Allemagne à la ruine.

À l'intérieur de la capitale, les Allemands ont organisé un nombre important de points d'appui fortement défendus d'où ils peuvent contrôler les principaux itinéraires. Paris devient le lieu d'une bataille d'embuscades, d'escarmouches, de guérilla propice aux exploits individuels. Des barricades sont dressées un peu partout, et les résistants attaquent les véhicules allemands à la grenade où à la bouteille incendiaire. Des fenêtres des immeubles, ils tirent sur les patrouilles ennemies.

Négociation d'une trêve

Une trêve est négociée dans la soirée du 19 août, grâce à l'intervention du consul général de Suède à Paris, Raoul Nordling, et malgré les nouvelles alarmantes qui parviennent à Chaban : la mairie de Neuilly a été prise, une vingtaine d'otages capturés, la préfecture de police de Paris est à bout de munitions, les chars allemands la tiennent sous leur feu. Faut-il prolonger la trêve ou la rompre ?

Le lundi 21 août, dans la soirée et jusqu'à une heure tardive, Chaban discute avec les principaux chefs de la Résistance parisienne dans un appartement proche de la gare Denfert-Rochereau. Il se déclare favorable au maintien de la trêve, sachant que les troupes FFI engagées dans l'insurrection armée luttent contre la montre, et se dit convaincu qu'il faut gagner du temps en attendant l'arrivée des Alliés, bien que la date de leur entrée en scène reste inconnue. D'autres s'y opposent, notamment Villon, le représentant du Front national (tendance communiste) au Conseil national de la Résistance (CNR), qui se heurte à Chaban avec violence, au point de l'insulter. Chaban reste de marbre. Villon finit par s'excuser.

« Le véritable problème, rappelle Jacques Chaban-Delmas, était de savoir ce qu'il fallait choisir : l'unité de la Résistance ou le souci de préserver Paris d'une destruction assortie d'un massacre. Alexandre Parodi, représentant du gouvernement d'Alger, qui présidait les débats, opta pour l'unité de la Résistance. “Dénonçons la trêve”, dit-il. Je n’avais qu’à m’incliner » (Archives du Centre national Jean-Moulin, Bordeaux).

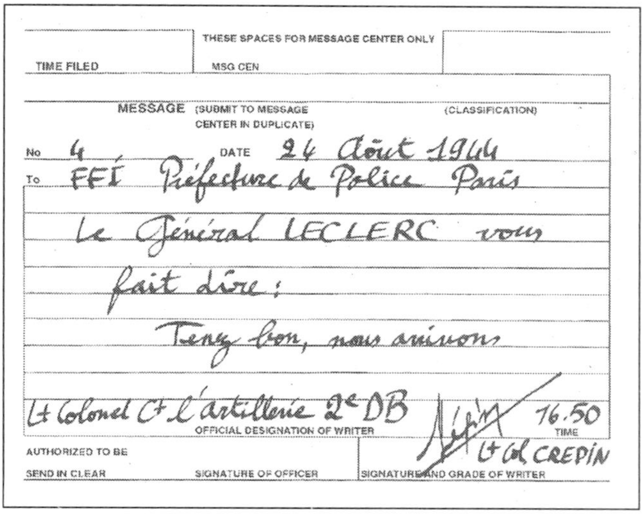

THESE SPACES FOR MESSAGE CENTER ONLY

TIME FILED | MSG CEN

MESSAGE (SUBMIT TO MESSAGE CENTER IN DUPLICATE) (CLASSIFICATION)

No 4 DATE 24 Août 1944

To FFI Préfecture de Police Paris

Le Général LECLERC vous fait dire :

Tenez bon, nous arrivons

Lt Colonel Ct l'artillerie 2e DB — OFFICIAL DESIGNATION OF WRITER — 16.50 TIME

AUTHORIZED TO BE SEND IN CLEAR — SIGNATURE OF OFFICER — Lt Col CREPIN SIGNATURE AND GRADE OF WRITER

Figure 25-1 : Message du général Leclerc à la Résistance parisienne.

Les barricades et la division Leclerc

Persuadé que la trêve aurait évité aux Allemands d’utiliser leurs moyens lourds, Chaban adhère finalement à l’appel aux barricades. La trêve a surtout permis de joindre les Alliés, par l’intermédiaire de deux émissaires, le commandant Gallois et le lieutenant Petit-Leroy, et de les convaincre finalement de dévier leur progression vers Paris. Sur l’intervention directe du général de Gaulle, le général Eisenhower accepte de modifier ses plans et de marcher directement sur Paris au lieu de déborder la capitale par l’ouest et par l’est, afin de gagner du temps dans la poursuite des troupes allemandes en pleine retraite.

Leclerc fonce sur la capitale

En effet, le 22 août, Eisenhower donne enfin l’ordre au général Leclerc de foncer sur la capitale. La 2e DB s’ébranle au petit matin du 23 août, avec ses 200 chars, ses 4 000 véhicules et ses 16 000 hommes. Elle attaque en deux groupements. Le premier par Rambouillet-Le Petit-Clamart, Sèvres, le second en direction d’Arpajon et de la Croix de Berny par la N20. La 2e DB est soutenue à l’est par la 4e DI américaine. Leclerc doit livrer de furieux combats le long de la N20. Il se heurte à des batteries de DCA équipées de canons de 88 mm, transformés en antichars. Les pertes de sa division sont sévères : plus de 300 tués, blessés ou disparus, une quarantaine de chars et une centaine de véhicules détruits.

À Paris, la situation reste confuse. La Luftwaffe a quitté le Bourget. Quant à la Wehrmacht, son moral est au plus bas. La retraite s'opère dans des conditions difficiles. Les troupes sont mitraillées par les détachements FFI. Les soldats allemands déménagent les bureaux et entassent dans des camions dossiers et archives. Hitler donne l'ordre au général von Choltitz de détruire la capitale. Von Choltitz refuse d'obéir à cet ordre qu'il juge inutile et criminel. Dans les rues, les barricades se multiplient, alors que les éléments avancés de la division Leclerc, commandés par le capitaine Dronne, se rapprochent.

Chaban-Delmas échappe de peu à la mort

LE SAVIEZ-VOUS ?

Dans la nuit du mercredi au jeudi 24 août, Chaban-Delmas a échappé de peu à la mort, alors qu'une patrouille allemande lui fonçait droit dessus. Il a juste eu le temps de se jeter dans l'obscurité d'une rue et de disparaître. Il se rend ensuite à l'hôtel Matignon, où sont réunis les secrétaires généraux des ministères chargés de préparer l'arrivée du nouveau pouvoir. Chaban leur dresse un tableau partiel de la situation militaire dans Paris.

La nouvelle tant attendue tombe enfin : la division Leclerc va entrer dans la capitale. Le capitaine Dronne rejoint le centre-ville en compagnie de trois chars Sherman, d'une quinzaine de blindés, de deux camions et de 150 hommes. À 20 h 45, cette solide troupe passe la Porte d'Italie, franchit la Seine par le pont d'Austerlitz et longe les quais. Sur leur passage, la foule crie sa joie et sa fierté. À 21 h 22, Dronne est accueilli à l'Hôtel de Ville par la Résistance, qui entonne une *Marseillaise* étranglée de larmes. Chaban est présent, dans son uniforme de général.

La reddition du général von Choltitz

N'OUBLIEZ PAS

Le 25 août, tandis que la 4e DI américaine libère les quartiers est de Paris, la 2e DB obtient à l'Hôtel Meurice la reddition du commandant de la garnison, le général von Choltitz, suivie de la capitulation des différents points d'appui – Sénat, École militaire, quartier des Affaires étrangères… Près de la place de la Concorde, la bataille de chars a été rude. Le lendemain, le général de Gaulle effectue une descente triomphale des Champs-Élysées, sous les acclamations de la foule.

Les combats pour la libération de la capitale ont été meurtriers : les FFI ont perdu 900 des leurs et 1 500 sont blessés, la division Leclerc a perdu 28 officiers et 600 sous-officiers et soldats, tués ou blessés. Les Allemands comptent 3 200 tués et 14 500 prisonniers.

De Gaulle affirme son autorité

En s'installant au ministère de la Guerre, où rien ne manque, sauf l'État républicain, de Gaulle entend bien, comme prévu, rétablir l'autorité du gouvernement. Il met fin à l'activité du CNR, élargit l'Assemblée consultative par une fournée de résistants de l'intérieur, et surtout il tient à exercer son contrôle sur les trop nombreux FFI qui font régner dans la capitale une atmosphère trouble, avec le cortège prévisible de femmes tondues, d'hommes au visage ensanglanté et d'exécutions sommaires.

Le général de Gaulle obtient du commandement allié l'autorisation de garder la 2e DB jusqu'au 8 septembre. Il intègre les FFI dans une 10e DI dirigée vers la frontière du Nord-Est. Eisenhower accepte encore de faire défiler, le 29 août, une division américaine à travers Paris depuis l'Arc de triomphe jusqu'à Vincennes, démonstration de force destinée à impressionner les communistes. De Gaulle devra cependant attendre encore jusqu'au 23 octobre pour que les Américains, suivis des Anglais et des Soviétiques, se décident à reconnaître le gouvernement provisoire.

La division Leclerc couvre le flanc de l'armée Patton

Lorsque la 2e DB quitte la région parisienne en direction des Vosges, sa physionomie a évolué. L'excellent principe de l'amalgame autour du noyau gaulliste, qui avait si bien fonctionné au Maroc, est appliqué à nouveau après la libération de la capitale, avec l'intégration de quatre compagnies issues des FFI, formant le groupement tactique Roumiantzoff (GTR). Réintégrée comme le désirait Leclerc au 15e corps du général Haislip, la division a pour mission de couvrir le flanc sud de la IIIe armée du général Patton dans sa marche vers l'est. Celle-ci se trouve coordonnée avec la remontée du Sud de l'armée de Lattre. La 2e DB s'empare de Contrexéville le 11 septembre 1944 et, le 12, de Vittel, où Leclerc rencontre 3 000 ressortissants britanniques et américains internés là depuis 1940. Le même jour, la jonction avec l'armée B du général de Lattre s'effectue sur le plateau de Langres.

La victoire de Dompaire

Le 13 septembre, dans la vallée de la Gitte, entre Damas et Dompaire, une terrible bataille oppose des éléments de la 2e DB, dont principalement un groupe du commandant Massu et le régiment blindé de fusiliers marins (RBFM) avec ses chars Destroyer M10, à la 112e Panzerbrigade, forte de 125 chars lourds Panther, envoyée par le général Hasso von Manteuffel pour bloquer la progression de Patton. Repérée dès le 12, la Panzerbrigade a commis l'erreur de rester dans la vallée et de s'offrir aux coups de la 2e DB, en embuscade, et soutenue par cinq attaques au sol de chasseurs-bombardiers américains P-47. Cette retentissante victoire permet aux équipages des chasseurs de chars M10 du RBFM de prouver leur valeur au général Leclerc : 59 Panther ont été détruits. Le 15, la Moselle est franchie à Châtel par le sous-groupement du commandant de La Horie (GTV), qui, dès le lendemain, doit repousser une nouvelle contre-attaque de Manteuffel.

La poursuite des colonnes allemandes

Le 1er septembre 1944, le général Chevance-Bertin, membre du Conseil supérieur de la Résistance et délégué du gouvernement provisoire de la République, arrive à Toulouse. Il est accompagné du colonel Schneider.

À cette date, les forces alliées débarquées en Normandie avancent vers l'est mais n'ont pas dépassé la Loire vers le sud. La Ire armée française, débarquée en Provence, progresse dans la vallée du Rhône. Entre ces deux masses se trouve un large couloir que jalonnent les villes d'Angoulême, de Bourges, d'Autun, de Dijon et de Vesoul. Par là, les troupes allemandes du Sud-Ouest tentent de rejoindre les unités de la Wehrmacht établies dans la région de Belfort. Déjà, 20 000 hommes se replient dans la région de Châteauroux, vers l'est, 40 000 autres d'Angoulême vers Montmorillon. À l'exception de poches de résistance dans le Médoc et la Charente-Maritime, le Sud-Ouest est libéré.

L'intervention des FFI

Le général Chevance-Bertin décide de faire intervenir les FFI dans le couloir Angoulême-Vesoul, au seul endroit propice aux embuscades : le Morvan. Cette idée est présentée dans une note du 1er septembre : « En vue d'assurer la participation des FFI de la zone sud à la poursuite des troupes allemandes en retraite, il est décidé d'organiser sans délai, dans chacune des régions R3, R4, R5 et éventuellement R6 et B1, une colonne FFI, l'ensemble de ces colonnes devant constituer un groupement aux ordres du colonel Schneider.

» La mission principale générale du groupement est la suivante : se porter par étapes le plus rapidement possible vers le nord, de manière à se trouver en mesure d'intervenir sur les flancs et, éventuellement, sur les arrières des troupes allemandes qui tentent d'échapper à l'encerclement entre les armées alliées du Nord-Ouest et celles remontant la vallée du Rhône » (Archives militaires françaises, Vincennes).

La colonne mobile FFI de Toulouse (colonne R4), placée sous les ordres du colonel Redon, ancien chef FFI du Tarn, comprend 8 400 hommes fournis par le corps franc Pommiès (CFP – 4 800 volontaires), le reste de la troupe provenant du groupe Ajax (FTP du Lot), du groupe de reconnaissance de Segonzac, du groupe Trioche (ORA, Vény et FTP du Tarn) et du groupe Marcus (AS du Tarn-et-Garonne).

Ces unités n'ont qu'un armement léger. Par conséquent, selon l'instruction personnelle et secrète du colonel Schneider, « la tactique à appliquer sera celle de la guérilla la plus agressive possible. Dans tous les cas, on recherchera la démoralisation de l'adversaire par un harcèlement continu de ses éléments isolés, pour aboutir à l'enveloppement et à la destruction de ses colonnes par des attaques de corps à corps déclenchées par surprise avec le maximum de moyens.

» Les troupes devront vivre et combattre quelles que soient les intempéries saisonnières et les conditions de ravitaillement du groupement, limitées par l'insuffisance des moyens de transport et l'insécurité des communications.

» Le succès dépendra surtout de la discipline intellectuelle des cadres et de l'esprit de sacrifice des exécutants » (Archives militaires françaises, Vincennes).

La victoire d'Autun

BATAILLE

Le 3 septembre 1944, la colonne R4 défile dans les rues de Toulouse avant de partir en direction du Morvan. L'échelonnement des départs ne permettra qu'au CFP et au groupe de reconnaissance de Segonzac de participer aux combats dont Autun allait être l'enjeu. La brigade mobile du CFP qui va combattre à Autun comprend neuf bataillons. Constituée rapidement, elle ne dispose que d'un armement léger : mitraillettes Sten peu précises, fusils et revolvers de types divers, fusils-mitrailleurs Bren et Châtellerault, quelques mitrailleuses, très peu de mortiers et d'engins antichars. Enfin, l'artillerie de campagne et la DCA font totalement défaut. La diversité des armes individuelles et collectives pose le problème de la multiplicité des munitions pour les groupements et des ravitaillements sur le terrain de combat.

Le CFP doit désorganiser la défense allemande à Autun par des actions à la périphérie de la ville, ainsi que sur les axes de retraite. En outre, des unités sont chargées du harcèlement des colonnes ennemies refluant de l'ouest sur les routes de Château-Chinon, Moulins-Engilbert et Luzy. L'unité du colonel Pommiès est appuyée à l'ouest, dans la région de Moulins, par la colonne FFI d'Auvergne.

Les effectifs allemands à Autun sont très variables : ils changent d'un moment à l'autre dans le mouvement incessant de la retraite. Un rapport de la Résistance signale, le 6 septembre, la présence de 8 000 soldats allemands ; le lendemain, ils ne sont plus que 5 000.

Le 7 septembre, le bataillon Wurstein-Turban du CFP accroche une colonne allemande de 3 000 hommes au carrefour de Fontaine-la-Mère. Le matin du 8, le régiment FTP Valmy décide d'entrer de force dans Autun, sans attendre les renforts du CFP. L'assaut se solde par un échec sanglant, qui coûte la vie à une centaine de FTP. En début d'après-midi, l'attaque déclenchée par le CFP et les éléments de la colonne Demetz est plus heureuse. Les combats sont opiniâtres. Les Allemands mettent la nuit à profit pour s'enfuir vers le nord-est.

Pommiès se montre satisfait : la ville est tombée – mais la garnison allemande court encore. Un détachement de poursuite se constitue. Ayant rejoint l'ennemi, cette unité engage le combat à Arnay-le-Duc. C'est à ce moment que le colonel André Pommiès reçoit l'ordre de décrocher et de revenir sur Autun. En effet, la brigade allemande du colonel Bauer, forte de 5 000 hommes, reflue du Sud-Ouest et marche sur la ville. Pommiès engage ses neuf bataillons, renforcés par des compagnies FFI d'Auvergne et trois chars M10. De furieux combats sont livrés jusqu'au corps à corps autour des carrefours de Fontaine-la-Mère, des Quatre-Vents, du Mousseau, de la Ginguette et de la Folie. L'ennemi dispose d'un armement lourd et d'hommes parfaitement entraînés, mais, en face des Pyrénéens et des Auvergnats, il ne couvre que 16 km en quarante heures.

Le 10 septembre 1944, le CFP, soutenu par un bataillon de marche de la Légion étrangère et un groupe d'artillerie lourde de 155 mm de l'armée du général de Lattre, obtient la capitulation de 3 500 soldats allemands. En outre, 700 autres ont été tués ou blessés durant les combats. Le CFP compte à lui seul 22 morts et une cinquantaine de blessés, dont Pommiès et le lieutenant Grattard. L'ensemble des pertes françaises (FFI et armée de Lattre) s'élève à 200 hommes hors de combat (tués, blessés ou portés disparus).

L'action du CFP trouvera sa récompense dans cette citation du général de Lattre de Tassigny, le 22 septembre 1944 : « Il a provoqué à Autun, après de durs combats, en liaison avec la Ire armée, la capitulation d'une troupe de 3 500 Allemands dont plus de 850 ont été faits prisonniers par les seules unités du corps franc Pommiès, brigade très manœuvrière et ardente qui incarne l'esprit offensif des troupes du Sud-Ouest » (Archives militaires françaises, Vincennes).

Le colonel Schneider, commandant l'ensemble du groupement mobile du Sud-Ouest, écrit dans ses Mémoires que « la reddition de la brigade Bauer doit, en premier lieu, figurer au palmarès du corps franc Pommiès, avant d'être comptabilisée à celui de la Ire armée. J'eus l'occasion, le 10 septembre vers 15 heures, d'observer une colonne de 350 prisonniers qui m'étaient présentés par une escorte de CFP au carrefour du Mousseau. Je fis sortir un *Feldwebel* pour en assurer la conduite. À son commandement, cette masse d'hommes qui sortaient du combat, tomba au "garde-à-vous" comme à la parade et se mit en marche au pas de l'oie. À croire qu'ils n'étaient pas vaincus. C'est dire le mérite de nos maquisards d'avoir arraché leur victoire aux mains de ces soldats. Car c'était bien leur victoire ! » (Archives militaires françaises, Vincennes).

La défaite de la colonne allemande Elster

Ce même 10 septembre 1944 stationnent entre la Loire et le Cher 20 000 soldats allemands formant plusieurs colonnes, dont l'ensemble est sous les ordres du général Elster. La colonne FFI R6 ayant fait sauter les ponts de Gannay et de Decize dans la journée, la troupe allemande s'efforce, le soir, de gagner Imphy et Nevers lorsqu'elle apprend la capitulation de la colonne Bauer devant Autun. Pris dans le piège, le général Elster n'a plus qu'une ressource s'il veut éviter un massacre inutile : se rendre à son tour. C'est ce qu'il fait le 11 septembre. Mais, refusant que ses troupes tombent aux mains des « terroristes » du groupement Schneider et des maquis des colonels Chomel et Bertrand, il les livre au général américain commandant la IXe armée, opérant au nord de la Loire. Cette victoire revient cependant aux troupes FFI, qui par leur efficacité ont poussé à la capitulation l'équivalent d'un corps d'armée de la Wehrmacht.

Henri Rol-Tanguy

Henri Rol-Tanguy est né le 12 juin 1908 à Morlaix, dans le Finistère, d'un père officier marinier et d'une mère blanchisseuse. Il fait ses études primaires à Toulon, Brest et Cherbourg. Ouvrier métallurgiste dans la région parisienne dès l'âge de 14 ans, il accomplit son service militaire en 1929 au 8e régiment de zouaves à Oran. Militant communiste, il devient, en octobre 1936, secrétaire du syndicat des travailleurs de la métallurgie CGT de la région parisienne. Il sert en Espagne dès février 1937 dans les rangs des Brigades internationales de l'armée républicaine espagnole. Il est officier et occupe le poste de commissaire politique dans la 14e brigade (La Marseillaise). Le 18 juin 1938, il est blessé d'une balle dans la poitrine sur le front de l'Èbre.

.../...

De retour en France en novembre 1938, il est mobilisé en septembre 1939 et affecté comme soldat de 1re classe au 57e régiment d'infanterie coloniale en Lorraine. En mai 1940, il est armurier au 28e régiment d'infanterie coloniale mixte sénégalais. Promu lieutenant, il prend part aux combats de la 28e division du 5 au 24 juin 1940 et est cité à l'ordre du régiment.

Démobilisé en août 1940, il refuse la défaite, et, par antifascisme et patriotisme, il rejoint immédiatement les rangs de la Résistance parisienne avec son épouse, Cécile, et ses camarades du Syndicat des métaux. Il prend la tête des comités populaires de la région parisienne qui doivent remplacer clandestinement les syndicats désormais contrôlés par le gouvernement de Vichy. Dès le début du mois d'octobre 1940, à la suite d'une vague d'arrestations et alors qu'il est recherché par la police de Vichy, il entre avec son épouse dans la clandestinité.

Dans les mois qui suivent, il participe à la mise sur pied de l'Organisation spéciale, mouvement communiste chargé de l'action directe et du sabotage, et exerce des responsabilités au sein du Parti communiste français parisien. Dès juillet 1941, il met en place, peu à peu, avec Raymond Losserand et Gaston Carré, une direction militaire de la Résistance dans la région parisienne, créant de petits groupes armés. Début 1942, il est nommé chef des Francs-tireurs et partisans (FTP) de la région parisienne. Peu de temps après, en mai 1942, Raymond Losserand et Gaston Carré sont arrêtés puis fusillés, alors qu'Henri Rol-Tanguy échappe de peu à l'arrestation à son domicile.

Pour des raisons de sécurité, il est nommé en septembre 1942 par le Comité national FTP chef des FTP de la région Poitou-Anjou, puis de la région Atlantique. En mai 1943, à la suite d'une nouvelle vague d'arrestations à Paris, il est de nouveau nommé chef des FTP de la région parisienne, avec pour mission de réorganiser le mouvement. Il rédige également avec sa femme un journal clandestin, *Le Franc-tireur parisien*. En septembre 1943, il est nommé représentant des FTP au Comité d'action contre la déportation, que dirige Yves Farges, et qui a pour mission d'empêcher le départ en Allemagne des requis du STO, notamment par la fabrication de faux papiers. Il participe au titre des FTP, dans le dernier trimestre de l'année 1943, à la mise en place de l'état-major des Forces françaises de l'intérieur (FFI) de la région parisienne (région P1), qui comprend 11 départements. Il prend donc part à la création des FFI et est nommé en janvier 1944 chef du 3e bureau (opérations) et sous-chef d'état-major. Le 1er juin 1944, il devient chef régional des FFI pour les quatre départements de la région Île-de-France (Seine, Seine-et-Marne, Seine-et-Oise, Oise) en remplacement de Pierre Pène, arrêté. Il est en même temps promu lieutenant-colonel.

Il se consacre entièrement à la préparation de la libération de la capitale, en liaison étroite avec le Comité d'action militaire (COMAC) du Conseil national de la Résistance, le délégué militaire national Jacques Chaban-Delmas et les membres du Comité parisien de la Libération. L'avance des Alliés en Normandie donne bientôt le signal de l'insurrection. Le 8 août 1944, les FTP et le COMAC se mettent à la disposition de Rol-Tanguy. Du 10 au 15 août, des grèves éclatent dans les administrations parisiennes (cheminots, gendarmes et policiers), et, le 15 août, Rol-Tanguy lance un appel aux forces de l'ordre pour qu'elles se rangent aux côtés des FFI. Le 18 août au matin commencent la grève générale et les premières occupations d'usines.

.../...

Le même jour, Rol-Tanguy envoie une première mission chargée d'établir une liaison avec les Américains et parallèlement, dans la soirée, décrète la mobilisation générale des Parisiens : une affiche est apposée sur les murs, donnant aux Parisiens l'ordre de rejoindre les FFI. Dès le lendemain, la préfecture de police est occupée par des policiers insurgés auxquels Rol-Tanguy rend visite pour les soutenir. Le 20 août, l'état-major FFI est installé dans son poste de commandement souterrain de la place Denfert-Rochereau, sous le *Lion de Belfort*. Le même jour, l'Hôtel de Ville est pris, et les escarmouches entre les FFI et les troupes allemandes se multiplient en banlieue et dans plusieurs arrondissements, qui sont conquis par les insurgés. Le 21 août, en début de soirée, Rol-Tanguy fait afficher l'ordre de dresser les barricades et renouvelle son appel le lendemain. Six cents barricades couvrent rapidement la capitale. Rol-Tanguy fait même appel au secrétaire du Syndicat des terrassiers.

Rol-Tanguy réalise dans les journées du 20 au 24 août, avec des milliers d'hommes placés sous ses ordres, une manœuvre générale libérant les neuf dixièmes de la capitale, aboutissant à l'isolement puis à l'investissement de l'ennemi dans quelques points d'appui qui sont réduits le 25 août, en étroite collaboration avec la 2e DB du général Leclerc. Rol-Tanguy assiste, à la Préfecture de police, à la signature de l'acte de reddition sans condition des forces allemandes du général von Choltitz et contresigne lui-même un des exemplaires.

Il est ensuite affecté à la Ire armée française du général de Lattre de Tassigny et rejoint, après le passage du Rhin, le 151e régiment d'infanterie au sein de la 2e division d'infanterie marocaine (DIM). Dès lors, il participe, à partir du 1er avril 1945, comme adjoint du commandant, à tous les combats du régiment, du Rhin au Danube. Le 13 avril, il tombe, lors d'une reconnaissance pour laquelle il s'était porté volontaire, sur un détachement ennemi ; il se jette résolument sur lui, aidé seulement par un lieutenant et un sous-officier, le met en fuite et fait trois prisonniers. Le sous-officier ayant été tué au cours de l'action, il ramène son corps, parcourant plusieurs kilomètres en pleine Forêt-Noire pour rejoindre le poste de commandement, sous la menace des infiltrations allemandes.

Le 18 juin 1945, il est décoré de la croix de la Libération par le général de Gaulle, place de la Concorde à Paris, avant d'être nommé adjoint au commandant de l'infanterie divisionnaire de la 2e DIM. En décembre 1945, il est intégré dans l'armée d'active avec le grade de chef de bataillon et bientôt nommé chef de corps du 27e régiment d'infanterie, puis de la 7e demi-brigade à Dijon. En avril 1947, il est affecté au cabinet militaire du ministre de la Défense nationale. De 1948 à 1951, il est chef du 3e bureau à l'état-major de la subdivision du Mans. Il part à la retraite en 1962.

Membre du Comité central du PCF (1962-1987), Henri Rol-Tanguy est également président de l'Association nationale des anciens combattants de la Résistance (ANACR) et président de l'Amicale des anciens volontaires français en Espagne républicaine. Il est décédé le 8 septembre 2002 à Paris. Il est inhumé au cimetière de Monteaux, dans le Loir-et-Cher.

Chapitre 26

La libération des Vosges et de l'Alsace

Dans ce chapitre :

- Une campagne difficile dans la neige et le froid
- La libération de Strasbourg
- Les Français sur le Rhin

Durant l'automne 1944, la Ire armée française se trouve en face d'un problème qui exige une solution urgente, celui de la relève de certaines de ses troupes noires, incapables de supporter les rigueurs de l'hiver continental. À la 1re division française libre (DFL), le remplacement porte sur cinq bataillons d'infanterie venus du Cameroun, de l'Afrique-Équatoriale et de Djibouti, ainsi que sur de nombreux éléments de l'artillerie, du train et du bataillon médical, soit au total 6 000 hommes. À la 9e division d'infanterie coloniale (DIC), il est plus important encore, puisque ce sont 9 000 Sénégalais qu'il convient de relever et d'envoyer sans retard dans le Midi.

Les unités des Forces françaises de l'intérieur (FFI) et les volontaires répondent à l'appel : des engagés volontaires de Lyon, de Chalon-sur-Saône, de Besançon, des Ardennes, de la Bretagne fournissent à la 1re DFL un nombre important de jeunes soldats. Des unités FFI comme le maquis de Chambaran, le 2e bataillon du Charolais, le groupement Thivolet, le 4e bataillon du régiment du Morvan complètent le renforcement de la DFL. De même, à la 9e DIC, des bataillons entiers de Sénégalais sont, du jour au lendemain, remplacés par des unités FFI venues du Sud-Ouest, de Provence et du Centre.

Figure 26-1 : Jeune soldat français de l'armée de Lattre.

L'amalgame réussi des FFI et de l'armée

LE SAVIEZ-VOUS ?

L'apport grandissant des FFI permet la création de nouvelles unités au sein de la Ire armée, comme la brigade Alsace-Lorraine du « colonel Berger » (André Malraux), formée de maquisards venus du Périgord et de Toulouse. Les FFI de la région parisienne permettent la création de la 10e division d'infanterie (DI) du général Billotte, qui va tenir un large secteur des Vosges dans des conditions extrêmement difficiles, en plein hiver. Le général Salan se voit confier le commandement de la 14e DI avec les FFI du Sud-Ouest, de la Bourgogne, de l'Yonne, du Charolais et d'ailleurs. Les divisions nord-africaines sont renforcées par le corps franc Pommiès (CFP – devenu par la suite 49e RI), la colonne Fabien (151e RI), le régiment de Franche-Comté et celui du Morvan (27e RI). Dans le Berry, le colonel Bertrand reforme le 1er RI. Le colonel Fayard (« Mortier ») commande la division FFI d'Auvergne. Le colonel Rol-Tanguy présente au général de Lattre la brigade Paris. Des régiments de reconnaissance se forment également avec l'apport des FFI, comme le 12e dragons de Dunoyer de Segonzac. Près de 140 000 FFI (AS, ORA, FTP) intègrent ainsi la Ire armée, qui va compter 300 000 soldats.

Le front de Belfort et des Vosges

Sur le front de Belfort et des Vosges, l'armée de Lattre doit tenir 120 km de positions montagneuses – dont certains sommets dépassent 1 000 m d'altitude –, dans des conditions climatiques extrêmes, face à la XIXe armée allemande, reconstituée d'unités fanatisées. De Lattre tient cependant à s'ouvrir l'accès à la plaine d'Alsace. Une première offensive (du 25 septembre au 4 octobre 1944) concerne le nord des Vosges.

C'est un demi-succès : le temps est détestable, la résistance allemande acharnée et les pertes importantes. Cette manœuvre a cependant l'avantage de fixer les réserves allemandes. La 3e division d'infanterie algérienne (DIA) – renforcée par le 1er régiment de chasseurs parachutistes (RCP), les commandos d'Afrique et le groupement de choc Gambiez – progresse en direction de Gérardmer, de La Bresse et du col d'Oderen. L'adversaire du général Guillaume, commandant de la 3e DIA, est la 338e DI du général allemand de L'Homme de Courbière, descendant d'une famille de la noblesse française ayant rejoint l'Allemagne protestante au XVIIe siècle. Ce chef allemand énergique et résolu a su ressouder des unités diverses que soutiennent des bataillons de mitrailleuses lourdes et qui utilisent au mieux les possibilités de défense multiples qu'offrent les forêts et le relief du terrain.

Des combats acharnés

Le 5 octobre 1944, après avoir conquis au corps à corps les pentes sud de Longegoutte, les troupes françaises s'approchent de la crête. Mais le 6, la 338e DI allemande contre-attaque, isolant le 1er RCP et le 3e régiment de tirailleurs algériens (RTA). Pendant trente-six heures, les deux adversaires s'affrontent en des combats sous bois confus et violents. Le 8 octobre, les Français restent finalement maîtres du terrain par la conquête de la crête de Longegoutte. Les combats se poursuivent par un temps abominable. La pluie, le brouillard et la neige alternent et se conjuguent. La 1re division blindée (DB), épaulée par le corps franc Pommiès (CFP) et la brigade Alsace-Lorraine, libère Servance et Fresse mais ne peut déboucher. La 1re DFL se heurte aux mêmes difficultés, malgré la prise de Ronchamp et de Frédéric-Fontaine.

De lourdes pertes

Les pertes françaises sont particulièrement lourdes : le 6e régiment de tirailleurs marocains (RTM) a perdu 700 hommes (tués ou blessés), et le 1er RCP 750 hommes. Ces opérations ont entamé sérieusement les défenses ennemies sans toutefois trouver la fissure qui aurait permis le franchissement des crêtes et la descente en Alsace. Elles se soldent en trois semaines par près de 2 000 prisonniers allemands et très largement le double de tués. Dans une lettre datée du 19 octobre 1944, le général de Lattre note que « nous avons actuellement en face de nous plus de 55 000 combattants, appuyés par plus de 25 groupes d'artillerie largement approvisionnés et un nombre étonnant de canons automoteurs et de chars » (Archives militaires françaises). Outre la 338e DI, l'ennemi aligne une division fraîche qui arrive de Norvège, la 269e DI, et la 189e DI, aguerrie par la lutte contre les maquis dans le Sud-Ouest.

Le Rhin atteint à Huningue

Cette première opération facilite, le 14 novembre 1944, le déclenchement d'une seconde offensive à l'extrême Sud par la trouée de Belfort, le long de la frontière suisse. Le général Béthouart (voir annexes B), commandant du 1er corps d'armée, y engage la 5e DB, la 2e division d'infanterie marocaine (DIM), la 9e DIC et le groupement Molle (composé d'unités FFI). La 338e DI allemande est enfoncée. L'attaque est marquée par des combats très durs et par des retours offensifs de l'ennemi dans le secteur de Dannemarie, fin novembre.

La victoire est cependant acquise. Le Rhin a été atteint à Huningue. Belfort, Montbéliard et Mulhouse ont été libérés. L'encerclement réalisé dans le secteur de Burnhaupt a permis la destruction de la plus grande partie du 63e corps d'armée allemand du général Schalk, composé des 189e et 269e DI, de la 30e DI Waffen-SS et de la brigade blindée Feldherrnhalle. La 1re DFL, qui s'empare de Giromagny le 22 novembre, favorise ce brillant succès, sans oublier l'intervention de la 1re DB dans la région de Mulhouse.

N'OUBLIEZ PAS

Cette bataille de la trouée de Belfort et de la Haute-Alsace, du 14 au 28 novembre 1944, coûte 6 000 tués, blessés ou disparus à l'armée de Lattre, ainsi que 1 700 évacués pour gelures graves, sans oublier 130 blindés (chars et automitrailleuses) détruits. Les pertes allemandes sont considérables : 10 000 tués et 17 000 prisonniers, la capture de 120 canons et la destruction d'une centaine de blindés.

Leclerc s'empare de Strasbourg

LÉGENDE

Pendant ce temps, le général Leclerc et sa 2e division blindée (DB) participent, au sein de la IIIe armée américaine, à une vive offensive en direction de Phalsbourg et de Saverne à la mi-novembre. Les groupements Rouvillois et Massu s'emparent de Saverne le 22. Par des chemins forestiers difficiles, mal surveillés par l'ennemi, Leclerc lance la 2e DB, divisée en cinq groupements tactiques, en direction de Strasbourg ; elle pénètre dans la ville le 23 novembre. La capitale de l'Alsace est entièrement libérée deux jours plus tard.

Dans son ordre du jour n° 73, le général Leclerc déclare aux soldats de sa division : « En cinq jours vous avez traversé les Vosges malgré les défenses ennemies et libéré Strasbourg. Le serment de Koufra est tenu ! Vous avez infligé à l'ennemi des pertes très sévères, fait plus de 9 000 prisonniers, détruit un matériel innombrable et désorganisé le dispositif allemand. Enfin et surtout, vous avez chassé l'envahisseur de la capitale de l'Alsace, rendant ainsi à la France et à son armée son prestige d'hier » (Archives militaires françaises, Vincennes).

La bataille de la poche de Colmar

BATAILLE

La première tentative de réduction de la *poche allemande de résistance de Colmar*, en décembre 1944, se révèle infructueuse, malgré les assauts enragés du 1er RCP, de la 2e DB, de la 3e DIA, de la 4e division marocaine de montagne (DMM), de la 2e DIM, des 1re et 5e DB, de deux divisions américaines (36e et 3e DI). Thann, Orbey, Witternheim tombent cependant aux mains des troupes françaises. Le 1er RCP compte à lui seul près de 200 hommes hors de combat sur 511 soldats engagés ! Près de 6 000 soldats allemands ont été capturés.

Le 16 décembre, la contre-offensive allemande qui débute dans les Ardennes place l'armée américaine dans une situation délicate ; Eisenhower n'écarte pas la possibilité d'une évacuation de Strasbourg. Les Français s'y opposent et prennent à leur charge la défense de la ville. Hitler et Himmler montent une vaste manœuvre en tenaille contre Strasbourg. Au nord, la Ire armée allemande, forte de trois divisions blindées, d'une division parachutiste et de deux divisions d'infanterie, doit attaquer les positions américaines du 6e corps d'armée sur le front d'Haguenau. Cette opération sera accompagnée d'une traversée du Rhin, au nord de Strasbourg, effectuée par la 553e division de grenadiers, front tenu par la 3e DIA et une partie de la brigade Alsace-Lorraine. Au sud de Strasbourg, la 198e DI allemande et la brigade blindée Feldherrnhalle, reconstituée, sont chargées d'enfoncer les positions de la 1re DFL et d'une partie de la brigade Alsace-Lorraine.

Échec à l'offensive Nordwind

BATAILLE

Le 7 janvier 1945, cette double offensive, appelée *Nordwind*, démarre. « Le choc est violent, raconte le général de Lattre. Dans l'aube glaciale, sur la plaine couverte de neige que l'éclatement des obus poudre de cernes noirâtres, des ombres fantomatiques avancent, ombres démesurées des chars peints en blanc, ombres innombrables des fantassins revêtus de cagoules » (Archives militaires françaises, Vincennes). Attaques et contre-attaques vont se multiplier jusqu'au 25. Les Français forment des poches de résistance dans les villages et tiennent avec fermeté. Les Américains reculent sur une seconde position. Les assauts allemands finissent par s'essouffler ; Strasbourg est sauvé.

La réduction de la poche de Colmar

La conclusion de la campagne d'Alsace est alors imminente. La poche allemande de Colmar tient toujours. Du 20 janvier au 9 février 1945, la Ire armée française, la division Leclerc et deux DI américaine y livrent de furieux combats pour sa réduction. Les troupes allemandes de la XIXe armée y concentrent quatre divisions d'infanterie, trois divisions de grenadiers et la 2e division de montagne, arrivant spécialement de Finlande. Le 1er corps d'armée de Béthouart (4e DMM, 2e DIM, 9e DIC) attaque au sud, tandis que la 10e DI de Billotte fixe les réserves allemandes au centre. Au nord de la poche, la 2e DB, la 1re DFL, la 5e DB et les deux DI américaines (3e et 28e DI) menacent directement Colmar.

Il fait 20 °C au-dessous de zéro, le vent souffle, et on se débat sous 1 m de neige. La résistance allemande est acharnée. Les Français souffrent de la faiblesse du matériel, notamment dans le domaine des blindés. Le char Sherman est dramatiquement surclassé par les Tigre, Panther et Jagdpanzer. L'Alsace partage, avec la Normandie, le triste titre de province la plus affectée par l'acharnement des combats, avec plus d'une vingtaine de villages détruits. La poche de Colmar est finalement réduite et la ville libérée le 2 février par la 5e DB française. Les Allemands se retirent de l'autre côté du Rhin par le pont de Chalampé. La conquête de la poche coûte 13 400 tués ou blessés aux troupes françaises engagées ; les Allemands ont perdu 35 000 hommes, dont 20 000 prisonniers. Lors de cette bataille, la 9e DIC (division d'infanterie coloniale) a payé le plus lourd tribut des unités françaises, avec 400 tués. Les deux divisions américaines comptent un total de 542 tués.

S'achève ainsi une des campagnes les plus dures menées par l'armée française, qui s'est heurtée à des conditions climatiques extrêmement difficiles et à un adversaire fanatisé et valeureux. Le général américain Eisenhower, commandant en chef des forces alliées de l'Ouest, ne tarit pas d'éloges sur l'armée française : « Cette victoire, remportée en affrontant des conditions difficiles de temps et de terrain, est un exemple exceptionnel de travail d'équipe d'alliés au combat. C'est un tribut à l'habileté, au courage et à la détermination de toutes les forces engagées. Je vous prie de transmettre au général de Lattre, commandant de la Ire armée française et à toutes les forces sous son commandement, mes félicitations pour ce haut fait » (Archives militaires françaises, Vincennes).

Figure 26-2 : Soldats français en Alsace durant l'hiver 1944-1945.

Les combattants racontent

La guerre de positions dans les Vosges et en Alsace, durant l'hiver 1944-1945, n'est pas sans rappeler celle du front russe. Les rapports du capitaine Gouzy et du médecin-capitaine de Tayrac, rattachés au corps franc Pommiès (49e RI), sont révélateurs : « La neige recouvre le sol de 2 m d'épaisseur… Il faut relever régulièrement les éléments placés au sommet. Nos soldats enlèvent mutuellement la glace qui se forme sur leurs vêtements insuffisants… 90 % des armes ne peuvent fonctionner, un bloc de glace se formant à la fenêtre d'éjection… Les hommes sont à la limite de la résistance. On constate chez eux un automatisme hébété. Il règne dans la troupe la psychose de l'insécurité au repos. Ils ne peuvent pas dormir et la fatigue va en s'accentuant. D'autre part, l'état des chaussures et des chaussettes provoque une macération des pieds qui rend la plupart des soldats inaptes à la marche. La température est tombée à – 20 °C. Les hommes relevés des emplacements de combat sont employés au ravitaillement de leurs camarades en première ligne, et il faut aussi aider ceux des transmissions à maintenir les liaisons entre les divers PC. Enfin, il n'est pas rare qu'il faille épauler les brancardiers pour aller chercher les blessés des engagements nocturnes » (Archives militaires françaises, Vincennes).

Les combattants doivent apprendre à vivre dans la neige, à lutter contre le froid, à maintenir les armes en état, à repérer les patrouilles ennemies, ces grands fantômes blancs qui s'infiltrent silencieusement entre les postes avancés. Les hauteurs sont couvertes d'une neige gelée. Les soldats montent à tour de rôle, section après section, groupe après groupe, occuper les postes de combat, durant trois jours, durant cinq jours, suivant les périodes. Les guetteurs, les pieds dans la neige, en pleine nuit, doivent lutter contre le sommeil. Les blocs de neige que les sapins laissent glisser au sol de temps en temps évoquent les pas des patrouilles allemandes, et il est difficile de se retenir de tirer.

…/…

Le soldat Henri Juppé, qui prend part à l'attaque du Petit Drumont (1 208 m), dans la nuit du 28 au 29 novembre 1944, raconte : « Les conditions atmosphériques et la topographie des lieux sont déplorables. Il neige ; le vent est furieux et glacial ; les pentes abruptes sont enneigées ou glacées ; la visibilité est presque nulle, car un épais rideau de neige empêche nos hommes d'y voir à plus de 35 m. Voilà les souffrances physiques qu'endurent ces hommes... lorsque, tout à coup, des hurlements inarticulés, des cris, se mêlant aux tirs de FM, de mitrailleuses, de mitraillettes, s'élèvent un peu partout. C'est l'accrochage. Les Boches qui nous ont entendus progresser tirent sur les cibles qui se détachent merveilleusement sur la neige immaculée. Tout le monde est à terre pour la riposte. Un duel serré commence à quelques mètres les uns des autres... » (Archives militaires françaises, Vincennes).

Chapitre 27

La campagne d'Allemagne

Dans ce chapitre :

- Les Français conquièrent le sud de l'Allemagne
- Une accumulation de victoires françaises
- La fin du IIIe Reich

En mars 1945, la France est presque entièrement libérée, en dehors des poches allemandes de l'Atlantique et de celles des Alpes, qui résistent toujours. La Wehrmacht a repassé le Rhin. Mais, en dépit de sa retraite précipitée et de ses énormes pertes en hommes et en matériel, elle représente encore une force cohérente. Elle cherche à s'accrocher, à gagner du temps.

Les Alliés ont résolu de l'anéantir en portant la guerre au cœur même du Reich, et d'obtenir sa capitulation sans condition. Si la France veut être présente à cette victoire suprême, à cette revanche totale, à l'occupation du territoire ennemi et à l'élaboration de la paix, elle doit, aux côtés de ceux qui l'ont aidée à recouvrer ses frontières, participer à la campagne d'Allemagne. L'effort est dur pour un peuple épuisé par cinq années terribles et éprouvé, de surcroît, par un hiver exceptionnellement rigoureux. Il est dur aussi pour l'armée, dont certains éléments se battent depuis 1940.

Une importante participation française

À la veille de l'offensive sur le front ouest contre l'Allemagne, les Alliés alignent 90 divisions, dont 58 américaines, 18 britanniques, 10 françaises, 3 canadiennes et 1 hollandaise. Il convient d'ajouter 10 autres divisions françaises, issues de la Résistance intérieure, qui luttent sur le front des poches de l'Atlantique et le front des Alpes occidentales face à un nombre équivalent de divisions allemandes ou italiennes. Comme ces chiffres l'indiquent, la participation de l'armée française à la victoire finale est importante à l'Ouest. Bien que repoussée derrière le Rhin, l'armée allemande représente encore une force armée de 73 divisions à effectifs incomplets.

La fin est cependant proche : l'absence totale de soutien aérien et la pénurie de tout matériel de guerre rendent la défaite inévitable pour le IIIe Reich.

Dix divisions françaises étalées sur 200 km

Alors que 80 divisions alliées tiennent 530 km du front occidental, les seules 10 divisions françaises, de la Ire armée, s'étalent sur 200 km, avec face à elles deux armées allemandes (XIXe et XXIVe armées), sans oublier le 19e corps d'armée SS ; l'ensemble représente une dizaine de divisions.

Pour envahir l'Allemagne, il faut à la Ire armée française une base de départ convenable pour l'offensive. Or, celle-ci n'existe pas en Alsace. Au-delà du Rhin se dresse en effet le double obstacle de la ligne Siegfried et de la Forêt-Noire.

À la suite de démarches pressantes, le général de Lattre obtient, le 27 mars 1945, l'autorisation de faire pénétrer ses forces dans le Palatinat, aux côtés des armées alliées. Quelques unités du 2e corps d'armée traversent la Lauter à Scheibenhardt, pour se placer sur leur base de départ. Étendant sa zone d'action jusqu'à Spire, le commandant de la Ire armée dispose ainsi d'un créneau sur le Rhin, face à la région de Karlsruhe – où s'ouvre la trouée de Pforzheim, qui sépare le massif de la Forêt-Noire de celui de l'Odenwald, donne accès aux plateaux du Wurtemberg et permet de déborder la Forêt-Noire par le nord.

Le temps presse, car, au nord de l'armée de Lattre, la VIIe armée américaine a déclenché son offensive et passe le Rhin le 26 mars. Ses avant-gardes progressent rapidement. Tant pour des raisons d'intérêt national que pour couvrir le flanc de l'armée américaine, les troupes françaises doivent franchir le fleuve sans plus attendre.

D'accord avec le général de Gaulle, le général de Lattre décide de brusquer les opérations. Cette décision paraît une gageure tant l'audace en est grande : les délais sont extrêmement courts. Les unités qui doivent attaquer ne sont pas encore à pied d'œuvre, pas plus que les embarcations du génie. L'artillerie n'a pas reçu toutes ses munitions. Beaucoup d'unités ne sont pas prêtes matériellement à franchir le Rhin à une date aussi rapprochée.

Le général de Lattre rencontre ses commandants de division. Il bouscule les techniciens, leurs schémas, leurs objections. Il explique, il prouve que, cette fois encore, l'armée française, comme sur le front italien, en Provence et en Alsace, doit payer d'audace. À tous, il insuffle sa conviction totale du succès.

Le franchissement du Rhin

Le 31 mars 1945, peu avant le lever du jour, avec quelques embarcations, les forces françaises franchissent le Rhin et prennent pied sur la rive badoise. À l'est de Spire, un bataillon du 3e régiment de tirailleurs algériens (3e division d'infanterie algérienne, DIA) progresse de 4 km de l'autre côté du fleuve. Au nord-est de Germersheim, la première vague du 4e régiment de tirailleurs marocains (2e division d'infanterie motorisée, DIM) passe également par surprise. Mais l'ennemi réagit violemment ; le 151e régiment d'infanterie, bloqué sur la rive de départ, doit renouveler sa tentative au début de l'après-midi, après que l'artillerie et les chars Destroyer M10 eurent neutralisé ou détruit les casemates ennemies.

Au soir, quatre bataillons ont pris pied sur la rive est du fleuve. Les deux petites têtes de pont sont bientôt réunies. De là partira l'offensive qui brisera les défenses ennemies barrant la trouée de Pforzheim, et qui ouvrira la voie à la manœuvre d'exploitation. Après un nouveau franchissement du Rhin à hauteur de Leimersheim, les Français abordent Karlsruhe simultanément par le nord, l'est et l'ouest ; ils entrent dans la capitale badoise le 4 avril 1945 au matin.

L'offensive en Allemagne

L'ennemi masse devant Stuttgart quatre divisions et barre l'entrée du couloir badois avec deux autres grandes unités, fortement retranchées dans les organisations de la ligne Siegfried. Elles attendent sur les voies naturelles de pénétration. Aussi, pour les surprendre encore une fois, l'armée française va-t-elle attaquer où les difficultés du terrain rendent une offensive improbable : à travers le massif de la Forêt-Noire.

Fonçant du nord au sud à travers le massif montagneux qu'elles prennent également à revers, les troupes françaises se fraient un chemin au prix d'efforts opiniâtres. En même temps, débordant et culbutant le barrage de Rastatt, elles se précipitent par la plaine badoise en direction de Kehl pour dégager Strasbourg. Le 15 avril, Kehl est pris et la capitale alsacienne mise à l'abri de toute menace, tandis que, sur le revers de la Forêt-Noire, Freudenstadt est enlevé le 17 avril.

Moment décisif : le pont rétabli à Kehl donne à l'offensive des possibilités beaucoup plus grandes. Freudenstadt lui ouvre une large porte sur les vastes plateaux du Wurtemberg, propices à la ruée des chars. Dès lors, l'exploitation va prendre toute son ampleur.

À Freudenstadt, la Ire armée française se trouve au centre même du dispositif ennemi, qu'elle sépare ainsi en deux masses : celle qui couvre Stuttgart et celle qui défend la rive est du Rhin et la Forêt-Noire.

La manœuvre d'anéantissement

De Freudenstadt, les Français s'élancent vers le sud et vers le nord-est pour achever de couper l'armée adverse et régler le sort des deux tronçons, stratégie audacieuse dont l'exécution va plonger les Allemands dans le plus profond désarroi. D'une part, la 4e division marocaine de montagne (DMM) et la 1re division blindée (DB) poussent rapidement le long des pentes est de la Forêt-Noire vers le Danube et la frontière suisse, pour interdire tout repli aux éléments ennemis chargés de la défense du Rhin et les enfermer dans le coude du fleuve. D'autre part, la 2e DIM et la 5e DB remontent vers le nord en direction de Stuttgart, dessinant un large mouvement enveloppant par l'est la ville allemande. Ainsi, comme à Belfort et à Colmar, l'armée française, contournant l'obstacle, vient se placer dans le dos de l'adversaire pour lui couper la retraite, l'assaillir de toutes parts et le détruire – manœuvre d'anéantissement qui va s'effectuer simultanément au nord et au sud.

C'est le 19 avril que les troupes du 2e corps d'armée (général de Monsabert) s'élancent vers Stuttgart. Les chars de la 5e DB pénètrent dans la ville le 21 par le sud. Une lutte violente s'engage. L'ennemi, pour se dégager, multiplie les contre-attaques. On se bat à bout portant. Fantassins, canonniers, artilleurs français tirent sur les colonnes allemandes qui cherchent à passer à travers les mailles du dispositif. L'un des postes de commandement de la 5e DB est encerclé et attaqué par des chars allemands. Une charge héroïque de blindés de la Légion le dégage. La volonté de vaincre des Français l'emporte sur l'énergie du désespoir de l'ennemi, dont les groupes, refoulés dans un espace toujours plus restreint, sont bientôt faits prisonniers.

Au sud est à l'ouest de Stuttgart, d'autres éléments allemands cherchent aussi à se frayer une voie et se jettent dans la forêt de Schönbuch. Pressés par les goumiers des 1er et 4e groupements de tabors marocains, ils essaient de gagner le Neckar à Tübingen. Mais, là encore, le général de Linarès, avec sa 2e DIM, contient leur poussée, les encercle et les capture. Plus de 20 000 soldats allemands et un matériel considérable restent entre les mains des Français.

L'atteinte du Danube

Au sud de Freudenstadt, les troupes du 1er corps d'armée (général Béthouart) s'élancent, ce même 19 avril, de part et d'autre du Haut Neckar, en même temps qu'elles établissent un barrage face à l'ouest, le long de la Forêt-Noire. Elles dépassent Rottweil, atteignent le 20 avril le Danube à Donaueschingen, le franchissent en trois points et se dirigent vers la frontière suisse et le lac de Constance.

Le 18e corps d'armée SS, avec quatre divisions et une nombreuse artillerie automotrice, se trouve encerclé dans le massif boisé de la Forêt-Noire. Va-t-il résister sur place ou capituler ? Regroupant sous le couvert des forêts leurs forces un instant désorientées, des chefs énergiques, décidés à rompre les lignes françaises, forment le dessein d'attaquer vers Villingen pour s'ouvrir une retraite.

Le 26 avril 1945, par surprise, en plusieurs colonnes, les divisions du 18e corps d'armée SS, appuyées par des blindés, débouchent brusquement de la forêt et cherchent à rompre le barrage. Deux groupes français d'artillerie, cernés un moment par le flot adverse, se battent avec acharnement et parviennent à rejeter l'ennemi en le décimant. Le 1er bataillon du 1er régiment de tirailleurs marocains (RTM) se met « en hérisson » dans le village d'Assen, bloque le gros de la colonne ennemie, résiste à tous les assauts et contraint l'assaillant à abandonner sur place tout son matériel et à se disperser.

Entre-temps, le général de Lattre dirige sur les lieux du combat de nouvelles unités prélevées sur la 5e DB, la 14e division d'infanterie (DI) et la 3e DIA, qu'il met à la disposition du général Béthouart. L'aviation du 1er corps aérien français intervient également dans la lutte, apportant une aide extrêmement efficace aux troupes terrestres, par ses attaques à la bombe, à la mitrailleuse et au canon.

La victoire de Villingen

Bientôt, grâce à la détermination et à la coordination des efforts de tous, l'ennemi est cerné et anéanti dans la région de Villingen : le 1er corps d'armée fait 15 000 prisonniers. Le 18e corps d'armée SS n'existe plus. Seuls subsistent encore quelques groupes ennemis qui, refoulés dans la montagne, seront capturés quelques jours plus tard lors des opérations de nettoyage.

Débouchant de Kehl, la 9e division d'infanterie coloniale (DIC) du général Valluy, précédée du groupement tactique du général Caldairou, progresse sur les pentes ouest de la Forêt-Noire, s'empare de Fribourg, poursuit une bataille de destruction et réalise le 26 avril, sur la frontière suisse, sa jonction avec la 4e DMM du général de Hesdin. Les prisonniers allemands se comptent par dizaines de milliers ; cinq généraux sont capturés.

L'ultime manœuvre d'anéantissement

Tandis que s'achève la bataille de la Forêt-Noire, l'ultime manœuvre d'anéantissement des forces ennemies se déroule. Partant du triangle stratégique Stockach-Engen-Tuttlingen, la 1re DB du général Sudre, avec le groupement tactique du colonel Gruss et celui du colonel Lehr, s'épanouit au sud du Danube en un large éventail pointant à la fois vers Ulm (sur le Danube même), Memmingen et Kempten (dans la vallée de l'Iller). Le but de cette manœuvre est double : elle vise d'une part à interdire à tout élément ennemi de se ressaisir sur le plateau au sud du Danube, d'autre part à bloquer au nord du fleuve les forces adverses du Jura souabe, devancées dans leur retraite. En deux jours, les chars français parcourent 150 km, s'emparent de tous les passages sur le Danube, prennent Biberach le 23 avril.

Ainsi, les forces allemandes qui occupent le Jura souabe sont prises à revers. Bientôt pressées par la 2e DIM (renforcée par le groupement tactique nº 5 et les blindés de la VIIe armée américaine), elles tentent de s'échapper vers le sud. Mais ce mouvement était prévu, et la 1re DB française, qui tient solidement la ligne du Danube, résiste aux attaques désespérées d'un adversaire aux abois.

Le 24 avril 1945 au soir, le groupement tactique nº 5, parti en flèche de Reutlingen, au sud de Stuttgart, réalise à Sigmaringen, sur le Danube, sa liaison avec la 1re DB. Dès lors, la poche ennemie du Jura souabe est coupée en deux. À partir du 25, des groupes désemparés errent dans la montagne, mais leur résistance est peu à peu réduite. Le 28, le nettoyage de cette région s'achève, anéantissant les derniers restes de la XIXe armée allemande.

Le 28 avril, trois jours seulement après la prise de Constance, les 1re et 5e DB, aux ordres du général Béthouart, commandant le 1e corps d'armée, franchissent la frontière autrichienne et prennent pied dans le Vorarlberg et dans les Alpes bavaroises, dont certains sommets culminent à 3 000 m d'altitude. En trois jours, toute la région des plateaux comprise entre le lac de Constance et la vallée de l'Iller est conquise et nettoyée. Les bases allemandes de Friedrichshafen et de Lindau, sur le lac de Constance, avec leurs chantiers navals et aéronautiques ainsi que leurs ateliers de construction de fusées V2, tombent entre les mains des Français.

S'accrochant au terrain montagneux et au système d'ouvrages bétonnés implantés dans la région de Bregenz, multipliant les destructions sur tous les itinéraires, des unités SS tentent d'interdire l'accès des hautes vallées du Rhin et de l'Iller. Mais la 5e DB, après une lutte acharnée, force dès le 29 avril le verrou de Bregenz, prend Dornbirn le 1er mai, s'empare de Feldkirch le 3 mai et atteint les frontières de la principauté du Liechtenstein. À sa gauche, la 1re DB remonte la vallée de l'Iller, enlève, par une habile manœuvre, la localité d'Immenstadt, âprement défendue, et, malgré un terrain rendu plus difficile par des destructions nombreuses, parvient au cœur des Alpes bavaroises, à Oberstdorf.

Suivant au plus près les deux divisions blindées, la 4e DMM à l'ouest et la 2e DI motorisée à l'est nettoient le terrain conquis et dépassent les blindés, dont la progression dans la haute montagne, encore couverte de neige, se heurte aux pires difficultés. Bousculées sans trêve, les divisions ennemies ne peuvent échapper à la capture. Le 7 mai, partant de Langen, quelques chasseurs du 1er bataillon de choc, conduits par le lieutenant Crespin, entreprennent l'ascension de l'Arlberg pour y planter le drapeau tricolore.

Le triomphe de l'armée de Lattre

Du 31 mars (jour du franchissement du Rhin) au 7 mai 1945, l'armée française a conquis 80 000 km^2 du Grand Reich hitlérien, les régions du Palatinat, du pays de Bade, du Wurtemberg, de la Bavière et de l'Autriche du Sud. Elle a détruit les XIXe et XXIVe armées allemandes, ainsi que le 18e corps d'armée SS, capturé 130 000 prisonniers. Parmi eux, le fils du maréchal Rommel, Manfred, qui s'empresse de raconter au général de Lattre comment son père a été contraint au suicide par Hitler.

Les pertes françaises ne dépassent pas 6 000 hommes (tués, blessés ou disparus). La 2e DIM accuse 938 soldats hors de combat (tués ou blessés), la 9e DIC 662, la 3e DIA 632, la 5e DB 542. La 1re DB compte à son actif, pour cette ultime campagne, 30 000 prisonniers allemands, dont 10 généraux, soit le double de son effectif, 150 canons détruits, des trains entiers de matériel, 40 avions intacts, des centaines de véhicules, d'immenses dépôts de vivres et d'archives – au prix, de son côté, de 137 tués, 436 blessés et 25 disparus.

Leclerc à Berchtesgaden

La 2e division blindée (DB), libérée du front de la poche de Royan, en Charente-Maritime, se porte à marche forcée en direction de l'Allemagne. Parties le 23 avril 1945 du sud-ouest de la France, ses premières colonnes atteignent le 27 le cœur de la Souabe, à la moyenne de près de 300 km par jour. Le 2 mai, la 2e DB est entièrement regroupée.

Le même jour, un de ses groupements passe le Lech au sud d'Augsbourg, atteint l'Isar puis l'Inn, qu'il franchit le 3 au matin. L'ennemi ne semble plus réagir que par la destruction systématique des ponts. Parfois, un barrage de route : un char entouré de quelques fantassins résiste. Un engagement rapide, et ces fanatiques vont grossir le troupeau de prisonniers qui reflue à pied et presque sans escorte vers les arrières français. La position fortifiée allemande, la fameuse Alpenstellung, est abordée sans résistance. L'affaissement est général dans toute la région. Les civils sortent des drapeaux blancs. De nombreux généraux et personnages importants du régime hitlérien se rendent à la division Leclerc. Au milieu d'un peuple vaincu, qui devient plat et servile, circulent les martyrs de cette guerre : prisonniers en uniforme appartenant à toutes les nationalités alliées ; déportés aux cheveux ras, à la silhouette squelettique, aux yeux hagards.

La 2e DB fonce à toute allure sur l'autostrade qui conduit à Berchtesgaden, là où Hitler invitait les dignitaires nazis et les personnalités étrangères. Au franchissement de la Sallach, le pont est coupé et la gorge étroite défendue par deux compagnies ennemies, appuyées par des pièces de 88 mm. L'artillerie française arrive à temps pour soutenir l'attaque, et, le 4 mai au soir, le génie lance un pont.

Le 5 mai 1945, vers 15 heures, les premiers éléments de la 2e DB atteignent le village de Berchtesgaden, déjà rempli de troupes de la 3e division américaine, qui a roulé à toute vitesse sur une route parallèle. Dépassés par les événements, ou pris de panique, les SS ont renoncé à défendre le repaire abandonné de leur Führer – qui s'est suicidé le 30 avril dans son bunker de Berlin. Les casernes de Berchtesgaden sont pleines de troupes régulières rassemblées pour une reddition en ordre.

À l'origine, Berchtesgaden est une petite station de montagne, au creux d'un cirque où se rejoignent trois torrents. Le repaire de Hitler est bâti à 1 800 m d'altitude, sur le sommet rocheux de l'Obersaltberg. C'est toute une petite ville, le Platterhof, qui a été construite par le maître de l'Allemagne autour de sa propre villa, le Berghof : villas pour ses gardes et ses acolytes, caserne de SS, hôpital, hôtel pour les invités, garage. La 2e section de la 12e compagnie du régiment de marche du Tchad, conduite par le capitaine Touyeras, s'empare du « nid d'aigle », la villa du Führer, sans rencontrer la moindre résistance. Le Berghof a été en partie détruit par un bombardement aérien. Arrivé peu après, le général Leclerc peut enfin contempler les ruines de ce symbole d'un Reich qui s'était voulu millénaire.

Le lendemain, 6 mai, une patrouille de la 2e DB, après neuf heures de marche dans la neige et les éboulis, hisse les couleurs françaises sur le sommet du Kehlstein. C'est le cœur même de l'Allemagne, cette forteresse qui aurait dû constituer le dernier réduit de la puissance nazie, que la 2e DB atteint la première pour y planter le drapeau national et écraser ce que le monde considérait comme le symbole de la grandeur et de la puissance du régime hitlérien.

N'OUBLIEZ PAS

Du débarquement de Provence (15 août 1944) à la capitulation allemande (8 mai 1945), l'armée française (Ire armée et 2e DB) a capturé 300 000 soldats allemands. Elle compte de son côté 57 000 soldats tués ou blessés au combat.

Figure 27-1 : Soldats français sur le front du Médoc en 1945.

Figure 27-2 : La reddition du commandement allemand sur le front du Médoc en avril 1945.

LE SAVIEZ-VOUS ?

Les fronts oubliés de l'Atlantique et des Alpes

De septembre 1944 à avril 1945, sur les 300 km du front de l'Atlantique, couvrant les poches allemandes du Médoc, de Royan, de La Rochelle, de Lorient, de Saint-Nazaire et de Dunkerque, l'armée hitlérienne aligne 92 500 soldats, 1 500 pièces d'artillerie et 1 700 ouvrages bétonnés. On compte 4 000 soldats allemands, 110 canons et 161 blockhaus dans la poche du Médoc ; 5 500 soldats allemands, 200 canons et 349 blockhaus dans la poche de Royan, sans oublier 1 500 autres soldats allemands et italiens, 40 canons et 60 blockhaus dans l'île d'Oléron ; 16 000 soldats allemands, 200 canons et 200 blockhaus dans la poche de La Rochelle ; 67 000 soldats allemands, 950 canons et 930 blockhaus dans les poches de Lorient, de Saint-Nazaire et de Dunkerque.

Pour tenir l'ensemble de ce front, l'armée française engage des forces issues principalement de la Résistance intérieure (AS, FTP, ORA), ainsi que quelques régiments de troupes françaises régulières, sans oublier quelques unités alliées, comme la brigade blindée tchèque Liska et la 66e division d'infanterie (DI) américaine. L'ensemble représente 88 558 soldats français et 30 000 soldats britanniques, tchèques et américains, soit un total de 118 558 soldats alliés, soutenus par un millier de pièces d'artillerie, plusieurs centaines de chars et d'avions, un nombre appréciable de navires, principalement français.

Le secteur du Médoc est tenu par la brigade Carnot du colonel de Milleret, forte de 13 000 hommes en comptant les renforts. Les effectifs engagés sur le secteur de Royan représentent 23 751 soldats français de la division Gironde du général d'Anselme et 6 370 soldats français de la brigade d'Oléron du général Marchand. On compte 26 613 soldats français de la division Charente du colonel Chêne dans le secteur de La Rochelle. Sur les secteurs de Lorient, de Saint-Nazaire et de Dunkerque, les troupes françaises reposent respectivement sur le 110e régiment d'infanterie du lieutenant-colonel Lehagre, la 19e division d'infanterie des généraux Rollins et Borgnis-Desbordes, diverses unités FFI bretonnes non endivisionnées, sans oublier des troupes britanniques et la brigade tchèque Liska (secteur de Dunkerque), enfin la 60e DI américaine (secteurs de Lorient et de Saint-Nazaire).

Dans le Médoc, après une longue guerre de positions conduite dans les pires conditions climatiques par la brigade Carnot, l'offensive française débute le 14 avril 1945. La résistance allemande, particulièrement coriace, est brisée après sept jours de combats acharnés, durant lesquels les fantassins français luttent avec une bravoure extraordinaire pour s'emparer des nombreux blockhaus. On compte 400 tués ou disparus et 1 000 blessés dans les rangs français, contre 650 tués, 80 disparus et 3 320 prisonniers au sein de la garnison allemande.

La lutte pour s'emparer de la forteresse de Royan dure cinq jours (du 14 au 18 avril 1945) et se solde également par de lourdes pertes des deux côtés : 150 tués, 700 blessés et 10 disparus chez les Français, finalement victorieux ; 900 tués ou disparus et 4 600 prisonniers dans les rangs allemands. La conquête de l'île d'Oléron par les troupes françaises (du 30 avril au 1er mai 1945) coûte de faibles pertes (18 tués et 55 blessés français) et permet la capture de 1 300 prisonniers allemands et italiens (50 tués dans leurs rangs).

.../...

Dans le secteur de La Rochelle, 1 144 soldats français sont tués, blessés, disparus ou prisonniers de septembre 1944 à mai 1945, pour la mise hors de combat de 16 000 soldats allemands tués, blessés ou capturés. Cette forteresse se rend seulement le 9 mai 1945. Les redditions des poches de Lorient, de Saint-Nazaire et de Dunkerque se déroulent, sans bataille finale, respectivement les 10, 11 et 9 mai 1945, permettant la capture de 67 000 soldats allemands.

Sur le front des Alpes occidentales, couvrant la frontière franco-italienne sur 400 km, s'engage une terrible guerre en haute montagne, avec certains sommets dépassant 3 000 m d'altitude, dans les pires conditions topographiques et climatiques. Durant des mois, on assiste à une lutte acrobatique pour la conquête de sommets dans les deux camps. À la fin mars 1945, environ 40 000 soldats français de la 27e division alpine (DA) du général Molle et de la 1re division française libre (DFL) du général Garbay lancent une vaste offensive contre les 40 000 soldats ennemis de la 34e division allemande d'infanterie du général Lieb, de la 5e division allemande de montagne du général Schrank, de la division alpine italienne Monterosa, de la division de grenadiers italiens Littorio et du régiment parachutiste italien Folgore, commandés par le maréchal Graziani. Des positions souvent jugées imprenables sont conquises par les troupes françaises, après des assauts spectaculaires à donner le vertige. La prise du massif de l'Authion coûte 300 tués aux Français de la 1re DFL. Les combats acharnés du mont Froid mettent en valeur les chasseurs alpins français, les *Gebirgsjäger* allemands et les *alpini* italiens. On déplore une centaine de soldats français tués en Tarentaise et autant en Maurienne, contre des pertes similaires dans les rangs ennemis. En Ubaye, les Français déplorent 15 tués et 38 blessés, tuent 30 soldats ennemis et en capturent près de 200.

À la fin avril 1945, devant la poussée irrésistible des deux divisions françaises (27e DA et 1re DFL), soutenues par la 44e brigade d'infanterie américaine, la retraite des troupes de l'Axe sur le front des Alpes occidentales devient générale. Le 2 mai 1945, les Français occupent plusieurs vallées italiennes, ainsi que des villes et des localités comme Pont-Saint-Martin, Lango, Rivoli (près de Turin), Torre, Susa, Sampeyre, Borgo San Dalmazzo, Tende, Vintimille et San Remo. L'armée française, victorieuse, pénètre ainsi de plus de 60 km en territoire italien, tout en déplorant 1 300 soldats tués ou blessés sur l'ensemble de la campagne. En de nombreux endroits, certaines unités italiennes de la République fasciste de Mussolini, comme les grenadiers, les *bersaglieri* et les *alpini*, opposent une résistance acharnée, ainsi que les parachutistes du régiment Folgore. Il en va de même des deux divisions allemandes d'élite que sont la 34e DI et la 5e division de montagne.

La France parmi les quatre grands

N'OUBLIEZ PAS

Par sa signature à Berlin de la capitulation de l'Allemagne, le 8 mai 1945, le général de Lattre de Tassigny permet à la France de figurer parmi les quatre grandes puissances victorieuses de la Seconde Guerre mondiale, avec les États-Unis, la Grande-Bretagne et la Russie soviétique.

Avec environ 300 000 militaires et résistants tués ou disparus durant ce conflit mondial (sans oublier environ 300 000 civils), la France combattante déplore des pertes sensiblement identiques à celles des États-Unis et de la Grande-Bretagne. L'armée et la Résistance françaises peuvent revendiquer la mise hors de combat d'environ 1 million de soldats allemands ou italiens (tués, blessés ou prisonniers) durant la Seconde Guerre mondiale, soit un bilan tout à fait honorable pour un pays ayant subi quatre années d'occupation.

Huitième partie

La partie des Dix

Dans cette partie…

Un complément indispensable avec dix grandes figures de la Résistance intérieure, dix autres de la France libre et de la Libération, enfin dix lieux emblématiques et dix grandes œuvres de la Résistance.

Chapitre 28

Dix grandes figures de la Résistance intérieure

Dans ce chapitre :

- Bloch, Casanova, Fourcaud et Lévy
- Michel-Lévy, Michelet, Renouvin et Taillandier
- Tillion et Chaban-Delmas

Ces dix grandes figures de la Résistance intérieure permettent de comprendre la grande diversité des personnes engagées dans la lutte clandestine contre l'occupant. Elles révèlent de quels horizons très différents viennent les femmes et les hommes qui luttent avec héroïsme contre l'Allemagne hitlérienne.

Marc Bloch

Marc Bloch est né le 6 juillet 1886 à Lyon, au sein d'une famille juive alsacienne ; son père est professeur d'histoire à l'université. Il fait ses études secondaires à Paris, au lycée Louis-le-Grand, puis entre à l'École normale supérieure en 1904. Il est reçu à l'agrégation d'histoire et de géographie en 1908. Il suit de 1908 à 1909 les cours des facultés de Berlin, avant d'être pensionnaire à la Fondation Thiers de 1909 à 1912. Professeur de lycée (Montpellier puis Amiens) quand débute la Première Guerre mondiale, il est mobilisé comme sergent dans l'infanterie. Il multiplie les exploits militaires, obtient la croix de guerre et finit le conflit en tant que capitaine. Il est cité quatre fois à l'ordre de l'armée.

En 1919, il épouse Simone Vidal (fille d'un polytechnicien), qui lui donnera six enfants. En 1920, Marc Bloch devient professeur d'histoire à la faculté de Strasbourg, où ses qualités professorales et sa rigueur méthodologique représentent alors une vitrine prestigieuse pour l'Université française. Il y rejoint des enseignants de premier ordre comme Lucien Febvre et André Piganiol, avec qui il noue des liens fructueux.

Bloch publie en 1924 son œuvre magistrale, *Les Rois thaumaturges*, où il expérimente avec audace une méthode comparatiste aux maîtres de la linguistique – il parle lui-même une dizaine de langues. En 1931, son ouvrage le plus maîtrisé, *Les Caractères originaux de l'histoire rurale française*, innove une fois encore, car il pratique une interdisciplinarité peu courante à cette époque (botanique, démographie…) pour mieux comprendre l'évolution des structures agraires de l'Occident médiéval.

Succédant à Henri Hauser à la Sorbonne en 1936, il est surpris par la Seconde Guerre mondiale dans la plénitude de sa carrière et de ses recherches. Mobilisé à 53 ans, il assiste de très près au naufrage de la IIIe République. Bloch tirera de cet événement majeur, qui a bouleversé sa vie, un livre posthume, essai d'histoire immédiate, *L'Étrange défaite*, publié en 1946, qui reste un témoignage lucide et pénétrant sur les insuffisances des élites qui sombrent en mai-juin 1940 dans la débâcle.

En octobre 1940, il est exclu de la fonction publique en tant que Juif. Il y est rétabli pour ses services exceptionnels par le ministre Jérôme Carcopino, ancien élève de son père. Bloch est nommé à la faculté de Strasbourg, alors repliée à Clermont-Ferrand. Il y poursuit ses recherches dans des conditions de vie très difficiles et en proie aux pires inquiétudes. Du fait de la santé de sa femme, il obtient une mutation à Montpellier en 1941. Il entre dans la clandestinité en novembre 1942, lorsque les Allemands envahissent la zone libre. Réfugié dans la Creuse, il s'engage ensuite dans la Résistance, dont il devient en 1943 un des chefs pour la région lyonnaise, au sein du groupe Franc-tireur, puis dans les Mouvements unis de la Résistance (MUR).

Figure 28-1 : Jacques Chaban-Delmas.

Il est arrêté à Lyon le 8 mars 1944 par la Gestapo, torturé, et meurt fusillé le 16 juin. Il se serait écroulé en s'écriant : « Vive la France ! » Par la suite, ses cendres ont été rapportées dans le cimetière du Bourg-d'Hem, dans la Creuse. Peu avant sa mort, il écrira : « J'ai bu aux sources de la culture de la France. J'ai fait mien son passé et je me suis efforcé de la défendre de mon mieux » (Archives du Centre national Jean-Moulin, Bordeaux).

Danielle Casanova

PORTRAIT

Cette Corse, née à Ajaccio en 1909, est fille d'instituteurs. Elle se rend à Paris pour accomplir des études dentaires. Ne supportant pas l'injustice sociale, elle s'engage chez les étudiants communistes. En 1933, elle épouse Laurent Casanova, lui aussi militant du Parti communiste français (PCF). En 1934, elle entre au bureau des Jeunesses communistes, avant d'effectuer un voyage à Moscou. Deux années plus tard, elle est l'élément moteur de la création de l'Union des jeunes filles de France, par laquelle les communistes espèrent recruter dans le milieu féminin. Secrétaire générale de la nouvelle organisation, elle se trouve entourée de Jeannette Vermeersch et de Claudine Chomat.

Après l'interdiction du PCF en 1939 (suite à sa prise de position favorable au sujet du pacte germano-soviétique), elle ne rompt pas avec les positions officielles du parti, mais elle s'efforce de mettre sur pied une organisation armée qui revendique clairement son hostilité au nazisme. Sa position n'est pas facile, car son mari est un intime de Thorez, le secrétaire général du PCF, qui a déserté en 1939 et s'est réfugié à Moscou.

Son autorité sur les mouvements des Jeunesses communistes lui permet de réagir rapidement : elle n'attend pas l'invasion de la Russie par la Wehrmacht pour entrer dans la Résistance. Dès septembre 1940, elle distribue des tracts appelant à la résistance contre l'occupant allemand. En juillet 1941, elle parvient à faire nommer Ouzoulias à la direction des Bataillons de la jeunesse. Elle agit en zone occupée, s'efforce de secourir les prisonniers et les femmes demeurées seules. Elle participe à la création des comités populaires féminins qui s'agitent et protestent contre les difficultés de la vie quotidienne.

Son activité la rend rapidement suspecte : elle est arrêtée en février 1942, emprisonnée à la Santé puis à Romainville et, enfin, déportée à Auschwitz début 1943. Elle meurt du typhus, après s'être admirablement dépensée en faveur des malades.

Jacques Chaban-Delmas

Jacques Chaban-Delmas est né le 7 mars 1915 à Paris. Son père est administrateur de sociétés. Il suit des études au lycée Lakanal de Sceaux et à la Fondation nationale des sciences politiques. Il est licencié en droit et diplômé de droit public et d'économie politique. Jeune journaliste, il collabore à *L'Information* à partir de 1933. Appelé en juin 1938 à servir au 37e régiment d'infanterie à Bitche, il fait les EOR (formation d'officier de réserve), est reçu premier à Saint-Cyr en mars 1939 et en sort major de la promotion du maréchal Joffre. Aspirant puis sous-lieutenant au 75e bataillon alpin de forteresse, il combat en juin 1940 sur le front des Alpes occidentales, contre l'armée italienne.

Refusant la défaite, il tente de rejoindre l'Angleterre après sa démobilisation, en août 1940. N'étant pas parvenu à quitter la France, il entre en décembre 1940 dans la Résistance, au sein du réseau Hector, commandé par le colonel Heurtaux. Il est spécialisé dans le renseignement sur l'industrie et en particulier sur la mise à la disposition des Allemands de l'industrie française. Pour être mieux informé, il entre en juin 1941 comme contractuel au ministère de la Production industrielle. À la fin 1942, après la chute du réseau, due à des arrestations, il entre en contact avec les représentants de Londres et se livre à un travail de renseignements dans les services du ministère de l'Industrie. Reçu au concours de l'inspection des finances en mars 1943, il poursuit son activité de renseignements avec l'Organisation civile et militaire (OCM), qui a succédé au réseau Hector, fusionnant au passage avec d'autres organismes de la Résistance.

En octobre 1943, il entre à la délégation militaire du Comité français de libération nationale et fait fonction d'adjoint au délégué militaire national, le commandant Louis Mangin. Début 1944, il est l'un des fondateurs du Comité de financement intérieur de la Résistance. En mai 1944, il est nommé délégué national, chargé de transmettre les ordres du commandement allié à la Résistance intérieure et de veiller à leur application. Il s'efforce de préparer la participation des forces résistantes à la libération du territoire. Promu général de brigade par la décision du gouvernement d'Alger le 15 juin 1944, il quitte Paris pour Londres le 25 juillet 1944, afin de rendre compte au commandement allié des possibilités militaires de la Résistance. Avec le soutien d'Alexandre Parodi, délégué général, il s'oppose à la stratégie insurrectionnelle. Il demande instamment que le plan d'opérations qui prévoyait la chute de Paris soit modifié, afin d'éviter à la capitale destructions et massacres inutiles.

Jacques Chaban-Delmas quitte Londres le 13 août 1944, nanti des ordres du général Kœnig. Amené au Mans par les Américains le 14 août, il arrive à Paris le 16 à bicyclette. Il agit pendant l'insurrection parisienne de façon à permettre à la Résistance d'exercer une action d'un grand retentissement, tout en prévenant tout débordement de violence. Il accueille le général Leclerc le 24 août à Arpajon puis entre avec lui dans Paris.

Après la libération de la capitale, Chaban-Delmas sert au cabinet du ministre de la Guerre comme chef de liaison et d'inspection mobile d'organisation de l'armée. Sportif de haut niveau, il est international de rugby au lendemain de la guerre et sera également champion de tennis. À partir d'août 1945, il devient inspecteur des finances et secrétaire général du ministère de l'Information, sous l'autorité de Jacques Soustelle, puis d'André Malraux. En 1946, il est élu député de la Gironde et maire de Bordeaux puis est constamment réélu jusqu'en 1995. Ministre des Travaux publics dans le cabinet de Pierre Mendès France en 1954-1955, il est ministre d'État dans le cabinet de Guy Mollet (1956-1957), puis ministre de la Défense nationale (1957-1958).

Président de l'Assemblée nationale (1958-1969, 1978-1981, 1986-1988), Jacques Chaban-Delmas accède aux fonctions de Premier ministre de juin 1969 à juillet 1972. Inspecteur général des finances en 1973, il est candidat non élu à la présidence de la République en 1974. Président du conseil régional de l'Aquitaine (1974-1979 et 1985-1988), il est fait président d'honneur de l'Assemblée nationale en novembre 1996. Jacques Chaban-Delmas est décédé le 10 novembre 2000 à Paris. Ses obsèques ont été célébrées le 14 novembre en l'église Saint-Louis-des-Invalides. Il a été inhumé à Ascain, dans les Pyrénées-Atlantiques.

Pierre Fourcaud

Pierre Fourcaud est né le 27 mars 1898 à Saint-Pétersbourg, en Russie. Il accomplit d'excellentes études au lycée de Nice. Engagé volontaire pour la durée de la guerre en avril 1916, il est promu successivement, lors de l'année suivante, aux grades de caporal, de sergent et enfin d'adjudant. Affecté au 24e régiment d'infanterie (RI), il est blessé par balle en avril 1918. Promu sous-lieutenant quatre mois plus tard, il est de nouveau blessé le 2 septembre, puis une troisième fois le 9 septembre 1918.

Démobilisé en 1920, Pierre Fourcaud s'engage au 2e bureau, où, en vertu de ses connaissances linguistiques étendues (russe, anglais, allemand, balte), il est employé dans les pays Baltes et la Scandinavie. Rappelé à l'activité le 24 août 1939, il est affecté comme capitaine au 348e RI. Blessé par balle le 16 juin 1940, il est évacué d'urgence vers l'hôpital militaire de Nancy puis vers le centre hospitalier de Biarritz, où il décide de rejoindre l'Angleterre et le général de Gaulle, dont il vient d'entendre parler pour la première fois. Le bras en écharpe, à Sète, il embarque clandestinement sur un bateau à destination de Liverpool, *via* Gibraltar.

Débarqué à Liverpool le 6 juillet 1940, il se présente la semaine suivante à Londres devant le capitaine Dewavrin (« Passy »), qui, appréciant ses qualités et son expérience dans le domaine du renseignement, l'intègre immédiatement dans ses services. Il est d'ailleurs un des premiers agents employés en mission en France. Il part le 2 septembre 1940 pour Lisbonne et Madrid, gagne ensuite Marseille puis Vichy. À Marseille, il monte le réseau Fleurs, qui devient par la suite le réseau Brutus.

De retour en Grande-Bretagne, Pierre Fourcaud fait son rapport au général de Gaulle, qui le renvoie en mission en janvier 1941. Il reprend alors contact avec les milieux résistants, dont ceux du réseau Lucas. Il recrute son frère Boris, mais également des personnalités politiques ne partageant pas ses opinions, comme les socialistes André Boyer et Gaston Defferre. Dans un long rapport, il détaille la présence des groupes clandestins opposés aux Allemands, en zone libre comme en zone occupée. Il propose une coordination de tous ses groupes sous l'égide du général de Gaulle, plaidant pour une aide de la France libre aux mouvements résistants.

Le 28 août 1941, Pierre Fourcaud est arrêté à la gare Saint-Charles, à Marseille. Son frère lui succède alors à la tête du réseau. Interrogé, il est conduit à Vichy le 2 septembre, puis à la prison de Clermont-Ferrand, où il est incarcéré. Déplacé de prisons en hôpitaux pendant presque un an, Pierre Fourcaud fausse compagnie à ses gardiens le 10 août 1942. Du 15 au 23 août, il parcourt 1 245 km à bicyclette, allant de l'Auvergne à Marseille, de Marseille à Genève et enfin de Genève à Perpignan. Il embarque clandestinement à Cassis le 1er septembre 1942 pour Gibraltar, *via* les Baléares. Le 30 septembre, un avion le ramène à Londres en compagnie d'Emmanuel d'Astier de La Vigerie et d'Henri Frenay.

Affecté à la tête du 1er bataillon d'infanterie de l'air, il se casse une jambe lors d'un exercice d'entraînement de saut en parachute près de Daventry le 6 janvier 1943. Remis sur pied, en août 1943, il est envoyé en Écosse, à Fort William. Rappelé à Londres en novembre 1943, il quitte son unité et se voit confier une très importante mission, consistant à superviser la coordination des maquis de Savoie. Le 8 février 1944, il part en avion pour le Jura. Son avion se pose le lendemain à Bletterans, et il débute une tournée des maquis au cours de laquelle il rencontre l'ensemble des responsables de la Résistance de Savoie dans des conditions et un climat rendus détestables par la répression vichyste et nazie.

Le 19 mai 1944, le lieutenant-colonel Pierre Fourcaud est arrêté à Albertville. Le lendemain, il tente de s'évader, et le lieutenant Moog, officier sous les ordres de Klaus Barbie, lui tire dessus. Il est grièvement blessé de deux balles de pistolet ; les Allemands le font soigner à des fins d'interrogatoire. Transféré à la prison de Chambéry, il s'en évade le 6 août 1944. Il parvient à regagner Londres le 28 août 1944 en avion.

De retour en France définitivement le 17 septembre 1944, il est promu au grade de colonel le 1er juin 1945. De 1946 à 1956, il exerce des fonctions importantes au sein du Service de documentation extérieure et du contre-espionnage. Fondateur et directeur des réseaux Actions de la France combattante, il est également membre de la direction du Comité d'action de la Résistance. Pierre Fourcaud est décédé le 2 mai 1998 à Paris. Ses obsèques se sont déroulées en l'église de Saint-Louis-des-Invalides, à Paris. Il a été inhumé au Lavandou.

Jean-Pierre Lévy

Jean-Pierre Lévy est né le 28 mai 1911 à Strasbourg, où son père était négociant. Il poursuit ses études à l'Institut d'enseignement commercial de Strasbourg avant de travailler comme agent commercial, puis comme représentant dans une entreprise de filatures. Il accomplit son service militaire en 1930 et suit les cours de l'École des élèves officiers de réserve de Poitiers. Lieutenant de réserve, il est mobilisé le 24 août 1939 et démobilisé en août 1940. Il entre dans la Résistance à Lyon dès septembre 1940, participe aux activités du groupe France-Liberté, à partir de janvier 1941, en rédigeant et en diffusant des tracts ainsi qu'en recherchant des imprimeurs et des fonds.

Cofondateur en 1941, avec Antoine Avinin, du mouvement Franc-tireur, Jean-Pierre Lévy en devient le chef national. Bientôt, le journal clandestin *Franc-tireur* est diffusé régulièrement tous les mois, son tirage passant de 5 000 exemplaires en novembre 1941 à 150 000 exemplaires en août 1944. Jean-Pierre Lévy organise les mouvements en divers services : renseignements, parachutage et groupes francs. Il fonde également un service social, prend des contacts avec des représentants de la France libre, des agents britanniques et d'autres mouvements de résistance de la zone sud. Il est interrogé une première fois par la police le 15 octobre 1941 à cause de l'imprudence d'un de ses agents à Clermont-Ferrand, puis finalement remis en liberté. Une année plus tard, il est arrêté à Lyon et libéré grâce au courage d'un de ses co-inculpés, qui le disculpe en prenant sur lui toute la responsabilité de l'affaire. Arrêté une nouvelle fois à Lyon en pleine rue, le 24 décembre 1942, il est relâché par erreur mais doit entrer immédiatement dans la clandestinité en quittant toute activité officielle, un mandat d'arrêt étant lancé contre lui.

En février 1943, il participe à la création des Mouvements unis de la Résistance (MUR), avec les mouvements Combat d'Henri Frenay et Libération d'Emmanuel d'Astier de La Vigerie. Après deux tentatives infructueuses de départ pour Londres sur convocation du général de Gaulle, dont une en septembre 1943 avec Jean Moulin, il rejoint la Grande-Bretagne en avril 1943 par une opération aérienne, effectuée dans la région de Mâcon, en compagnie d'Emmanuel d'Astier de La Vigerie. Son séjour à Londres est prolongé de deux mois à la suite d'un accident au cours d'un entraînement parachutiste à Wilmslow. Il est ensuite ramené par opération Lysander dans la région de Lyon, toujours avec Emmanuel d'Astier de La Vigerie, le 25 juillet 1943.

Arrêté une troisième fois le 16 octobre 1943 à Paris, il est incarcéré à la prison de la Santé pendant huit mois. Il est libéré par un groupe franc des MUR commandé par Charles Gonard lors de son transfert à Fresnes, le 12 juin 1944. Il reprend alors ses activités clandestines jusqu'à la Libération, notamment au sein du Conseil national de la Résistance, où il représente Franc-tireur.

De 1944 à 1946, il est commissaire provisoire auprès de l'Office professionnel des industries du cuir, puis directeur des Industries du textile de 1947 à 1970. Il occupe également le poste d'inspecteur général de l'industrie en 1956, celui d'administrateur des houillères du bassin d'Auvergne de 1957 à 1964, ainsi que celui d'administrateur de la Régie nationale des usines Renault de 1965 à 1971. Administrateur de l'Office national des forêts de 1968 à 1972, il est conseiller d'État en service extraordinaire de 1970 à 1974, président du CNEXO de 1971 à 1975, président des jurys de l'école HEC et de l'Institut supérieur des affaires de 1972 à 1978. De 1976 à 1980, il est président du Comité consultatif du groupe permanent chargé d'étudier les actions médicales, paramédicales et sociales liées à la scolarité des enfants et des adolescents. Il est membre du Conseil de l'ordre de la Libération.

Jean-Pierre Lévy a exercé également de nombreuses responsabilités sociales : vice-président-fondateur de Revivre (groupement de solidarité pour les orphelins de la Résistance) de 1945 à 1967 ; administrateur du Comité des œuvres sociales de la Résistance depuis 1947 ; vice-président du Comité d'action de la Résistance depuis 1954 ; administrateur et membre du Comité exécutif des Villages d'enfants SOS et des Villages SOS Monde depuis 1967. Également membre du Comité central de la LICRA depuis 1971 et administrateur du Centre de documentation juive contemporaine et du Mémorial du martyr juif inconnu depuis 1979, il est membre du Comité directeur de la Ligue des droits de l'homme et du citoyen de 1976 à 1980. Il est décédé le 15 décembre 1996 à Paris, où il a été inhumé au cimetière du Montparnasse.

Simone Michel-Lévy

Née le 19 janvier 1906 au sein d'une modeste famille jurassienne, à Chaussin, Simone Michel-Lévy commence sa vie professionnelle au bas de l'échelle de l'administration des PTT. Vive et intelligente, elle gravit les échelons, devenant rapidement rédactrice. La guerre la surprend à Paris en septembre 1939 à la tête de la Direction financière du département commutation. Dès décembre 1940, elle fait partie des premiers résistants des PTT, aux côtés d'Ernest Pruvost, Maurice Horvais, Edmond Debeaumarché et Ferdinand Jourdan. Le groupe est bien placé pour envoyer des messages à Londres et diffuser de la littérature antiallemande en France.

Bénéficiant d'un laissez-passer, Simone Michel-Lévy peut parcourir le territoire sans paraître suspecte. Elle multiplie les initiatives, ne ménageant jamais son énergie : utilisation de la poste restante pour le dépôt de messages, mise en place d'opérateurs de postes radio-émetteurs…

En 1942, elle milite pour le regroupement avec l'Organisation civile et militaire et la Confrérie Notre-Dame, permettant la mise en place d'un système national de courrier clandestin et de transmission radio. En 1943, les PTT disposent d'une véritable organisation centrale travaillant en étroite coopération avec la Résistance, en particulier pour préparer le plan de sabotage des lignes téléphoniques. Simone Michel-Lévy s'efforce également de sauver du STO des réfractaires en les faisant embaucher par les PTT, et de camoufler un maximum d'équipements techniques, ainsi soustraits aux Allemands.

Une trahison la fait tomber ; elle est arrêtée dans Paris et torturée en novembre 1943. Elle ne parle pas. En janvier 1944, elle est déportée à Ravensbrück, très affaiblie. Puis elle est transférée en Tchécoslovaquie et travaille dans une usine d'armement dépendant du camp de Flossenbürg. Refusant de plier, elle sabote la production avec deux autres déportées, Hélène Lignier et Noémie Suchet. Les nazis pendent les trois femmes résistantes le 13 avril 1945, dix jours seulement avant la libération du camp. Le général de Gaulle nomme Simone Michel-Lévy compagnon de la Libération à titre posthume le 26 décembre 1945.

Edmond Michelet

PORTRAIT

Edmond Michelet est né à Paris le 8 octobre 1899. Début 1918, il s'engage volontairement pour la durée de la guerre. Affecté au 126e régiment d'infanterie (RI) de Brive, il découvre la Corrèze et Brive, où il se marie. Il milite à l'ACJF (Action catholique de la jeunesse française), dont il devient le président en Béarn puis en Corrèze, lorsqu'il se fixe définitivement à Brive, en 1925. En 1932, il développe les « équipes sociales », fondées par Robert Garric en 1919, dont le but est de faciliter l'ascension professionnelle, intellectuelle et morale de membres défavorisés en dehors de toute idée de cloisonnement.

Devant la montée du nazisme, il crée le Cercle Duguet, un groupe de réflexion qui organise, entre autres, une série de conférences dénonçant le racisme et l'antisémitisme. Père de famille, il n'est pas mobilisé en 1939 mais organise le secours national pour venir en aide aux nombreux réfugiés. Il pose un premier acte de résistance dès juin 1940, en distribuant avec des amis, dans les boîtes aux lettres de Brive, un tract reprenant un texte de Charles Péguy : « Celui qui ne se rend pas a raison contre celui qui se rend. » Fin 1940, il organise le groupe Liberté en Corrèze, qui s'intègre au mouvement Combat fin 1941. En 1942, il en devient le chef régional puis prend la direction de la région R5 des Mouvements unis de la Résistance.

Edmond Michelet est arrêté pour ses activités de résistance par la police allemande le 25 février 1943. Emprisonné d'abord à Fresnes, mis au secret durant six mois, il est déporté à Dachau le 15 septembre 1943. À la libération du camp, le 29 avril 1945, il représente la France au Comité international et s'occupe du rapatriement de tous les Français internés, ainsi que de celui des Espagnols. Il rentre en France le 27 mai 1945.

En juillet 1945, il est désigné par le Mouvement de libération nationale comme membre de l'Assemblée consultative de la Corrèze à la première Assemblée constituante, dans les rangs du Mouvement républicain populaire. Il devient en novembre 1945 ministre des Armées du gouvernement du général de Gaulle. En juin 1946, il est élu député à la deuxième Assemblée constituante, et, en novembre 1946, il est élu député à la première Assemblée législative. Battu aux élections législatives du 17 juin 1951 en Corrèze, il est élu en mai 1952 conseiller de la République et devient vice-président de la Haute Assemblée en 1958. En juin, il devient ministre des Anciens Combattants, fonction qu'il conserve jusqu'en janvier 1959, puis ministre de la Justice du gouvernement de Michel Debré, entre le 8 janvier 1959 et le 24 août 1961. Il entre au Conseil constitutionnel en février 1962. Le 12 mars 1967, il est élu député de la première circonscription du Finistère. Un mois plus tard, Edmond Michelet revient au gouvernement comme ministre chargé de la Fonction publique.

Après mai 1968, il est ministre d'État sans portefeuille. Après les élections des 23 et 30 juin 1968, avec la formation du gouvernement Couve de Murville, il retrouve son banc de député du Finistère à l'Assemblée. Il le quitte le 22 juin 1969 pour se consacrer aux affaires culturelles dans le gouvernement Chaban-Delmas, où il succède à André Malraux. Il occupe ce poste jusqu'à sa mort, le 9 octobre 1970, à Marcillac, près de Brive.

Jacques Renouvin

Jacques Renouvin est né le 6 octobre 1905 à Paris. Étudiant en droit, il effectue son service militaire de novembre 1927 à avril 1929 avant de devenir avocat. Militant de l'Action française, il quitte le mouvement au lendemain du 6 février 1934 (manifestation de la droite et de l'extrême-droite contre la IIIe République). Avocat à la cour en 1938, il gifle en public Pierre-Étienne Flandin, président de l'Alliance démocratique, pour le punir du télégramme de félicitations envoyé à Hitler, Daladier et Mussolini au lendemain de la signature des accords de Munich, qu'il ressent comme un abandon inacceptable de la Tchécoslovaquie.

Mobilisé le 2 septembre 1939 comme sergent, il demande à être affecté dans les corps francs. Il fait une brillante campagne de 1939-1940, reçoit la croix de guerre et est blessé le 16 juin à Bénestroff, en Moselle, alors qu'il défend avec son groupe une position avancée. Fait prisonnier, il est conduit à l'hôpital d'Épinal, d'où il parvient à s'évader. Démobilisé le 27 août 1940, il passe en zone sud et cherche immédiatement à agir. Dès le début de 1941, il se joint au mouvement Liberté, fondé à Lyon par François de Menthon et Pierre-Henri Teitgen, et qu'il aide activement à se développer dans la région de Montpellier. Il est plus particulièrement chargé de la propagande, en particulier en ce qui concerne la diffusion du journal clandestin *Liberté*, et de la chasse aux collaborateurs.

En novembre 1941, après la fusion de Liberté et du Mouvement de libération nationale qui aboutit à la création de Combat, Jacques Renouvin propose à Henri Frenay de mettre sur pied des groupes francs dans la région de Montpellier, c'est-à-dire des équipes d'action immédiate. Devenu en 1942 chef national des groupes francs de Combat, il parcourt la zone libre pour recruter des hommes et commence à préparer diverses opérations dans toute la zone sud. Il rassemble entre 800 et 1 000 volontaires, qu'il organise et instruit personnellement.

L'activité des corps francs animés par Renouvin consiste essentiellement en opérations armées contre des dépôts d'explosifs, en sabotages et en déraillements de trains, ainsi qu'en attaques contre les Allemands et les collaborateurs. Il participe lui-même aux missions les plus dangereuses, et plus de 400 explosions ou incendies, 3 déraillements de trains et 10 destructions de transformateurs d'usine sont exécutés sur ses ordres.

Arrêté le 29 janvier 1943 par la Gestapo à Brive-la-Gaillarde en même temps que Mireille Tronchon, Jacques Renouvin est transféré à la prison de Fresnes. Torturé durant des mois, il ne révèle rien de l'organisation. Le 30 août 1943, il est déporté en Allemagne, dans un très mauvais état physique. Interné à Mauthausen, il y meurt le 24 janvier 1944. Son corps n'a pas été retrouvé. Il est nommé colonel à titre posthume.

Marcel Taillandier

PORTRAIT

Pupille de la nation, Marcel Taillandier est né le 25 mars 1911 à Condat-en-Combraille, dans le Puy-de-Dôme. Attiré très jeune par le métier des armes, il rejoint, dès 1924, l'École des enfants de troupe de Billom. Il s'engage en mars 1929 à la garnison de Versailles dans la 8e unité du génie. À partir de 1936, il appartient au 2e bureau (contre-espionnage) et sert au service radio du ministère de la Guerre. Replié avec les archives des services spéciaux au château de Brax, près de Toulouse, en juin 1940, l'adjudant-chef Marcel Taillandier refuse l'armistice. Il organise alors dès décembre 1940, en zone libre, les premiers éléments d'un groupe qu'il destine à la lutte contre l'occupant, spécialement contre la Gestapo.

Il installe un émetteur dans la tour du château pour correspondre avec la zone occupée et prend également contact avec le service du camouflage du matériel (CDM) de l'armée, au profit duquel il monte une équipe spécialisée dans la récupération et le stockage de matériel de guerre. Début 1942, il s'installe dans le Gers, à Solomiac, où il poursuit ses activités. Ayant repéré deux postes émetteurs réquisitionnés par les Allemands dans la région de Bordeaux, il passe la ligne de démarcation avec des faux papiers et se fait engager par une entreprise travaillant pour l'organisation Todt, à proximité des postes. En l'absence des opérateurs, il force la porte du blockhaus qui les abrite et rapporte dans deux valises les postes en zone libre, avec divers documents qu'il a pu saisir concernant le mur de l'Atlantique.

De retour à Toulouse début 1943, Marcel Taillandier organise avec son groupe des caches et des évasions par les Pyrénées. Son action se confond ensuite avec celle du réseau Morhange, qu'il fonde, dont il porte le nom en tant que résistant et dont il est à la fois l'âme et le cerveau. Il adopte comme couverture la gérance d'un bar du centre-ville, le Frascati, qui devient le poste de commandement du CDM et du groupe Morhange, qui passe alors à la contre-offensive contre les agents ennemis.

Marcel Taillandier met au point une véritable technique d'enlèvement visant à obtenir un maximum de renseignements. En cas d'impossibilité totale de procéder à l'enlèvement, il est décidé d'exécuter l'individu concerné, ce qui se passera 13 fois sur 73 opérations. Mais les services allemands contre-attaquent, et, le 24 juin, Taillandier s'échappe *in extremis* d'une souricière de la Gestapo tendue au bar Frascati, au cours de laquelle trois de ses adjoints sont arrêtés. Le mois suivant, il reçoit le renfort efficace du capitaine Louis Pelissier, qui prend la tête d'un groupe franc du réseau Morhange.

En août et septembre 1943, Taillandier fait enlever six collaborateurs et met la main sur le fichier du Parti populaire français (PPF). Il parvient également à déjouer une attaque contre le maquis de Grésigne, alors en formation. Le 7 octobre 1943, il organise l'enlèvement, en pleine ville, d'Allard-Dubreuil, ancien agent du 2e bureau français « retourné » et incorporé à la Gestapo. Le 15 octobre, Taillandier fait également enlever, en plein jour, Senac, agent de l'ennemi se faisant passer pour un chef des services secrets britanniques.

Le 1er janvier 1944, il met au point l'attaque d'un convoi de la Gestapo sur la route Toulouse-Carcassonne, attaque qui réussit pleinement et qui aboutit à l'exécution de cinq agents de l'ennemi, parmi lesquels l'*Obersturmführer* Messak, ainsi qu'à la saisie de documents d'une importance capitale. Le 1er mars 1944, le chef départemental du Rassemblement national populaire

(RNP) est enlevé à son tour en plein jour avec tous ses dossiers. Cette opération permet de prévenir plusieurs personnes menacées d'arrestation.

Le 2 juin 1944, Taillandier, cerné à Toulouse, place du Capitole, par six agents de la Gestapo, parvient à les tenir en respect et à se sauver en fuyant par les toits. Dans le courant du mois de juin, il forme un maquis dans la région de Quérigut (Ariège), dont il confie le commandement à l'un de ses adjoints, André Audebaud. Ce maquis groupe rapidement 150 personnes, parmi lesquelles de nombreux éléments des brigades de gendarmerie de la région.

Le 11 juillet 1944, à Saint-Martin-du-Touch, près de Toulouse, alors qu'il part assurer une importante liaison avec le maquis du Gers, il tombe avec plusieurs de ses camarades sur un contrôle de la police allemande. Il parvient à s'enfuir et se réfugie sur le toit de l'église du village. Dénoncé aux Allemands par une habitante, il est abattu immédiatement. Enseveli dans une fosse commune de la Gestapo à Toulouse, le corps de Marcel Taillandier a été retrouvé après la Libération et inhumé à Châteaugay, dans le Puy-de-Dôme.

Germaine Tillion

Germaine Tillion est née le 30 mai 1907 à Allègre (Haute-Loire). Elle a pour père Lucien Tillion, un juge qui participait à la rédaction de guides touristiques avec son épouse, l'écrivain Émilie Cussac, connue sous le nom d'Émilie Tillion. Germaine suit une formation d'ethnologue auprès de Marcel Mauss et de Louis Massignon. Licenciée en lettres, elle est diplômée de l'École pratique des hautes études, de l'école du Louvre et de l'INALCO.

En 1934 et 1940, elle accomplit quatre séjours en Algérie pour étudier l'ethnie berbère des Chaouis dans le cadre de sa thèse. De retour en France au moment de l'armistice de 1940, elle devient, après les arrestations et les exécutions de Boris Vildé, Anatole Lewitsky et de Paul Hauet (dont elle est l'adjointe dès 1940), chef du réseau de résistance du musée de l'Homme, avec le grade de commandant de 1941 à 1942. Le réseau se spécialise dans le renseignement et l'évasion des prisonniers.

Dénoncée par l'abbé Robert Alesch (un prêtre de Saint-Maur-des-Fossés qui, payé par le service des renseignements militaires allemand, dénoncera, jusqu'à la fin de la guerre, de nombreux résistants qui lui confiaient leurs activités en confession et qui sera exécuté en 1949), Germaine Tillion est arrêtée le 13 août 1942, puis déportée le 21 octobre 1943 à Ravensbrück. Elle y perd sa mère, l'écrivain Émilie, grande résistante, déportée en 1944 et gazée en mars 1945. Pendant son internement au camp, elle écrira sur un cahier soigneusement caché une opérette, *Le Verfügbar aux Enfers*, où elle mêlera à des textes relatant avec humour les dures conditions de détention des airs populaires tirés du répertoire lyrique.

Elle se consacre après la guerre à des travaux sur l'histoire de la Seconde Guerre mondiale, notamment des enquêtes sur les crimes de guerre nazis et sur les camps de concentration soviétiques entre 1945 et 1954, puis sur l'Algérie. Elle soutient en France l'enseignement dans les prisons. Directrice d'études à l'École pratique des hautes études, elle accomplit 20 missions scientifiques en Afrique du Nord et au Moyen-Orient. Elle retourne en Algérie en 1954 pour une mission d'observation et participe à la création des centres sociaux. Ses nombreux travaux de recherches, au long de sa carrière au CNRS et à l'École des hautes études en sciences sociales, portent sur les sociétés méditerranéennes.

À Alger, le 4 juillet 1957, elle rencontre clandestinement Yacef Saâdi, à l'instigation de ce dernier, pour essayer de mettre fin à la spirale des exécutions capitales et des attentats aveugles. Après la guerre d'Algérie, elle s'engage dans divers combats politiques, contre la clochardisation du peuple algérien, contre la torture en Algérie, pour l'émancipation des femmes de Méditerranée. En 1999, elle est élevée à la dignité de grand-croix de la Légion d'honneur, une parmi six femmes, avec Geneviève de Gaulle, Valérie André, Jacqueline Worms de Romilly, Simone Rozès et Christiane Desroches Noblecourt. En 2004, elle lance avec d'autres intellectuels français un appel contre la torture en Irak. Elle décède le samedi 19 avril 2008 à son domicile de Saint-Mandé (Val-de-Marne), à l'âge de 101 ans.

Hélène Viannay

D'origine russe, Hélène Mordkovitch est née en 1918. Elle fait une brillante scolarité à l'école publique et poursuit ensuite ses études à la Sorbonne, où elle rencontre en 1940 l'ancien séminariste Philippe Viannay, qu'elle épousera en 1942. Tous deux résistants dès l'armistice de juin 1940, ils décident de ne pas gagner Londres mais d'agir en métropole, dans le milieu étudiant et universitaire qu'ils connaissent bien. Le 14 juillet 1941, ils fondent ensemble *Défense de la France*, un journal clandestin dont le premier numéro est imprimé dans les caves de la Sorbonne. Il sera diffusé jusqu'à la Libération ; son tirage atteindra alors 400 000 exemplaires. Le premier enfant du couple naît dans la clandestinité en 1943, alors que les parents sont recherchés – Philippe ne peut être présent à la naissance. Jusqu'à la fin de la guerre, Hélène Viannay organise la diffusion du journal et la production massive de faux papiers pour les réfractaires du STO.

En 1944, elle rejoint le maquis de Ronquerolles (Seine-et-Oise), dirigé par son mari, et assure alors la liaison entre les différents secteurs et entre le maquis et Paris. Après la blessure au combat de Philippe Viannay, elle assure à sa place la coordination des différents secteurs.

Juste après la guerre, les époux Viannay créent le Centre de formation des journalistes, dont sont issus beaucoup de journalistes, comme Bernard Pivot et Patrick Poivre d'Arvor. En 1947, ils fondent également le Centre nautique des Glénans, dans le Finistère, qui sert initialement à la convalescence de nombreux anciens déportés ou à l'accueil de résistants éprouvés. Elle en assume la fonction de déléguée générale de 1954 à 1979. Veuve en 1986, Hélène Viannay est décédée le 25 décembre 2006.

Chapitre 29

Dix grandes figures de la France libre et de la Libération

Dans ce chapitre :

- Béguin, Bel Hadj et Dewavrin
- Gabay, Monsabert et Iturria
- Milleret, Nouaux, Pommiès et Vernant

Ces dix grandes figures de la France libre et de la Libération viennent compléter utilement le précédent chapitre, afin de dresser une présentation de la Résistance sous tous ses aspects. On découvre ici des agents et des combattants venus de Londres, des maquisards de la métropole, des soldats de l'armée d'Afrique.

Didier Béguin

Didier Béguin est né le 14 décembre 1918 à Paris. Engagé en 1937 dans l'armée de l'air, il est affecté à l'École de pilotage de Bourges, où il passe son brevet de pilote. Caporal-chef puis sergent, il est envoyé en janvier 1938 au groupe aérien d'observation 507 à Luxeuil-les-Bains. Lors de la déclaration de guerre, il se trouve avec son groupe sur le front de l'Est et accomplit six missions sur Mureaux 115 dans les premiers mois du conflit. Début 1940, il suit les cours préparatoires au peloton d'élève officier de Tours puis effectue un stage de formation sur Potez 63 à Toulouse-Francazals au moment de l'armistice de juin 1940.

Refusant la défaite, il décolle, le 22 juin 1940, de Toulouse-Francazal à destination de l'Angleterre, aux commandes de son Caudron Goéland, avec le lieutenant Roques et les aspirants Schloesing, Ricard-Cordingley et Casparius. Malgré les tirs de la DCA (défense antiaérienne) française, l'appareil met le cap à l'ouest et parvient, à court d'essence, à se poser dans le Devonshire, en Grande-Bretagne.

Rallié immédiatement aux Forces aériennes françaises libres (FAFL), Didier Béguin fait un court passage dans les écoles de la RAF de St Athan et Odiham, avant d'être envoyé à Sutton Bridge. Affecté le 15 octobre 1940 au 245e groupe de chasse, il est promu adjudant le 1er novembre. Muté au 213e groupe à Tangmere puis, en avril 1942, au 253e groupe, il effectue 207 missions de guerre, dont 65 de nuit.

Volontaire pour servir au groupe de chasse FAFL Normandie-Niémen dès la création de l'unité, en juillet 1942, il arrive en Russie, *via* le Moyen-Orient, le 23 novembre 1942. Il vole en reconnaissance dès le mois de décembre 1942 et s'entraîne de janvier à avril 1943. Il mène ensuite ses premières missions d'escorte et de protection. Le 23 juin, il endommage un chasseur allemand Focke-Wulf 190. Il participe en juillet à la bataille d'Orel (Russie) ; le 14 et le 16, il abat deux appareils allemands en collaboration, avant d'être descendu en vol et blessé le 17. Reprenant ses opérations, Didier Béguin abat un Junkers 87 le 30 août et, promu capitaine en septembre, il prend le commandement de l'escadrille Le Havre. Le 15 septembre, il descend un nouvel appareil en collaboration puis un autre, seul cette fois, le 22.

Épuisé, il est rapatrié et quitte la Russie en février 1944. Il a remporté six victoires aériennes et une probable. Après une période de repos puis un stage en juin 1944, il reprend le combat sur le front occidental avec le 130e groupe en août 1944. Le 10 octobre, il prend le commandement de l'escadrille Strasbourg du groupe de chasse FAFL Alsace. Didier Béguin totalise 338 missions de guerre lorsqu'il est descendu à la tête de son escadrille par la DCA dans la région d'Arnhem, en Hollande, le 26 novembre 1944. Son corps n'a pas été retrouvé.

Mohamed Bel Hadj

Mohamed Bel Hadj est né à Saïda, en Algérie, en 1904. Engagé volontaire dans l'armée à Saïda en août 1923, il est incorporé comme soldat de seconde classe au 10e régiment de tirailleurs algériens (RTA) puis au 6e RTA en Algérie. Il sert ensuite au Maroc durant quatre ans. Affecté au Levant (Syrie et Liban sous domination française) en septembre 1928, il y sert pendant onze ans au 6e RTA. Il est promu successivement caporal en 1930, sergent en 1933, puis sergent-chef en 1937.

Le sergent Bel Hadj est muté en novembre 1940 au 10e RTA et prend part à la campagne de Syrie contre les forces britanniques et gaullistes. Il est blessé à la jambe par un éclat d'obus le 19 juin 1941, devant Marjayoun. Le 6 août 1941, il choisit de déserter pour s'engager dans les Forces françaises libres.

Promu adjudant en octobre, il est affecté dès sa création à la 22e compagnie nord-africaine (CNA), formée avec des tirailleurs nord-africains ralliés à la France libre du général de Gaulle. La compagnie est rattachée à la 1re brigade française libre du général Kœnig et participe à la campagne de Libye. Par deux fois, au péril de sa vie, l'adjudant Bel Hadj sauve son commandant de compagnie à Bir Hakeim, en juin 1942.

Le 1er juillet 1943, la 22e CNA devient le 22e bataillon de marche nord-africain (BMNA). L'adjudant Bel Hadj prend part à la campagne d'Italie, où il débarque avec la 1re division française libre (DFL) le 20 avril 1944. Promu adjudant-chef le 1er juillet, il débarque en Provence le 17 août et participe aux combats de libération de la vallée du Rhône.

En novembre 1944, le bataillon est rattaché à la 2e brigade de la 1re DFL. Mohamed Bel Hadj est promu sous-lieutenant le 25 novembre. Le 9 janvier 1945, durant la campagne d'Alsace, il saute sur une mine en conduisant une patrouille à Dambach, dans le Bas-Rhin. Mortellement blessé, il dit au médecin : « Le lieutenant Bel Hadj va mourir, mais cela n'est rien. Vive la France ! » Il décède dans l'heure suivante, lors de son transfert à l'hôpital. Il est inhumé au cimetière national de Sigolsheim, dans le Haut-Rhin.

André Dewavrin

André Dawavrin, dit « Passy », est né le 9 juin 1911 à Paris dans une famille d'industriels. Il fait ses études secondaires au collège Stanislas puis au lycée Louis-le-Grand. Polytechnicien, de la promotion 1932-1934, il choisit, à sa sortie, le génie. Il est également licencié en droit. Lieutenant au 4e régiment du génie à Grenoble, il est ensuite, en 1938 et 1939, professeur adjoint de fortification à l'École spéciale militaire de Saint-Cyr.

Après la déclaration de guerre, en septembre 1939, il commande la 12e compagnie d'électromécaniciens à l'état-major général de Meaux, puis il entre à l'état-major du génie de la IXe armée à Verviers. En avril 1940, il est commandant du génie du corps expéditionnaire français en Norvège. De retour de Narvik avec la division du général Béthouart, il débarque à Brest le 17 juin 1940 et rembarque aussitôt avec l'ensemble de la division pour l'Angleterre.

Installé dans un camp britannique, le capitaine Dewavrin, ayant entendu parler du général de Gaulle, se présente à Londres à l'état-major des Forces françaises libres à la fin du mois de juin. Il se place sous les ordres du général de Gaulle, qui le charge de la direction des 2e et 3e bureaux. Il doit alors organiser un service de renseignements. Il met sur pied, avec son adjoint André Manuel, le Bureau central de renseignements et d'action (BCRA). Grâce à l'impulsion que le lieutenant-colonel Dawavrin donne à cet organisme, la France libre peut porter à son crédit une masse considérable de renseignements militaires et civils sur la situation et l'action de l'ennemi en France.

En février 1943, le « colonel Passy » accueille à Londres le général Delestraint, chef de l'Armée secrète, et Jean Moulin, de retour de France. Il assiste à l'émouvante remise de la croix de la Libération à ce dernier dans le salon de la maison de Hampstead des mains du général de Gaulle. Il sollicite et obtient une mission en territoire occupé qui durera six mois.

Le départ de la mission débute le 26 février 1943. Accompagné de l'officier britannique Yeo-Thomas, il est parachuté dans la région de Rouen, avec pour mission de faire connaître les directives du général de Gaulle sur les plans civil et militaire, en collaboration avec Pierre Brossolette et Jean Moulin. Il rencontre les principaux responsables de la Résistance. Malgré les recherches acharnées de la Gestapo, il apporte une contribution importante à l'organisation de la Résistance. Après son retour à Londres, en compagnie de Brossolette, le 16 avril 1943, il remet au général de Gaulle un long rapport sur les résultats obtenus. Le 27 mai 1943, le général de Gaulle décore le colonel Dewavrin-Passy de la croix de la Libération, en même temps que Pierre Brossolette, Maurice Duclos, Pierre Fourcaud, Antoine Bissagnet et René Pleven.

Le 27 juin 1943, le colonel Dewavrin se rend à Alger pour prendre le commandement de la Direction générale des services spéciaux (DGSS), résultat de la fusion du BCRA avec les services spéciaux du général Giraud. En février 1944, il quitte la DGSS et devient chef d'état-major du général Kœnig, commandant des forces françaises en Grande-Bretagne et des Forces françaises de l'intérieur. Parachuté le 5 août 1944 dans la région de Guingamp pour assister la Résistance bretonne, le « colonel Passy », à la tête de 2 500 FFI et d'éléments américains, prend part à la libération de Paimpol, où sont capturés 2 000 soldats allemands. Il revient aux services secrets en septembre 1944. Le général de Gaulle le charge de diverses missions en Amérique, aux Indes, en Chine et en Indochine.

Il rentre en France en mai 1945 pour se voir confier la Direction générale des études et recherches (DGER, ex-DGSS), puis celle du Service de documentation extérieure et de contre-espionnage (SDECE). Il démissionne en février 1946, après le départ du général de Gaulle. En 1953, il est ingénieur-conseil à la banque Worms puis, de 1962 à 1973, il occupe le poste de directeur général pour les opérations européennes d'un groupe textile de 1965 à 1973. De 1967 à 1976, il est P-DG des établissements Japy. Conseiller municipal de Neuilly-sur-Seine, il est également membre du Conseil de l'ordre de la Légion d'honneur de 1981 à 1991. Il est décédé à Paris le 20 décembre 1998. Il a été inhumé à l'ancien cimetière de Neuilly-sur-Seine, dans les Hauts-de-Seine.

Pierre Garbay

Pierre Garbay est né le 4 octobre 1903 à Gray, en Haute-Saône. Issu d'un milieu modeste, il accomplit ses études à l'école primaire et au collège de Gray puis au lycée de Besançon. En 1922, il est admis à l'École militaire de Saint-Cyr. Il en sort lieutenant en 1924, choisit l'infanterie coloniale et débute sa carrière au Maroc au 53e bataillon de mitrailleurs coloniaux. Promu lieutenant en 1926, il est chef d'une section de mitrailleurs lors des combats du Rif. L'année suivante, il est désigné pour servir en Chine et y demeure en poste jusqu'en 1931 Après son rapatriement en métropole, il fait un stage à l'École d'application de Versailles. Capitaine en 1933, il repart pour la Chine et sert à l'état-major du détachement français à Shanghai. En 1938, il est envoyé en Afrique-Équatoriale française (A-ÉF) au régiment de tirailleurs sénégalais du Tchad, où il est l'adjoint du lieutenant-colonel Colonna d'Ornano.

Refusant l'armistice, il joue en août 1940 un rôle actif dans le ralliement du Tchad à la France libre. Engagé dans les Forces françaises libres, nommé chef de bataillon en septembre 1940, il prend le commandement du bataillon de marche no 3 de l'A-ÉF. Après avoir traversé le désert de Fort-Lamy (Tchad) à Khartoum (Soudan), il s'embarque avec son unité à Souakim pour prendre pied en Érythrée italienne en février 1941. Il réussit lors des combats de Cub Cub, les 21 et 22 février 1941, un coup de maître en conquérant une importante position et en faisant 430 prisonniers. Il prend part ensuite à la prise de Keren avant d'être dirigé sur le camp de Qastina, en Palestine, où, le 26 mai 1941, le général de Gaulle le décore de la croix de la Libération. Après avoir mené son bataillon en opérations en Syrie en juin 1941, le commandant Garbay doit, trois mois plus tard, quitter son unité pour prendre le commandement de la 4e brigade légère.

Lieutenant-colonel en décembre 1941, il prend alors les fonctions de commandant de l'infanterie de la 2e brigade française indépendante (BFI) et participe avec elle aux opérations de basse Égypte et de Cyrénaïque. En mai 1942, il est nommé adjoint du général commandant la 2e BFI. Il combat en Tunisie en mai 1943 et, en août, est placé à la tête de la 2e BFI.

Le 26 avril 1944, il débarque en Italie avec la 1re division française libre (DFL) et participe à toutes les actions difficiles mais finalement victorieuses de la 2e brigade. Au nord de Viterbe, il bouscule l'ennemi avec une telle énergie qu'il l'empêche, après avoir enlevé d'un seul élan la position forte de Montefiascone, de se rétablir à hauteur de Bolsena en brisant la résistance par l'action de ses bataillons attaquant sans cesse malgré de lourdes pertes.

Promu colonel en juin 1944, il débarque en Provence le 17 août. Il commande l'infanterie divisionnaire de la 1re DFL lors des combats d'Hyères, de Toulon et de la vallée du Rhône. Après la mort accidentelle, le 20 novembre 1944 dans les Vosges, du général Diego Brosset, commandant la 1re DFL, Pierre Garbay est choisi pour le remplacer. Il est alors promu au grade de général de brigade.

Sous ses ordres, la 1re DFL se distingue à Giromagny, au ballon d'Alsace, à Sewen et à Grosmagny, remportant là une éclatante victoire qui la mène en Alsace. Passée en réserve du 6e groupe d'armées, la 1re DFL est dirigée ensuite sur la poche de Royan. Rappelée en Alsace, où elle parvient le 1er janvier 1945, elle remporte, du 7 au 11 janvier, la difficile victoire défensive sur l'Ill. De même, du 23 janvier au 1er février, elle prend une part décisive à la libération définitive de l'Alsace en procédant à la réduction de la poche de Colmar.

En avril 1945, le général Garbay emmène la 1re DFL dans les Alpes-Maritimes, où elle enlève, du 10 au 12 avril, après trois jours de combats acharnés, le massif fortifié de l'Authion, clé de tout le système défensif ennemi dans les Alpes du Sud. Pierre Garbay, à la suite d'une audacieuse manœuvre exécutée en haute montagne, franchit la chaîne des Alpes et débouche dans la plaine du Pô à la veille de la capitulation allemande.

La guerre terminée, le général Garbay est désigné pour prendre le commandement supérieur des troupes françaises de Madagascar en juin 1947. Promu général de division en 1948, il est nommé l'année suivante commandant interarmées du groupe des territoires français de l'océan Indien. Rentré en Métropole, il suit en octobre 1949 les cours de l'Institut des hautes études de la défense nationale. En 1951, après un bref séjour de trois mois en Indochine, il assume le commandement supérieur des troupes de Tunisie, puis celui de la zone de défense de l'Afrique-Occidentale française (A-OF), où il reçoit ses étoiles de général de corps d'armée.

De retour en métropole, il exerce conjointement à partir de septembre 1956 les fonctions de conseiller militaire interarmées auprès du ministre de la France d'outre-mer, d'adjoint outre-mer au chef d'état-major général des forces armées et d'inspecteur des troupes coloniales. De 1957 à 1958, il est membre du Conseil supérieur des forces armées et jusqu'en 1960 membre titulaire du Conseil supérieur de la guerre. En 1958, il est promu au grade de général d'armée et, en 1959, nommé gouverneur militaire de Paris. À la retraite en avril 1961, Pierre Garbay est décédé le 17 juillet 1980 à Montluçon. Il a été inhumé à Velesmes-Échevanne, en Haute-Saône.

Joseph de Goislard de Monsabert

Fils d'officier, Joseph de Goislard de Monsabert est né le 30 septembre 1887 à Libourne. Témoignant d'une solide vocation militaire, il est admis à l'École militaire de Saint-Cyr en octobre 1907. Sorti sous-lieutenant au 44e régiment d'infanterie, il est promu lieutenant en 1911 et reçoit le baptême de feu au

Maroc l'année suivante, avec le 3e régiment de tirailleurs. Dès septembre 1914, il rejoint en France le 1er régiment mixte de tirailleurs et de zouaves, au sein de la 1re division marocaine. Il reçoit ses galons de capitaine en mai 1915 puis se trouve affecté au 9e régiment de marche de zouaves. Il termine la guerre comme chef de bataillon avec la Légion d'honneur et sept citations.

Après la guerre, il est affecté successivement en métropole, où il suit les cours de l'École supérieure de guerre (1920-1922), et en Afrique du Nord, ce qui lui permet de devenir un spécialiste des troupes indigènes. Lieutenant-colonel en décembre 1932, il est promu colonel en juin 1937. En septembre 1939, il commande, à Miliana, le 9e régiment de tirailleurs algériens puis est désigné en décembre pour prendre le commandement de la 81e brigade d'infanterie à Blida. Il reçoit ses étoiles de général de brigade en août 1941 et se donne pour mission de préparer l'armée d'Afrique à reprendre le combat contre l'Axe. Lors du débarquement des Alliés en Afrique du Nord, le 8 novembre 1942, il prépare l'arrivée du général Giraud et son atterrissage à Blida.

Déchu de la nationalité française par Vichy, le général de Monsabert commande le corps franc d'Afrique puis les éléments de réserve du 19e corps d'armée durant la campagne de Tunisie. Le 31 mars 1943, nommé général de division, il prend le commandement de la 3e division d'infanterie algérienne (DIA), qu'il mène pendant la fin des opérations de Tunisie, puis qu'il entraîne en Algérie durant tout l'été 1943.

En décembre 1943, au sein du corps expéditionnaire français du général Juin, le général de Monsabert débarque en Italie à la tête de la 3e DIA. Fin décembre, la 3e DIA relève la 43e division d'infanterie américaine et prend position dans les Abruzzes, où elle est rapidement engagée dans les durs combats de l'hiver. La 3e DIA remporte ses premiers succès à Monna Casale, Acquafondata et au Belvédère en janvier 1944. Au printemps, bloqués devant le mont Cassin, les Américains acceptent la manœuvre enveloppante proposée par le général Juin et, le 12 mai 1944, sur le Garigliano, la 3e DIA emporte Castelforte, ouvrant la porte de Rome aux Alliés. Le 3 juillet, Sienne tombe à son tour entre les mains de la 3e DIA.

Rassemblée à Tarente, au sein de l'armée françaises du général de Lattre de Tassigny, la 3e DIA embarque le 16 août pour la France, où elle débarque à Toulon, qu'elle libère le 21 août, avant Marseille le 28, faisant 10 000 prisonniers allemands. Le général de Monsabert devient citoyen d'honneur de la cité phocéenne.

Nommé commandant du 2e corps d'armée de la Ire armée française le 31 août 1944, avec le grade de général de corps d'armée, il quitte la 3e DIA et participe activement à la libération de Saint-Étienne, de Lyon, de Mâcon, de Chalon, d'Autun et de Dijon, avant de prendre part aux campagnes des Vosges et d'Alsace et à la défense de Strasbourg. Franchissant le Rhin, le général de Monsabert termine la guerre en vainqueur à Stuttgart, en Allemagne.

Nommé en juillet 1945 commandant des forces françaises en Allemagne, il est élevé à la dignité de grand-croix de la Légion d'honneur et décoré de la médaille militaire. Atteint par la limite d'âge, il quitte l'armée en 1946 avec le grade de général d'armée. Il est élu député des Pyrénées-Atlantiques (1951-1955). Il est décédé le 13 juin 1981 à Dax. Il a été inhumé à Bordeaux.

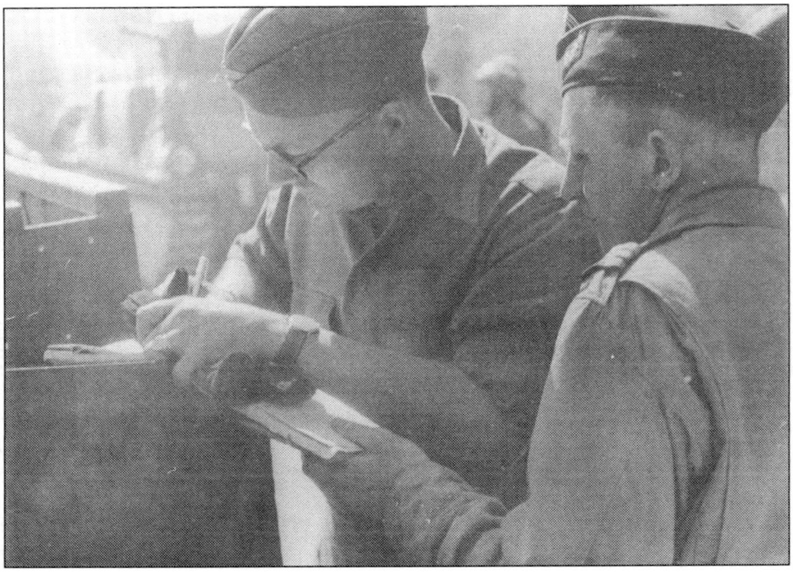

Figure 29-1 : Le colonel de Milleret (à gauche) sur le front du Médoc en avril 1945.

Victor Iturria

Victor Iturria est né le 15 juin 1917 à Saint-Jean-de-Luz, dans les Pyrénées-Atlantiques. Sportif, champion régional de pelote basque, il est mobilisé en 1939 et prend part à la campagne de France de 1940 en qualité de caporal-tireur au canon antichar de 25 mm. À ce titre, il reçoit une citation pour avoir, à lui seul, mis hors de combat sept chars allemands lors d'une attaque. Grièvement blessé au cours de la retraite de Dunkerque, en mai 1940, il est évacué vers un hôpital en Angleterre.

À peine rétabli, au début de juillet 1940, il s'engage dans les parachutistes de la France libre, à la 1re compagnie d'infanterie de l'air, créée en Grande-Bretagne fin septembre de la même année par le capitaine Georges Bergé. Rapidement, Victor Iturria fait la preuve de toutes ses qualités physiques, notamment dans l'exercice du lancer de grenade. Avec son unité, il embarque pour le Moyen-Orient en juillet 1941. Après un stationnement à Beyrouth et à Damas, la 1re compagnie parachutiste s'installe en janvier 1942 à Kabret, sur les rives du canal de Suez. Elle est intégrée à la brigade SAS du major britannique Stirling. Les SAS (commandos) français se distinguent par des actions violentes sur les arrières de l'ennemi en Libye. Le 12 juin 1942, Victor Iturria, sous les ordres d'André Zirnheld et avec Philippe Fauquet, participe à l'attaque sur l'un des aérodromes de Benghazi (Libye). Le mois suivant, sous les ordres du capitaine Jordan, il prend part à trois nouvelles attaques d'aérodromes en Cyrénaïque, avant de participer, en août, à une nouvelle attaque sur Benghazi.

En janvier 1943, il part du Caire pour un raid de 3 000 km avec son unité allant jusqu'en Tunisie, au cours duquel il contribue à détruire les voies de communication sur les arrières de la ligne Mareth, où l'ennemi s'est stabilisé. Titulaire de deux citations à l'ordre de l'armée, il reçoit la médaille militaire à Alger.

De retour en Angleterre avec les survivants des SAS français, son unité devient en juillet 1943 le 1er bataillon d'infanterie de l'air (BIA) puis, en novembre, le 4e bataillon d'infanterie de l'air. Promu adjudant, Victor Iturria est désormais instructeur. Le 1er juillet 1944, le 4e BIA change de nom et devient le 2e régiment de chasseurs parachutistes (RCP) de l'armée de l'air. Iturria est parachuté en Bretagne le 3 août 1944. Une semaine plus tard, il prend part à l'attaque de Lorient puis, le 15 août, à l'assaut de Quiberon, où, avec sa section, il fait une centaine de prisonniers.

Dirigé sur Nantes avec le 2e RCP, il effectue des patrouilles le long de la Loire. Le 25 août, Victor Iturria est tué par une rafale de mitrailleuses lors d'une embuscade près de Blain, en Loire-Atlantique. Il est inhumé dans le village de Sare, dans les Pyrénées-Atlantiques.

Jean de Milleret

PORTRAIT

Jean de Milleret est né le 19 mars 1908 à Montauban (Tarn-et-Garonne), où son père est fonctionnaire de préfecture et sa mère institutrice. Élève officier de réserve, il accomplit son service militaire en 1928-1929 aux 83e et 14e régiments d'infanterie. Lieutenant de réserve en 1931, il choisit de s'engager comme sergent en octobre 1931 et suit à Saint-Maixent les cours d'élève officier d'active. Sous-lieutenant en 1932, Jean de Milleret embarque pour l'Indochine en août 1934 et se trouve affecté au 3e régiment de tirailleurs tonkinois avant d'être promu lieutenant. Il passe au 1er régiment de tirailleurs tonkinois en août 1937 et prolonge d'une année son séjour à Hanoi avant de retourner en métropole.

En 1939, il est lieutenant, commandant de compagnie au 14e régiment de tirailleurs sénégalais. En mai 1940, il est promu capitaine. Blessé deux fois par balles le 14 et le 15 juin 1940 à Bazincourt (Meuse), il est fait prisonnier en dirigeant le combat d'une section de mitrailleuses. On le conduit dans les hôpitaux de Bar-le-Duc, de Charleville-Mézières, de Bastogne (Belgique), puis en Allemagne. Le 15 septembre 1940, il passe à l'Oflag IIIC. Le 30 août 1941, il est rapatrié comme grand blessé vers les hôpitaux de Toulouse puis de Tarbes.

En 1942, Jean de Milleret est chef de chantier de jeunesse en Ariège. Ces camps de loisirs institués par le gouvernement de Vichy sont souvent le foyer de mouvements de résistance. Bénéficiant d'une assez grande liberté de circulation, il lui est aisé de transporter clandestinement des personnes dont l'évasion est nécessaire et urgente. Il offre ensuite ses services, en secret, à l'un des chefs de la Résistance de l'Ariège.

En février 1943, il est révoqué de son poste par Vichy et entre dans l'Organisation de résistance de l'armée (ORA), dont l'organisme local est le célèbre corps franc Pommiès. Chargé de recruter et de commander le groupement nord sur les départements du Lot-et-Garonne, du Tarn-et-Garonne et du Lot, il rencontre rapidement des difficultés. Dénoncé en septembre 1943 et traqué, il est déplacé à Auch. De novembre 1943 à mars 1944, il a comme rayon d'action Auch et la côte atlantique, du Pays basque jusqu'au bassin d'Arcachon. Il reçoit l'ordre, à la fin du mois de mars, de prendre contact avec le maquis Panjas, et il met en place la brigade Carnot, dont il assure le commandement.

À partir du 1er juillet 1944, il est nommé chef FFI (Forces françaises de l'intérieur) des Landes, avec Léonce Dussarat. Il participe au sabotage de l'arsenal de Tarbes en mai 1944, aux combats d'Aire-sur-Adour en juin 1944, de Portet et de Viella en juillet, puis de Mont-de-Marsan le 21 août 1944, où il est blessé par balle au pont de Batz. Il essuie ensuite, toujours à la tête de la brigade Carnot, des escarmouches quotidiennes avec les colonnes allemandes venant de Biarritz et de Pau.

Après la libération de Bordeaux, fin août 1944, il engage la brigade Carnot sur le front du Médoc, reçoit des renforts provenant d'unités FFI et FTP (Francs-tireurs et partisans) du Sud-Ouest et d'ailleurs. La guerre de positions se poursuit de longs mois contre une importante garnison allemande de 4 000 hommes, dont l'ensemble est appuyé par de nombreux blockhaus et une puissante artillerie. Du 14 au 20 avril 1945, la brigade Carnot, renforcée par des troupes régulières, réduit victorieusement la poche allemande du Médoc après de terribles combats.

Après deux années à l'École supérieure de guerre, le colonel Jean de Milleret est affecté en Argentine, à Buenos Aires, où il se retire en 1957, devenant historien. Il est décédé le 10 janvier 1980 à Buenos Aires, où il est inhumé.

Lucien Nouaux

Lucien Nouaux est né à Bayonne le 14 novembre 1921. Stagiaire de l'administration des contributions indirectes à Facture, en Gironde, il travaille ensuite à Paris puis à Angoulême comme contrôleur. C'est là qu'il reçoit son ordre de départ pour l'Allemagne fin 1942. Réfractaire au Service du travail obligatoire, il quitte famille et emploi et tente de rejoindre les Forces françaises libres en passant par l'Espagne avec quelques camarades. L'opération échoue, et il se rend en Bretagne, d'où il ne parvient pas non plus à gagner l'Angleterre. À Lyon, il entre dans la clandestinité et prend contact avec la Résistance.

Entré dans un corps franc, il en devient rapidement un des animateurs, participe à de nombreux sabotages et assure le service des journaux clandestins entre Lyon et Toulouse. En 1943, à Toulouse, Lucien Nouaux rencontre Pierre Dumas, responsable local des Mouvements unis de la Résistance. Il devient chef de corps franc à Toulouse et participe directement à 150 actions offensives (sabotages de voies ferrées, de centrales électriques). Il est également l'agent de liaison d'Antoine Avinin, chef du mouvement Franc-tireur. Il échappe aux nombreuses arrestations qui déciment la Résistance toulousaine.

Début 1944, à sa demande, il quitte Toulouse pour Bordeaux, où il suit Dumas, chargé de réorganiser la Résistance locale, gravement touchée par les arrestations consécutives à l'affaire Grandclément. Adjoint de Dumas, Lucien Nouaux forme le corps franc Marc. Patiemment, il reprend des contacts, monte des équipes de sabotage avec des résistants locaux, comme André Bouillar, André Jolit, Georges Fabas, Louis Califour et bien d'autres. Il organise l'opération de sabotage de la centrale électrique de Cenon, mène des actions contre l'usine de cellulose de Facture, le poste de la milice de Bordeaux, les pylônes à haute tension des grandes lignes de Bordeaux, des voies ferrées et des lignes téléphoniques et assure des réceptions de parachutages grâce au soutien de Roger Landes, officier du SOE.

Pourchassé par la Gestapo, Lucien Nouaux poursuit sa tâche malgré la répression qui touche son corps franc (28 fusillés et 12 déportés). Trahi, il tombe dans une souricière de la Gestapo près du Parc des sports le 25 juillet 1944, à Bordeaux. Blessé de deux balles, il est emmené dans les locaux de la Gestapo au Bouscat, où les policiers allemands le libèrent de ses liens. Immédiatement, ayant conservé un pistolet sur lui, il fait feu sur les Allemands, qui l'abattent sur-le-champ. Lucien Nouaux est inhumé au cimetière de Cestas, en Gironde.

Un de ses adjoints, André Jolit, forme le bataillon FFI du Blayais, qui se distingue particulièrement lors des combats de la libération de la Gironde, notamment à l'embuscade de Cau, dans la commune de Berson, où 42 soldats allemands sont tués et huit autres faits prisonniers par les FFI, après un violent combat, le 19 août 1944. André Jolit est blessé lors de cette action, ainsi que trois de ses camarades.

André Pommiès

André Pommiès est né à Bordeaux le 9 juin 1904. Après deux années passées à l'École militaire de Saint-Cyr, il est nommé sous-lieutenant au 144e RI en 1926. Breveté de l'École supérieure de guerre dix ans plus tard, il devient capitaine et part à Prague pour enseigner à l'École de guerre tchécoslovaque. En suivant le sort de la mission militaire du général Faucher, il s'occupe également de renseignements. Rentré en France en 1938, il organise et dirige à Lyon le Bureau de centralisation des renseignements de la XIVe région militaire, selon les directives du lieutenant-colonel Schlesser, chef de la section de contre-espionnage de l'état-major de l'armée. En janvier 1940, il va rejoindre ce dernier à Paris, ce qui lui permettra, le moment venu, de mettre à l'abri d'importantes archives.

Lors de l'armistice de juin 1940, il est chargé du commandement de la 5e compagnie du 18e régiment d'infanterie à Pau. Après avoir accepté d'organiser la mobilisation secrète, il est envoyé, en octobre 1942, à l'état-major de la 5e division de Toulouse. En novembre 1942, l'armée d'armistice est dissoute. Promu commandant peu de temps auparavant, Pommiès va garder, dans une vie désormais clandestine, tous ses contacts militaires. Dans le cadre de l'Organisation de résistance de l'armée (ORA), il pourra ainsi constituer clandestinement le célèbre corps franc Pommiès (CFP), rayonnant en Aquitaine et en Midi-Pyrénées. Unité prestigieuse de la Résistance française, le CFP, fort de 9 000 hommes, joue un rôle déterminant dans la libération du sud-ouest de la France. Exécutant, de décembre 1942 à août 1944, 750 opérations de sabotages et 102 embuscades, capturant de nombreuses garnisons allemandes, le CFP rejoint ensuite la Ire armée française, se bat avec héroïsme à Autun (septembre 1944), dans les Vosges et en Alsace (octobre 1944-février 1945) puis en Allemagne (avril-mai 1945) et défile à Berlin en septembre 1945, en tant que 49e RI.

De 1946 à 1956, le colonel Pommiès commande l'École des troupes aéroportées de Pau, puis le 4e régiment de cuirassiers. Il va ensuite comme auditeur à l'Institut des hautes études de la défense nationale, puis il assume plusieurs commandements, dont celui de la subdivision de Pau. De 1956 à 1958, il reçoit la responsabilité militaire du secteur de Tiaret, en Algérie. Il est finalement adjoint au général commandant en Allemagne la 5e division blindée puis est promu général de brigade. Il quitte l'armée quelque temps après et s'installe à Pau avec sa famille. C'est près de cette ville, à Arbus, qu'il meurt le 16 septembre 1972.

Jean-Pierre Vernant

Jean-Pierre Vernant est né le 4 janvier 1914 à Provins, en Seine-et-Marne. Son père, agrégé de philosophie et directeur du journal *Le Briard*, engagé volontaire dans l'infanterie au début de la Grande Guerre, est tué au front en 1915. Après avoir perdu sa mère à l'âge de 8 ans, Jean-Pierre Vernant fait ses études secondaires à Paris aux lycées Carnot et Louis-le-Grand, puis des études de philosophie à la Sorbonne. En 1937, il est reçu premier à l'agrégation de philosophie, comme son frère deux ans auparavant.

Appelé au service militaire en octobre 1937, il est sergent-chef dans l'infanterie et reste naturellement mobilisé à la déclaration de guerre, en septembre 1939. Après un passage à l'École des officiers de réserve, il est promu aspirant. Démobilisé, il est nommé professeur au lycée de Toulouse. Membre du parti communiste, antifasciste et patriote, il entre en résistance dès le mois de juillet 1940 en éditant à Narbonne avec son frère des tracts qu'il colle la nuit sur les murs de la ville.

En février 1942, Jean-Pierre Vernant entre dans le mouvement Libération et organise à Toulouse les groupes paramilitaires du mouvement. En novembre, il est nommé chef départemental de l'Armée secrète (AS) pour la Haute-Garonne. Il organise les transports d'armes et convoie lui-même le premier stock de 5 tonnes d'armes et de matériel destiné à l'AS. Il dirige à Toulouse des cours sur le maniement des armes, l'emploi des explosifs. Au début de 1944, il commande plusieurs groupes qui opèrent des destructions diverses, exécutent des agents de la Gestapo et de la Milice, détruisent des fiches de recensement pour le STO. À la même époque, à l'arrivée du colonel Ravanel dans la région de Toulouse, il est nommé chef départemental des Corps francs de la Libération (CFL) pour Toulouse et la Haute-Garonne. Il constitue également un état-major unique FFI (Forces françaises de l'intérieur). Il est alors chef départemental des FFI de Haute-Garonne.

Le jour du débarquement en Normandie, il prend le maquis et organise la liaison radio avec tous les maquis du Sud. Rappelé par Ravanel, il met au point le plan d'insurrection de Toulouse, dont il fait passer la gendarmerie au maquis. Le 19 août 1944, il entre à Toulouse à la tête de ses hommes. Dès lors, il assure, comme chef régional FFI, le commandement des troupes de la région R4 (Lot, Lot-et-Garonne, Tarn, Tarn-et-Garonne, Gers, Hautes-Pyrénées, Ariège et Haute-Garonne), termine de nettoyer la région, envoie des renforts dans l'Ariège et lance une colonne à la poursuite des Allemands vers Carcassonne, Narbonne et Béziers. À la suite de ces opérations, 12 000 soldats ennemis sont faits prisonniers par les FFI.

En 1946, Jean-Pierre Vernant est nommé professeur au lycée Jacques-Decour à Paris et, en 1948, devient attaché puis chargé de recherches au CNRS (1948-1957). Spécialiste de la Grèce antique, il est en 1958 directeur d'études à l'École pratique des hautes études à la Sorbonne et, en 1975, est nommé professeur au Collège de France, puis professeur honoraire après son départ à la retraite, en 1984. Il est membre associé de l'Académie royale de Belgique, membre honoraire étranger de l'Académie américaine et membre-correspondant de l'Académie britannique. Il est docteur *honoris causa* des universités de Chicago, de Bristol, de Brno, de Naples et d'Oxford, ainsi que médaillé d'or du CNRS. Il est l'auteur de nombreux ouvrages sur l'Antiquité. Il est décédé à Sèvres le 9 janvier 2007 et inhumé dans cette même ville.

Chapitre 30

Dix lieux emblématiques de la Résistance intérieure

Dans ce chapitre :

- Corcieux, L'Isle-Jourdain et Javerlhac
- La Piquante-Pierre, les Glières et le Vercors
- Mont Gargan, mont Mouchet, mont Valérien et Saint-Marcel

Ces dix lieux permettent de découvrir l'étendue du phénomène de résistance. Leur découverte incite les jeunes générations à s'acquitter de leur devoir de mémoire à l'égard de l'immense sacrifice des résistants, morts pour sauver et libérer la France du nazisme.

Corcieux

Le maquis de Corcieux soutient dès le 6 juin 1944 le premier combat dans les Vosges. Le chef du maquis, Marcel Vichard, lieutenant de réserve, n'attend que le message radio convenu pour passer à l'action. Une opération qui aboutit, dans la matinée du 6, à la destruction du radar allemand de Corcieux, dont tous les servants sont tués, et à l'attaque de la garnison allemande des environs ; de nombreux Allemand sont tués, 52 sont ramenés prisonniers au maquis. La réaction de l'occupant ne tarde pas : le lendemain, toute la région fait l'objet d'un ratissage en règle. Cinq FFI sont capturés, torturés et fusillés ; quatre autres sont tués au combat. Les Allemands s'acharnent sur les villageois de Corcieux, Saint-Léonard, Taintrux. Il y a en tout (résistants et civils) 47 victimes.

L'Isle-Jourdain

Le 19 août 1944, vers 15h30, la garnison allemande d'Auch, forte de 355 hommes bien armés, prend la direction de Toulouse. Elle se heurte rapidement à une série d'obstacles mis en place par diverses unités FFI (Forces françaises libres), dont des éléments du corps franc Pommiès (CFP). À la tombée de la nuit, l'occupant est bloqué à l'entrée de L'Isle-Jourdain par le bataillon FFI d'Armagnac du capitaine Parisot. Le lendemain, les deux adversaires se livrent une terrible bataille pendant dix heures. Les Allemands tentent par tous les moyens de forcer les défenses du bataillon d'Armagnac, qui oppose une résistance ferme et héroïque. Le CFP vient renforcer le dispositif en fin de journée.

L'occupant se trouve à ce moment au fond d'une cuvette que dominent les forces de la Résistance. Plusieurs détachements allemands tentent de rompre l'encerclement ; ils sont cloués au sol. À 19h30, les unités FFI prennent l'initiative. L'effort principal porte sur le réduit du château de La Côme et son parc. Sous la pression des différentes sections françaises, le feu ennemi faiblit et devient incertain. Les Allemands doivent finalement capituler. La bataille de L'Isle-Jourdain, véritable revanche sur Meilhan, est une incontestable victoire de la Résistance gersoise sur l'occupant. Le CFP et le bataillon d'Armagnac ne comptent que 38 hommes hors de combat, contre 245 pour l'occupant, dont 192 prisonniers (avec 2 colonels). Un important matériel est récupéré par les maquisards.

Javerlhac

La bataille de Javerlhac, en Dordogne, le 24 juillet 1944, oppose 80 saboteurs de la Section spéciale de sabotage (SSS), unité FFI du capitaine Jacques Nancy, à une colonne allemande de 800 soldats. Durant toute la journée, les maquisards, bien équipés en armes automatiques, s'accrochent au terrain et parviennent finalement à repousser les assauts de l'occupant, pourtant soutenu par une automitrailleuse et un avion de reconnaissance.

À la fin de ce combat, aucune perte n'est enregistrée du côté de la SSS de Jacques Nancy : pas un seul tué, ni même un blessé ! Du côté des Allemands, on compte 56 tués et 150 blessés ! Chiffres incroyables qui sont confirmés par les archives allemandes. La puissance de feu de la SSS, forte notamment d'une quinzaine de fusils-mitrailleurs Bren, l'entraînement poussé des hommes et la région encaissée ont joué un rôle déterminant lors du combat de Javerlhac. Dès ce moment, une légende d'invincibilité s'attache à la SSS, réputée accomplir de véritables exploits au prix de pertes insignifiantes.

La Piquante-Pierre

Le maquis de la Piquante-Pierre appartient pleinement à la Résistance des Vosges. Dès le 28 août 1944, date de réception du premier message de la BBC, les volontaires affluent de tous côtés et s'installent non seulement à la Piquante-Pierre, sous les ordres du lieutenant Monnet, mais aussi dans la forêt de Noiregoutte, où se trouvent 380 hommes commandés par le capitaine Mathis. Le 18 septembre, le maquis compte 1 100 hommes sous les ordres du capitaine Blaise et abrite une mission interalliée de renseignements, dite « mission *Pavot* ». Celle-ci s'installe le 9 septembre à la ferme Didier Laurent, autour du colonel anglais Prendergast, avec le major américain Roess, les opérateurs radio, trois officiers français et le commandant Dubourg. La mission dispose de deux postes émetteurs et doit assurer les communications avec Londres et les états-majors des IIIe et VIIe armées américaines. Le maquis de la Piquante-Pierre occupe quatre cantonnements, éloignés chacun de plusieurs kilomètres, mais correspondant entre eux par radio. Les hommes ont pu recevoir un début d'instruction et d'entraînement ; la plupart sont armés, les munitions étant cependant peu abondantes.

Le maquis apparaît donc comme une unité importante capable d'une action d'envergure. Malheureusement, toute la région connaît son existence. Les Allemands obtiennent sur la Piquante-Pierre les premiers renseignements par deux maquisards arrêtés à La Bresse. Il semble que l'ordre de détruire le maquis ait été donné de Guebwiller par Himmler lui-même.

L'offensive allemande, menée par 8 000 hommes, se développe en deux temps : une première attaque est lancée le 16 septembre à 5 heures contre l'unité FFI (Forces françaises de l'intérieur) qui occupe le camp de Noiregoutte, à 6 km au nord-est de la Piquante-Pierre ; celle-ci perd 14 combattants mais peut se replier et prend position près de l'étang de Jemnaufaing. L'assaut décisif est conduit le 20, de 8 h 30 à 18 heures, contre la Piquante-Pierre elle-même. La Résistance des FFI est héroïque. La portion centrale du camp décroche entre 23 heures et 3 heures du matin. La mission interalliée réussit également à se dégager et à sauver son matériel. Une centaine de FFI couvrent la retraite jusqu'au 21 et se replient par la suite. Le combat se solde, du côté des FFI, par 33 tués, 17 blessés et 48 prisonniers, que l'ennemi passe par les armes. Les Allemands ont perdu 700 hommes, tués ou blessés.

Les Glières

Ce plateau de Haute-Savoie, situé à une vingtaine de kilomètres au nord-est d'Annecy, dans le massif des Bornes, encadré par des montagnes s'élevant à 1 500 m d'altitude, est le lieu d'une bataille opposant 465 maquisards à environ 8 000 soldats allemands et miliciens vichystes, du 21 janvier au

22 mars 1944. Après une résistance héroïque, la plupart des résistants parviennent à se disperser dans la nature, pour ensuite mener une longue guérilla, par des embuscades et des sabotages.

Le 1er août 1944, 3 000 maquisards de l'Armée secrète et des Francs-tireurs et partisans se rassemblent sur le plateau pour réceptionner un important parachutage d'armes, qui permet d'équiper la Résistance de tout le département. Sous les ordres du commandant Jean Godard, les maquisards libèrent seuls la Haute-Savoie, le 19 août 1944. La plupart des résistants morts des Glières reposent dans la nécropole nationale de Morette, au pied du plateau, devenu un symbole fort de la lutte contre l'occupant.

Le Vercors

Ce plateau montagneux, situé dans les départements de la Drôme et de l'Isère, est le lieu d'une terrible bataille, lors de l'été 1944, où 3 909 maquisards résistent héroïquement durant deux mois (en juin et juillet) à 15 000 soldats allemands.

L'ensemble des unités FFI (Forces françaises de l'intérieur) se dispersent ensuite afin de poursuivre la lutte par des actions de guérilla, jugées plus efficaces qu'une bataille frontale. La bataille du Vercors se termine avec de lourdes pertes de part et d'autre : 201 civils sont morts, victimes de l'hystérie sanguinaire de l'occupant. Les maquisards déplorent 639 tués.

Le total des pertes allemandes est plus difficile à établir. Selon l'enquête de Paul Dreyfus et les archives militaires allemandes, la Wehrmacht a eu 1 489 tués dans la Drôme et 468 dans l'Isère. Mais ces morts ne sont pas toutes dues au combat du Vercors. Il est fort probable que l'ensemble des pertes allemandes lors de cette bataille s'élève à 600 hommes hors de combat (tués ou blessés).

Malgré l'échec évident de la lutte frontale face à des troupes allemandes plus nombreuses et mieux équipées, l'apport tactique de cette bataille n'est pas négligeable : durant une quinzaine de jours, 3 909 résistants ont tenu tête à 15 000 soldats ennemis. À la fin juillet 1944, période cruciale de la guerre à l'Ouest, d'importantes troupes allemandes sont ainsi fixées dans le Vercors.

Mont Gargan

La bataille du mont Gargan, en Haute-Vienne, oppose, du 17 au 24 juillet 1944, 3 500 maquisards FTP (Francs-tireurs et partisans) du colonel Guingouin à 4 800 soldats allemands. Formés « en hérisson », les FTP résistent de tous côtés, repoussant tous les assauts de l'ennemi. Cette mission défensive, devant permettre la distribution des armes d'un parachutage massif, a parfaitement réussi. Le 19, la guérilla reprend alors ses droits : partout, les colonnes ennemies se trouvent prises sous les tirs d'armes automatiques. Les embuscades se multiplient, ainsi que les sabotages.

D'après un document allemand découvert à la Libération, le bilan des combats du mont Gargan a été très lourd pour l'occupant : 342 tués ou blessés, dont 7 officiers morts. Du côté des FTP : 38 tués, 5 disparus et 54 blessés. La Milice, aux ordres du colonel Jean de Vaugelas, n'a essuyé que des pertes insignifiantes, avec 1 tué et 3 blessés. Grâce à un curieux accord avec les Allemands, les miliciens n'ont opéré qu'en seconde position, s'abstenant d'intervenir directement dans la bataille.

Mont Mouchet

Durant la première quinzaine de juin 1944, au mont Mouchet, en Auvergne, environ 1 800 maquisards FFI (Forces françaises de l'intérieur) opposent une farouche résistance à près de 5 000 soldats allemands, appuyés par 45 blindés et une puissante artillerie. Au centre du dispositif, dans une maison forestière, se trouvent l'état-major et les services organisés par le colonel FFI Jean Garcie. Henri Ingrand, chef des Mouvements unis de la Résistance et commissaire de la République, se trouve au cœur de cette enclave, aux côtés de Gabriel Montpied et du fondateur des premiers maquis d'Auvergne, Robert Huet.

Les maquisards qui ont répondu à l'appel du chef départemental des FFI, le colonel Coulaudon (« Gaspard »), croient que le mont Mouchet constitue un réduit où doit être déposé par planeurs et par parachutes un corps aéroporté allié, désigné sous le nom de « force C ». Terrible méprise, car l'état-major allié a finalement décidé d'annuler l'opération. Les maquisards, ignorant cette décision, continueront à croire à sa réalisation.

Devant la disproportion des forces, les maquisards évacuent finalement le mont Mouchet et se dispersent en divers groupes afin de mener une guérilla dans toute la région. La bataille du mont Mouchet se solde par la mise hors de combat de 400 soldats allemands et de 260 résistants.

Mont Valérien

Situé sur le territoire de la commune de Suresnes, en Haut-de-Seine, le mont Valérien voit s'édifier en 1841 une forteresse, utilisée durant la guerre de 1870-1871, puis transformée en caserne. Durant l'occupation allemande, l'endroit devient un lieu d'exécutions des otages et des résistants de la région parisienne du 1er janvier 1941 au 15 juin 1944. Le 20 septembre 2003 est inauguré le monument du plasticien Pascal Convert : une immense cloche sur laquelle sont inscrits les noms de 1 006 fusillés. En juillet 2009, le site *Mémoire des hommes* du ministère de la Défense établit à 1 014 le nombre de fusillés au mont Valérien, tous les noms ayant été gravés sur le monument.

Les premiers résistants à y avoir été fusillés sont des membres des réseaux de renseignements, comme Honoré d'Estienne d'Orves, officier de marine et agent secret de la France libre. Il tombe sous les balles allemandes le 29 août 1941. À partir d'octobre 1941, les résistants communistes sont massivement passés par les armes à cet endroit, comme Missak Manouchian.

Saint-Marcel

BATAILLE

Du 18 au 20 juin 1944, 2 260 maquisards bretons et 140 parachutistes de la France libre livrent bataille à environ 10 000 soldats allemands au camp de Saint-Marcel, lieu de parachutages d'armes dans le Morbihan, à une trentaine de kilomètres de Vannes. Le camp de Saint-Marcel n'ayant pas été encerclé, les maquisards parviennent à décrocher dans de bonnes conditions.

Cette bataille mémorable, qui permet de fixer d'importantes troupes allemandes au moment où les Alliés luttent farouchement en Normandie, représente un incontestable succès tactique pour la Résistance. Les pertes sont également à la hauteur de la victoire : 42 Français tués, dont six parachutistes, une soixantaine de blessés et une quinzaine de prisonniers. Les pertes allemandes sont beaucoup plus lourdes – 300 tués et un millier de blessés.

Les Allemands découvrent avec surprise, sur les arrières du champ de bataille de Normandie, l'existence de forces résistantes bien armées, bien encadrées, capables de leur infliger des pertes sérieuses et qu'ils ne parviennent pas à anéantir. Ils constatent que les FFI bretons sont en relation permanente avec l'état-major allié, puisqu'ils ont fait intervenir l'aviation lors des combats.

Chapitre 31

Dix grandes œuvres de la Résistance

Dans ce chapitre :

- Des appels et des serments
- Des chants et des films
- Des livres

La Résistance a inspiré les écrivains, les historiens, les journalistes, les artistes et les réalisateurs en tout genre, ainsi que les politiques et les militaires. Il est vrai que cette histoire si particulière, marquée par des événements héroïques et tragiques, bouleversants et inoubliables, ne peut que susciter l'intérêt grandissant de la population : on y trouve toutes les caractéristiques du scénario d'un grand film ou d'un livre à succès. Les émotions fortes que suscite cette période sont encore vivaces de nos jours.

L'Appel du 18 Juin

N'OUBLIEZ PAS

L'Appel du 18 Juin est le premier discours prononcé par le général de Gaulle à la radio de Londres, sur les ondes de la BBC, dans lequel il appelle son pays à ne pas cesser le combat contre l'Allemagne nazie, et dans lequel il prédit la mondialisation de la guerre. Dactylographié par Élisabeth de Miribel, cet appel est enregistré vers 18 heures et diffusé environ quatre heures plus tard, le 18 juin 1940. Ce discours, très peu entendu en France à l'époque, mais publié par une partie de la presse française et étrangère le lendemain puis par les réseaux clandestins de la métropole, devient le texte fondateur de la Résistance française, dont il demeure même le symbole patriotique.

L'Appel du 18 Juin est parfois confondu avec le texte de l'affiche *À tous les Français*, placardée sur les murs de Grande-Bretagne en août 1940. Le texte du 18 juin s'inspire du discours prononcé par Charles de Gaulle le 21 mai

1940 à Savigny-sur-Ardres, au lendemain de la bataille de Montcornet, et d'un autre texte qu'il a rédigé le 16 juin 1940.

Le 18 juin 2005, *L'Appel du 18 Juin* a été classé par l'Unesco sur le registre international Mémoire du monde, où sont recensés depuis 1992 les documents du patrimoine documentaire d'intérêt universel, afin d'assurer leur protection. Le 10 mars 2006, le 18 juin a été institué par décret journée nationale non chômée « commémorative de l'appel historique du général de Gaulle à refuser la défaite et à poursuivre le combat contre l'ennemi ». Cette journée rend hommage à l'ensemble des résistants, c'est-à-dire tous ceux qui ont refusé la défaite et continué à se battre, que ce soit dans les Forces françaises libres, dans les réseaux clandestins, dans les maquis ou dans les troupes de l'armée d'Afrique ayant rejoint les Alliés.

Le serment de Koufra

À l'issue de la bataille de Koufra, au sud de la Libye, le 2 mars 1941, marquée par la capitulation de la garnison italienne et la victoire des troupes françaises libres, le colonel Leclerc de Hauteclocque prête avec ses hommes le « serment de Koufra » : « Jurez de ne déposer les armes que lorsque nos couleurs, nos belles couleurs, flotteront sur la cathédrale de Strasbourg. »

À la tête de la 2e division blindée française, les preux de Leclerc tiennent ce serment en libérant Strasbourg le 23 novembre 1944.

Un square situé à la Porte d'Orléans, dans le 14e arrondissement de Paris, commémore cet événement historique.

Le Silence de la mer

Il s'agit d'une nouvelle de l'écrivain « Vercors », pseudonyme de Jean Bruller, éditée clandestinement durant l'occupation allemande par les éditions de Minuit en février 1942. L'histoire porte sur la relation qu'un officier allemand, épris de culture française, tente d'établir avec une famille – un vieil homme et sa nièce – dont il occupe la maison en France. Il tente de mettre fin au silence de ses hôtes par la volonté d'établir un dialogue amical, au nom de l'« amitié franco-allemande », prônée par la Collaboration. Mais la famille française lui oppose un mutisme patriotique qui représente une forme de résistance passive, signe avant-coureur de la Résistance active.

Cette histoire s'inspire de faits réels, Vercors ayant été contraint de loger chez lui un officier allemand qui témoignait d'un attachement culturel profond pour la France – il possédait notamment de nombreux livres français et un buste de Pascal. Or, Vercors et sa femme ont conservé le silence devant les sollicitations amicales de cet occupant.

Vercors rédige son ouvrage durant l'été 1941. Le manuscrit parvient à Londres au général de Gaulle, qui, bouleversé par l'humanisme patriotique du récit, ordonne sur-le-champ sa publication clandestine en France occupée. Jean-Pierre Melville réalise d'après cette nouvelle un film poignant en 1947.

Le Chant des partisans

Ce chant mondialement connu est l'un des plus beaux hymnes écrits à la gloire de la Résistance. C'est en Grande-Bretagne qu'il naît, en 1942, dans une version russe, sous la plume de l'auteur-compositeur Anna Marly, engagée dans le service britannique du théâtre aux armées. À l'origine, ce chant rend hommage à la résistance héroïque des partisans et soldats soviétiques de la poche de Smolensk en 1941. La BBC diffuse cette première version sous le titre de *Guerilla Song.*

En mai 1943, à Londres, le résistant Emmanuel d'Astier de La Vigerie l'entend de la bouche d'Anna Marly. Persuadé d'avoir trouvé le chant destiné à unifier la Résistance française intérieure, il en obtient une version écrite par l'écrivain Joseph Kessel et son neveu Maurice Druon. Dès le 17 mai, André Gillois l'adopte comme indicatif radiophonique d'une émission « Honneur et Patrie », sous une forme sifflée par Claude Dauphin et Maurice Druon. Le texte est ensuite distribué dans tous les maquis de France et prend ainsi une dimension nationale.

Le 17 juin 1945, Anna Marly a l'honneur de chanter *Le Chant des partisans* devant le général de Gaulle lors du gala de la Libération, au palais de Chaillot, à Paris. Ce chant est ensuite repris par de nombreux artistes, à commencer par Germaine Sablon, Yves Montand, Marc Ogeret… En 1962, *Le Chant des partisans* est inscrit au nombre des hymnes patriotiques, aux côtés du *Chant du départ* et de *La Marseillaise*. Le manuscrit original du *Chant des partisans*, propriété de l'État, est conservé au musée de la Légion d'honneur. Il est classé monument historique par un arrêté du ministère de la Culture du 8 décembre 2006.

Le Père tranquille

Ce film de René Clément, véritable chef-d'œuvre du cinéma français, sorti en 1946, est tiré de faits réels qui se sont produits dans un village français durant l'occupation allemande. L'action du film se déroule à Confolens, en Charente. Les acteurs sont tous admirables de sincérité ; les émotions, la sensibilité et l'intelligence du cœur exprimées dans ce film marquent à jamais le spectateur.

Édouard Martin (interprété par l'acteur Noël-Noël), qui a toute l'apparence d'un « père tranquille », est en fait un chef important de la Résistance à l'insu de sa famille : Mme Martin (Claire Olivier), sa fille, Monique Martin (Nadine Alari), son fils, Pierre Martin (José Artur). Il est secondé dans son action patriotique par Simon (Paul Frankeur) et Pelletier (Jean Lara). Ce dernier, secrètement amoureux de Monique, garde le silence. Cependant, celle-ci découvre les activités de son père et voit naître son amour pour Pelletier ; tandis que Pierre Martin, écœuré par la trop grande tranquillité apparente de son père devant la présence des Allemands, qu'il assimile à une forme de lâche collaboration, s'enfuit de la maison pour rejoindre le maquis.

Au même moment, Édouard Martin et son équipe renseignent les Alliés sur l'arrivée de sous-marins allemands de poche, dont la construction finale doit se faire dans l'usine voisine. Pour éloigner sa famille et les voisins du bombardement aérien de l'usine, le père de famille organise les fiançailles de Pelletier et de sa fille en ville, ce qui alerte la police allemande, qui l'arrête. Blessé mais sauvé par les maquisards, le « père tranquille » est reconnu avec fierté par son fils, membre de ce maquis. Cette scène de piété filiale reste un des plus beaux moments du cinéma français, marquant à jamais les esprits par l'émotion forte qui s'en dégage.

Le Père tranquille est à juste titre considéré comme l'un des plus beaux films sur la Résistance française, en dehors de tout esprit réducteur, puisque le problème de la Collaboration y est également abordé avec justesse, à travers notamment la présence d'un agent français de la Gestapo, finalement liquidé par la Résistance locale.

Normandie-Niémen

Ce film de Jean Dréville, sorti en 1960, retrace l'aventure héroïque du groupe de chasse Normandie-Niémen, unité aérienne des Forces françaises libres formée au Levant (Syrie et Liban sous domination française) et envoyée sur le front russe. Après l'armistice de juin 1940, des aviateurs français, refusant la défaite, décident de gagner la Grande-Bretagne et les colonies françaises ralliées au général de Gaulle afin de poursuivre la lutte contre l'Allemagne hitlérienne. De 1942 à 1945, le groupe de chasse Normandie-Niémen, engagé sur le front russe, remporte 273 victoires confirmées, 37 probables, endommage également 47 avions ennemis, le tout en 869 combats aériens, pour la perte dans ses rangs de 42 pilotes tués sur 96 présents. Plusieurs de ces pilotes français ont été déclarés héros de l'Union soviétique.

Sobre et profond, le film dégage une authenticité libérée de tout artifice grandiloquent : on découvre la vie de ces pilotes français, tous liés par une solide amitié avec les pilotes et les mécaniciens soviétiques, dont le but du combat final fait oublier, pour un temps, les divergences politiques latentes. La scène montrant un pilote aristocrate français qui refuse de sauter en parachute de son avion en flammes car son mécanicien soviétique se trouve à bord avec lui sans parachute marque à jamais le spectateur, qui découvre quel sacrifice suprême peut inspirer un humanisme héroïque, fidèle à l'amitié et à l'esprit de corps. Cette scène bouleversante est tirée d'un fait réel survenu lors des combats aériens : les deux hommes sont morts carbonisés dans le même avion au nom de l'amitié franco-russe.

On y découvre d'excellents acteurs hélas oubliés, comme Pierre Trabaud, Roland Ménard, Giani Esposito, Gérard Darrieu, Georges Rivière, Jean-Claude Michel, Jean Houbé, Marc Cassot, Vitali Doronine, sans oublier leurs collègues soviétiques Nicolas Lebedev, Vladimir Bandas, Vladimir Gousev, Nicolas Ribnikov, Youri Medvedev…

L'Armée des ombres

LÉGENDE

C'est un film franco-italien de Jean-Pierre Melville, sorti sur les écrans en 1969, d'après le roman éponyme de Joseph Kessel, inspiré de faits réels survenus en France durant l'occupation allemande. Cette « Armée des ombres » est celle de la Résistance intérieure. Les acteurs principaux (Lino Ventura, Simone Signoret, Paul Meurisse et Jean-Pierre Cassel) sont tous des résistants marqués par le climat tragique de cette période.

Arrêté pour « sympathies gaullistes », Philippe Gerbier (Lino Ventura), qui dirige en fait un réseau de résistance, s'échappe alors qu'il se trouve dans des locaux de la Gestapo parisienne. En contact avec Londres, il doit essayer de mettre fin aux arrestations massives qui frappent son réseau. On découvre à travers ce film, sobre et poignant, la vie clandestine et dangereuse des résistants de l'ombre, durant la phase de la lutte clandestine contre une Gestapo qui ne recule devant rien pour parvenir à ses fins. Les trahisons, la torture, les exécutions, le courage et le sacrifice ultime forment la trame de cette œuvre cinématographique singulière, devenue un classique.

Le film s'achève sur une série de plans annonçant la fin tragique de quatre des principaux protagonistes : « Claude Ullman [Claude Mann], dit “le

Masque", eut le temps d'avaler sa pilule de cyanure, le 8 novembre 1943. Guillaume Vermesch [Christian Barbier], dit "le Bison", fut décapité à la hache dans une prison allemande le 16 décembre 1943. Luc Jardie [Jean-Pierre Cassel] mourut sous la torture le 22 janvier 1944 après avoir livré un nom : le sien… Et le 13 février 1944, Philippe Gerbier [Lino Ventura] décida, cette fois-là, de ne pas courir. »

On notera que le colonel Dewavrin, dit « Passy », joue son propre rôle de chef du BCRA (services secrets de la France libre) dans le film. Un des thèmes musicaux, la marche de Gerbier vers le peloton d'exécution, est devenu célèbre pour avoir servi de générique à l'émission de télévision française *Les Dossiers de l'écran*. Il s'agit d'un extrait du deuxième mouvement du concerto *Spirituals for Strings Choir and Orchestra*, du compositeur américain Morton Gould.

Le film connaît un réel succès lors de sa sortie en France. Melville suit assez fidèlement le roman de Joseph Kessel, écrit en 1943, mais ajoute des détails de ses propres souvenirs de résistant. Des références claires sont également faites à des figures du réseau Cohors-Asturies (Jean Gosset, René Iché), du réseau Confrérie Notre-Dame (colonel Rémy – Gilbert Renault), ainsi qu'à d'autres grandes figures de la Résistance, comme Jean Cavaillès, Pierre Brossolette, Jean Moulin, Jean Pierre-Bloch, Paul Rivière, Lucie Aubrac…

Le film sort aux États-Unis en 2006 et devient un événement unanimement applaudi par les critiques. Il est même classé meilleur film de l'année par les critiques américains de *Premiere*, de *Newsweek*, de *LA Weekly* et du *New York Times*. Il reçoit également la récompense du meilleur film en langue étrangère lors des New York Film Critics Circle Awards de 2006.

Lucie Aubrac

Il s'agit d'un film français réalisé par Claude Berri et sorti en 1997, qui raconte l'histoire de la résistante Lucie Aubrac, d'après son livre *Ils partiront dans l'ivresse*, véritable récit de son action dans la Résistance contre l'occupant allemand, dont le coup d'éclat final présente l'évasion de son mari, Raymond Aubrac, suite à une opération commando spectaculaire organisée par des résistants français.

Les acteurs principaux sont Carole Bouquet (Lucie Aubrac), Daniel Auteuil (Raymond Aubrac), Patrice Chéreau (Jean Moulin), Franck de La Personne (Aubry), Heino Ferch (Barbie), Pascal Greggory (René Hardy)…

La sobriété réaliste du film marque le spectateur, qui prend conscience de l'immense courage déployé par les résistants – de même que tous les personnages dégagent une authenticité poignante, dans une atmosphère pesante et menaçante, du fait de la présence étouffante de l'occupant. Claude Berri, dont la famille a souffert des persécutions antisémites de l'Occupation, rend hommage à son pays dans une véritable déclaration d'amour cinématographique, à travers la lutte clandestine de ceux qui ont préféré poursuivre la lutte, dans les pires conditions, plutôt que de baisser lâchement les bras devant l'infamie et le déshonneur.

Le Dictionnaire de la France libre

Cet ouvrage historique de référence, édité en 2010 dans la prestigieuse collection « Bouquins » aux éditions Robert Laffont, fondée par Guy Schoeller et dirigée par Jean-Luc Barré, couvre non seulement l'ensemble des Forces françaises libres, mais également la Résistance intérieure et l'armée d'Afrique, à travers les réseaux, les mouvements, les unités combattantes, les événements marquants, les personnalités... Ce livre a été réalisé sous la direction de Georges Caïtucoli, vice-président de la Fondation de la France libre, et des deux spécialistes de l'histoire de la France libre que sont François Broche, directeur de la revue *Espoir* de la Fondation Charles-de-Gaulle, et Jean-François Muracciole, professeur d'histoire contemporaine à l'université Paul-Valéry de Montpellier, avec le concours du résistant et historien Jean-Louis Crémieux-Brilhac et de 135 historiens de neuf nationalités, dont le présent auteur de cet ouvrage.

Riche de 1 601 pages, ce dictionnaire irremplaçable, préfacé par Max Gallo, membre de l'Académie française, permet de connaître tous les aspects de la France libre et de la Résistance, en suivant une thématique claire et précise.

La Nueve, 24 août 1944, ces républicains espagnols qui ont libéré Paris

Cet ouvrage remarquable, publié aux éditions Le Cherche-Midi en 2011 et écrit par Evelyn Mesquida, journaliste et écrivain, raconte l'épopée méconnue de 146 républicains espagnols, rescapés de la guerre civile contre Franco, engagés dans la 2e division blindée du général Leclerc de Hauteclocque, qui sont les premiers de cette unité prestigieuse à entrer dans Paris, le 24 août 1944. Le soldat Amado Granell – le premier libérateur de Paris de la 2e DB ! – est reçu à l'Hôtel de Ville par Georges Bidault, président du Conseil national de la Résistance, successeur de Jean Moulin.

Le 26 août 1944, le général de Gaulle descend les Champs-Élysées, escorté et protégé par quatre véhicules de la Nueve, la 9e compagnie de la 2e DB, composée de 146 républicains espagnols sur 160 hommes. Amado Granell et sa voiture blindée ouvrent le défilé. La Nueve lutte avec héroïsme en Normandie, à Paris, en Lorraine, en Alsace et en Allemagne. Sur les 146 preux espagnols qui ont débarqué en Normandie en août 1944, seuls 16 d'entre eux sont encore présents pour pénétrer – les premiers ! – dans le « nid d'aigle » de Hitler, à Berchtesgaden, en mai 1945.

Cet ouvrage, préfacé par l'écrivain Jorge Semprun et postfacé par le général Michel Roquejeoffre, rend justice, sous l'excellente plume d'Evelyn Mesquida, à ces héros oubliés de la liberté. Cette œuvre magnifique et poignante donne enfin la parole à ceux qui ont survécu.

Neuvième partie

Annexes

Dans cette partie…

Les grandes dates, des documents complémentaires, un récapitulatif des sigles utilisés et la présentation des sources principales finalisent un ouvrage unique en son genre, offrant un panorama complet de la Résistance à travers son histoire et des portraits des femmes et des hommes qui l'ont fait vivre.

Annexes A

Les grandes dates de la Résistance

Année 1940

18 juin 1940 : le général de Gaulle lance son célèbre appel radiophonique, depuis les studios de la BBC de Londres, invitant les Français à poursuivre la lutte à ses côtés.

Le jour même de l'appel du 18 juin 1940, Charles Tillon, délégué clandestin du Parti communiste français, rompt avec l'attitude attentiste de son parti en distribuant des tracts patriotiques sur le port de Bordeaux.

23 juin 1940 : le gouvernement britannique reconnaît le Comité national français et donne son accord pour traiter avec lui de toute question relative à la poursuite de la guerre.

Juillet 1940 : Georges Guingouin organise la Résistance en Limousin, sous forme de groupes clandestins.

1er juillet 1940 : l'amiral Muselier fonde les Forces navales françaises libres en Grande-Bretagne, en accord avec le général de Gaulle.

20 juillet 1940 : les missions du BCRA sont inaugurées par le parachutage du lieutenant Mansion.

Août 1940 : le ralliement du Tchad à la France libre permet au général de Gaulle d'attaquer la Libye par le sud.

7 août 1940 : Churchill promet la restauration intégrale de l'indépendance et de la grandeur de la France. En échange, les forces de la France libre devront continuer la guerre contre l'Axe.

22 août 1940 : Raoul Armat est arrêté pour avoir saboté un camion allemand.

Septembre 1940 : l'ingénieur Ripoche, après avoir diffusé des tracts antiallemands, regroupe des officiers d'aviation et fonde le mouvement Ceux de la Libération.

15 septembre 1940 : le réseau Bocq-Adam est officiellement créé à Nantes.

8 octobre 1940 : des élus socialistes et des fonctionnaires, dont le député de la Gironde Jean-Fernand Audeguil, Georges Bonnac et André Mureine, fondent le Comité d'action socialiste de la Résistance.

27 octobre 1940 : le général de Gaulle fonde à Brazzaville un organe politique, le Conseil de défense de l'Empire.

Automne 1940 : le jeune ethnologue Boris Vildé fonde à Paris le réseau du musée de l'Homme avec ses collègues Lewitzky et Yvonne Oddon.

Novembre 1940 : Gilbert Renault (« colonel Rémy ») fonde le réseau de la Confrérie Notre-Dame (CND), qui s'étendra progressivement à l'ensemble de la zone occupée et même à la Belgique.

11 novembre 1940 : une importante manifestation, rassemblant environ 5 000 étudiants et lycéens, se déroule à l'Arc de triomphe.

Fin 1940 : des patriotes venus d'horizons très différents (Georges Valois, ancien de l'Action français, Elie Péju, ex-communiste, Antoine Avinin de Jeune République) fondent le mouvement France-Liberté à Lyon.

Année 1941

19 février 1941 : le 3e bataillon FFL de marche réussit à s'emparer du sommet qui domine à 1 700 m le fort italien de Cub Cub, en Érythrée.

Mars 1941 : la mission *Savannah* inaugure les actions du SOE en France.

1er mars 1941 : victoire du colonel Leclerc à Koufra, en Libye.

8 avril 1941 : à partir de 12 h 30, la brigade FFL Monclar se trouve aux portes de Massaouah, en Érythrée, avec 2 643 prisonniers italiens.

Mai 1941 : le Front national, fondé par le Parti communiste français, doit théoriquement réunir les patriotes de toutes origines.

Juillet 1941 : le mouvement Libération voit le jour à Clermont-Ferrand.

15 septembre 1941 : le groupe de chasse FAFL Alsace est créé au Levant, et le groupe de bombardement FAFL Lorraine le 24 du même mois, également au Levant.

Novembre 1941 : le groupe d'Henri Frenay fusionne avec celui de François de Menthon, donnant naissance au mouvement Combat, qui devient la plus puissante et la plus structurée des organisations de résistance au début de l'année 1942.

20 octobre 1941 : le groupe de chasse FAFL Île-de-France est fondé en Grande-Bretagne.

Décembre 1941 : le mouvement Franc-tireur voit le jour.

Année 1942

1er janvier 1942 : le groupement FAFL de bombardement est fondé au Tchad.

Février 1942 : la direction clandestine du PCF donne naissance aux FTP (Francs-tireurs et partisans), chargés d'engager la lutte armée contre l'occupant.

Milieu de 1942 : Jean Moulin parvient à regrouper les effectifs paramilitaires des trois mouvements de la zone libre (Combat, Libération et Franc-tireur) en une seule organisation, l'Armée secrète (AS).

Du 27 mai au 11 juin 1942 : la 1re brigade française libre du général Kœnig repousse tous les assauts des troupes allemandes et italiennes du général Rommel à Bir Hakeim, en Libye.

1er septembre 1942 : le groupe de chasse FAFL Normandie voit le jour au Levant.

Fin novembre 1942 : l'armée française d'Afrique rejoint les Alliés et entreprend la campagne de Tunisie.

Décembre 1942 : l'Organisation de résistance de l'armée (ORA) est mise sur pied.

Année 1943

21 mars 1943 : Jean Moulin quitte Londres, muni d'instructions qui le chargent de créer le Conseil national de la Résistance (CNR), et devient le seul représentant permanent du général de Gaulle et du Comité national pour l'ensemble du territoire métropolitain.

Mai 1943 : l'armée française d'Afrique, les Forces françaises libres et les Alliés anglo-américains obtiennent la capitulation des troupes germano-italiennes en Tunisie.

27 mai 1943 : la première réunion du CNR se tient sous la présidence de Jean Moulin, au 48 de la rue du Four, à Paris.

21 juin 1943 : Jean Moulin est arrêté par la Gestapo à Caluire, dans la banlieue de Lyon.

15 septembre-4 octobre 1943 : l'armée française libère la Corse.

11 novembre 1943 : le chef Henri Romans-Petit défile à la tête d'un bataillon de maquisards dans Oyonnax, en pleine occupation allemande.

15 décembre 1943 : victoire française (général Juin) du mont San Michele, en Italie.

16 décembre 1943 : victoire française du mont Pantano, en Italie.

28 décembre 1943 : victoire française du massif de la Mainarde, en Italie.

29 décembre 1943 : victoire française de Monna Casale, en Italie.

Année 1944

11-22 janvier 1944 : victoires françaises de Molino, Pantano, Marrone, Lago, Raimo, Ferro, du col d'Arena, d'Acquafondata et de Vallerotonda, en Italie.

25-30 janvier 1944 : victoire française du Belvédère, en Italie.

11-27 mai 1944 : victoire française du Garigliano et du massif des Aurunces, en Italie.

5 juin 1944 : plusieurs unités parachutistes de la France libre sont parachutées en Bretagne et en Normandie.

6 juin 1944 : débarquement de commandos de marine de la France libre en Normandie.

17-18 juin 1944 : l'armée française s'empare de l'île d'Elbe.

1er août 1944 : la 2e division blindée française du général Leclerc de Hauteclocque débarque en Normandie.

15 août 1944 : débarquement de l'armée française du général de Lattre de Tassigny en Provence.

20-27 août 1944 : l'armée française s'empare de la forteresse de Toulon.

21-29 août 1944 : l'armée française et les forces combattantes de la Résistance libèrent Marseille.

24-25 août 1944 : la 2e division blindée française et les forces combattantes de la Résistance libèrent Paris.

25 août-5 septembre 1944 : les forces combattantes de la Résistance libèrent la moitié du territoire national. De nombreuses garnisons allemandes sont capturées.

8 septembre 1944 : victoire française d'Autun.

13 septembre 1944 : victoire française de Dompaire.

Octobre 1944 : bataille des Vosges, où les troupes françaises s'emparent de nombreuses positions allemandes.

14-28 novembre 1944 : victoire française de la trouée de Belfort et de la Haute-Alsace.

23 novembre 1944 : la 2e division blindée française libère Strasbourg.

Année 1945

20 janvier-9 février 1945 : l'armée française réduit la poche allemande de Colmar.

31 mars-7 mai 1945 : campagne victorieuse de l'armée française en Allemagne.

14 avril-9 mai 1945 : l'armée française s'empare des poches allemandes de l'Atlantique (La Rochelle, Royan, pointe de Grave). L'armée française des Alpes occidentales enfonce les positions ennemies et progresse en Italie jusqu'à Turin.

8-9 mai 1945 : le général de Lattre de Tassigny représente la France lors de la reddition de l'Allemagne à Berlin.

Annexes B

Documents complémentaires

La mort héroïque de Georges Bernard

N'OUBLIEZ PAS

Parmi les nombreux morts de la Résistance intérieure figure Georges Bernard, membre du réseau Confrérie Notre-Dame, fusillé par les Allemands le 10 décembre 1941 au mont Valérien. Ce jeune homme de 20 ans a accepté de mourir pour la France dans des conditions qui forcent l'admiration. En 1947, une lettre bouleversante sera adressée à sa mère par Werner Molter, le sous-officier allemand qui avait accompagné son fils au poteau d'exécution :

« Madame,

» J'ai la tâche honorable de vous remettre les notes de votre fils, que celui-ci m'a confiées quelques minutes avant le départ pour le mont Valérien, car il craignait que ses effets ne disparaissent du tribunal, où ils devaient être remis, et pensait qu'ils n'arriveraient ainsi jamais chez vous. En ce temps-là, j'étais au bureau de la 3e division à Fresnes, et les autres jeunes gens se souviendront probablement du grand sous-officier aux lunettes.

» J'étais souvent dans la cellule de votre fils à qui j'ai donné de temps en temps des livres pour sa distraction et avec qui j'aimais tant m'entretenir. Chaque fois que j'y allais, j'étais étonné à la fois de son intelligence et de son courage. Il m'a toujours parlé de vous, de sa petite sœur et de son beau pays qu'il ne devait plus revoir. Que je vous parle des dernières heures de votre fils et de ses camarades, je peux dire que je n'ai jamais revu un tel héroïsme. Ils m'ont invité à les accompagner jusqu'au mont Valérien. Pendant le trajet en autobus de Fresnes à travers Paris jusqu'au mont Valérien, ils montrèrent un état d'esprit qui est impossible à décrire. Ils ont alternativement fumé, plaisanté, chanté des chansons populaires et plusieurs fois *La Marseillaise* ; pas une plainte, pas une larme. Au mont Valérien, avant d'être fusillés, le prêtre les a réunis encore pour un quart d'heure. Et voici les dernières minutes : tous refusèrent de se faire bander les yeux. Tous moururent debout, sans trembler, en s'écriant "Vive la France !", trois d'entre eux donnèrent même l'ordre "Feu !". Je ne puis vous dépeindre tout cela par des mots nus, mais croyez-moi, Madame, nous tous qui assistions à ce dernier moment fûmes émus jusqu'aux larmes de voir une telle mort et un tel héroïsme. Et j'espère que cela vous donnera à vous et aux parents de tous les autres héros un peu de consolation et de force de savoir que votre fils et ses camarades si fiers et courageux sont morts comme les dignes héros de la Résistance pour la libération de leurs pays.

» Veuillez croire, Madame, à mon profond respect et à ma sincère sympathie » (Archives du Centre national Jean-Moulin, Bordeaux).

Édouard Tarif, pionnier de la Résistance ferroviaire

Autre résistant mort en héros, Édouard Tarif a joué un rôle capital en fournissant aux Alliés des renseignements très précieux sur l'ensemble du trafic ferroviaire allemand dans le Sud-Ouest. Cet ancien combattant de la Première Guerre mondiale assure, le 10 mai 1940, son service comme chef intérimaire à la gare maritime du Havre, où il est chargé d'organiser la composition des trains militaires. Devant l'avance allemande, en juin 1940, Édouard Tarif et ses collègues (Dussauge et Hélène) restent volontairement sur place au Havre, où ils se chargent de détruire les installations ferroviaires pour éviter qu'elles ne tombent intactes aux mains des Allemands.

En contact avec Londres dès l'automne 1940, Édouard Tarif signale à la RAF l'arrivée d'un train allemand de munitions dans la région de Grainville-Saint-Honoré, convoi qui est bombardé la nuit même. Nommé sous-chef de gare à Bordeaux en février 1941, Édouard Tarif poursuit activement son action patriotique. Malgré les menaces réitérées de l'ennemi, Tarif fait parvenir à Londres la copie de chaque tracé des convois allemands dans le Sud-Ouest, ainsi que le relevé du nombre de locomotives et de leurs dépôts, avec le diamètre des plaques tournantes et la façon de les neutraliser, sans oublier le service de la voie, concernant les ouvrages d'art, ponts, tunnels, viaducs et aiguillages. Ces très précieux renseignements sur l'ensemble du trafic ferroviaire allemand en France permettent la destruction de 847 locomotives et de 4 600 wagons en une seule année !

« Lorsque l'ordre en était donné depuis Londres, raconte son fils Jean Tarif, le plus grand travail des agents comme mon père était, en raison des coupures de voies, de faire converger tous les trains de troupe et de matériel allemand sur un même centre afin d'y provoquer un bouchon et de donner ainsi une cible idéale à la RAF. Édouard Tarif est bénévolement assisté par un cadre de la SNCF, André Billotte » (Archives du CNJM, Bordeaux).

La Gestapo, qui enquête depuis un certain temps sur lui, l'arrête, le torture et le fait déporter en camp de concentration, où il subit un véritable martyre. Après une tentative d'évasion sévèrement réprimée par les SS, Édouard Tarif décède des suites de ses blessures le 6 mars 1945, sans avoir jamais révélé l'identité des agents des réseaux avec lesquels il travaillait depuis 1940. « J'ai su par la suite, relate son fils Jean Tarif, comment mon père est mort. Lors de sa tentative d'évasion, une sentinelle allemande lui a lancé un wagonnet qui l'a gravement blessé à une jambe. Sa blessure s'étant infectée, le Dr Duffieu, un résistant déporté, l'a opéré pour lui couper la jambe. Les Allemands l'ayant laissé sans aucun soin, il mourut à petit feu de la gangrène à Wolfsbourg-Fallersleben » (Archives du CNJM, Bordeaux).

Un rapport de l'intendant régional du maintien de l'ordre, adressé à la Gestapo de Bordeaux, rend compte des activités d'Édouard Tarif : « Il fournit de façon régulière les listes de trains allemands avec les itinéraires, les horaires, les compositions (types de rames) plusieurs jours avant le passage de ces trains. Il indique aussi les rames vides ou chargées de munitions et d'essence, en attente sur des voies de garage. L'arrestation du responsable du secteur suspend l'activité de Tarif pendant quelques semaines. Malgré la surveillance accrue des Allemands, il recommence en communiquant les graphiques des trains de troupes et de permissionnaires, ainsi que de nombreux détails sur les marchandises expédiées en Allemagne… » (Archives du CNJM, Bordeaux).

Antoine Béthouart, héros de l'armée de Lattre

PORTRAIT

Antoine Béthouart est né le 17 décembre 1889 à Dôle, dans le Jura, d'un père conservateur des hypothèques. Il est reçu à Saint-Cyr en 1909 dans la même promotion (Fez) qu'Alphonse Juin et Charles de Gaulle. Il en sort sous-lieutenant en octobre 1912.

Affecté au 152e régiment d'infanterie dans les Vosges, il sert ensuite successivement comme chef de section, commandant de compagnie et commandant de bataillon dans plusieurs unités durant la Première Guerre mondiale sur le front français : Alsace, Verdun, Somme, Chemin des Dames, mont Kemmel (Belgique). Blessé trois fois, il termine la guerre avec trois citations, la Légion d'honneur et le grade de capitaine. Après plusieurs mois de convalescence, il est envoyé en 1919 en mission auprès de l'armée finlandaise.

Il intègre l'École de guerre (1920-1922), d'où il sort breveté, avant de passer les deux années suivantes à l'état-major du 12e corps d'armée. Affecté au 6e bataillon de chasseurs alpins en 1924, il est promu chef de bataillon en mars 1928. Après avoir exercé plusieurs commandements comme chef de bataillon, il est nommé adjoint de l'attaché militaire français en Yougoslavie (1931-1933). Il est promu lieutenant-colonel l'année suivante et nommé attaché militaire français à Belgrade (1934-1938). Colonel en 1937, Antoine

Béthouart prend en avril 1938 le commandement de la 5e demi-brigade de chasseurs alpins de Chambéry, avec laquelle il commence la Seconde Guerre mondiale dans les Alpes puis en Moselle, sur la ligne Maginot.

En février 1940, il reçoit le commandement de la brigade de haute montagne qui doit participer au combat dans les pays scandinaves. Le 12 avril, il embarque pour la Norvège à la tête du corps expéditionnaire français et reçoit ses étoiles de général de brigade trois jours plus tard. Blessé légèrement le 20 avril à Namsos, il remporte d'importants succès à Bjervik le 13 mai et à Narvik, qu'il enlève le 28 mai, repoussant les Allemands à la frontière suédoise et permettant au corps expéditionnaire allié de rembarquer sans pertes à l'insu de l'ennemi le 7 juin.

De retour en France, devant l'avancée de la Wehrmacht, le corps expéditionnaire français est évacué sur l'Angleterre le 15 juin 1940. Si Béthouart approuve l'initiative du général de Gaulle de poursuivre le combat, il ne peut se résoudre à abandonner ses hommes, qui souhaitent en majorité retourner en France.

Rapatrié au Maroc en juillet, le général Béthouart prend le commandement de la subdivision de Rabat puis préside également à la Commission française d'armistice au Maroc. En janvier 1942, il est nommé commandant de la division de Casablanca. Prévenu du débarquement en Afrique du Nord, il organise le 8 novembre 1942 l'aide aux Alliés, s'efforce vainement d'obtenir le ralliement du résident général du Maroc Noguès, qui le fait arrêter et traduire en cour martiale le 10 novembre à Meknès. Libéré quatre jours plus tard par les Alliés, il est promu général de division et désigné par le général Giraud, en décembre, comme chef de la mission militaire à Washington, où il parvient en janvier 1943. Il négocie notamment avec le gouvernement américain les livraisons de matériel devant permettre d'équiper l'armée française. Il œuvre également au rapprochement entre les Forces françaises libres et l'armée d'Afrique.

En novembre 1943, il est nommé chef d'état-major de la défense nationale à Alger et promu général de corps d'armée. Il accompagne à ce titre le général de Gaulle dans ses voyages à Rome et Londres et débarque avec lui à Courseulles, en Normandie, le 14 juin 1944. Nommé commandant du 1er corps d'armée en août 1944, il participe à la libération de la France au sein de la Ire armée française du général de Lattre de Tassigny.

Après la campagne des Vosges, en septembre 1944, où il fait preuve de grandes qualités tactiques, le général Béthouart est chargé de l'attaque de la trouée de Belfort le 14 novembre ; il enlève Héricourt, Montbéliard et Belfort, puis, après avoir atteint le Rhin le 19 novembre, il libère Mulhouse le lendemain. En janvier 1945, il est l'un des artisans de la victoire en Alsace. Il franchit le Rhin le 16 avril, traverse la Forêt-Noire en liaison avec le 2e corps d'armée, atteint le Danube avec la 1re division blindée le 21 avril et termine la guerre au col de l'Arlberg, en Autriche, le 6 mai 1945.

Nommé commandant en chef français en Autriche le 8 juillet 1945 puis haut-commissaire (1946-1950), il met rapidement en œuvre une politique de réconciliation et reçoit ses étoiles de général d'armée en 1948. Il quitte le service actif en octobre 1950. Sénateur des Français résidant hors de France et membre de la Commission des affaires étrangères et des forces armées du Sénat de 1955 à 1971, collaborateur régulier du journal *Le Figaro*, le général Béthouart est président de la Fédération européenne des associations de combattants. Il décède le 17 octobre 1982 à Fréjus. Il a été inhumé à Rue, dans la Somme (d'après les Archives du musée de l'Ordre de la Libération, Paris).

Philippe Kieffer, le Français libre du 6 juin 1944

PORTRAIT

Philippe Kieffer est né le 24 octobre 1899 à Port-au-Prince (Haïti). Il est diplômé de l'École des hautes études commerciales. La guerre le trouve en Amérique, où il est directeur de banque. Quartier-maître de réserve pour avoir suivi les cours des élèves officiers de réserve de Navale en 1918, il se présente comme tel en France, le 2 septembre 1939, comme volontaire dans l'armée de terre, alors que son âge (40 ans) aurait pu lui servir de prétexte parfaitement acceptable pour demeurer à New York. Il passe ensuite dans la marine le 10 septembre 1939.

L'attaque allemande de mai 1940 le trouve à Dunkerque, à l'état-major de l'amiral Nord, après quoi il passe en Angleterre ; il est à Londres en juin. Il s'engage dans les Forces navales françaises libres le jour de leur création, le 1er juillet 1940. Sa connaissance de l'anglais le fait rapidement nommer officier-interprète. Préférant l'action, il obtient de l'amiral Muselier de constituer en mai 1941 les commandos fusiliers marins.

Pierre Kieffer est alors enseigne de vaisseau de 1re classe et sera nommé lieutenant de vaisseau le 1er juillet 1942. Des hommes de la 1re compagnie du bataillon de fusiliers marins commandos prennent part au raid du 19 août 1942 sur Dieppe. En 1943, la troupe française, portée à l'effectif de deux compagnies, est affectée à l'exécution de quelques raids nocturnes sur les côtes françaises occupées, en petits groupes, dans le cadre de la préparation du Débarquement.

En 1944, les efforts de Kieffer sont récompensés : le 1er bataillon de fusiliers marins commandos est rattaché à l'un des plus glorieux commandos anglais, le commando nº 4 (lieutenant-colonel Dawson), au sein de la 1re brigade (brigadier général lord Lovat). Les 177 hommes que Kieffer avait réunis et entraînés allaient être les premiers Français à débarquer pour libérer la France.

Le 6 juin, les bérets verts prennent pied à Ouistreham puis à Bénouville, Amfreville et Bavant. Blessé le 6 juin, refusant de se laisser évacuer pendant deux jours, Kieffer retrouve son unité le 13 juillet, au moment où elle allait percer vers la Seine et Honfleur. Décidé à entrer à Paris avec les premiers, il prend une jeep et deux hommes puis fonce vers la capitale à travers la Normandie à peine libérée. Il est le premier à entrer à Paris par Saint-Cloud. Quelques jours plus tard, il a la fierté d'y faire défiler son unité. À côté de tant de joie, ce père de famille de trois enfants est frappé d'une douleur profonde : son fils de 18 ans, qui avait rejoint un maquis, vient d'être tué par les Allemands en Île-de-France. Il ne l'avait pas revu depuis quatre ans.

En octobre 1944, le capitaine de corvette Kieffer, avec son bataillon, porté à l'effectif des trois compagnies, conduit son unité à l'attaque de Flessingue et de Walcheren, clé du port d'Anvers. Puis il participe à des raids sur les îles hollandaises occupées, toujours avec le commando britannique n° 4.

Nommé à l'Assemblée consultative en 1945, il a travaillé depuis la guerre à l'état-major des forces interalliées. En 1954, il est nommé capitaine de frégate. Philippe Kieffer est décédé le 20 novembre 1962 à Cormeilles-en-Parisis. Il a été inhumé à Grandcamp, dans le Calvados (d'après les Archives du musée de l'Ordre de la Libération, Paris).

Georges Bergé, figure héroïque des paras FFL

Georges Bergé est né le 3 janvier 1909 à Belmont, dans le Gers, où son père était receveur des PTT. Il accomplit son service militaire en 1929 au 24e régiment d'infanterie (RI) de Mont-de-Marsan. Admis à suivre les cours d'élève officier de réserve, il est démobilisé comme sous-lieutenant de réserve en avril 1930. Il choisit finalement la carrière militaire et entre à l'École d'infanterie et des chars de Saint-Maixent en 1933. Lieutenant en 1934, il est détaché dans l'armée de l'air, au groupe d'infanterie de l'air n° 601, en août 1937, mais des problèmes de santé le rendent inapte au parachutisme, si bien qu'il retrouve son arme d'origine en mars 1938.

Capitaine au 13e RI en février 1940, il prend part à des combats d'avant-postes en mai 1940. Blessé par balle le 18 mai près de Bousies, dans le Nord, alors qu'il mène une contre-attaque victorieuse, il est transporté à Arras, puis hospitalisé à Caen et évacué vers le Sud-Ouest. De passage chez ses parents à Mimizan, dans les Landes, il entend à la radio le discours du maréchal Pétain le 17 juin. Refusant l'armistice, Georges Bergé s'embarque à Saint-Jean-de-Luz sur un navire polonais, le *Sobieski*, pour la Grande-Bretagne le 21 juin 1940.

Il rallie les Forces françaises libres à Londres, rencontre le général de Gaulle le 24 juin à St Stephen's House et lui propose de créer une unité de parachutistes. Affecté au dépôt des Forces françaises libres puis à l'état-major de l'air, il est nommé au commandement de la 1re compagnie de l'air (CIA) le 15 septembre 1940. Après un stage à l'École britannique de Ringway, il est breveté parachutiste le 25 décembre 1940, en même temps que les hommes de la 1re section de la compagnie.

Du 15 mars au 5 avril 1941, il se trouve en opération spéciale dans le cadre de la première mission parachutée en France occupée (mission *Savannah*), durant laquelle il fonde un noyau de résistance à Bayonne. Le succès de sa première mission lui vaut de recevoir la Military Cross et une des premières croix de guerre (avec palme en vermeil) à l'ordre des Forces françaises libres.

Revenu en sous-marin en Angleterre, il crée, sous le contrôle du Bureau central de renseignements et d'action (BCRA), une école de formation d'agents où seront formés la plupart des opérateurs radio parachutés en France en 1941 et 1942.

Embarqué avec la1re CIA le 25 juillet 1941, Georges Bergé est affecté dans un premier temps à Damas (base aérienne de Mezé) puis en janvier 1942 à Kabret, sur la rive ouest du canal de Suez, au centre d'entraînement, où il forme l'escadron français de la brigade britannique SAS, commandée par le major Stirling. En juin 1942, parmi les six aérodromes ennemis du bassin oriental de la Méditerranée (il en existe huit en tout) dont l'attaque est confiée à son unité pour permettre le passage d'un convoi chargé de ravitailler Malte en danger, le commandant Bergé choisit l'attaque de l'aérodrome d'Héraklion, en Crète. Il parvient avec son groupe à détruire 20 avions ennemis, mais il est capturé à l'issue de sa mission, le 19 juin 1942. Interné à l'Oflag XC à Lübeck, il y organise un groupe d'évasion. Transféré sur la forteresse de Colditz (oflag IVC) en janvier 1943, il y retrouve le major Stirling et le capitaine Jordan.

Libéré le 16 avril 1945 par l'avant-garde de l'armée du général Patton, le lieutenant-colonel Bergé est successivement affecté à l'inspection parachutiste, au cabinet militaire du gouvernement provisoire de la République, à l'état-major général de la défense nationale et enfin à la représentation militaire de l'ambassade de France à Rome. Il commande ensuite le 14e régiment d'infanterie parachutiste de choc à Toulouse d'août 1951 à juillet 1953. De 1953 à 1957, le colonel Bergé est l'adjoint du général commandant les troupes aéroportées. De 1957 à 1959, il est l'adjoint du général commandant l'aviation légère de l'armée de terre, avant de recevoir le commandement du secteur de Corneille, dans le Sud constantinois (Algérie), l'année suivante.

Nommé général de brigade en juillet 1961, il est, sur sa demande, placé à la 2e section de l'état-major en janvier 1962. Président d'honneur de l'Amicale des SAS, Georges Bergé est décédé le 15 septembre 1997 à Mimizan, dans les Landes. Ses obsèques se sont déroulées à Bordeaux (d'après les Archives du musée de l'Ordre de la Libération).

Annexes C

Sigles et abréviations

AFL : Afrique française libre.

AS : Armée secrète.

BCRA : Bureau central de renseignements et d'action.

BFL : Brigade française libre.

CDLL : Ceux de la Libération.

CDLR : Ceux de la Résistance.

CDL : Comité départemental de libération.

CDM : Camouflage du matériel.

CFLN : Comité français de libération nationale.

CFP : Corps franc Pommiès.

CND : Confrérie Notre-Dame.

CNR : Conseil national de la Résistance.

FAFL : Forces aériennes françaises libres.

FFL : Forces françaises libres.

FFI : Forces françaises de l'intérieur.

FN : Front national.

FNFL : Forces navales françaises libres.

FTP : Francs-tireurs et partisans.

MOI : Main-d'œuvre immigrée.

ORA : Organisation de résistance de l'armée.

Annexes D

Pour aller plus loin

Archives militaires françaises, Vincennes.

Archives de la Fondation de la France libre, Paris.

Archives de la Fondation Charles-de-Gaulle, Paris.

Archives du musée de l'Ordre de la Libération, Paris.

Archives du Centre national Jean-Moulin, Bordeaux.

Archives militaires allemandes, Fribourg-en-Brisgau.

Archives militaires britanniques, Londres.

Archives militaires italiennes, Rome.

Archives du musée de la Résistance, Limoges.

Archives du musée de la Résistance, Toulouse.

Archives du musée de la Résistance, Lyon.

Beaufre (général André), *La Revanche de 1945*, éditions Plon, 1966.

Berteil (général Louis), *Baroud pour Rome, Italie 1944*, éditions Flammarion, 1953.

Bertrand (Michel), *Les FNFL*, éditions La Gazette des Armes, 1980.

Böhmler (Rudolf), *Monte Cassino*, éditions Rupert Verlag, 1955.

Chambe (général René), *La Bataille du Garigliano*, éditions Flammarion, 1963.

Chazette (Alain) et Reberac (Fabien), *La Forteresse de Royan-Pointe de Grave*, éditions Heimdal, 1995.

Churchill (Winston), *Mémoires sur la Deuxième Guerre mondiale*, éditions La Palatine, 1953.

Crémieux-Brilhac (Jean-Louis), *La France libre*, éditions Gallimard, 1996.

Dictionnaire de la France Libre, sous la direction de François Broche, de Georges Caïtucoli et de Jean-François Muracciole, éditions Robert Laffont, 2010.

Dictionnaire de la Résistance, sous la direction de François Marcot, avec la collaboration de Bruno Leroux et de Christine Levisse-Touzé, éditions Robert Laffont, 2006.

Ellis (John), *Cassino, une amère victoire, janvier-juin 1944*, éditions Albin Michel, 1987.

Forgeat (Raymond), *Hommes et femmes de la France libre*, éditions Atlante, 2006.

Gaujac (Paul), *L'Armée de la victoire, de Naples à l'île d'Elbe, 1943-1944*, éditions Lavauzelle, 1985.

Gaulle (Charles de), *Mémoires de guerre*, éditions Plon, 1954.

Giraud (général Henri), *Un seul but, la victoire*, éditions Julliard, 1945.

Gisclon (Jean), *La Grande Aventure de la chasse française de 1939 à 1945*, éditions France-Empire, 1983.

Grandclément (Daniel), *L'Énigme Grandclément, le chef de réseau qui voulait un pacte entre la Résistance et les SS*, éditions Balland 2003.

Guingouin (Georges), *Quatre ans de lutte sur le sol limousin*, éditions Lucien Souny, 1991.

Henri (Michel), *Histoire de la France libre*, éditions PUF, 1980.

Koch (Lutz), *Rommel*, éditions Plon, 1950.

Kœnig (général), *Bir Hakeim*, éditions Robert Laffont, 1971.

Krause (Peter), *Bordeaux, les bombardements*, éditions CMD, 1999.

Lattre de Tassigny (général Jean de), *Histoire de la Ire armée française*, éditions Plon, 1950.

Liddel Hart (sir Basil), *Histoire de la Seconde Guerre mondiale*, éditions Fayard, 1973.

Marmin (Michel), *Leclerc*, éditions Chronique, 1997.

Masson (Philippe), *Histoire de l'armée française de 1914 à nos jours*, éditions Perrin, 1999.

Muracciole (Jean-François), *Histoire de la Résistance en France*, éditions PUF, 1993.

Noguères (Henri), *Histoire de la Résistance en France*, éditions Robert Laffont, 1981.

Notin (Jean-Christophe), *La Campagne d'Italie, les victoires oubliées de la France, 1943-1945*, éditions Perrin, 2002.

Platt (général William), *La Guerre en Afrique orientale*, éditions Payot, 1956.

Ringel (Julius), *Hurra, die Gams!*, éditions Leopold Stocker, 1953.

Sigaud (Dominique), *Le Piège des loups, les 175 maisons de la Gestapo en France*, éditions Stock, 2012.

Terrisse (René), *Grandclément, traître ou bouc émissaire ? Ombres et lumières sur un dossier brûlant de la Résistance à Bordeaux*, éditions Aubéron, 1996.

Vincent (Jean-Noël), *Les Forces françaises libres en Afrique, 1940-1943*, éditions du Service historique de l'armée de terre, 1983.

Index